ELEMENTOS DE PROGRAMAÇÃO EM C

O autor

Francisco de Assis Cartaxo Pinheiro é graduado em Matemática pela Universidade do Estado do Rio de Janeiro, mestre em Ciência da Computação pela Universidade de Brasília e doutor em Ciência da Computação pela Universidade de Oxford, no Reino Unido. Atua na área da tecnologia da informação desde 1976, tendo exercido várias funções como programador de computador, analista de sistemas e coordenador de projetos de diversos tamanhos e características. É professor do Departamento de Ciência da Computação da Universidade de Brasília desde 1997, tendo como área de interesse a engenharia de software, com ênfase em engenharia de requisitos, orientação a objetos e verificação e validação de sistemas e processos de desenvolvimento.

P654e	Pinheiro, Francisco A. C.
	    Elementos de programação em C / Francisco A. C. Pinheiro. – Porto Alegre : Bookman, 2012.
	    xx, 528 p. : il. ; 25 cm.
	
	    ISBN 978-85-407-0202-8
	
	    1. Computação – Programação em C. 2. Linguagem de programação – C. I. Título.
	
	                                                                                  CDU 004.43

Catalogação na publicação: Natascha Helena Franz Hoppen – CRB 10/2150

Francisco A. C. Pinheiro
Universidade de Brasília

ELEMENTOS DE PROGRAMAÇÃO EM C

bookman

2012

© Grupo A Educação S.A., 2012

Capa: *Maurício Pamplona*

Preparação de originais: *Bianca Basile Parracho*

Gerente editorial – CESA: *Arysinha Jacques Affonso*

Editora responsável por esta obra: *Viviane Borba Barbosa*

Projeto e editoração: *Techbooks*

Reservados todos os direitos de publicação à
BOOKMAN EDITORA LTDA., uma empresa do GRUPO A EDUCAÇÃO S.A.
Av. Jerônimo de Ornelas, 670 – Santana
90040-340 – Porto Alegre – RS
Fone: (51) 3027-7000   Fax: (51) 3027-7070

É proibida a duplicação ou reprodução deste volume, no todo ou em parte, sob quaisquer formas ou por quaisquer meios (eletrônico, mecânico, gravação, fotocópia, distribuição na Web e outros), sem permissão expressa da Editora.

Unidade São Paulo
Av. Embaixador Macedo Soares, 10.735 – Pavilhão 5 – Cond. Espace Center
Vila Anastácio – 05095-035 – São Paulo – SP
Fone: (11) 3665-1100   Fax: (11) 3667-1333

SAC 0800 703-3444 – www.grupoa.com.br

IMPRESSO NO BRASIL
PRINTED IN BRAZIL

À Josefa

*Em minha biblioteca
borgiana
os espelhos
são teus olhos,
os livros,
teu coração
e os labirintos,
esta tontura que sinto
ao ler-te.*

Prefácio

Aprender uma linguagem de programação não é tarefa fácil, assemelha-se ao aprendizado de uma nova linguagem natural. O aluno depara-se com um léxico ao qual não está acostumado e com novas construções sintáticas e significados. Além disso, a linguagem de programação tem seus textos realizados por uma máquina, o que exige conhecimento adicional de arquitetura de computadores, lógica e representação binária. Entretanto, como ocorre com as linguagens naturais, aprender uma linguagem de programação é prazeroso, aumenta nosso poder de expressão e é essencial para os demais aprendizados em cursos relacionados à computação, informática e tecnologia da informação.

Este é um livro-texto para o ensino da linguagem C em cursos tecnológicos de nível superior. Ele foi concebido para ser adotado nos cursos em que os conceitos de algoritmo, gramática, lógica proposicional, arquitetura de computadores e sistemas de numeração também são abordados; ou nos cursos em que os alunos já possuem esses fundamentos. Embora este livro tenha um caráter introdutório, a linguagem C é descrita de modo rigoroso, em estrita conformidade com seu padrão mais recente (ISO/IEC 9899:2011).

Organização. O livro está organizado de modo a ensinar primeiro os aspectos de representação, que são essenciais, e em seguida os aspectos de controle e os de comunicação. Assim, os mecanismos de entrada e saída são explicados em detalhe apenas após a exposição referente a funções, ponteiros, estruturas e uniões – nos capítulos iniciais são usadas somente funções simples de entrada e saída, suficientes para a elaboração dos exemplos e exercícios. A identificação e o tratamento de erros e o uso de funções utilitárias para os aspectos mais avançados de manipulação de cadeias de caracteres, localização, gerenciamento da memória e representação do tempo são tratados em capítulos à parte.

Cada capítulo procura esgotar seu tema e, portanto, pode conter detalhes de difícil compreensão em uma primeira leitura, incluindo referências a pontos cuja exposição encontra-se em outros capítulos: não se pode discutir ponteiros para funções sem antes discutir funções, que por sua vez têm nos ponteiros um mecanismo importante para a passagem de argumentos. Entretanto, os pontos inicialmente abordados em cada capítulo são autônomos, apenas os aspectos mais avançados possuem essa interdependência. Desse modo, o livro deve ser usado diferentemente por novatos e por quem já sabe programar. Estes podem estudar os capítulos linearmente, aqueles devem realizar várias leituras. É importante que o aluno faça uso frequente do índice, um instrumento valioso para o estudo de disciplinas técnicas complexas. O sítio do livro, cujo endereço é fornecido adiante, contém sugestões de organização de cursos para vários objetivos e públicos-alvo.

Exposição. Cada característica da linguagem é explicada em detalhe, mas os exemplos são simples, elaborados para realçar o aspecto que está sendo discutido, deixando de lado pormenores e construções não relacionadas ao tópico em questão. Desse modo, não há programas extensos neste livro – todos são pequenos.

Sempre que necessário as linhas dos programas são numeradas, como ocorre com o programa a seguir.

```
1  #include <stdio.h>
2  int main(void) {
3    printf("exemplo\n");
4  }
```

Esses números não fazem parte do programa, são usados apenas para facilitar a referência, no texto, a linhas específicas.

Alertas. Os programas profissionais, além de corretos, devem ser bem estruturados, eficientes, robustos e ter estilo uniforme, facilitando sua depuração e manutenção. Essas características são essenciais e existem disciplinas que ensinam as técnicas e métodos que podem ser aplicados para assegurá-las. Elas não são, contudo, o foco deste livro, voltado ao ensino da programação a quem ainda não sabe programar. O aluno deve estar ciente das seguintes decisões:

Estilo. O estilo de codificação adotado privilegia a estrutura e a facilidade de leitura. Em especial:

a) Não se usam construções crípticas, tão comuns aos programas elaborados em C – mesmo quando justificáveis, essas construções impõem uma dificuldade adicional a quem está aprendendo.

b) Todas as funções possuem um protótipo que as antecede, mesmo quando este já é induzido pela definição da função.

c) A maioria dos blocos é delimitada por chaves, mesmo nas construções em que elas não seriam necessárias.

d) A chave inicial de um bloco aparece na mesma linha da construção que o contém e sua chave final em uma linha separada.

Essas são decisões acertadas. Entretanto, quando o texto possui colunas duplas, as linhas dos programas estão limitadas a poucos caracteres, por uma razão estética, e algumas vezes o estilo de codificação é quebrado. Optou-se pela preservação da estética do texto, facilitando a leitura dos programas.

Robustez. Com frequência, ao expor um determinado assunto, os comandos e funções que permitiriam desenvolver programas robustos ainda não foram discutidos; outras vezes, optou-se por manter os programas pequenos, evitando construções não relacionadas ao tópico em discussão. Um caso típico é o da entrada e saída de valores: os programas iniciais não tratam os erros de digitação e podem falhar caso o usuário digite valores inesperados.

Eficiência. O propósito dos programas deste livro é ilustrar os aspectos em discussão. A intuição é privilegiada em detrimento da eficiência, já que muitas construções eficientes requerem um nível de maturidade que os alunos em contato com uma linguagem de programação pela primeira vez ainda não têm.

Sítio do livro

Os programas usados nos exemplos e problemas resolvidos estão disponíveis no sítio do livro, bem como orientações sobre softwares e ambientes de programação e outras informações úteis ao ensino e aprendizado da linguagem C: `www.facp.pro.br/livroc`

Respostas dos exercícios. As respostas de todos os exercícios cuja solução envolve codificação estão disponíveis no sítio do livro. A maioria dos exercícios teóricos, que não envolvem código, é de solução imediata, requerendo apenas uma leitura atenta do texto. Para esses, as respostas são apresentadas apenas em alguns casos, principalmente quando se trata de representação de valores ou quando há necessidade de cálculo (para determinação de endereços, por exemplo), mas na maioria das vezes elas são deixadas a cargo do aluno.

Sumário

1 Introdução **1**
   1.1 Padrão da linguagem. 2
   1.2 Preparando o ambiente de programação 4

2 Compilação e Visão Preliminar dos Programas C **6**
   2.1 Compilação de programas. 6
        2.1.1 Arquivos-cabeçalhos e bibliotecas. 8
        2.1.2 Comandos básicos de compilação. 9
        2.1.3 Compilações parciais. 10
        2.1.4 Especificando o padrão a ser usado 11
   2.2 Estrutura das funções de um programa C 11
        2.2.1 Primeiro programa 12
   2.3 Desenvolvendo os primeiros programas 13
        2.3.1 Comentários 14
        2.3.2 Declarando variáveis. 14
        2.3.3 Atribuindo valores. 15
        2.3.4 Lendo valores do teclado. 15
        2.3.5 Imprimindo mensagens e valores. 16
        2.3.6 Fluxo de execução. 17
        2.3.7 Testando valores e desviando o fluxo de execução. 18
        2.3.8 Chamando funções 19
   2.4 Usando variáveis globais 21
   2.5 Unidades de compilação e estrutura dos programas C. 22
        2.5.1 Unidade de compilação com um único arquivo-fonte 22
        2.5.2 Múltiplas unidades de compilação 24
        2.5.3 Criando arquivos-cabeçalhos. 27
        2.5.4 Benefícios da modularização 29
   2.6 Questões em aberto. 29
      Exercícios 30

3 Tipos de Dados **34**
   3.1 Tipos básicos 35
   3.2 Tipos caracteres. 36
        3.2.1 Conjuntos básicos de caracteres 37
        3.2.2 Caracteres multibytes 39
        3.2.3 Caracteres estendidos 40
        3.2.4 O porquê dos caracteres sinalizados 40
   3.3 Tipos inteiros 41
        3.3.1 Tamanho dos tipos inteiros. 42
   3.4 Tipos reais de ponto flutuante. 42

3.5 Tipos complexos 44
3.6 Tipos derivados 45
3.7 Tipo estrutura 45
3.8 Tipo união 47
3.9 Campos de bits.. 49
3.10 Tipos incompletos 50
    3.10.1 O tipo void 50
3.11 Representação dos valores..................................... 51
    3.11.1 Representação de inteiros não sinalizados 52
    3.11.2 Representação de inteiros sinalizados............................53
    3.11.3 Representação de caracteres....................................53
    3.11.4 Representação de estruturas....................................53
    3.11.5 Representação de uniões.......................................54
    3.11.6 Representação dos campos de bits 55
    3.11.7 Representação dos demais tipos.................................55
3.12 Conversão de tipos... 55
    3.12.1 Tipo inteiro em tipo inteiro.....................................56
    3.12.2 Tipo inteiro em tipo real de ponto flutuante 58
    3.12.3 Tipo real de ponto flutuante em tipo inteiro 59
    3.12.4 Tipo real de ponto flutuante em tipo real de ponto flutuante 59
    3.12.5 Tipo real em tipo complexo.....................................60
    3.12.6 Tipo complexo em tipo real....................................61
    3.12.7 Tipo complexo em tipo complexo 61
    3.12.8 Conversões envolvendo o tipo booliano 61
3.13 Promoção inteira 62
    3.13.1 Ordenamento de inteiros 62
3.14 Compatibilidade de tipos...................................... 63
3.15 Tipos predefinidos... 64
    Exercícios 65

4 Literais e Constantes   67
4.1 Literais inteiros 67
    4.1.1 Tipo dos literais inteiros 68
4.2 Literais reais.. 69
    4.2.1 Tipo dos literais reais...71
4.3 Literais caracteres 71
    4.3.1 Representações alternativas 72
    4.3.2 Caracteres estendidos e multibytes..............................74
    4.3.3 Tipo dos literais caracteres 75
4.4 Literais cadeia de caracteres 75
    4.4.1 Cadeia estendida de caracteres.................................76
    4.4.2 Tipo dos literais cadeia de caracteres 76
4.5 Literais compostos... 77
    4.5.1 Tipo dos literais compostos....................................78
4.6 Enumerações... 78
    4.6.1 Tipo das constantes enumeradas 79
    4.6.2 Tipo enumeração..79
    4.6.3 O uso de etiquetas...80
    4.6.4 Compatibilidade das enumerações 81
4.7 Variáveis constantes.. 81

4.8	Macros	82
4.9	Literais boolianos.	82
4.10	Rótulos.	83
4.11	Variáveis constantes, macros ou enumerações?	84
	Exercícios	85

5 Identificadores e Variáveis — 87

5.1	Palavras-chaves	87
5.2	Identificadores.	87
5.3	Declarando variáveis	88
5.4	Escopo dos identificadores	89
5.5	Variáveis globais e locais	92
5.6	Ligação dos identificadores	93
5.7	Alocação de memória	95
	5.7.1 Ciclo de vida de uma variável	96
5.8	Declaração e definição	96
5.9	Classe de armazenamento	97
	5.9.1 Classe de armazenamento extern	100
	5.9.2 Classe de armazenamento static	100
	5.9.3 Classe de armazenamento auto	101
	5.9.4 Classe de armazenamento register	102
	5.9.5 Classe de armazenamento não especificada	102
5.10	Qualificadores de tipo	102
	5.10.1 Compatibilidade de tipos qualificados	103
5.11	Valores iniciais	104
	5.11.1 Expressões constantes	105
5.12	Valores não identificados	106
5.13	Ocultação de variáveis.	107
5.14	Classificação dos identificadores	108
	Exercícios	109

6 Operadores e Expressões — 112

6.1	Operadores	112
6.2	Operadores aritméticos	112
	6.2.1 Valores especiais	116
	6.2.2 Operações de tipo complexo	117
6.3	Operadores relacionais	118
	6.3.1 Valores boolianos	119
	6.3.2 Comparação de valores de tipo ponto flutuante	120
	6.3.3 Casos especiais.	121
6.4	Operadores lógicos	121
6.5	Operadores binários	122
	6.5.1 Deslocamento binário	123
	6.5.2 Operadores lógicos binários	126
6.6	Operador condicional	128
6.7	Operador de atribuição	129
	6.7.1 Atribuições compostas.	131
	6.7.2 Lvalue	132
6.8	Operador vírgula	132

6.9 Operador de tamanho 133
6.10 Operador de conversão de tipo 134
6.11 Usando funções predefinidas 134
6.12 Definição de tipos 136
    6.12.1 Facilitando a modificação dos programas. 137
    6.12.2 Simplificando expressões. 138
6.13 Ordem de avaliação 139
    6.13.1 Sequenciamento 140
    6.13.2 Erros devido à ordem de avaliação 141
6.14 Erros nas operações 142
6.15 O tipo das operações 142
    6.15.1 Determinação do tipo comum 142
Exercícios 144

7 Estruturas Condicionais — 148
7.1 Comando if 148
    7.1.1 Sem cláusula-senão 148
    7.1.2 Com cláusula-senão 150
    7.1.3 Comandos aninhados 150
    7.1.4 Cláusulas vazias 152
    7.1.5 Um exemplo clássico 152
7.2 Comando switch 153
    7.2.1 Relação entre rótulos e comandos 156
    7.2.2 Interrompendo a execução 158
    7.2.3 Comandos switch aninhados 159
    7.2.4 Organizando menus 160
    7.2.5 Situações especiais. 160
7.3 Obrigações de prova e técnicas de desvio 162
    7.3.1 Legibilidade 163
    7.3.2 Condições complexas. 163
    7.3.3 Evitando ambiguidade 165
Exercícios 165

8 Estruturas de Repetição — 171
8.1 Comando while 171
8.2 Comando do 175
8.3 Comando for 176
8.4 Iterações infinitas e cláusulas vazias 180
8.5 Comando break 180
8.6 Comando continue 182
8.7 Comando goto 183
    8.7.1 Programação sem goto 186
8.8 Outros desvios e interrupções 186
8.9 Obrigações de prova 187
Exercícios 187

9 Funções e Procedimentos — 191
9.1 Fluxo de execução 191
9.2 Declaração, definição e protótipo 192
9.3 Escopo e consistência entre referência e declaração 194

9.4	Parâmetros e argumentos	197
9.5	Chamadas a funções	199
9.6	Valor de retorno	202
9.7	Funções recursivas	204
9.8	Número variável de parâmetros	207
	9.8.1 Acessando os argumentos adicionais	207
9.9	Desvios não locais	209
9.10	A função main	212
9.11	Classe de armazenamento	213
9.12	Funções em linha	214
	9.12.1 Funções em linha com ligação interna	214
	9.12.2 Funções em linha com ligação externa	215
9.13	O tipo de uma função	216
	9.13.1 Definindo tipos função	216
	9.13.2 Compatibilidade	217
9.14	Ponteiros para função	218
9.15	Controlando o término da execução	219
9.16	Executando comandos do sistema	223
	Exercícios	223

10 Ponteiros e Vetores   228

10.1	Ponteiros	228
10.2	Operador de endereço	230
10.3	Operador de acesso indireto	231
	10.3.1 Relação entre * e &	233
10.4	Ponteiros para funções	234
	10.4.1 Aplicando os operadores & e * a funções	234
10.5	Vetores	235
	10.5.1 Tipo dos vetores e de seus elementos	235
	10.5.2 Atribuição de valores	236
10.6	Vetores unidimensionais	237
	10.6.1 Vetores de tamanho variável	239
	10.6.2 Vetores incompletos	241
	10.6.3 Aplicações básicas	242
10.7	Vetores multidimensionais	245
	10.7.1 Declaração de vetores multidimensionais	246
	10.7.2 Tipo dos vetores multidimensionais	247
	10.7.3 Criação de vetores multidimensionais	248
	10.7.4 Aplicações básicas	249
	10.7.5 Vetores de tamanho variável	249
	10.7.6 Vetores incompletos	251
10.8	Iniciação	252
	10.8.1 Iniciação seletiva	254
	10.8.2 Iniciação de vetores de caracteres	254
	10.8.3 Iniciação com literais compostos	255
10.9	Ponteiros e vetores	255
10.10	Aritmética de ponteiros	256
	10.10.1 Referenciando os elementos dos vetores	258
	10.10.2 Usando ponteiros para acessar os elementos dos vetores	259
10.11	Ponteiros restritos	262

	10.12	Definindo tipos vetores	263
	10.13	Qualificando as variáveis do tipo vetor	263
	10.14	Compatibilidade de vetores e ponteiros	265
	10.15	Vetores ou ponteiros para vetor?	265
		Exercícios	265

11 Estruturas e Uniões   274

- 11.1 Declarando estruturas ... 274
- 11.2 Referenciando os componentes de uma estrutura ... 275
  - 11.2.1 Usando estruturas como valor ... 276
- 11.3 Ponteiros para estruturas ... 277
  - 11.3.1 Ponteiro para o primeiro componente de uma estrutura ... 278
- 11.4 Componentes não nomeados ... 279
- 11.5 Estruturas com componente flexível ... 280
  - 11.5.1 Alocando espaço de memória a um componente flexível ... 281
- 11.6 Vetores de estruturas ... 283
- 11.7 Iniciando estruturas ... 285
  - 11.7.1 Iniciação seletiva ... 286
  - 11.7.2 Iniciação de componentes agregados ... 287
  - 11.7.3 Iniciação de vetores de estruturas ... 288
  - 11.7.4 Iniciação com literais compostos ... 289
- 11.8 Declarando uniões ... 290
- 11.9 Referenciando os componentes de uma união ... 291
  - 11.9.1 Usando os componentes apropriados ... 292
  - 11.9.2 Uniões como componentes de estruturas ... 294
- 11.10 Ponteiros para uniões ... 296
  - 11.10.1 Ponteiro para componentes de uma união ... 297
- 11.11 Vetores de uniões ... 298
- 11.12 Iniciando uniões ... 298
  - 11.12.1 Usando literais compostos ... 299
- 11.13 Campos de bits ... 299
  - 11.13.1 Referência a campos de bits ... 300
- 11.14 Compatibilidade de estruturas e uniões ... 302
- Exercícios ... 303

12 Entrada e Saída: Teclado e Monitor de Vídeo   308

- 12.1 Vias lógicas de comunicação ... 308
  - 12.1.1 Tipo, modo de operação e acesso ... 309
  - 12.1.2 Orientação ... 310
  - 12.1.3 Áreas de armazenamento temporário ... 311
- 12.2 Lendo e gravando dados ... 312
  - 12.2.1 Biblioteca de entrada e saída ... 313
- 12.3 Lendo dados do teclado ... 314
  - 12.3.1 Lendo caracteres ... 314
  - 12.3.2 Lendo cadeias de caracteres ... 316
- 12.4 Lendo valores de tipos básicos ... 317
  - 12.4.1 Especificadores de conversão ... 319
  - 12.4.2 Modificadores de tipo ... 323

   12.4.3 Tamanho máximo do campo 324
   12.4.4 Supressão de atribuição..325
 12.5 Exibindo dados no monitor de vídeo................................. 325
   12.5.1 Gravando caracteres 326
   12.5.2 Gravando cadeias de caracteres 327
 12.6 Gravando valores de tipos básicos..................................... 327
   12.6.1 Especificadores de formato 329
   12.6.2 Modificadores de tipo 332
   12.6.3 Modificadores de formato 333
   12.6.4 Tamanho mínimo 333
   12.6.5 Precisão 333
 12.7 Evitando comportamentos indesejados ou indefinidos 335
   12.7.1 Suprimindo caracteres remanescentes 336
 12.8 Lendo e gravando caracteres multibytes............................... 338
   Exercícios 338

13 Entrada e Saída: Arquivos 341
 13.1 Classificação, identificação e estrutura dos arquivos..................... 341
   13.1.1 Identificação de arquivos 342
   13.1.2 Estrutura dos arquivos..342
 13.2 Utilização de arquivos... 344
   13.2.1 Abrindo arquivos...345
   13.2.2 Fechando arquivos 346
   13.2.3 Detectando o fim de arquivo..................................347
 13.3 Lendo arquivos 348
   13.3.1 Lendo caracteres 348
   13.3.2 Retornando caracteres lidos 350
   13.3.3 Lendo cadeias de caracteres 352
   13.3.4 Lendo valores de tipos básicos 354
 13.4 Gravando arquivos... 355
   13.4.1 Gravando caracteres 355
   13.4.2 Gravando cadeias de caracteres 356
   13.4.3 Saída formatada 357
 13.5 Leitura e gravação de arquivos binários 358
   13.5.1 Gravando valores binários......................................359
   13.5.2 Lendo valores binários..360
 13.6 Atualização de arquivos.. 362
   13.6.1 Posicionando o cursor de leitura e gravação................362
   13.6.2 Atualizando arquivos binários.................................367
   13.6.3 Atualizando arquivos-textos 367
   13.6.4 Descarregando a área de armazenamento temporário de um arquivo 369
 13.7 Manutenção e outras operações sobre arquivos....................... 369
   13.7.1 Redirecionando as vias de comunicação......................369
   13.7.2 Usando arquivos e nomes temporários.......................370
   13.7.3 Removendo e renomeando arquivos 372
   13.7.4 Redimensionando as áreas de armazenamento temporário 372
 13.8 Formas alternativas de leitura e gravação.............................. 373
   13.8.1 Usando cadeias de caracteres 373
   13.8.2 Usando funções de argumentos variáveis....................375

13.9 Leitura e gravação de caracteres multibytes 377
        13.9.1 Lendo e gravando caracteres multibytes. 379
        13.9.2 Restrições da orientação multibyte. 381
        Exercícios 381

14 Identificação e Tratamento de Erros   385
14.1 Tipos de erros de execução 385
        14.1.1 Erros lógicos. 385
        14.1.2 Erros operacionais. 386
        14.1.3 Erros computacionais 386
14.2 Erros na execução de funções da biblioteca-padrão 387
14.3 Erros de entrada e saída 388
        14.3.1 Identificando o fim de arquivo 389
14.4 Erros matemáticos. 391
        14.4.1 Notificação de erros matemáticos. 392
        14.4.2 Inspecionando as exceções de ponto flutuante 394
        14.4.3 Erros de precisão, conversão e arredondamento 398
14.5 Sinais de interrupção. 401
        14.5.1 Funções de tratamento de sinal 403
        14.5.2 Registrando as funções de tratamento 404
        14.5.3 Lançando sinais de interrupção 405
        14.5.4 Tratando interrupções. 406
14.6 Usando desvios não locais para tratamento de erros 409
        14.6.1 Desvios não locais e funções de tratamento de sinais. 411
14.7 Assertivas. 413
14.8 Descrevendo os erros. 414
14.9 Evitando os erros. 414
        14.9.1 Garantindo o limite dos vetores 415
        14.9.2 Evitando conversões 415
        14.9.3 Assegurando a obtenção de valores válidos 416
        14.9.4 Assegurando o uso de valores válidos 418
        14.9.5 Assegurando a compatibilidade de tipos 419
        Exercícios 420

15 Caracteres e Cadeias de Caracteres   422
15.1 Cadeias de caracteres. 422
15.2 Operações sobre cadeias de caracteres 423
        15.2.1 Função de tamanho. 423
        15.2.2 Funções de cópia. 424
        15.2.3 Funções de concatenação 425
        15.2.4 Funções de comparação 426
        15.2.5 Funções de pesquisa 428
        15.2.6 Função de decomposição 430
15.3 Convertendo cadeias de caracteres em valores numéricos 432
        15.3.1 Conversões reais de ponto flutuante. 432
        15.3.2 Conversões inteiras 434
15.4 Classificação e mapeamento de caracteres 435
        15.4.1 Funções de classificação 435
        15.4.2 Funções de mapeamento 437

15.5 Caracteres estendidos e multibytes 438
    15.5.1 Função de tamanho. 438
    15.5.2 Funções de cópia. 438
    15.5.3 Funções de concatenação 438
    15.5.4 Funções de comparação 438
    15.5.5 Funções de pesquisa 438
    15.5.6 Função de decomposição 439
    15.5.7 Funções de conversão 439
    15.5.8 Funções de classificação 440
    15.5.9 Funções de mapeamento 441
  Exercícios 442

16 Utilitários e Funções Matemáticas   445
16.1 Gerenciamento de memória 445
    16.1.1 Falhas na alocação de memória 447
    16.1.2 Vazamento de memória 448
    16.1.3 Cópia, comparação e modificação de espaços de memória 451
    16.1.4 Espaços de memória contendo caracteres estendidos 453
16.2 Pesquisa e ordenamento 453
16.3 Localização 456
    16.3.1 Categorias de localização. 457
    16.3.2 Localizando informações. 458
    16.3.3 Inspecionando a localização 460
16.4 Convertendo caracteres estendidos e multibytes 463
    16.4.1 Estado interno de conversão 463
    16.4.2 Controlando o estado da conversão 467
    16.4.3 Conversão entre caracteres básicos e estendidos .471
    16.4.4 Cuidados no uso das funções de conversão de caracteres 472
16.5 Data e hora 472
    16.5.1 Representações do tempo 473
    16.5.2 Obtenção da data e hora 473
    16.5.3 Operações com data e hora 476
    16.5.4 Representação textual da data e hora 476
    16.5.5 Tempo de processador 479
    16.5.6 Limitações na representação do tempo 481
    16.5.7 Temporizadores. 482
16.6 Funções matemáticas 484
    16.6.1 Funções trigonométricas. 484
    16.6.2 Funções hiperbólicas. 485
    16.6.3 Funções exponenciais e logarítmicas 485
    16.6.4 Funções potência. 486
    16.6.5 Funções de arredondamento 486
    16.6.6 Funções resto e decomposição decimal 487
    16.6.7 Decomposição e representação binárias. 488
    16.6.8 Funções erro e gama 489
    16.6.9 Miscelânea: máximo, mínimo, diferença, valor absoluto,
             hipotenusa e fma. 490
    16.6.10 Macros de classificação 490
    16.6.11 Macros de comparação 491

		16.6.12	Constantes numéricas	492
		16.6.13	Números randômicos	492
		Exercícios		493

17 Diretivas de Pré-Processamento — 497

- 17.1 Inclusão de arquivos ... 497
  - 17.1.1 Modificando a ordem de pesquisa dos diretórios ... 498
- 17.2 Macros ... 499
  - 17.2.1 Definindo constantes ... 500
  - 17.2.2 Macros parametrizadas: simulando funções ... 501
  - 17.2.3 Usando parâmetros variáveis ... 503
  - 17.2.4 Preservando a atomicidade dos argumentos ... 504
  - 17.2.5 Evitando avaliações múltiplas ... 504
  - 17.2.6 Usando macros para definir funções independentes do tipo dos argumentos. 505
  - 17.2.7 Representando argumentos como cadeias de caracteres ... 505
  - 17.2.8 Concatenando argumentos ... 506
- 17.3 Tornando definições sem efeito ... 507
- 17.4 Inclusão condicional de código ... 508
  - 17.4.1 Avaliação da condição ... 509
  - 17.4.2 Exprimindo alternativas ... 510
  - 17.4.3 Usos comuns das diretivas de inclusão condicional ... 510
- 17.5 Algumas macros predefinidas ... 511
  - 17.5.1 Modificando informações da linha ... 512
  - 17.5.2 Indicando erros de pré-processamento ... 513
- Exercícios ... 513

Referências — 517

Índice — 519

Capítulo 1
Introdução

O domínio de uma linguagem de programação requer a compreensão dos mecanismos da linguagem e de como ela é implementada. Há grande diferença, por exemplo, entre quem apenas aprende que se deve evitar conversão entre valores de tipos diferentes e quem sabe o porquê dessa recomendação, entendendo como os valores são representados e as transformações que sofrem ao serem convertidos.

É possível que alguém aprenda uma linguagem de programação e até elabore programas de razoável complexidade sem conhecer os fundamentos da computação. Esse será, porém, um aprendizado limitado e superficial, que normalmente desestimula o aluno, fazendo-o relegar o aprofundamento de seus conhecimentos e o estudo das matérias correlatas necessárias à sua formação profissional (projetos de programas complexos, análise de algoritmos, verificação e validação, etc.), tornando-o um repetidor e adaptador de soluções prontas. O melhor é mostrar ao aluno desde o início que uma linguagem de programação assenta-se em fundamentos que devem ser compreendidos para que se possa elaborar os programas com propriedade e, principalmente, entender as limitações e o comportamento dos programas desenvolvidos. Os seguintes tópicos descrevem os fundamentos que considero essenciais e mostram sua utilidade para os capítulos deste livro:

Arquitetura de computadores, abordando os conceitos de bit, byte, palavra, barramentos e comunicação entre memória e processador, modos de endereçamento, componentes básicos do processador e ciclo de instrução. Útil ao Capítulo 5 (Identificadores e Variáveis) para a compreensão da relação entre variável e memória, e dos conceitos de alocação de espaço em memória, classe de armazenamento e ligação de identificadores.

Sistemas de numeração, incluindo os modos de representação binária dos valores inteiros e reais. Destes, deve ser dada especial atenção à representação na forma de sinal, expoente e mantissa, adotada pelo padrão IEC 60559 [1] que normatiza as operações de ponto flutuante. Útil aos Capítulos 3 (Tipos de Dados), 4 (Literais e Constantes), 6 (Operadores e Expressões) e 14 (Identificação e Tratamento de Erros) para a compreensão dos operadores de deslocamento e demais operações binárias; dos limites de representação, maior e menor valor representável em um dado tipo; da existência de valores especiais como infinito, zeros negativos e valores não numéricos; e dos erros de representação e arredondamento.

Lógica proposicional, abordando os operadores de conjunção, disjunção e negação, e os conceitos de valor-verdade de proposições simples e compostas, tabela-verdade, equivalência e simplificação de expressões. Útil aos Capítulos 6 (Operadores e Expressões), 7 (Estruturas Condicionais) e 8 (Estruturas de Repetição) para a compreensão dos operadores lógicos e relacionais, dos mecanismos de ordem e sequenciamento na avaliação de expressões; e do uso de expressões lógicas no controle de desvios e repetições.

Algoritmos, incluindo a noção de algoritmo (que não se confunde com a de receita, e tampouco pode ser expressa em termos vagos como "uma sequência lógica de comandos para resolver um problema") e as construções fundamentais de sequência, decisão e repetição. Útil aos Capítulos 2 (Compilação e Visão Preliminar dos Programas C), 7 (Estruturas Condicionais), 8 (Estruturas de Repetição) e 9 (Funções e Procedimentos) para a compreensão das estruturas básicas de controle e dos mecanismos de atribuição, entrada e saída e modularização.

Descrição sintática, com o estudo da notação BNF (*Backus-Naur Form*, em inglês) para a especificação de construções sequenciais, alternativas, optativas e repetitivas. Útil aos Capítulos 6 (Operadores e Expressões), 7 (Estruturas Condicionais) e 8 (Estruturas de Repetição) para a compreensão da sintaxe dos operadores e estruturas de controle.

Está claro que o efeito desses fundamentos vai além dos capítulos relacionados, pois os demais pressupõem o domínio dos que foram citados. Por exemplo, não se pode entender estruturas, uniões e ponteiros sem que se tenha entendido tipos de dados e variáveis.

Este livro não contém material sobre os fundamentos necessários ao aprendizado de uma linguagem de programação, mas o leitor interessado, já iniciado na área, terá conhecimento deles e saberá onde adquirir o material para revisão. Os neófitos encontram esse material nos Capítulos 2 a 6 do livro do prof. Pinheiro [2], e também nas referências mantidas atualizadas no sítio deste livro (www.facp.pro.br/livroc) [3].

1.1 PADRÃO DA LINGUAGEM

O padrão da linguagem C especifica a semântica das suas operações e estruturas, além do funcionamento de várias funções auxiliares, definindo o comportamento que os programas em C devem exibir. É, portanto, um padrão para os implementadores da linguagem – aqueles que desenvolvem compiladores – e não para os programadores, que a utilizam na elaboração de programas aplicativos. No entanto, os programadores de aplicativos devem conhecer o padrão da linguagem que utilizam. Só assim podem elaborar programas que funcionem do mesmo modo em todas as plataformas para as quais sejam compilados com compiladores aderentes ao padrão; e só assim podem adotar de modo consciente soluções que se desviam do padrão: há muitos programadores confiantes que certas construções utilizadas são próprias da linguagem, desconhecendo que são meras extensões do compilador e que podem não funcionar em outras circunstâncias (com outros compiladores ou em outras plataformas).

As seguintes definições são adotadas neste livro:

Plataforma. É o conjunto constituído pelo processador e pelos softwares que caracterizam o ambiente de programação e execução, incluindo o sistema operacional e o compilador. É comum designar uma plataforma por um de seus componentes definidores, geralmente o sistema operacional. Assim, plataforma Linux designa o ambiente computacional que utiliza o sistema operacional Linux, e plataforma

Windows o ambiente que utiliza o sistema operacional Windows, subentendendo-se que os demais componentes, embora possam variar, estão presentes e são compatíveis entre si.

Arquitetura. Refere-se ao processador e aos softwares de controle usados para caracterizar o ambiente computacional, definindo aspectos do processamento relativos ao tamanho da palavra, representação binária de inteiros, tratamento de sinais de interrupção, etc. Neste livro, as restrições relativas à arquitetura geralmente estendem-se às plataformas. Por exemplo, quando uma característica é dita dependente da arquitetura, também será dependente da plataforma.

Implementação. Refere-se ao compilador e aos demais softwares auxiliares (montadores, ligadores, etc.), com suas opções de controle e bibliotecas, usados para produzir código adequado a uma *arquitetura-alvo* (ou plataforma-alvo). Chama-se arquitetura-alvo aquela na qual será executado o programa objeto da compilação.

Nem todos os aspectos da linguagem são estritamente padronizados. O padrão não define os comportamentos para os quais nem todas as arquiteturas oferecem o mesmo nível de suporte, ou quando eles são implementados de diferentes modos em diferentes arquiteturas. Esses casos são caracterizados como:

Comportamento não especificado. Comportamento não especificado pelo padrão, caracterizado pela adoção de valores ou ações para as quais existem alternativas que podem ser livremente escolhidas pela implementação. Esse tipo de situação não pode ser ignorada pela implementação, nem pode haver uma ação fora das alternativas especificadas pelo padrão. Por exemplo, a ordem de avaliação dos argumentos de uma função – eles devem ser avaliados antes da transferência do controle, mas cada implementação é livre para escolher a estratégia de avaliação mais adequada.

Comportamento dependente de implementação. Comportamento não especificado pelo padrão que pode ser implementado de modo variado por diferentes implementações. Por exemplo, a propagação do bit de mais alta ordem quando um inteiro sinalizado tem seus bits deslocados para a direita. Desse modo, a operação deslocamento binário para a direita é definida apenas para inteiros não sinalizados e para inteiros sinalizados positivos. Quando o inteiro é sinalizado negativo, cada implementação da linguagem é livre para adotar a solução mais conveniente.

Comportamento indefinido. Comportamento devido ao uso de construções ou dados errados, para o qual o padrão não determina uma ação específica. Nesses casos, as implementações da linguagem podem escolher ignorar a situação de erro (com resultados imprevisíveis), adotar uma linha de ação bem documentada que, entretanto, será própria da implementação, ou simplesmente interromper a compilação ou execução. Por exemplo, o tratamento do estouro de valores inteiros não é definido pelo padrão; portanto, uma implementação pode adotar a redução do valor à faixa de representação do tipo inteiro utilizado, enquanto outra pode simplesmente interromper a execução.

As características da linguagem para as quais o comportamento não é completamente padronizado devem ser evitadas: um programa que funciona em uma dada implementação pode deixar de funcionar se compilado para outra arquitetura, ou com outro compilador, ou mesmo com outra versão do mesmo compilador. Além disso, se alguma característica é descrita pelo padrão como indefinida, sua implementação não precisa nem mesmo ser coerente: um compilador pode adotar um curso de ação diferente para diferentes instâncias da mesma situação.

O padrão original da linguagem C, desenvolvido pelo Instituto Americano de Padronização (ANSI, do inglês *American National Standards Institute*), foi publicado em 1989 e adotado em 1990 pela Organização Internacional de Padrões (ISO[1]), juntamente com a Comissão Internacional Eletrotécnica (IEC, do inglês *International Electrotechnical Commission*). Esse padrão é conhecido pela sigla ISO/IEC 9899:1990. Ele foi corrigido em 1994, aumentado em 1995 e corrigido novamente em 1996. Uma nova versão foi publicada em 1999, sendo conhecida como ISO/IEC 9899:1999. Correções técnicas foram publicadas em 2001, 2004 e 2007, e reunidas, com adições, em uma terceira versão publicada em 2011. Este livro adota a versão ISO/IEC 9899:1999, com as correções publicadas até 2007, e incorpora as adições pertinentes da versão de 2011 [4].

1.2 PREPARANDO O AMBIENTE DE PROGRAMAÇÃO

É essencial dispor de um bom ambiente de programação. Programar se aprende programando – mesmo para aqueles que já sabem uma linguagem. A primeira providência é instalar um compilador e, preferencialmente, um ambiente de programação. A documentação dos ambientes e compiladores citados a seguir é abundante e facilmente encontrada. O sítio do livro (www.facp.pro.br/livroc) [3] contém orientações para a obtenção e instalação de alguns desses programas.

Todos os programas deste livro foram compilados e testados com o compilador gcc (*GNU Compiler Collection*, em inglês) [2], utilizando a biblioteca glibc (*GNU C Library*, em inglês) [5] como implementação das funções definidas no padrão. Tanto o compilador gcc quanto a biblioteca glibc são parte da maioria das distribuições Linux e, para aquelas que não os incorporam, são facilmente instalados por meio dos procedimentos padronizados para a instalação de novos pacotes.

Existem versões do gcc para ambientes Windows, as mais conhecidas são: MinGW (*Minimalist GNU for Windows*, em inglês) e CygWin (*GNU + Cygnus + Windows*). Os compiladores distribuídos exclusivamente para o ambiente Windows, como o MSVC++ (*Microsoft Visual C++*, em inglês), também podem ser usados: este livro indica os comportamentos não padronizados, de sorte que o aluno saberá identificar as diferenças em relação ao padrão adotado. Alguns ambientes de programação, como o CodeBlocks, funcionam com diversos compiladores.

---

[1] O nome inglês da organização é *International Organization for Standardization*. A sigla, embora próxima do nome inglês, foi concebida a partir do grego *isos* (igual) para ser independente de idioma.

PRÁTICA 1.1 Instale um ambiente de programação em sua máquina e verifique se ele está operacional.

1. Instale um compilador C ou verifique se já está instalado (alguns ambientes de programação já incorporam o compilador C).
2. Instale um ambiente de programação e siga sua documentação para verificar se ele está operacional.

O ideal é utilizar ambientes simples que permitam a digitação e compilação de programas sem a necessidade de criação de projetos – o foco deve ser a elaboração de programas, sem preocupação com configurações de projetos e demais funcionalidades presentes em ambientes complexos, principalmente para quem está iniciando. Consulte o sítio do livro para sugestões de ambientes de programação. ■

Capítulo 2

Compilação e Visão Preliminar dos Programas C

Este capítulo discute as etapas da compilação dos programas C e apresenta uma visão geral da linguagem, mostrando a estrutura da função principal, a declaração de variáveis simples e os comandos básicos de leitura, impressão e desvio do fluxo da execução.

O objetivo é familiarizar o leitor com o processo de desenvolvimento, permitir a elaboração dos primeiros programas e motivá-lo para as etapas subsequentes de aprofundamento dos mecanismos da linguagem C. É importante ter em mente que a linguagem C é por demais complexa para ser entendida em poucas páginas. A postura sugerida é buscar o entendimento dos conceitos gerais, sabendo que o estudo da linguagem continuará passo a passo nos próximos capítulos.

2.1 COMPILAÇÃO DE PROGRAMAS

Os programas C são textos contendo os comandos e declarações que devem ser traduzidos para a linguagem de máquina da arquitetura-alvo. O processo de tradução (também chamado de compilação) implica na conversão do programa, expresso em código-fonte, em um programa equivalente, expresso em código executável.

Código-fonte é o código escrito em uma linguagem de programação. Os programas-fontes são normalmente compostos de diversos códigos-fontes, armazenados em vários arquivos.

Código-objeto é o código gerado na linguagem de máquina da arquitetura-alvo. Esse código, entretanto, não pode ser diretamente executado pelo processador, já que nem todas as referências necessárias à execução estão resolvidas. Pode faltar, por exemplo, referências a endereços de funções que estão em outros códigos-objetos.

Código executável é o código gerado na linguagem de máquina da arquitetura-alvo, com todas as referências resolvidas, que pode ser diretamente executado pelo processador. O arquivo contendo esse código é chamado de programa executável.

É comum o uso indistinto das palavras código, programa e arquivo. Assim, programa-fonte designa o programa escrito em um código-fonte, e arquivo-fonte designa o arquivo que contém um programa-fonte. O mesmo ocorre com relação a programas-objetos e executáveis. Quando se usa apenas a palavra programa geralmente faz-se referência ao programa executável. O compilador C realiza a compilação dos programas-fontes em quatro etapas:

Pré-processamento. Nesta etapa o texto do programa é transformado lexicamente. Ocorre a supressão de espaços desnecessários, substituição de macros e, em especial, a inclusão de outros textos indicados pelas diretivas de pré-processamento #include. O texto resultante é chamado de *unidade de compilação*.

Compilação. Nesta etapa ocorre a análise sintática e semântica da unidade de compilação. Caso não haja erros, é gerado o código assembler correspondente.

Montagem. Nesta etapa ocorre a geração do código-objeto. Os comandos assembler são transformados em linguagem de máquina, faltando, entretanto, resolver as referências a (endereços de) objetos e funções implementados em outros códigos-objetos, como, por exemplo, as referências às funções das bibliotecas do sistema.

Ligação. Nesta etapa ocorrem a combinação de todos os códigos-objetos que compõem o programa e a resolução das referências não resolvidas na etapa anterior. O resultado é um código executável.

Todo o processo é chamado de compilação, embora a compilação propriamente dita ocorra na segunda etapa, resultando no código assembler que corresponde ao programa-fonte.

EXEMPLO 2.1 A figura a seguir ilustra o processo de compilação de um programa C. A última etapa mostra a combinação do código-objeto resultante da montagem do programa assembler com um código-objeto preexistente, contendo as funções da biblioteca que são referidas pelo programa.

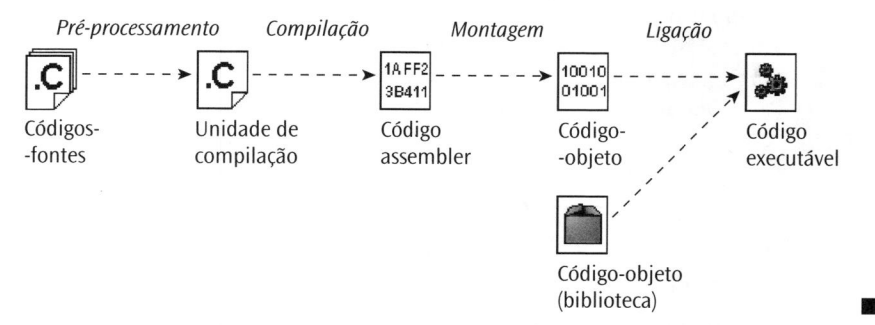

Pré-processamento → *Compilação* → *Montagem* → *Ligação*

Códigos-fontes → Unidade de compilação → Código assembler → Código-objeto → Código executável

Código-objeto (biblioteca)

Os arquivos que contêm os programas, em suas várias formas, possuem a extensão padronizada:

.c Os programas-fontes, contendo o código a ser compilado, são armazenados em arquivos com extensão .c: prog.c, calculo.c.

.h As declarações dos programas-fontes que podem ser usadas por outras unidades de compilação são armazenadas em arquivos com extensão .h: prog.h, calculo.h. Esses arquivos são chamados de *arquivos-cabeçalhos* ou simplesmente cabeçalhos e, quando usados, são parte integrante dos programas-fontes.

.s Os programas assembler, gerados na segunda etapa da compilação, são armazenados em arquivos com extensão .s: prog.s, calculo.s. Esses arquivos geralmente são removidos pelo compilador após o término da compilação.

.o Os programas-objetos, gerados na terceira etapa da compilação, são armazenados em arquivos com extensão .o: prog.o, calculo.o.

Os programas executáveis não possuem uma extensão padronizada. O compilador gcc armazena-os (por omissão) em arquivos com o nome a.out, mas é comum o uso da extensão .exe, ou mesmo não usar extensão alguma.

2.1.1 Arquivos-cabeçalhos e bibliotecas

Os arquivos-cabeçalhos são códigos-fontes contendo declarações de variáveis e funções que permitem ao compilador verificar a correção das referências feitas a esses elementos, e as bibliotecas são arquivos especiais que contêm o código-objeto de funções.

Biblioteca-padrão. O padrão da linguagem especifica um conjunto de funções que devem estar disponíveis em bibliotecas para serem incorporadas aos programas do usuário. Essas funções são declaradas em arquivos-cabeçalhos, geralmente organizados por finalidade ou área de aplicação. Por exemplo, as funções de entrada e saída são declaradas no arquivo-cabeçalho stdio.h e implementadas pela biblioteca libc.a, que também implementa funções declaradas em outros arquivos-cabeçalhos, e as funções matemáticas são declaradas no arquivo-cabeçalho math.h e implementadas pela biblioteca libm.a. O nome dos arquivos-cabeçalhos é padronizado, mas o das bibliotecas usadas para implementar as funções neles declaradas, não.

Um programa que use uma função de entrada e saída, cujo código-objeto está armazenado em uma biblioteca do sistema, deve incluir o arquivo-cabeçalho stdio.h e ser ligado à biblioteca que a implementa, na etapa de ligação. Para algumas funções, como a função printf, vista mais adiante, o compilador é capaz de identificar a biblioteca na qual está armazenado o código-objeto que a implementa; para outras, a biblioteca deve ser explicitamente identificada.

Denomina-se *biblioteca-padrão* o conjunto das bibliotecas que contêm as funções especificadas pelo padrão da linguagem. Este livro utiliza como referência a biblioteca glibc (*GNU C Library*) [5].

Arquivos-cabeçalhos do sistema. Os arquivos-cabeçalhos do sistema contêm as declarações das variáveis e funções cujos códigos-objetos estão armazenados na biblioteca-padrão.

Arquivos-cabeçalhos do usuário. O programador pode desenvolver arquivos-cabeçalhos próprios contendo declarações de funções e variáveis que ele deseja tornar disponíveis para outras unidades de compilação.

Inclusão de arquivos-cabeçalhos. Os arquivos-cabeçalhos são incluídos com a diretiva de pré-processamento #include. Quando a referência ao arquivo-cabeçalho é feita entre chaves angulares (< e >), o compilador a interpreta como uma referência a um arquivo-cabeçalho do sistema. Por exemplo, a diretiva #include <stdio.h> faz o arquivo-cabeçalho do sistema stdio.h ser incorporado ao programa.

Quando a referência ao arquivo-cabeçalho é feita entre aspas duplas, o compilador a interpreta como uma referência a um arquivo-cabeçalho do usuário, isto é, contendo declarações de funções codificadas pelo usuário, cujo código encontra-se em algum arquivo-objeto que será fornecido na linha de comando da compilação. Por exemplo, o uso da diretiva #include "calcula.h" faz o arquivo calcula.h ser incorporado ao programa; o compilador assume que as funções declaradas no cabeçalho estão implementadas em algum arquivo-objeto criado pelo usuário (provavelmente no arquivo `calcula.o`).

2.1.2 Comandos básicos de compilação

O compilador usado neste livro é o gcc (*GNU Compiler Collection*) [2]. Em seu modo mais simples basta relacionar os arquivos-fontes que se quer compilar. A opção de compilação -o ⟨*arqsai*⟩ faz o código executável ser armazenado no arquivo de nome ⟨*arqsai*⟩. Sem ela o código executável é armazenado em um arquivo de nome `a.out`.

EXEMPLO 2.2   Os comandos a seguir mostram alguns usos do compilador:

`gcc prog.c`	Compila o programa que está no arquivo `prog.c` e gera um executável, armazenando-o no arquivo `a.out`.
`gcc prog.c aux.c ent_sai.c`	Compila o programa cujo código está distribuído nos arquivos `prog.c`, `aux.c` e `ent_sai.c` e gera um executável no arquivo `a.out`.
`gcc -o prog prog.c`	Compila o programa que está no arquivo `prog.c` e gera um executável no arquivo `prog`.
`gcc prog.c aux.c ent_sai.c -o prg_exem`	Compila o programa cujo código está distribuído nos arquivos `prog.c`, `aux.c` e `ent_sai.c` e gera um executável no arquivo `prg_exem`.

O processo de compilação é aplicado a todos os arquivos indicados na linha de comando, preservando-se as etapas já realizadas para cada arquivo:

`gcc prog.s`	Compila o programa assembler que está no arquivo `prog.s`, executando as etapas de montagem e ligação. Gera um executável, armazenando-o no arquivo `a.out`.
`gcc prog.c aux.o ent_sai.s`	Compila o programa cujo código está distribuído nos arquivos `prog.c`, `aux.o` e `ent_sai.s`. Para o código em `prog.c` todas as etapas são executadas; para o código em `ent_sai.s` apenas as etapas de montagem e ligação são executadas; e o código em `aux.o` apenas participa da etapa de ligação, juntamente com os outros dois arquivos-objetos que são gerados (`prog.o` e `ent_sai.o`). O executável é armazenado no arquivo `a.out`.
`gcc -o prog prog.o`	Compila o programa que está no arquivo `prog.o`, executando apenas a etapa de ligação. O executável é armazenado no arquivo `prog`.
`gcc prog.c -o prg_exem aux.o ent_sai.s`	Compila o programa cujo código está distribuído nos arquivos `prog.c`, `aux.o` e `ent_sai.s` da forma já descrita. O programa executável é armazenado no arquivo `prg_exem`.

Este exemplo mostra que a opção -o ⟨*arqsai*⟩ pode aparecer em qualquer posição da linha de comando. ∎

2.1.3 Compilações parciais

Nas formas vistas até agora, o comando gcc realiza todas as etapas da compilação, destruindo os arquivos intermediários (código assembler e código-objeto): apenas os arquivos-fontes originais e o arquivo executável permanecem. Entretanto, é possível determinar ao compilador que execute etapas específicas, preservando os arquivos intermediários, com as seguintes opções de compilação:

- -E Realiza apenas a etapa de pré-processamento. O texto da unidade de compilação é mostrado no terminal. Pode-se usar a opção -o para armazenar a saída em um arquivo.
- -S Realiza as etapas de pré-processamento e compilação. Para cada unidade de compilação é gerado um código assembler que fica armazenado em um arquivo com a extensão .s.
- -c Realiza as etapas de pré-processamento, compilação e montagem. Para cada unidade de compilação é gerado um código-objeto que fica armazenado em um arquivo com extensão .o.

EXEMPLO 2.3 O programa a seguir, que se supõe armazenado no arquivo primeiro.c, ilustra o resultado das compilações parciais. Ele é discutido em detalhe na Seção 2.2.1.

```c
#include <stdio.h>
int main(void) {
  printf("primeiro programa");
  return 0;
}
```

A tabela a seguir mostra trechos dos arquivos que são gerados quando se compila o arquivo primeiro.c com as opções indicadas em cada coluna.

Na tabela, o comando da coluna esquerda interrompe a compilação do arquivo primeiro.c logo após a geração da unidade de compilação. A opção -o faz a saída do procedimento ser armazenada no arquivo primeiro.e. O texto da coluna mostra que a diretiva #include <stdio.h> é substituída pelo conteúdo do arquivo stdio.h (de fato, apenas duas declarações de stdio.h são mostradas).

O comando central causa a compilação do arquivo primeiro.c até a geração do código assembler correspondente. A saída desse procedimento é armazenada no arquivo primeiro.s (por omissão). O texto da coluna mostra parte do código assembler gerado.

gcc -E primeiro.c -o primeiro.e	gcc -S primeiro.c	gcc -c primeiro.c
extern int printf (__const char *__restrict __format, ...);	pushl % ecx subl $4 , % esp movl $.LC0, (% esp) call printf	08 00 8D 4C 24 04 83 E4 F0 FF 71 FC 55 89 E5 51 83 EC 04 C7 04 24 00 00 00 00 E8 FC FF FF FF B8 00 00 00 00 83 C4 04 59

extern void funlockfile (FILE *__stream) __attribute__ ((__nothrow__));	movl $0, %eax
	addl $4, %esp
	popl % ecx
	popl % ebp
	leal
		5D 8D 61 FC C3 00 70 72 69 6D
		65 69 72 6F 20 70 72 6F 67 72
		61 6D 61 00 00 47 43 43 3A 20

int main(void) {
  printf("primeiro programa");
  return 0;
}
	-4(% ecx), % esp
	ret	

O comando da coluna direita causa a compilação do arquivo `primeiro.c` até a geração do código-objeto correspondente à unidade de compilação. A saída desse procedimento é armazenada no arquivo `primeiro.o` (por omissão). O texto da coluna, organizado em grupos de 8 bits, no formato hexadecimal, mostra parte do código-objeto gerado. Por exemplo, o código hexadecimal E4 corresponde aos bits 11100100. ∎

2.1.4 Especificando o padrão a ser usado

Alguns compiladores podem trabalhar com vários padrões para uma mesma linguagem. Esse é o caso do compilador gcc, que adota como norma um padrão próprio, estendendo o padrão ISO/IEC 9899:1990. Para fazer o gcc adotar o padrão ISO/IEC 9899:1999 deve-se usar a opção de compilação `-std=c99`. (Para versões do compilador que implementam o padrão de 2011, deve-se usar a opção `-std=c11`). Recomenda-se também que as compilações sejam realizadas com as opções `-Wall`, para forçar a produção de todos os avisos do compilador, e `-pedantic`, para que os diagnósticos especificados pelo padrão sejam fornecidos. Os comandos de compilação devem ser da forma:

```
gcc prog.c -o prg_exem aux.o ent_sai.s -std=c99 -Wall -pedantic
```

Os programas deste livro foram todos compilados com as três últimas opções.

2.2 ESTRUTURA DAS FUNÇÕES DE UM PROGRAMA C

Os comandos de um programa C são escritos no interior de funções, cuja estrutura é dada pela gramática:

⟨*Função*⟩ ::= ⟨*Tipo ValorRetorno*⟩ ⟨*NomeFunção*⟩ (⟨*ListaParâmetros*⟩)
⟨*CorpoFunção*⟩

O termo ⟨*Tipo ValorRetorno*⟩ indica o tipo do valor de retorno, se um valor inteiro, decimal ou caractere, por exemplo. O termo ⟨*NomeFunção*⟩ é o identificador pelo qual a função será referida e ⟨*ListaParâmetros*⟩ é a relação dos parâmetros que serão associados aos valores que a função espera receber para realizar suas ações. O termo ⟨*CorpoFunção*⟩ é o corpo da função, sempre delimitado por chaves.

A função principal de um programa C deve ter o nome `main`, retornar um valor inteiro e pode ou não possuir parâmetros. Inicialmente, a função `main` será usada sem parâmetros, com a seguinte estrutura:

`int main(void) {`	Linha inicial da definição, contém o tipo do valor de retorno, `int`, o nome, `main`, a palavra-chave `void` para indicar a lista de parâmetros vazia e a chave que delimita o início do seu corpo.
`  return 0;`	Comando de retorno da função; interrompe o processamento. Deve ser o último comando antes do fim do corpo da função.
`}`	Chave que delimita o fim do corpo da função.

Todo programa contém a definição de uma única função `main`, que inicia o processamento, podendo conter outras funções que são executadas através de chamadas específicas.

2.2.1 Primeiro programa

O código abaixo é um programa C completo. Sua primeira linha é uma diretiva de pré-processamento, `#include`, que inclui o arquivo-cabeçalho `stdio.h` contendo as declarações necessárias para o compilador verificar a referência à função `printf`.

```
1  #include <stdio.h>
2  int main(void) {
3    printf("primeiro programa");
4    return 0;
5  }
```

A função `main` está definida nas linhas 2–5. Na linha 3 existe uma chamada a uma função de nome `printf`; o resultado dessa chamada é a impressão dos caracteres entre aspas. O comando da linha 4 interrompe a execução da função `main`, finalizando o programa.

Se esse programa estiver no arquivo `primeiro.c`, sua compilação com o comando `gcc primeiro.c` irá gerar um programa executável, armazenado no arquivo `a.out`, cuja execução exibe a mensagem "primeiro programa".

PRÁTICA 2.1 Digite o programa desta seção em um arquivo texto de nome `primeiro.c`. A seguir, em um terminal, no mesmo diretório em que se encontra o arquivo `primeiro.c`, digite o comando `gcc primeiro.c`. O processo de compilação deve ocorrer sem mensagem de erro e o programa executável será armazenado no arquivo `a.out`. Observe os seguintes pontos:

1. A digitação deve seguir estritamente o texto do programa. É muito comum, principalmente no início do aprendizado, o esquecimento de caracteres como chaves, aspas e ponto e vírgula: todos os caracteres devem ser digitados da forma mostrada, respeitando-se o uso de maiúsculas e minúsculas.

2. Cuide para que o nome do arquivo-texto gerado não tenha extensões escondidas. Alguns editores de texto costumam apor a extensão `.txt` ao nome do arquivo, fazendo um arquivo salvo como `prog.c` ter, de fato, o nome `prog.c.txt`.

3. Se o comando `gcc` não puder ser executado, é possível que o seu ambiente não esteja identificando o local onde o compilador está instalado. Forneça o caminho completo do local onde reside o compilador ou modifique a variável de ambiente (geralmente `PATH`) para incluir esse caminho.

Repita a compilação do programa, agora com o comando `gcc -o primeiro primeiro.c` e observe que o programa executável é armazenado no arquivo `primeiro`. Execute o programa, digitando `./primeiro`[1], e observe a impressão da mensagem "primeiro programa" no terminal. ■

A compilação do primeiro programa, mostrado nesta seção, pode ser descrita do seguinte modo:

Pré-processamento. A diretiva de pré-processamento `#include <stdio.h>` é substituída pelo conteúdo do arquivo `stdio.h`. O texto do programa não requer outras modificações léxicas (pois não contém espaços desnecessários, macros, etc.).

---

[1] Em alguns sistemas basta digitar `primeiro`. O uso do ponto seguido da barra inclinada é para os sistemas em que o diretório local não faz parte do caminho-padrão dos arquivos executáveis.

Programa-fonte	⇒	Unidade de compilação
| ```c
#include <stdio.h>
int main(void) {
  printf("primeiro programa");
  return 0;
}
``` | | *Declaração da função **printf**.*<br>*Demais declarações do arquivo **stdio.h**.*<br>```c
int main(void) {
  printf("primeiro programa");
  return 0;
}
``` |

Com a inclusão do arquivo-cabeçalho `stdio.h`, a declaração da função `printf` passa a fazer parte da unidade de compilação, permitindo ao compilador verificar se a referência a essa função está correta.

Compilação. O compilador realiza a verificação sintática e semântica da unidade de compilação. Verifica, por exemplo, se a estrutura da função `main` está correta, se a chamada à função `printf` está de acordo com sua declaração, e se o comando `return 0` é compatível com o valor de retorno da função `main`. O código assembler contendo os comandos da unidade de compilação é gerado. A chamada à função `printf`, juntamente com o argumento que deve ser passado a essa função, fazem parte do código assembler, embora o código que implementa a função ainda não esteja incorporado ao programa.

Montagem. O código-objeto contendo os comandos em linguagem de máquina é gerado. Nesse momento, todos os endereços das funções e variáveis não definidas na própria unidade de compilação ficam pendentes. Este é o caso da função `printf`, cujo código ainda não foi incorporado ao programa.

Ligação. Aqui o compilador, sabendo que há uma referência à função `printf`, localiza o código-objeto que implementa essa função e o incorpora ao programa. Todas as referências a endereços ficam resolvidas.

2.3 DESENVOLVENDO OS PRIMEIROS PROGRAMAS

O primeiro programa, mostrado na seção anterior, continha apenas uma chamada à função `printf`, causando a impressão do argumento passado a essa função. Esta seção mostra outras funções e comandos necessários ao desenvolvimento de programas simples.

Alerta. Os programas C contêm detalhes discutidos apenas nos capítulos subsequentes. Desse modo, os programas deste capítulo devem ser digitados e executados estritamente conforme mostrado. Aconselha-se o leitor não familiarizado com programação a conter a curiosidade em relação a aspectos ainda não discutidos. Por exemplo, um comando que permite a leitura de um número inteiro não irá funcionar para todos os números digitados, tampouco tratará corretamente a digitação de letras. Todas as declarações, funções e comandos são apresentados preliminarmente apenas para:

1. Ilustrar a estrutura dos programas C.
2. Fornecer uma visão geral da linguagem.
3. Possibilitar o entendimento dos programas usados como exemplos nos próximos capítulos.

2.3.1 Comentários

Existem dois tipos de comentários em um programa C:

1. Os delimitados pelas sequências de caracteres /* e */. Esses comentários podem englobar várias linhas.
2. Os que iniciam com a sequência de caracteres //. Esses comentários compreendem todos os caracteres a partir da barra dupla até o fim da linha.

EXEMPLO 2.4 O programa a seguir contém os dois tipos de comentários. O primeiro comentário inicia e termina na linha 1. O segundo comentário, também delimitado por asterisco e barra, inicia na linha 4 e vai até à linha 6. As linhas 8 e 9 contêm um comentário cada.

```
1  /* Programa exemplo */
2  #include <stdio.h>
3  int main(void) {
4    /* Impressao da mensagem
5     * usada como argumento
6     */
7    printf("primeiro programa");
8    return 0;   // Comando de retorno
9                // Linha em branco
10 }
```

Os comentários são eliminados na fase de pré-processamento. São, entretanto, importantes para documentar o código: facilitam o entendimento dos programas e favorecem sua manutenibilidade.

2.3.2 Declarando variáveis

As variáveis designam os locais da memória onde ficam armazenados os valores manipulados pelos programas. A declaração de uma variável consiste na determinação do seu nome e do tipo de valor que pode ser armazenado, com a possível atribuição de um valor inicial. Uma mesma declaração pode declarar inúmeras variáveis de um mesmo tipo, separadas por vírgulas. Toda declaração termina com um ponto e vírgula. Neste capítulo usaremos os tipos int, para indicar que as variáveis podem armazenar valores inteiros, e double, para indicar que as variáveis podem armazenar valores reais.

EXEMPLO 2.5 O programa a seguir não produz efeito algum quando executado, pois apenas declara algumas variáveis e encerra a execução.

As variáveis taxa e matricula são declaradas na linha 2, e as variáveis qtd, seq e aux, todas do tipo int, são declaradas na linha 3.

```
1  int main(void) {
2    int taxa, matricula;
3    int qtd = 3, seq, aux;
4    double salario;
5    double juros, amortizacao = 2.7;
6    return 0;
7  }
```

A variável `salario`, do tipo `double`, é declarada na linha 4, e as variáveis `juros` e `amortizacao`, ambas do tipo `double`, são declaradas na linha 5. Apenas as variáveis `qtd` e `amortizacao` são iniciadas, a primeira com o valor 3 e a segunda com o valor 2,7. As demais possuem valor inicial desconhecido. ∎

O ponto decimal é usado para indicar as casas decimais dos valores reais. O valor 23,45, por exemplo, é grafado como `23.45`.

2.3.3 Atribuindo valores

Uma variável deve ser declarada antes de ser utilizada no texto de um programa. O sinal de igual (=) indica a operação de atribuição de valores, pela qual atribui-se à variável do lado esquerdo o valor da expressão do lado direito. Uma variável permanece com o valor que lhe foi atribuído até que haja uma nova atribuição.

EXEMPLO 2.6 No programa a seguir, as variáveis y e r são declaradas com os valores iniciais 3 e 12,3, respectivamente. Na linha 4, atribui-se o valor 2 à variável x. Na linha 5, o valor 34, resultante da expressão x + 32, é atribuído à variável y. Após a atribuição, o valor inicial de y é perdido: toda referência a y passa a resultar no valor 34.

```
1  int main(void) {
2    int x, y = 3;
3    double r = 12.3, s;
4    x = 2;
5    y = x + 32;
6    s = x + r;
7    return 0;
8  }
```

Na linha 6, o valor 14,3, resultante da expressão x + r, é atribuído à variável s. A referência a uma variável produz o valor que ela armazena: a expressão x + r, na linha 6, produz o valor 14,3 porque neste ponto o valor de x é 2 e o de r é 12,3.

A execução desse programa não produz efeito visível, já que após atribuir os valores às variáveis o programa para sem nada imprimir. ∎

Os sinais +, -, * e / são usados para indicar as o operações matemáticas da soma, subtração, multiplicação e divisão. Por exemplo, a * b é a multiplicação e a / b a divisão dos valores armazenados nas variáveis a e b.

2.3.4 Lendo valores do teclado

O modo mais simples de ler um valor do teclado e armazená-lo em uma variável é através da função `scanf`:

`scanf("%d", &x);`   Lê um valor inteiro do teclado armazenando-o na variável x, que deve ter sido declarada como do tipo `int`.

`scanf("%lf", &y);`   Lê um valor real do teclado armazenando-o na variável y, que deve ter sido declarada como do tipo `double`.

O uso da função `scanf` em um programa requer a inclusão do arquivo-cabeçalho `stdio.h`, que contém sua declaração.

EXEMPLO 2.7 A primeira linha do programa a seguir inclui o arquivo-cabeçalho `stdio.h`, o que permite referências corretas à função `scanf`. O programa lê quatro valores do teclado. Na linha 5 um valor inteiro é lido e armazenado na variável `qtd`. Na linha 6, o valor lido é armazenado na variável `taxa`.

A função da linha 7 lê um valor real, armazenando-o na variável `salario`. Na linha 8, uma nova leitura é realizada: a variável `salario` fica com o valor obtido nesta última leitura.

A execução desse programa será interrompida a cada leitura, até que um valor seja digitado no teclado, seguido da tecla *Enter*.

```
1  #include <stdio.h>
2  int main(void) {
3     int qtd = 2, taxa;
4     double salario;
5     scanf("%d", &qtd);
6     scanf("%d", &taxa);
7     scanf("%lf", &salario);
8     scanf("%lf", &salario);
9     return 0;
10 }
```

Como o programa não imprime mensagem alguma, não há indicação das paradas: o usuário deve digitar, em sequência, os quatro valores esperados pelo programa, cada um seguido da tecla *Enter*. O programa para após a digitação do último valor, sem nada imprimir. ∎

O caractere `&` antes do nome da variável é necessário: sem ele a atribuição não ocorre. Também é importante usar as diretivas `"%d"` e `"%lf"` para indicar o tipo do valor lido, que deve ser idêntico ao tipo da variável. Ocorre um erro se, na execução de um comando `scanf("%d", &x)`, por exemplo, for digitado um valor real[2].

2.3.5 Imprimindo mensagens e valores

A função `printf` imprime no terminal de vídeo o seu primeiro argumento, especificado entre aspas duplas: `printf("mensagem")` imprime a palavra "mensagem" e o comando `printf("Pedro Bala")` imprime o nome "Pedro Bala".

Quando na cadeia de caracteres entre aspas duplas aparece uma diretiva de impressão `%d` ou `%f`, ela é substituída pelo valor do próximo argumento, que deve ser um valor do tipo `int`, para a diretiva `%d`, ou do tipo `double`, para a diretiva `%f`. As diretivas `%d` e `%f` são substituídas pelos próximos argumentos na sequência em que aparecem: a primeira diretiva é substituída pelo valor do segundo argumento, a segunda diretiva pelo valor do terceiro argumento e assim por diante.

```
printf("valor = %d", val);
```

Se `val` for igual a 23, imprime a cadeia de caracteres "valor = 23".

---

[2] A digitação de um valor real ocorre sempre que o usuário digita o ponto decimal (como em 2.34) ou a vírgula decimal (como em 2,34) – o que caracteriza a digitação de um valor real depende do ambiente no qual o programa é executado. Já os valores reais usados nos textos dos programas devem ser grafados com o ponto decimal.

```
printf("valor = %d e taxa = %d", val, tx);
```
Se `val` for igual a 23 e `tx` for igual a 400, imprime a cadeia de caracteres "valor = 23 e taxa = 400".

```
printf("Salario entre %f (menor) e %f (maior). Taxa = %d", sal, 12 * sal, taxa);
```

Se `sal` for igual a 230,3 e `taxa` igual a 76, imprime a cadeia de caracteres "Salario entre 230.300000 (menor) e 2763.600000 (maior). Taxa = 76".

O valor do terceiro argumento é o resultado da multiplicação de 12 por `sal`. Os valores reais são impressos com uma quantidade padronizada de casas decimais.

O uso da função `printf` em um programa requer a inclusão do arquivo-cabeçalho `stdio.h`, que contém sua declaração.

EXEMPLO 2.8   A primeira linha do programa a seguir inclui o arquivo-cabeçalho `stdio.h`, o que permite referências corretas às funções `printf` e `scanf`. O programa lê dois valores do teclado e imprime a soma dos valores lidos.

Nas linhas 4 e 6, são impressas mensagens orientando o usuário a digitar valores inteiros.

```
1  #include <stdio.h>
2  int main(void) {
3     int x, y;
4     printf("Primeiro valor inteiro: ");
5     scanf("%d", &x);
6     printf("Segundo valor inteiro: ");
7     scanf("%d", &y);
8     printf("Soma = %d", x + y);
9     return 0;
10 }
```

Na linha 5, um valor é lido e armazenado na variável x, e na linha 7, o valor lido é armazenado na variável y. O comando da linha 8 imprime a soma dos valores lidos.

A execução desse programa requer que o usuário digite os valores esperados, se houver digitação de valores reais ou caracteres, por exemplo, o resultado será errado.   ∎

Em uma cadeia de caracteres, o caractere representado pela sequência \n causa um salto de linha. Por exemplo, comando `printf("Valor = %d\nTaxa = %d", 2, 3)` causa a seguinte impressão:

```
Valor = 2
Taxa = 3
```

2.3.6   Fluxo de execução

O fluxo de execução de um programa é a sequência dos comandos executados pelo programa durante o seu processamento. A execução de um programa C inicia no primeiro comando da função `main` e prossegue com os comandos seguintes, em sequência, até a execução do último comando da função `main` ou de um comando que finalize a execução.

2.3.7 Testando valores e desviando o fluxo de execução

O fluxo de execução pode ser desviado com o comando if. Esse comando testa a condição entre parênteses e desvia o controle da execução para o início do *bloco-então*, delimitado pelo par de chaves após a condição; ou para o início do *bloco-senão*, delimitado pelo par de chaves após o else.

Se a *condição* for verdadeira, o controle é desviado para o primeiro comando do bloco-então. Se a *condição* for falsa, o controle é desviado para o primeiro comando do bloco-senão. Terminada a execução de um dos blocos, o controle passa para o próximo comando após o if.

```
if ( condição ) {
     comandos do bloco-então
} else {
     comandos do bloco-senão
}
```
→ Próximo comando após o if.

Se não existir bloco-senão e a condição for falsa, o controle passa para o próximo comando após o if.

```
if( condição ){
     comandos do bloco-então
}
```
→ Próximo comando após o if.

As condições mais comuns são especificadas como comparações, com os operadores >, maior, <, menor, >=, maior ou igual, <=, menor ou igual, !=, diferente, e ==, igual.

EXEMPLO 2.9 O programa a seguir lê dois números inteiros, x e y (linhas 4-5), e imprime o maior deles. A condição do if (linha 7) compara o valor de x com o valor de y. Se $x > y$, então o comando da linha 8 é executado; senão, o comando da linha 10 é executado.

```
1   #include <stdio.h>
2   int main(void) {
3     int x, y;
4     scanf("%d", &x);
5     scanf("%d", &y);
6     printf("O maior numero digitado foi ");
7     if (x > y) {
8       printf("%d", x);
9     } else {
10      printf("%d", y);
11    }
12    return 0;
13  }
```

EXEMPLO 2.10 O programa a seguir lê dois números reais, a e b (linhas 4-5), e imprime a raiz da equação linear $ax + b = 0$. O comando da linha 6 imprime a equação com os coeficientes lidos. A condição do if da linha 7 verifica se o valor de a é igual a $0,0^3$; se for, a equação não possui raízes e o programa imprime a mensagem "Não existe raiz" (linha 8); senão, o programa imprime a raiz −b/a (linha 10).

```
1  #include <stdio.h>
2  int main(void) {
3     double a, b;
4     scanf("%lf", &a);
5     scanf("%lf", &b);
6     printf("Equacao: %fx + %f = 0\n", a, b);
7     if (a == 0.0) {
8        printf("Nao existe raiz\n");
9     } else {
10       printf("Raiz = %f \n", (-b / a));
11    }
12    return 0;
13 }
```

A execução desse programa, se os números 2 e 3 forem digitados, produzirá a saída a seguir.

```
Equacao: 2.000000x + 3.000000 = 0
Raiz = -1.500000
```

2.3.8 Chamando funções

Um programa normalmente contém diversas funções além da função main. Elas são referidas pelo nome, seguido da lista de argumentos entre parênteses, que pode não existir. Quando uma função é chamada, o fluxo de execução é desviado para o primeiro comando dessa função e só retorna à função chamadora após o término da função chamada. Os argumentos da chamada são usados pela função para executar suas ações. Por exemplo, quando a função printf é chamada, o fluxo de execução é desviado para o seu primeiro comando e os argumentos da chamada são usados pelo código da função para realizar a impressão, conforme já visto; somente após a impressão o controle volta à função chamadora.

As funções printf e scanf já foram usadas neste capítulo. A seguir, será mostrado o uso de mais duas funções do sistema:

pow(a, b)   Retorna o valor de a^b. Isto é, pow(2, 3) retorna o valor 8,0.
sqrt(a)   Retorna o valor de $\sqrt{a}$. Isto é, sqrt(9) retorna o valor 3,0.

As funções pow e sqrt retornam valores e, portanto, podem ser utilizadas em comandos de atribuição. Elas estão declaradas no arquivo-cabeçalho math.h e seus códigos-objetos encontram-se na biblioteca libm.a.

EXEMPLO 2.11 O programa a seguir lê um número real, armazenando-o na variável x (linha 5). Na linha 6, a função sqrt é chamada tendo como argumento o número lido; o resultado da função (a raiz quadrada do número lido) é armazenado na variável r. Em seguida, a função

---

[3] De fato, por conta da imprecisão na representação dos números reais, não se deve verificar diretamente a igualdade entre dois números reais. O tratamento desse tipo de imprecisão é discutido na Seção 14.4.3.

pow é chamada tendo o número lido como primeiro e o valor 3 como segundo argumento; o cubo do número lido é armazenado na variável p (linha 7).

```
1  #include <stdio.h>
2  #include <math.h>
3  int main(void) {
4    double x, r, p;
5    scanf("%lf", &x);
6    r = sqrt(x);
7    p = pow(x, 3);
8    printf("Raiz de %f = %f\n", x, r);
9    printf("Cubo de %f = %f\n", x, p);
10   return 0;
11 }
```

Nas linhas 8 e 9, o programa imprime a raiz quadrada e o cubo do número lido.

A diretiva #include <math.h> inclui o arquivo-cabeçalho que contém as declarações das funções sqrt e pow. Embora a biblioteca libm.a seja uma biblioteca do sistema, não é incluída automaticamente, sendo necessário indicar o seu uso no comando de compilação. Considerando que esse programa esteja armazenado em um arquivo de nome raiz.c, sua compilação pode ser realizada com o comando

```
gcc -o raiz raiz.c -std=c99 -Wall -pedantic -lm
```

A opção de compilação -lm é necessária para indicar que o compilador deve usar a biblioteca libm.a na etapa de ligação (as demais, -std=c99 -Wall -pedantic, fazem o compilador gcc adotar o padrão ISO/IEC 9899:1999 e mostrar os avisos e diagnósticos da compilação). ■

As funções do próprio programa são referidas do mesmo modo. Excetuando-se as funções da biblioteca-padrão, este capítulo trata apenas de funções do próprio programa que não retornam valor e não possuem parâmetros.

EXEMPLO 2.12 O programa a seguir define duas funções, imp_ini (linhas 2-4) e imp_fim (linhas 5-7), ambas sem valor de retorno, especificado como void, e sem argumento, especificado como void.

Na função principal, a função imp_ini é chamada na linha 11, fazendo o fluxo de execução ser desviado para o primeiro comando dessa função. Após a execução do comando de impressão da linha 3, a função imp_ini termina e o fluxo de execução volta para o comando da linha 12 (o primeiro após a chamada da função imp_ini).

```
1  #include <stdio.h>
2  void imp_ini(void) {
3    printf("impressao do cabecalho\n");
4  }
5  void imp_fim(void) {
6    printf("fim de programa\n");
7  }
8
9  int main (void) {
10   int x;
11   imp_ini();
12   scanf("%d", &x);
13   printf("dobro = %d\n", (2 * x));
14   imp_fim();
15   return 0;
16 }
```

Os comandos das linhas 12 e 13 fazem com que seja lido um número inteiro e impresso o dobro do número lido. A função `imp_fim` é chamada na linha 14, causando novo desvio do fluxo de execução. O comando da linha 6 imprime a mensagem "fim de programa"; depois disso, o fluxo de execução volta para a função principal, na linha 15, cujo comando encerra o programa.

A ordem em que as funções são codificadas é importante porque uma função não pode ser referida antes da sua declaração. Assim, como as funções `imp_ini` e `imp_fim` são referidas pela função `main`, devem ser declaradas antes de `main`. ∎

As chamadas às funções de um programa podem ser ilustradas por um diagrama de sequência, em que cada função é representada por uma linha vertical e a execução das funções por retângulos nessa linha. O seguinte diagrama de sequência mostra o fluxo de execução do programa do exemplo anterior:

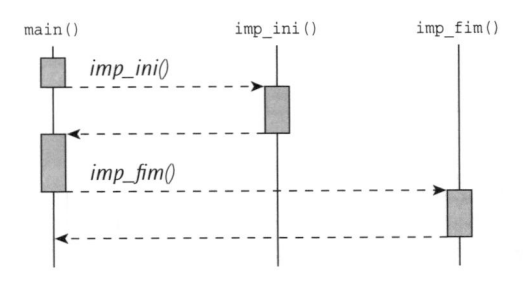

O diagrama é lido da esquerda para a direita, de cima para baixo. A chamada à função `imp_ini` é indicada por uma seta tracejada, com o nome da função. A interrupção da função `main` é indicada pela interrupção do retângulo que representa sua execução. O retorno da função `imp_ini` também é indicado por uma seta e interrompe a execução da função chamada, reiniciando a execução da função chamadora. Como mostrado no diagrama, geralmente omitem-se as chamadas às funções do sistema, como `scanf` e `printf`.

2.4 USANDO VARIÁVEIS GLOBAIS

Até agora apenas variáveis locais, declaradas no corpo da função `main`, foram utilizadas. Quando uma variável é declarada no corpo de uma função, ela é local a essa função: não pode ser referida fora dela.

Para permitir que uma função utilize variáveis cujo valor foi definido em outra função, costuma-se passar esse valor como argumento. Essa é a solução adotada nas chamadas às funções `pow` e `sqrt`, por exemplo. Outra solução é declarar a variável como global: disponível para todas as funções do programa.

As variáveis locais são removidas tão logo termina a execução da função na qual são declaradas. Por outro lado, as variáveis globais permanecem em memória durante toda a execução do programa. Uma variável é global quando está declarada fora do corpo de qualquer função.

As variáveis globais são usadas neste capítulo para permitir o compartilhamento de dados entre funções, porque a opção mais adequada requer o uso de argumentos e a declaração de funções parametrizadas, vistas apenas no Capítulo 9.

EXEMPLO 2.13 O programa a seguir lê um valor do teclado e imprime o dobro do valor lido, apenas chamando em sequência as funções `lerdados` e `impdados`.

A variável x, declarada na linha 2, é global: pode ser referida por qualquer função após a sua declaração.

A função `lerdados` refere-se à variável global x, pois lê um valor do teclado e armazena o valor lido em x (linha 5), não existindo na própria função uma declaração local da variável x.

```
1  #include <stdio.h>
2  int x;
3  void lerdados(void) {
4    printf("Digite um valor inteiro: ");
5    scanf("%d", &x);
6  }
7  void impdados(void) {
8    printf("dobro = %d\n", (2 * x));
9  }
10 int main(void) {
11   lerdados();
12   impdados();
13   printf("fim programa\n");
14   return 0;
15 }
```

O valor armazenado em x, em decorrência da execução da função `lerdados`, fica disponível para uso pelo comando de impressão da função `impdados` (linha 8). ∎

2.5 UNIDADES DE COMPILAÇÃO E ESTRUTURA DOS PROGRAMAS C

Esta seção aprofunda o conceito de unidade de compilação e mostra como os programas C podem ser estruturados. A compreensão dos mecanismos de distribuição do código em diversas unidades de compilação é importante para o entendimento dos conceitos de declaração e definição dos elementos de um programa, ligação dos identificadores com os espaços de memória que eles designam, escopo dos identificadores, etc. Por outro lado, esses mecanismos são complexos e podem oferecer dificuldades desnecessárias ao iniciante em programação. Por isso eles estão resumidos nesta seção, e não misturados com a visão preliminar apresentada nas seções anteriores. O leitor novato em programação pode desconsiderá-los em uma primeira leitura, retomando-os após ter avançado no entendimento da linguagem. Caso decida por essa abordagem, é necessário saber que os pontos que os próximos capítulos referem-se a múltiplas unidades de compilação ficam prejudicados e também devem ser revisitados posteriormente.

2.5.1 Unidade de compilação com um único arquivo-fonte

Os programas podem ser codificados em um ou vários arquivos-fontes e podem ser distribuídos em várias unidades de compilação, compiladas separadamente. O programa a seguir é usado como base para a discussão. Ele lê do teclado três números reais, a, b e c, e imprime as raízes reais da equação quadrática $ax^2 + bx + c = 0$.

```c
1  #include <stdio.h>
2  #include <math.h>
3  int main(void) {
4    double a, b, c, delta, r1,r2;
5    printf("Digite o coeficiente a: ");
6    scanf("%lf", &a);
7    printf("Digite o coeficiente b: ");
8    scanf("%lf", &b);
9    printf("Digite o coeficiente c: ");
10   scanf("%lf", &c);
11   delta = pow(b, 2) - 4 * a * c;
12   if (delta >= 0.0) {
13     r1 = (-b + sqrt(delta)) / (2 * a);
14     r2 = (-b - sqrt(delta)) / (2 * a);
15   }
16   if (delta >= 0.0) {
17     printf("Raiz r1 = %f\n", r1);
18     printf("Raiz r2 = %f\n", r2);
19   } else {
20     printf("Sem raizes reais\n");
21   }
22   return 0;
23 }
```

A linha 4 declara as variáveis a, b, c, delta, r1 e r2, todas do tipo double, indicando que podem armazenar valores reais. Nas linhas 5-10 temos a leitura dos coeficientes a, b e c da equação. O valor de delta ($b^2 - 4ac$) é calculado na linha 11 e armazenado na variável delta. O cálculo das raízes r1 e r2 é realizado nas linhas 13 e 14, apenas se o valor de delta for maior ou igual a zero (comando if da linha 12). A impressão dos valores armazenados em r1 e r2 (linhas 17-18) também ocorre apenas se delta for maior ou igual a zero; caso contrário, o programa imprime uma mensagem dizendo que não existem raízes reais. O programa termina com a execução do comando da linha 22.

Esse programa está codificado em um único arquivo-fonte, de nome eq_quad.c. Assim, possui apenas uma unidade de compilação, que gera um único código-objeto. O comando

    gcc -c eq_quad.c -std=c99 -Wall -pedantic

compila o programa e gera o código-objeto eq_quad.o. Já o comando

    gcc -o eq_quad eq_quad.o -std=c99 -Wall -pedantic -lm

gera o executável eq_quad, efetuando a ligação do código-objeto eq_quad.o com o código-objeto das demais funções referidas no programa. A opção -lm é necessária para indicar que a biblioteca libm.a (que contém o código-objeto das funções sqrt e pow) deve ser usada na etapa de ligação. Todo o processo também pode ser realizado com um único comando:

    gcc -o eq_quad eq_quad.c -std=c99 -Wall -pedantic -lm

2.5.2 Múltiplas unidades de compilação

Nesta seção, uma versão do programa da seção anterior é criada com três unidades de compilação. A nova versão é estruturada do seguinte modo:

1. A primeira unidade é codificada em um arquivo-fonte de nome ent_sai.c, contendo as funções de leitura dos números reais e impressão das raízes da equação.
2. A segunda unidade é codificada em um arquivo-fonte de nome calcula.c, contendo as funções para o cálculo do delta e das raízes.
3. A terceira unidade é codificada em um arquivo-fonte de nome eq_quad2.c, contendo a função main, que chama as demais.

O código do programa original é distribuído nesses três arquivos da forma ilustrada na Figura 2.1 e detalhada a seguir.

ENT_SAI.C

```c
#include <stdio.h>
double a, b, c, delta, r1, r2;
void ler_dados(void) {
  printf("Digite o coeficiente a: ");
  scanf("%lf", &a);
  printf("Digite o coeficiente b: ");
  scanf("%lf", &b);
  printf("Digite o coeficiente c: ");
  scanf("%lf", &c);
}
void imp_resultado(void) {
  if (delta >= 0.0) {
    printf("Raiz r1 = %f\n", r1);
    printf("Raiz r2 = %f\n", r2);
  } else {
    printf("Sem raizes reais\n");
  }
}
```

CALCULA.C

```c
#include <math.h>
extern double a, b, c, delta, r1, r2;
void calcula_delta(void) {
  delta = pow(b, 2.0) - 4.0 * a * c;
}
void calcula_raizes(void) {
  calcula_delta();
  if (delta >= 0.0) {
    r1 = (-b + sqrt(delta)) / (2.0 * a);
    r2 = (-b - sqrt(delta)) / (2.0 * a);
  }
}
```

eq_quad.c

```
#include <stdio.h>
#include <math.h>
int main(void) {
    double a, b, c, delta, r1, r2;
    printf("Digite o coeficiente a: ");
    scanf("%lf", &a);
    printf("Digite o coeficiente b: ");
    scanf("%lf", &b);
    printf("Digite o coeficiente c: ");
    scanf("%lf", &c);

    delta = pow(b, 2) - 4 * a * c;

    if (delta >= 0) {
        r1 = (-b + sqrt(delta)) / (2 * a);
        r2 = (-b - sqrt(delta)) / (2 * a);
    }

    if (delta >= 0) {
        printf("Raiz r1 = %f\n", r1);
        printf("Raiz r2 = %f\n", r2);
    } else {
        printf("Sem raizes reais\n");
    }
    return 0;
}
```

ent_sai.c
ler_dados()
imp_resultado()

calcula.c
calcula_delta()
calcula_raizes()

eq_quad2.c
```
int main(void) {
    ler_dados()
    calcula_raizes()
    imp_resultado()
}
```

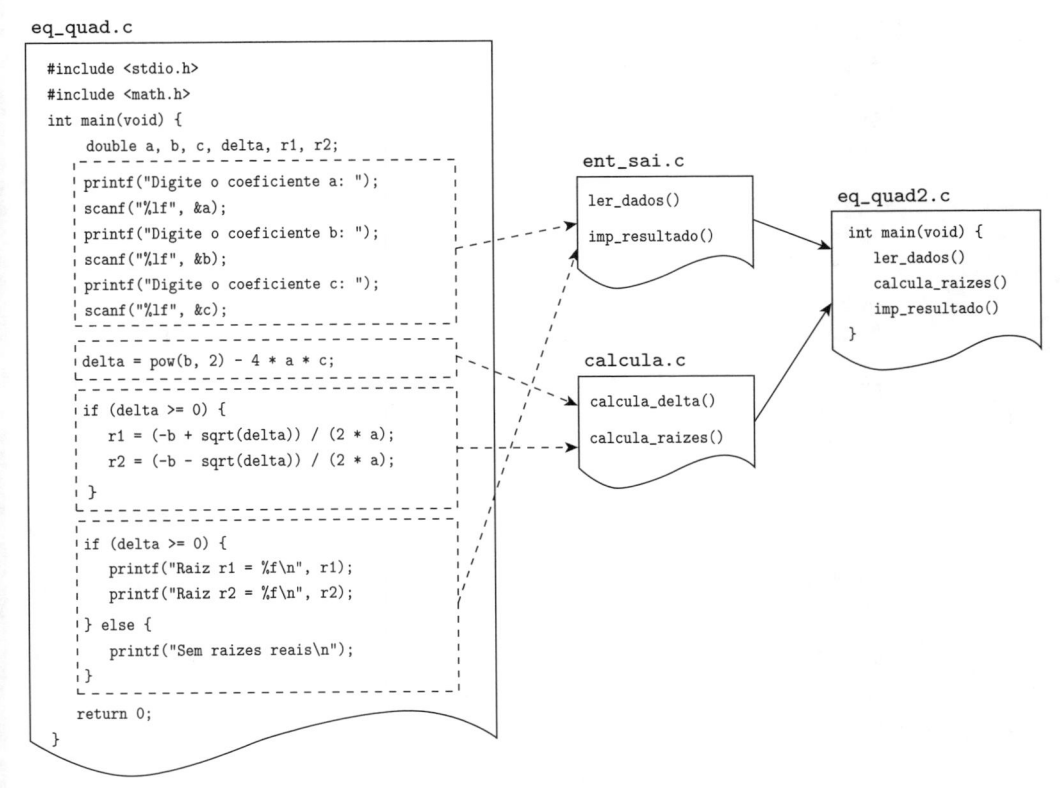

Figura 2.1 Criando múltiplos arquivos-fontes.

Para que a compilação de cada arquivo possa ser realizada de modo independente, as variáveis e funções referidas no arquivo devem ser previamente declaradas no próprio arquivo (ou inseridas com a diretiva #include). Assim, as variáveis locais do programa original foram transformadas em variáveis globais, declaradas nos arquivos ent_sai.c e calcula.c, onde são referidas. A declaração no arquivo calcula.c faz uso do qualificador extern para indicar que ela é duplicada e que a declaração real encontra-se em outra unidade de compilação.

O mesmo ocorre com as funções: devem ser declaradas antes de serem referidas no código do programa. As declarações das funções do sistema são feitas incorporando ao programa o arquivo-cabeçalho onde elas se encontram. O arquivo ent_sai.c contém diretiva #include <stdio.h>, que provoca a inclusão do arquivo--cabeçalho stdio.h com a declaração da função printf, e o arquivo calcula.c contém a diretiva #include <math.h>, que provoca a inclusão do arquivo-cabeçalho math.h com a declaração das funções pow e sqrt.

As funções referidas no arquivo eq_quad2.c e codificadas em outras unidades de compilação são declaradas com o qualificador extern: na declaração duplicada de função apenas o seu cabeçalho (valor de retorno, nome e parâmetros) precisa ser repetido.

EQ_QUAD2.C
```
extern void ler_dados(void);
extern void calcula_raizes(void);
extern void imp_resultado(void);
int main(void) {
  ler_dados();
  calcula_raizes();
  imp_resultado();
  return 0;
}
```

Os três arquivos agora podem ser compilados de modo independente[4]:

gcc -c ent_sai.c   Gera o arquivo `ent_sai.o` contendo o código-objeto das funções `ler_dados` e `imp_resultado`.

gcc -c calcula.c   Gera o arquivo `calcula.o` contendo o código-objeto das funções `calcula_delta` e `calcula_raizes`.

gcc -c eq_quad2.c   Gera o arquivo `eq_quad2.o` contendo o código-objeto da função `main`.

Após a geração dos códigos-objetos, a compilação do programa pode ser feita com o comando:

    `gcc -o eq_quad2 ent_sai.o calcula.o eq_quad2.o -std=c99 -Wall -pedantic -lm`

que gera e armazena o código executável em `eq_quad2`. O mesmo programa também pode ser gerado com um único comando:

    `gcc -o eq_quad2 ent_sai.c calcula.c eq_quad2.c -std=c99 -Wall -pedantic -lm`

O programa `eq_quad2` implementa, com quatro funções, distribuídas em três unidades de compilação, o mesmo programa anteriormente implementado com apenas uma função. O seguinte diagrama de sequência mostra o fluxo de execução do novo programa:

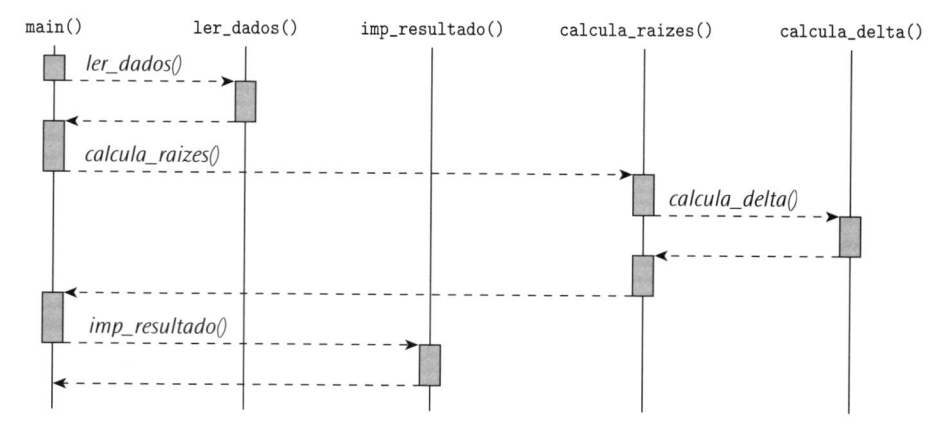

---

[4] As opções `-std=c99 -Wall -pedantic` estão omitidas por economia de espaço.

2.5.3 Criando arquivos-cabeçalhos

Se o código de um arquivo-fonte faz referência a funções e variáveis declaradas em outros arquivos-fontes, as declarações das funções e variáveis referidas devem ser duplicadas, permitindo que o compilador verifique se as referências estão corretas. O código em `eq_quad2.c`, da seção anterior, por exemplo, contém as seguintes declarações:

```
extern void ler_dados(void);
extern void calcula_raizes(void);
extern void imp_resultado(void);
```

declarando as funções referidas na função `main` e implementadas nos arquivos `ent_sai.o` e `calcula.o`. Ocorre que se alguma dessas funções tem nome, valor de retorno ou parâmetros modificados, todas as declarações nos diversos arquivos que fazem referência à função modificada devem ser alteradas.

Um modo de eliminar a necessidade de múltiplas declarações e, consequentemente, de múltiplas alterações é incluir as declarações em arquivos-cabeçalhos, que são inseridos no código que refere-se às funções nele declaradas, exatamente como ocorre com as declarações das funções do sistema.

A figura a seguir ilustra a solução sugerida, mostrando os arquivos-cabeçalhos `stdio.h` e `prgc.h` sendo incluídos em dois arquivos-fontes: `prgc.c` e `prgb.c`.

Se uma declaração no arquivo `prgc.h` for modificada, por exemplo, apenas o próprio arquivo-cabeçalho precisa ser alterado. Os arquivos `prgc.c` e `prgb.c`, incluindo o arquivo-cabeçalho sempre incluirão a versão mais atual.

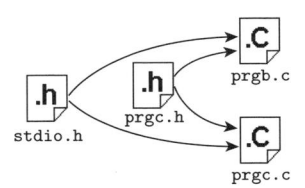

Orientação para a criação de arquivos-cabeçalhos. Todo arquivo que contenha funções e variáveis usadas em outros arquivos deve ser codificado em duas partes: um arquivo-cabeçalho, contendo apenas as declarações das funções e variáveis que podem ser referidas em outros arquivos, e um *arquivo-implementação*, contendo as definições das funções e variáveis, isto é, o código que as implementa.

EXEMPLO 2.14 Os arquivos `ent_sai.c` e `calcula.c` da seção anterior podem ser implementados com arquivos-cabeçalhos:

ENT_SAI.H

```
extern void ler_dados(void);
extern void imp_resultado(void);
extern double a, b, c, delta, r1, r2;
```

CALCULA.H

```
extern void calcula_raizes(void);
```

ENT_SAI.C

```c
#include <stdio.h>
#include "ent_sai.h"
double a, b, c, delta, r1, r2;
void ler_dados(void) {
  printf("Digite o coeficiente a: ");
  scanf("%lf", &a);
  printf("Digite o coeficiente b: ");
  scanf("%lf", &b);
  printf("Digite o coeficiente c: ");
  scanf("%lf", &c);
}
void imp_resultado(void) {
  if (delta >= 0.0) {
    printf("Raiz r1 = %f\n", r1);
    printf("Raiz r2 = %f\n", r2);
  } else {
    printf("Sem raizes reais\n");
  }
}
```

CALCULA.C

```c
#include <math.h>
#include "calcula.h"
#include "ent_sai.h"
void calcula_delta(void) {
  delta = pow(b, 2.0) - 4.0 * a * c;
}
void calcula_raizes(void) {
  calcula_delta();
  if (delta >= 0.0) {
    r1 = (-b + sqrt(delta)) / (2.0 * a);
    r2 = (-b - sqrt(delta)) / (2.0 * a);
  }
}
```

No cabeçalho `ent_sai.h` estão incluídas as declarações das funções `ler_dados` e `imp_resultado`, além da declaração das variáveis a, b, c, delta, r1 e r2. Todos esses elementos são definidos no arquivo `ent_sai.c` e podem ser referidos a partir de outros arquivos-fontes.

No cabeçalho `calcula.h` está incluída apenas a declaração da função `calcula_raizes`. Essa é a única função que pode ser referida a partir de outros códigos-fontes. A função `calcula_delta` é implementada no arquivo `calcula.c` como um auxílio à execução da função `calcula_raizes`, não foi concebida para ser chamada diretamente a partir de outros contextos.

Cada arquivo-implementação deve incluir seu próprio cabeçalho – desde que as declarações do arquivo-cabeçalho sejam qualificadas como `extern` não haverá duplicidade de código.

O arquivo que contém a função principal não necessita mais duplicar as declarações das funções que ele referencia, basta incluir os arquivos-cabeçalhos que as contêm, como mostra o código a seguir:

```c
#include "ent_sai.h"
#include "calcula.h"
int main(void) {
  ler_dados();
  calcula_raizes();
  imp_resultado();
  return 0;
}
```

O código-objeto continua sendo gerado a partir dos arquivos de implementação:

a) `gcc -c ent_sai.c -std=c99 -Wall -pedantic` gera o arquivo-objeto `ent_sai.o`,
b) `gcc -c calcula.c -std=c99 -Wall -pedantic` gera o arquivo-objeto `calcula.o`,
c) `gcc -c eq_quad2.c -std=c99 -Wall -pedantic` gera o arquivo-objeto `eq_quad2.o`, e
d) `gcc -o eq_quad2 eq_quad2.o ent_sai.o calcula.o -std=c99 -Wall -pedantic -lm` gera o executável `eq_quad2`. ∎

2.5.4 Benefícios da modularização

Se um programa é pequeno, modularizá-lo, dividindo-o em várias unidades de compilação pode parecer artificial, sem ganhos claros, e na maioria das vezes isso é verdade. O uso de múltiplas unidades de compilação é necessário para grandes programas, em que a modularização facilita o desenvolvimento e a manutenção:

a) Se uma das funções do programa precisa ser alterada, a modificação é feita apenas no arquivo que contém o seu código-fonte. Os demais não são modificados, evitando-se erros indesejáveis nas outras funções.
b) Após a modificação da função, apenas o código-objeto com a função modificada é gerado novamente. Os demais códigos-objetos, que não foram modificados, são usados apenas na etapa da ligação, a fim de gerar o novo código executável.

2.6 QUESTÕES EM ABERTO

Este capítulo fornece uma visão geral dos programas C, discutindo o processo de compilação e alguns comandos básicos de entrada, saída e decisão. Tal visão necessariamente aborda pontos cujos fundamentos ainda não foram estudados. Por exemplo, a declaração de variáveis foi mostrada sem a discussão dos tipos de dados, os comandos de impressão e leitura foram usados sem a discussão da compatibilidade de tipos e conversão de valores, além de outras questões relevantes, como a distinção entre declaração e definição de variáveis.

A visão geral é importante para permitir que o leitor possa desenvolver programas desde o início, mesmo que simples. Entretanto, o desenvolvimento desses programas certamente levantará questões ainda não discutidas. Se os exemplos e exercícios forem feitos com variações mínimas, o leitor pode deparar-se com situações aparentemente inexplicáveis. Por exemplo, as conversões realizadas quando um valor do tipo `float` é impresso com uma diretiva `%d` ou os erros causados pela duplicidade de definições de variáveis declaradas mais de uma vez sem o qualificador `extern`.

Se o livro estiver sendo usado em um curso, com a supervisão de um professor, as questões ainda não discutidas serão identificadas e o aluno orientado a aguardar o momento apropriado para esclarecê-las. Se, no entanto, o leitor estiver realizando um autoestudo, fica o conselho: siga, por enquanto, os exemplos exatamente como mostrados e tente elaborar os exercícios reproduzindo os programas já discutidos, anote os pontos não superados e os utilize como estímulo ao prosseguimento dos estudos – todas as questões levantadas (e não esclarecidas) neste capítulo serão esclarecidas nos capítulos subsequentes. À medida que o estudo avançar e o leitor ganhar maturidade na disciplina, este capítulo pode ser revisitado.

EXERCÍCIOS

2.1 O que são código-fonte, código-objeto e código executável?

2.2 Descreva as etapas da compilação.

2.3 A que tipo de arquivo as extensões .c, .h, .s e .o são normalmente associadas?

2.4 Qual o efeito dos seguintes comandos de compilação?

a) `gcc -c prgA.c prgB.c`   b) `gcc -c prgA.c prgB.o`

c) `gcc prgA.c -o prg -std=c99` d) `gcc -E prgA.c -o prgA.s`

e) `gcc -E prgA.c prgB.c`   f) `gcc -S prgA.c prgB.c -o prg`

g) `gcc -S prgA.c prgB.c`   h) `gcc prgA.c prgB.o prgC.c -o prg -lm`

2.5 Quais são os dois tipos de comentários que podem ser escritos nos programas C?

2.6 Quantas variáveis estão declaradas no trecho de código abaixo? Qual o tipo de cada uma?

```
int a, b = 2, c;
double v;
double s = 3.4;
```

2.7 É possível atribuir valor a uma variável sem que ela esteja declarada?

2.8 Assumindo que as variáveis a e b são do tipo `int` e possuem os valores 5 e 3, respectivamente, e que a variável c é do tipo `double` e possui o valor 8,5, o que será impresso por cada uma das seguintes chamadas à função `printf`?

a) `printf("%d %d %f\n", a, b, c);`

b) `printf("a = %d, b = %d, c = %f\n", a, b, c);`

c) `printf("dobro de %d = %d\n", a, 2 * a);`

d) `printf("%f / %d = %f", c, a, c / a);`

2.9 Que valores são impressos pelo programa a seguir?

```
#include <stdio.h>
int main(void) {
  int a = 4;
  double b = 5.7;
  int c, d;
  printf("%d %f\n", a, b);
  c = 3;
  d = a + 2;
  printf("%d %d\n", c, d);
  a = 2;
  b = c + d;
  printf("%d %f\n", a, b);
  printf("%d %d\n", c, d);
  return 0;
}
```

2.10 Quantas leituras são realizadas pelo programa a seguir? Quais são as variáveis que têm seu conteúdo modificado por conta das leituras realizadas?

```
#include <stdio.h>
int main (void) {
  int a, b = 312;
  double s, t = 2.5;
  scanf("%d", &a);
  scanf("%lf", &s);
  scanf("%lf", &t);
  scanf("%d", &a);
  printf("%d %d %f %f\n", a, b, s, t);
  return 0;
}
```

2.11 O que será impresso pelo programa do exercício anterior, se o usuário digitar os valores 12, 16, 30 e 28, nesta ordem?

2.12 Faça um programa que leia dois valores inteiros do teclado e imprima a multiplicação dos valores lidos.

2.13 Faça um programa que leia dois valores reais do teclado, representando os lados *a* e *b* de um retângulo, e imprima o perímetro e a área desse retângulo.

2.14 O que será impresso pelo programa a seguir, se o usuário digitar o número 6? E o número –6?

```
#include <stdio.h>
int main(void) {
  int num;
  printf("Digite um numero: ");
  scanf("%d", &num);
  if (num > 0) {
    printf("num. positivo\n");
  }
  if (num >= 10) {
    printf("num. maior ou igual a 10\n");
  } else {
    printf("num. menor que 10\n");
  }
  return 0;
}
```

2.15 Faça um programa que leia um valor real do teclado, representando o raio de um círculo, e imprima a área e o perímetro desse círculo.

2.16 Quantas funções estão definidas no programa a seguir? Quantas funções são chamadas no interior da função main? O que será impresso pelo programa, se o usuário digitar os valores 5,6 e 3,4?

```
1  #include <stdio.h>
2  double a, b;
3  void imp_media(void) {
4    printf("media: %f\n", (a + b) / 2);
5  }
6  void imp_maior(void) {
7    if (a > b) {
8      printf("%f maior que %f\n", a, b);
9    } else {
10     printf("%f maior ou igual a %f\n", b, a);
11   }
12 }
13 int main(void) {
14   printf("Digite o primeiro numero: ");
15   scanf("%lf", &a);
16   printf("Digite o segundo numero: ");
17   scanf("%lf", &b);
18   imp_media();
19   imp_maior();
20   return 0;
21 }
```

2.17 Quantas variáveis globais possui o programa do exercício anterior?

2.18 Codifique o programa do Exercício 2.16 usando 3 unidades de compilação: crie um arquivo-fonte, de nome prg01a.c, contendo a função imp_media, um segundo arquivo-fonte, de nome prg01b.c, contendo a função imp_maior, e um terceiro, de nome prg01.c, contendo a função main. Os três arquivos-fontes devem poder ser compilados independentemente dos demais (e.g. gcc -c prg01a.c deve gerar o código-objeto prg01a.o).

2.19 Recodifique a solução do exercício anterior usando arquivos-cabeçalhos para implementar os códigos-fontes dos arquivos prg01a.c e prg01b.c.

2.20 O programa a seguir está dividido em 2 unidades de compilação, armazenadas nos arquivos prg02a.c e prg02b.c.

PRG02A.C

```
#include <stdio.h>
double lA, lB;
extern void imp_area(void);
extern void imp_perimetro(void);
int main(void) {
  printf("tamanho do lado A: ");
  scanf("%lf", &lA);
  printf("tamanho do lado B: ");
  scanf("%lf", &lB);
  imp_area();
  imp_perimetro();
  return 0;
}
```

PRG02B.C
```c
#include <stdio.h>
extern double lA, lB;
void imp_area(void) {
   printf("area = %f\n", lA * lB);
}
void imp_perimetro(void) {
   printf("perimetro = %f\n", 2 * lA +  2 * lB);
}
```

Coloque-o em uma única unidade de compilação.

2.21 Desenvolva o programa mostrado no exercício anterior usando arquivos-cabeçalhos para implementar os códigos-fontes dos arquivos `prg02a.c` e `prg02b.c`.

Capítulo 3
Tipos de Dados

Um tipo de dados especifica um conjunto de valores determinando sua natureza, seu tamanho, sua representação e sua imagem.

Natureza. Caracteriza o tipo representado, que pode ser, por exemplo, um caractere, um número inteiro, um número real ou uma cadeia de caracteres.

Tamanho. Determina o tamanho em bits necessário para armazenar os valores do tipo.

Representação. Determina a forma como os bits armazenados devem ser interpretados.

Imagem ou faixa de representação. Determina a faixa de valores válidos para o tipo.

As expressões usadas para identificar um tipo de dados são chamadas de *especificadores de tipo* e normalmente consistem em um ou mais nomes, mas podem ser mais complexas, como no caso dos tipos estruturados. Os tipos de dados podem ser identificados de vários modos. Por exemplo, as expressões short e short int designam o mesmo tipo.

Dados de uma natureza particular podem ter várias representações: os números inteiros podem ser representados como complemento-1 ou complemento-2 e os números reais podem ser representados na forma de ponto fixo ou como sinal, expoente e mantissa. Do mesmo modo, uma representação específica pode ser implementada em diferentes tamanhos. Geralmente a imagem de um tipo de dados é deduzida do seu tamanho e representação, exceto quando não se utiliza todos os valores possíveis para o tipo.

Um valor é *representável* em um tipo de dados se é da mesma natureza e pertence à faixa de valores determinada pelo tipo.

EXEMPLO 3.1 Se o tipo de dados tipo_exem é usado para caracterizar os números inteiros de 8 bits armazenados na forma de complemento-2, temos:

Especificador:	tipo_exem.
Natureza:	números inteiros.
Tamanho:	8 bits.
Imagem:	[−128; 127].
Representação:	complemento-2.

Os inteiros 32 e −104 são representáveis no tipo tipo_exem. Já o número real 32,0 não é representável nesse tipo, embora possa ser convertido em um valor representável: o inteiro 32. ■

EXEMPLO 3.2 A sequência de bits a seguir pode ser interpretada como o inteiro −78 ou −79 dependendo da representação adotada, se complemento-1 ou complemento-2:

| 1 | 0 | 1 | 1 | 0 | 0 | 0 | 1 |

Complemento-1: $(10110001)_2 = -(01001110)_2 = -(78)_{10}$.
Complemento-2: $(10110001)_2 = -(01001111)_2 = -(79)_{10}$. ■

3.1 TIPOS BÁSICOS

A Tabela 3.1 mostra os tipos básicos de dados da linguagem C. Para cada tipo inteiro-padrão sinalizado existe um tipo inteiro-padrão não sinalizado identificado pela palavra-chave unsigned. A cada tipo real de ponto flutuante corresponde um tipo complexo identificado pela aposição da palavra-chave _Complex ao tipo real de ponto flutuante correspondente. O tipo char é usado para representar caracteres e o tipo _Bool para representar os valores booleanos verdadeiro e falso. Os tipos-padrões fazem parte da definição da linguagem, todo compilador deve implementá-los. Por outro lado, os tipos estendidos são dependentes da implementação, alguns compiladores podem implementá-los e outros não, e mesmo quando implementados podem diferir no modo como são implementados. Os tipos inteiros-padrões sinalizados e os inteiros estendidos sinalizados são coletivamente chamados de tipos inteiros sinalizados, o mesmo ocorre com os inteiros não sinalizados.

Além das classificações mostradas na Tabela 3.1 existem classificações alternativas mostradas na Tabela 3.2. Essas classificações são importantes para tornar precisa a referência aos tipos. Quando nos referimos aos tipos caracteres estamos

TABELA 3.1 Tipos básicos da linguagem C

	Classificação	Tipos básicos
		char
Inteiros sinalizados	Inteiros-padrões sinalizados	signed char short int int long int long long int
	Inteiros estendidos sinalizados	
Inteiros não sinalizados	Inteiros-padrões não sinalizados	unsigned char unsigned short int unsigned int unsigned long int unsigned long long int _Bool
	Inteiros estendidos não sinalizados	
Ponto flutuante	Reais de ponto flutuante	float double long double
	Complexos	float _Complex double _Complex long double _Complex

TABELA 3.2 Classificações alternativas dos tipos de dados

Caracteres	char signed char unsigned char	
Inteiros	char Inteiros sinalizados Inteiros não sinalizados Tipos enumerados	
Reais	Inteiros Reais de ponto flutuante	
Aritméticos	Inteiros	
	Ponto flutuante	Reais de ponto flutuante
		Complexos
Escalares	Aritméticos Ponteiros	
Agregados	Estruturas Vetores	
Domínio real	Tipos inteiros e reais de ponto flutuante	
Domínio complexo	Tipos complexos	

nos referindo coletivamente aos tipos char, signed char e unsigned char. Do mesmo modo, a referência aos tipos reais é uma referência aos tipos inteiros e aos tipos reais de ponto flutuante mostrados na Tabela 3.1 (o tipo float _Complex, por exemplo, fica de fora). Os tipos aritméticos pertencem ao domínio real ou complexo e os escalares incluem os ponteiros. Os tipos enumerados que aparecem na Tabela 3.2 como tipos inteiros são discutidos no Capítulo 4. Os tipos ponteiros, estruturas e vetores são tipos derivados, apresentados na Seção 3.6 e discutidos em detalhe nos Capítulos 10 e 11.

Cada um dos tipos básicos é diferente dos demais, mesmo que tenha o mesmo tamanho, imagem e representação.

3.2 TIPOS CARACTERES

Em C os tipos char, signed char e unsigned char representam caracteres. Qualquer caractere do conjunto básico de caracteres do ambiente de execução pode ser armazenado em uma variável do tipo char. O tipo unsigned char é usado para caracterizar caracteres não sinalizados, e o tipo signed char para caracteres sinalizados. Todos têm o mesmo tamanho, determinado pela macro CHAR_BIT definida no arquivo-cabeçalho limits.h.

Os caracteres não sinalizados sempre armazenam valores positivos na faixa de 0 a $2^{CHAR\_BIT} - 1$. Os caracteres sinalizados armazenam valores negativos e positivos como inteiros, tendo a imagem dependente da representação utilizada. O tipo char é implementado de modo idêntico ao tipo signed char ou ao tipo unsigned char; cada compilador adota o padrão que for mais conveniente à arquitetura-alvo da compilação. Os valores mínimo e máximo para cada tipo caractere são definidos no arquivo-cabeçalho `limits.h` pelas seguintes macros:

Tipo caractere	Valor mínimo	Valor máximo
char	CHAR_MIN	CHAR_MAX
signed char	SCHAR_MIN	SCHAR_MAX
unsigned char	0	UCHAR_MAX

É possível determinar se uma dada implementação adota o tipo char sinalizado ou não sinalizado, inspecionando o valor da macro CHAR_MIN: o valor 0 indica um caractere não sinalizado enquanto um valor negativo indica um caractere sinalizado.

EXEMPLO 3.3 Usando-se o complemento-2 para representar os inteiros negativos e adotando-se char como caractere sinalizado, temos as seguintes imagens:

Tipo caractere	Imagem
char	$[-2^{CHAR\_BIT-1}; 2^{CHAR\_BIT-1} - 1]$
signed char	$[-2^{CHAR\_BIT-1}; 2^{CHAR\_BIT-1} - 1]$
unsigned char	$[0, 2^{CHAR\_BIT} - 1]$

A tabela a seguir mostra o tamanho e a imagem para este exemplo quando CHAR_BIT = 8.

Tipo caractere	Tamanho	Valor mínimo	Valor máximo
char	8	−128	127
signed char	8	−128	127
unsigned char	8	0	255

3.2.1 Conjuntos básicos de caracteres

Os caracteres são representados por valores numéricos segundo uma codificação definida *a priori*. O padrão da linguagem C requer que os programas-fontes sejam escritos em um *conjunto básico de caracteres-fontes* e que os caracteres exibidos por um programa façam parte de um *conjunto básico de caracteres de execução*. Esses conjuntos podem ser estendidos, mas, em sua forma básica, totalizam 128 caracteres, incluindo as letras maiúsculas e minúsculas, os dígitos e os caracteres gráficos como ponto e vírgula (;) e cerquilha (#). O padrão especifica que cada caractere dos conjuntos básicos possa ser armazenado em 1 byte, sendo comum a adoção do código ASCII para representá-los.

Padrão ASCII. O código ASCII *(American Standard Code for Information Interchange)* é um padrão comumente adotado para a representação binária de caracteres. Cada caractere é codificado em 7 bits, possibilitando a representação de 128 símbolos.

TABELA 3.3 Padrão ASCII

0	NUL	16	DLE	32		48	0	64	@	80	P	96	`	112	p
1	SCH	17	DC1	33	!	49	1	65	A	81	Q	97	a	113	q
2	STX	18	DC2	34	"	50	2	66	B	82	R	98	b	114	r
3	ETX	19	DC3	35	#	51	3	67	C	83	S	99	c	115	s
4	EOT	20	DC4	36	$	52	4	68	D	84	T	100	d	116	t
5	ENQ	21	NAK	37	%	53	5	69	E	85	U	101	e	117	u
6	ACK	22	SYN	38	&	54	6	70	F	86	V	102	f	118	v
7	BEL	23	ETB	39	'	55	7	71	G	87	W	103	g	119	w
8	BS	24	CAN	40	(	56	8	72	H	88	X	104	h	120	x
9	HT	25	EM	41	)	57	9	73	I	89	Y	105	i	121	y
10	LF	26	SUB	42	*	58	:	74	J	90	Z	106	j	122	z
11	VT	27	ESC	43	+	59	;	75	K	91	[	107	k	123	{
12	FF	28	FS	44	,	60	<	76	L	92	\	108	l	124	|
13	CR	29	GS	45	-	61	=	77	M	93	]	109	m	125	}
14	SO	30	RS	46	.	62	>	78	N	94	^	110	n	126	~
15	SI	31	US	47	/	63	?	79	O	95	_	111	o	127	DEL

Ele é mostrado na Tabela 3.3. Cada símbolo é mostrado com sua representação gráfica ao lado do seu valor decimal. Os valores de 0 a 31 e o 127 representam caracteres especiais, não tendo representação gráfica. Na tabela, esses valores estão associados à sigla pela qual são conhecidos. Por exemplo, o código 13 representa um caractere especial que provoca um retorno do carro de impressão[1] e possui a sigla CR (*carriage return*). Já o código 10 representa um avanço de linha e possui a sigla LF (*line feed*).

O padrão ASCII é utilizado como o conjunto básico de caracteres. Entretanto, apenas os caracteres do alfabeto anglo-saxão estão representados nesse conjunto. Os caracteres acentuados das línguas latinas, por exemplo, não possuem representação. Existe um padrão ASCII estendido, que utiliza 8 bits, possibilitando 256 combinações diferentes: os 128 primeiros caracteres desse padrão são idênticos aos caracteres correspondentes do padrão ASCII e os 128 adicionais são usados para representar alguns caracteres acentuados, além de símbolos matemáticos e gráficos. De todo modo, 256 caracteres ainda são insuficientes para representar todos os caracteres dos diversos alfabetos existentes no mundo. Duas abordagens são comumente adotadas para representar caracteres de outros alfabetos:

1. Usar uma representação multibyte, em que cada caractere é representado por combinações de caracteres. Sequências de dois ou mais caracteres podem representar, por exemplo, um único caractere do alfabeto árabe, e assim para os demais alfabetos existentes no mundo.

2. Usar uma representação estendida, em que os caracteres são representados por um número maior de bits. Um código de 16 bits, por exemplo, permite a representação de 65.536 caracteres diferentes.

---

[1] O nome é uma alusão às antigas máquinas de escrever em que a cabeça de impressão era fixa, havendo um mecanismo (o carro) móvel para o transporte do papel.

3.2.2 Caracteres multibytes

O uso de caracteres multibytes requer a noção de contexto ou estado para que eles possam ser interpretados corretamente. No estado inicial, todos os caracteres são representados por um único byte e correspondem aos caracteres do conjunto básico de caracteres. Os demais estados correspondem a alfabetos específicos em que cada caractere é representado como uma sequência de dois ou mais caracteres. Existem sequências de transição indicando o início e o fim de cada estado.

EXEMPLO 3.4   O padrão JIS X 0208[2] define uma codificação para o alfabeto japonês em que cada caractere é representado por um par de caracteres do conjunto básico de caracteres.

O início do estado no qual os caracteres são interpretados segundo o padrão JIS X 0208 é determinado pela sequência de caracteres cujos códigos decimais são 27, 36 e 66, isto é, o caractere ESC, seguido dos caracteres '$' e 'B'. Nesse estado, cada par de caracteres do conjunto básico é interpretado como um único caractere japonês. Por exemplo, caractere kanji 雍 é representado pelo par de caracteres cujos códigos decimais são 112 e 54, isto é, os caracteres 'p' e '6'. O fim do estado no qual os caracteres são interpretados segundo o padrão JIS X 208 é determinado pela sequência de caracteres cujos códigos decimais são 27, 40 e 66, isto é, o caractere ESC, seguido dos caracteres '(' e 'B'.

Segundo esse esquema, a seguinte sequência de caracteres, mostrados com seus respectivos códigos decimais,

112	54	112	27	36	66	112	54	27	40	66	112	54	110
p	6	p	ESC	$	B	p	6	ESC	(	B	p	6	n

corresponde aos caracteres 'p', '6', 'p', 雍, 'p', '6' e 'n'. Essa sequência de caracteres multibytes é interpretada da seguinte forma: os três primeiros caracteres estão no estado inicial e são interpretados como os caracteres ASCII 'p', '6' e 'p'; os três seguintes constituem a sequência de transição ao estado JIS X 0208, fazendo os dois próximos serem interpretados como o caractere kanji 雍; os três caracteres seguintes constituem a sequência de transição que retorna ao estado ASCII, onde os caracteres voltam a ser interpretados como caracteres do conjunto básico, no caso, como os caracteres 'p', '6' e 'n'. ■

Como os caracteres do conjunto básico são normalmente implementados em 8 bits, que é normalmente o tamanho de um byte, diz-se que os caracteres do conjunto básico são representados por bytes e os demais por múltiplos bytes. As codificações que utilizam sequências de transição para indicar a mudança de estado são *dependentes de estado*.

Padrão Unicode.   O padrão Unicode é capaz de representar de modo uniforme os caracteres de todos os alfabetos conhecidos. Uma das vantagens é a coexistência de caracteres provenientes de vários alfabetos em um mesmo texto, sem a necessidade de realizar transições de estado a cada novo alfabeto considerado.

Várias formas de codificação são especificadas pelo padrão Unicode. A codificação UTF-32 usa 4 bytes[3] para representar os caracteres, enquanto a codificação UTF-8 utiliza de 1 a 4 bytes, sendo concebida de tal modo que, inspecionando-se

---

[2] A sigla JIS, do inglês *Japanese Industrial Standards*, identifica a organização japonesa de padrões industriais.

[3] De fato, o padrão refere-se a octetos, que são grupos de 8 bits, não adotando uma interpretação específica para o byte.

os primeiros bits de qualquer byte, sabe-se se ele é um byte intermediário ou inicial de um grupo de bytes que forma um caractere. As codificações multibytes que não utilizam sequências de transição para indicar a mudança de estado, como a UTF-8, não são dependentes de estado – a interpretação dos caracteres é contextualizada por informações contidas nos próprios caracteres.

3.2.3 Caracteres estendidos

Os caracteres estendidos são representados com uma mesma quantidades de bits – todos têm o mesmo tamanho. Essa forma de representação facilita o processamento das sequências de caracteres, já que não é necessário manter a informação do estado que caracteriza cada conjunto de caracteres para que eles possam ser interpretados de diferentes modos.

O padrão da linguagem C estabelece que a representação utilizada para os caracteres estendidos deve preservar a codificação dos caracteres ASCII. Assim, o caractere 'a' terá o código decimal 97 em toda representação estendida adotada por uma implementação da linguagem C.

O tipo `wchar_t`, declarado no cabeçalho `wchar.h` (e também nos cabeçalhos `stdlib.h` e `stddef.h`), é usado para representar os caracteres estendidos nos programas C. Ele pode ser implementado de vários modos, podendo, inclusive, ser equiparado ao tipo `char` que representa os caracteres básicos. Entretanto, é comum o uso de 16 ou 32 bits, adotando-se o padrão UCS[4] ou Unicode como forma de codificação. Neste último caso, pode-se adotar uma codificação Unicode de tamanho fixo, como a UTF-32, ou ajustar uma de tamanho variável, como a UTF-8, para usar sempre uma quantidade fixa de bits. A versão 2011 do padrão da linguagem define os tipos `char16_t` e `char32_t`, ambos declarados no cabeçallho `uchar.h`, para representar os caracteres estendidos codificados como caracteres Unicode de 16 e 32 bits, respectivamente.

Terminologia. Os caracteres do tipo `char` (e suas variantes) são chamados de *caracteres básicos* e os dos tipos `wchar_t`, `char16_t` e `char32_t` de *caracteres estendidos*. Do mesmo modo, as funções que lidam com caracteres básicos são chamadas de *funções básicas* e aquelas que lidam com caracteres estendidos, de *funções estendidas*.

3.2.4 O porquê dos caracteres sinalizados

A existência de caracteres sinalizados tem razões históricas. A definição inicial da linguagem não fazia referência a eles. Antes da elaboração do padrão ISO/IEC 9899, o único tipo caractere, o tipo `char`, era implementado como um caractere sinalizado ou não sinalizado, dependendo da arquitetura-alvo. O padrão definiu os tipos `signed char` e `unsigned char` reconhecendo que para algumas arquiteturas a manipulação de caracteres sinalizados é mais eficiente do que para outras. Quanto ao tipo `char`, por razões de compatibilidade com os programas já desenvolvidos, foi definido como obedecendo aos mesmos requisitos de tamanho, sinalização e alinhamento que um dos tipos `signed char` ou `unsigned char`: cada compilador é livre para adotar a forma mais adequada à arquitetura-alvo da compilação.

---

[4] O padrão UCS (*Universal Character Set*), também conhecido como ISO/IEC 10646, usa 16 ou 32 bits para codificar cada caractere, sendo semelhante ao padrão Unicode.

3.3 TIPOS INTEIROS

Os tipos inteiros representam números inteiros armazenados em uma determinada quantidade de bytes, em uma representação específica. A representação utilizada e a quantidade de bytes é dependente da arquitetura da máquina-alvo. Para uma arquitetura de 32 bits, usando-se o complemento-2 como representação para os negativos, os valores usuais estão indicados na Tabela 3.4.

TABELA 3.4 Tamanhos e valores dos tipos inteiros

Tipo inteiro	Tamanho	Valor mínimo	Valor máximo
signed char	8	−128	127
short int	16	−32.768	32.767
int	32	−2.147.483.648	2.147.483.647
long int	32	−2.147.483.648	2.147.483.647
long long int	64	−9.223.372.036.854.775.808	9.223.372.036.854.775.807
unsigned char	8	0	255
unsigned short int	16	0	65535
unsigned int	32	0	4.294.967.295
unsigned long int	32	0	4.294.967.295
unsigned long long int	64	0	18.446.744.073.709.551.615

Valores adotados pelo compilador gcc para uma arquitetura de 32 bits e complemento-2 para representação de negativos. Quando a arquitetura-alvo é de 64 bits, o tamanho 64 é adotado para os tipos long int e unsigned long int.

Os valores mínimo e máximo para cada tipo inteiro são determinados pelas macros do arquivo-cabeçalho limits.h, mostradas a seguir:

Tipo inteiro	Mínimo	Máximo	Tipo inteiro	Mínimo	Máximo
signed char	SCHAR_MIN	SCHAR_MAX	unsigned char	0	UCHAR_MAX
short int	SHRT_MIN	SHRT_MAX	unsigned short int	0	USHRT_MAX
int	INT_MIN	INT_MAX	unsigned int	0	UINT_MAX
long int	LONG_MIN	LONG_MAX	unsigned long int	0	ULONG_MAX
long long int	LLONG_MIN	LLONG_MAX	unsigned long long int	0	ULLONG_MAX

Os valores mínimo e máximo para os tipos sinalizados, quando se adota o complemento-2 para representar os negativos, obedecem à seguinte relação: INT_MIN = -INT_MAX - 1.

EXEMPLO 3.5 Se o tipo long long int é implementado com 64 bits, o programa a seguir produz a saída a = 9223372036854775807. Programas semelhantes a esse podem ser elaborados para mostrar os valores mínimo e máximo utilizados em uma determinada implementação.

```c
#include <stdio.h>
#include <limits.h>
int main(void) {
  long long int a = LLONG_MAX;
  printf("a = %lld\n", a);
  return 0;
}
```

A inclusão do arquivo limits.h é necessária por conta da referência à macro LLONG_MAX. Entretanto, o compilador gcc disponibiliza esta e as demais macros referentes aos tipos long long int e unsigned long long int apenas com a opção -std=c99. ∎

3.3.1 Tamanho dos tipos inteiros

O tamanho natural dos tipos inteiros depende da arquitetura-alvo. O padrão da linguagem apenas especifica o tamanho mínimo (em bits) aceitável para cada tipo:

signed char	short int	int	long int	long long int
8	16	16	32	64

e a seguinte relação de ordem entre eles:

signed char ≤ short int ≤ int ≤ long int ≤ long long int

EXEMPLO 3.6   Pelo padrão da linguagem C é possível que a implementação para duas arquiteturas, A e B, adotem os seguintes tamanhos para os tipos inteiros:

	signed char	short int	int	long int	long long int
A	8	16	32	64	64
B	8	16	32	32	64

Nessa situação, um programa que funciona na arquitetura A pode produzir valores errados quando compilado para a arquitetura B, já que seu tipo long int terá o tamanho reduzido. ∎

3.4 TIPOS REAIS DE PONTO FLUTUANTE

Os tipos reais de ponto flutuante são implementados com a representação sinal, mantissa e expoente.

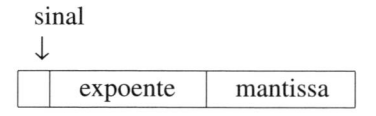

```
           sinal
             ↓
          ┌─┬──────────┬──────────┐
          │ │ expoente │ mantissa │
          └─┴──────────┴──────────┘
```

Embora não obrigue a adoção, a especificação da linguagem C contém normas para arquiteturas que seguem o padrão IEC 60559 [1] (anteriormente referido como o padrão IEEE 754 [6]). Os tamanhos usuais (em bits) adotados para o sinal, expoente e mantissa de cada tipo são:

Tipo	Sinal	Expoente	Mantissa
float	1	8	23
double	1	11	52
long double	1	64	63

Os valores positivos mínimo e máximo para cada tipo são definidos no arquivo-cabeçalho float.h através das seguintes macros:

Tipo	Menor valor	Maior valor
float	FLT_MIN	FLT_MAX
double	DBL_MIN	DBL_MAX
long double	LDBL_MIN	LDBL_MAX

Os seguintes valores são usuais para uma arquitetura de 32 bits:

Tipo	Tamanho	Menor valor	Maior valor
float	32	$1{,}17549 \times 10^{-38}$	$3{,}40282 \times 10^{+38}$
double	64	$2{,}22507 \times 10^{-308}$	$1{,}79769 \times 10^{+308}$
long double	128	$3{,}3621 \times 10^{-4932}$	$1{,}18973 \times 10^{+4932}$

EXEMPLO 3.7 Se o tipo long double é implementado com 128 bits, segundo o padrão IEC 60559, o programa a seguir produz a saída: a = 1.18973e+4932.

```
#include <stdio.h>
#include <float.h>
int main(void) {
  long double a = LDBL_MAX;
  printf("a = %Lg\n", a);
  return 0;
}
```

A inclusão do arquivo float.h é necessária por causa da referência à macro LDBL_MAX. ■

Tratando imprecisões. O padrão especifica que as implementações devem garantir que a diferença entre 1 e o menor número representável maior que 1 deve ser registrada nas seguintes macros do arquivo float.h:

Tipo	Macro	Valor máximo
float	FLT_EPSILON	1×10^{-5}
double	DBL_EPSILON	1×10^{-9}
long double	LDBL_EPSILON	1×10^{-9}

A macro DBL_EPSILON, por exemplo, é o menor valor positivo tal que 1,0 + DBL_EPSILON ≠ 1,0; as demais são definidas de modo semelhante. Essas macros podem ser usadas para tratar as imprecisões na comparação entre valores de tipos reais de ponto flutuante, como discutido na Seção 14.4.3. A tabela também mostra os valores máximos admissíveis para cada macro (os valores adotados pelo compilador gcc, para uma arquitetura em que o tipo float é implementado com 32 e o double com 64 bits, são $1,19209 \times 10^{-7}$, $2,22045 \times 10^{-16}$ e $1,0842 \times 10^{-19}$, respectivamente).

3.5 TIPOS COMPLEXOS

Os tipos complexos são usados para representar valores complexos. São compostos de duas partes: real e imaginária. Cada tipo complexo possui um tipo real de ponto flutuante associado, que determina o tipo de suas partes componentes.

Tipo complexo	Tipo real de ponto flutuante associado	Tipo das partes real e imaginária
float _Complex	float	float
double _Complex	double	double
long double _Complex	long double	long double

Uma variável do tipo complexo pode receber valores provenientes de expressões aritméticas que indiquem explicitamente a parte imaginária através da macro I[5], definida no cabeçalho complex.h e que expande para um valor que corresponde à constante imaginária $i = \sqrt{-1}$.

EXEMPLO 3.8 No trecho de programa a seguir, as variáveis a, b e c são declaradas como de tipos complexos.

```
double _Complex a = 2.4 + 0.5 * I;
float _Complex b = 2 * a;
long double _Complex c = 10 + 2.23 + 2.2 * I + 0.5 * I;
```

A variável a é iniciada com o valor 2,4 + 0,5i, sendo sua parte real igual a 2,4 e sua parte imaginária igual a 0,5. A variável b é iniciada com o dobro do valor de a, ficando sua parte real igual a 4,8 e sua parte imaginária igual a 1,0. A variável c é iniciada com os valores 12,23 para a sua parte real e 2,7 para a sua parte imaginária. ∎

As partes real e imaginária de um valor do tipo complexo são obtidas com as funções creal e cimag, declaradas no arquivo-cabeçalho complex.h.

creal(expr)   retorna a parte real de expr, como um valor do tipo double.
cimag(expr)   retorna a parte imaginária de expr, como um valor do tipo double.

Existem versões crealf, cimagf, que retornam as partes do tipo complexo como valores do tipo float, e creall, cimagl, que retornam as partes do tipo complexo como valores do tipo long double.

---

[5] O compilador gcc permite o uso de constantes imaginárias da forma ⟨cte⟩i, que correspondem a ⟨cte⟩ * I.

EXEMPLO 3.9 O programa a seguir produz a saída:

```
(2.400000, 0.500000 i)
(4.800000, 1.000000 i)

#include <stdio.h>
#include <complex.h>
int main(void) {
  double _Complex a = 2.4 + 0.5 * I;
  double _Complex b = 2 * a;
  printf("(%f, %f i)\n", creal(a), cimag(a));
  printf("(%f, %f i)\n", creal(b), cimag(b));
  return 0;
}
```

Ao multiplicar o valor de a por 2, tanto a parte real quanto a imaginária são dobradas.

■

3.6 TIPOS DERIVADOS

Os tipos derivados são especificados a partir dos tipos básicos e representam funções, endereços de memória ou múltiplos valores, sequenciais ou sobrepostos. Os tipos derivados são:

Tipo vetor. Representa sequências de valores de um mesmo tipo. Os elementos de um vetor não possuem nomes próprios; são referidos através de índices.

Tipo estrutura. Representa sequências de valores, possivelmente de diferentes tipos. Cada componente de uma estrutura pode ser referido por um nome próprio.

Tipo união. Representa valores sobrepostos, possivelmente de diferentes tipos. Os componentes de uma união podem ser referidos por nomes próprios.

Tipo função. Representa funções.

Tipo ponteiro. Representa valores que são endereços para objetos de tipos específicos.

Os tipos estrutura e vetor são chamados de *tipos agregados* e os tipos aritméticos e ponteiro são chamados de *tipos escalares*. Os tipos vetor e ponteiro são estudados no Capítulo 10 e o tipo função, no Capítulo 9. Além dos tipos básicos já discutidos, este capítulo apresenta apenas os tipos estrutura e união, que são retomados no Capítulo 11.

Alerta. Para os novatos em programação, as seções deste capítulo que tratam dos tipos estrutura e união, incluindo campos de bits, devem ser lidas após o estudo do Capítulo 5.

3.7 TIPO ESTRUTURA

As estruturas permitem declarar valores estruturados, contendo diversos componentes. A Tabela 3.5 mostra a sintaxe da declaração de estruturas e uniões.

Após a palavra-chave `struct` seguem uma etiqueta, opcional, e a lista dos componentes da estrutura, entre chaves. A etiqueta, *<Etiqueta>*, permite que o tipo definido pela estrutura seja referido após sua declaração e a lista dos componentes, *<Lista-Componentes>*, consiste em declarações convencionais de variáveis: cada declaração

TABELA 3.5 Declaração de estruturas e uniões

⟨*Estrutura*⟩   ::= **struct** [⟨*Etiqueta*⟩] { ⟨*ListaComponentes*⟩ }

⟨*União*⟩   ::= **union** [⟨*Etiqueta*⟩] { ⟨*ListaComponentes*⟩ }

⟨*ListaComponentes*⟩ ::= ⟨*DeclTipo*⟩ ⟨*ListaDecl*⟩ ;
　　　　　　　　　| ⟨*ListaComponentes*⟩ ⟨*DeclTipo*⟩ ⟨*ListaDecl*⟩ ;

⟨*ListaDecl*⟩   ::= ⟨*Declarador*⟩
　　　　　　　　| ⟨*DeclCampoBits*⟩
　　　　　　　　| ⟨*ListaDecl*⟩ , ⟨*Declarador*⟩
　　　　　　　　| ⟨*ListaDecl*⟩ , ⟨*DeclCampoBits*⟩

⟨*DeclCampoBits*⟩ ::= [⟨*Declarador*⟩] : ⟨*QtdBits*⟩

⟨*Declarador*⟩   ::= Declarador de variáveis, vetores, funções, ponteiros, enumerações, estruturas ou uniões.

de tipo, <*DeclTipo*>, é seguida da relação dos declaradores dos objetos desse tipo (variáveis simples, vetores, funções, ponteiros, enumerações, estruturas ou uniões), <*Declarador*>, permitindo-se o uso de campos de bits, <*DeclCampoBits*>.

EXEMPLO 3.10 As seguintes estruturas são válidas:

```
struct exem {                struct {
    char cod, tp;                char aux;
    int  valor;                  const long taxa;
}                                struct {
                                     short int valor;
                                 } est;
                             }
```

A estrutura esquerda usa a etiqueta `exem` e contém três componentes: os dois primeiros, do tipo `char`, são identificados por `cod` e `tp`; o terceiro, do tipo `int`, é identificado por `valor`. A estrutura direita também contém três componentes: o primeiro, `aux`, tem tipo `char`; o segundo, `taxa`, tem tipo `long` e é qualificado como `const`; e o terceiro, `est`, é uma outra estrutura que contém um único componente: `valor`, do tipo `short int`. ■

A declaração das variáveis componentes de uma estrutura não pode conter expressão de iniciação nem classe de armazenamento.

EXEMPLO 3.11 A especificação da estrutura a seguir é inválida: o segundo componente possui qualificador da classe de armazenamento (`static`) e o terceiro componente possui uma expressão de iniciação (2.3).

```
struct {
  int valor;
  static char sexo;
  double taxa = 2.3;
}
```
■

Os tipos estruturas e as variáveis desse tipo são usualmente referidos como estruturas. Assim, é comum dizer "a estrutura a seguir" com o significado de "o tipo estrutura a seguir", por exemplo. O tipo estrutura é caracterizado pela especificação da estrutura. Cada especificação define um novo tipo, mesmo que seus componentes sejam idênticos aos componentes de estruturas já especificadas.

EXEMPLO 3.12 As duas estruturas a seguir são usadas como tipo na declaração das variáveis aux, cod e taxa. As variáveis aux e cod são declaradas como do tipo struct {int a; char b;} e a variável taxa como do (novo) tipo struct {int a; char b;}.

```
struct {                    struct {
    int a;                      int a;
    char b;                     char b;
} aux, cod;                 } taxa;
```

Embora essas estruturas especifiquem a sequência de seus componentes com declarações idênticas, definem tipos distintos. Uma expressão da forma aux = cod é válida porque aux e cod possuem o mesmo tipo. Entretanto, taxa = cod é inválida porque os tipos são diferentes. ∎

Uso de etiquetas. A etiqueta em uma especificação de estrutura é usada para formar um especificador de tipo, permitindo que um mesmo tipo estrutura seja declarado várias vezes.

A especificação a seguir declara o tipo estrutura struct {int a; char b;} com a etiqueta tp.

```
struct tp {
  int a;
  char b;
}
```

Desse modo, a expressão struct tp é um especificador de tipo referindo-se ao tipo da estrutura identificada por tp.

EXEMPLO 3.13 O trecho de programa a seguir declara as variáveis aux, cod e taxa, todas com o mesmo tipo struct {int a; char b;}.

```
struct exem {
  int a;
  char b;
} aux, cod;

struct exem taxa;
```

O especificador struct exem refere-se ao tipo definido pela estrutura identificada com a etiqueta exem; isto é, refere-se ao mesmo tipo de aux e cod. As expressões aux = cod e taxa = cod são válidas. ∎

3.8 TIPO UNIÃO

As uniões permitem o armazenamento seletivo de valores de diversos tipos em um mesmo espaço de memória. A especificação de uma união se faz do mesmo modo que a especificação de uma estrutura, apenas usando-se a palavra-chave union no lugar de struct, e obedece às mesmas restrições, exceto quanto à alocação de memória.

EXEMPLO 3.14 As seguintes uniões são válidas:

```
union exem {                    union {
  char cod;                       char aux;
  int  valor;                     const long taxa;
}                               }
```

A união esquerda usa a etiqueta exem e contém dois componentes: o primeiro, do tipo char, é identificado por cod, e o segundo, do tipo int, é identificado por valor. A união direita também possui dois componentes: o primeiro, aux, tem tipo char e o segundo, taxa, tem tipo long e é qualificado como const. ∎

Do mesmo modo que acontece com as estruturas, a declaração das variáveis componentes de uma união não pode conter expressão de iniciação nem classe de armazenamento.

EXEMPLO 3.15
A especificação da união a seguir é inválida: o segundo componente possui qualificador da classe de armazenamento (static) e o terceiro componente possui uma expressão de iniciação (2.3).

```
union {
  int valor;
  static char sexo;
  double taxa = 2.3;
}
```
∎

Os tipos uniões e as variáveis desse tipo são normalmente referidos como uniões. Assim, é comum dizer "a união a seguir" com o significado de "o tipo união a seguir", por exemplo. O tipo união é caracterizado pela especificação da união. Cada especificação define um novo tipo, mesmo que seus componentes sejam idênticos aos componentes de uniões já especificadas.

EXEMPLO 3.16 As duas uniões a seguir são usadas como tipo na declaração das variáveis aux, cod e taxa. As variáveis aux e cod são declaradas como do tipo union {int a; char b;} e a variável taxa como do (novo) tipo union {int a; char b;}.

```
union {                         union {
  int a;                          int a;
  char b;                         char b;
} aux, cod;                     } taxa;
```

Embora essas uniões especifiquem os seus componentes com declarações idênticas, definem tipos distintos. Uma expressão da forma aux = cod é válida porque aux e cod possuem o mesmo tipo. Entretanto, taxa = cod é inválida porque os tipos são diferentes. ∎

Uso de etiquetas. A etiqueta em uma especificação de união é usada para formar um especificador de tipo, permitindo que um mesmo tipo união seja declarado várias vezes.

A especificação a seguir declara o tipo união union {int a; char b;} com a etiqueta tp.

```
union tp {
   int a;
   char b;
}
```

Desse modo, a expressão union tp é um especificador de tipo referindo-se ao tipo da união identificada por tp.

EXEMPLO 3.17 O trecho de programa a seguir declara as variáveis aux, cod e taxa, todas com o mesmo tipo union {int a; char b;}.

```
union exem {
   int a;
   char b;
} aux, cod;

union exem taxa;
```

O especificador union exem refere-se ao tipo definido pela união identificada com a etiqueta exem; isto é, refere-se ao mesmo tipo de aux e cod. As expressões aux = cod e taxa = cod são válidas. ∎

3.9 CAMPOS DE BITS

Os campos de bits não são tipos de dados e sim componentes dos tipos estrutura e união. São usados para especificar um número determinado de bits que são interpretados como um valor inteiro. Um campo de bits é uma sequência de bits especificada como

⟨*DeclCampoBits*⟩ ::= [⟨*QualifTipo*⟩] ⟨*Tipo*⟩ [⟨*Identificador*⟩] : ⟨*QtdBits*⟩

A quantidade de bits na sequência é definida por <*QtdBits*> e <*Tipo*> especifica o tipo de dados usado para interpretar o conteúdo do campo de bits. O tipo de um campo de bits pode ser qualificado ou não[6] e deve ser compatível com _Bool, unsigned int ou int[7]. O identificador do campo de bits também pode não existir.

EXEMPLO 3.18 As estruturas e união a seguir ilustram o uso dos campos de bits:

```
struct {                struct {                union {
  _Bool estado: 1;        char op;                char op;
  char op;                unsigned int valB: 3;   int : 5;
  int valA: 4;          }                       }
}
```

---

[6] Especificando se o campo é constante ou volátil, por exemplo. Os qualificadores de tipo são discutidos no Capítulo 5.

[7] Como ocorre com outros aspectos relacionados aos campos de bits, os tipos permitidos também são dependentes da implementação. O compilador gcc permite a especificação dos tipos long e long long, por exemplo.

1. A primeira declaração é uma estrutura com dois componentes especificados como campos de bits. O componente `estado` ocupa um único bit e pode receber valores do tipo `_Bool`. O componente `valA` possui 4 bits e pode receber valores do tipo `int`, isto é, em uma arquitetura em que os inteiros negativos são representados como complemento-2, esse componente pode armazenar valores na faixa [−8, 7].
2. A segunda declaração é uma estrutura em que o componente `valB` é um campo de bits com 5 bits, que pode receber valores do tipo `unsigned int`, isto é, valores na faixa [0,31].
3. A terceira declaração é uma união contendo um campo de bits não nomeado, de 5 bits. Os campos de bits não nomeados são concebidos para atender requisitos de alinhamento específicos na implementação de tipos estrutura e união. ∎

A quantidade de bits deve ser uma expressão inteira constante, cujo valor não exceda a quantidade necessária para armazenar valores do tipo <*Tipo*>. Por exemplo, em uma arquitetura em que o tamanho do tipo `int` é 32 bits, a declaração `int id: 33` é inválida.

3.10 TIPOS INCOMPLETOS

Os tipos incompletos não possuem informação suficiente para determinar o tamanho do espaço em memória necessário para armazenar os valores do tipo. Ocorrem quando se especifica

a) um tipo vetor sem definição de tamanho,

b) um tipo estrutura de conteúdo desconhecido,

c) um tipo união de conteúdo desconhecido,

d) um tipo enumerado sem declarar suas constantes, ou

e) o tipo `void`.

Os tipos incompletos são úteis quando se quer fazer referência ao tipo sem, entretanto, assumir compromisso com a determinação dos elementos que o compõem. Isso pode ocorrer na especificação de tipos usando o operador `typedef`, na declaração de variável com ligação externa, na declaração de ponteiro para estrutura ou união e na declaração de função. Entretanto, antes de ser usada, uma variável de tipo incompleto (exceto `void`) deve ter seu tipo completado com uma declaração posterior do mesmo tipo, especificando o tamanho do vetor ou os componentes da estrutura, união ou enumeração. Os tipos incompletos são discutidos, quando oportuno, nos capítulos que tratam de variáveis, funções, vetores, estruturas e uniões.

3.10.1 O tipo void

O tipo `void` especifica um conjunto de valores vazio. É um tipo incompleto que não pode ser completado, normalmente usado para especificar a ausência de valores na declaração dos parâmetros e do tipo do valor de retorno das funções.

3.11 REPRESENTAÇÃO DOS VALORES

Todos os tipos em C (o que não inclui os campos de bits) são armazenados como uma sequência contígua de um ou mais bytes.

EXEMPLO 3.19 Em uma arquitetura em que o tamanho do byte é 7 bits (isto é, onde CHAR_BIT = 7), o armazenamento de (valores de) um tipo que ocupa 12 bits requer dois bytes, resultando em 2 bits não utilizados:

BYTE							BYTE						
x	x	0	0	1	1	0	0	0	0	0	1	0	1

O caractere x representa os bits não utilizados. ■

Valoração e preenchimento. Os bits usados para a interpretação do valor armazenado são chamados de *bits de valoração* e os bits não utilizados são chamados de *bits de preenchimento*.

BITS DE	
PREENCHIMENTO	VALORAÇÃO

A representação binária dos valores consiste na sequência de bits usada para armazená-los na memória, que inclui tanto os bits de valoração quanto os de preenchimento, e no esquema utilizado para interpretar os bits de valoração.

Precisão e tamanho. A *precisão* de um tipo inteiro é o número de bits usado para representar os seus valores, excluindo os bits de sinal e preenchimento. O *tamanho* é o número de bits de valoração mais o bit de sinal. Para inteiros não sinalizados precisão e tamanho são iguais. Para inteiros sinalizados o tamanho é uma unidade maior que a precisão.

Alinhamento dos bits. Cada tipo possui um requisito de alinhamento que indica como os valores do tipo devem ser alocados. O alinhamento de cada tipo depende da implementação e é expresso como um múltiplo de byte. Os valores de um tipo cujo alinhamento é de n bytes são alocados na memória em posições que são múltiplos de n bytes. Assim, para uma implementação em que o alinhamento do tipo char é de 1 byte e o do tipo int é de 4 bytes, temos:

1. Os valores do tipo char podem ser alocados na memória iniciando nos bytes de ordem 0, 1, 2, 3, etc.
2. Os valores do tipo int podem ser alocados na memória iniciando nos bytes de ordem 0, 4, 8, 12, etc.

EXEMPLO 3.20 O alinhamento dos diversos tipos, em uma dada plataforma, pode ser inspecionado usando-se a função __alignof__ (uma extensão do compilador gcc), que retorna o alinhamento do tipo fornecido como parâmetro.

O programa a seguir armazena nas variáveis alinha_c, alinha_i e alinha_d o alinhamento dos tipos char, int e double, respectivamente.

```
#include <stdio.h>
int main(void) {
    int alinha_c = __alignof__(char);
    int alinha_i = __alignof__(int);
    int alinha_d = __alignof__(double);
    printf("%d %d %d\n", alinha_c, alinha_i, alinha_d);
    return 0;
}
```

Se a saída desse programa é 1 4 8, então o alinhamento do tipo char é de 1 byte, o do tipo int é de 4 bytes e o do tipo double, de 8 bytes. A saída desse programa depende da plataforma para a qual ele é compilado. A versão 2011 do padrão da linguagem C define a função equivamente _Alignof ∎

Para os tipos básicos, os bits de preenchimento são uma decorrência natural do seu alinhamento. Se o tamanho de um dado tipo é um múltiplo do seu alinhamento, então sua representação binária não possui bits de preenchimento, já que seus valores estarão sempre corretamente alinhados. Para estruturas e uniões, os bits de preenchimento podem aparecer também em virtude da existência de componentes com alinhamentos distintos.

3.11.1 Representação de inteiros não sinalizados

Os bits de valoração são usados para interpretar o valor armazenado como um inteiro não negativo na faixa de 0 a $2^N - 1$ para N bits de valoração. Os bits de preenchimento podem não existir. Caso existam, seu conteúdo não é especificado pelo padrão.

EXEMPLO 3.21 Se para uma determinada arquitetura o tamanho do byte é igual a 7 bits e o tipo unsigned short é definido com 8 bits, com faixa de representação igual a [0, 255], então todo valor desse tipo ocupa 14 bits, sendo 8 de valoração e 6 de preenchimento. A tabela a seguir mostra três possíveis configurações de bits para armazenar o valor 73:

PREENCHIMENTO	VALORAÇÃO
0 0 0 0 0 0	0 1 0 0 1 0 0 1
0 1 0 1 0 1	0 1 0 0 1 0 0 1
1 1 1 1 1 1	0 1 0 0 1 0 0 1

Os primeiros seis bits à esquerda são bits de preenchimento cujo valor não influencia na interpretação do número, que é dada pelos oito bits de valoração, à direita: $01001001 = 2^6 + 2^3 + 2^0 = 73$. ∎

3.11.2 Representação de inteiros sinalizados

Os tipos inteiros sinalizados são representados por três conjuntos de bits: um bit de sinal, bits de preenchimento e bits de valoração. Novamente, os bits de preenchimento não influenciam a interpretação do valor armazenado, que é dada pelos bits de valoração, juntamente com o sinal, e pelo esquema de interpretação (se complemento-1 ou complemento-2, por exemplo).

```
       SINAL
         ↓
       ┌───┬──────────────┬──────────────┐
       │   │ PREENCHIMENTO│  VALORAÇÃO   │
       └───┴──────────────┴──────────────┘
```

EXEMPLO 3.22 Para uma determinada arquitetura na qual o tamanho do byte é igual a 7 bits, se o tipo signed short é definido com 8 bits, usando o complemento-2 para representar números negativos, com faixa de representação igual a [−128, 127], então todo valor desse tipo ocupa 14 bits, sendo 1 de sinal, 7 de valoração e 6 de preenchimento. A tabela a seguir mostra três possíveis configurações de bits para armazenar o valor −84:

```
SINAL
  ↓   PREENCHIMENTO       VALORAÇÃO
| 1 | 0  0  0  0  0  0 | 0  1  0  1  1  0  0 |
| 1 | 0  1  0  1  0  1 | 0  1  0  1  1  0  0 |
| 1 | 1  1  1  1  1  1 | 0  1  0  1  1  0  0 |
```

Como a representação é em complemento-2 e o bit de sinal é 1, o valor do número é dado por $10101100 = -(01010100) = -84$. ∎

3.11.3 Representação de caracteres

Os tipos caracteres são sempre armazenados em um byte (1 × CHAR_BIT). Dessa forma, nenhum deles possui bits de preenchimento.

unsigned char. Representa valores na faixa $[0, 2^{\text{CHAR\_BIT}} - 1]$.

signed char. A representação dos valores é dependente da implementação (se complemento-1 ou complemento-2, por exemplo).

char. A representação é dependente da implementação, sendo idêntica ao tipo unsigned char ou signed char.

3.11.4 Representação de estruturas

A memória alocada a uma estrutura corresponde à alocação ordenada da memória correspondente aos seus componentes. O espaço alocado a uma estrutura pode ser maior que a soma dos tamanhos dos seus componentes por conta do alinhamento de cada tipo e do seu próprio alinhamento.

EXEMPLO 3.23 Se o tamanho e o alinhamento do tipo `float` são iguais a 4 bytes, os do tipo `char` são iguais a 1 byte, e o alinhamento do tipo estrutura é igual a 4 bytes, então a declaração a seguir faz o espaço alocado à variável aux ser de 12 bytes.

```
struct {
  float val;
  char  estado;
  float juro;
} aux;
```

Após a alocação do componente val, ocupando 4 bytes, temos a alocação do componente estado no byte imediatamente a seguir, pois seu alinhamento é 1. Já a alocação do componente juro não pode ocorrer imediatamente após estado, pois os valores do tipo `float` devem iniciar em múltiplos de 4 bytes. O diagrama ilustra a alocação:

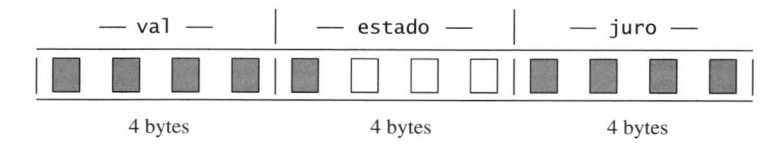

```
        — val —       |  — estado —    |   — juro —
  | ■ ■ ■ ■ | ■ □ □ □ | ■ ■ ■ ■ |
        4 bytes            4 bytes           4 bytes
```

No diagrama, os bytes alocados a cada componente estão preenchidos com retângulos cinzas e os bytes de preenchimento com retângulos brancos. ∎

Os bits de preenchimento de uma estrutura podem aparecer no interior, como ilustrado no exemplo precedente, ou no final, resultando da sua própria necessidade de alinhamento.

3.11.5 Representação de uniões

A memória alocada a uma variável do tipo união corresponde ao espaço necessário para armazenar o maior de seus componentes.

EXEMPLO 3.24 Se o tamanho e o alinhamento do tipo `float` são iguais a 4 bytes e os do tipo `char` são iguais a 1 byte, então a declaração a seguir faz o espaço alocado à variável aux ser de 4 bytes.

```
union exem {
  char sit;
  float sal;
} aux;
```

O diagrama a seguir ilustra a alocação:

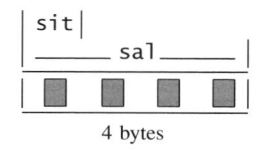

```
       | sit|
       |____ sal ____|
       | ■ ■ ■ ■ |
           4 bytes
```

Quando um valor que corresponde ao componente sit é armazenado em aux apenas o primeiro byte é utilizado. ∎

Uma união pode ter bits de preenchimento dependendo do requisito de alinhamento de seu tipo de maior tamanho ou do seu próprio requisito de alinhamento.

3.11.6 Representação dos campos de bits

A alocação de um campo de bits ocorre em unidades endereçáveis de memória, geralmente a palavra utilizada pela arquitetura-alvo. Se uma determinada quantidade de bits não cabe na unidade corrente, uma nova unidade é alocada e os bits podem ser posicionados a partir do último campo, cruzando as unidades, ou a partir da nova unidade alocada.

EXEMPLO 3.25 Supondo-se que o tamanho da unidade endereçável seja 8 bits, na estrutura a seguir, o campo de bits cbA é alocado no início de uma unidade endereçável, e o campo cbB na mesma unidade que cbA.

```
struct {
  int cbA: 3;
  int cbB: 2;
  int cbC: 6;
}
```

Uma nova unidade será alocada para acomodar o campo cbC, que tanto pode iniciar nessa nova unidade:

unidade armazenamento								unidade armazenamento							
a	a	a	b	b	-	-	-	c	c	c	c	c	c	-	-

quanto continuar a partir do fim do campo cbB:

unidade armazenamento								unidade armazenamento							
a	a	a	b	b	c	c	c	c	c	c	-	-	-	-	-

Nos diagramas acima os bits alocados aos campos cbA, cbB e cbC estão designados com a letra *a, b* e *c*, respectivamente. ∎

3.11.7 Representação dos demais tipos

A representação binária dos valores dos demais tipos, no que concerne à forma de armazenamento em memória, não é especificada pelo padrão, exceto quanto ao requisito de que todos devem ser armazenados em um ou mais bytes contíguos.

3.12 CONVERSÃO DE TIPOS

Valores de um tipo podem ser convertidos em valores de outro tipo, implícita ou explicitamente. A conversão de um valor de um tipo em um valor de outro tipo pode ser:

Expansiva. Quando não há modificação do valor convertido.

Restritiva. Quando o valor convertido pode ser modificado. A modificação do valor convertido pode ocorrer devido a diferenças na precisão dos tipos ou a diferenças na interpretação dos bits armazenados, quando a conversão se dá entre tipos sinalizados e não sinalizados, por exemplo.

Redução de valores módulo 2^N

Nas conversões restritivas entre tipos inteiros é frequente a redução módulo 2^N do valor original, onde N é o tamanho do tipo-alvo. A operação de reduzir um valor positivo módulo 2^N equivale a subtrair 2^N do valor, repetidas vezes, até que o resultado esteja na faixa $[0, 2^N -1]$. Se o valor for negativo, deve-se adicionar 2^N repetidas vezes. Esse procedimento é definido apenas quando o tipo-alvo é não negativo e equivale à operação matemática mod:

Sejam $a, b \in Z$, com $b > 0$. Então existem únicos $q, r \in Z$, $0 \le r < b$, tais que $a = b \times q + r$. Define-se a mod $b = r$.

EXEMPLO 3.26 Em uma arquitetura em que o tamanho do tipo `unsigned int` é 32, o seguinte procedimento é usado para converter o valor 8.589.934.594 do tipo `long long int` no tipo `unsigned int`: o valor original é reduzido módulo $2^{32} = 4.294.967.296$:

$$8.589.934.594 - 4.294.967.296 - 4.294.967.296 = 2$$

O valor 2 do tipo `unsigned int` é o resultado da redução. ∎

EXEMPLO 3.27 Em uma arquitetura em que o tamanho do tipo `unsigned short int` é 16, o seguinte procedimento é usado para converter o valor –73.538 do tipo `int` no tipo `unsigned short int`: o valor original é reduzido módulo $2^{16} = 65.536$:

$$-73.538 + 65.536 + 65.536 = 57.534$$

O valor 57.354 do tipo `unsigned short int` é o resultado da redução. ∎

Observação. Nas arquiteturas em que o complemento-1 é utilizado para representar inteiros negativos, o fator de adição ou subtração da redução módulo 2^N é modificado para $2^N - 1$, em virtude da existência de duas representações para o zero.

3.12.1 Tipo inteiro em tipo inteiro

Quando um valor de um tipo inteiro é convertido em um valor de outro tipo inteiro, exceto `_Bool`:

1. Se o valor original pode ser representado no tipo-alvo, então o novo valor é idêntico ao valor original.
2. Se o valor original não pode ser representado no tipo-alvo, então
    2.1. Se o tipo-alvo é não sinalizado, o valor original é reduzido módulo 2^N.
    2.2. Se o tipo-alvo é sinalizado, a conversão é dependente da implementação, podendo não ser realizada e provocar um sinal de erro.

    Obs. O compilador gcc estende o procedimento de reduzir um valor módulo 2^N: o fator 2^N é adicionado ao (ou subtraído do) valor original até que este esteja na faixa de representação do tipo-alvo. Esse novo procedimento não é equivalente à definição matemática de mod, pois pode resultar em valores negativos.

As seguintes conversões são expansivas, pois o valor original sempre pode ser convertido ao tipo-alvo:

```
signed char         —→  short int, int, long int ou long long int
short int           —→  int, long int ou long long int
int                 —→  long int ou long long int
long int            —→  long long int
unsigned char       —→  unsigned short int, unsigned int, unsigned long int ou
                        unsigned long long int
unsigned short int  —→  unsigned int, unsigned long int ou unsigned long long int
unsigned int        —→  unsigned long int ou unsigned long long int
unsigned long int   —→  unsigned long long int
```

EXEMPLO 3.28 Para uma arquitetura em que o tamanho do tipo `short int` é 16, a conversão do valor 70.000 do tipo `int` no tipo `short int` não é especificada pelo padrão, pois o tipo-alvo é sinalizado e o valor original não pode ser nele representado.

O compilador gcc adota a redução módulo 2^{16} para produzir um valor na faixa de representação do tipo `short int`, $[-2^{15}, 2^{15} - 1]$:

$$70.000 - 65.536 = 4.464$$

O programa a seguir ilustra essa conversão (a diretiva %hd deve ser usada para valores do tipo `short int`).

```
#include <stdio.h>
int main(void) {
  int a = 70000;
  short int b;
  b = a;
  printf("%d -> %hd\n", a, b);
  return 0;
}
```
■

EXEMPLO 3.29 Para uma arquitetura em que o tamanho do tipo `signed char` é 8, a conversão do valor -896 do tipo `int` no tipo `signed char` não é especificada pelo padrão, pois o tipo-alvo é sinalizado e o valor original não pode ser nele representado.

O compilador gcc adota a redução módulo 2^{8} para produzir um valor na faixa de representação do tipo `signed char`, $[-2^{7}, 2^{7} - 1]$:

$$-896 + 256 + 256 + 256 = -128$$

O programa a seguir ilustra essa conversão (a diretiva %hhd deve ser usada para valores do tipo `signed char`).

```
#include <stdio.h>
int main(void) {
  int a = -896;
  signed char b;
  b = a;
  printf("%d -> %hhd\n", a, b);
  return 0;
}
```
■

3.12.2 Tipo inteiro em tipo real de ponto flutuante

Quando um valor de um tipo inteiro é convertido em um valor de tipo real de ponto flutuante:

1. Se o valor puder ser representado exatamente no tipo-alvo, ele é adotado sem modificação.
2. Se o valor estiver na faixa de representação do tipo-alvo, mas não puder ser representado exatamente, o resultado é ou o valor representável imediatamente superior ou o imediatamente inferior, qual dos dois é dependente da implementação.

    Obs.: Para um tipo real de ponto flutuante com mantissa de m dígitos, a faixa de valores inteiros representáveis exatamente é $[-2^{m+1}, 2^{m+1}]$; fora dessa faixa os valores inteiros podem não ter representação exata. O compilador gcc adota o valor representável mais próximo.
3. Se o valor estiver fora da faixa de representação do tipo-alvo, o comportamento é indefinido.

EXEMPLO 3.30 Para uma arquitetura em que o tipo `float` possui expoente de 8 e mantissa de 23 dígitos, os três inteiros representáveis exatamente a partir de $2^{24} = 16.777.216$ são[8]:

Representação binária			
s	expoente	mantissa	valor decimal
0	10010111	00...00	$= (1 + 0 \times 2^{-1} + \ldots + 0 \times 2^{-23}) \times 2^{24} = 16.777.216$
0	10010111	00...01	$= (1 + 0 \times 2^{-1} + \ldots + 1 \times 2^{-23}) \times 2^{24} = 16.777.218$
0	10010111	00...10	$= (1 + 0 \times 2^{-1} + \ldots + 1 \times 2^{-22}) \times 2^{24} = 16.777.220$

O programa a seguir ilustra a conversão dos valores 16.777.217 e 16.777.219. Ele produz a seguinte saída:

16777216.000000 16777220.000000

```
#include <stdio.h>
int main(void) {
  int a = 16777217, b = 16777219;
  float c = a;
  float d = b;
  printf("%f %f\n", c, d);
  return 0;
}
```

O valor 16.777.217 é convertido no valor imediatamente inferior e o valor 16.777.219 no valor imediatamente superior. ∎

---

[8] Os expoentes dos valores de tipo flutuante são armazenados com um excesso de $2^{n-1} - 1$ bits, onde n é o tamanho do expoente. Assim, o expoente 10010111 representa o valor $151 - 127 = 24$. A mantissa armazena apenas os bits da parte fracionária, já que o da parte inteira será sempre igual a 1, para valores normalizados, ou 0, para valores desnormalizados.

3.12.3 Tipo real de ponto flutuante em tipo inteiro

Quando um valor de um tipo real de ponto flutuante é convertido em um valor de tipo inteiro:

1. Se o valor da parte inteira puder ser representado no tipo-alvo, a parte fracionária é descartada e o valor no tipo-alvo fica idêntico ao valor da parte inteira.
2. Se o valor da parte inteira não puder ser representado no tipo-alvo, o comportamento é indefinido.

As conversões de tipos reais de ponto flutuante em tipos inteiros podem causar exceções de ponto flutuante, valor inválido ou valor inexato, como discutido na Seção 14.4.3.

EXEMPLO 3.31 O seguinte programa ilustra a conversão de valores do tipo real de ponto flutuante em valores do tipo inteiro, para uma arquitetura em que o tamanho de short int é 16 bits, usando complemento-2 para representação de valores negativos.

O valor de a é convertido normalmente porque sua parte inteira (32.600) é representável no tipo short int.

Já a conversão de b resulta no valor −32.768. Ao realizá-la, o código gerado pelo compilador gcc produz a exceção de tipo flutuante que indica um valor inválido.

```
#include <stdio.h>
int main(void) {
  double a = 32600.234, b = 40000;
  short int c = a;
  short int d = b;
  printf("%hd %hd\n", c, d);
  return 0;
}
```

Por ser indefinida, não é garantido que a conversão do valor de b seja consistente: em outras situações o valor resultante pode ser diferente. ∎

3.12.4 Tipo real de ponto flutuante em tipo real de ponto flutuante

Quando um valor de um tipo real de ponto flutuante é convertido em outro valor de tipo real de ponto flutuante:

1. Se o valor puder ser representado exatamente no tipo-alvo, ele é adotado sem modificação.
2. Se o valor está na faixa de representação do tipo-alvo mas não pode ser representado exatamente, o resultado é ou o valor representável imediatamente superior ou o imediatamente inferior, qual dos dois depende da implementação.
3. Se o valor está fora da faixa de representação do tipo-alvo, o resultado é indefinido.

As seguintes conversões são expansivas, pois o valor original sempre pode ser convertido ao tipo-alvo sem perda de informação:

$$\begin{aligned}
\text{float} &\longrightarrow \text{double ou long double} \\
\text{double} &\longrightarrow \text{long double}
\end{aligned}$$

EXEMPLO 3.32 Para uma arquitetura em que o tipo `float` possui expoente de 8 e mantissa de 23 dígitos, o valor $1{,}000000178813934326171875 = (1 + 2^{-23} + 2^{-24}) \times 2^0$ não pode ser representado exatamente no tipo `float`, que possui uma mantissa de apenas 23 dígitos. O valor representável imediatamente inferior é $(1 + 2^{-23}) \times 2^0$ e o imediatamente superior é $(1 + 2^{-22}) \times 2^0$; um dos dois é adotado, dependendo do tipo de arredondamento em vigor no ambiente de execução.

O programa a seguir ilustra a conversão entre tipos reais de ponto flutuante, usando o valor discutido neste exemplo. A seguinte saída é produzida:

```
1.0000001788139343261718750 ->
1.0000002384185791015625000
1.79769e+308 -> inf
```

```c
#include <stdio.h>
#include <float.h>
int main(void) {
  double a = 1.000000178813934326171875;
  float b = a;
  float c = DBL_MAX;
  printf("%.25f ->\n%.25f\n", a, b);
  printf("%g -> %f\n", DBL_MAX, c);
  return 0;
}
```

A diretiva `%.25f` faz os valores do tipo `double` serem impressos com precisão de 25 casas decimais, e a diretiva `%g` imprime os valores do tipo `double` no formato científico, se eles forem muito grandes. Neste exemplo, a conversão da variável `a` em um valor do tipo `float` adotou o valor representável imediatamente superior $((1 + 2^{-22}) \times 2^0)$.

O valor `DBL_MAX` (igual a $1{,}79769 \times 10^{308}$, quando o tipo `double` é implementado com 64 bits) é muito grande para ser armazenado no tipo `float`: o resultado é o valor especial infinito. ∎

3.12.5 Tipo real em tipo complexo

Quando um valor de um tipo real é convertido em um valor de tipo complexo, a parte real do tipo complexo é determinada pelas regras de conversão aplicáveis ao tipo real correspondente, e a parte imaginária é definida como sendo o zero positivo ou o zero não sinalizado, qual dos dois depende da implementação.

EXEMPLO 3.33 O programa a seguir produz a saída:

```
234.450000 -> (234.449997 + 0.000000 i)
```

A conversão da parte real segue as regras de conversão do tipo `double` no tipo `float`.

```c
#include <stdio.h>
#include <complex.h>
int main(void) {
  double a = 234.45;
  float _Complex c = a;
  printf("%f -> (%f + %f i)\n", a, creal(c), cimag(c));
  return 0;
}
```

O valor 234,45 é convertido em 234,44997, pois não possui representação exata no tipo `float` (de fato, não possui representação exata nem no tipo `double`: apenas a precisão é maior, com o primeiro dígito diferente do valor original ocorrendo bem além da sexta casa decimal). ∎

3.12.6 Tipo complexo em tipo real

Quando um valor de um tipo complexo é convertido em um valor de tipo real, a parte imaginária é descartada e a parte real é convertida segundo as regras de conversão do tipo real correspondente.

EXEMPLO 3.34 Este exemplo apresenta uma conversão semelhante à do exemplo anterior.
O programa a seguir produz a saída:

$$(234.450000 + 2.500000\ i)\ \text{->}\ 234.449997$$

A parte imaginária (2,5) é desprezada e a parte real (245,45) convertida segundo as regras de conversão do tipo double no tipo float.

```
#include <stdio.h>
#include <complex.h>
int main(void) {
  double _Complex c = 234.45 + 2.5 * I;
  float a = c;
  printf("(%f + %f i) -> %f\n", creal(c), cimag(c), a);
  return 0;
}
```

O valor 234,45 do tipo double é convertido em 234,44997, pois não possui representação exata no tipo float. ∎

3.12.7 Tipo complexo em tipo complexo

Quando um valor de um tipo complexo é convertido em um valor de outro tipo complexo, as partes real e imaginária são determinadas pelas regras de conversão aplicáveis aos tipos reais correspondentes.

EXEMPLO 3.35 O programa a seguir produz a saída:

$$(234.449997 + 2.500000\ i)$$

As partes real (234,45) e imaginária (2,5) são convertidas segundo as regras aplicáveis à conversão do tipo double no tipo float.

```
#include <stdio.h>
#include <complex.h>
int main(void) {
  double _Complex c = 234.45 + 2.5 * I;
  float _Complex d = c;
  printf("(%f + %f i)\n", creal(d), cimag(d));

  return 0;
}
```
∎

3.12.8 Conversões envolvendo o tipo booliano

Um valor de um tipo escalar (aritmético ou ponteiro) ao ser convertido em um valor do tipo _Bool resultará no valor 0, se o valor original for igual a 0, ou no valor 1, em caso contrário. Já um valor do tipo `_Bool`, que é sempre armazenado ou como 0 ou como 1, será convertido em um valor de tipo escalar sem perda de informação.

EXEMPLO 3.36   O valor −3,2 do tipo `double` ao ser convertido no tipo `_Bool` resulta no valor 1.
∎

3.13 PROMOÇÃO INTEIRA

Algumas operações causam a conversão de valores de tipos inteiros nos valores correspondentes do tipo `int` ou `unsigned int`. Essa conversão automática é chamada de *promoção inteira* e ocorre sempre que um valor de um tipo `int` ou `unsigned int` é esperado em alguma situação e o valor fornecido é

a) de um tipo de menor ordem, ou

b) um campo de bits do tipo `_Bool`, `int`, `signed int` ou `unsigned int`.

A seguinte regra é seguida em uma promoção inteira:

> Se o valor puder ser representado como um valor do tipo `int`, ele é convertido em `int`. Caso contrário, ele é convertido em `unsigned int`.

Os valores dos demais tipos inteiros não são afetados pela promoção inteira.

3.13.1 Ordenamento de inteiros

O ordenamento dos tipos inteiros é utilizado na promoção inteira e nas conversões de valores. Atribui-se a cada tipo inteiro uma ordem, definida pelas seguintes regras:

1. Os tipos inteiros sinalizados são ordenados pela precisão: os de menor precisão possuem uma ordem menor que os de maior precisão. Para os tipos-padrões (alguns com a mesma precisão) temos:

   `signed char < short int < int < long int < long long int`

2. Os tipos inteiros não sinalizados possuem ordem igual à do tipo sinalizado correspondente:

   `unsigned char < unsigned short int < unsigned int < unsigned long int < unsigned long long int`

3. O tipo `_Bool` possui ordem menor que a dos demais inteiros.

4. A ordem do tipo `char` é igual à dos tipos `signed char` e `unsigned char`.

5. Para os tipos estendidos temos:

    5.1. A ordem de qualquer tipo inteiro-padrão deve ser maior que a ordem de qualquer tipo inteiro estendido de mesmo tamanho.

    5.2. A ordem dos tipos inteiros sinalizados estendidos com a mesma precisão é dependente da implementação.

    5.3. A ordem dos tipos inteiros estendidos deve obedecer às demais restrições de ordem entre os inteiros (e.g., os não sinalizados devem ter a mesma ordem que os sinalizados correspondentes e os sinalizados de menor precisão devem ter ordem menor que os de maior precisão).

A Seção 6.15 mostra a aplicação da promoção inteira na avaliação de expressões que envolvem tipos inteiros.

3.14 COMPATIBILIDADE DE TIPOS

Na relação a seguir os tipos em uma mesma linha são compatíveis – representam o mesmo tipo e podem ser usados indistintamente.

```
void.
char.
signed char.
unsigned char.
short, signed short, short int e signed short int.
unsigned short e unsigned short int.
int, signed e signed int.
unsigned e unsigned int.
long, signed long, long int e signed long int.
unsigned long e unsigned long int.
long long, signed long long, long long int e signed long long int.
unsigned long long e unsigned long long int.
float.
double.
long double.
_Bool.
float _Complex.
double _Complex.
long double _Complex.
```

Todas as declarações que se referem ao mesmo objeto (função ou localização da memória) devem ter tipos compatíveis. O comportamento é indefinido caso os tipos não sejam compatíveis. Além disso, um valor de um tipo <*Ta*> compatível com um tipo <*Tb*> não é convertido quando atribuído a uma variável do tipo <*Tb*>, nem quando usado no lugar de um valor do tipo <*Tb*>.

Dois tipos qualificados são compatíveis se forem versões identicamente qualificadas de tipos compatíveis. Assim, `const int` e `const signed` são tipos compatíveis (os qualificadores de tipo são discutidos na Seção 5.10).

EXEMPLO 3.37 No código a seguir, as atribuições das linhas 6 e 7 não implicam conversão de valores: os tipos `short`, `short int` e `signed short int` são compatíveis.

```
1  #include <stdio.h>
2  int main(void) {
3    short a = 2;
4    short int b;
5    signed short int c;
6    b = a;
7    c = a;
8    /* codigo omitido */
9    return 0;
10 }
```

A compatibilidade dos tipos estrutura, união, vetor e ponteiro é discutida nos respectivos capítulos.

3.15 TIPOS PREDEFINIDOS

Em certas operações os resultados são expressos como valores cujo tipo, se `int` ou `long int`, por exemplo, e sinalização podem variar de acordo com a implementação. Para favorecer a portabilidade dos programas, o padrão da linguagem estabelece o uso de tipos predefinidos, que funcionam como sinônimos dos tipos adotados por cada implementação. A tabela a seguir mostra alguns tipos predefinidos mencionados neste livro, juntamente com a finalidade e o arquivo-cabeçalho em que estão declarados:

Tipo	Finalidade	Declaração
`bool`	Tipo booliano idêntico a `_Bool`, fornecido como uma conveniência, já que o identificador `bool` é comum em outras linguagens.	`stdbool.h`
`size_t`	Tipo inteiro não sinalizado usado para exprimir o tamanho de objetos como variáveis, vetores, estruturas e uniões.	`stddef.h` `stdlib.h` `wchar.h`
`ptrdiff_t`	Tipo inteiro sinalizado usado para exprimir a diferença entre dois valores de tipo ponteiro.	`stddef.h`
`intmax_t`	Tipo do maior inteiro sinalizado.	`stdint.h`
`uintmax_t`	Tipo do maior inteiro não sinalizado.	`stdint.h`
`wchar_t`	Tipo inteiro usado para representar caracteres estendidos.	`stddef.h` `stdlib.h` `wchar.h`
`wint_t`	Tipo inteiro usado para representar caracteres estendidos e um valor adicional para representar fim de arquivo (WEOF).	`wchar.h`

Esses tipos são definidos como macros, discutidas no Capítulo 17, ou com o operador `typedef`, visto no Capítulo 6. Usando-os não é necessário saber os verdadeiros tipos adotados por uma determinada implementação. Por exemplo, o tipo `size_t` pode ser definido como `unsigned int`, `unsigned long int` ou `unsigned long long int`, dependendo da implementação. Ao usar `size_t` não é necessário modificar a declaração das variáveis quando o programa for compilado para uma nova plataforma.

EXEMPLO 3.38 A função `__alignof__` usada no Exemplo 3.20 retorna um valor do tipo `size_t`. Logo, o código a seguir é uma implementação mais adequada para o programa daquele exemplo (pois evita conversões indevidas).

A diretiva `%zd` no comando de impressão é a diretiva que deve ser usada com valores do tipo `size_t`.

```
#include <stdio.h>
#include <stddef.h>
int main(void) {
   size_t alinha_c = __alignof__(char);
   size_t alinha_i = __alignof__(int);
   size_t alinha_d = __alignof__(double);
   printf("%zd %zd %zd\n", alinha_c, alinha_i, alinha_d);
   return 0;
}
```

EXERCÍCIOS

3.1 O que é um tipo de dados?

3.2 O que é um especificador de tipo de dados?

3.3 Todos os caracteres do conjunto estendido de caracteres do ambiente de execução podem ser armazenados em uma variável do tipo `char`?

3.4 O tipo `char` pode ter tamanho diferente do tipo `signed char` e do tipo `unsigned char`?

3.5 Se o valor da macro `CHAR_MIN` é não negativo, pode-se dizer que o tipo `char` é sinalizado?

3.6 Considere que os inteiros negativos são representados em complemento-1 e que `CHAR_BIT` é igual a 7. Quais são as faixas de representação para `signed char` e `unsigned char`?

3.7 Que abordagens são em geral adotadas para representar os caracteres de outros alfabetos, não representados no conjunto básico de caracteres?

3.8 O que são caracteres multibytes e estendidos?

3.9 A representação e o tamanho dos tipos inteiros são únicos para todas as implementações da linguagem C?

3.10 É verdade que o tamanho de um tipo `long int` será sempre maior ou igual ao tamanho dos tipos `int` e `short int`?

3.11 Qual o tipo das partes real e imaginária do tipo `double _Complex`?

3.12 O que são tipos derivados?

3.13 Para que servem as etiquetas na especificação das estruturas e uniões?

3.14 Quais das variáveis declaradas a seguir possuem o mesmo tipo?

```
struct {
  int a; float b;
} val;
struct {
  int a; float b;
} vel, acel;
struct tmx {
  int a; float b;
} pes;
struct tmx fam, grp;
```

3.15 O que são campos de bits?

3.16 O que é o alinhamento de um tipo de dados?

3.17 Se o alinhamento de um tipo é igual a 3 bytes, é possível iniciar a alocação de dois valores contíguos desse tipo nos bytes de ordem 6 e 8?

3.18 O que são bits de valoração e bits de preenchimento?

3.19 Os valores do tipo `char` podem ter bits de preenchimento? E os do tipo `int`?

3.20 Se as configurações a seguir armazenam valores do tipo `unsigned int`, qual o valor de cada uma delas?

a. 100100110001011

b. 110010111100000

c. 101001000001110

Considere uma arquitetura em que o tamanho do tipo `unsigned int` é igual a 12 bits, seu alinhamento é igual a `CHAR_BIT`, que é igual a 7 bits, e os bits de preenchimento estão à esquerda dos bits de valoração.

3.21 Se as configurações a seguir armazenam valores do tipo `int`, qual o valor de cada uma delas?

a. 10010011011011

b. 01011011100000

c. 00101100011110

Considere uma arquitetura que utiliza o complemento-2 para representar inteiros negativos, na qual o tamanho do tipo `int` é igual a 11 bits, seu alinhamento é igual a `CHAR_BIT`, que é igual a 7 bits, e os bits de preenchimento estão entre o bit de sinal, mais à esquerda, e os bits de valoração.

3.22 É possível que o espaço alocado a uma estrutura seja maior que a soma dos tamanhos dos seus componentes?

3.23 É possível que o espaço alocado a uma união seja maior que a soma dos tamanhos dos seus componentes?

3.24 Considerando que o tamanho do tipo `unsigned short` é igual a 8 bits, qual o resultado da conversão do valor 731 do tipo `int` em um valor do tipo `unsigned short`?

3.25 É possível um valor inteiro ser convertido em um valor real com perda de informação?

3.26 As conversões de valores de tipos reais em tipos inteiros são sempre possíveis?

3.27 O que é a promoção inteira?

Capítulo 4
Literais e Constantes

Valores literais são valores escritos no próprio código do programa. Podem representar um caractere, um número inteiro, um número real, uma cadeia de caracteres ou um valor booliano. Os valores literais também são chamados de constantes porque são definidos em tempo de compilação e não podem ser modificados durante a execução do programa.

4.1 LITERAIS INTEIROS

Os literais inteiros exprimem números inteiros como 1, 234 e 666.

Valores decimais. Quando escritos sem prefixo os literais inteiros exprimem um valor decimal.

Valores octais. Quando se usa o prefixo 0 (zero), como em 012 ou 0354, os literais inteiros exprimem um valor octal. Nesse caso, apenas os dígitos de 0 a 7 podem vir após o prefixo.

Valores hexadecimais. Quando se usa o prefixo 0x ou 0X, como em 0x12 ou 0X354, os literais inteiros exprimem um valor hexadecimal. Nesse caso, apenas os dígitos de 0 a F podem vir após o prefixo, com os dígitos de A a F escritos em letras maiúsculas ou minúsculas.

EXEMPLO 4.1 Os seguintes valores são todos literais inteiros válidos:

Literal inteiro	Valor decimal		
−12	−12		
354	354		
-012	−10	=	$-(1 \times 8^1 + 2 \times 8^0)$
0354	236	=	$3 \times 8^2 + 5 \times 8^1 + 4 \times 8^0$
-0x12	−18	=	$-(1 \times 16^1 + 2 \times 16^0)$
0x354	852	=	$3 \times 16^2 + 5 \times 16^1 + 4 \times 16^0$
0x1aC	428	=	$1 \times 16^2 + 10 \times 16^1 + 12 \times 16^0$

■

EXEMPLO 4.2 O programa a seguir ilustra o uso de uma expressão que contém literais inteiros expressos em diferentes formas. Ele imprime o valor 94.

```
#include <stdio.h>
int main(void) {
  int i2 = 032 + 0x41 + 3;
  printf("%d\n", i2);
  return 0;
}
```

■

4.1.1 Tipo dos literais inteiros

Pode-se indicar o tipo desejado para um literal inteiro através dos seguintes sufixos:

> u ou U   Literal do tipo `unsigned int`.
> l ou L   Literal do tipo `long int`.
> ll ou LL   Literal do tipo `long long int`.

Esses sufixos podem ser combinados para definir literais dos tipos `unsigned long int` ou `unsigned long long int`. Considera-se inicialmente o tipo `int`, quando não existem sufixos para indicar o tipo.

EXEMPLO 4.3 Os literais a seguir são exemplos de literais que usam sufixos como indicação de tipo:

> 12u   Literal inteiro do tipo `unsigned int`; representa o valor 12.
> 3Ul   Literal inteiro do tipo `unsigned long int`; representa o valor 3.
> 0x45LL   Literal inteiro do tipo `long long int`; representa o valor 69.
> 071ull   Literal inteiro do tipo `unsigned long long int`; representa o valor 57. ∎

O tipo de um literal inteiro pode não corresponder ao tipo indicado por seus sufixos, que apenas definem os tipos mínimos aceitáveis. A seguinte regra geral é aplicada:

*O tipo de um literal inteiro será **int** ou igual ao menor tipo inteiro que pode representar o valor que ele exprime, respeitando-se as indicações do seus sufixos.*

A tabela seguinte mostra as várias situações em que os sufixos L ou LL são usados para indicar o tipo. Nela vemos, por exemplo, que se um literal possui um sufixo l ou L e exprime um valor decimal, então seu tipo será `long int`, se este puder representar o valor expresso, ou `long long int`, em caso contrário. Já se um literal com sufixo l ou L exprime um valor octal ou hexadecimal, seu tipo será `long int`, se este tipo puder representar o valor expresso, ou será `unsigned long int`, `long long int` ou `unsigned long long int`; aquele que primeiro, nessa ordem, puder representar o valor expresso.

Sufixo	Valor decimal	Valor octal ou hexadecimal
	int long int long long int	int unsigned int long int unsigned long int long long int unsigned long long int
l ou L	long int long long int	long int unsigned long int long long int unsigned long long int
ll ou LL	long long int	long long int unsigned long long int

A primeira linha da tabela mostra os tipos que devem ser verificados quando o literal não possui os sufixos l, L, ll ou LL. Com o sufixo u ou U deve-se adotar os tipos correspondentes não sinalizados.

Os sufixos l e ll, que usam a letra ele minúscula, podem ser confundidos com o numeral 1 (um) e devem ser evitados, sendo aconselhável o uso desses sufixos com letras maiúsculas, L ou LL.

EXEMPLO 4.4 A seguir estão listados alguns literais e seus respectivos tipos. Este exemplo considera uma arquitetura que utiliza o complemento-2 para representar os inteiros negativos e que adota o tamanho de 32 bits para os tipos int e long int e 64 bits para o tipo long long int.

67 $\rightarrow$ int.
O valor 67, que corresponde a esse literal, pode ser representado pelo tipo int.

0x567ULL $\rightarrow$ unsigned long long int.
O tipo int pode representar o valor 1.383, que corresponde a esse literal. Entretanto, sufixo LL faz seu tipo ser long long int e o sufixo U o torna unsigned.

0x822U $\rightarrow$ unsigned int.
O tipo int pode representar o valor 2.082, que corresponde a esse literal. Entretanto, o sufixo U faz seu tipo ser unsigned int.

2147483648 $\rightarrow$ long long int.
O valor 2.147.483.648, que corresponde a esse literal, não pode ser representado nem pelo tipo int nem pelo tipo long int, mas pode ser representado pelo tipo long long int.

2147483648UL $\rightarrow$ unsigned long int.
O tipo unsigned long int, indicado pelos sufixos UL, pode representar o valor 2.147.483.648.

040000000000 $\rightarrow$ long long int.
O valor $4.294.967.296 = 4 \times 8^{10}$ não pode ser representado nos tipos int, unsigned int, long int ou unsigned long int, sendo então do tipo long long int.

0x8000000000000000 $\rightarrow$ unsigned long long int.
O valor $9.223.372.036.854.775.808 = 8 \times 16^{15}$, que corresponde a esse literal, só pode ser representado pelo tipo unsigned long long int. A representação desse valor como um literal decimal só seria possível com o sufixo U. ∎

Se um literal inteiro não puder ser representado por um dos tipos básicos, provavelmente será de um tipo estendido, caso em que terá seu tipo determinado pela regra geral de pertencer ao menor tipo em que pode ser representado.

4.2 LITERAIS REAIS

Os literais reais expressam números reais. Um número é identificado como um literal real ou pelo ponto decimal ou pela notação científica. Usando o ponto para representar os literais reais temos que 2.9, 13. e 0.5 são literais reais. A notação científica é utilizada para representar números como potência de uma base B, como em 2×10^{21} e $0,005 \times 10^{-3}$, para a base 10.

Representação decimal. Os literais reais decimais, em notação científica, possuem a seguinte forma:

$$\langle Significando \rangle \langle E \rangle \langle Expoente \rangle$$

onde $\langle Significando \rangle$ é um número decimal contendo ou não o ponto decimal e $\langle Expoente \rangle$ é um número inteiro decimal representando a potência de 10 que multiplica o significando. O termo $\langle E \rangle$ que introduz o expoente pode ser a letra E ou e. Um número nessa forma corresponde ao valor decimal

$$\langle Significando \rangle \times 10^{\langle Expoente \rangle}$$

EXEMPLO 4.5 Os literais a seguir são todos válidos. Em cada linha o mesmo valor é representado de vários modos:

Literais reais			Valor representado
.05	50e-3	0.05	0,05
0012.048	12.048	1.2048E1	12,048
-543.	-543.E+0	-5.43e+2	−543,0

■

Representação hexadecimal Os literais reais podem ser expressos como valores hexadecimais na forma

$$\langle Prefixo\text{-}hex \rangle \langle Significando\text{-}hex \rangle \langle P \rangle \langle Expoente \rangle$$

onde $\langle Prefixo\text{-}hex \rangle$ é o prefixo 0x ou 0X, $\langle Significando\text{-}hex \rangle$ é um número hexadecimal contendo ou não o ponto decimal e $\langle Expoente \rangle$ é um número inteiro decimal representando a potência de 2 que multiplica o significando. O termo $\langle P \rangle$ que introduz o expoente pode ser a letra P ou p. Um número nessa forma corresponde ao valor decimal:

$$(\text{Valor decimal do significando}) \times 2^{\langle Expoente \rangle}$$

EXEMPLO 4.6 Os literais a seguir são literais reais expressos como valores hexadecimais:

Literais reais hexadecimais	Valor representado
0x1Ap2	$104{,}0 = (1 \times 16^1 + 10 \times 16^0) \times 2^2$
0Xd0P-1	$104{,}0 = (13 \times 16^1 + 0 \times 16^0) \times 2^{-1}$
0x5.2p-2	$1{,}28125 = (5 \times 16^0 + 2 \times 16^{-1}) \times 2^{-2}$
0X0.29P3	$1{,}28125 = (0 \times 16^0 + 2 \times 16^{-1} + 9 \times 16^{-2}) \times 2^3$
0x2.aBp1	$5{,}3359375 = (2 \times 16^0 + 10 \times 16^{-1} + 11 \times 16^{-2}) \times 2^1$
0X2A.BP-3	$5{,}3359375 = (2 \times 16^1 + 10 \times 16^0 + 11 \times 16^{-1}) \times 2^{-3}$

Para exprimir um literal real no formato hexadecimal é necessário a letra p ou P introduzindo o expoente. Por exemplo, o literal 0X2.5 não é válido porque não possui a letra p seguida de um expoente. ■

4.2.1 Tipo dos literais reais

Todo literal real é do tipo `double`, exceto se possuir o sufixo `f` ou `F`, indicando o tipo `float`, ou o sufixo `l` ou `L`, indicando o tipo `long double`.

EXEMPLO 4.7 Os seguintes literais reais ilustram o uso dos sufixos que modificam o tipo:

Literal	Tipo
98E-1	double
98E-1F	float
0.2L	long double
0X.5p4	double
0x0.1Ap-2f	float
0x0.1Ap-2l	long double

4.3 LITERAIS CARACTERES

Os literais caracteres são escritos entre aspas simples e representam caracteres. Os literais `'a'`, `' '`, `'2'` e `'%'` são exemplos de literais caracteres. Se o caractere entre aspas corresponde a um caractere do conjunto básico dos caracteres de execução, o valor do literal é o código numérico do caractere, interpretado como um valor do tipo `int`.

EXEMPLO 4.8 Em um ambiente onde o conjunto básico dos caracteres de execução segue o padrão ASCII, no programa a seguir o literal `'a'` é armazenado em `c` como o inteiro 97, pois esse é o valor decimal da letra 'a'.

```
#include <stdio.h>
int main(void) {
  char c = 'a';
  printf("%c %hhd\n", c, c);
  return 0;
}
```

Esse programa imprime: a 97. O conteúdo de `c` é impresso inicialmente como um valor do tipo `char` (diretiva `%c`) e depois como um valor do tipo `signed char` (diretiva `%hhd`). ∎

Caracteres especiais A barra invertida quando utilizada na representação de um literal caractere tem um significado especial. É chamada de *caractere de escape* e serve para indicar que o próximo símbolo deve ser tratado de modo especial. As seguintes sequências de dois caracteres iniciadas com uma barra invertida representam um único literal caractere:

\b	recuo de posição	\a	alarme
\t	avanço tabulação horizontal	\"	aspa dupla
\v	avanço tabulação vertical	\'	aspa simples
\n	nova linha	\\	barra invertida
\r	retorno de carro	\?	interrogação
\f	avanço de formulário		

Os literais da coluna esquerda são úteis para o controle da impressão em terminais de linha, que são aqueles cuja impressão ocorre linha a linha e caractere a caractere, com a posição da impressão controlada por um *cursor*. A impressão de um caractere sempre ocorre na posição corrente do cursor. A cada impressão o cursor fica posicionado imediatamente após o último caractere impresso. O terminal de vídeo, quando em modo texto (não gráfico), funciona como um terminal de linha.

O literal \b causa o retorno do cursor de uma posição. O literal \t causa o avanço do cursor para a próxima posição de tabulação horizontal; o número de posições a avançar depende do ambiente de execução do programa, mas para os terminais de vídeo é geralmente de 8 espaços. O literal \v causa o avanço do cursor para a próxima posição de tabulação vertical, que normalmente é de uma linha, ficando o cursor posicionado na nova linha na mesma posição em que estava na linha anterior. O literal \n causa o avanço de linha, ficando o cursor posicionado na primeira posição da próxima linha. O literal \r causa o retorno do cursor para a primeira posição da linha corrente. O literal \f causa o avanço de uma página, ficando o cursor posicionado na primeira posição da próxima página. Nem todo terminal exibe o comportamento associado a esses literais; para alguns, o literal \f, por exemplo, não tem efeito.

O literal \a produz um sinal de áudio. Os literais \", \', \\ e \? representam a aspa dupla, a aspa simples, a barra invertida e o sinal de interrogação. A aspa dupla e o sinal de interrogação podem ser diretamente representados em um literal caractere, como em '"' e '?'.

EXEMPLO 4.9 O programa a seguir imprime o número 709. Na linha 5, o número 719 é impresso. O cursor fica posicionado logo após o caractere '9' desse número. Nas linhas 6 e 7, a variável c é impressa duas vezes, em cada uma delas o cursor é deslocado de uma posição à esquerda, ficando posicionado sobre o caractere '1'.

```
1  #include <stdio.h>
2  int main(void) {
3    char c = '\b';
4    int a = 719, b = 0;
5    printf("%d", a);
6    printf("%c", c);
7    printf("%c", c);
8    printf("%d", b);
9    return 0;
10 }
```

Finalmente, na linha 8, o conteúdo da variável b, o número 0, é impresso, sobrepondo-se ao caractere '1' impresso anteriormente. A sequência seguinte ilustra a posição do cursor (↑) após cada impressão:

$$719 \atop \uparrow \Rightarrow 719 \atop \uparrow \Rightarrow 719 \atop \uparrow \Rightarrow 709 \atop \uparrow$$

∎

4.3.1 Representações alternativas

Representando caracteres como octais. Os caracteres podem ser expressos através do valor octal do seu código. Um literal caractere octal inicia com a barra invertida seguida dos dígitos octais que representam o código do caractere. O código octal deve estar na faixa de representação do tipo `unsigned char`. Isto é, para uma arquitetura em que `CHAR_BIT` é igual a 8, deve variar de `\000` a `\377`.

EXEMPLO 4.10 O programa a seguir imprime o caractere 'a' seguido do seu código decimal (o inteiro 97):

```
#include <stdio.h>
int main(void) {
  char c = '\141';
  printf("%c %hhd\n", c, c);
  return 0;
}
```

O literal '\141' é interpretado como o caractere cujo código octal é dado pela sequência de dígitos 141. Seu valor é calculado como $(141)_8 = (1 \times 8^2 + 4 \times 8^1 + 1 \times 8^0)_{10} = (97)_{10}$. ∎

Os dígitos após a barra devem constituir um valor octal válido e são considerados até que um caractere esteja definido. Assim, o literal '\186' não é válido porque 186 não é uma sequência octal válida. Nesse caso, a sequência é considerada como consistindo em três caracteres: o caractere cujo código octal é 1 (\1), o caractere '8' e o caractere '6'.

O literal '\46' é interpretado como o caractere '&', cujo código é $(46)_8 = (38)_{10}$. Já o literal '\460' é considerado como consistindo em 2 caracteres ('&' e '0'), já que o código $(460)_8 = (304)_{10}$ não corresponde a um caractere válido (em um ambiente de execução que utiliza o padrão ASCII para representar os caracteres).

Representando caracteres como hexadecimais. Os caracteres podem ser expressos por meio do valor hexadecimal do seu código. Um literal caractere hexadecimal inicia com a barra invertida seguida do prefixo x seguido dos dígitos hexadecimais que representam o código do caractere. O código hexadecimal deve estar na faixa de representação do tipo `unsigned char`. Isto é, para uma arquitetura em que `CHAR_BIT` é igual a 8, deve variar de `\x00` a `\xFF`.

EXEMPLO 4.11 O programa a seguir imprime o caractere 'a' seguido do seu código decimal (o inteiro 97):

```
#include <stdio.h>
int main(void) {
  char c = '\x61';
  printf("%c %hhd\n", c, c);
  return 0;
}
```

O literal '\x61' é interpretado como o caractere cujo código hexadecimal é dado pela sequência de dígitos 61. Seu valor é calculado como $(61)_{16} = (6 \times 16^1 + 1 \times 16^0)_{10} = (97)_{10}$. ∎

Da mesma forma que ocorre com os caracteres octais, a sequência de dígitos hexadecimais deve ser válida e representar um caractere do conjunto básico dos caracteres de execução. O literal '\x6B' é válido e representa o caractere 'k' (código decimal 107). Já o literal '\x6Y' não contém uma sequência válida de dígitos hexadecimais e é interpretado como uma sequência de dois caracteres: o caractere cujo código hexadecimal é 6 (\x6) e o caractere 'Y'.

Representando caracteres Unicode. O caractere de escape também é utilizado para representar caracteres Unicode. Os caracteres Unicode são designados por *nomes* iniciados pela barra invertida seguida da letra u e 4 dígitos hexadecimais, ou da letra U e 8 dígitos hexadecimais:

⟨*Caractere universal*⟩ ::= **\u**⟨*hex-dig*⟩ ⟨*hex-dig*⟩ ⟨*hex-dig*⟩ ⟨*hex-dig*⟩
  | **\U**⟨*hex-dig*⟩ ⟨*hex-dig*⟩ ⟨*hex-dig*⟩ ⟨*hex-dig*⟩ ⟨*hex-dig*⟩ ⟨*hex-dig*⟩ ⟨*hex-dig*⟩ ⟨*hex-dig*⟩

A versão sintética (nomes iniciados com \u) é usada para identificar caracteres Unicode cujo nome começa com 4 zeros. Os caracteres Unicode \u0061 e \U00000061 representam o mesmo caractere universal identificado por 00000061 e cujo código decimal é 97, isto é, a letra 'a' no padrão ASCII.

EXEMPLO 4.12 O programa a seguir imprime os caracteres '@' (código Unicode 0040) e '$' (código Unicode 0024).

```
#include <stdio.h>
int main(void) {
  char a = '\u0040', b= '\u0024';
  printf("%c %c\n", a, b);
  return 0;
}
```

Os literais Unicode fazem parte do padrão ISO/IEC 9899:1999: os compiladores que adotam padrões anteriores não precisam implementá-los. ∎

Os literais Unicode não podem conter códigos na faixa de \uD800 a \uDFFF, nem menores que \u00A0, exceto os códigos \u0024 ($), \u0040 (@) e \u0060 (').

4.3.2 Caracteres estendidos e multibytes

Quando um literal caractere contém caracteres que não fazem parte do conjunto básico dos caracteres de execução ou quando contém dois ou mais caracteres entre as aspas simples, ele exprime um ou mais caracteres multibytes. A forma como os caracteres do literal são mapeados nos caracteres multibytes do conjunto dos caracteres de execução é dependente da implementação e do esquema de codificação adotado pelo ambiente de execução.

Os literais caracteres multibytes e estendidos não devem ser usados como se fossem um único caractere simples. Existem funções apropriadas para tratar esses tipos de caracteres, explicadas no Capítulo 15.

EXEMPLO 4.13 No programa a seguir, o literal 'olas' é interpretado como um literal caractere constituído de caracteres multibytes porque contém mais de um caractere. Ele é erroneamente armazenado na variável c do tipo char.

```
#include <stdio.h>
int main(void) {
  char c = 'olas';
  printf("%c %d\n", c, c);
  return 0;
}
```

A conversão de um caractere multibyte em um caractere simples do tipo char não é padronizada. O compilador gcc adota o seguinte procedimento: o valor de cada caractere é deslocado da quantidade de bits que corresponde à sua posição: o caractere mais à direita não é deslocado, o caractere à esquerda é deslocado de CHAR_BIT, o próximo de 2 × CHAR_BIT, e assim por diante. Aplica-se a disjunção binária aos valores obtidos, truncando o resultado em CHAR_BIT. O valor resultante é o código do caractere. Desse modo, o literal 'olas' resulta no caractere 's': os demais, por conta do deslocamento e truncamento, são desprezados.

As operações de deslocamento e disjunção binária são discutidas no Capítulo 6. ■

Os literais que representam caracteres estendidos devem ser indicados através dos prefixos L, u (para caracteres Unicode de 16 bits) ou U (para caracteres Unicode de 32 bits).

4.3.3 Tipo dos literais caracteres

O tipo de um literal caractere é int e o tipo de um literal caractere estendido é wchar_t, declarado no arquivo-cabeçalho stddef.h, char16_t ou char32_t, declarados no arquivo-cabeçalho uchar.h. Os dois últimos representam caracteres Unicode de 16 e 32 bits, respectivamente.

EXEMPLO 4.14 No programa a seguir, o literal '\xFFFF' está especificado como um literal estendido, sendo do tipo wchar_t. O programa imprime duas linhas. Na primeira é impresso o caractere armazenado em c1 seguido do seu código decimal, o inteiro 127, e na segunda, o caractere armazenado em c2 seguido do seu código decimal, o inteiro 65535.

A representação gráfica dos caracteres impressos depende do conjunto dos caracteres do ambiente de execução. De fato, para a correta impressão dos caracteres estendidos deve-se usar a função wprintf e o monitor deve estar no modo adequado (orientado a caracteres multibytes). Esses aspectos são discutidos nos Capítulos 12 e 13.

```
#include <stdio.h>
#include <stddef.h>
int main(void) {
  char c1 = '\x7F';
  wchar_t c2 = L'\xFFFF';
  printf("%c %hhd\n", c1, c1);
  printf("%c %d\n", c2, c2);
  return 0;
}
```
■

4.4 LITERAIS CADEIA DE CARACTERES

Uma cadeia de caracteres é uma sequência de caracteres terminada pelo caractere nulo (no Capítulo 15 essa definição é estendida para abranger outros tipos de sequências). Os literais do tipo cadeia de caracteres são escritos entre aspas duplas: "exemplo", "123" e "s" são todos literais cadeia de caracteres.

Os caracteres de um literal cadeia de caracteres podem ser expressos das várias formas já vistas para exprimir um caractere. Deve-se notar que "456.3" e "53" não são literais numéricos, e sim cadeias de caracteres. Tampouco o literal "x" é um caractere (literal do tipo caractere), mas uma cadeia com apenas um caractere.

O prefixo u8 pode ser usado para indicar que os caracteres da cadeia são codificados como caracteres Unicode UTF-8.

4.4.1 Cadeia estendida de caracteres

Quando um caractere da cadeia de caracteres não faz parte do conjunto básico dos caracteres de execução, toda a cadeia é considerada como uma cadeia estendida. Os literais desse tipo devem ser expressos com os prefixos L, u ou U. Por exemplo, o literal "ósculo" não está expresso corretamente, pois contém o caractere estendido 'ó': deve ser expresso como L"ósculo".

4.4.2 Tipo dos literais cadeia de caracteres

O tipo de um literal cadeia de caracteres é sempre um ponteiro para um vetor de caracteres. Se o literal possui o prefixo L, seus elementos são caracteres estendidos, do tipo wchar_t; o literal é então do tipo wchar_t *. Se o literal possui o prefixo u ou U, seus elementos são do tipo chart16_t ou chart32_t, sendo o literal do tipo chat16_t * ou chart32_t *, respectivamente. Se o literal não possui prefixo, ou se possui prefixo u8, seus elementos são do tipo chart e o literal é do tipo char *. O tipo ponteiro é discutido no Capítulo 10 e as cadeias de caracteres são discutidas com mais detalhe no Capítulo 15.

EXEMPLO 4.15 O programa a seguir imprime os seguintes versos do Poema Sujo, de Ferreira Gullar:

bela bela
mais que bela
mas como era o nome dela?

```
1   #include <stdio.h>
2   int main(void) {
3     char *verso = "bela bela "
4                   "\nmais que bela\n";
5     printf("%s", verso);
6     printf("\155\141s como era ");
7     printf("o nome del\x61\x3f");
8     return 0;
9   }
```

Nas linhas 3-4, o literal "bela bela" é concatenado com o literal que vem a seguir, "\nmais que bela\n", formando um único literal: "bela bela \nmais que bela\n". Esse literal resultante é então armazenado na variável verso, declarada com o tipo char *.

A impressão da linha 5 imprime o conteúdo da cadeia verso e as impressões das linhas 6 e 7 imprimem literais cadeias de caracteres contendo caracteres octais e hexadecimais. ∎

As cadeias de caracteres em C são consideradas objetos imutáveis. O comportamento é indefinido se seu conteúdo é modificado.

4.5 LITERAIS COMPOSTOS

Os literais compostos são expressões usadas para atribuir valor a variáveis do tipo por eles especificado. Possuem a seguinte sintaxe:

⟨*LiteralComposto*⟩ ::= (⟨*NomeTipo*⟩) { ⟨*ListaIniciação*⟩ }

onde ⟨*NomeTipo*⟩ corresponde ao tipo do valor que o literal denota e ⟨*ListaIniciação*⟩ é o valor do literal ou a lista dos valores dos seus componentes, caso o tipo especificado seja vetor, estrutura ou união.

Um literal composto cria em memória um objeto não nomeado, isto é, aloca espaço para armazenar um valor do tipo especificado. O espaço é iniciado com o valor da lista ⟨*ListaIniciação*⟩, que pode ser único, se o tipo é básico, ou uma relação de valores, se o literal é de um tipo vetor, estrutura ou união.

EXEMPLO 4.16 Para os seguintes tipos estrutura e união

```
struct r_aluno {                union r_taxa {
  char nome[30];                  float mensal;
  char sexo;                      double anual;
  int matr;                       int temp;
} al;                           } tx;
```

a relação a seguir mostra o significado de alguns literais compostos:

(struct r_aluno) {"Josefa, linda e bela", 'f', 453}
    Cria uma estrutura do tipo struct r_aluno atribuindo ao seu primeiro componente a cadeia "Josefa, linda e bela"; ao segundo, o caractere 'f'; e ao terceiro, o inteiro 453.

(union r_taxa) {34.5}
    Cria uma união do tipo union r_taxa atribuindo ao seu primeiro componente o valor 34,5.

(int){5712}
    Cria um objeto do tipo int, isto é, um espaço de memória capaz de armazenar valores do tipo int, e o inicia com o valor 5.712.

(float *){ptr}
    Cria um objeto do tipo float *, isto é, um espaço de memória capaz de armazenar valores do tipo float *, e o inicia com o conteúdo da variável ptr.

(int [5]) {12, 0, 32, 7, 8}
    Cria um vetor de 5 elementos inteiros iniciando-o com os valores entre chaves.

(char []) {"E o anjo torna: - A Morte sou!"}
    Cria um vetor de caracteres iniciando-o com os caracteres da cadeia "E o anjo torna: – A Morte sou!" (verso extraído do poema O Homem e a Morte, de Manuel Bandeira).

Esses literais compostos podem ser usados em expressões de atribuição, como

```
al = (struct r_aluno) {"Josefa, linda e bela", 'f', 453};
tx = (union r_taxa) {34.5};
num = (int){5712};
end = (float *){ptr};
valores = (int [5]) {12, 0, 32, 7, 8};
verso = (char []) {"E o anjo torna: - A Morte sou!"};
```

desde que as variáveis al, tx, num, end, valores e verso tenham o tipo compatível com o tipo especificado pelo literal composto. ∎

TABELA 4.1 Declaração de constantes enumeradas

⟨Enumeração⟩ ::= **enum** [⟨Etiqueta⟩] { ⟨ListaEnum⟩ [,] }

⟨ListaEnum⟩ ::= ⟨CteEnumerada⟩ | ⟨ListaEnum⟩ , ⟨CteEnumerada⟩

⟨CteEnumerada⟩ ::= ⟨Identificador⟩ | ⟨Identificador⟩ = ⟨ExprCte⟩

4.5.1 Tipo dos literais compostos

A expressão ⟨NomeTipo⟩ pode especificar um tipo básico, vetor, estrutura ou união. Caso especifique um tipo vetor, não pode ser de tamanho variável, embora possa ter tamanho indefinido. O tipo de um literal composto é o tipo especificado em sua expressão ou o tipo derivado de sua lista de iniciação, se ele for especificado como um vetor de tamanho indefinido.

EXEMPLO 4.17 O literal composto (struct r_aluno){"Josefa", 'f', 12} é do tipo struct r_aluno; o literal (double){45.6} é do tipo double; e (char []){"amor"} é do tipo char [5], pois especifica um vetor de 5 caracteres, incluindo o caractere nulo ao final. ■

As características dos literais compostos relacionadas à sua lista de iniciação e aos tipos vetor, estrutura e união são discutidas nas Seções 5.12, 10.8, 11.7 e 11.12.

4.6 ENUMERAÇÕES

As enumerações são listas de constantes, chamadas de *constantes enumeradas*. São declaradas por meio da palavra-chave enum, seguida opcionalmente de uma etiqueta, ⟨Etiqueta⟩, seguida de uma lista de constantes enumeradas, ⟨CteEnumerada⟩, separadas por vírgula, como mostra a Tabela 4.1.

Cada constante enumerada é um identificador que assume um valor-padrão ou o valor de sua expressão de atribuição, ⟨ExprCte⟩, conforme o seguinte esquema:

1. O primeiro identificador assume o valor da sua expressão de atribuição ou o valor zero, se ela não existir.
2. Os demais identificadores assumem o valor da sua expressão de atribuição ou o valor do identificador anterior incrementado de 1, se ela não existir.

EXEMPLO 4.18 As seguintes enumerações são válidas:

enum {zero, um, dois, tres, quatro, cinco} declara seis constantes enumeradas e não tem etiqueta. As constantes declaradas são zero, com valor 0; um, com valor 1; dois, com valor 2; e assim por diante.

enum {pre, nor = 4, reg = 4, sup, exc} declara cinco constantes enumeradas e não tem etiqueta. As constantes declaradas são pre, com valor 0; nor, com valor 4; reg, com valor 4; sup, com valor 5 e exc, com valor 6.

enum naipe {ouros = 1, copas, paus, espadas} possui a etiqueta naipe e declara as constantes ouros, com valor 1; copas, com valor 2; paus, com valor 3 e espadas, com valor 4.

enum letras {t, u, v = 3, w, x = 2, y, z} possui a etiqueta letras e declara as constantes t, com valor 0; u, com valor 1; v, com valor 3; w, com valor 4; x, com valor 2; y, com valor 3 e z, com valor 4.

enum {a, b = 2147483646, c} não possui etiqueta e declara as constantes a, com valor 0; b, com valor 2.147.483.646 e c, com valor 2.147.483.647. ∎

O nome de cada constante enumerada deve ser diferente do nome das demais constantes enumeradas, incluindo as constantes declaradas em outras enumerações. Não pode também ser idêntico ao nome de variáveis declaradas no mesmo escopo. O valor de uma constante enumerada não pode ser modificado.

EXEMPLO 4.19 No trecho de código a seguir, as duas primeiras enumerações são inválidas, pois utilizam a mesma constante enumerada y.

```
int x;
enum {x, y};
enum {y, w};
enum {a = 2, b, c};
b = 3;
```

A primeira enumeração também utiliza indevidamente a constante enumerada x, já declarada como uma variável do tipo int. Já a atribuição b = 3 é errada porque tenta modificar um valor constante. ∎

4.6.1 Tipo das constantes enumeradas

O tipo de uma constante enumerada é `int` e a expressão de atribuição deve ser um valor constante representável como `int`.

EXEMPLO 4.20 As seguintes enumerações são inválidas:

enum {zero, um = 1 + x, dois, tres}, pois a expressão 1 + x não é constante.

enum {zero, um = 2147483646, dois, tres}, já que a constante tres não pode ter um valor atribuído, pois 2.147.483.646 + 2 excede o maior valor permitido para int (isso para uma arquitetura onde o tipo int ocupa 32 bits, com os negativos representados como complemento-2).

enum {zero, um = 2.3, dois, tres}, pois a expressão 2.3 não é uma constante inteira. ∎

4.6.2 Tipo enumeração

Uma enumeração define um tipo de dados, chamado de *tipo enumeração* ou *tipo enumerado*. O tipo enumerado é definido pelo conjunto dos valores nomeados que compõem a enumeração. Cada enumeração constitui um tipo diferente: `enum {a, b}` é um tipo diferente de `enum {x, y}`.

As variáveis de um tipo enumerado podem assumir os valores das constantes enumeradas que o seu tipo define. Embora o padrão não requeira que as atribuições a uma variável enumerada fiquem restritas aos valores da enumeração, essa é a prática recomendada.

EXEMPLO 4.21 No programa a seguir, peca é uma variável enumerada. A intenção é que ela receba (e seja utilizada em operações com) valores correspondentes às constantes da enumeração.

A comparação da linha 7 e as impressões das linhas 6 e 9 são usos lícitos. Já a leitura da linha 5 pode fazer um valor que não corresponda às constantes enumeradas ser armazenado em peca. Essa situação, embora não constitua um erro, deve ser evitada.

```
1  #include <stdio.h>
2  int main(void) {
3    enum {peao, cavalo, bispo, torre, rainha, rei} peca;
4    printf("Digite o cod. da peca: ");
5    scanf("%d", (int *)&peca);
6    printf("peca lida: %d\n", peca);
7    if (peca < rainha) {
8      peca++;
9      printf("peca promovida: %d\n", peca);
10   }
11   return 0;
12 }
```

As declarações de variáveis de tipo enumerado podem tornar os programas mais legíveis – no exemplo anterior, a expressão peca < rainha é mais informativa que a expressão equivalente peca < 4. Também permitem, usando-se verificadores estáticos de código[1], que as atribuições de valores indevidos sejam verificadas.

4.6.3 O uso de etiquetas

A declaração de um tipo enumerado pode ser feita através de etiquetas. A expressão **enum** ⟨*Etiqueta*⟩ é um *especificador de tipo*, referindo-se ao tipo enumerado identificado pela etiqueta ⟨*Etiqueta*⟩. Uma declaração da forma

enum naipe {ouros = 1, copas, paus, espadas}

define o tipo enum {ouros = 1, copas, paus, espadas} que pode ser referido pelo especificador de tipo enum naipe. Cada etiqueta de um tipo enumerado define um tipo distinto. Os especificadores de tipo que usam a mesma etiqueta (em um mesmo escopo) referem-se ao mesmo tipo.

EXEMPLO 4.22 No programa a seguir, as etiquetas letras_ini e letras_fim são usadas na declaração dos tipos enumerados (linhas 3 e 4).

A variável cod é declarada na linha 5 com o especificador de tipo enum letras_ini; isto é, ela é do tipo enumerado declarado na linha 3. As variáveis aux, taxa e qtd são declaradas de modo semelhante nas linhas 6-7.

Neste exemplo as variáveis cod e aux são declaradas como do tipo enum {a, b} e as variáveis taxa e qtd são declaradas como do tipo enum {x = 230, y}.

```
1  #include <stdio.h>
2  int main(void) {
3    enum letras_ini {a, b};
4    enum letras_fim {x = 230, y};
```

---

[1] Os verificadores estáticos de código analisam o código-fonte dos programas, apontando divergências em relação a um conjunto de normas e padrões de codificação.

```
5    enum letras_ini cod = b;
6    enum letras_ini aux = a;
7    enum letras_fim taxa = y, qtd = taxa;
8    printf("%d %d %d %d\n", cod, aux, qtd, taxa);
9    return 0;
10  }
```
■

As etiquetas permitem declarar várias vezes o mesmo tipo enumerado sem repetir a enumeração. No exemplo anterior, a declaração da linha 3 (`enum {a, b}`) não poderia ser repetida porque as constantes a e b seriam definidas duas vezes em um mesmo escopo. Tampouco se poderia repetir a declaração da linha 4.

4.6.4 Compatibilidade das enumerações

Dois tipos enumerados declarados na mesma unidade de compilação são compatíveis apenas se referem-se ao mesmo tipo (como cada enumeração é um tipo distinto, essa situação é possível apenas com os especificadores de tipo). Dois tipos enumerados, declarados em unidades de compilação distintas, são compatíveis se ambos não possuem etiquetas ou possuem a mesma etiqueta e, se forem tipos completos, satisfazem os seguintes requisitos:

a) existe uma relação biunívoca entre as constantes de ambos os tipos, e

b) as constantes relacionadas possuem o mesmo nome e o mesmo valor.

Os tipos enumerados são compatíveis com o tipo `char` ou com um tipo inteiro sinalizado ou não sinalizado, sendo essa compatibilidade dependente da implementação, que pode escolher qualquer um desses tipos para implementar a compatibilidade desde que o tipo escolhido possa representar todos os valores da enumeração (o compilador gcc adota a compatibilidade com o tipo `unsigned int`, se a enumeração não contém valores negativos, ou `int`, em caso contrário).

4.7 VARIÁVEIS CONSTANTES

As constantes também podem ser especificadas com o uso do qualificador `const` na declaração de variáveis. Uma variável declarada como `const` assume o valor da iniciação e não pode ter seu conteúdo modificado.

EXEMPLO 4.23 O programa a seguir declara como constantes as variáveis per, do tipo int, e sal e taxa, do tipo float. A variável cod, do tipo char é a única que pode ter seu valor modificado.

```
#include <stdio.h>
int main(void) {
  const int per;
  float const sal, taxa = 3.2F;
  char cod;
  printf("%d %f %f %c\n", per, sal, taxa, cod);
  return 0;
}
```

Este exemplo ilustra um uso indevido do qualificador `const`, pois os valores iniciais de per e sal são indefinidos e, portanto, não faz sentido declará-los constantes. ■

4.8 MACROS

Uma macro não parametrizada é um nome, ⟨NomeMacro⟩, associado a uma expressão, ⟨ExpressãoDefinidora⟩, com a seguinte sintaxe:

define ⟨NomeMacro⟩ ⟨ExpressãoDefinidora⟩

A expressão associada à macro consiste em todos os caracteres após o nome da macro. As macros podem ser usadas como constantes já que são substituídas, na etapa de pré-processamento, pelas expressões que as definem.

EXEMPLO 4.24   O programa à esquerda define as macros PI, com o valor (3.1415), Sigla, com o valor "br", e G, com o valor (9.89). Durante o pré-processamento essas macros são substituídas por suas definições e o programa assume o formato mostrado à direita.

PROGRAMA ORIGINAL

```
1  #include <stdio.h>
2  #define PI (3.1415)
3  #define Sigla "br"
4  int main(void) {
5    #define G (9.89)
6    printf("pi = %f ", 2 * PI);
7    printf("g = %f\n", G);
8    printf("%s\n", Sigla);
9    return 0;
10 }
```

APÓS PRÉ-PROCESSAMENTO

```
1  #include <stdio.h>
2  int main(void) {
3    printf("pi = %f ", 2 * (3.1415));
4    printf("g = %f\n", (9.89));
5    printf("%s\n", "br");
6    return 0;
7  }
```

O programa da coluna direita não é exatamente o resultado do pré-processamento, que também provoca a substituição da diretiva include, na linha 1, pelo conteúdo do arquivo-cabeçalho stdio.h. ∎

O Capítulo 17 contém detalhes sobre a declaração e o uso de macros.

4.9 LITERAIS BOOLIANOS

Os nomes true e false são definidos como macros no arquivo-cabeçalho stdbool.h:

```
# define true 1
# define false 0
```

Em C é comum tratar o valor booliano *falso* como equivalente ao inteiro 0 (zero) e o valor *verdadeiro* como equivalente a qualquer inteiro diferente de 0 (zero). Essa é a semântica adotada pela linguagem, sendo as macros false e true apenas definições alternativas para os valores 0 e 1. Entretanto, quando se trata de valores boolianos, é preferível usar false e true aos inteiros 0 e 1.

EXEMPLO 4.25   Os três programas a seguir leem um número e armazenam na variável res o resultado da comparação do número lido com o inteiro 4. Uma mensagem é impressa, caso a comparação seja verdadeira.

```
#include <stdio.h>              #include <stdio.h>              #include <stdio.h>
int main(void) {                int main(void) {                #include <stdbool.h>
  int res;                        _Bool res;                    int main(void) {
  int num;                        int num;                        _Bool res;
  scanf("%d", &num);              scanf("%d", &num);              int num;
  res = num > 4;                  res = num > 4;                  scanf("%d", &num);
  if (res == 1) {                 if (res == 1) {                 res = num > 4;
    printf("num > 4\n");            printf("num > 4\n");          if (res == true) {
  }                               }                                 printf("num > 4\n");
  return 0;                       return 0;                       }
}                               }                                 return 0;
                                                                }
```

O programa à esquerda é o menos indicado pois declara uma variável booliana (res) como do tipo int, além de usar a comparação numérica para verificar se o conteúdo da variável é verdadeiro. O programa do meio declara corretamente a variável res como do tipo _Bool, mas ainda usa a comparação numérica para verificar se a variável é verdadeira. O programa à direita é o mais recomendável, pois declara a variável corretamente e usa a macro true para verificar se res é verdadeira, embora, nesse caso, o melhor seja usar apenas a variável, como em:

```
if (res) {
  printf("num > 4\n"};
}
```
■

O cabeçalho stdbool.h também declara a macro bool como um nome alternativo ao tipo _Bool:

```
# define bool _Bool
```

O nome bool é usado normalmente em outras linguagens para caracterizar o tipo booliano, sendo preferível a _Bool.

4.10 RÓTULOS

Os rótulos são usados para identificar comandos em um programa. São identificadores seguidos imediatamente de dois pontos, colocados antes de um comando. Um rótulo identifica o comando que o segue.

EXEMPLO 4.26 No programa seguinte o rótulo rot1 rotula o comando printf da linha 4, os rótulos rot2 e rot3 rotulam o comando if da linha 8, e o rótulo rot4 rotula o segundo comando printf da linha 9.

```
1   #include <stdio.h>
2   int main(void) {
3     int a, b = 2;
4     rot1: printf("Digite um inteiro: ");
5     scanf("%d", &a);
6     rot2:
7     rot3:
8     if (a > b) {
9       printf("%d > ", a); rot4: printf("%d\n", b);
10    }
11    return 0;
12  }
```

Um mesmo comando pode ter vários rótulos e o comando rotulado não precisa estar na mesma linha do rótulo, como ilustram os rótulos rot2 e rot3. ∎

Apenas comandos ou blocos podem ser rotulados, não sendo permitido rotular declarações. A identificação de comandos por rótulos permite o desvio incondicional do fluxo de execução de um programa, como visto na Seção 8.7.

4.11 VARIÁVEIS CONSTANTES, MACROS OU ENUMERAÇÕES?

A definição de como declarar uma constante depende da aplicação e é determinada, muitas vezes, pela necessidade de tornar o programa mais facilmente modificável.

1. Quando o valor constante é um literal presente em uma fórmula, por exemplo, pode-se transformá-lo em uma macro ou variável constante.

```
acel = v0 + a0 * t             #define G (9.8)              const double G = 9.8;
     + (9.8 * pow(t,2));       acel  = v0 + a0 * t          acel  = v0 + a0 * t
                                     + (G * pow(t,2));            + (G * pow(t,2));
```

O literal 2 é um mero expoente, dificilmente representará uma informação relevante do domínio da aplicação, como a constante gravitacional que é ou pode vir a ser usada em outras partes da aplicação e, mais importante, pode mudar, passando, por exemplo, de 9,8 para 9,872. O valor da constante gravitacional fica melhor definido como uma macro ou variável constante visível a todas as unidades de compilação que a utilizem.

2. Quando o valor constante possui outros qualificadores ou um tipo que não é o tipo atribuído a um valor literal, deve-se declarar uma variável. Por exemplo, as constantes 12 e 3,4 a seguir não podem ser declaradas como macros preservando-se o tipo short int e o modificador volatile.

```
const short int T0 = 12;
const volatile float Va = 3.4f;
```

3. Quando um valor é constante em algumas funções mas pode ser modificado em outras o qualificador const deve ser usado. Na função fun, cujo cabeçalho é declarado a seguir, à direita, o parâmetro val é constante. Entretanto, o argumento usado na chamada à função fun pode ser modificado em outros contextos.

```
int x = 3;            void fun ( const int val );
fun (x);
```

4. Quando se tem um conjunto de constantes com valores inteiros sequenciais, a enumeração pode ser mais conveniente. Na situação a seguir, caso se queira modificar o valor de A, com a consequente modificação dos valores de B e C, deve-se alterar as três definições à esquerda e apenas o valor inicial de A à direita:

```
# define A (20);          enum {A = 20, E, K};
# define E (21);
# define K (22);
```

5. Quando se possui um conjunto de valores relacionados, a enumeração permite associar esse conjunto a uma variável. As declarações:

```
enum ex {um = 1, dois , tres };
enum ex num ;
```

permitem usar verificadores estáticos de código para verificar se apenas os valores correspondentes a um, dois e tres são atribuídos a num.

EXERCÍCIOS

4.1 O que são valores literais?

4.2 Quais dos literais a seguir são literais inteiros?

    a) 0273   b) 0515   c) 230   d) 0xA1g   e) 0x   f) 0   g) 5x12

4.3 Classifique como literal decimal, octal ou hexadecimal cada um dos seguintes literais inteiros:

    a) 23   b) 0367   c) 0x12   d) 012   e) 1478   f) 0xab   g) 0XaB12

4.4 Como é determinado o tipo dos literais inteiros?

4.5 Em uma arquitetura que utiliza o complemento-2 para representar os inteiros negativos e em que o tamanho do tipo int é 32 bits e o dos tipos long int e long long int é 64 bits, qual o tipo dos seguintes literais inteiros?

    a) 064L   b) 315ul   c) 0x6a2u   d) 3000000000

    e) 0466600LL   f) 0x92331   g) 421ULL

4.6 Quais dos literais a seguir são válidos?

    a) 625E-21   b) 0xafB   c) 76e3.5   d) 23.76FL

    e) 0xaBF   f) 0x12E2f   g) 0x1.2   h) 23.6f

    i) 23p14   j) 8.7L   k) 87.E-5L   l) 3.A1

4.7 Qual o valor real correspondente a cada um dos seguintes literais reais?

    a) 0.05   b) 3.   c) 0x23p1   d) 4e-2   e) 0xabpa   f) -3.75e+2   g) 0x1.bP-2

4.8 Qual o tipo dos seguintes literais reais?

    a) 76.8   b) 30.f   c) 0x12p1f   d) 76.5e-6L   e) 0x4P-2

4.9 Quais dos literais a seguir são literais caracteres válidos, representando um único caractere do padrão ASCII?

    a) 'c'   b) 'ab'   c) "a"   d) '\254'

    e) '\u0127'   f) '\072'   g) '\x43'   h) '\U0056'

    i) '\u0012'   j) '\x8f'   k) L'y'   l) 1'\x651'

    m) 'g'L   n) '\023'L   o) '\651'   p) 'ç'   q) \u23405'

4.10 Quais dos seguintes literais caracteres representam o mesmo caractere?

    '\115' '\x13' 'M' '\150' '\x4D' '\x68' 'h' '\023'

4.11 Quais dos seguintes literais cadeias de caracteres são válidos, representando cadeias que contêm apenas caracteres do padrão ASCII?

a) "aba" b) "a\tn1\n" c) "\n\t\n" d) "\0689" e) "\xgy2"

f) "\x128uhy" g) "\815\54" h) "maçã" i) "\76\x76\u12" j) "ah\u0001"

4.12 O que é um literal composto?

4.13 Qual o objeto criado em memória pelos seguintes literais compostos?

a) (int [6]) {0, 12, 4, -2, 12, 3}   b) (int){298}

c) (char){'b'}   d) (union exem){12,43}

4.14 Qual o tipo de uma constante enumerada?

4.15 Qual o valor decimal atribuído às constantes das seguintes enumerações?

a) enum {a = 0x3, b, c, d = 012, e = 0, f}

b) enum {pri, seg, ter, qua}

c) enum {rei, rainha, bispo = -1, cavalo, torre}

d) enum {x = 1, y = x, z = y}

4.16 Considerando que o tipo int é implementado com 32 bits e que x e y são variáveis inteiras declaradas no mesmo escopo que as seguintes enumerações, quais delas são válidas?

a) enum {azul, vermelho = 2e20, branco}

b) enum {a, b = 2.3, c}

c) enum {ruim = -0xff, regular, bom, otimo = 03}

d) enum {x = 2, w}

e) enum {d = x, e = 2 + 4, f = 2}

f) enum {}

4.17 Para que servem as etiquetas de uma enumeração?

4.18 É possível que duas enumerações com etiquetas diferentes sejam compatíveis?

4.19 Qual o efeito do qualificador const na declaração de uma variável?

4.20 O que é uma macro?

4.21 Forneça uma justificativa para definir um valor constante como a) literal, b) macro e c) variável qualificada como const.

Capítulo 5
Identificadores e Variáveis

Uma variável representa uma localização específica da memória e possui um valor associado, que é o valor armazenado na localização de memória por ela representada. As variáveis geralmente possuem um nome[1] pelo qual são referidas. Em um programa, sempre que utilizamos o nome de uma variável estamos fazendo uma referência à localização de memória associada à variável e, consequentemente, ao valor que está armazenado nessa localização.

5.1 PALAVRAS-CHAVES

Toda linguagem de programação possui um conjunto de palavras com um significado especial. São usadas para denominar os comandos e estruturas da linguagem, não podendo ter outros usos. A seguinte relação constitui o conjunto das palavras-chaves, ou palavras reservadas, da linguagem C:

auto	break	case	char	const	continue
default	do	double	else	enum	extern
float	for	goto	if	inline	int
long	register	restrict	return	short	signed
sizeof	static	struct	switch	typedef	union
unsigned	void	volatile	while	_Alignas	_Alignof
_Atomic	_Bool	_Complex	_Generic	_Imaginary	_Noreturn
_Static_assert	_Thread_local				

Além dessas, a linguagem C possui palavras definidas em bibliotecas, como as macros `true` e `false`, cujo uso como identificadores deve ser evitado. As palavras-chaves são sensíveis à grafia, diferenciando maiúsculas e minúsculas. Por exemplo, `_complex` e `Do` não são palavras-chaves.

5.2 IDENTIFICADORES

Um identificador é uma sequência não nula de caracteres iniciada com um caractere diferente de dígito. Os caracteres válidos são especificados pelos dígitos (algarismos de 0 a 9), pelas letras latinas maiúsculas e minúsculas, e pelo símbolo _ (sublinhado). Esses são os caracteres presentes em toda implementação da linguagem C. Os identificadores são sensíveis à grafia e não podem ser palavras-chaves.

---

[1] Variáveis não nomeadas são utilizadas nas referências a elementos de um vetor.

TABELA 5.1 Declaração de variáveis

⟨DeclaraçãoVar⟩	::= ⟨DeclTipo⟩ [⟨ListaDeclVar⟩] ;
⟨DeclTipo⟩	::= ⟨EspecTipo⟩ [⟨DeclTipo⟩] | ⟨ClasseArmz⟩ [⟨DeclTipo⟩] | ⟨QualifTipo⟩ [⟨DeclTipo⟩] | ⟨EspecAlin⟩ [⟨DeclTipo⟩]
⟨EspecTipo⟩	::= **void** | **char** | **short** | **int** | **long** | **float** | **double** | **signed** | **unsigned** | **_Bool** | **_Complex** | **_Atomic** (⟨NomeTipo⟩)
⟨ClasseArmz⟩	::= **extern** | **static** | **auto** | **register** | **_Thread_local**
⟨QualifTipo⟩	::= **const** | **restrict** | **volatile** | **_Atomic**
⟨EspecAlin⟩	::= **_Alignas** (⟨BaseAlin⟩)
⟨ListaDeclVar⟩	::= ⟨DeclVar⟩ | ⟨ListaDeclVar⟩ , ⟨DeclVar⟩
⟨DeclVar⟩	::= [⟨DeclPonteiro⟩] ⟨Declarador⟩ | [⟨DeclPonteiro⟩] ⟨Declarador⟩ = ⟨ExprInic⟩
⟨Declarador⟩	::= ⟨Identificador⟩ | ⟨DeclaradorVetor⟩ | ⟨DeclaradorFunção⟩ | ([⟨DeclPonteiro⟩] ⟨Declarador⟩)
⟨Identificador⟩	::= Identificador válido
⟨DeclPonteiro⟩	::= Declaração de ponteiro
⟨ExprInic⟩	::= Expressão de iniciação
⟨BaseAlin⟩	::= Nome de tipo ou expressão inteira constante
⟨NomeTipo⟩	::= Nome de tipo

EXEMPLO 5.1 A relação a seguir apresenta uma série de identificadores válidos e inválidos:

1) Os identificadores `calculo_salario`, `g`, `Pi`, `TaxaJuros`, `sexo` e `Nome2` são válidos.

2) `ExeMplo` e `Exemplo` são identificadores válidos e distintos, diferenciados pela grafia.

3) Os identificadores `_` e `_1_` são válidos, mas não são recomendáveis porque não representam mnemônicos úteis.

4) `caso$1` e `calculo$salario` são identificadores válidos na maioria das implementações da linguagem C, mas não são recomendáveis porque usam o caractere '$', que não faz parte dos caracteres padronizados para uso em identificadores.

5) Os termos `1caso`, `end@tst` e `while` não são identificadores válidos. O primeiro porque começa com um dígito, o segundo porque contém o caractere '@', não padronizado, e o terceiro porque é uma palavra-chave. ■

Os caracteres de um identificador podem ser designados pelo seu nome universal (padrão Unicode). O uso de caracteres estendidos ou que não são parte do conjunto básico dos caracteres-fontes é dependente da implementação.

5.3 DECLARANDO VARIÁVEIS

As variáveis são identificadores usados designar uma localização específica da memória. Toda variável deve ser declarada. A Tabela 5.1 mostra a sintaxe para a declaração de variáveis. Cada declaração de variável consiste em uma declaração de tipo, ⟨DeclTipo⟩, seguida opcionalmente de uma lista de declaradores, ⟨ListaDeclVar⟩, e terminada pelo ponto e vírgula. A declaração de tipo é usada para especificar o tipo, ⟨*EspecTipo*⟩, a classe de armazenamento, ⟨*ClasseArmz*⟩, os qualificadores, ⟨*QualifTipo*⟩, e o alinhamento, ⟨*EspecAlin*⟩, aplicados às variáveis declaradas por meio da lista de declaradores.

Cada declarador, ⟨*Declarador*⟩, da lista de declaradores pode ser antecedido por uma declaração de ponteiro, ⟨*DeclPonteiro*⟩, e ser seguido por uma expressão, ⟨*ExprInic*⟩, usada para atribuir um valor inicial ao objeto declarado. Os declaradores declaram variáveis simples, ⟨*Identificador*⟩, vetores, ⟨*DeclaradorVetor*⟩, e funções, ⟨*DeclaradorFunção*⟩, e podem ser estruturados com o uso de parênteses. Este capítulo trata apenas da declaração de variáveis simples.

EXEMPLO 5.2 A relação a seguir mostra algumas declarações válidas:

`int val;`	Declara a variável val do tipo int.
`int valor, taxa = 23;`	Declara duas variáveis, valor e taxa, ambas do tipo int e atribui à segunda o valor inicial 23.
`extern char sexo;`	Declara a variável sexo do tipo char, com o qualificador extern.
`const long double G = 9.8, veloc;`	Declara duas variáveis, G e veloc, ambas do tipo long double, qualificadas como const; a primeira iniciada com o valor 9,8 e a segunda sem iniciação.
`register const volatile unsigned int media;`	Declara a variável media do tipo unsigned int, qualificada como const e volatile, com classe de armazenamento register.

Essas declarações estão grafadas na forma mais usual: uma especificação de tipo seguida de um identificador seguido opcionalmente de uma expressão de iniciação, podendo ser antecedida de qualificadores de tipo e especificação da classe de armazenamento. ■

A gramática da Tabela 5.1 possibilita a construção de declarações complexas, possivelmente com mais de uma ocorrência de especificadores de tipo, qualificadores e classes de armazenamento. A combinação permitida pela gramática para a especificação de tipo deve ser tal que resulte em um dos tipos básicos vistos no Capítulo 3. Por exemplo, é lícito gerar long long int, mas não é permitido gerar long long char porque este último tipo não é um dos tipos básicos da linguagem, nem um de seus tipos compatíveis. Do mesmo modo, é permitido mais de um qualificador de tipo (os qualificadores duplicados são desprezados) em uma mesma declaração, mas apenas uma especificação de classe de armazenamento, com exceção de `_Thread_local`, que pode ocorrer junto com static ou extern.

5.4 ESCOPO DOS IDENTIFICADORES

O escopo de um identificador é o trecho do programa no qual ele pode ser diretamente referido. Existem quatro tipos de escopo:

Função. Apenas os rótulos de comandos possuem escopo de função. Isto é, podem ser referidos em qualquer ponto da função onde ocorrem.

Protótipo de função. Todo identificador declarado na lista de parâmetros do protótipo de uma função possui escopo de protótipo de função. Esses identificadores podem ser referidos apenas na declaração da função.

Bloco. Todo identificador declarado no interior de um bloco ou na lista de parâmetros de uma função possui escopo de bloco. Podem ser referidos do ponto da declaração até o fim do bloco no qual são declarados. Se a declaração ocorrer na lista de parâmetros de uma função, o escopo vai até o fim do bloco que delimita a função. Um bloco é sempre delimitado por chaves e consiste em uma sequência de zero ou mais instruções, que podem ser declarações ou comandos:

Bloco   ::= { { ⟨*Instrução*⟩ } }

Blocos aparecem naturalmente como delimitadores do corpo das funções de um programa ou como parte da estrutura dos comandos em C.

Arquivo. Todo identificador declarado fora de blocos ou listas de parâmetros de função possui escopo de arquivo. Podem ser referidos do ponto da declaração até o fim da unidade de compilação onde são declarados.

EXEMPLO 5.3   A Figura 5.1 ilustra o escopo dos identificadores. Na figura, cada escopo é representado por um retângulo e mostra as referências que nele podem ocorrer. Expressões do tipo `declara X` são usadas para exprimir a declaração de um identificador X, e expressões do tipo `referencia X, Y` são usadas nos locais em que é possível a referência aos identificadores X e Y:

1. Os identificadores A e D possuem escopo de arquivo, pois são declarados fora de qualquer bloco ou lista de parâmetros.
2. Os identificadores B e C possuem escopo de bloco, pois são declarados dentro do bloco que delimita a função `main`.
3. Os identificadores E e F também possuem escopo de bloco. O primeiro está declarado no bloco que delimita a função `funX` e o segundo no bloco que delimita o comando `do`.

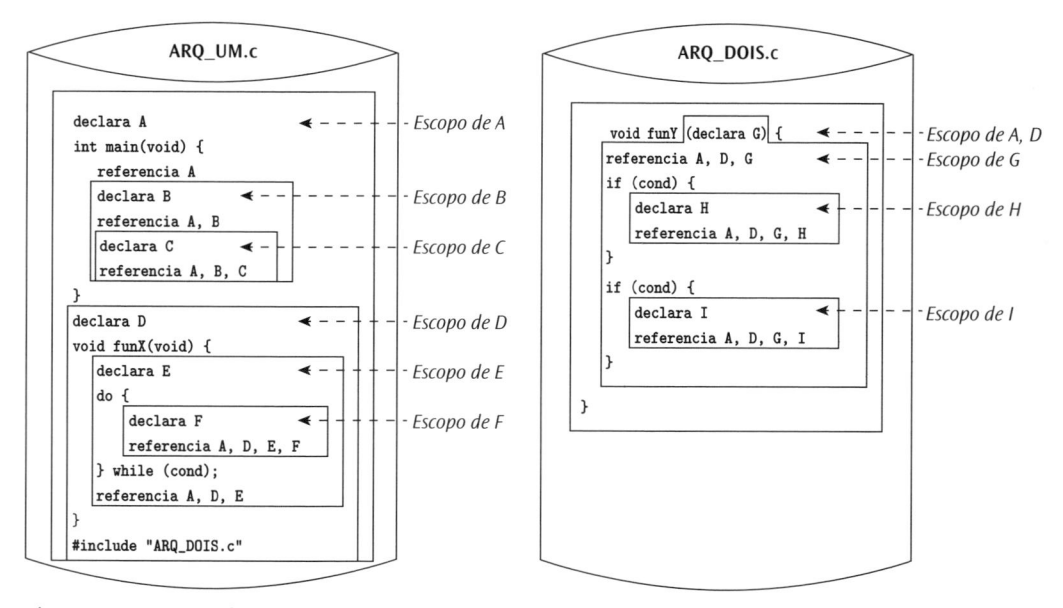

Figura 5.1   Escopo dos identificadores.

4. O identificador G possui escopo de bloco, pois está declarado na lista de parâmetros da função funY.
5. Os escopos dos identificadores H e I são de bloco e disjuntos.

Os arquivos ARQ_UM.c e ARQ_DOIS.c fazem parte da mesma unidade de compilação: o segundo é incluído pelo primeiro através da diretiva #include. Como os identificadores A e D têm escopo de arquivo, o escopo de cada um vai do ponto da declaração até o fim da unidade de compilação, isto é, inclui o arquivo ARQ_DOIS.c. ∎

EXEMPLO 5.4 O programa a seguir possui dois blocos. O primeiro vai da linha 3 até a linha 8 e é determinado pelas chaves que delimitam o corpo da função main. O segundo vai da linha 9 até a linha 11 e é determinado pelas chaves que delimitam o corpo da função imprime.

As variáveis taxa, desc e salario possuem escopo de bloco, pois são declaradas no (bloco que delimita o) corpo da função main.

O escopo de taxa vai da linha 4 até o fim do bloco, na linha 8. O escopo de desc vai do ponto de sua declaração, também na linha 4, até o fim do bloco, na linha 8, e o escopo de salario vai da linha 5 até o fim do bloco, na linha 8.

```
1  #include <stdio.h>
2  void imprime(double a, int b);
3  int main(void) {
4    int taxa = 2, desc = taxa;
5    double salario = 530.56 * taxa;
6    imprime(salario, desc);
7    return 0;
8  }
9  void imprime(double sal, int tx) {
10   printf("%f %d\n", sal, tx);
11 }
```

Na declaração de desc (linha 4) é feita uma referência à variável taxa, que já tinha sido declarada anteriormente. Entretanto, a seguinte declaração é inválida:

```
int desc = taxa, taxa = 2;
```

pois, nesse caso, a referência à taxa é feita antes da sua declaração.

As variáveis sal e tx, declaradas como parâmetros da função imprime, na linha 9, possuem escopo de bloco, que vai do ponto da declaração até o fim do bloco, na linha 11. Já as variáveis a e b, declaradas no protótipo da linha 2, possuem escopo de protótipo de função. ∎

Blocos também são definidos como parte de comandos que delimitam um conjunto de instruções através de chaves.

EXEMPLO 5.5 No programa a seguir, o comando do define um bloco que inicia com a chave da linha 4 e termina com a chave da linha 8. O significado desse comando não é importante agora, o interesse é apenas discutir o escopo das variáveis definidas no interior do seu bloco.

A variável soma é definida no corpo da função main e pode ser referida em qualquer parte, da linha 3 até a linha 11.

```
1  #include <stdio.h>
2  int main(void) {
3    double soma = 0.0;
4    do {
```

```
5      double termo = soma;
6      printf("%f\n", termo);
7      soma = soma + 1.0;
8    } while (soma < 15.0);
9    printf("%f\n", soma);
10   return 0;
11 }
```

As linhas 5, 7, 8 e 9, todas possuem expressões que referem-se a soma. Já a variável termo é declarada na linha 5, no bloco definido pelo comando do, e seu escopo vai dessa linha até a a chave que fecha o bloco, na linha 8. Desse modo, seria errado o método printf na linha 9 referir-se a termo. ∎

Um escopo também pode ser definido artificialmente, usando-se chaves para delimitar o bloco que o define.

EXEMPLO 5.6 No programa a seguir, as chaves nas linhas 5 e 7 não fazem parte de nenhuma estrutura da linguagem C e podem ser suprimidas. Se ficarem, entretanto, delimitam um bloco que vai da linha 5 até a linha 7.

Neste exemplo o escopo da variável sal está restrito ao trecho que vai da linha 5 à linha 7. Assim, a referência a sal na linha 8 é errada.

```
1  #include <stdio.h>
2  int main(void) {
3    int ind = 12;
4    printf("%d\n", ind);
5    { float sal = 25.0;
6      printf("%f\n", sal);
7    }
8    printf("%d\n", sal); // << ERRO!
9    return 0;
10 }
```
∎

5.5   VARIÁVEIS GLOBAIS E LOCAIS

As variáveis são classificadas em globais e locais de acordo com o seu escopo.

Locais.   As variáveis com escopo de bloco são locais (ao bloco em que são declaradas). São locais tanto as variáveis paramétricas, declaradas na lista de parâmetros de uma função, quanto as variáveis declaradas no interior de blocos.

Globais.   As variáveis com escopo de arquivo são globais. Nesse caso, temos duas situações:

Globais de programa.   Quando a variável pode ser referida em várias unidades de compilação.

Globais de unidade.   Quando a variável pode ser referida apenas na unidade de compilação onde foi declarada.

EXEMPLO 5.7   A Figura 5.2 ilustra o conceito de variáveis locais e globais.

UNIDADE DE COMPILAÇÃO X

ARQ_X1.c

declara A   *como global de programa*
declara C   *como global de unidade*
void funX1(void) {
    declara B   *como local*
}

ARQ_X2.c

void funX2(void) {
    declara B   *como local*
}
declara C   *como global de unidade*

UNIDADE DE COMPILAÇÃO Y

ARQ_Y.c

declara A   *como global de programa*
declara C   *como global de unidade*
void funY(declara D) {   *como local*
    if (cond) {
        declara A   *como local*
    }
}

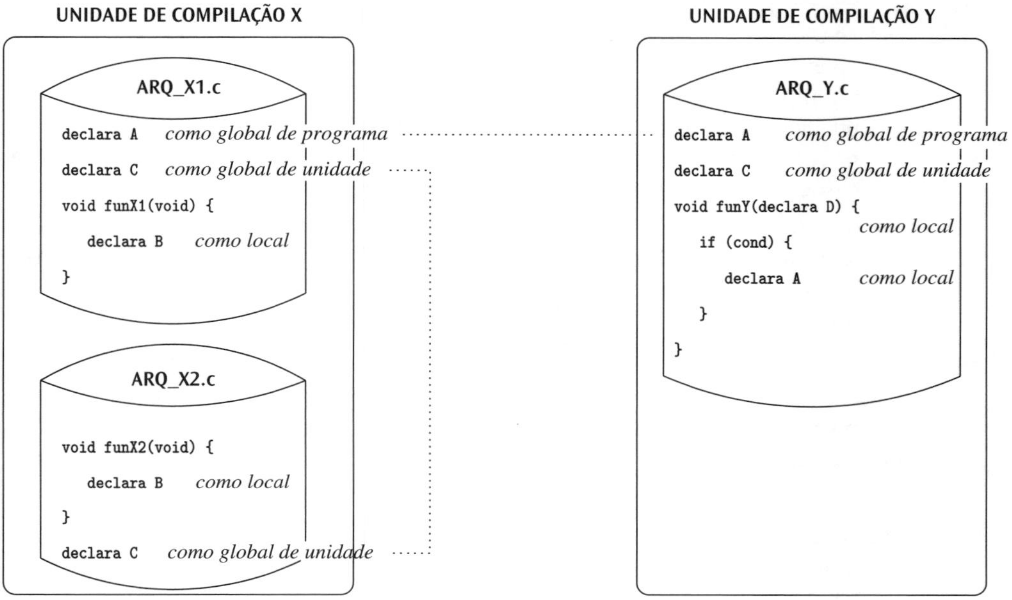

Figura 5.2   Variáveis locais e globais.

1. As variáveis B declaradas no corpo das funções funX1 e funX2 são locais. Elas podem ter o mesmo nome porque possuem escopos diferentes, limitados ao corpo da função em que são declaradas.
2. A variável A declarada no bloco do comando if na função funY também é local, seu escopo vai do ponto da declaração até o fim do bloco do comando if. A variável D declarada na lista de parâmetros da mesma função também é local, seu escopo é todo o corpo da função funY.
3. As variáveis A declaradas no início dos arquivos ARQ_X1.c e ARQ_Y.c têm escopo de arquivo e são globais, assim como as variáveis C. A variável C declarada no fim do arquivo ARQ_X2.c também é global.

O diagrama mostra as variáveis A como globais de programa e as variáveis C como globais de unidade, mas não mostra a diferenciação entre elas, que é determinada pela ligação dos identificadores. ∎

5.6   LIGAÇÃO DOS IDENTIFICADORES

Quando as variáveis têm nomes distintos, cada uma designa um espaço de memória diferente dos demais. As variáveis de mesmo nome podem designar o mesmo espaço de memória ou não, dependendo do escopo e do modo de ligação estabelecido entre os seus identificadores. Existem três modos de ligação:

Externa.   Os identificadores de mesmo nome com ligação externa denotam o mesmo objeto em todas as unidades de compilação que compõem o programa. Assim, as variáveis de mesmo nome, com ligação externa, referem-se todas ao mesmo espaço de memória, mesmo que estejam declaradas em diferentes unidades de compilação.

Interna. Os identificadores de mesmo nome com ligação interna denotam o mesmo objeto, dentro de uma mesma unidade de compilação. Assim, as variáveis de mesmo nome, com ligação interna, declaradas em uma mesma unidade de compilação, referem-se ao mesmo espaço de memória. É possível duas variáveis de mesmo nome com ligação interna referirem-se a diferentes espaços de memória, desde que declaradas em diferentes unidades de compilação.

Local. Os identificadores com ligação local[2] não possuem ligação com outros identificadores, referindo-se cada um a um objeto específico. Assim, as variáveis declaradas com ligação local referem-se sempre a um espaço de memória próprio.

Duas variáveis de mesmo nome podem ter ligações diferentes desde que declaradas em unidades de compilação distintas ou pertençam a escopos diferentes. O comportamento é indefinido se duas variáveis de mesmo nome são declaradas com ligações diferentes em uma mesma unidade de compilação ou em um mesmo escopo.

EXEMPLO 5.8 A Figura 5.3 ilustra os vários tipos de ligação entre variáveis e as referências aos espaços de memória que elas designam.

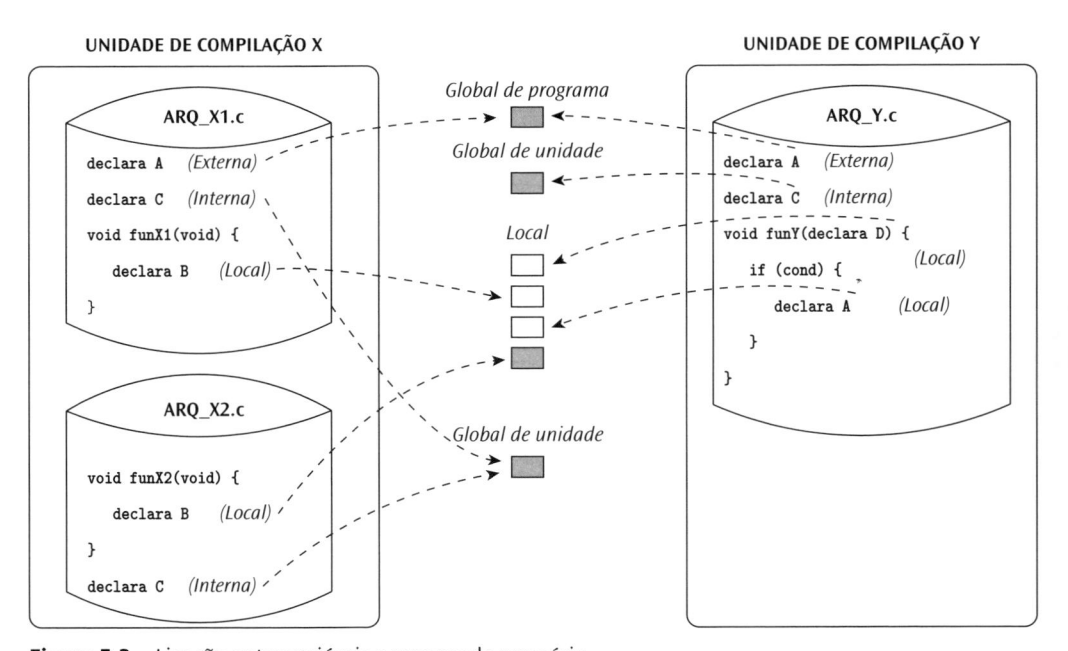

Figura 5.3 Ligação entre variáveis e espaços de memória.

---

[2] O padrão da linguagem C refere-se a esses identificadores como *sem ligação*, refletindo o fato de que não há ligação entre eles.

1. A variável A, na unidade de compilação X, é declarada com ligação externa: todas as outras ocorrências de A no programa, declaradas com ligação externa, referem-se ao mesmo espaço de memória.

2. A variável C é declarada com ligação interna na unidade de compilação X: as demais ocorrências de C declaradas com ligação interna na mesma unidade de compilação referem-se ao mesmo espaço de memória. Já as ocorrências de C declaradas em outra unidade de compilação referem-se a um espaço de memória diferente.

3. Cada variável B declarada com ligação local refere-se a um espaço de memória próprio. O mesmo ocorre com a variável A declarada no bloco do comando if e com a variável paramétrica D.

Os retângulos hachurados representam espaços de memória com modo de alocação estático (discutido na próxima seção). ■

Todas as declarações que referem-se a uma mesma variável em um mesmo escopo devem ter tipos compatíveis. O comportamento é indefinido se duas declarações (em unidades de compilação distintas) referem-se à mesma variável com tipos incompatíveis. A Seção 14.9 discute os problemas causados por declarações com tipos incompatíveis.

5.7 ALOCAÇÃO DE MEMÓRIA

A alocação de memória a uma variável é a determinação do espaço em memória capaz de armazenar os valores correspondentes ao tipo da variável e a vinculação desse espaço à variável que o representa. Como a vinculação entre memória e variável é o aspecto mais relevante, costuma-se dizer tanto que a memória é alocada à variável quanto que a variável é alocada à memória. A variável passa a designar um espaço válido da memória apenas após a alocação.

O modo de alocação determina o momento em que a alocação ocorre, sua duração e a atribuição do valor inicial ao espaço alocado. Existem três modos de alocação:

Estático. A variável é alocada uma única vez, antes do início da execução do programa, e permanece alocada durante toda a execução. O valor inicial é determinado pela expressão de iniciação, se houver, ou pelas regras da Seção 5.11.

Automático. A variável é alocada sempre que a execução do programa inicia o bloco no qual ela é declarada, permanecendo alocada até que o bloco seja finalizado[3]. O valor inicial é indeterminado, mas sempre que a declaração da variável é executada, ela assume o valor da sua expressão de iniciação, se houver, ou um valor indeterminado, em caso contrário.

Por comando. A alocação ocorre em decorrência da execução de comandos próprios de alocação de memória. Esse tipo de alocação não é discutido neste capítulo.

---

[3] As variáveis do tipo vetor variável são alocadas apenas quando sua declaração é executada, e não quando o bloco em que estão declaradas é iniciado.

Diz-se que uma variável é estática se ela possui modo de alocação estático e, do mesmo modo, que uma variável é automática se ela possui modo de alocação automático.

5.7.1 Ciclo de vida de uma variável

O modo de alocação determina o ciclo de vida da variável, que é a parcela do tempo de execução do programa que vai da sua alocação até o momento em que é desalocada.

1. O ciclo de vida das variáveis estáticas compreende toda a execução do programa. As variáveis estáticas são alocadas uma única vez antes do início da execução do programa e permanecem alocadas durante toda a execução do programa.

2. O ciclo de vida das variáveis automáticas que não são de um tipo vetor variável compreende a execução do bloco em que são declaradas. Essas variáveis são alocadas sempre que a execução atinge o início do bloco em que são declaradas e permanecem alocadas enquanto o bloco estiver ativo, isto é, enquanto a execução do bloco não é finalizada (quando o fluxo de execução inicia um novo bloco interno ou quando uma função é chamada, a execução do bloco ativo é suspensa, mas não finalizada). Se o bloco é recursivamente iniciado, uma nova instância da variável é alocada a cada vez que o bloco tem início.

3. O ciclo de vida das variáveis automáticas de um tipo vetor variável compreende a execução do trecho de programa que corresponde ao seu escopo. Essas variáveis são alocadas sempre que a execução atinge o ponto em que são declaradas e permanecem alocadas enquanto a execução estiver em seu escopo (um desvio para um ponto anterior ao da declaração, ainda que no mesmo bloco, faz o fluxo de execução deixar o escopo da variável). Se o trecho que corresponde ao escopo da variável é recursivamente iniciado, uma nova instância é alocada a cada vez que a declaração é executada.

Quando a memória é desalocada ela fica liberada, podendo ser alocada a outras variáveis e mesmo a outros programas.

5.8 DECLARAÇÃO E DEFINIÇÃO

Toda variável deve ser declarada antes de ser referenciada e deve ser definida antes de ser utilizada. Uma mesma variável pode ser declarada várias vezes no texto de um programa. Isso é comum quando os programas consistem em várias unidades de compilação. Em cada unidade de compilação as informações quanto à classe de armazenamento e ao tipo das variáveis devem estar disponíveis para que o código-objeto seja gerado, permitindo, por exemplo, a correta conversão de valores entre variáveis de tipos distintos – essas informações são fornecidas pela declaração da variável. Entretanto, para a geração do código executável são necessárias informações que permitam a definição do espaço que será eventualmente alocado à variável – essas informações são fornecidas pela definição da variável.

Declaração. Introduz o nome da variável, com seu tipo, qualificações e classe de armazenamento. Essas informações podem estar incompletas, devendo apenas permitir que a variável seja corretamente referida no texto do programa.

Definição. É a declaração que (quando executada) causa alocação de memória à variável. As seguintes declarações são consideradas definições:

1) Declaração de variáveis com escopo de bloco.
2) Declaração de variáveis com escopo de arquivo e com expressão de iniciação.

Definições provisórias. São consideradas definições provisórias as declarações de variáveis com escopo de arquivo, sem expressão de iniciação,

a) que não especificam a classe de armazenamento ou
b) que são explicitamente declaradas como `static`.

A especificação da classe de armazenamento, incluindo a classe `static`, é discutida na próxima seção e a iniciação de variáveis na Seção 5.11.

As várias definições provisórias para uma mesma variável são substituídas no código executável por sua definição própria (aquela que contém a expressão de iniciação), quando encontrada. Se não houver uma definição própria da variável, então o compilador a trata como se ela fosse definida com o valor zero e com o tipo composto a partir das suas definições provisórias. As definições provisórias de uma variável com ligação interna não podem ter tipo incompleto.

Uma variável com ligação interna ou externa pode ser declarada sem que haja uma definição correspondente, desde que não seja utilizada. Se a variável for utilizada em alguma expressão (exceto como operando de um operador `sizeof`, cujo argumento não é avaliado), deve haver para ela uma definição correspondente. Desse modo:

1. As variáveis com ligação externa devem ter no máximo uma definição em todo o programa.
2. As variáveis com ligação interna devem ter no máximo uma definição na unidade de compilação na qual são declaradas.

EXEMPLO 5.9 O trecho de código a seguir mostra exemplos de declarações e definições. Na primeira linha, `valor`, `taxa` e `ajuste` são declaradas com escopo de arquivo.

```
int valor, taxa = 2, ajuste;
int fun(int x) {
  int y;
  return x + y;
}
```

A variável `taxa` é definida. As variáveis `valor` e `ajuste` são apenas declaradas e, por não serem iniciadas e não especificarem classe de armazenamento, são consideradas definições provisórias. As variáveis `x` e `y` possuem escopo de bloco e suas declarações também são definições. ∎

5.9 CLASSE DE ARMAZENAMENTO

A classe de armazenamento e o escopo determinam a ligação e o modo de alocação das variáveis, conforme mostra a Tabela 5.2.

TABELA 5.2 Relação entre classe de armazenamento, escopo, ligação e alocação de memória

Armazenamento	Escopo	Ligação	Alocação
`extern`	arquivo ou bloco	externa	estático
		interna*	
`static`	arquivo	interna	estático
	bloco	local	
`auto`	bloco	local	automático
`register`	bloco	local	automático
Sem qualificador	arquivo	externa	estático
	bloco	local	automático

*Apenas se existir variável visível com ligação interna.

extern. Uma variável declarada com a classe `extern` possui modo de alocação estático e ligação externa, exceto se houver no mesmo escopo uma variável (visível) de mesmo nome declarada com ligação interna; caso em que a ligação será interna.

static. Uma variável declarada com a classe `static` possui modo de alocação estático e

- Ligação interna, se tem escopo de arquivo.
- Ligação local, se tem escopo de bloco.

auto. Uma variável declarada com a classe `auto` possui modo de alocação automático e ligação local. O escopo desse tipo de variável deve ser de bloco.

register. Uma variável declarada com a classe `register` possui modo de alocação automático e ligação local. O escopo desse tipo de variável deve ser de bloco.

Sem qualificador. Uma variável declarada sem classe de armazenamento, possui

- Modo de alocação estático e ligação externa, se tem escopo de arquivo.
- Modo de alocação automático e ligação local, se tem escopo de bloco.

As declarações de variáveis podem conter a especificação de no máximo uma classe de armazenamento.

A classe de armazenamento `_Thread_local` relaciona-se à execução de *threads* (fluxos de execução acionados no contexto de um programa, capazes de compartilhar recursos) e não será discutida nesta seção.

EXEMPLO 5.10 A Figura 5.4 mostra as classes de armazenamento que resultam na ligação e alocação de memória descritas no Exemplo 5.8.

1. A variável `A` no arquivo `ARQ_X1.c`, por ter escopo de arquivo e estar declarada sem classe de armazenamento possui ligação externa e modo de alocação estático. A variável `A`, declarada no arquivo `ARQ_Y.c` como `extern`, também possui ligação externa e modo de alocação estático. Ambas referem-se ao mesmo espaço de memória.

2. A variável `C` declarada no arquivo `ARQ_X1.c` como `static` possui escopo de arquivo e, consequentemente, ligação interna e modo de alocação estático. Já a variável `C` no arquivo `ARQ_X2.c`, embora declarada como `extern`, possui ligação interna e modo de alocação estático, pois a variável `C` do arquivo `ARQ_X1.c` é visível em seu escopo e já está declarada com ligação interna. Ambas referem-se ao mesmo espaço de memória.

UNIDADE DE COMPILAÇÃO X

ARQ_X1.c
```
int A - - - - - - - - -
static char C
void funX1(void) {
    double B
}
```

ARQ_X2.c
```
void funX2(void) {
    static float B
}
extern char C
```

MODO DE ALOCAÇÃO

Estático

Automático

Estático

UNIDADE DE COMPILAÇÃO Y

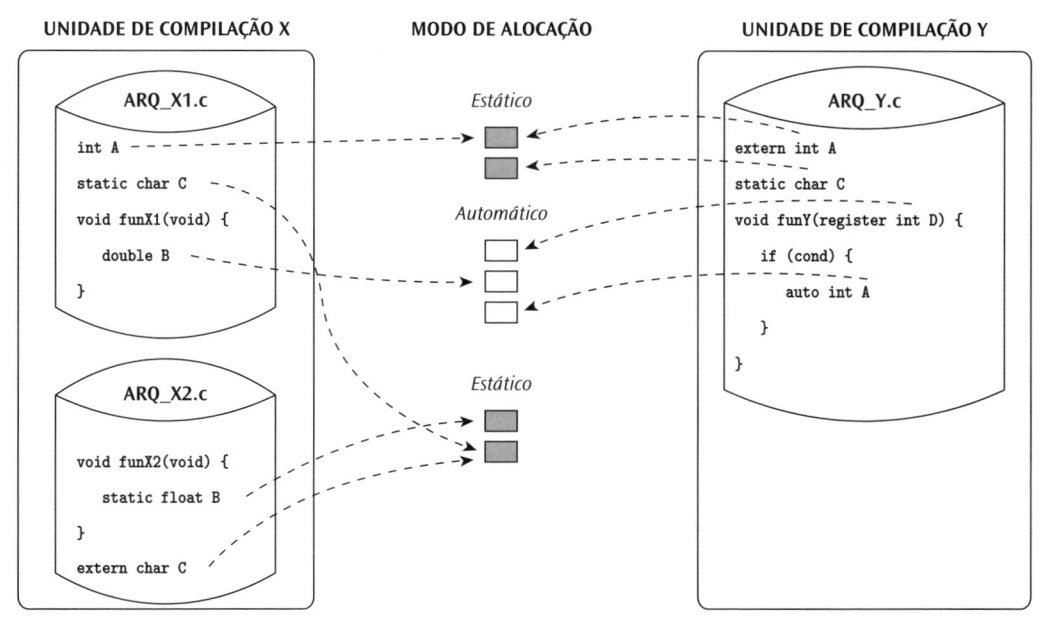

ARQ_Y.c
```
extern int A
static char C
void funY(register int D) {
    if (cond) {
        auto int A
    }
}
```

Figura 5.4 Classe de armazenamento, ligação e alocação de memória.

3. A variável C no arquivo ARQ_Y.c é declarada como static e possui ligação interna e modo de alocação estático.
4. A variável B no arquivo ARQ_X2.c é declarada como static. Como seu escopo é de bloco, ela possui ligação local e modo de alocação estático.
5. A variável B, declarada no arquivo ARQ_X1.c sem especificação da classe de armazenamento, e as variáveis D e A, declaradas no arquivo ARQ_Y.c como register e auto, possuem ligação local e modo de alocação automático. ∎

EXEMPLO 5.11 As declarações e definições a seguir fazem parte de um único arquivo e têm o significado descrito ao lado de cada uma:

```
float salario, desc = 2.5;
```
Declaração (e definição provisória) de salario e definição de desc, ligação externa, alocação estática.
```
extern long taxa;
```
Declaração de taxa, ligação externa, alocação estática.
```
static float dep;
```
Declaração (e definição provisória) de dep, ligação interna, alocação estática.
```
void monitor(char estado) {
  static int qtd;
  int taxa = 0;
  taxa = taxa + 1;
  /* codigo omitido */
}
```
Definição de estado, ligação local, alocação automática.
Definição de qtd, ligação local, alocação estática.
Definição de taxa, ligação local, alocação automática.
```
long taxa = 23;
extern float dep;
```
Definição de taxa, ligação externa, alocação estática.
Declaração de dep, ligação interna (refere-se a variável já declarada como interna), alocação estática.
```
static double tx_anual = 2E4;
```
Definição de tx_anual, ligação interna, alocação estática. ∎

5.9.1 Classe de armazenamento extern

A classe de armazenamento `extern` é concebida para permitir o uso correto de variável definida em outra unidade de compilação. A variável é alocada uma única vez no início do programa e seu valor inicial é o valor da expressão de iniciação da sua definição ou, se não houver expressão de iniciação, um valor-padrão determinado pelas regras da Seção 5.11.

EXEMPLO 5.12 O trecho de código a seguir declara `taxa` e `desconto` como variáveis com ligação externa. A definição de `taxa` deve aparecer em outro ponto do programa, possivelmente em outra unidade de compilação.

```
#include <stdio.h>
extern float taxa;
double desconto;
void fun(float saldo) {
  printf("%f", saldo * taxa - desconto);
}
```

A declaração de `desconto` é considerada uma definição provisória: se estiver definida em outro ponto do programa, será adotada sua definição; em caso contrário, valerá essa definição provisória. ∎

As variáveis com escopo de arquivo declaradas como `extern` podem ser iniciadas, mas essa situação não é aconselhável já que o valor inicial faz a declaração ser também uma definição, desvirtuando o propósito da declaração `extern`[4].

As variáveis com escopo de bloco declaradas como `extern` não podem ser iniciadas, sendo necessário a definição da variável (com ligação interna ou externa) em outro local do programa.

EXEMPLO 5.13 A função a seguir declara `tst` como uma variável local, do tipo `char` e especificada como `extern`. Isso permite a compilação e referências corretas a essa variável.

```
void fun(void) {
  extern char tst;
  if (tst == 's') {
    /* codigo omitido */
  }
}
```

Porém, o mesmo efeito seria conseguido, e de modo mais adequado, se a declaração de `tst` fosse global, fora do corpo da função. Isso porque já existe necessariamente uma definição global (com ligação interna ou externa) para `tst`. ∎

5.9.2 Classe de armazenamento static

A classe de armazenamento `static` é concebida para restringir o uso de uma variável global à unidade de compilação onde ela foi declarada. Isto é, quando se deseja que

---

[4] A maioria dos compiladores emite um aviso de alerta para essa situação.

uma variável mantenha sua alocação durante toda a execução do programa, restringindo seu uso a uma única unidade de compilação.

As variáveis qualificadas como static são definidas se a declaração possuir uma expressão de iniciação. Se não houver expressão de iniciação, a declaração é tida como uma definição provisória, podendo haver uma definição própria em outro local do código, possivelmente em outro arquivo, mas na mesma unidade de compilação. A variável é alocada uma única vez no início do programa e seu valor inicial é o valor da expressão de iniciação ou, se esta não existir, um valor-padrão determinado pelas regras da Seção 5.11.

EXEMPLO 5.14 O trecho a seguir é parte de uma unidade de compilação e contém a declaração da variável tst.

```
static long long int tst;
void funA(void) {
  /* possivel referencia a tst */
}
```

A definição de tst deve ocorrer em outra parte do código, nessa mesma unidade de compilação: se houver uma referência a tst, a ocorrência da definição é obrigatória, se não houver, a definição pode não existir.

Como a variável é declarada como static ela pode ser referida em todo o seu escopo, mas não fora da unidade de compilação onde está declarada. Isto é, se uma variável de mesmo nome for declarada em outra unidade de compilação, será considerada uma variável diferente. ∎

A classe de armazenamento static pode ser aplicada a variáveis locais, permitindo a manutenção dos valores das variáveis locais entre as chamadas de uma função.

5.9.3 Classe de armazenamento auto

A classe de armazenamento auto define variáveis cuja alocação é garantida apenas enquanto dura a execução do bloco no qual foram declaradas. A variável é alocada a cada vez que a execução inicia o bloco e desalocada quando a execução sai do bloco, por atingir o seu fim ou pela execução de um comando de saída. O valor inicial é indefinido ou igual à expressão de iniciação, se esta existir.

EXEMPLO 5.15 A função a seguir declara duas variáveis locais, qtd e taxa, e adiciona 1 (um) a cada uma delas logo após a declaração. Por ser estática, qtd é alocada uma única vez no início do programa. Já taxa, sendo da classe auto (por omissão), é alocada a cada vez que a função é executada.

```
void monitor(void) {
  static int qtd = 0;
  int taxa = 0;
  taxa = taxa + 1;
  qtd = qtd + 1;
  /* codigo omitido */
}
```

Quando a função termina as variáveis locais declaradas em seu corpo são desalocadas, exceto a variável `qtd` que permanece alocada e conserva seu valor. O resultado é que, a cada chamada da função, `taxa` é alocada novamente e iniciada com zero, enquanto `qtd` continua com o valor proveniente da execução anterior da função. ∎

A classe de armazenamento `auto` não pode ser usada na declaração de parâmetros de função (o especificador `register` é o único admitido nesse tipo de declaração).

5.9.4 Classe de armazenamento register

A classe de armazenamento `register` orienta o compilador a utilizar um registrador na alocação da variável. Isso é útil em situações de uso intenso da variável, para melhorar a performance do programa. Entretanto, não há garantias de que a variável será de fato alocada a um registrador.

Nos demais aspectos a variável comporta-se como uma variável local comum: possui escopo de bloco, ligação local e modo de alocação automático.

5.9.5 Classe de armazenamento não especificada

Quando uma variável é declarada sem especificação da classe de armazenamento ela é considerada:

- `extern`, se for uma variável global.
- `auto`, se for uma variável local.

5.10 QUALIFICADORES DE TIPO

Os qualificadores de tipo são usados para determinar o modo como as variáveis são modificadas.

const. O qualificador `const` indica que a variável não pode ter seu conteúdo modificado. A atribuição inicial permanece inalterada durante toda a execução do programa. Se a variável for automática, criada a cada início do bloco no qual está definida, a atribuição inicial permanece durante toda execução do bloco.

restrict. O qualificador `restrict` é usado para indicar que um espaço de memória designado por um ponteiro só pode ser acessado através desse ponteiro, ou de endereços baseados nesse ponteiro. Esse qualificador é usado apenas para organização e otimização do código, não possuindo efeito semântico (isto é, pode ser suprimido sem modificar o comportamento do programa).

volatile. O qualificador `volatile` é usado para indicar que o conteúdo da memória designada pela variável pode ser modificado por ações externas ao programa como, por exemplo, por outros programas ou por mecanismos de hardware.

O qualificador `restrict` é muito utilizado nas declarações das funções da biblioteca-padrão da linguagem C, para documentar que as áreas de memória designadas por seus parâmetros não se sobrepõem (isto é, não devem se sobrepor). Seu uso é exemplificado na Seção 10.11. O qualificador _Atomic é aplicado a variáveis que podem ser acessadas concorrentemente e não será discutido nesta seção.

EXEMPLO 5.16 O seguinte trecho de programa ilustra vários usos do qualificador const:

`static const float taxa;`	A variável `taxa` é iniciada com zero (valor-padrão para variáveis estáticas não iniciadas) e não poderá ser modificada durante toda a execução do programa.
`float const acel = 9.8F;`	`acel` manterá o valor 9,8 durante toda a execução do programa.
`void fun(const int qtd) {`	O valor atribuído a `qtd` a cada vez que a função `fun` for chamada será mantido durante toda a execução da função.
`const long int dep = 4L;`	`dep` manterá o valor 4 durante toda a execução da função `fun`.
`static const float sal;`	`sal` manterá seu valor inicial durante toda execução do programa, pois tem ligação interna.
`const float sal_dia;`	`sal_dia` manterá seu valor inicial durante toda execução da função `fun`. Essa é uma situação indesejável, pois como `sal_dia` é da classe `auto`, sem expressão de iniciação, seu valor inicial é indefinido.
`/* codigo omitido */` `}`	
`const float sal_hora;`	A variável `sal_hora` não poderá ter seu valor inicial (determinado por sua definição, possivelmente em outra parte do programa) modificado durante toda a execução do programa. ∎

Os qualificadores de tipo podem ser especificados juntos. Se um qualificador for usado mais de uma vez em uma mesma declaração, o efeito é o mesmo que se o qualificador fosse usado uma única vez. É boa prática organizar os termos de uma declaração, sendo comum a seguinte ordem: classe de armazenamento, seguida de qualificadores de tipo, seguidos de especificadores de tipo.

EXEMPLO 5.17 A seguinte tabela mostra três declarações complexas válidas e suas formas equivalentes. A primeira ilustra o uso dos três qualificadores de tipo, a segunda mostra a ocorrência de mais de um especificador de tipo e a terceira mostra duplicação de qualificadores de tipo.

Declaração	Declaração equivalente preferível
`const int volatile * restrict hora;`	`const volatile int * restrict hora;`
`double const long extern sal;`	`extern const long double sal;`
`volatile const const float volatile sal = 2.3E4;`	`volatile const float sal = 2.3E4;`

Este exemplo também mostra o uso do qualificador `restrict`, que deve vir imediatamente após a indicação do ponteiro (caracterizada por um asterisco). ∎

5.10.1 Compatibilidade de tipos qualificados

Dois tipos qualificados são compatíveis se os tipos são compatíveis e possuem os mesmos qualificadores. A ordem dos qualificadores nas declarações não é significativa.

5.11 VALORES INICIAIS

Quando em uma declaração especifica-se um valor inicial, através de uma expressão de iniciação, o valor da expressão será atribuído à variável sempre que ela for alocada à memória ou sempre que a declaração da variável for executada.

1. As variáveis estáticas têm seu valor inicial definido pela expressão de iniciação uma única vez, quando são alocadas à memória. As que não possuem expressão de iniciação assumem os seguintes valores:

    1.1. Ponteiro nulo, se a variável é do tipo ponteiro.

    1.2. Zero, se a variável é de um tipo aritmético.

    1.3. Os componentes de tipos agregados (vetores e estruturas) são recursivamente iniciados segundo as regras desta seção.

    1.4. O primeiro componente de uma união é recursivamente iniciado segundo as regras desta seção.

    A expressão de iniciação das variáveis estáticas deve ser uma expressão constante.

2. As variáveis automáticas têm seu valor inicial (logo após a alocação) indeterminado. Sempre que a declaração de uma variável automática é executada ela assume o valor da sua expressão de iniciação, se houver, ou permanece com um valor indeterminado, caso contrário.

    A expressão de iniciação das variáveis automáticas pode ser variável.

3. As variáveis com escopo de bloco, declaradas com o especificador `extern`, não podem ser iniciadas.

EXEMPLO 5.18 Para cada variável declarada no código a seguir, a próxima tabela mostra seu escopo, ligação, modo de alocação, e os comentários relativos à sua iniciação.

```
#include <stdio.h>
const int x = 3;
int a = x;   /* Erro de iniciacao */
extern int b;
extern int c = 57;
static int d;
static int e = 23;
int main(void) {
  extern int e;
  extern int f;
  static int g;
  static int h = 16;
  int i = 3 + x;
  int j;
  /* Codigo omitido */
  return 0;
}
```

Var	Escopo	Ligação	Alocação	Iniciação
x	Arquivo	Externa	Estático	A expressão de iniciação é constante. Assume o seu valor: 3.
a	Arquivo	Externa	Estático	Errada: apesar da variável x ser declarada como `const`, a expressão x não é constante.
b	Arquivo	Externa	Estático	O valor de iniciação será o de sua definição, talvez em outra unidade de compilação.
c	Arquivo	Externa	Estático	Possui valor de iniciação igual a 57, apesar de declarada como `extern`.
d	Arquivo	Interna	Estático	Não possui expressão de iniciação. Assume o valor-padrão 0.
e	Arquivo	Interna	Estático	A expressão de iniciação é constante. Assume o seu valor: 23.
e	Bloco	Interna	Estático	Não pode ter expressão de iniciação. O valor de iniciação será o de sua definição, nesse caso: 23.
f	Bloco	Externa	Estático	Não pode ter expressão de iniciação. O valor de iniciação será o de sua definição, talvez em outra unidade de compilação.
g	Bloco	Local	Estático	Não possui expressão de iniciação. Assume o valor 0.
h	Bloco	Local	Estático	A expressão de iniciação é constante. Assume o seu valor: 16.
i	Bloco	Local	Auto	A expressão pode ser variável, nesse caso: `3 + x`.
j	Bloco	Local	Auto	Não possui expressão de iniciação. Assume um valor indefinido.

A variável e aparece duas vezes, uma para cada declaração, em ordem. ∎

5.11.1 Expressões constantes

As expressões constantes são usadas tanto em expressões de iniciação quanto em outros locais do programa para determinar o tamanho de vetores e campos de bits, o valor de uma constante enumerada ou o rótulo de uma cláusula `switch`, por exemplo. São avaliadas em tempo de compilação e, portanto, não podem conter operações de atribuição, incremento, decremento, vírgula, nem chamadas a funções. As expressões constantes podem ser:

Inteiras. Expressões contendo apenas operandos que são constantes inteiras, enumeradas ou caracteres, constantes reais convertidas em um tipo inteiro, ou expressões com o operador `sizeof` que resultem em um tipo inteiro.

Aritméticas. Expressões contendo apenas operandos que são constantes reais, inteiras, enumeradas, ou caracteres, ou expressões com o operador `sizeof`.

de endereço. Compreendem o ponteiro nulo, ponteiros para objetos acessíveis em memória que tenham alocação estática, e ponteiros para função. Podem ser criadas explicitamente com o operador de endereço (`&`) ou como resultado de uma conversão (de uma expressão que tenha um tipo vetor ou função, por exemplo).

As expressões constantes usadas na iniciação de variáveis podem ser:

a) uma expressão constante aritmética,
b) uma expressão constante de endereço, ou
c) uma expressão constante de endereço adicionada a (ou subtraída de) uma expressão constante inteira.

Os operadores `sizeof` e `&` são vistos no Capítulo 6 e o uso de ponteiros é discutido no Capítulo 10.

5.12 VALORES NÃO IDENTIFICADOS

Alguns valores são criados em memória sem identificação. Entre eles estão os literais compostos e os literais do tipo cadeia de caracteres. Os literais do tipo cadeia de caracteres são considerados objetos imutáveis: o comportamento é indefinido se um programa tenta modificar o seu conteúdo. Eles possuem alocação estática e são iniciados com os caracteres entre aspas mais o caractere nulo ao final. Dois literais com a mesma sequência de caracteres podem ser valores distintos ou não, dependendo da implementação.

EXEMPLO 5.19 No programa a seguir, as cadeias são ambas estáticas, criadas como um vetor (não nomeado) de 21 caracteres, iniciado com os caracteres "a lesma fode a pedra" (extraídos de um verso do poema Seis ou Treze Coisas que Aprendi Sozinho, de Manoel de Barros) mais o caractere nulo ao final.

```
#include <stdio.h>
char *verso1 = "a lesma fode a pedra";
int main(void) {
  char *verso2 = "a lesma fode a pedra";
  if (verso1 == verso2) {
    printf("cadeias compartilhadas\n");
  }
  return 0;
}
```

Normalmente as duas cadeias, por serem idênticas e imutáveis, referem-se a um único valor, mas essa característica depende da implementação. ∎

A alocação dos literais compostos e sua iniciação dependem do seu escopo:

a) Os literais compostos definidos fora do corpo de uma função, isto é, com escopo de arquivo, possuem alocação estática e sua lista de iniciação deve ser composta de expressões constantes.

b) Já aqueles com escopo de bloco possuem alocação automática, associada ao bloco no qual são definidos, e sua lista de iniciação pode ter expressões variáveis.

Cada literal composto cria um valor próprio, mas literais diferentes, com a mesma expressão, qualificados como const, podem representar o mesmo valor em memória.

EXEMPLO 5.20 No programa a seguir, o literal composto, na linha 2, cria um valor em memória, com alocação estática, e armazena em lit1 um ponteiro para esse valor. Já o literal da linha 6 cria um valor, com alocação automática, e armazena em lit2 um ponteiro para esse valor. A lista de iniciação de lit2 é variável (depende do valor de x).

```
1  #include <stdio.h>
2  int *lit1 = (int []){1, 2, 3};
3  int main(void) {
4    int x;
5    scanf("%d", &x);
6    int *lit2 = (int [3]){1 + x, 2, 3};
7    const int lit3 = (const int){851};
8    const int lit4 = (const int){851};
```

```
 9      if (lit3 == lit4) {
10        printf("literais compartilhados\n");
11      }
12      return 0;
13    }
```

Os literais das linhas 7 e 8 podem ou não representar um único objeto em memória, já que são constantes e possuem a mesma estrutura e conteúdo. ∎

A expressão que denota um literal composto, por exemplo, (int){23}, não é uma expressão constante, mesmo que sua lista de iniciação contenha apenas expressões constantes. Assim, uma variável estática não pode ser iniciada com um literal composto[5]. A iniciação da variável lit1, no exemplo anterior, é possível porque o valor do literal (int []){1, 2, 3} é convertido em um endereço (ponteiro para o primeiro elemento do vetor) de uma área estática da memória, o que o torna uma expressão constante. O uso de vetores e ponteiros é discutido no Capítulo 10.

5.13 OCULTAÇÃO DE VARIÁVEIS

Duas variáveis com o mesmo nome não podem coexistir se o escopo de uma termina exatamente no mesmo ponto que o escopo da outra. Entretanto, a coexistência é possível se o escopo das variáveis são disjuntos, ou se o escopo de uma é estritamente incluído no escopo da outra.

Quando duas variáveis de mesmo nome coexistem porque o escopo de uma está incluído no escopo da outra, dizemos que a variável declarada no escopo interno oculta a variável declarada no escopo externo.

EXEMPLO 5.21 Os três programas a seguir ilustram a existência de variáveis com o mesmo nome em um programa.

PROGRAMA A (ERRO)
```
 1  #include <stdio.h>
 2  int main(void) {
 3    int aux = 25;
 4    int val = 23;
 5    printf("%d\n", val);
 6    float val = 40.0;
 7    printf("%f\n",
 8              val+aux);
 9    return 0;
10  }
```

PROGRAMA B
```
 1  #include <stdio.h>
 2  int main(void) {
 3    int aux = 25;
 4    if (aux > 10) {
 5      int val = 23;
 6      printf("%d\n", val);
 7    }
 8    if (aux > 5) {
 9      float val = 40.0;
10      printf("%f\n",
11                val+aux);
12    }
13    return 0;
14  }
```

PROGRAMA C
```
 1  #include <stdio.h>
 2  int main(void) {
 3    int aux = 25;
 4    int val = 23;
 5    printf("%d\n", val);
 6    if (val > 10) {
 7      float val = 40.0;
 8      printf("%f\n",
 9                val+aux);
10    }
11    return 0;
12  }
```

---

[5] O compilador gcc permite esse tipo de iniciação, quando executado sem aderência ao padrão ISO/IEC 9899:1999 (sem o argumento -std=c99).

No programa A, os escopos das variáveis val declaradas nas linhas 4 e 6 terminam no mesmo ponto, a linha 10. Portanto, elas não podem coexistir e o programa não irá compilar.

No programa B, o escopo das duas variáveis val são disjuntos. O escopo da primeira vai da linha 5 à linha 7 e o escopo da segunda vai da linha 9 à linha 12. O programa está correto, não há coexistência porque quando a segunda variável é declarada a primeira já não existe.

No programa C, o escopo da primeira variável val vai da linha 4 à linha 12 e engloba o escopo da segunda variável val, que vai da linha 7 à linha 10. As variáveis coexistem, com a variável declarada na linha 7 ocultando a variável declarada na linha 4. ■

EXEMPLO 5.22 O programa a seguir contém três declarações de valor. A primeira variável valor, declarada na linha 2, possui escopo de arquivo, iniciando no ponto da declaração e abrangendo todo o programa. A segunda, declarada na linha 6, possui escopo de bloco, que termina na linha 14. A terceira, declarada na linha 9, também possui escopo de bloco, que termina na linha 11.

A variável valor declarada na linha 9 oculta a variável de mesmo nome declarada na linha 6, que oculta a variável de mesmo nome declarada na linha 2.

```
1   #include <stdio.h>
2   extern int valor;
3   int aux = 10;
4   int main(void) {
5     printf("%d\n", valor);
6     int valor = 4;
7     printf("%d\n", valor);
8     if (aux > 2) {
9       extern int valor;
10      printf("%d\n", valor);
11    }
12    printf("%d\n", valor);
13    return 0;
14  }
```

Deve-se observar, entretanto, que as declarações das linhas 2 e 9 referem-se à mesma variável. ■

5.14 CLASSIFICAÇÃO DOS IDENTIFICADORES

Cada identificador pertence a uma classe que determina a natureza dos objetos por ele designados. Existem quatro classes de identificadores:

Rótulos. A classe dos rótulos compreende os identificadores usados como rótulos para nomear comandos.

Etiquetas. A classe das etiquetas compreende os identificadores usados para nomear as etiquetas de estruturas, uniões e enumerações.

Componentes. A classe dos componentes (ou membros) compreende os identificadores usados para nomear os componentes de estruturas e uniões.

Ordinários. A classe dos identificadores ordinários compreende todos os demais identificadores, incluindo aqueles usados para nomear variáveis que não são componentes de estruturas ou uniões.

A determinação da classe a que pertence um identificador é feita sintaticamente. Por exemplo, os identificadores usados como rótulos possuem uma estrutura sintática que os diferencia dos demais: são sempre seguidos de dois pontos e de um comando da linguagem.

Dois identificadores de mesmo nome podem ser usados para designar objetos distintos, desde que seus escopos não sejam iguais ou eles pertençam a classes diferentes.

EXEMPLO 5.23 No programa a seguir, os identificadores p1 e p2 coexistem em um mesmo escopo.

Na linha 3, os identificadores p1 e p2 são variáveis que pertencem à classe dos identificadores ordinários. Já os identificadores p1 e p2 declarados nas linhas 5 e 6 são variáveis que pertencem à classe dos componentes de estruturas e uniões: a diferenciação é sintática, pois a declaração ocorre dentro da estrutura reg. O primeiro identificador p2 na linha 9 é um rótulo de comando, pertencente à classe dos rótulos.

```
1   #include <stdio.h>
2   int main(void) {
3      int p1 = 3, p2 = p1;
4      struct {
5         char p1;
6         int p2;
7      } reg;
8      scanf("%d", &p2);
9   p2: printf("exemplo %d\n", p2);
10     if (p2 > 10) {
11        p2 = p2 - 1;
12        goto p2;
13     }
14     reg.p1 = 'a';
15     reg.p2 = p2;
16     /* codigo omitido */
17     return 0;
18  }
```

A referência a cada um desses identificadores também é determinada sintaticamente. Na linha 12 o comando goto requer um rótulo e não uma variável e nas linhas 14 e 15, após o ponto (em reg.) espera-se a referência a um componente da estrutura reg. ∎

EXERCÍCIOS

5.1 O que é uma variável?

5.2 Qual a diferença entre uma variável e um identificador?

5.3 Quais destas sequências de caracteres são identificadores válidos?

a) bela   b) a#2   c) pr4z3r   d) calc$dobro

e) i   f) 4   g) _   h) casa_vermelha

i) --saldo   j) __saldo   k) volatile   l) 2gji

m) indReal

5.4 O que é o escopo de um identificador?

5.5 Como é determinado o escopo de uma variável que possui escopo de bloco? E de uma variável que possui escopo de protótipo de função?

5.6 Quais destas declarações de variáveis são válidas?

a) `int a, b;`
b) `short int val = 2, ter = 4, qua;`
c) `long const float x, y;`
d) `const double preco, compra = 3.0;`
e) `unsigned char const letra;`
f) `float extern valor, dif = 3.4;`
g) `int tam, peso = 23;`
h) `static char beijo = 'b';`
i) `extern static signed short int w;`
j) `const volatile int final;`

5.7 O que são variáveis locais e globais?

5.8 Quais das variáveis do seguinte programa são locais e quais são globais? Qual o escopo de cada uma?

```
1   #include <stdio.h>
2   double dobro(double x) {
3     int const dois = 2;
4     return dois * x;
5   }
6
7   double qtd;
8
9   int main(void) {
10    int num;
11    scanf("%lf", &qtd);
12    scanf("%d", &num);
13    printf("%f %f\n", num + qtd, dobro(num + qtd));
14    return 0;
15  }
```

5.9 O que caracteriza um identificador com uma ligação externa?

5.10 Os trechos de código a seguir fazem parte de um mesmo programa, mas estão em unidades de compilação distintas. Quantas variáveis estão declaradas e qual o modo de ligação dos identificadores usados?

UNIDADE A
```
1   int a;
2   void funA(void) {
3     static int x;
4   }
5   int b;
```

UNIDADE B
```
1   extern int a;
2   void funB(void) {
3     float y;
4   }
```

UNIDADE C
```
1   static int a;
2   void funC(void) {
3     static int x;
4   }
5   extern int a;
6   int b;
```

5.11 O que caracteriza uma variável com alocação estática de memória?

5.12 Qual é a alocação das variáveis no trecho de código a seguir?

```
1   double x, y = 4.0;
2   extern char w;
3   static float v;
4   void fun(register int r) {
5     static long s;
6     long double t;
7     /* codigo omitido */
8   }
```

```
 9  double x;
10  extern char w;
11  extern double y;
12  extern float v;
```

5.13 O que é o ciclo de vida de uma variável?

5.14 Qual a diferença entre declaração e definição de uma variável?

5.15 O que é uma definição provisória?

5.16 Quais das declarações do código do Exercício 5.12 são declarações apenas, definições provisórias e definições?

5.17 Qual a classe de armazenamento das variáveis declaradas no seguinte trecho de código?

```
 1  static int a;
 2  extern float b;
 3  int c;
 4  void fun(register int d, int e) {
 5     register char f;
 6     auto char g;
 7     short int h;
 8     static float i;
 9     extern double j;
10     /* codigo omitido */
11  }
```

5.18 Qual o significado do qualificador const?

5.19 Como é definido o valor inicial de uma variável?

5.20 Qual o escopo, ligação, alocação e classe de armazenamento das variáveis declaradas no código do Exercício 5.17?

5.21 O que é uma expressão constante?

5.22 Cite exemplos de valores não identificados.

5.23 O que é e quando ocorre a ocultação de variáveis?

5.24 A que classes os identificadores podem pertencer?

Capítulo 6

Operadores e Expressões

Expressões são sequências de termos envolvendo operadores e operandos que quando avaliadas resultam em um valor específico. São utilizadas, entre outros usos, na atribuição de valores às variáveis. As sequências abaixo são exemplos de expressões:

```
a + 2 * (3 + b / c)
23
2 + 15
a % valor
```

A primeira expressão consiste nos operandos a, 2, 3, b e c, e nos operadores de adição (símbolo +, ocorre duas vezes), multiplicação (símbolo *) e divisão (símbolo /). A segunda expressão é uma constante, a terceira representa uma operação de adição e a quarta a operação mod (símbolo %) que retorna o resto da divisão inteira do primeiro pelo segundo operando.

As sequências de termos usadas para designar variáveis ou funções, ou cuja avaliação resulta em efeitos colaterais também são consideradas expressões. Este capítulo trata da construção e avaliação do primeiro tipo de expressões.

6.1 OPERADORES

Os operadores podem ser classificados quanto ao número de operandos em unários, binários e ternários. Os operadores unários requerem um operando, os binários, dois, e os ternários, três. Podem existir operadores que realizem operações com quatro, cinco ou mais operandos, porém não são comuns e, particularmente, não existem em C operadores que requeiram mais de três operandos.

A notação utilizada para representar uma operação pode ser

a) prefixada, se o operador ocorre antes dos operandos,

b) pós-fixada, se o operador ocorre após os operandos, ou

c) infixada, se o operador ocorre entre os operandos.

A operação de incremento unário pode ser expressa na forma prefixada, como em ++val, ou pós-fixada, como em val++. Já a operação soma é expressa em C apenas na forma infixada, a + b. A maioria dos operadores segue a forma infixada.

6.2 OPERADORES ARITMÉTICOS

A Tabela 6.1 mostra os operadores aritméticos. Podem ser aplicados a operandos de qualquer tipo aritmético, exceto os operadores ++ e --, que são aplicados apenas a operandos de tipo real, e o operador %, cujos operandos devem ser de um tipo inteiro.

TABELA 6.1 Operadores aritméticos

Operação	Operador
Mais e menos unário	+ e -
Multiplicação	*
Divisão	/
Resto (Mod)	%
Adição e subtração	+ e -
Incremento e decremento	++ e --

Operações complexas, reais e inteiras. Se um dos operandos de um operador aritmético for de um tipo complexo, a operação é complexa; em caso contrário, se um dos operandos for de um tipo real, a operação é real; em caso contrário, a operação é inteira.

Mais e menos unário. O operador menos unário tem como resultado a inversão do sinal do operando. A expressão -a resulta no valor de a com o sinal trocado: se o valor de a é 318, o valor resultante será −318; se o valor de a é −27, o valor resultante será 27. O operador mais unário não modifica o conteúdo do operando, sendo utilizado para melhorar a legibilidade de certas expressões e, em alguns casos, para forçar a promoção inteira do operando.

Multiplicação, divisão, adição e subtração. As operações de multiplicação, adição e subtração implementam as operações aritméticas usuais. A operação de divisão quando aplicada a operandos inteiros implementa a divisão inteira, não fracionária. Se a é igual a 14 e b é igual 4, o resultado de a / b será 3. O operador resto (também chamado de mod) produz o resto da divisão inteira dos operandos. Para os valores de a e b já mencionados, temos que a % b resulta em 2, que é o resto da divisão de 14 por 4. A operação mod é definida de forma que para valores inteiros a e b, temos a = (a/b)*b + a%b.

O valor das operações de divisão e mod é indefinido quando o denominador é 0. Na maioria das implementações o valor infinito é adotado quando a operação é real, e ocorre um erro quando a operação é inteira. Porém, embora comum, esse comportamento não é padronizado.

EXEMPLO 6.1 O programa a seguir produz a saída:

    -7 -6 4 -5

Há dois comandos de atribuição na linha 4. No primeiro, o valor 7 é atribuído à variável a e no segundo, o valor −6 é atribuído à variável b. Na linha 5, após o comando de atribuição, a variável a passa a ser −7.

```
1   #include <stdio.h>
2   int main(void) {
3     int a, b, c, d;
4     a = 7; b = -6;
5     a = -a;
6     b = +b;
7     c = 2 - -2;
8     d = 1 - -b;
9     printf("%d %d %d %d\n", a, b, c, d);
10    return 0;
11  }
```

Na linha 6, a variável b mantém inalterado seu valor original, que é −6. Na linha 7, o valor 4 é atribuído à variável c, pois 2 − −2 equivale a 2 + 2, e na linha 8, o valor −5 é atribuído à variável d, pois sendo o valor de b igual a −6, o resultado de -b será 6. ∎

EXEMPLO 6.2   O programa a seguir produz a saída:

```
121  69  1  52
```

```
1   #include <stdio.h>
2   int main(void) {
3       int a, b, c, d;
4       a = 123 - 2;
5       b = 23 * 3;
6       c = a / b;
7       d = a % b;
8       printf("%d %d %d %d\n", a, b, c, d);
9       return 0;
10  }
```

A divisão inteira, na linha 6, resulta no quociente da divisão de 121 por 69 e a operação mod, na linha 7, produz o resto dessa divisão. ∎

EXEMPLO 6.3   No programa a seguir, as operações nas linhas 4 e 5 são inteiras. A multiplicação na linha 6 e a divisão na linha 7 são reais porque em cada caso um dos operandos é real. O mesmo ocorre com as expressões das linhas 8 e 9. O resultado da divisão inteira na linha 5 é 1 e o da divisão real na linha 7 é 1,5.

O tipo das expressões nas linhas 6 e 7 é double e o das expressões nas linhas 8 e 9 é float.

```
1   #include <stdio.h>
2   int main(void) {
3       int a, b; double c, d; float e, f;
4       a = 3 * 2;
5       b = 9 / a;
6       c = 3 * 2.0;
7       d = 9.0 / a;
8       e = 2 + 3 * (a / 2.0F);
9       f = 2 * e;
10      printf("%d %d %f\n", a, b, c);
11      printf("%f %f %f\n", d, e, f);
12      return 0;
13  }
```

A Seção 6.15 mostra como é determinado o tipo de uma expressão. ∎

Incremento e decremento.   O operador incremento unário (++) causa a adição de uma unidade ao valor do seu operando. É aplicado a variáveis de tipo real ou de tipo ponteiro[1]. Pode ocorrer na forma prefixada ou pós-fixada. O incremento unário prefixado causa a adição de uma unidade ao conteúdo da variável e resulta no valor atualizado da variável. Já o incremento unário pós-fixado incrementa a variável de uma unidade, mas o resultado da operação é o valor original da variável. De fato, o incremento da variável ocorre como um efeito colateral da operação:

---

[1] A aplicação a ponteiros é discutida na Seção 10.10.

Operação	Resultado	Efeito colateral
⟨Operando⟩++	Valor do operando	Incrementa de 1 o conteúdo do operando
++⟨Operando⟩	Valor do operando + 1	Incrementa de 1 o conteúdo do operando

EXEMPLO 6.4   O programa a seguir produz a saída:

```
201
201
100
101
202 102 305
203 103 305
```

```c
1  #include <stdio.h>
2  int main(void) {
3      int i = 200, j = 100, k = 2;
4      printf("%d\n", ++i);
5      printf("%d\n", i);
6      printf("%d\n", j++);
7      printf("%d\n", j);
8      k = k + ++j + i++;
9      printf("%d %d %d\n", i, j, k);
10     i++; ++j;
11     printf("%d %d %d\n", i, j, k);
12     return 0;
13 }
```

O comando da linha 4 causa a impressão do valor 201, que é o resultado da operação ++i. O comando da linha 5 imprime o valor de i já atualizado pelo efeito colateral da operação anterior. Na linha 6, o valor 100, resultado da operação j++, é impresso, e na linha 7, a variável j já possui o valor 101, por conta do efeito colateral da operação de incremento pós-fixado.

A expressão da linha 8 soma o valor 2 (conteúdo de k) com o valor 102 (resultado da operação ++j) com o valor 201 (resultado da operação i++). O total, 305, é armazenado em k. O conteúdo das variáveis i e j é incrementado como efeito colateral das operações.

Na linha 10, os resultados das operações não são utilizados; o efeito é o mesmo em ambos os casos: apenas o incremento do operando. ■

O operador decremento unário (--), que também existe nas formas prefixada e pós-fixada, é semelhante ao incremento unário, sendo que o efeito colateral da operação é decrementar de um o conteúdo da variável.

EXEMPLO 6.5   O programa a seguir produz a saída:

```
199.000000
199.000000
100.000000
99.000000
198.000000 98.000000 299.000000
197.000000 97.000000 299.000000
```

```c
1  #include <stdio.h>
2  int main(void) {
3      double i = 200.0, j = 100.0, k = 2.0;
4      printf("%f\n", --i);
```

```
5    printf("%f\n", i);
6    printf("%f\n", j--);
7    printf("%f\n", j);
8    k = k + --j + i--;
9    printf("%f %f %f\n", i, j, k);
10   i--; --j;
11   printf("%f %f %f\n", i, j, k);
12   return 0;
13 }
```

As operações neste exemplo são semelhantes às do exemplo anterior, com o uso do decremento unário no lugar do incremento unário. Este exemplo também ilustra o uso desses operadores com variáveis do tipo double. ■

6.2.1 Valores especiais

A maioria das implementações adota a norma IEC 60559 [1] como padrão para a aritmética binária de ponto flutuante. Essa norma especifica a existência dos valores NAN (*not a number*, em inglês), normalmente expresso como nan; infinito ou infinito positivo, normalmente expresso como inf ou infinity; e infinito negativo, normalmente expresso como -inf ou -infinity. Os tipos reais também admitem a existência de dois zeros: o positivo, expresso como 0.0 ou +0.0, e o negativo, expresso como -0.0. O infinito positivo pode ser obtido dividindo-se um número positivo por zero ou por um valor positivo muito pequeno, ou um número negativo pelo zero negativo ou por um número negativo muito pequeno. O valor NAN é o resultado da divisão de zero por zero[2]. A Tabela 6.2 mostra algumas operações envolvendo valores especiais.

TABELA 6.2 Operações especiais com tipos reais

Operação		Valor resultante
±inf × ±inf	=	±inf
±⟨Número⟩ ÷ 0	=	±inf
±0 ÷ ±0	=	NAN
±inf ÷ ±inf	=	NAN
±inf × 0	=	NAN
inf − inf	=	NAN
⟨Número⟩ ÷ ±inf	=	±0

EXEMPLO 6.6 O programa deste exemplo produz a seguinte saída:

```
0.000000 inf -inf
-inf nan 0.000000
inf nan nan
```

As macros DBL_MIN e DBL_MAX, usadas para definir o menor e o maior valor que uma variável do tipo double pode assumir, são definidas no cabeçalho float.h.

---

[2] Outras operações também podem gerar o valor NAN, como $\sqrt{-1}$, calculada com a função sqrt da biblioteca matemática.

```
#include <stdio.h>
#include <float.h>
int main(void) {
  double a, b, c, d, e, f, g, h, i;
  a = DBL_MIN / DBL_MAX;
  b = 4 / 0.0;
  c = -DBL_MIN / 0.0;
  d = b * c;
  e = b / c;
  f = DBL_MAX / b;
  g = DBL_MAX * b;
  h = b + c;
  i = 0.0 / 0.0;
  printf("%f %f %f\n", a, b, c);
  printf("%f %f %f\n", d, e, f);
  printf("%f %f %f\n", g, h, i);
  return 0;
}
```

A variável a assume o valor 0 por aproximação, como resultado da divisão de um número muito pequeno (DBL_MIN) por outro muito grande (DBL_MAX). As variáveis b e c assumem o valor ±inf, como resultado da divisão por zero. De modo semelhante, as demais variáveis assumem os valores definidos na Tabela 6.2 para cada caso. ∎

6.2.2 Operações de tipo complexo

Quando um dos operandos é de um tipo complexo, as operações de soma, subtração, multiplicação e divisão são de tipo complexo. Para números complexos $x = a + bi$ e $y = c + di$, temos:

$$\begin{aligned} x + y &= (a+c) + (b+d)i \\ x - y &= (a-c) + (b-d)i \\ x * y &= (ac - bd) + (ad + bc)i \\ x / y &= k, \text{ tal que } x = k * y, y \neq 0 \end{aligned}$$

EXEMPLO 6.7 O programa a seguir produz a saída:

```
(7.000000 + 7.000000i)
(-3.000000 + -1.000000i)
(-2.000000 + 23.000000i)
(0.536585 + 0.170732i)
```

A operação de divisão x / y resulta no valor aproximado d = 0.536585 + 0.170732i, de modo que d * y é igual a x. As demais operações seguem as respectivas definições.

As funções creal e cimag usadas para obter as partes real e imaginária de um número complexo estão definidas no arquivo-cabeçalho complex.h.

```
#include <stdio.h>
#include <complex.h>
int main(void) {
  double _Complex x = 2.0 + 3.0i;
  double _Complex y = 5.0 + 4.0i;
  double _Complex a = x + y;
```

```
        double _Complex b = x - y;
        double _Complex c = x * y;
        double _Complex d = x / y;
        printf("(%f + %fi)\n", creal(a), cimag(a));
        printf("(%f + %fi)\n", creal(b), cimag(b));
        printf("(%f + %fi)\n", creal(c), cimag(c));
        printf("(%f + %fi)\n", creal(d), cimag(d));
        return 0;
}
```

As constantes complexas usadas neste exemplo são uma extensão do compilador gcc. Pelo padrão, a macro I deve ser utilizada. Por exemplo, o valor 2.0 + 3.0i deve ser expresso como 2.0 + 3.0 * I. ∎

6.3 OPERADORES RELACIONAIS

A Tabela 6.3 mostra os operadores relacionais. Os operadores <, <=, > e >= são aplicados a operandos de tipo real, enquanto == e != são aplicados a operandos de tipo aritmético[3].

TABELA 6.3 Operadores relacionais

Operação	Operador
Menor	<
Menor ou igual	<=
Maior	>
Maior ou igual	>=
Igual	==
Diferente	!=

Os operadores relacionais implementam as operações usuais de comparação, resultando nos valores inteiros 1, se a comparação for verdadeira, ou 0, se for falsa.

Operação	Resultado
a == b	1, se o valor de a for igual ao valor de b; 0, em caso contrário.
a != b	1, se o valor de a for diferente do valor de b; 0, em caso contrário.
a < b	1, se o valor de a for menor que o valor de b; 0, em caso contrário.
a <= b	1, se o valor de a for menor ou igual ao valor de b; 0, em caso contrário.
a > b	1, se o valor de a for maior que o valor de b; 0, em caso contrário.
a >= b	1, se o valor de a for maior ou igual ao valor de b; 0, em caso contrário.

---

[3] Os operadores relacionais também podem ser aplicados quando ambos os operandos são ponteiros para tipos compatíveis, mas esse caso é discutido na Seção 10.10.

6.3.1 Valores boolianos

A linguagem C não possui um tipo exclusivo para implementar os valores boolianos *verdadeiro* e *falso*[4]. O valor verdadeiro é associado a um valor inteiro diferente de 0 e o valor falso a um valor inteiro igual a 0, do seguinte modo:

a) Em operações de comparação, um valor diferente de 0 é interpretado como verdadeiro e o valor 0, como falso.

b) Em operações que resultam em valores boolianos, o valor 1 do tipo int é gerado para significar o valor verdadeiro e o valor 0 do tipo int para significar o valor falso.

Em favor da legibilidade aconselha-se o uso das macros true e false, definidas em stdbool.h, no lugar dos valores 1 e 0, respectivamente.

EXEMPLO 6.8 O programa a seguir produz a saída:

0 1 0 0

O valor 0 (falso) é armazenado em a, pois 2 não é maior que 3. Em b é armazenado o valor 1 (verdadeiro), pois −5, resultado de 2 − 7, é maior ou igual a −5.

```
#include <stdio.h>
int main(void) {
  _Bool a, b, c, d;
  a = (2 > 3);
  b = ((2-7) >= -5);
  c = (b != b);
  d = (a == b);
  printf("%d %d %d %d\n", a, b, c, d);
  return 0;
}
```

Na penúltima atribuição temos o valor 0 (falso) atribuído a c, pois b não é diferente de b. O último comando atribui o valor 0 (falso) a d, pois o valor de a, que nesse ponto é 0 (falso), não é igual ao conteúdo de b, que nesse ponto é 1 (verdadeiro). ∎

Dois valores de tipo complexo são iguais apenas se suas partes real e imaginária forem iguais duas a duas. Se os valores são de domínios diferentes, a comparação é realizada após a conversão em um tipo com domínio comum, como explicado na Seção 6.15.

EXEMPLO 6.9 O programa a seguir produz a saída:

1 0

Quando a é comparado com c, seu valor é convertido em um valor do tipo float _Complex: 25.0f + 0.0f * I.

---

[4] O tipo _Bool, embora discipline o uso das expressões lógicas, não exclui a interpretação numérica desses valores e a macro bool, definida em stdbool.h é apenas um nome alternativo para _Bool.

```c
#include <stdio.h>
#include <complex.h>
int main(void) {
  short int a = 25;
  _Bool b1, b2;
  float _Complex c = 25 + 0 * I;
  float _Complex d = 25 + 3 * I;
  b1 = (a == c);
  b2 = (c == d);
  printf("%d %d\n", b1, b2);
  return 0;
}
```

O valor constante atribuído às variáveis c e d também é convertido de modo semelhante, já que os literais utilizados são do tipo int. ∎

Os operandos de um operador relacional devem ser compatíveis. Podemos indagar se um número é maior que outro número, mas não é lícito comparar um número com uma sequência de caracteres. Ao compararmos um valor do tipo char estamos de fato comparando o valor numérico correspondente ao código do caractere. O caractere 'a' é menor que o caractere 'b' porque o código de 'a' (valor decimal 97) é menor que o código de 'b' (valor decimal 98). Já o inteiro 105 e o real 105,234 são ambos maiores que o caractere 'a' e menores que o caractere 't', cujo código ASCII é 116.

6.3.2 Comparação de valores de tipo ponto flutuante

A representação dos valores de tipo ponto flutuante é imprecisa e, por isso, eles devem ser comparados com cautela. Por exemplo, a comparação 0.1 > 3.3/33.0 é verdadeira, já que a expressão do lado direito, devido a erros de arredondamento, não produz a mesma representação binária que a expressão do lado esquerdo. Em particular, a verificação da igualdade entre valores de tipo ponto flutuante é crítica, pois qualquer erro na representação torna diferentes valores que seriam iguais (se não houvesse o erro).

Aconselha-se verificar se dois valores de tipo ponto flutuante são iguais, comparando o módulo da diferença entre eles com um valor positivo muito pequeno, como ilustra o código a seguir para valores x e y do tipo double. Os valores são considerados iguais se estiverem suficientemente próximos.

```c
if (fabs(x - y) <= DBL_EPSILON) {
  /* x igual a y */
} else {
  /* x diferente de y */
}
```

A expressão fabs(x - y) resulta no valor absoluto da diferença entre x e y. Quando os valores comparados são do tipo float deve-se usar a macro FLT_EPSILON e a função fabsf, e quando são do tipo long double, a macro LDBL_EPSILON e a função fabsl. A comparação pode ser relativa à magnitude dos números comparados, como em fabs(x - y) <= (fabs(y) * DBL_EPSILON). Nesse caso, a comparação x == 0.0 é realizada como fabs(x) <= (fabs(x) * DBL_EPSILON). A Seção 14.4.3 discute o tratamento de erros decorrentes da imprecisão na representação dos tipos de ponto flutuante.

6.3.3 Casos especiais

Os zeros são considerados iguais entre si. A comparação 0 == -0.0, por exemplo, produz o valor 1. O valor NAN não é ordenado e se comparado a outro valor, inclusive a outro valor NAN, por meio de >, >=, <, <= ou ==, resulta em 0. Se um valor NAN é comparado a outro valor, inclusive outro valor NAN, por meio do operador !=, o resultado será 1.

Por conta da interpretação numérica dos valores booleanos, as comparações múltiplas não se comportam como se espera matematicamente. A comparação a < b < c resulta ou na comparação 1 < c (se a < b for verdadeira) ou na comparação 0 < c (se a < b for falsa). Para verificar se a é menor que b e se b é menor que c, deve-se comparar as duas situações separadamente e utilizar o operador lógico && para realizar a conjunção dos resultados: (a < b) && (b < c).

TABELA 6.4 Operadores lógicos

Operação	Operador
Complemento lógico (negação)	!
Conjunção e disjunção	&& e ||

6.4 OPERADORES LÓGICOS

Os operadores lógicos são mostrados na Tabela 6.4. Eles implementam as operações lógicas de negação, conjunção e disjunção. Os operandos devem ser de tipo escalar e são interpretados como um valor verdadeiro (se diferente de zero) ou falso (se igual a zero). O resultado é do tipo int, sendo 1, se a operação for verdadeira, ou 0, se a operação for falsa. Dados dois operandos a e b:

Operação	Resultado
a && b	1, se os valores de a e b forem ambos verdadeiros; 0, em caso contrário.
a || b	1, se o valor de a ou o valor de b for verdadeiro; 0, se forem ambos falsos.
!a	1, se o valor de a for falso; 0, se for verdadeiro.

A ordem de avaliação é da esquerda para a direita, e o segundo operando é avaliado apenas se necessário. Se o primeiro operando é falso, a operação de conjunção produz o valor 0 sem avaliar o segundo operando. Se o primeiro operando é verdadeiro, a operação de disjunção produz o valor 1 sem avaliar o segundo operando.

EXEMPLO 6.10 O programa a seguir produz a saída:

0 1 0 1 5

Na linha 5, a operação de conjunção resulta no valor 0 em virtude da avaliação de (2 > 3). O segundo operando não é avaliado e a variável e não é incrementada.

```
1  #include <stdio.h>
2  int main(void) {
3    _Bool a, b, c, d;
4    int e = 5;
5    a = (2 > 3) && (++e <= 3);
6    b = (1 == 1) || (++e <= 3);
7    c = a && b;
8    d = a || b;
9    printf("%d %d %d %d %d\n", a, b, c, d, e);
10   return 0;
11 }
```

Na linha 6, a operação de disjunção resulta no valor 1 em virtude da avaliação de (1 == 1). O segundo operando não é avaliado e novamente a variável e não é incrementada. A variável c recebe o valor 0, pois a é falsa, e a variável d recebe o valor 1, pois b é verdadeira. ∎

Como qualquer valor inteiro pode ser interpretado como um valor lógico verdadeiro ou falso, é possível usar os operadores lógicos em expressões que não reproduzem as operações lógicas convencionais. Entretanto, esse tipo de uso deve ser evitado.

EXEMPLO 6.11   O programa a seguir produz a saída:

1 3 6

A atribuição b = 3 resulta no valor 3 e o incremento unário c++ no valor 5.

```
#include <stdio.h>
int main(void) {
  int a, b, c = 5;
  a = (b = 3) && c++;
  printf("%d %d %d\n", a, b, c);
  return 0;
}
```

Logo, a conjunção (b = 3) && c++ é avaliada como 3 && 5 (isto é, verdade e verdade), que resulta no valor 1. ∎

6.5 OPERADORES BINÁRIOS

Os operadores binários mostrados na Tabela 6.5 operam bit a bit. Os operandos devem ser de um tipo inteiro e são promovidos (promoção inteira) antes da operação.

TABELA 6.5   Operadores binários

Operação	Operador
Deslocamento binário	<< e >>
Operadores lógicos binários	&, |, ^ e ~

6.5.1 Deslocamento binário

Os operadores de deslocamento provocam o deslocamento à esquerda (<<) ou à direita (>>) dos bits que compõem o valor de um tipo inteiro. A forma geral desses operadores é:

⟨Valor a ser deslocado⟩ ⟨Operador de deslocamento⟩ ⟨Distância do deslocamento⟩

A distância do deslocamento é expressa por um valor não negativo menor que o tamanho do tipo correspondente ao valor a ser deslocado. O tipo do resultado é o tipo do operando esquerdo após sua promoção.

Deslocamento à esquerda. O operador << desloca os bits para a esquerda, preenchendo os espaços à direita com zeros. A operação a << b desloca de b unidades para a esquerda os bits que compõem a representação de a, resultando no valor correspondente à nova configuração de bits.

A operação a << b corresponde à multiplicação do valor de a por 2^b, sendo definida para tipos não sinalizados e para valores não negativos de tipos sinalizados, cujo resultado possa ser representado:

1. Se a for de um tipo não sinalizado, então o valor de a << b é igual a a $\times 2^b$, reduzido módulo 2^N, onde N é o tamanho do tipo do resultado.
2. Se a for um valor não negativo de um tipo sinalizado, então o resultado de a << b é igual a a $\times 2^b$, se esse valor puder ser representado no tipo resultante.

O resultado do deslocamento à esquerda é indefinido quando:

1. a for um valor não negativo de um tipo sinalizado e o valor a << b não puder ser representado no tipo resultante.
2. a for um valor negativo.

EXEMPLO 6.12 Este exemplo considera uma arquitetura em que o tamanho do tipo short int é 16 e o do tipo int é 32 bits.

No programa a seguir, no deslocamento da linha 5, o valor de a é promovido para int. Os 32 bits do valor promovido são então deslocados 3 bits para a esquerda, resultando no valor 512 do tipo int, que é armazenado em b. Do mesmo modo, o deslocamento de 6 bits para a esquerda, na linha 6, resulta no valor 4096 do tipo int.

```
1  #include <stdio.h>
2  int main(void) {
3    short int a, b, c;
4    a = 64;
5    b = a << 3;
6    c = a << 6;
7    printf("%d %d %d\n", a, b, c);
8    return 0;
9  }
```

A tabela a seguir mostra a representação binária das variáveis e operações realizadas:

	Representação binária	Valor decimal
a	0000000001000000	64
a	00000000000000000000000001000000	64
a << 3	00000000000000000000001000000000	512
b	0000001000000000	512
a << 6	00000000000000000001000000000000	4.096
c	0001000000000000	4.096

A variável a, usada como base para o deslocamento, não tem seu valor modificado. O programa produz a saída:

64 512 4096

Embora neste exemplo todos os valores possam ser armazenados em variáveis do tipo `short int`, a operação de deslocamento ocorre com o tipo `int` e produz o resultado em 32 bits. ∎

EXEMPLO 6.13 Para uma arquitetura na qual o tipo `int` ocupa 32 bits, as tabelas a seguir mostram o resultado de algumas operações de deslocamento:

- Se a = 167.870.464 é uma variável do tipo `unsigned int`:

Operação	Resultado
a << 1	335.740.928 = 167.870.464 × 2^1
a << 3	1.342.963.712 = 167.870.464 × 2^3
a << 6	2.153.775.104, que corresponde à redução módulo 2^{32} de 10.743.709.696 = 167.870.464 × 2^6.

- Se a = 167.870.464 é uma variável do tipo `int`:

Operação	Resultado
a << 1	335.740.928 = 167.870.464 × 2^1
a << 3	1.342.963.712 = 167.870.464 × 2^3
a << 6	indefinido, porque 10.743.709.696 = 167.870.464 × 2^6 não pode ser representado como um valor do tipo `int`.

∎

Deslocamento à direita. O operador >> desloca os bits para a direita, preenchendo os espaços à esquerda com zeros. A operação a >> b desloca de b unidades para a direita os bits que compõem a representação de a, resultando no valor correspondente à nova configuração de bits.

A operação a >> b corresponde à divisão inteira a ÷ 2^b, sendo definida para tipos não sinalizados e para valores não negativos de tipos sinalizados. O resultado é indefinido quando a é negativo.

EXEMPLO 6.14. Este exemplo considera uma arquitetura em que o tamanho do tipo `short int` é 16 e o do tipo `int` é 32 bits.

No programa a seguir, no deslocamento da linha 5, o valor de a é promovido para o tipo `int`. Os 32 bits do valor promovido são deslocados 3 bits para a direita, resultando no valor 625 do tipo int, que é armazenado em b. Do mesmo modo, o deslocamento da linha 6 resulta no valor 78 do tipo int, que é armazenado na variável c.

```
1  #include <stdio.h>
2  int main(void) {
3    short int a, b, c;
4    a = 5000;
5    b = a >> 3;
6    c = a >> 6;
7    printf("%d %d %d\n", a, b, c);
8    return 0;
9  }
```

A tabela a seguir mostra a representação binária das variáveis e operações realizadas:

	Representação binária	Valor decimal
a	0001001110001000	5.000
a	00000000000000000001001110001000	5.000
a >> 3	00000000000000000000001001110001	625
b	0000001001110001	625
a >> 6	00000000000000000000000001001110	78
c	0000000001001110	78

O valor de a >> 3 é igual à parte inteira de 5.000 ÷ 8 e o de a >> 6 é igual à parte inteira de 5.000 ÷ 64. ∎

Resultados indefinidos. O compilador gcc adota os seguintes procedimentos para as situações indefinidas:

1. Quando o valor do deslocamento é negativo ou maior ou igual ao tamanho do operando esquerdo (após a promoção): o valor do deslocamento é reduzido módulo N, onde N é o tamanho do operando esquerdo após a promoção, sempre resultando em um deslocamento na faixa $[0, N-1]$.

2. Para o deslocamento à esquerda, a << b: o valor $a \times 2^b$ é sempre calculado e o resultado é convertido no tipo correspondente ao operando esquerdo.

3. Para o deslocamento à direita a >> b: os espaços à esquerda são preenchidos com o bit de sinal. Esse tipo de implementação é chamado de *deslocamento sinalizado* e aplica-se tanto para valores positivos quanto para valores negativos de a.

EXEMPLO 6.15 Para uma arquitetura em que o tamanho do tipo int é 32 bits e para a = −2.147.483.647, do tipo int, as seguintes tabelas mostram o resultado de algumas operações de deslocamento:

Operação	Resultado
a >> 33	equivale a a >> 1, pois o deslocamento 33 é reduzido módulo 32.
a >> -61	equivale a a >> 3, pois o deslocamento −61 é reduzido módulo 32.
a >> 1	−1.073.741.824, parte inteira de $-2.147.483.647 \div 2^1$.
a >> 3	−268.435.456, parte inteira de $-2.147.483.647 \div 2^3$.
a >> 31	−1, parte inteira de $-2.147.483.647 \div 2^{31}$.

O resto da divisão, implementado pelo compilador gcc, é sempre maior ou igual a zero. Assim, $-2.147.483.647 \div 8 = -268.435.456 \times 8 + 1$, em vez de $-268.435.455 \times 8 - 7$.

Operação	Resultado
a << -31	equivale a a << 1, pois o deslocamento −31 é reduzido módulo 32.
a << 67	equivale a a << 3, pois o deslocamento 67 é reduzido módulo 32.
a << 1	2, redução módulo 2^{32} de $-2.147.483.647 \times 2^1 = -4.294.967.294$.
a << 3	8, redução módulo 2^{32} de $-2.147.483.647 \times 2^3 = -17.179.869.176$.
a << 31	$-2.147.483.648$, redução módulo 2^{32} de $-2.147.483.647 \times 2^{31} = -4.611.686.016.279.904.256$.

6.5.2 Operadores lógicos binários

Os operadores lógicos binários implementam as operações de conjunção, disjunção, disjunção exclusiva e negação, bit a bit. Os operandos são promovidos para um tipo comum e o resultado é um valor do tipo comum, cujos bits são determinados pela operação lógica aplicada aos bits correspondentes dos operandos:

Operação	Operador	Resultado
Conjunção	&	Cada bit do resultado é igual a 1, se os bits correspondentes dos operandos forem iguais a 1; ou é igual a 0, em caso contrário.
Disjunção	|	Cada bit do resultado é igual a 0, se os bits correspondentes dos operandos forem iguais a 0; ou é igual a 1, em caso contrário.
Disjunção exclusiva	^	Cada bit do resultado é igual a 1, se os bits correspondentes dos operandos forem diferentes entre si; ou é igual a 0, em caso contrário.
Negação	~	Cada bit do resultado é igual a 1, se o bit correspondente do operando for igual a 0; ou é igual a 1, em caso contrário.

EXEMPLO 6.16 Para uma arquitetura em que o tamanho do tipo short int é 16 e o do tipo int é 32 bits, o programa a seguir produz a saída:

```
123  20
16   127   111  -124

#include <stdio.h>
int main(void) {
  short int a = 123, b = 20;
  int c = a & b;
  int d = a | b;
  int e = a ^ b;
  int f = ~a;
  printf("%d %d\n", a, b);
  printf("%d %d %d %d\n", c, d, e, f);
  return 0;
}
```

Os valores de a, b, c, d, e e f são mostrados na seguinte tabela:

	Representação binária	Valor decimal
a	0000000001111011	123
b	0000000000010100	20
c	00000000000000000000000000010000	16
d	00000000000000000000000001111111	127
e	00000000000000000000000001101111	111
f	11111111111111111111111110000100	−124

A tabela mostra as variáveis a e b com o tamanho do tipo com o qual são declaradas; seus valores são promovidos para o tipo int antes da realização de cada operação. ∎

Os operadores lógicos binários podem ser usados como máscaras na inspeção e atribuição de configurações de bits a variáveis de tipo inteiro.

EXEMPLO 6.17 Se A, B e C são variáveis inteiras diferentes de 0, então uma combinação de suas configurações de bits pode ser armazenada através de expressões como as mostradas ao lado:

```
x = A | B;
y = A | C;
z = A | B | C;
```

Pode-se verificar se uma determinada configuração de bits (diferente de 0) está presente em uma variável usando-se o operador &: para A diferente de 0, res & A será igual a A apenas se a configuração de bits de A estiver presente em res. Assim, para as atribuições deste exemplo,

((y & C) == C), ((z & (A | C)) == (A | C)), ((x & B) == B) e ((x & C) != C).

A identidade entre duas configurações de bits pode ser verificada com o operador ^, pois para variáveis inteiras A e B, A ^ B será igual a 0, apenas se as configurações de bits de A e B forem idênticas. ∎

EXEMPLO 6.18 Se A, B e C são configurações disjuntas (e diferentes de 0) de bits, como 001, 010 e 100, então o operador | pode ser usado para armazenar combinações dessas configurações. Por exemplo, a expressão res = A | B armazena a configuração 011 em res, que é uma combinação de 001 e 010.

Por outro lado, se res armazena uma combinação de configurações disjuntas, então o operador & pode ser usado para verificar se uma determinada configuração está armazenada em res. Por exemplo, as expressões res & A, res & (A | C) e, em geral, res & ⟨comb⟩, onde ⟨comb⟩ é uma combinação que contém configurações armazenadas em res, resultam em um valor diferente de zero apenas se ⟨comb⟩ contém, de fato, alguma das configurações armazenadas em res. Para o exemplo numérico do parágrafo anterior, res & (B | C) resulta no valor 2 (configuração 010), pois B está armazenada em res, e res & C resulta no valor 0. ∎

O uso dos operadores lógicos binários para atribuição e inspeção de configuração de bits é ilustrado nos Exemplos 11.37 e 14.9.

Uso dos operadores binários como operadores lógicos convencionais

Como o resultado dos operadores relacionais é um valor inteiro, um para o valor booliano verdadeiro e zero para o valor booliano falso, os operadores binários & e | às vezes são usados como se fossem os operadores convencionais && e ||.

Expressões equivalentes

Operadores convencionais	Operadores binários
(a > 3) || (b != a)	(a > 3) | (b != a)
(a == 4) && (b == 5)	(a == 4) & (b == 5)
(a <= b) || (b > c) && (c != 0)	(a <= b) | (b > c) & (c != 0)

Entretanto, esse uso deve ser evitado. É boa prática usar os operadores lógicos convencionais quando se lida com valores boolianos, deixando os operadores lógicos binários apenas para as situações em que se deseja operar bit a bit.

6.6 OPERADOR CONDICIONAL

O operador condicional (?:) é um operador ternário com a seguinte sintaxe:

⟨OpCond⟩ ::= ⟨CondBool⟩ ? ⟨Expr⟩ : ⟨ExprCond⟩
⟨ExprCond⟩ ::= ⟨OpCond⟩ | ⟨Expr⟩

O primeiro operando, ⟨CondBool⟩, deve ser de um tipo escalar. O segundo operando é uma expressão, ⟨Expr⟩, e o terceiro ou é uma expressão ou um outro operador condicional. Os segundo e terceiro operandos devem ser:

1. Ambos de um tipo aritmético.
2. Ambos de um mesmo tipo estrutura ou união.
3. Ambos void.
4. Ambos ponteiros para tipos compatíveis.

O primeiro operando é sempre avaliado. Se sua avaliação for verdadeira (resultar em um valor diferente de zero), o segundo é avaliado; se for falsa, o terceiro é avaliado. O resultado da operação é o resultado da avaliação do segundo ou terceiro operando. O tipo do resultado é:

1. O tipo aritmético do operando avaliado, após as conversões usuais, se os operandos forem ambos de um tipo aritmético.
2. O tipo estrutura ou união do operando avaliado, se os operandos forem ambos de um tipo estrutura ou união.
3. O tipo void, se ambos os operandos forem void.
4. Um tipo ponteiro, se ambos os operandos forem ponteiros.

EXEMPLO 6.19   O programa a seguir produz a saída:

```
40
22
```

```
1  #include <stdio.h>
2  int main(void) {
3    int i = 20, j;
4    j = i > 30 ? 2 + i : 2 * i;
5    printf("%d\n", j);
6    j = i < 30 ? 2 + i : 2 * i;
7    printf("%d\n", j);
8    return 0;
9  }
```

Na linha 4, o valor 40 é atribuído à variável j como resultado da avaliação de 2 * i, pois a condição i > 30 é falsa. Na linha 6, o valor 22 é atribuído a j como resultado da avaliação de 2 + i, já que nesse ponto a condição i < 30 é verdadeira. ∎

O operador condicional é associativo à direita. Desse modo, a expressão a?b:c?d:e?f:g equivale a a?b:(c?d:(e?f:g)).

6.7 OPERADOR DE ATRIBUIÇÃO

A operação de atribuição simples possui a seguinte sintaxe:

⟨OpAtrib⟩ ::= ⟨Variável⟩ = ⟨Expr⟩

O símbolo = indica o operador de atribuição simples e a operação é realizada em três passos:

1. O operando esquerdo, ⟨Variável⟩, é avaliado para definir o endereço utilizado na atribuição.
2. O operando direito, ⟨Expr⟩, é avaliado e o valor obtido é convertido na versão não qualificada do tipo do operando esquerdo.
3. O valor convertido é o resultado da operação, que é armazenado no endereço determinado pelo operando esquerdo.

A avaliação dos operandos esquerdo e direito pode ocorrer em qualquer ordem e o armazenamento do valor resultante na variável do lado esquerdo acontece como um efeito colateral da operação, após a avaliação dos operandos.

EXEMPLO 6.20   No trecho de código a seguir, após a primeira operação de atribuição, a variável b assume o valor 3.

```
int volatile a;
int b = 3;
a = b * 2.3;
```

A segunda operação de atribuição ocorre do seguinte modo:

1. A variável a é avaliada, sendo determinado seu endereço.

2. A expressão b * 2.3 é avaliada e o resultado, 6,9 do tipo double, é convertido no tipo int, que é a versão não qualificada de int volatile.

3. O valor convertido, 6, do tipo int, é o resultado da operação, armazenado na variável b como um efeito colateral. ∎

Como a operação de atribuição resulta no valor atribuído, pode ser usada em outras atribuições. A expressão

b = a = b * 2.3;

é válida e equivale a armazenar em b o mesmo valor armazenado em a.

EXEMPLO 6.21 O programa a seguir produz a saída:

3 6 9

```
#include <stdio.h>
int main(void) {
  int a = 2, b, c;
  b = (a = 3) * 2;
  c = a + b;
  printf("%d %d %d\n", a, b, c);
  return 0;
}
```

O valor da expressão (a = 3) * 2 é atribuído à variável b. Essa expressão contém a atribuição a = 3, que é realizada modificando o valor de a e produzindo o resultado 3, que é então multiplicado por 2. A variável c recebe o valor 9, resultado da avaliação de a + b. ∎

Na sua forma mais comum o operando direito é uma expressão de um tipo aritmético cujo valor será armazenado na variável representada pelo operando esquerdo, também de um tipo aritmético. Entretanto, qualquer uma das seguintes configurações é possível:

1. O operando esquerdo é de um tipo (qualificado ou não) aritmético e o operando direito também é de um tipo aritmético.

2. O operando esquerdo é de um tipo (qualificado ou não) estrutura ou união compatível com o operando direito.

3. O operando esquerdo é do tipo _Bool e o operando direito é um ponteiro.

4. Ambos os operandos são ponteiros (possivelmente qualificados) para tipos compatíveis. O tipo apontado pelo operando esquerdo deve possuir todos os qualificadores do tipo apontando pelo operando direito.

5. Um operando é um ponteiro para um objeto ou para um tipo incompleto e o outro operando é uma versão (possivelmente qualificada) do tipo void. O tipo apontado pelo operando esquerdo deve possuir todos os qualificadores do tipo apontando pelo operando direito.

6. O operando esquerdo é um ponteiro e o operando direito é o ponteiro nulo (constante).

6.7.1 Atribuições compostas

O operador de atribuição composta possui a seguinte sintaxe:

⟨*OpAtribComposta*⟩ ::= ⟨*Variável*⟩ ⟨*Oper*⟩ = ⟨*Expr*⟩
⟨*Oper*⟩ ::= * | / | % | + | -| « | » | & | ˆ | |

O efeito de uma operação de atribuição composta é o de realizar a operação indicada pelo operador ⟨*Oper*⟩, usando como operandos a variável do lado esquerdo, ⟨*Variável*⟩, e o resultado da expressão do lado direito, ⟨*Expr*⟩, e atribuir o resultado à variável do lado esquerdo.

Atribuição composta	Expressão equivalente
a *= b	a = a * (b)
prest %= n * juros / 100	prest = prest % (n * juros / 100)
valor1 += valor2 >>= saldo	valor1 = valor1 + (valor2 = valor2 >> (saldo))

Na atribuição composta, entretanto, o operando esquerdo é avaliado uma única vez, enquanto na atribuição simples equivalente ocorrem duas avaliações do mesmo termo. Por exemplo, na expressão a = a + b, a variável a é avaliada duas vezes, uma na avaliação do operando esquerdo e outra na avaliação do operando direito. Essa diferença é importante quando o operando esquerdo produz efeitos colaterais.

EXEMPLO 6.22 As expressões a seguir, que utilizam indexação de vetores, discutida no Capítulo 10, ilustram a diferença entre atribuições simples e compostas:

Atribuição composta	Atribuição simples não equivalente
vet[i++] *= 3	vet[i++] = vet[i++] * 3

Essas atribuições não são equivalentes, pois na atribuição à direita ocorre um duplo incremento da variável i, já que a expressão vet[i++] é avaliada duas vezes.

Deve-se observar também que a atribuição simples deste exemplo não produz resultados confiáveis, já que não se pode garantir qual dos seus dois operandos será avaliado primeiro. Ao avaliar construções desse tipo o compilador gcc emite um aviso sobre a *indefinição de i* (nesse caso). ∎

Os operandos de uma atribuição composta devem ter tipos consistentes com a operação realizada. Por exemplo, os operandos de >>= devem ser de um tipo inteiro e os operandos de *= devem ser de um tipo aritmético.

EXEMPLO 6.23 O programa a seguir produz a saída:

```
112 34
```

```
#include <stdio.h>
int main(void) {
  int i = 10, j = 3;
  j *= 2 + i;
  i += 3 * (j -= 2);
  printf("%d %d\n", i, j);
  return 0;
}
```

Inicialmente, o valor 36, resultado da expressão j * (2 + i), é atribuído à variável j. Depois, a variável i recebe o resultado da expressão i + (3 * (j = j - (2))), que é avaliada do seguinte modo: primeiro ocorre a atribuição j = j - (2), que resulta no valor 34, e em seguida ocorre a atribuição do valor 10 + (3 * 34) à variável i. ∎

6.7.2 Lvalue

As expressões cuja avaliação resulta em um endereço de memória que pode ser modificado são chamadas de *lvalues*. O resultado do operador de acesso indireto (discutido no Capítulo 10) é um *lvalue*, bem como a maioria das variáveis, exceto as variáveis do tipo vetor (também discutidas no Capítulo 10). Apenas *lvalues* podem ser usados no lado esquerdo das operações de atribuição.

6.8 OPERADOR VÍRGULA

O operador vírgula (,) tem a seguinte sintaxe:

⟨OpVírgula⟩ ::= ⟨ExprAtrib⟩ | ⟨OpVírgula⟩ , ⟨ExprAtrib⟩

Ele implementa uma sequência de expressões, geralmente de atribuição, que são avaliadas da esquerda para a direita. O valor e o tipo da operação corresponde ao valor e tipo da última expressão avaliada.

EXEMPLO 6.24 O programa a seguir produz a saída:

4 43 6 26

O operador vírgula da linha 4 opera do seguinte modo: primeiro a atribuição a = 4 é realizada, em seguida a atribuição c = 2 + a, e por último a expressão 37 + c.

```
1  #include <stdio.h>
2  int main(void) {
3      int a = 2, b = 3, c = 1, d;
4      b = (a = 4, c = 2 + a, 37 + c);
5      d = (a + 10, 26);
6      printf("%d %d %d %d\n", a, b, c, d);
7      return 0;
8  }
```

O valor e o tipo desta última avaliação, 43, é o resultado da expressão, armazenado em b.

Na linha 5, o primeiro operando do operador vírgula (a + 10) é avaliado, mas não produz efeito algum, pois não é armazenado nem usado nas expressões seguintes. O valor da operação é o resultado da avaliação do segundo operando: 26. ∎

Em contextos onde a vírgula desempenha um outro papel sintático, em listas de iniciação e parâmetros de função, por exemplo, o operador vírgula só pode ser usado se estiver entre parênteses, de modo que a vírgula que o representa não se confunda com a interpretação da vírgula no contexto em que é utilizado.

6.9 OPERADOR DE TAMANHO

O operador `sizeof` ao ser aplicado a uma expressão ou tipo de dados retorna a quantidade de bytes necessária para armazenar no ambiente de execução os valores do tipo (da expressão).

⟨*OpTamanho*⟩ ::= **sizeof** ⟨*Expr*⟩ | **sizeof** (⟨*Tipo*⟩)

O resultado é um valor inteiro do tipo `size_t`, definido no cabeçalho `stddef.h` como equivalente a um dos tipos básicos de inteiros não sinalizados. Normalmente o resultado é obtido sem a avaliação do operando (que é avaliado apenas se é um vetor de tamanho variável).

Quando aplicado a operandos do tipo `char`, `signed char` ou `unsigned char` o valor do resultado é 1, quando aplicado a operandos do tipo vetor o resultado é a quantidade total de bytes do vetor, e quando aplicado a operandos do tipo estrutura ou união o resultado inclui os bits de preenchimento, se houver.

EXEMPLO 6.25 Em um ambiente de execução em que os tipos `int` e `long int` são implementados com 4 e o tipo `double` com 8 bytes, o programa a seguir produz a saída:

```
3 8 4 4
```

Na linha 7, a expressão `sizeof nums` resulta na quantidade total de bytes do vetor `nums`, que é dividida pela quantidade de bytes de um valor do tipo `int`.

```
1   #include <stdio.h>
2   #include <stddef.h>
3   int main(void) {
4     int nums[] = {12, 3, 4};
5     long int b = 1L;
6     size_t t1, t2, t3, t4;
7     t1 = sizeof nums / sizeof(int);
8     t2 = sizeof (2 * b++ / 1.5);
9     t3 = sizeof b;
10    t4 = sizeof '?';
11    printf("%zd %zd %zd %zd\n", t1, t2, t3, t4);
12    return 0;
13  }
```

Logo, a quantidade de elementos do vetor é armazenada na variável `t1` (os detalhes sobre declaração e uso de vetores são apresentados no Capítulo 10).

A expressão da linha 8 é do tipo `double`. Assim, o valor 8 é armazenado na variável `t2` sem que a expressão seja avaliada. Na linha 9, o tipo do operando é `long int`, e na linha 10, o literal caractere é do tipo `int`; ambos resultam no valor 4. ∎

O operador `sizeof` não pode ser aplicado a um tipo função ou incompleto ou a uma expressão que designa um campo de bits.

6.10 OPERADOR DE CONVERSÃO DE TIPO

O operador de conversão é um operador unário definido da seguinte forma:

⟨*OpConversão*⟩ ::= (⟨*Tipo*⟩) ⟨*Expr*⟩

O resultado desse operador é a conversão do valor da expressão ⟨*Expr*⟩ em um valor correspondente, do tipo especificado por ⟨*Tipo*⟩. O tipo da expressão deve ser escalar e o tipo-alvo deve ser escalar ou `void`.

EXEMPLO 6.26 Algumas conversões válidas:
`(int)(3.2 * 3)`   Converte o valor 9,6 do tipo `double` no valor 9 do tipo `int`.
`(float)(12E1 + 4)`   Converte o valor 124,0 do tipo `double` no valor 124,0 do tipo `float`.
`(short int)taxa * 4.3F` Converte o valor de `taxa` em um valor do tipo `short int`. O tipo da expressão continua sendo `float`. ∎

Literal composto. O operador de conversão difere de um literal composto porque apenas especifica uma conversão de tipos, não cria um novo valor em memória.

6.11 USANDO FUNÇÕES PREDEFINIDAS

A linguagem C possui bibliotecas padronizadas contendo várias funções úteis. As funções matemáticas encontram-se na biblioteca `libm.a` e estão declaradas no arquivo-cabeçalho `math.h`. A Tabela 6.6 mostra algumas dessas funções especificadas através do tipo do seu valor de retorno, do nome da função e da relação dos seus argumentos, incluindo o tipo de cada um. A expressão

```
double fmax(double a, double b)
```

descreve uma função de nome `fmax`, que recebe dois argumentos, `a` e `b`, ambos do tipo `double` e retorna um valor do tipo `double`.

Em geral, para cada função `fun` especificada como recebendo argumentos do tipo `double` e retornando um valor do tipo `double`, existem funções `funf`, especificada como recebendo argumentos do tipo `float` e retornando um valor do tipo `float`, e `funl`, especificada como recebendo argumentos do tipo `long double` e retornando um valor do tipo `long double`. Para todas as funções da Tabela 6.6 existem variantes `float` e `long double`. Temos, por exemplo, as seguintes funções análogas:

```
double acos(double a)    float acosf(float a)    long double acosl(long double a)
double exp(double a)     float expf(float a)     long double expl(long double a)
double log2(double a)    float log2f(float a)    long double log2f(long double a)
```

As funções possuem o significado usual descrito na coluna direita da Tabela 6.6. `fmax(4,6)` retorna o valor 6 e `sqrt(123)` retorna uma aproximação da raiz quadrada de 123. As funções trigonométricas tratam o argumento como expresso em radianos: `sin(90)` significa seno do ângulo de 90 radianos, e não 90 graus. Ocorre conversão de tipos quando uma função é chamada com valores de tipos que não correspondem aos definidos em sua especificação.

TABELA 6.6 Funções da biblioteca matemática

Função	Descrição
double sin(double a)	seno de a
double cos(double a)	cosseno de a
double tan(double a)	tangente de a
double asin(double a)	arco seno de a
double acos(double a)	arco cosseno de a
double atan(double a)	arco tangente de a
double atan2(double y, double x)	arco tangente de y/x
double exp(double a)	valor de e^a
double exp2(double a)	valor de 2^a
double expm1(double a)	valor de $e^a - 1$
double log(double a)	logaritmo natural de a
double log10(double a)	logaritmo base 10 de a
double log2(double a)	logaritmo base 2 de a
double sqrt(double a)	raiz quadrada de a
double pow(double a, double b)	valor de a^b
double fabs(double a)	valor absoluto de a
double round(double a)	valor arredondado de a
double fmin(double a, double b)	mínimo entre a e b
double fmax(double a, double b)	máximo entre a e b
double ceil(double a)	o menor inteiro não menor que a
double floor(double a)	o maior inteiro não maior que a

O uso das funções matemáticas requer a inclusão do arquivo-cabeçalho `math.h` e a compilação com a biblioteca `libm.a`. O comando de compilação de um programa `prog.c` contendo referências a funções matemáticas deve ser algo como:

```
gcc -o prog prog.c -lm
```

A opção de compilação `-lm` é necessária em algumas implementações – faz o programa ser ligado à biblioteca `libm.a`, se a ligação não ocorre automaticamente.

EXEMPLO 6.27 O programa a seguir calcula e imprime as raízes da equação $5x^2 - 6x + 1 = 0$. São impressos os valores `1.000000` e `0.200000`.

Na linha 5, a função `pow(b,2)` retorna o valor da variável b elevado à potência 2, que, no caso, é 36. O resultado da expressão `36 - 4 * 5 * 1` é armazenado na variável `delta`.

Nas linhas 6 e 7, as raízes são calculadas, com a expressão `sqrt(delta)` produzindo o valor 4, que é a raiz quadrada de 16.

```
1   #include <stdio.h>
2   #include <math.h>
3   int main(void) {
4     int a = 5, b = -6, c = 1;
5     double delta = pow(b, 2) - 4 * a * c;
6     double raiz1 = (-b + sqrt(delta)) / (2*a);
7     double raiz2 = (-b - sqrt(delta)) / (2*a);
8     printf("%f %f\n", raiz1, raiz2);
9     return 0;
10  }
```

Neste exemplo os argumentos da função pow são do tipo int, convertidos automaticamente em valores do tipo double. ∎

6.12 DEFINIÇÃO DE TIPOS

Tipos podem ser declarados com o operador typedef (que, de fato, não é um operador, apenas um mecanismo da linguagem para declarar nomes alternativos para tipos já existentes):

⟨DefTipo⟩ ::= **typedef** ⟨Tipo⟩ ⟨TpIdent⟩ { , ⟨TpIdent⟩ } ;

As declarações typedef não criam novos tipos. Os identificadores ⟨TpIdent⟩ em uma declaração typedef tornam-se sinônimos do tipo ⟨Tipo⟩ usado na declaração.

`typedef const int int_tp;`	Declara int_tp como sinônimo de const int.
`typedef int int32_t, *int32_ptr;`	Declara int32_t como sinônimo de int e int32_ptr como sinônimo de int * (ponteiro para int).
`typedef short f_tp(int), n_tp;`	Declara f_tp como sinônimo de short (int), função de int retornando short. Declara n_tp como sinônimo de short.
`typedef int a_tp[x], b_tp[][4];`	Declara a_tp como sinônimo de int[x] (vetor unidimensional de int). Declara b_tp como sinônimo de int[][4] (vetor bidimensional de int, com 4 elementos na segunda e um número não especificado de elementos na primeira dimensão).

As definições de tipos função e vetor, como as duas anteriores, seguem um formato especial, baseado na declaração do tipo original. A Seção 10.12 ilustra a definição de sinônimos para o tipo vetor e a Seção 9.13.1 ilustra a definição de sinônimos para o tipo função.

Os identificadores de uma declaração typedef podem ser usados em declarações de tipos, do mesmo modo que o tipo a que eles correspondem. As seguintes declarações usam os tipos definidos acima:

`int_tp a, b;`	Declara a e b como do tipo const int.
`int32_ptr c;`	Declara c como do tipo int *.
`f_tp fun;`	Declara fun como do tipo short (int) (como se fun tivesse sido declarada short fun(int)).

```
b_tp mat;
```
Declara `mat` como do tipo `int[][4]` (como se `mat` tivesse sido declarada `int mat[][4]`).

Embora a definição de tipos com `typedef` não crie novos tipos, os identificadores usados na declaração são tratados como um tipo. Podem ser usados como operando do operador `sizeof` e em todos os pontos do programa onde um tipo é esperado, e estão sujeitos às mesmas restrições que os demais tipos. Por exemplo, a declaração

```
int_tp unsigned var;
```

é inválida porque faz uso de dois tipos: o tipo `int_tp` (que é, neste exemplo, sinônimo de `const int`) e o `unsigned`. Entretanto, a declaração

```
int_tp volatile var;
```

é válida porque a palavra-chave `volatile` não especifica um tipo, apenas qualifica o tipo usado na declaração.

6.12.1 Facilitando a modificação dos programas

Os tipos declarados com `typedef` são úteis porque facilitam a modificação dos programas, promovendo a portabilidade.

EXEMPLO 6.28 Um programa que tenha as variáveis inteiras declaradas com o tipo básico `int`, compilado para uma arquitetura na qual esse tipo ocupe 32 bits, precisará ter todas as suas declarações modificadas para, por exemplo, `short int`, caso tenha que ser compilado para uma outra arquitetura em que o tamanho do tipo `int` seja de 64 bits. Esse programa pode ter sua portabilidade melhorada com as seguintes ações:

1. Criar um arquivo-cabeçalho com a declaração

   ```
   typedef int int32_t;
   ```

2. Incluir esse arquivo-cabeçalho nos códigos-fontes do programa e usar o tipo `int32_t` para declarar as variáveis (que antes eram declaradas como `int`).

Agora, se for necessário portar o programa para um ambiente onde o tipo `int` é implementado com 64 bits, sendo o tipo `short int` implementado com 32 bits, basta modificar uma única declaração no arquivo-cabeçalho:

```
typedef short int int32_t;
```

e compilar o programa novamente. ■

Definições disponíveis. A solução descrita no exemplo anterior pode ser adotada sem necessidade de criar um novo arquivo-cabeçalho, basta usar o cabeçalho `stdint.h` que contém as seguintes definições para os tipos inteiros:

Sinalizado	Não sinalizado
int8_t	uint8_t
int16_t	uint16_t
int32_t	uint32_t
int64_t	uint64_t

Os tipos da forma int*XX*_t são definidos como inteiros sinalizados de *XX* bits, o mesmo ocorre com os tipos não sinalizados da forma uint*XX*_t. Cada tipo é automaticamente definido para o tamanho apropriado de acordo com a arquitetura-alvo. Assim, quando um programa que usa o cabeçalho stdint.h é compilado para uma arquitetura de 32 bits, as seguintes definições são usadas:

```
typedef long long int int64_t;
typedef unsigned long long int uint64_t;
```

Já quando o programa é compilado para uma arquitetura de 64 bits, as seguintes definições são usadas:

```
typedef long int int64_t;
typedef unsigned long int uint64_t;
```

Não existem definições semelhantes para os tipos reais de ponto flutuante. O padrão da linguagem, entretanto, define, no cabeçalho math.h, os tipos float_t e double_t como tipos cujo tamanho é no mínimo tão grande quanto os tipos float e double, respectivamente, sendo determinado pelo valor da macro FLT_EVAL_METHOD (definida no cabeçalho float.h). Para FLT_EVAL_METHOD igual a:

a) 0, float_t e double_t são equivalentes a float e double, respectivamente.

b) 1, float_t e double_t são ambos equivalentes a double.

c) 2, float_t e double_t são ambos equivalentes a long double.

Os tipos float_t e double_t são concebidos para serem as implementações mais eficientes dos tipos reais de ponto flutuante.

6.12.2 Simplificando expressões

A definição de tipos também é útil na simplificação de tipos, promovendo a legibilidade do programa.

EXEMPLO 6.29 As seguintes declarações ilustram o uso do typedef na declaração de estruturas:

```
typedef struct {        typedef struct rB {     typedef struct rC r_tC;
    int a;                  int a;              struct rC {
    char b;                 char b;                 int a;
} r_tA;                 } r_tB;                     char b;
                                                };
```

A declaração de variáveis usando os tipos definidos anteriormente ocorre do seguinte modo:

```
        r_tA var1;          struct rB var2;         struct rC var4;
                            r_tB var3;              r_tC var5;
```

Os tipos das variáveis var2 e var3 são compatíveis, assim como os tipos das variáveis var4 e var5, porque são sinônimos; outras combinações de tipos não são compatíveis, já que cada estrutura determina um tipo diferente do tipo das demais estruturas. ∎

EXEMPLO 6.30 A função qsort é declarada no arquivo-cabeçalho stdlib.h como uma função de quatro parâmetros que retorna void. O primeiro parâmetro é (um ponteiro para o primeiro elemento de) um vetor, os segundo e terceiro parâmetros são valores do tipo size_t, e o quarto parâmetro é um ponteiro para uma função que recebe dois ponteiros para valores constantes do tipo void e retorna int:

```
void qsort(void *vet, size_t n, size_t tam, int (*fun)(const void *, const void *));
```

Essa declaração pode ser simplificada com o uso de tipos auxiliares.

Solução 1. Definir o tipo p_void:

```
typedef const void * p_void;
```

e declarar qsort como:

```
void qsort(void *vet, size_t n, size_t tam, int (*fun)(p_void, p_void));
```

Solução 2. Definir o tipo fun_t:

```
typedef int (*fun_t)(const void *, const void *);
```

e declarar qsort como:

```
void qsort(void *vet, size_t n, size_t tam, fun_t fun);
```

A definição de tipos funcionais usada na solução 2 será discutida no Capítulo 9. Embora ainda possam parecer complexas, as novas declarações são mais simples do que a declaração original. ∎

6.13 ORDEM DE AVALIAÇÃO

Cada operador possui uma ordem de precedência e uma associatividade: esquerda ou direita. A Tabela 6.7 mostra a associatividade e a ordem de precedência dos operadores da linguagem C. Os operadores de menor ordem têm precedência sobre os de maior ordem. A expressão a * --b + c é equivalente a (a * (--b)) + c, porque -- tem precedência sobre * e este tem precedência sobre +. Os operadores de mesma precedência são avaliados segundo sua associatividade, os associativos à esquerda são avaliados da esquerda para a direita e os associativos à direita ao contrário.

EXEMPLO 6.31 Os operadores == e != são associativos à esquerda, e ?: é associativo à direita. Então:

Expressão	Expressão equivalente
a == b != c != d	(((a == b) != c) != d)
a ? b : c ? d : e	(a ? b : (c ? d : e))

∎

Pode-se usar parênteses para alterar a associatividade e a precedência entre os operadores ou para tornar uma expressão mais legível. Uma expressão está na forma parentética se todo operador juntamente com os seus operandos são delimitados por parênteses. Pode-se suprimir os parênteses mais externos das formas parentéticas. Desse modo, considera-se que tanto ((a + b) - c) quanto (a + b) - c estão na forma parentética.

TABELA 6.7 Ordem de precedência entre operadores

Associatividade	Precedência	Operador
E	0	() (chamada a função), [] (indexação), -> (seleção indireta), . (seleção direta)
E	1	++ (incremento pós), -- (decremento pós)
D	2	++ (incremento pré), -- (decremento pré)
D	3	sizeof (tamanho), & (endereço), * (acesso indireto), - (menos unário), + (mais unário), ! (negação lógica), ~ (negação binária)
D	4	(⟨*tipo*⟩) (conversão de tipo)
E	5	* (multiplicação), / (divisão), % (mod)
E	6	+ (adição), - (subtração)
E	7	<<, >> (deslocamentos)
E	8	<, >, <= e >= (relacionais)
E	9	== (igualdade), != (desigualdade)
E	10	& (conjunção binária)
E	11	^ (disjunção exclusiva binária)
E	12	| (disjunção binária)
E	13	&& (conjunção lógica)
E	14	|| (disjunção lógica)
D	15	? : (condicional)
D	16	= (atribuição), op= (atribuição composta)
E	17	, (vírgula)

EXEMPLO 6.32 A tabela a seguir mostra na coluna direita a forma parentética das expressões do lado esquerdo:

Expressão original	Forma parentética equivalente
2 * a - a % 3 / 4	(2 * a) - ((a % 3) / 4)
b + c / b - c / d	(b + (c / b)) - (c / d)
a + b + c - - d + +3 / -5 - -e * f	((((a + b) + c) - (- d)) + ((+3) / -5)) - ((-e) * f)
d - a + 3 % a % b	(d - a) + ((3 % a) % b)
a >> b >> c >> d << e	(((a >> b) >> c) >> d) << e
(a >> b) >> (c >> d) << e	((a >> b) >> (c >> d)) << e

Na última expressão os parênteses originais foram preservados. ∎

6.13.1 Sequenciamento

Em geral a avaliação de uma expressão não é sequenciada, isto é, os operandos de uma operação podem ser avaliados em qualquer ordem. Assim, deve-se evitar expressões que dependam de efeitos colaterais. A expressão a++ + a, por exemplo, pode ter seu operando direito avaliado antes do operando esquerdo ou vice-versa; o resultado dependerá da ordem de avaliação.

Entretanto, existem *pontos de sequenciamento* que garantem que todas as operações já iniciadas serão completadas, incluindo seus efeitos colaterais, antes das próximas avaliações.

Término da expressão. O ponto e vírgula ao final de cada expressão é um ponto de sequenciamento. Isto é, a ordem de avaliação da expressão

```
b = a + a++;
```

pode variar. Além da avaliação dos operandos da atribuição não ser sequenciada, podemos ter com relação ao operando direito

1. a avaliação de a, seguida da avaliação de a++, seguida da soma; ou
2. a avaliação de a++, seguida da avaliação de a, seguida da soma.

Qualquer que seja a ordem, o ponto e vírgula garante que toda a expressão será avaliada, incluindo seus efeitos colaterais, antes da execução do próximo comando.

Operadores lógicos. Os operadores lógicos && e || são avaliados da esquerda para a direita, existindo um ponto de sequenciamento entre o primeiro e o segundo operando. Na expressão

```
(a++ > b) && (a < d)
```

o operando (a++ > b) é avaliado antes de (a < d). Se o segundo operando for avaliado, garante-se que a avaliação do primeiro estará concluída, incluindo os seus efeitos colaterais.

Condicional. O primeiro operando do operador condicional é sempre avaliado, existindo um ponto de sequenciamento entre sua avaliação e a avaliação do segundo ou terceiro operando. Na expressão

```
(a++ > b--) ? a : b
```

o operando (a++ > b--) é avaliado primeiro, garantindo-se a conclusão dessa avaliação, incluindo seus efeitos colaterais, antes da avaliação do segundo ou terceiro operando.

Vírgula. O operando esquerdo é sempre avaliado primeiro, existindo um ponto de sequenciamento entre ele e o operando direito. Na expressão

```
a = ++b, b * c
```

o operando a = ++b é avaliado primeiro, garantindo-se a conclusão dessa avaliação, incluindo seus efeitos colaterais, antes da avaliação do operando b * c.

Chamada a função. Existe um ponto de sequenciamento na chamada a uma função que garante que todos os seus argumentos são avaliados e os efeitos colaterais realizados antes do controle passar ao código da função. Entretanto, a ordem de avaliação dos argumentos não é sequenciada. As chamadas a funções são discutidas no Capítulo 9.

6.13.2 Erros devido à ordem de avaliação

As avaliações não sequenciadas podem apresentar resultados indesejados se dependerem dos efeitos colaterais de suas operações.

EXEMPLO 6.33 O programa a seguir produz a saída 5 15, se na expressão da linha 4 o operando i for avaliado antes do operando i = j + 2, ou 5 10, em caso contrário.

```
1  #include <stdio.h>
2  int main(void) {
3    int i = 10, j = 3;
4    j = i + (i = j + 2);
5    printf("%d %d\n", i, j);
6    return 0;
7  }
```

Ao compilar esse programa com a diretiva -Wall, o compilador gcc emite um aviso sobre a *indefinição de i*. ■

6.14 ERROS NAS OPERAÇÕES

Algumas operações, como a divisão inteira por zero, e a execução de algumas funções matemáticas podem produzir erros que devem ser tratados. O tratamento de erros é visto no Capítulo 14 e uma relação completa das funções matemáticas com a indicação dos erros que podem ocorrer é fornecida no Capítulo 16. Por enquanto, assume-se que as chamadas e execuções das funções são corretas.

6.15 O TIPO DAS OPERAÇÕES

As operações que envolvem tipos aritméticos possuem um tipo associado ao resultado, obtido do seguinte modo:

1. Cada operando é convertido em um tipo real comum, sem mudança do domínio: real ou complexo.
2. O tipo do resultado é o tipo comum obtido. O domínio do resultado será
   2.1. complexo, se um dos operandos pertencer ao domínio complexo, ou
   2.2. real, se ambos pertencerem ao domínio real.

Esse procedimento é aplicado a todos os operadores de uma expressão.

6.15.1 Determinação do tipo comum

Os operandos são convertidos em um tipo real comum, sem mudança de domínio, segundo as seguintes regras:

1. Se o tipo real correspondente a um dos operandos é `long double`, o outro operando é convertido em um tipo cujo tipo real correspondente é `long double`;
2. se o tipo real correspondente a um dos operandos é `double`, o outro operando é convertido em um tipo cujo tipo real correspondente é `double`;
3. se o tipo real correspondente a um dos operandos é `float`, o outro operando é convertido em um tipo cujo tipo real correspondente é `float`;
4. aplica-se a *promoção inteira* a ambos os operandos. Após a promoção inteira, prossegue-se com a determinação do tipo real comum:
   4.1. Se o tipo de ambos é igual, esse é o tipo real comum;

4.2. se ambos são de tipos inteiros sinalizados, ou ambos são de tipos inteiros não sinalizados, o de menor ordem é convertido no tipo de maior ordem;

4.3. se a ordem do tipo inteiro não sinalizado é maior ou igual à ordem do outro operando, então o operando com tipo inteiro sinalizado é convertido no tipo não sinalizado;

4.4. se o tipo do operando com tipo inteiro sinalizado pode representar todos os valores do tipo inteiro não sinalizado, então o operando com o tipo não sinalizado é convertido no tipo sinalizado;

4.5. ambos os operandos são convertidos no tipo inteiro não sinalizado correspondente ao tipo inteiro sinalizado.

EXEMPLO 6.34 Considerando as declarações de variáveis do trecho de programa a seguir, a tabela seguinte ilustra a determinação do tipo de algumas expressões.

A regra de conversão utilizada em cada caso para a determinação do tipo comum encontra-se entre parênteses.

```
long double a;
float b;
float _Complex c;
double d;
int e;
long long int f;
unsigned int g;
long int h;
short int s;
```

Expr.	Determinação do tipo comum
a + b	b é convertida no tipo `long double` (1). O tipo real comum é `long double`, o domínio é real.
a + c	c é convertida no tipo `long double` (1). O tipo real comum é `long double`, o domínio é complexo.
c + d	c é convertida no tipo `double` (2). O tipo real comum é `double`, o domínio é complexo.
e + d	e é convertida no tipo `double` (2). O tipo real comum é `double`, o domínio é real.
e + c	e é convertida no tipo `float` (3). O tipo real comum é `float`, o domínio é complexo.
s + e	s é promovida para `int`, e permanece como `int`. O tipo real comum é `int` (4.1), o domínio é real.
s + f	s é promovida para `int`, f permanece como `long long int`. s é convertida em `long long int` (4.2). O tipo real comum é `long long int`, o domínio é real.
e + g	e permanece como `int` e g permanece como `unsigned int`. e é convertida em `unsigned int` (4.3). O tipo real comum é `unsigned int`, o domínio é real.
f + g	f permanece como `long long int` e g permanece como `unsigned int`. g é convertida em `long long int` (4.4). O tipo real comum é `long long int`, o domínio é real.
h + g	g permanece como `unsigned int` e h permanece como `long int`. g e h são convertidas em `unsigned long int` (4.5). O tipo real comum é `unsigned long int`, o domínio é real. ∎

A versão 2011 do padrão define o operador `_Generic`, que permite a seleção de expressões cujo tipo depende de um parâmetro. Este operador, entretanto, não encontra-se implementando pelos compiladores utilizados quando da elaboração deste livro e não será discutido.

EXERCÍCIOS

6.1 O que são operadores unários, binários e ternários?

6.2 O que são as notações infixada, prefixada e pós-fixada?

6.3 Considere que ::, # e @ sejam operadores numéricos binários. Quais das expressões a seguir estão na forma infixada, prefixada e pós-fixada?

a) 12 :: 23

b) 230 :: 400 # 12

c) @ 23 44

d) 12 34 #

e) 23 234 # 21 @

f) :: 23 :: 2 4

6.4 O que é impresso pelo programa a seguir?

```
#include <stdio.h>
int main(void) {
  int a, b, c, d, e;
  a = 13; b = -66;
  c = +a;
  a = -b;
  printf("%d %d %d %d %d\n", a, b, c, d, e);
  b = -a;
  d = c - -c;
  e = b - -b;
  printf("%d %d %d %d %d\n", a, b, c, d, e);
  return 0;
}
```

6.5 O que é impresso pelo programa a seguir?

```
#include <stdio.h>
int main(void) {
  int a = 269, b, c, d;
  a = -a - 2;
  b = 13 * 4 % 7;
  c = a / b / b;
  d = (a + 2) % c % b;
  printf("%d %d %d %d\n", a, b, c, d);
  return 0;
}
```

6.6 O que é impresso pelo programa a seguir?

```
#include <stdio.h>
int main(void) {
  int a;
  char b = '*', c;
  a = 2 * 'c' + b - 'b';
  c = 'a' * ('p' - 'b');
  printf("%d %c %c\n", a, b, c);
  printf("%d %d %d\n", a, b, c);
  return 0;
}
```

6.7 O que é impresso pelo programa a seguir?

```
#include <stdio.h>
int main(void) {
  int i = 200, j = 100, k = 2;
  printf("%d ", ++i);
  printf("%d ", i);
  printf("%d ", j--);
  printf("%d\n", j);
  k = k-- + k + ++j + j + --i;
  printf("%d %d %d \n", i, j, k);
  return 0;
}
```

6.8 Considere que as variáveis a, b, c, d, e e f são do tipo double. Qual o valor das variáveis após os seguintes comandos de atribuição?

a) a = DBL_MAX/DBL_MAX;

b) b = -DBL_MIN / DBL_MAX;

c) c = 0/DBL_MIN;

d) d = DBL_MAX/0.0;

e) e = DBL_MIN/-0.0;

f) f = -0.0/0.0;

6.9 O que é impresso pelo programa a seguir?

```
#include <stdio.h>
#include <complex.h>
int main(void) {
  float _Complex a = -4 + 5 * I;
  float _Complex b = 2 + -6 * I;
  float _Complex x, y;
  x = a + b;
  y = a * b;
  printf("%f %fi\n", creal(x), cimag(x));
  printf("%f %fi\n", creal(y), cimag(y));
  return 0;
}
```

6.10 O que é impresso pelo programa a seguir?

```
#include <stdio.h>
#include <math.h>
#include <stdbool.h>
int main(void) {
  bool a, b, c, d = false;
  a = 2 > ( 2 - 3);
  b =   sqrt(16) >= -5;
  c = b != a;
  d = a == d;
  printf("%d %d %d %d\n", a, b, c, d);
  return 0;
}
```

6.11 O que é impresso pelo programa a seguir?

```c
#include <stdio.h>
#include <stdbool.h>
int main(void) {
  bool a, b, c;
  int d = 10, e = 20;
  a = (2 > 3) && (30 > d++);
  b = (d != 11) || (6 <= 3);
  c = (2 < 3) && (--e > ++d);
  printf("%d %d %d ", a, b, c);
  printf("%d %d\n", d, e);
  return 0;
}
```

6.12 O que é impresso pelo programa a seguir?

```c
#include <stdio.h>
int main(void) {
  short int a = 84, b = 13;
  int c = a & b;
  int d = a | b;
  int e = a ^ b;
  int f = ~a;
  printf("%hd %hd %d %d %d %d\n", a, b, c, d, e, f);
  return 0;
}
```

6.13 O que é impresso pelo programa a seguir?

```c
#include <stdio.h>
int main(void) {
  int a, b, c, d;
  a = 302;
  b = a << 2;
  c = a << 3 >> 2;
  d = -2 >> 2;
  printf("%d %d %d %d\n", a, b, c, d);
  return 0;
}
```

6.14 O que é impresso pelo programa a seguir?

```c
#include <stdio.h>
int main(void) {
  int i = 20, j;
  j = i > 30 ? 2 * ++i : 2 * --i;
  printf("%d ", i+j);
  j = i < 5 ? 2 + i : i > 15 ? 44 : 17;
  printf("%d\n", j);
  return 0;
}
```

6.15 O que é impresso pelo programa a seguir?

```c
#include <stdio.h>
int main(void) {
  int i = 4, j = 4;
  j *= 2 + (i /= 2);
```

```
      i += 3 * (i += ++j);
      printf("%d %d\n", i, j);
      return 0;
}
```

6.16 O que é impresso pelo programa a seguir?

```
#include <stdio.h>
int main(void) {
   int a, b = 2, c = -3, d = 4;
   d = (a = sizeof 2 * 3, b++, a + sizeof(short int));
   printf("%d %d %d %d\n", a, b, c, d);
   return 0;
}
```

6.17 Qual o tipo do valor de retorno e dos argumentos das seguintes funções?

a) `double difftime(time_t t1, time_t t0)`

b) `float asinf(float x)`

c) `long double scalbnl(long double x, int y)`

d) `double nexttoward(double x, long double y)`

6.18 Qual o tipo das variáveis e quais delas são compatíveis entre si no trecho de programa a seguir?

```
typedef signed char sc_t;
typedef struct reg {
   sc_t a;
} str_t1;
typedef str_t1 str_t2;
int a;
char b;
sc_t c;
struct reg d, e;
str_t1 f, g;
str_t2 h, i;
```

6.19 Coloque na forma parentética as expressões abaixo:

a) `2 + ++soma / aux / val % 2 - -3`

b) `2 > 3 + 5 && 12 - 23 <= 17`

c) `2 > 3 ? 6 : aux + sin(14) / 2.0`

d) `3 - --aux / fmin(num,14) == 2.0 * 23.0`

6.20 O que são pontos de sequenciamento?

6.21 Qual o tipo das expressões a seguir? Considere que `a` é do tipo `short`, `b` é do tipo `char`, `c` é do tipo `_Bool` e `d` é do tipo `int`.

a) `2 / 3.`

b) `2 / 3.F`

c) `a + (short)44`

d) `b + 'd' - 'a'`

e) `2 + 3.0 > c`

f) `2 / d + 4L % 2 * d`

g) `c ? 4L : 6LL`

h) `2.0 + 3 * 4L + 5.F`

Capítulo 7

Estruturas Condicionais

As estruturas condicionais permitem que o fluxo de execução de um programa seja desviado dependendo de uma condição. Na linguagem C as estruturas condicionais são implementadas pelos comandos `if` e `switch` discutidos neste capítulo.

7.1 COMANDO IF

A Tabela 7.1 mostra a sintaxe do comando `if`. Esse comando possui uma condição, ⟨*Condição*⟩, e duas cláusulas: a cláusula-então, ⟨*CláusulaEntão*⟩, obrigatória, contém os comandos e declarações que são executados apenas se a condição for verdadeira, e a cláusula-senão, ⟨*CláusulaSenão*⟩, opcional, contém os comandos e declarações que são executados apenas se a condição for falsa. A condição do comando `if` pode ser qualquer expressão de um tipo escalar, que é avaliada como verdadeira, se o valor for diferente de 0 (ou diferente de NULL, caso seja de um tipo ponteiro); ou como falsa, se o valor for igual a 0 (ou igual a NULL, caso seja de um tipo ponteiro).

7.1.1 Sem cláusula-senão

O comando `if` sem a cláusula-senão possui a seguinte estrutura:

 if (⟨*Condição*⟩) ⟨*CláusulaEntão*⟩

Se a condição for verdadeira, o controle passa ao primeiro comando da cláusula--então, prosseguindo a partir desse ponto. Se a condição for falsa, o controle passa ao próximo comando após o comando `if`.

O comando `if` permanece ativo enquanto os comandos da cláusula-então estiverem sendo executados. Ele termina normalmente, com o controle passando ao próximo comando, se a avaliação da condição terminar normalmente, produzindo um valor falso; ou, em caso contrário, se todos os comandos da cláusula-então terminarem

TABELA 7.1   Comando if

⟨*ComandoIf*⟩	::= **if** (⟨Condição⟩) ⟨*CláusulaEntão*⟩ [**else** ⟨*CláusulaSenão*⟩]
⟨*Condição*⟩	::= Expressão do tipo escalar resultando em um valor verdadeiro (diferente de 0) ou falso (igual a 0).
⟨*CláusulaEntão*⟩	::= ⟨*BlocoInstr*⟩
⟨*CláusulaSenão*⟩	::= ⟨*BlocoInstr*⟩
⟨*BlocoInstr*⟩	::= ⟨*Bloco*⟩	⟨*Instrução*⟩
⟨*Bloco*⟩	::= { {⟨*Instrução*⟩} }
⟨*Instrução*⟩	::= ⟨*DeclVarLocal*⟩	⟨*Comando*⟩

normalmente. Caso haja algum erro, seja na avaliação da condição, seja na execução dos comandos da cláusula-então, o comando `if` termina anormalmente.

EXEMPLO 7.1 No programa a seguir, a cláusula-então é delimitada por um bloco que engloba os comandos das linhas 6 e 7. Nesse programa, se a condição for falsa, todo o bloco da cláusula-então é desconsiderado e o controle é transferido para o comando da linha 9. Se a condição for verdadeira, o controle passa ao primeiro comando da cláusula-então (linha 6), prosseguindo a partir desse ponto até o fim do bloco, quando o controle é transferido para o comando da linha 9.

```
1  #include <stdio.h>
2  int main(void) {
3    int a;
4    scanf("%d", &a);
5    if (a > 30) {
6      printf("%d maior que 30\n", a);
7      a = a - 30;
8    }
9    printf("%d menor ou igual a 30\n", a);
10   return 0;
11 }
```

A saída desse programa, nos casos em que o número lido é maior que 30, produz duas mensagens. Por exemplo, se o número lido for 38, as seguintes mensagens serão impressas:

```
38 maior que 30
8 menor ou igual a 30
```

Esse programa contém um erro lógico, pois se o valor de a for maior que 60, a segunda mensagem será uma afirmação errada. ∎

A cláusula-então consiste normalmente em um bloco de comandos, que compreende um ou mais comandos delimitados por chaves. Quando uma cláusula-então possui um único comando não é necessário o uso de chaves para delimitá-la, embora seja aconselhável em certas situações para melhorar a legibilidade.

EXEMPLO 7.2 O programa a seguir é uma variação do programa anterior. Agora a cláusula-então consiste apenas no comando da linha 6, não sendo delimitada por chaves.

```
1  #include <stdio.h>
2  int main(void) {
3    int a;
4    scanf("%d", &a);
5    if (a > 30)
6      printf("%d maior que 30\n", a);
7    printf("%d menor ou igual a 30\n", a);
8    return 0;
9  }
```

A execução desse programa, se a condição do `if` for verdadeira, produz mensagens contraditórias. Por exemplo, se o número lido for 38, as seguintes mensagens serão impressas:

```
38 maior que 30
38 menor ou igual a 30
```
∎

O exemplo anterior mostra que o comando `if` apenas com a cláusula-então não é adequado para situações em que se deve programar comportamentos excludentes. Esses casos devem ser tratados com o uso explícito da cláusula-senão.

7.1.2 Com cláusula-senão

O comando `if` com a cláusula-senão possui a seguinte estrutura:

if (⟨*Condição*⟩) ⟨*CláusulaEntão*⟩ **else** ⟨*CláusulaSenão*⟩

Se a condição for verdadeira, o controle é desviado para o primeiro comando da cláusula-então. Se a condição for falsa, o controle passa ao primeiro comando da cláusula-senão. Com o término normal de qualquer uma das duas cláusulas, o comando `if` termina normalmente e o controle passa ao próximo comando após ele.

EXEMPLO 7.3 No programa a seguir, o comando `if` vai da linha 5 à linha 8. Tanto a cláusula-então, na linha 6, quanto a cláusula-senão, na linha 8, possuem um único comando, no caso, um comando de impressão.

Esse programa testa o conteúdo da variável a e imprime a mensagem "maior que 30", se a for maior que 30, ou a mensagem "menor ou igual a 30", em caso contrário.

```
1  #include <stdio.h>
2  int main(void) {
3    int a;
4    scanf("%d", &a);
5    if (a > 30)
6      printf("maior que 30\n");
7    else
8      printf("menor ou igual a 30\n");
9    printf("fim");
10   return 0;
11 }
```

O seguinte quadro mostra a saída do programa nas duas situações:

a é maior que 30	a é menor ou igual a 30
maior que 30 fim	menor ou igual a 30 fim

Após a impressão da mensagem "maior que 30", se a condição for verdadeira, a cláusula-então é finalizada e o comando `if` termina normalmente, sendo o controle desviado para o comando da linha 9. O mesmo ocorre com o término da cláusula-senão: a mensagem "fim" é sempre impressa. ∎

Ambas as cláusulas podem conter um ou mais comandos ou ser vazias. Quando contiverem mais de um comando devem obrigatoriamente ser delimitadas por chaves.

7.1.3 Comandos aninhados

A cláusula-então e a cláusula-senão podem conter qualquer comando, inclusive outros comandos `if`, dando origem a comandos `if` aninhados.

EXEMPLO 7.4 O programa a seguir possui dois comandos `if`. O primeiro vai da linha 7 à linha 11 e possui uma cláusula-então, constituída pelo comando de impressão da linha 8, e uma cláusula-senão, formada pelo segundo comando `if`, que vai da linha 10 à linha 11. Esse segundo if é um comando aninhado, sendo parte da cláusula-senão do primeiro if. Ele próprio possui apenas a cláusula-então, que é o comando de impressão da linha 11.

```c
1  #include <stdio.h>
2  int main(void) {
3    int a, b, c;
4    scanf("%d", &a);
5    scanf("%d", &b);
6    scanf("%d", &c);
7    if (a > b)
8      printf(" 1 ");
9    else
10     if (b > c)
11       printf(" 2 ");
12   printf(" 3\n");
13   return 0;
14 }
```

Na execução desse programa, se a for maior do que b, o controle é desviado para o início da cláusula-então do if externo e o número 1 é impresso pelo comando da linha 8, após o que o comando if termina normalmente e o controle é desviado para o comando da linha 12. Nessa situação, o comando if interno nem chega a ser executado.

Caso a seja menor ou igual a b, o controle é desviado para o começo da cláusula-senão do if externo, onde tem início a execução do if interno, na linha 10. Se b for menor ou igual a c, então o if interno termina normalmente, pois sua condição será falsa e ele não possui cláusula-senão, o que também causa o término normal do if externo, com o controle passando ao comando da linha 12. Se b for maior que c, o controle é desviado para o início da cláusula--então do if interno na linha 11. Após a impressão do número 2 pelo comando da linha 11, a cláusula-então termina normalmente, causando o término normal do if interno e, logo após, o término normal do if externo, com o controle passando ao comando da linha 12. ∎

EXEMPLO 7.5   O programa a seguir imprime os números

1, 2 e 5, se num for maior que val;

3, 4 e 5, se num for menor ou igual a val e val for maior que taxa;

4 e 5, se num for menor ou igual a val e val for menor ou igual a taxa.

```c
1  #include <stdio.h>
2  int main(void) {
3    int num, val, taxa;
4    scanf("%d", &num);
5    scanf("%d", &val);
6    scanf("%d", &taxa);
7    if (num > val) {
8      printf(" 1 ");
9      printf(" 2 ");
10   } else {
11     if (val > taxa)
12       printf(" 3 ");
13     printf(" 4 ");
14   }
15   printf(" 5\n");
16   return 0;
17 }
```

Se num for maior do que val, a condição do if externo é verdadeira e o controle é transferido para o primeiro comando da sua cláusula-então (linhas 8 e 9). Com o término da cláusula--então, o controle passa ao primeiro comando após esse if, que é o comando da linha 15.

Se num for menor do que val, o controle é transferido para o primeiro comando da cláusula-senão do if externo, que é o comando if da linha 11, fazendo o número 3 ser impresso se val for maior do que taxa. Com o término do if interno, o controle passa ao comando da linha 13, causando a impressão do número 4. Ao fim da cláusula-senão do if externo o controle é transferido para o próximo comando, na linha 15, que imprime o número 5. ∎

7.1.4 Cláusulas vazias

Um comando if pode ter qualquer uma de suas cláusulas vazias. Uma cláusula vazia pode ser especificada tanto por um bloco vazio, quanto pelo comando vazio (usando-se apenas o ponto e vírgula).

O primeiro comando if a seguir tem sua cláusula-então especificada pelo bloco vazio, o segundo tem sua cláusula-então especificada pelo comando vazio, e o terceiro tem ambas as cláusulas vazias, a primeira especificada por um bloco vazio e a segunda por um comando vazio. Em todos esses casos, tudo se passa como se os comandos if não existissem, pois a avaliação da condição não resulta em ação alguma.

```
if (a > 5) { }

if (a > 23) ;

if (a < 12) { }
else ;
```

O uso de cláusulas vazias pode ser justificado para melhorar a legibilidade dos comandos if, tornando explícito que nada será executado em certas condições.

EXEMPLO 7.6 O programa a seguir lê dois números inteiros do teclado e imprime o maior deles; nada é impresso se os números forem iguais. Nesse programa, a cláusula-então do if externo é especificada por um bloco vazio, pois nada deve ser impresso se os números lidos forem iguais.

```
#include <stdio.h>
int main(void) {
  int a, b;
  scanf("%d", &a);
  scanf("%d", &b);
  if (a == b) {
  } else
    if (a > b)
      printf("%d\n", a);
    else
      printf("%d\n", b);
  return 0;
}
```

Deve-se ressaltar que o problema deste exemplo pode ser resolvido com comandos if, sem usar cláusulas vazias. ∎

7.1.5 Um exemplo clássico

A leitura e impressão em ordem crescente de três números é um exemplo clássico do uso de comandos if aninhados.

EXEMPLO 7.7 O programa a seguir lê 3 números e imprime-os em ordem crescente. Se os valores lidos para a, b e c forem 5, 3 e 8, a seguinte execução tem efeito:

A condição do if da linha 7, a > b, é verdadeira e o controle passa ao primeiro comando da sua cláusula-então, que é um outro comando if (linha 8). Agora, a condição do if da linha 8, b > c, é avaliada como falsa e o controle passa ao primeiro comando da sua cláusula-senão, que é o comando if da linha 11. A condição do if da linha 11, a > c, é avaliada como falsa e o controle passa ao primeiro comando da sua cláusula-senão, que é o comando da linha 14, onde as variáveis b, a e c são impressas, nessa ordem. O if da linha 11 termina normalmente, e como ele é o único comando da cláusula-senão do if da linha 8, este outro if também termina normalmente, o que causa o término normal do primeiro if (da linha 7).

```
1   #include <stdio.h>
2   int main(void) {
3     int a, b, c;
4     scanf("%d", &a);
5     scanf("%d", &b);
6     scanf("%d", &c);
7     if (a > b)
8       if (b > c)
9         printf("%d %d %d\n", c, b, a);
10      else
11        if (a > c)
12          printf("%d %d %d\n", b, c, a);
13        else
14          printf("%d %d %d\n", b, a, c);
15    else
16      if (a > c)
17        printf("%d %d %d\n", c, a, b);
18      else
19        if (b > c)
20          printf("%d %d %d\n", a, c, b);
21        else
22          printf("%d %d %d\n", a, b, c);
23    printf("fim");
24    return 0;
25  }
```

Com o término normal do if da linha 7, o controle passa ao primeiro comando após ele, que é o comando de impressão da linha 23. ∎

A solução adotada no exemplo anterior utiliza apenas condições simples. Outras soluções podem ser elaboradas, incluindo o uso de condições compostas, como (a > b) && (b > c).

7.2 COMANDO SWITCH

O comando switch também desvia o fluxo de execução de um programa dependendo do teste de uma condição. A Tabela 7.2 mostra a sintaxe do comando switch. Esse comando possui uma expressão de um tipo inteiro, (*ExprInt*), seguida ou de um bloco de instruções, (*BlocoInstr*), ou de uma ou mais cláusulas switch, (*CláusulaSwitch*). Cada cláusula switch consiste em um rótulo seguido de zero ou mais instruções ou blocos, e cada rótulo é formado ou pela palavra-chave case seguida de uma constante de tipo inteiro, (*ExprCteInt*), ou pela palavra-chave default.

TABELA 7.2 Comando switch

⟨ComandoSwitch⟩	::= **switch** (⟨ExprInt⟩) ⟨CorpoSwitch⟩
⟨CorpoSwitch⟩	::= ⟨BlocoInstr⟩ | ⟨CláusulaSwitch⟩ | { {⟨CláusulaSwitch⟩} }
⟨CláusulaSwitch⟩	::= ⟨RótuloSwitch⟩ { ⟨BlocoInstr⟩ }
⟨RótuloSwitch⟩	::= **case** ⟨ExprCteInt⟩ : | **default :**
⟨ExprInt⟩	::= Expressão de um tipo inteiro.
⟨ExprCteInt⟩	::= Expressão constante de um tipo inteiro.

O funcionamento do comando switch ocorre em quatro etapas:

Avaliação. A expressão (*ExprInt*) é avaliada produzindo como resultado um valor numérico de um tipo inteiro. A promoção inteira é aplicada ao valor obtido.

Comparação. A constante de cada rótulo é convertida em um valor do mesmo tipo da expressão (*ExprInt*), após a promoção inteira, e comparada com o valor da expressão. A comparação é feita em ordem, do primeiro para o último rótulo.

Transferência. Existem duas possibilidades de transferência de controle dependendo do resultado da comparação:

   a) Se algum rótulo é encontrado com a constante igual ao resultado da expressão, então o fluxo de controle é transferido para o primeiro comando após esse rótulo.

   b) Se nenhum rótulo é encontrado com a constante igual ao resultado da expressão, então verifica-se a existência de um rótulo default. Se existe um rótulo default, o controle é transferido para o primeiro comando após esse rótulo. Se não existe um rótulo default, o comando switch termina normalmente e o controle passa ao próximo comando após ele.

Ao ter o controle desviado para um comando em virtude de ter encontrado um rótulo cujo valor é igual ao valor da expressão, ou por conta do rótulo default, o programa prossegue a partir desse ponto executando todos os comandos subsequentes, inclusive os rotulados por outras cláusulas, até o fim do switch.

Finalização. O comando termina normalmente se

   a) Não houve transferência. Nenhum rótulo com a constante igual ao resultado da expressão foi encontrado e não existe cláusula default.

   b) Houve a transferência e todos os comandos do switch a partir do ponto da transferência foram executados normalmente ou um comando de interrupção foi executado.

EXEMPLO 7.8 A tabela seguinte mostra a saída do programa a seguir para diferentes valores de a:

a = 21	a = 13	a = 10
primeiro	segundo	nenhum
nenhum	ultimo	segundo
segundo	fim	ultimo
ultimo		fim
fim		

```
1   #include <stdio.h>
2   int main(void) {
3     int a;
4     scanf("%d", &a);
5     switch (2 + a) {
6       case 23: printf("primeiro\n");
7       default: printf("nenhum\n");
8       case 5 * 9 / 3:
9       case 2:  printf("segundo\n");
10      case 4:  printf("ultimo\n");
11    }
12    printf("fim\n");
13    return 0;
14  }
```

Se o valor de a for 21, então o resultado da expressão (2 + a) será 23, que é igual à constante da primeira cláusula. O controle é desviado para o comando da linha 6, prosseguindo a partir desse ponto.

Se o valor de a for 13, então o resultado da expressão será 15, que é igual à expressão constante da terceira cláusula (5 * 9 / 3), na linha 8. O controle passa ao comando da linha 9, que é o primeiro comando após a cláusula da linha 8, e prossegue a partir desse ponto.

Se o valor de a for 10, então o resultado da expressão será 12. Esse valor é comparado com as constantes das cláusulas das linhas 6, 8, 9 e 10, nessa ordem. Como nenhuma delas possui o valor 12 e como existe uma cláusula default, o controle é desviado para o comando da linha 7, prosseguindo a partir desse ponto.

Em todos esses casos, após a impressão do último literal, na linha 10, o comando switch termina, com o controle passando ao comando de impressão da linha 12. ∎

As seguintes restrições devem ser observadas na codificação do comando switch:

1. A expressão de um comando switch deve ser de um tipo inteiro.
2. As constantes dos rótulos devem ser expressões constantes de um tipo inteiro.
3. Não pode haver duas cláusulas com rótulos iguais. Isto é, não pode haver duas cláusulas default e tampouco dois rótulos cuja expressão constante resulte no mesmo valor.
4. A primeira instrução de uma cláusula switch deve ser um comando, exceto se estiver contida em um bloco, quando pode ser tanto um comando quanto uma declaração. As demais instruções associadas a uma cláusula switch podem ser tanto comandos quanto declarações.
5. Se o corpo do comando switch consistir em uma única instrução, esta deve ser um comando; se consistir em um bloco de instruções sem cláusulas switch, pode conter tanto declarações quanto comandos, em qualquer ordem.

EXEMPLO 7.9 Os trechos de código a seguir mostram comandos switch errados. O corpo do switch no trecho à esquerda consiste em uma única declaração, fora de um bloco. O corpo no trecho do meio consiste em uma única cláusula, tendo logo após uma declaração fora de um bloco. O mesmo ocorre com o trecho à direita: nele o corpo do switch é delimitado por um bloco, mas as instruções associadas à sua única cláusula, não.

```
switch (a)                switch (a)                switch (a) {
  int b = 15;               case 22:                  case 22:
  printf("%d\n", b);          int b = 15;               int b = 15;
                              printf("%d\n", b);        printf("%d\n", b);
                                                    }
```

Já os comandos seguintes estão corretos. Neles as declarações ou ocorrem no interior de blocos, o que é permitido, ou não são a primeira instrução de uma cláusula, como ilustra o trecho à direita.

```
switch (a) {              switch (a)                switch (a) {
  int b = 15;               case 22: {                case 22:
  printf("%d\n", b);          int b = 15;               printf("valor: ");
}                             printf("%d\n", b);        int b = 15;
                            }                           printf("%d\n", b);
                                                    }
```

Embora sintaticamente corretos, os comandos `switch` cujo corpo não contém cláusulas não são úteis, já que não provocam desvio e seus comandos e declarações nunca são executados. A Seção 7.2.5 alerta para situações especiais envolvendo o uso de declarações no corpo dos comandos `switch`. ∎

7.2.1 Relação entre rótulos e comandos

Os rótulos de um comando `switch` apenas indicam o ponto de transferência de controle para as situações em que o valor da expressão é igual à constante utilizada pelo rótulo ou, no caso do rótulo `default`, diferente das constantes dos demais rótulos. O controle é transferido para o primeiro comando após o rótulo encontrado, podendo esse comando estar imediatamente após o rótulo ou não.

Podemos ter vários rótulos relacionados a um único comando e também vários comandos sem rótulos relacionados. No programa do Exemplo 7.8 tanto o rótulo da linha 8 quanto o da linha 9 estão relacionados ao comando da linha 9. Assim, se o valor da expressão do `switch` for igual a 15 ou 2, o controle será desviado para o comando da linha 9.

EXEMPLO 7.10 No programa a seguir, os comandos das linhas 9, 14 e 15 não possuem rótulos e serão executados apenas se o controle for desviado para algum rótulo anterior a eles.

O comando da linha 9 será executado se o valor da expressão 2 + a for igual a 23, caso em que o controle será desviado para o comando da linha 8, prosseguindo a partir desse ponto. Já os comandos das linhas 14 e 15 serão executados se o valor da expressão 2 + a for igual a 23, 15 ou 2, ou diferente da constante de qualquer rótulo. Em todos esses casos, o controle é transferido para um ponto anterior às linhas 14 e 15.

```
1  #include <stdio.h>
2  int main(void) {
3    int a;
4    scanf("%d", &a);
5    switch (2 + a) {
6      int b = 0;
7      case 23:
8        b = 23;
9        printf("primeiro apos %d\n", b);
10     default:
11     case 15:
12     case 2:
```

```
13        b = 2;
14        printf("primeiro apos %d\n", b);
15        printf("segundo apos %d\n", b);
16    case 4:
17        printf("primeiro apos %d\n", b);
18    }
19    printf("fim\n");
20    return 0;
21 }
```

Esse programa também ilustra o cuidado que se deve ter com a declaração de variáveis no corpo de um comando switch, como ocorre com a variável b na linha 6. Quando o fluxo de controle inicia o bloco do corpo de um switch todas as variáveis locais nele declaradas são alocadas à memória, mas são iniciadas apenas quando a declaração é executada. O resultado é que pode haver o uso de variáveis não iniciadas: no programa deste exemplo, se o valor da expressão for igual a 4, o controle é desviado para a linha 17 e a variável b é usada sem ter sido iniciada. ■

O fluxograma (A) da Figura 7.1 ilustra o fluxo de controle de um comando switch. Tudo se passa como se houvesse uma sequência de decisões, cada uma testando a igualdade da expressão com a constante de uma das cláusulas do comando switch. Após o fluxo ser desviado para um comando (blocos A, B e C, na figura) ele prossegue executando os demais comandos, independentemente da condição associada a eles. O fluxograma (B) ilustra um comportamento alternativo para o comando switch, adotado em certas linguagens como o Pascal[1]: os comandos estão associados às cláusulas de modo que apenas os comandos da cláusula que provocou o desvio são executados. Esta última situação é apenas informativa, pois C implementa o controle ilustrado no fluxograma à esquerda.

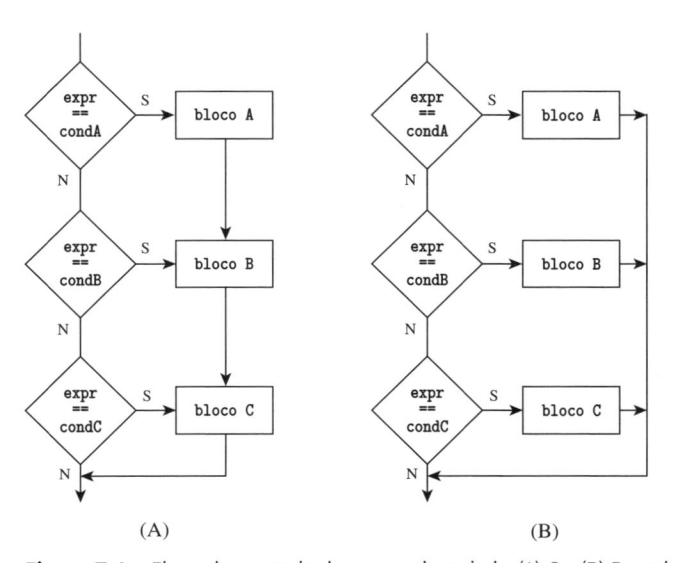

Figura 7.1 Fluxo de controle do comando switch: (A) C e (B) Pascal.

---

[1] Na linguagem Pascal o comando case é similar ao switch.

7.2.2 Interrompendo a execução

O comando `switch` é muito útil para organizar programas nas situações em que se quer proceder diferentemente, dependendo do valor de uma expressão inteira. Entretanto, na maioria das vezes é necessário impedir que a execução prossiga com os comandos associados às outras cláusulas. Para isso usa-se o comando `break`, que causa a interrupção do `switch`, fazendo o controle da execução passar ao comando seguinte a ele.

EXEMPLO 7.11 No programa a seguir, se o valor da expressão 2 + a for 23, o controle é desviado para o comando da linha 6. Esse comando é executado, causando a impressão do literal "primeiro apos 23", após o que o comando `break` da linha 7 é executado, causando a interrupção do comando `switch`. O controle passa então ao comando seguinte ao `switch`, que é o comando de impressão da linha 15.

O mesmo ocorre se o valor da expressão for, por exemplo, 15: o comando de impressão da linha 10 é executado e logo após o comando `break`, causando a interrupção do comando `switch` e a transferência do controle para o comando da linha 15.

```
1   #include <stdio.h>
2   int main(void) {
3     int a;
4     scanf("%d", &a);
5     switch (2 + a) {
6       case 23: printf("primeiro apos 23\n");
7                break;
8       default:
9       case 15:
10      case 2:  printf("primeiro apos 2\n");
11               break;
12      case 4:  printf("primeiro apos 4\n");
13               break;
14    }
15    printf("fim\n");
16    return 0;
17  }
```

EXEMPLO 7.12 O programa a seguir imprime o literal "unidade negativa", se o valor lido for igual a 1, pois a expressão do `switch` resulta em $1 \times (1 - 1) + (1 - 2) = -1$, que é um valor igual ao rótulo da segunda cláusula.

Se o valor lido for igual a 0, a expressão resulta em $0 \times (0 - 1) + (0 - 2) = -2$ e o programa imprime o literal "dobro negativo".

Entretanto, se o valor lido for igual a 65.536, o controle é desviado para o primeiro comando após o rótulo −2 e o programa também imprime o literal "dobro negativo".

```
#include <stdio.h>
int main(void) {
  int a;
  scanf("%d", &a);
  switch (a*(a - 1) + (a - 2)) {
    case -2: printf("dobro negativo");
             break;
    case -1: printf("unidade negativa");
             break;
    default: printf("valor invalido\n");
             break;
  }
  return 0;
}
```

Com o valor de a igual a 65.536, a expressão do switch resulta em 65.536 × 65.535 + 65.534 = 4.294.967.294. Esse valor é promovido para o tipo unsigned int pela promoção inteira, já que não pode ser armazenado como int[2]. Todas as cláusulas são convertidas para unsigned int. Em particular, o valor −2 do tipo int é convertido no valor 4.294.967.294 do tipo unsigned int. ∎

7.2.3 Comandos switch aninhados

Os comandos switch podem ser aninhados. Quando um comando switch aninhado é interrompido por um comando break, a interrupção ocorre apenas no comando switch que diretamente contém o break.

EXEMPLO 7.13 O programa a seguir tem dois comandos switch aninhados. O comando externo, da linha 5 à linha 22, e o comando interno, da linha 11 à linha 17.

Se o valor de a for 2, a avaliação da expressão na linha 5 será 2, valor idêntico ao rótulo da linha 9. O controle é desviado para o comando da linha 10, que é uma atribuição fazendo a assumir o valor 6 (resultado de 3 * a). O comando a seguir é um outro comando switch cuja expressão é avaliada como 6. Assim, o controle é desviado para o comando da linha 13, causando a impressão do literal "rotulo 6, apos 2". O próximo comando executado é o comando break da linha 14, que causa a interrupção do comando switch interno e faz o controle passar para a linha 18, continuando a execução do switch externo. O comando da linha 18 causa a impressão do literal "rotulo 2".

```
1   #include <stdio.h>
2   int main(void) {
3     int a;
4     scanf("%d", &a);
5     switch (a) {
6       case 1:
7         printf("rotulo 1\n");
8         break;
9       case 2:
10        a = 3 * a;
11        switch (a) {
12          case 6:
13            printf("rotulo 6, apos 2\n");
14            break;
15          case 8:
16            printf("rotulo 8, apos 2\n");
17        }
18        printf("rotulo 2\n");
19        break;
20      default:
21        printf("rotulo default\n");
22    }
23    printf("fim\n");
24    return 0;
25  }
```

O comando break da linha 19 interrompe a execução do switch externo, transferindo o controle para o comando da linha 23, que imprime o literal "fim". ∎

---

[2] Considerando uma arquitetura em que o tipo int é implementado com 32 bits.

7.2.4 Organizando menus

O comando `switch` é em geral usado na organização de menus. Isso porque ele permite uma estruturação visualmente mais agradável do que uma série de comandos `if`, facilitando a leitura e a manutenção dos programas.

Versão 1: switch

```
1  #include <stdio.h>
2  void incluiRegistro(void);
3  void excluiRegistro(void);
4  void fimAtualiza(void);
5  int main(void) {
6    int opcao;
7    printf("Opcoes ----\n");
8    printf("1 -> inclui reg\n");
9    printf("2 -> exclui reg\n");
10   printf("9 -> termina\n");
11   printf("Digite opcao: ");
12   scanf("%d", &opcao);
13   switch (opcao) {
14     case 1: incluiRegistro(); break;
15     case 2: excluiRegistro(); break;
16     case 9: fimAtualiza(); break;
17     default: printf("op invalida\n");
18   }
19   printf("fim do programa\n");
20   return 0;
21 }
```

Versão 2: if

```
1  #include <stdio.h>
2  void incluiRegistro(void);
3  void excluiRegistro(void);
4  void fimAtualiza(void);
5  int main(void) {
6    int opcao;
7    printf("Opcoes ----\n");
8    printf("1 -> inclui reg\n");
9    printf("2 -> exclui reg\n");
10   printf("9 -> termina\n");
11   printf("Digite opcao: ");
12   scanf("%d", &opcao);
13   if (opcao == 1)
14     incluiRegistro();
15   else
16     if (opcao == 2)
17       excluiRegistro();
18     else
19       if (opcao == 9)
20         fimAtualiza();
21       else
22         printf("op invalida\n");
23   printf("fim do programa\n");
24   return 0;
25 }
```

O programa mostrado na coluna esquerda do quadro anterior imprime uma série de mensagens (linhas 7 a 11) com as opções que o usuário pode escolher. O comando `switch` da linha 13 é usado para desviar o fluxo de controle de acordo com a opção lida na linha 12. Se o valor lido for diferente de 1, 2 ou 9, o programa imprime uma mensagem de erro (cláusula `default` na linha 17). A coluna direita mostra um programa equivalente usando comandos `if`.

Nesses programas, as funções `incluiRegistro()`, `excluiRegistro()` e `fimAtualiza()` são declaradas nas linhas 2-4 e estão definidas em outro arquivo. A ideia é que essas funções implementem as ações necessárias para executar cada uma das opções do menu.

7.2.5 Situações especiais

Comportamento invariável. O corpo de um comando `switch` pode ser vazio, não conter cláusulas ou possuir apenas a cláusula `default`, como ilustra o trecho de código a seguir.

Essas situações são erros lógicos. Um `switch` com corpo vazio ou sem cláusulas nada executa, independentemente do valor da sua expressão, e tendo apenas a cláusula `default` sempre a executará, qualquer que seja sua expressão.

```
switch (a) {
}
switch (a) {
```

```
      printf("sem clausula\n");
}
switch (a) {
  default: printf("apenas default\n");
}
```

Cláusula fora de bloco. O padrão da linguagem admite que o corpo de um comando switch não seja delimitado por um bloco.

```
switch (a)
    case 1: printf("unica clausula\n");
printf("comando apos o switch\n");
```

Entretanto, mesmo quando o único comando é uma cláusula, esse tipo de código dificulta sua legibilidade e manutenção. Recomenda-se que o corpo de um comando switch seja sempre delimitado por um bloco.

Declarações no corpo do switch. As declarações no corpo de um comando switch devem ser evitadas, já que podem não ser iniciadas adequadamente. O programa a seguir ilustra essa situação.

No início do bloco que delimita o corpo do switch a variável lim, declarada na linha 15, é alocada. Entretanto, a atribuição do valor inicial só ocorre quando o fluxo de execução atinge o ponto da declaração[3]. O resultado é que, se o valor de a for diferente de 0 e 1, a cláusula default será executada e a referência a lim será feita (linhas 18-20) sem que se tenha atribuído a ela um valor inicial: o valor da variável é indeterminado, podendo até provocar falha de segmentação.

```
1   #include <stdio.h>
2   int main(void) {
3     int n, a;
4     scanf("%d", &n);
5     scanf("%d", &a);
6     int vet[n];
7     switch (a) {
8       case 0:
9         printf("vet[0]= %d\n", vet[a]);
10        a++;
11      case 1:
12        if (n > 1) {
13          printf("vet[1]= %d\n", vet[a]);
14        }
15        int lim = n - 1;
16        a++;
17      default:
18        if (a <= lim) {
19          printf("vet[%d...%d]= %d...%d\n",
20                 a, lim, vet[a], vet[lim]);
21        }
22    }
23    return 0;
24  }
```

---

[3] Esse é o comportamento-padrão para alocação e iniciação de variáveis locais.

Declarações de vetores variáveis. Se uma cláusula encontra-se no escopo de um vetor de tamanho variável, então todo o comando `switch` deve estar no escopo desse vetor.

O trecho de programa a seguir modifica o programa anterior fazendo o vetor variável vet ser declarado no corpo do `switch`, na linha 9. Essa situação é um erro: as cláusulas `case 1` e `default` estão no escopo de vet, mas não o comando `switch` (linhas 6-23). Desse modo, não se pode garantir que o vetor será alocado: diferentemente das demais variáveis locais, as variáveis do tipo vetor de tamanho variável são alocadas apenas quando a execução atinge o ponto de sua declaração.

```
1  #include <stdio.h>
2  int main(void) {
3    int n, a;
4    scanf("%d", &n);
5    scanf("%d", &a);
6    switch (a) {
7      case 0:
8        printf("vet[0]= ");
9        int vet[n];
10       printf("%d\n", vet[a]);
11       a++;
12     case 1:
13       if (n > 1) {
14         printf("vet[1]= %d\n", vet[a]);
15       }
16       int lim = n - 1;
17       a++;
18     default:
19       if (a <= lim) {
20         printf("vet[%d...%d]= %d...%d\n",
21                 a, lim, vet[a], vet[lim]);
22       }
23     }
24     return 0;
25  }
```

7.3 OBRIGAÇÕES DE PROVA E TÉCNICAS DE DESVIO

Todo comando de um programa deve contribuir para a solução do problema para o qual o programa foi desenvolvido. É responsabilidade do programador assegurar que o seu programa está correto. Embora as técnicas de prova estejam fora do escopo deste livro, algumas recomendações são aplicáveis. Em especial, todo programador deve assegurar que:

1. A condição de um comando `if` pode assumir tanto o valor verdadeiro quanto o falso. Um comando `if` em que a condição seja sempre verdadeira ou sempre falsa pode ser removido, mantendo-se apenas a cláusula que é sempre acionada.

2. Todas as alternativas de um comando condicional podem ser executadas.

EXEMPLO 7.14 O programa a seguir mostra uma situação que deve ser evitada, já que a cláusula-senão do `if` interno nunca será executada.

Se a variável a for maior que zero, apenas a cláusula-então do if externo será executada; se for menor ou igual a zero, a cláusula-senão do if externo será executada e, obrigatoriamente, a cláusula-então do if interno.

Esse programa implementa uma situação errônea que deve ser corrigida.

```
#include <stdio.h>
int main(void) {
  int a;
  scanf("%d", &a);
  if (a > 0)
    printf("a>0\n");
  else
    if (a <= 0)
      printf("a<=0\n");
    else
      printf("como chegou aqui?\n");
  return 0;
}
```

Ou a cláusula-senão do if interno é desnecessária e deve ser suprimida ou as condições não são as que deveriam ser para que todas as cláusulas possam ser executadas. ■

O programador deve também cuidar para que seus programas sejam legíveis, fáceis de entender e não ambíguos.

7.3.1 Legibilidade

A legibilidade e facilidade de compreensão são fatores importantes para qualquer programa. No caso dos comandos condicionais, devemos, como regra geral:

1. Escrever expressões condicionais simples, fáceis de serem entendidas.
2. Evitar mais de três níveis de aninhamento, tanto para comandos if quanto para comandos switch.
3. Manter pequeno o conjunto de comandos que compõem uma alternativa. Essa orientação será mais facilmente adotada com o uso de funções e procedimentos para estruturar os programas.
4. Usar sempre uma cláusula default para o comando switch.
5. Se as cláusulas de um comando switch forem disjuntas, interrompidas por comandos break, usar o comando break mesmo na última cláusula.

Essas recomendações, principalmente as três primeiras, devem ser vistas com cautela, pois simplificações artificiais podem dificultar o entendimento de problemas complexos.

7.3.2 Condições complexas

A condição de um comando if é em parte determinada pelo problema em questão. Entretanto, quando uma condição pode ser expressa de diferentes modos deve-se escolher o mais simples e que promova uma melhor compreensão do programa. A transformação de uma condição complexa em uma condição mais simples, ou mais compreensível, tanto pode ser feita modificando-se a própria condição quanto modificando-se a estrutura do comando if utilizado. O bom-senso deve ser reforçado: não vale a pena simplificar uma condição complexa se o programa resultante ficar mais complicado, com mais estruturas de controle e redundâncias.

O comando `if` a seguir será usado para ilustrar como uma condição pode ser modificada. Ele mostra uma condição que será verdadeira se a for maior ou igual a b e não for maior que c, ou se c for diferente de 32.

```
if (((a >= b) && !(a > c)) || (c != 32))
   printf("Condicao verdadeira");
```

Modificando os operadores. O operador de negação é um candidato a modificação. Geralmente é mais fácil pensar em termos positivos do que em termos negativos. Pode-se utilizar as leis de De Morgan para alterar negações de conjunções e disjunções, bem como proceder a substituição dos operadores negados por expressões equivalentes. O termo !(a > c), por exemplo, é equivalente a (a <= c). Deve-se, entretanto, analisar cada caso. O operador de desigualdade na maioria das vezes não apresenta dificuldades para o entendimento, não havendo ganho em substituir, por exemplo, o termo (c != 32) pelo termo (c < 32) || (c > 32).

Modificando a estrutura: eliminando disjunções. Uma disjunção pode ser tratada por um comando `if` com cláusula-senão. Por exemplo, o comando `if` usado para ilustrar essa seção é equivalente a

```
if (a >= b && a <= c)
   printf("Condicao verdadeira");
else
   if (c != 32)
      printf("Condicao verdadeira");
```

Nesse caso, além de eliminar a disjunção (||), a expressão !(a > c) foi substituída por (a <= c).

Modificando a estrutura: eliminando conjunções. Uma conjunção pode ser tratada por comandos `if` aninhados. Por exemplo, o comando `if` anterior pode ser expresso como

```
if (c != 32)
   printf("Condicao verdadeira");
else
   if (a >= b)
      if (a <= c)
         printf("Condicao verdadeira");
```

As estratégias listadas até agora não devem ser aplicadas indiscriminadamente. As duas últimas alternativas, por exemplo, inserem redundância (duplicam o comando de impressão) e tornam a estrutura do programa mais complicada.

Evitando efeitos colaterais. O uso de operadores com efeitos colaterais pode trazer complicações. No trecho de programa a seguir, o incremento da variável b ocorrendo na mesma expressão utilizada para testar a condição do `if` pode dificultar a compreensão do programa.

```
if (a > 3 || b++ < 15)
   printf("Condicao verdadeira");
```

Nesse caso específico, pode haver um efeito indesejável já que nem sempre a variável `b` será incrementada: o incremento ocorrerá apenas se `a` for menor ou igual a 3, situação em que o segundo termo da disjunção será avaliado.

7.3.3 Evitando ambiguidade

O trecho de programa a seguir mostra uma situação em que é difícil discernir se o `else` pertence ao `if` externo ou ao `if` interno. Na primeira interpretação, a cláusula-então do `if` externo seria constituída pelo `if` interno que vai da linha 2 à linha 3. Na segunda interpretação, a cláusula-então do `if` externo seria constituída pelo `if` interno que vai da linha 2 à linha 5.

```
1    if (val > 0)
2      if (num < -15)
3        calc = 2 * (val - num);
4      else
5        calc = val + num;
```

Essa situação é conhecida como "else ambíguo". A linguagem C remove essa ambiguidade assumindo que um `else` pertence sempre ao `if` mais interno a que ele possa pertencer. Com essa interpretação, o trecho de programa anterior é funcionalmente equivalente a

```
if (val > 0) {
  if (num < -15)
    calc = 2 * (val - num);
  else
    calc = val + num;
}
```

Essa situação mostra a importância do uso de chaves para delimitar a cláusula-então e a cláusula-senão, principalmente nos casos em que elas contêm `if` aninhados.

EXERCÍCIOS

7.1 O que é impresso pelo programa a seguir se o número lido for

a) maior que 5?

b) menor que 0?

```
#include <stdio.h>
int main(void) {
  int a, b = 0;
  scanf("%d", &a);
  if (a++ > 6)
    b = 3 * --a;
  printf("%d %d\n", a, b);
  if (--a < 6)
    printf("%d %d\n", a, b);
  return 0;
}
```

7.2 O que é impresso pelo programa a seguir se o número lido for
  a) igual a 5?
  b) igual a 2?

```
#include <stdio.h>
int main(void) {
   int a;
   scanf("%d", &a);
   if (a < 5) {
      printf("%d\n", a);
      a = a + 1;
      printf("%d\n", a);
   }
   printf("fim\n");
   return 0;
}
```

7.3 O que é impresso pelo programa a seguir se o número lido for
  a) igual a 3?
  b) igual a 5?

```
#include <stdio.h>
int main(void) {
   int a;
   scanf("%d", &a);
   if (a < 5) {
      printf("%d\n", a);
      a = a + 1;
      printf("%d\n", a);
   } else {
      a = a + 3;
      printf("%d\n", a);
   }
   printf("fim");
   return 0;
}
```

7.4 Faça um programa que leia um número inteiro e imprima o número lido se ele for maior que 230, ou imprima 15, em caso contrário.

7.5 Faça um programa que leia um número inteiro L e imprima a área do quadrado de lado L, se o número lido for maior que 0, ou a área de um círculo de raio $-L$, se o número lido for menor que 0. Nada deve ser impresso se o número for igual a 0.

7.6 Faça um programa que leia três números reais positivos e imprima o literal "nao forma triangulo", se os números lidos não correspondem aos lados de um triângulo; ou "triangulo isoceles", se correspondem aos lados de um triângulo isósceles; ou "triangulo equilatero", se correspondem aos lados de um triângulo equilátero; ou "triangulo escaleno", se correspondem aos lados de um triângulo escaleno. Se os três lados forem iguais, apenas a mensagem "triângulo equilatero" deve ser impressa.

7.7 Faça um programa que leia 6 números reais: $x1, y1, x2, y2, x3$ e $y3$, correspondentes dois a dois às coordenadas do pontos X_1, X_2 e X_3. O seu programa deve imprimir "pontos colineares", se os pontos pertencerem a uma mesma reta, ou "pontos nao colineares", em caso contrário.

7.8 Faça um programa que leia dois números inteiros e imprima-os na ordem em que foram lidos, se o primeiro for maior ou igual ao segundo, ou na ordem inversa à que foram lidos, em caso contrário.

7.9 Faça um programa que leia 3 números inteiros e imprima o literal "ordem crescente", se os números lidos estiverem em ordem crescente; ou "ordem decrescente", se estiverem em ordem decrescente; ou "fora de ordem", se estiverem fora de ordem. Considere os números em ordem crescente se o primeiro for menor ou igual ao segundo e o segundo for menor ou igual ao terceiro. A ordem decrescente é caracterizada de modo semelhante. Se os três números forem iguais, eles devem ser considerados como estando em ordem crescente.

7.10 Relacione, identificando-os pelos números das linhas em que aparecem, os comandos que fazem parte da cláusula-então e da cláusula-senão de cada comando `if` do programa a seguir:

```
1   #include <stdio.h>
2   int main(void) {
3     int a, b, c;
4     scanf("%d", &a);
5     scanf("%d", &b);
6     scanf("%d", &c);
7     if (a > b) {
8       printf("%d\n", c);
9       printf("%d\n", a);
10    } else
11      if (a < c) {
12        printf("%d\n", a);
13        if (b < c)
14          printf("%d\n", c);
15      } else
16        if (a > b)
17          printf("%d\n", b);
18    return 0;
19  }
```

7.11 Relacione, identificando-os pelos números das linhas em que aparecem, os comandos que fazem parte da cláusula-então e da cláusula-senão de cada um dos comandos `if` do programa a seguir:

```
1   #include <stdio.h>
2   int main(void) {
3     int a, b, c;
4     scanf("%d", &a);
5     scanf("%d", &b);
6     scanf("%d", &c);
7     if (a < b) {
8       printf(" 1 ");
9       if (a < c) {
10        a = c + 1;
11        printf(" 2 ");
12      } else
```

```
13          printf(" 3 ");
14     } else
15       if (b > c) {
16          printf(" 4 ");
17          printf(" 5 ");
18       }
19     printf(" 6 ");
20     return 0;
21   }
```

7.12 Diga o que será impresso pelo programa do Exercício 7.10 em cada uma das seguintes situações:

a) (a < b) e (b < c)   b) (a < b) e (b > c)   c) (a > b) e (b < c)

7.13 Diga o que será impresso pelo programa do Exercício 7.11 em cada uma das seguintes situações:

a) (a > b) e (b > c)   b) (a > b) e (b < c)

c) (a < b) e (b == c)   d) (a == b) e (b > c)

7.14 Faça um programa que leia 2 números reais, *preco* e *pagto*, e imprima "falta X", se *preco* for maior que *pagto*, onde X é igual a *preco − pagto*; ou imprima "troco de Y", se *pagto* for maior que *preco*, onde Y é igual a *pagto − preco*; ou imprima "valor correto" se *preco* for igual a *pagto*.

7.15 O que é impresso pelo programa a seguir se o valor lido de a for (a) igual a 2, (b) igual a 5 e (c) igual a 6?

```
#include <stdio.h>
int main(void) {
  int a;
  scanf("%d", &a);
  switch (3 * a) {
    case 6: printf("%d\n", a);
            a = a + 4;
    case 3:
    default:
      printf("%d\n", a);
      switch (a - 3) {
        case 12: printf("%d\n", a);
                 break;
        case 10: printf("%d\n", a);
      }
      a = a - 2;
    case 8: printf("%d\n", a);
  }
  return 0;
}
```

7.16 Diga quais dos trechos de programa a seguir estão errados, explicando o porquê.

```
a) if ((a > 0) || (a <= 65))
      printf("faixa um\n");
   else
      printf("faixa dois\n");
```

b) ```
if ((a > b) && (a < b))
   printf("faixa um\n");
else
   if ((a <= 0) || (a >= b))
      printf("faixa dois\n");
   else
      printf("faixa tres\n");
```

c) ```
if ((a >= b) || (b <= c))
   printf("faixa um\n");
else
   if (a < b)
      printf("faixa dois\n");
   else
      printf("faixa tres\n");
```

d) ```
switch (3 * a + b) {
   case (6 - 2): printf("case 1a\n");
                 printf("case 1b\n");
   case 8:   printf("case 2\n");
                 break;
   case 4:
   case 2:   printf("case 3/4\n");
}
```

**7.17** Diga quais dos trechos de programa a seguir são funcionalmente equivalentes, isto é, produzem os mesmos resultados nas mesmas situações.

a) ```
if ((a > b) && (a < c))
   printf("%d\n", a);
else
   printf("%d\n", b);
```

b) ```
if(a > b)
   if (a < c)
      printf("%d\n", a);
   else
      printf("%d\n", b);
```

c) ```
if (a > b) {
   if (a < c)
      printf("%d\n", a);
} else
   printf("%d\n", b);
```

d) ```
if (a > b)
   printf("%d\n", a);
else
   if (a < c)
      printf("%d\n", b);
```
```

7.18 Diga quais dos trechos de programa a seguir são funcionalmente equivalentes.

a)
```c
switch (2 * a) {
    case 4:   printf("um\n");
              break;
    case 6:   printf("dois\n");
    case 7:
    default:  printf("tres\n");
              printf("quatro\n");
}
```

b)
```c
switch (2 * a) {
    case 6:   printf("dois\n");
    default:  printf("tres\n");
              printf("quatro\n");
              break;
    case 4:   printf("um\n");
}
```

c)
```c
switch (a) {
    case 3:   printf("dois\n");
              printf("tres\n");
              printf("quatro\n");
              break;
    default:  printf("tres\n");
              printf("quatro\n");
              break;
    case 2:   printf("um\n");
}
```

d)
```c
switch (a + a) {
    case 4:   printf("um\n");
              break;
    case 7:
    case 8:
    case 6:   printf("dois\n");
    default:  printf("tres\n");
              printf("quatro\n");
}
```

7.19 Faça um programa que leia três números inteiros, a, b e c, e imprima "formam PA", se os números lidos formam uma progressão aritmética, na ordem em que foram lidos, ou "nao formam PA", em caso contrário. Elabore esse programa sem usar comandos `switch`.

7.20 Resolva o problema do Exercício 7.19 sem usar comandos `if` (mas podendo usar comandos `switch`).

Capítulo 8
Estruturas de Repetição

As estruturas de repetição permitem que um conjunto de comandos seja executado repetidamente enquanto uma condição for verdadeira. Este capítulo discute os comandos while, do e for, usados na linguagem C para implementar as estruturas de repetição.

8.1 COMANDO WHILE

A Tabela 8.1 mostra a sintaxe do comando while. A estrutura desse comando é simples e consiste em uma condição, ⟨*Condição*⟩, expressa entre parênteses, e uma cláusula de repetição, ⟨*CláusulaRepetição*⟩, também chamada de corpo do comando while, que tanto pode ser um bloco de instruções quanto um único comando. Na execução do while os comandos da cláusula de repetição são executados continuamente enquanto a condição for verdadeira. Cada execução dos comandos da cláusula de repetição é chamada de *iteração* e os comandos que implementam procedimentos de repetição são algumas vezes chamados de comandos *iterativos*.

Na execução do comando while os seguintes passos são repetidos:

Teste da condição. Neste passo a expressão em ⟨*Condição*⟩ é avaliada.

   a) Se o resultado da avaliação for falso (igual a 0), o comando while termina normalmente.

   b) Se o resultado da avaliação for verdadeiro (diferente de 0), uma nova iteração tem início, com o controle passando para o primeiro comando da cláusula de repetição.

Iteração. Neste passo os comandos em ⟨*CláusulaRepetição*⟩ são executados. Ao fim de cada iteração o controle retorna para uma nova avaliação da condição, reiniciando o processo. A iteração termina em uma das situações abaixo:

   a) Não existem comandos em ⟨*CláusulaRepetição*⟩. Neste caso, a cláusula de repetição é vazia e nenhuma ação é executada. O processo reinicia com uma nova avaliação da condição.

TABELA 8.1 Comando while

⟨*ComandoWhile*⟩	::= **while** (⟨*Condição*⟩) ⟨*CláusulaRepetição*⟩
⟨*Condição*⟩	::= Expressão do tipo escalar resultando em um valor verdadeiro (diferente de 0) ou falso (igual a 0).
⟨*CláusulaRepetição*⟩	::= ⟨*BlocoInstr*⟩

b) O último comando em ⟨CláusulaRepetição⟩ é executado. O processo reinicia com uma nova avaliação da condição.

c) Um comando break é executado. Neste caso, o processo é interrompido e a execução do while é finalizada, com o controle passando ao comando seguinte ao while.

d) Um comando continue é executado. Neste caso, o processo é interrompido, reiniciando com uma nova avaliação da condição.

e) Ocorre um erro na execução de algum comando de ⟨CláusulaRepetição⟩. Neste caso, o processo é interrompido e a execução do while termina de modo anormal.

As estruturas de repetição permitem que procedimentos arbitrariamente longos possam ser programados com um pequeno número de comandos. Certos procedimentos identificados como comuns podem ser repetidos em diversas situações. Esse é o caso do cálculo dos sucessivos termos de uma sequência, em que as mesmas operações são realizadas para calcular cada termo.

EXEMPLO 8.1 O programa a seguir imprime os 1.500 primeiros termos da sequência $\frac{1}{2}, \frac{1}{3}, \frac{1}{4}, \frac{1}{5}, \ldots$

O comando while é usado para imprimir 1.500 vezes o resultado da expressão 1.0/(qtd + 1). Logo após a atribuição do valor 1 à variável qtd a execução do comando while é iniciada com a avaliação da condição (qtd <= 1500).

```
#include <stdio.h>
int main(void) {
  int qtd = 1;
  while (qtd <= 1500) {
    printf("%f\n", 1.0/(qtd + 1));
    qtd = qtd + 1;
  }
  printf("fim\n");
  return 0;
}
```

Como o valor de qtd é 1, a condição é verdadeira, dando início à primeira iteração: o valor 0.5, resultado de 1.0/(1 + 1), é impresso e a variável qtd é incrementada de 1, passando a ter o valor 2. A condição é avaliada novamente e uma nova iteração tem início, dessa vez com a impressão do resultado de 1.0/(2 + 1). Esse procedimento é repetido até que eventualmente o conteúdo de qtd será 1.501. Nesse momento a condição é avaliada como falsa e o comando while termina, com o controle passando para o comando printf que imprime o literal "fim". Os quatro primeiros números impressos por esse programa são:

```
0.500000
0.333333
0.250000
0.200000
```

■

Quando a cláusula de repetição consiste em apenas uma instrução não é necessário delimitá-la com chaves. Entretanto, essa única instrução deve ser um comando, não pode ser uma declaração, exceto se estiver em um bloco.

EXEMPLO 8.2 O programa a seguir é equivalente ao do exemplo anterior. Nesta formulação, a cláusula de repetição consiste apenas no comando da linha 5. A cada iteração, o conteúdo de qtd continua sendo incrementado de 1 por conta do operador de incremento unário.

```
1  #include <stdio.h>
2  int main(void) {
3    int qtd = 1;
4    while (qtd <= 1500)
5      printf("%f\n", 1.0/(++qtd));
6    printf("fim\n");
7    return 0;
8  }
```

As chaves podem ser utilizadas mesmo quando o bloco que elas delimitam contém apenas um comando. Em algumas situações, principalmente quando se tem comandos aninhados, recomenda-se sempre usar chaves para delimitar a cláusula de repetição – fica mais fácil entender a estrutura do programa.

EXEMPLO 8.3 O programa a seguir soluciona o problema do Exemplo 8.1 imprimindo cada termo como uma fração, isto é, imprimindo 1/2 em vez de 0,5.

Cada termo da sequência é impresso como o numerador 1 dividido pelo denominador, sem realizar a operação.

```
#include <stdio.h>
int main(void) {
  int qtd = 1;
  while (qtd <= 1500) {
    printf("1/%d ", ++qtd);
  }
  printf("\nfim\n");
  return 0;
}
```

Nesta versão, os primeiros 4 termos da sequência são impressos como

1/2 1/3 1/4 1/5

Todos os termos são impressos na mesma linha.

Um uso comum para as estruturas de repetição é assegurar que os dados obtidos pelo programa satisfaçam determinadas condições.

EXEMPLO 8.4 O programa a seguir lê um número *N*, positivo e menor que 230, imprimindo o dobro do número lido.

O comando while (linhas 4-7) é usado para repetir a leitura enquanto o número lido estiver fora da faixa especificada: se o número estiver fora da faixa, a condição do while será verdadeira e a cláusula de repetição será executada mais uma vez.

```
1  #include <stdio.h>
2  int main(void) {
3    int num = -1;
4    while ((num <= 0) || (num >= 230)) {
5      printf("Digite 0 < numero < 230: ");
6      scanf("%d", &num);
```

```
7    }
8    printf("2 x %d = %d\n", num, (2 * num));
9    printf("fim\n");
10   return 0;
11 }
```

A atribuição, na linha 3, de um valor inicial fora da faixa é necessária para que pelo menos uma leitura seja realizada. Se num fosse iniciada com o valor 1, por exemplo, a condição do while seria falsa e o controle passaria imediatamente para o comando de impressão da linha 8, sem realizar leitura alguma.

Pode-se garantir a leitura de pelo menos um número realizando uma leitura inicial, como na versão a seguir. Entretanto, essa segunda solução não é aconselhável, pois duplica operações desnecessariamente, fazendo com que haja dois pontos do programa em que a leitura é efetuada (linha 5 para a primeira leitura e linha 8 para as demais).

```
1  #include <stdio.h>
2  int main(void) {
3    int num;
4    printf("Digite 0 < numero < 230: ");
5    scanf("%d", &num);
6    while ((num <= 0) || (num >= 230)) {
7      printf("Digite 0 < numero < 230: ");
8      scanf("%d", &num);
9    }
10   printf("2 x %d = %d\n", num, (2*num));
11   printf("fim\n");
12   return 0;
13 }
```

A melhor solução para garantir que pelo menos uma iteração seja realizada é utilizar uma estrutura de repetição mais adequada, como o comando do apresentado na Seção 8.2. ■

EXEMPLO 8.5 O programa a seguir lê um número N e em seguida lê N números pares. Se N for negativo ou zero, o programa termina sem realizar qualquer leitura adicional.

O programa possui dois comandos while aninhados. O primeiro, que vai da linha 7 à linha 14, controla as N iterações. Para cada uma das N leituras que o programa deve fazer, o segundo comando while, que vai da linha 9 à linha 12, garante que a leitura será repetida até que um número par seja lido.

```
1  #include <stdio.h>
2  int main(void) {
3    int n, x, i = 0;
4    printf("Digite a qtd. de numeros: ");
5    scanf("%d", &n);
6    printf("Digite %d numeros pares\n", n);
7    while (i < n) {
8      x = 1;
9      while ((x % 2) != 0) {
10       printf("Numero %d: ", i + 1);
11       scanf("%d", &x);
12     }
13     i++;
14   }
15   return 0;
16 }
```

A variável i é usada para controlar o número de iterações do while externo, sendo incrementada após cada leitura de um número par (linha 13), e a variável x é usada para testar se os números lidos são pares, controlando as iterações do while interno. No início de cada iteração do while externo a variável x recebe o valor 1 (linha 8), forçando a execução do while interno que assegura a leitura de um número par. A variável i é iniciada com o valor 0 e só é incrementada após o término do while interno, isto é, após a leitura de um número par. A ordem do número que está sendo lido é corretamente indicada, com a impressão na linha 10 da mensagem "Numero i: " antes da leitura de cada número, onde $i = 1, 2, 3,...,N$.

Se o valor de n for negativo ou zero, nenhuma leitura adicional será realizada, pois a condição (i < n) na linha 7 será falsa. Esse programa apenas ilustra o uso de comandos while aninhados – nada é feito com os números lidos. ∎

8.2 COMANDO DO

A Tabela 8.2 mostra a sintaxe do comando do. Esse comando é semelhante ao comando while, também possuindo uma condição, ⟨*Condição*⟩, e uma cláusula de repetição, ⟨*CláusulaRepetição*⟩, também chamada de corpo do comando do, cujos comandos são executados enquanto a condição for verdadeira. A diferença entre eles é que no comando do o teste da condição é realizado após cada iteração, fazendo existir pelo menos uma iteração.

O comando do é conveniente em situações em que um procedimento deve ser executado pelo menos uma vez.

EXEMPLO 8.6 O programa a seguir é equivalente ao do Exemplo 8.4. Ele lê um número N, positivo e menor que 230, e imprime o dobro do número lido.

Nesta versão, a condição é testada apenas após a execução dos comandos da cláusula de repetição (linhas 5 e 6), realizando pelo menos uma leitura.

```
1   #include <stdio.h>
2   int main(void) {
3     int num;
4     do {
5       printf("Digite 0 < numero < 230: ");
6       scanf("%d", &num);
7     } while ((num <= 0) || (num >= 230));
8     printf("2 x %d = %d\n", num, 2 * num);
9     printf("fim\n");
10    return 0;
11  }
```

Se o número lido estiver fora da faixa, a condição será verdadeira e uma nova iteração terá início. ∎

TABELA 8.2 Comando do

⟨*ComandoDo*⟩	::= **do** ⟨*CláusulaRepetição*⟩ **while** (⟨*Condição*⟩) ;
⟨*Condição*⟩	::= Expressão do tipo escalar resultando em um valor verdadeiro (diferente de 0) ou falso (igual a 0).
⟨*CláusulaRepetição*⟩	::= ⟨*BlocoInstr*⟩

EXEMPLO 8.7 O programa a seguir lê um número positivo *N* e imprime o fatorial de *N*.

O comando do (linhas 5 a 8) assegura que num seja não negativo. O fatorial é calculado através de multiplicações sucessivas controladas pelo comando while (linhas 9 e 10).

A variável fat é iniciada com o valor 1. Caso o número lido seja 0 ou 1, a condição da linha 9 será falsa, nenhuma iteração será realizada e fat permanecerá com seu valor inicial.

```
1  #include <stdio.h>
2  int main(void) {
3    int num;
4    long long int fat = 1LL;
5    do {
6      printf("Digite um numero >= 0: ");
7      scanf("%d", &num);
8    } while (num < 0);
9    while (num > 1)
10     fat = fat * num--;
11   printf("Fatorial= %lld\n", fat);
12   return 0;
13 }
```

Caso o número lido seja maior que 1, as iterações têm início. A cada iteração a variável num é multiplicada pela variável fat e decrementada de 1, fazendo com que ao final das iterações, para num $= N$, fat tenha o valor $N \times N - 1 \times N - 2 \times \ldots \times 2$.

O comando do não seria apropriado para calcular o fatorial da forma mostrada neste exemplo, pois não se deve realizar a multiplicação da linha 10 para calcular o fatorial de 0. Se o comando do fosse utilizado, o trecho de programa para o cálculo do fatorial teria que ser escrito da forma a seguir, fazendo uso de um comando if para evitar a multiplicação por 0.

```
if (num > 1) {
  do {
    fat = fat * num--;
  } while (num > 1);
}
```

A variável fat é declarada como long long int para permitir uma maior abrangência no cálculo do fatorial. Mesmo assim, considerando que o tipo long long int é implementado com 64 bits, não se pode calcular corretamente o fatorial de 21, por exemplo. ∎

8.3 COMANDO FOR

A Tabela 8.3 mostra a sintaxe do comando for. Esse comando possui um cabeçalho, expresso entre parênteses, com três cláusulas separadas por ponto e vírgula, além da cláusula de repetição, ⟨*CláusulaRepetição*⟩. As cláusulas do cabeçalho são opcionais. A cláusula inicial, ⟨*IniFor*⟩, pode ser uma lista de expressões C ou uma declaração de variáveis e é executada uma única vez antes da primeira iteração; a cláusula condicional, ⟨*Condição*⟩, especifica a condição testada no início de cada iteração; e a cláusula de fim de iteração, ⟨*FimIter*⟩, é uma lista de expressões C especificando os comandos executados ao fim de cada iteração.

Na execução do comando for os seguintes passos são realizados:

Início do for. Os comandos e declarações em ⟨*IniFor*⟩ são executados uma única vez. Caso não existam, nenhuma ação é realizada neste passo.

TABELA 8.3   Comando for

⟨ComandoFor⟩	::= **for** ([⟨IniFor⟩] ; [⟨Condição⟩] ; [⟨FimIter⟩]) ⟨CláusulaRepetição⟩
⟨IniFor⟩	::= ⟨ListaExprC⟩ | ⟨DeclVarLocal⟩
⟨FimIter⟩	::= ⟨ListaExprC⟩
⟨Condição⟩	::= Expressão do tipo escalar resultando em um valor verdadeiro (diferente de 0) ou falso (igual a 0).
⟨ListaExprC⟩	::= ⟨ExprC⟩ | ⟨ListaExprC⟩ , ⟨ExprC⟩
⟨ExprC⟩	::= Expressão consistindo em operadores e operandos.
⟨DeclVarLocal⟩	::= Declaração de variáveis locais.
⟨CláusulaRepetição⟩	::= ⟨BlocoInstr⟩

Teste da condição.   A expressão em ⟨Condição⟩ é avaliada.

a) Se o resultado da avaliação for falso, o comando `for` termina normalmente.

b) Se ⟨Condição⟩ não existir ou se o resultado da avaliação for verdadeiro, uma nova iteração tem início, com o controle sendo transferido para o primeiro comando da cláusula de repetição.

Iteração.   Os comandos em ⟨CláusulaRepetição⟩ são executados. Ao fim de cada iteração tem início o procedimento de término da iteração.

Término da iteração.   Os comandos em ⟨FimIter⟩, se existirem, são executados, após o que o controle é transferido para uma nova avaliação de ⟨Condição⟩, reiniciando o processo.

A cláusula ⟨CláusulaRepetição⟩ é usualmente chamada de corpo do comando `for`. A cláusula ⟨IniFor⟩ tanto pode ser uma lista de expressões, separadas por vírgula, incluindo chamadas a funções, atribuições e operações de incremento e decremento, quanto uma declaração de variáveis locais. Se for uma declaração de variáveis, o escopo das variáveis declaradas inclui o cabeçalho do `for` e os comandos da cláusula de repetição. A cláusula ⟨Condição⟩ deve ser uma expressão escalar cujo valor é interpretado como verdadeiro (diferente de 0) ou falso (igual a 0); e a cláusula ⟨FimIter⟩ deve ser uma lista de expressões.

O comando `for` é conveniente para as situações onde se sabe de antemão o número de iterações. Nesses casos, o controle das repetições pode ser estabelecido inteiramente no cabeçalho do `for`, facilitando a leitura do código.

EXEMPLO 8.8   O programa a seguir imprime a soma dos 200 primeiros números naturais.

O corpo do comando `for`, linha 5, contém apenas um comando de atribuição, usado para adicionar à `soma` os números produzidos a cada iteração. Por essa razão, não é necessário usar chaves para delimitá-lo.

```
1   #include <stdio.h>
2   int main(void) {
3      int soma = 0;
```

```
4    for (int i = 1; i <= 200; i++)
5      soma = soma + i;
6    printf("soma: %d\n", soma);
7    return 0;
8  }
```

No início do for a variável i é declarada e iniciada com o valor 1. A condição i <= 200 é verificada e, como é verdadeira, uma iteração tem início, com o controle sendo transferido para o primeiro (e único) comando da cláusula de repetição. O valor 1 é adicionado à soma e, com o término da iteração, a variável i é incrementada de 1. A condição é testada novamente. Como i <= 200 ainda é verdadeira, uma nova iteração tem início, desta vez com o valor 2 sendo adicionado à soma. Esse procedimento continua até que i assuma o valor 201, fazendo a condição ser falsa.

Esta solução apenas ilustra o uso do for, pois para resolver o problema bastaria calcular, para $N = 200$, o valor da expressão $N \times (N+1)/2$, que fornece a soma dos N primeiros termos de uma P.A. de razão 1, cujo termo inicial é 1. ■

Padrões anteriores da linguagem C. Este livro assume que os programas são compilados segundo o padrão ISO/IEC 9899, versão 1999 ou 2011. Para os padrões anteriores não é possível declarar variáveis na cláusula de início de iteração, apenas expressões podem ser usadas.

Para compilar os programas deste capítulo usando os padrões anteriores basta declarar previamente as variáveis da cláusula de início de iteração, preservando as atribuições, como ilustram os seguintes códigos (o corpo dos comandos for refere-se a vetores, que são discutidos no Capítulo 10):

ISO/IEC 9899:1999 ou 2011	ISO/IEC 9899:1990
```for (int i = 0, j = lim; i < j; i++, j--) { x = vet[i]; vet[i] = vet[j]; vet[j] = x; }```	```int i, j; for (i = 0, j = lim; i < j; i++, j--) { x = vet[i]; vet[i] = vet[j]; vet[j] = x; }```

A declaração de variáveis na cláusula de início de iteração é um avanço, pois permite o uso restrito das variáveis de controle. É boa prática restringir o uso de variáveis a uma única finalidade.

EXEMPLO 8.9 O programa deste exemplo imprime os primeiros 1.350 números da sequência

$$\frac{2}{1}, \frac{1}{1}, \frac{2}{2}, \frac{1}{2}, \frac{2}{3}, \frac{1}{3}, \frac{2}{4}, \frac{1}{4}, \ldots$$

O comando for é adequado a esse tipo de problema: tratamento de sequências cujos termos possuem uma formulação geral, em um número definido de iterações, no caso, 1.350. O termo geral da sequência é dado por

$$a(n) = \begin{cases} \frac{2}{\frac{n}{2}+1} & \text{se } n \text{ for ímpar,} \\ \frac{1}{\frac{n}{2}} & \text{se } n \text{ for par.} \end{cases}$$

Nos denominadores são consideradas divisões inteiras, isto é, para $n = 1$ tem-se $2/(1/2 + 1) = 2/1$, para $n = 3$ tem-se $2/(3/2 + 1) = 2/2$, e assim por diante. Da mesma forma, para $n = 2$ tem-se $1/(2/2) = 1/1$, para $n = 4$ tem-se $1/(4/2) = 1/2$, etc.

No programa a seguir, a variável utilizada para armazenar o valor de cada termo é declarada na linha 3 e a cláusula inicial do for apenas atribui a ela o valor 1. A cada iteração, o comando if da linha 5 verifica se o termo em questão é ímpar ou par e transfere o controle para o comando de impressão correspondente. Após a impressão de cada termo, a cláusula de fim de iteração é executada, sendo a variável n incrementada de 1. Esse procedimento continua enquanto o valor de n for menor ou igual a 1.350.

```c
#include <stdio.h>
int main(void) {
   int n;
   for (n = 1; n <= 1350 ; n++) {
      if ((n % 2) == 0)
         printf("%f ", 1.0/(n/2));
      else
         printf("%f ", 2.0/(n/2 + 1));
   }
   return 0;
}
```

Os literais double são usados no cálculo da expressão de cada termo (1.0 e 2.0 nas linhas 6 e 8) para que os termos menores que zero possam ser impressos, como o quarto termo, cujo valor é 0,5, e o quinto, cujo valor é 0,6666... Se as expressões fossem do tipo int, o valor 0 seria obtido para todos esses termos. ∎

EXEMPLO 8.10 Este exemplo ilustra o uso de chamadas a funções nas cláusulas inicial e final de um comando for. O programa a seguir lê um número N, maior ou igual a 0, e imprime o fatorial do número lido.

O primeiro comando for (linhas 6 a 10) é utilizado para repetir a leitura enquanto o valor de num for menor que 0. A cláusula inicial (linha 6) chama a função scanf, causando a leitura de um número e sua atribuição à variável num. Se o número lido for maior ou igual a 0, a condição do for, na linha 7, será falsa e nenhuma iteração é realizada.

```c
#include <stdio.h>
int main(void) {
   int num;
   long fat;
   printf("Digite um numero >= 0: ");
   for (scanf("%d", &num) ;
        num < 0 ;
        printf("Digite um numero >= 0: "),
        scanf("%d", &num))
   { }
   for (fat = 1L; num > 1; num--)
      fat = fat * num;
   printf("Fatorial = %ld\n", fat);
   return 0;
}
```

Se o número lido for menor que zero, a condição será verdadeira dando início a uma iteração. Nesse caso nada é executado, pois o corpo do for (linha 10) é vazio, passando o controle imediatamente para a cláusula de fim de iteração, que consiste em duas chamadas a funções: na primeira (linha 8), a função printf imprime uma mensagem, e na segunda (linha 9), a função scanf realiza a leitura de um novo número que é atribuído a num. A condição é novamente avaliada e esse procedimento se repete até que seja lido um número positivo.

O segundo for (linhas 11 e 12) controla o cálculo do fatorial. A cláusula inicial é usada para atribuir o valor 1 à variável fat e a cláusula de fim de iteração para decrementar o valor de num, fazendo com que, para num = N, fat assuma o valor $N \times (N-1) \times (N-2) \times \ldots \times 2$.

As variáveis declaradas na cláusula inicial de um comando for têm seu escopo restrito ao comando for no qual foram declaradas. Por isso, neste exemplo, as variáveis num e fat são declaradas fora do for, nas linhas 3 e 4. ∎

8.4 ITERAÇÕES INFINITAS E CLÁUSULAS VAZIAS

Tanto o comando while quanto o comando do podem ter sua cláusula de repetição vazia, ou pelo uso de um bloco vazio ou pelo uso de um comando vazio, indicado apenas pelo ponto e vírgula. Os seguintes comandos ilustram essas situações:

```
while (a > 5) { }                    do { } while (a > 5) ;

while (a > 5) ;                      do ; while (a > 5) ;
```

Esses comandos, apesar de sintaticamente corretos, não fazem sentido, além de serem erros lógicos: se a condição for verdadeira no início ou no final da iteração, será sempre verdadeira, pois o conteúdo da variável a não é modificado.

No comando for, além da cláusula de repetição, as demais cláusulas, incluindo a condição do for, podem ser vazias. Os comandos a seguir são sintaticamente corretos:

```
for ( ; ; ) { }                      for ( ; ; ) ;
```

Se a cláusula inicial ou final é vazia, nada é executado quando da avaliação dessas cláusulas. Quando a cláusula da condição é vazia a condição é sempre avaliada como verdadeira.

Não faz sentido usar comandos do ou while com a cláusula de repetição vazia, exceto, possivelmente, se a avaliação da condição envolver chamadas a funções ou efeitos colaterais. Mas, mesmo nesses casos, é melhor codificar as ações repetitivas no corpo dos comandos iterativos. Justifica-se o uso da cláusula de repetição vazia para os comandos for quando as ações repetitivas podem ser naturalmente codificadas na cláusula de fim de iteração. Algumas vezes também é possível justificar o uso de um comando iterativo cuja condição seja sempre verdadeira, desde que haja a interrupção da iteração com um comando break.

8.5 COMANDO BREAK

O comando break pode ser usado no interior de um comando switch, while, do ou for e possui a seguinte sintaxe:

⟨*ComandoBreak*⟩ ::= **break** ;

Quando executado o comando break interrompe a execução do comando iterativo ou do comando switch que o contém, transferindo o controle para o comando seguinte ao comando interrompido. Se o comando break interrompe as iterações de um comando for, o controle é transferido para o próximo comando sem que os comandos da cláusula de fim de iteração sejam executados.

EXEMPLO 8.11 Os trechos de programa a seguir implementam, usando o break, partes de soluções para o seguinte problema: a leitura de um número *N* e um limite *lim*, ambos maiores que zero, e a impressão da maior soma dos *N* primeiros números naturais menor ou igual ao limite. Por exemplo, se *N* é igual a 5 e *lim* é igual a 60, então o programa imprime 15, que é a soma dos 5 primeiros números naturais. Se *N* é igual a 30 e *lim* é igual a 400, então o programa imprime 378, que é a soma dos 27 primeiros números naturais – a maior que se pode obter menor ou igual a 400.

```
for (p = 1; p <= n; p++) {        while (p <= n) {                  do {
   if (soma + p > lim) {             if (soma + p > lim) {              if (soma + p > lim) {
      break;                            break;                             break;
   }                                 }                                 }
   soma = soma + p;                  soma = soma + p++;                soma = soma + p++;
}                                 }                                 } while (p <= n);
```

Em todos esses trechos, o comando de iteração é elaborado para somar os n primeiros números naturais. A soma é verificada a cada parcela e a iteração é interrompida caso a adição de uma nova parcela ultrapasse o limite estabelecido.

Este exemplo é apenas ilustrativo, já que o problema em questão pode ser resolvido sem o break, como mostra o código a seguir.

```
while ((p <= n) && (soma + p <= lim)) {
   soma = soma + p++;
}
```

O comando break pode ser usado para interromper iterações infinitas, se uma certa condição é atingida. Uma dessas situações é a leitura e processamento de todos os registros de um arquivo.

EXEMPLO 8.12 No trecho de código a seguir, o corpo do comando while é potencialmente repetido infinitas vezes, pois a condição true será sempre verdadeira. No início de cada iteração um registro do arquivo arq é lido (função fread).

```
while (true) {
   fread(&aluno, tam, 1, arq);
   if (feof(arq)) {
      break;
   }
   /* processamento do registro lido */
}
```

Se o fim de arquivo for atingido, o resultado da função feof é verdadeiro e o comando break é executado, interrompendo a iteração e finalizando o comando while; em caso contrário, o registro lido é processado e, ao final, uma nova iteração tem início.

A macro true usada neste exemplo está definida no cabeçalho stdbool.h. A função fread e o uso da função feof para verificar a situação de fim de arquivo são discutidos no Capítulo 13.

Em comandos aninhados, o break interrompe apenas o comando mais interno que o contém.

EXEMPLO 8.13 O programa a seguir lê um número N e, se N for maior que 0, imprime todas as somas de 1 a X, para todo $1 \geq X \leq N$, indicando as parcelas somadas. Por exemplo, se o número lido for 4, o programa produz a seguinte saída:

```
1 + 2 + 3 + 4 = 10
1 + 2 + 3 = 6
1 + 2 = 3
1 = 1
```

Se o número lido for menor ou igual a 0, nada é impresso.

```
1   #include <stdio.h>
2   #include <stdbool.h>
3   int main(void) {
4     int n, b, soma;
5     scanf("%d", &n);
6     while (n > 0) {
7       soma = 1; b = 1;
8       printf("%d", b++);
9       while (true) {
10        if (b > n)
11          break;
12        printf(" + %d", b);
13        soma = soma + b++;
14      }
15      printf(" = %d\n", soma);
16      n--;
17    }
18    return 0;
19  }
```

O comando while externo (linhas 6 a 17) é usado para controlar as várias somas. Para cada valor de n a primeira parcela da soma é impressa (linha 8) e em seguida as demais parcelas são impressas e adicionadas através do comando while interno (linhas 9 a 14). A impressão das parcelas é interrompida pelo comando break da linha 11 quando (b > n), indicando que todas as parcelas até n já foram impressas. Com a interrupção do while interno o controle é transferido para o comando da linha 15, que imprime a soma correspondente às parcelas impressas, após o que o valor de n é decrementado e tem início uma nova iteração do while externo. ■

O problema anterior pode ser resolvido de modo mais apropriado, sem utilização do break, modificando a condição do while interno para que as parcelas sejam somadas enquanto b for menor ou igual a n. De fato, o comando break deve ser usado com parcimônia, pois interromper o fluxo natural da execução pode tornar o programa mais difícil de ser entendido.

8.6 COMANDO CONTINUE

O comando continue pode ser usado apenas no corpo dos comandos do, while e for e possui a seguinte sintaxe:

⟨*ComandoContinue*⟩ ::= **continue** ;

Ele interrompe a iteração corrente sem, entretanto, interromper a execução do comando de repetição. A interrupção da iteração corrente nos comandos do e while faz o controle ser transferido para o ponto onde a condição é testada novamente, podendo ocorrer uma nova iteração se o teste resultar verdadeiro. Se o comando `for` for interrompido por um `continue`, o controle é transferido para a cláusula de fim de iteração, após o que a condição do `for` será testada novamente.

EXEMPLO 8.14 O programa a seguir lê 6 números pares maiores do que 0 e imprime para cada número lido, N, a soma de todos os números de 1 até N, no formato `x = `N`, s(x) = `S, onde N é o número lido e S é a soma. Por exemplo, para $N = 4$ deve ser impresso `x = 4, s(x) = 10`. Apenas os números pares maiores do que 0 são considerados, os números menores ou iguais a 0 ou ímpares são desprezados.

Nesse programa, o `while` (linhas 4 a 13) controla a quantidade de números pares lidos.

```
1   #include <stdio.h>
2   int main(void) {
3     int num, soma, qtd=0;
4     while (qtd < 6) {
5       printf("Digite um numero par > 0: ");
6       scanf("%d", &num);
7       if ((num % 2) != 0 || (num <= 0))
8         continue;
9       qtd++; soma = 0;
10      for (int i = 1; i <= num; i++)
11        soma = soma + i;
12      printf("x = %d, s(x) = %d\n", num, soma);
13    }
14    printf("fim\n");
15    return 0;
16  }
```

Se o número lido for ímpar ou menor ou igual a 0, o comando `continue` da linha 8 é executado, interrompendo a iteração corrente e desviando o controle para o início do `while`, onde a condição (`qtd < 6`) será testada novamente dando início a uma nova iteração. Apenas quando o número lido é par e maior do que 0 é que a iteração prossegue, adicionando-se 1 à quantidade de números válidos e calculando-se a soma de 1 até o número lido, com o comando `for` das linhas 10 e 11. ∎

8.7 COMANDO GOTO

A leitura desta seção pode ser postergada, já que os Exemplos 8.15 e 8.16 utilizam funções e vetores, que são discutidos apenas nos Capítulos 9 e 10, respectivamente.

O comando `goto` desvia o fluxo da execução para o comando rotulado por seu rótulo:

⟨*ComandoGoto*⟩ ::= **goto** ⟨*Rótulo*⟩;

O rótulo de um comando `goto` deve estar no escopo da função que o contém – não são permitidos desvios para fora de uma função. O uso de rótulos e os comandos que podem ser rotulados são discutidos na Seção 4.10.

EXEMPLO 8.15 A função `fun` imprime os números naturais até o primeiro que seja maior ou igual ao limite `lim`. A impressão ocorre de 1 em 1 número, se `modo` é igual a 1; de 2 em 2 números, se `modo` é igual a 2; ou de 3 em 3 números, em caso contrário.

O modo e o limite são recebidos como argumentos. Esse e outros aspectos do uso de funções são discutidos no Capítulo 9. Por enquanto, basta saber que quando a função `fun` é chamada o controle é transferido para a sua primeira instrução (no caso, a declaração da linha 21) e as variáveis `modo` e `lim` assumem os valores que foram utilizados como argumentos: para a chamada `fun(2, 10)`, `modo` assume o valor 2 e `lim` assume o valor 10.

```
20   void fun(int modo, int lim) {
21     int num = 0;
22     do {
23       if (modo == 1) {
24         goto s1;
25       } else {
26         if (modo == 2) {
27           goto s2;
28         }
29       }
30       num++;
31   s2: num++;
32   s1: num++;
33       printf("%d ", num);
34     } while (num < lim);
35   }
```

Na execução da função `fun`, após a declaração da variável `num`, o modo de impressão é determinado pelo comando `if` da linha 23:

a) Se `modo` for igual a 1, o fluxo da execução é desviado para o comando do rótulo `s1` pelo `goto` da linha 24. Assim, para `modo` igual a 1 a variável `num` é incrementada uma única vez antes da impressão na linha 33.

b) Se `modo` é igual a 2, o fluxo da execução é desviado para o comando do rótulo `s2`. Assim, para `modo` igual a 2 a variável `num` é incrementada duas vezes antes da impressão na linha 33: uma pelo comando da linha 31 e outra pelo comando da linha 32.

c) Se `modo` é diferente de 1 e 2, o fluxo da execução não é desviado, prosseguindo com o próximo comando após o `if`: o comando da linha 30. A variável `num` é incrementada três vezes antes da impressão na linha 33.

Dessa forma, os números são incrementados 1, 2 ou 3 vezes e impressos, a cada iteração.

A função `main` a seguir lê um número do teclado, correspondente a um modo de impressão, e chama a função `fun` usando como argumentos o modo lido e o valor 20. A função é chamada apenas se o valor lido de `modo` for igual a 1, 2 ou 3:

a) Se `modo` for menor ou igual a 0, o fluxo da execução é desviado para o comando rotulado pelo rótulo `fim`, na linha 17, terminando a execução.

b) Se `modo` for maior que 3, o fluxo da execução é desviado para o comando rotulado pelo rótulo `ini`, na linha 5, iniciando uma nova leitura.

c) Se `modo` for igual a 1, 2 ou 3, a função `fun` é chamada na linha 15, após o que o fluxo da execução é desviado pelo `goto` da linha 16 para o comando da linha 5, reiniciando o procedimento com uma nova leitura de modo.

```
1   #include <stdio.h>
2   void fun(int, int);
3   int main(void) {
4     int modo;
5   ini: printf("\nDigite modo (1,2 ou 3): ");
6     scanf("%d", &modo);
7     if (modo <= 0) {
```

```
 8      printf("fim\n");
 9      goto fim;
10    }
11    if (modo > 3) {
12      printf("maior que 3\n");
13      goto ini;
14    }
15    fun(modo, 20);
16    goto ini;
17  fim:
18    return 0;
19  }
```
■

Não é permitido que um comando goto desvie o fluxo da execução de um ponto fora do escopo de um vetor de tamanho variável para dentro desse escopo: como as variáveis do tipo vetor de tamanho variável são alocadas apenas quando a execução atinge o ponto de sua declaração, o desvio incondicional nesses casos resulta em referências indevidas.

EXEMPLO 8.16 No programa a seguir, o escopo do vetor vet vai do ponto de sua declaração, na linha 12, até o fim do bloco onde é declarado, na linha 22. O comando goto ini da linha 8 é válido, mas se fosse substituído por goto cria seria inválido e o programa não compilaria, já que haveria um desvio de um ponto fora do escopo de vet para dentro do seu escopo.

```
 1  #include <stdio.h>
 2  int main(void) {
 3    int a, n;
 4    scanf("%d", &n);
 5    scanf("%d", &a);
 6    if (n > 10) {
 7      n = 10;
 8      goto ini;
 9    }
10    while (n > 0) {
11  ini: printf("vetor: ");
12      int vet[n];
13      int soma = 0;
14  cria:for (int i = 0; i < n; i++) {
15        vet[i] = a - i;
16        soma = soma + (a - i);
17      }
18      if (soma < 100)
19        goto fim;
20      /* codigo omitido */
21      n--;
22    }
23  fim: printf("fim programa\n");
24    return 0;
25  }
```
■

Deve-se evitar o desvio incondicional de fora para dentro do corpo de um comando iterativo: sempre que o fluxo da execução atinge o fim do corpo de um comando iterativo a iteração corrente é finalizada, iniciando-se uma nova, independentemente de como o fim da iteração foi atingido. Pode-se perder o controle da iteração se o fluxo da execução é desviado para o corpo de um comando iterativo sem que as condições de início da iteração tenham sido corretamente estabelecidas.

EXEMPLO 8.17 O programa a seguir lê números não negativos, calculando e imprimindo o fatorial dos números lidos.

Após calcular o fatorial do primeiro número, com a correta execução do comando `for` (linhas 7-9), o programa prossegue lendo novos números (linha 11) e desviando o fluxo da execução para o corpo do `for`, se os números lidos forem maiores ou iguais a 0.

O comando `goto` da linha 13 desvia o fluxo da execução para o comando da linha 8, prosseguindo a partir desse ponto até atingir o fim do `for`, na linha 9, quando a iteração corrente é finalizada e uma nova iteração tem início.

```
1  #include <stdio.h>
2  int main(void) {
3    int fat, num, n;
4    do {
5      scanf("%d", &n);
6    } while (n < 0);
7    for (fat = 1, num = n; n > 1; n--) {
8  iter: fat = fat * n;
9    }
10   printf("fatorial %d = %d\n", num, fat);
11   scanf("%d", &n);
12   if (n >= 0)
13     goto iter;
14   printf("fim de programa\n");
15   return 0;
16 }
```

Entretanto, essas novas iterações ocorrem sem que a cláusula de início de iteração tenha sido executada. O resultado é que as variáveis `fat` e `num` permanecem com seus valores antigos e o programa calcula erradamente o fatorial dos novos números. ■

8.7.1 Programação sem goto

A programação sem `goto` não só é possível, como desejável. Todo programa pode ser desenvolvido usando-se para interromper o fluxo sequencial da execução apenas as estruturas convencionais de decisão e repetição: esse é o espírito da programação estruturada, que torna os programas mais organizados e compreensíveis.

A complexidade dos programas que implementam estruturas de repetição e decisão com o uso do `goto` é maior porque o controle dessas estruturas (quando devem ocorrer, quando devem terminar) fica a cargo do programador. Além disso, é mais difícil acompanhar o fluxo de execução de um programa com desvios incondicionais:

a) Se o desvio ocorre fora das estruturas de decisão e repetição convencionais, o programador é forçado a entender uma repetição (ou decisão) não padronizada.

b) Se o desvio ocorre dentro das estruturas de repetição convencionais, elas deixam de ter um comportamento padronizado, podendo, inclusive, deixar de ter um único ponto de entrada e de saída (nesse sentido, mesmo os comandos `break` e `continue` devem ser usados com parcimônia).

8.8 OUTROS DESVIOS E INTERRUPÇÕES

O fluxo de execução de um programa também é desviado nas chamadas a funções e na execução do comando `return` que, assim como as funções `exit`, `_Exit` e `abort`, também pode ser usado para interromper a execução de um programa.

A macro `setjmp` e a função `longjmp` são usadas em conjunto para implementar desvios não locais – que podem ultrapassar os limites das funções em que ocorrem. Todas as restrições quanto ao uso do `goto` aplicam-se aos desvios não locais, com o agravante de que o uso de `setjmp` e `longjmp` interfere no mecanismo-padrão de retorno de funções.

Essas outras formas de desvio são discutidas no Capítulo 9.

8.9 OBRIGAÇÕES DE PROVA

O uso de comandos iterativos exige duas obrigações de prova. O programador deve assegurar que:

a) Haverá pelo menos uma iteração, do contrário os comandos da cláusula de repetição são desnecessários.

b) As iterações eventualmente param, do contrário haverá infinitas repetições.

EXEMPLO 8.18 No programa a seguir, o corpo do comando `for` não será executado, já que a condição nunca será verdadeira.

```
#include <stdio.h>
int main(void) {
  for (int i = 0; i < -3; i++)
    printf("%d\n", i);
  return 0;
}
```
■

EXEMPLO 8.19 No programa a seguir, o comando `while` nunca termina. Sua condição será sempre verdadeira, já que a variável `soma` não é modificada.

```
#include <stdio.h>
int main(void) {
  int soma = 0;
  while (soma < 10)
    printf("%d\n", soma);
  return 0;
}
```
■

EXERCÍCIOS

Em todos os exercícios deste capítulo sempre que houver uma restrição quanto a um número a ser lido, como ser maior que zero, por exemplo, o programa deve continuar a leitura até que o número lido atenda a restrição.

8.1 Faça um programa que leia um número $N > 0$ e imprima o enésimo termo da sequência $\frac{1}{2}, \frac{2}{3}, \frac{3}{4}, \frac{4}{5}, \ldots$ na forma fracionária, como numerador em uma linha, a barra horizontal na linha seguinte e o denominador na próxima linha. Por exemplo, se o número lido for 15, seu programa deve imprimir

```
15
--
16
```

8.2 Faça um programa que leia um número $N > 0$ e imprima os N primeiros termos da sequência $\frac{1}{2}, \frac{3}{4}, \frac{7}{8}, \frac{15}{16}, \frac{31}{32}, \ldots$

8.3 Faça um programa para solucionar o problema do Exemplo 8.9, só que imprimindo cada termo como uma fração, isto é, imprimindo 1/2 em vez de 0,5.

8.4 Modifique o programa do Exemplo 8.14 para também desprezar as somas maiores que 215, tratando esses casos como se o número que produziu tal soma não tivesse sido lido (o mesmo tratamento dado aos números ímpares ou menores ou iguais a 0).

8.5 Faça um programa que leia dois números, I e F, maiores que 0, tais que F seja maior ou igual a I. Após ler os números I e F, o seu programa deve imprimir os termos da sequência $\frac{1}{2}, \frac{1}{3}, \frac{1}{4}, \frac{1}{5}, \ldots$, do I-ésimo até o F-ésimo termo. Por exemplo, se os números lidos forem 4 e 7, o seu programa deve imprimir o quarto, o quinto, o sexto e o sétimo termo: 1/5, 1/6, 1/7 e 1/8.

8.6 Faça um programa que leia um número N, maior que 0, e imprima os N primeiros termos da sequência de Fibonacci. Por exemplo, se o número lido for 7, os seguintes números deverão ser impressos: 1, 1, 2, 3, 5, 8 e 13.

8.7 Faça um programa que leia um número N, maior que 0, e imprima a soma dos N primeiros termos da sequência de Fibonacci. Por exemplo, se o número lido for 5, a soma 12 deverá ser impressa.

8.8 Faça um programa que leia um número positivo, n, e um número não negativo, p, com $n \geq p$, e imprima o número $\binom{n}{p}$, isto é, a combinação simples de n, p a p. Os números devem ser lidos em ordem, primeiro o n, depois o p, e se $n < p$, ambos devem ser lidos novamente.

8.9 Faça um programa que leia um número positivo, n, e um número não negativo, p, com $n \geq p$, e imprima o número $A_{n,p}$, isto é, o arranjo simples de n, p a p. Os números devem ser lidos em ordem, primeiro o n, depois o p, e se $n < p$, ambos devem ser lidos novamente.

8.10 Faça um programa que leia alternadamente números positivos e negativos. Se o usuário digitar um número positivo, o próximo deve ser negativo e vice-versa. Os números digitados corretamente devem ser impressos após a mensagem `aceito:` e os errados devem ser impressos após a mensagem `rejeitado:`. O programa deve parar após a leitura do zero. Um exemplo de uma possível saída para esse programa é:

```
9
aceito:   9
10
rejeitado:   10
-2
aceito:   -2
4
aceito:   4
0
```

8.11 Resolva o problema do Exemplo 8.13 usando dois comandos `for` aninhados.

8.12 Faça um programa que leia um número *N* maior do que 0 e imprima a árvore de asteriscos de altura *N*. A altura de uma árvore de asteriscos corresponde ao número de linhas de asteriscos que a compõem. Em uma árvore de asteriscos, a linha do topo contém apenas um asterisco, e as linhas inferiores contêm dois asteriscos a mais que os asteriscos da linha superior, um de cada lado. Por exemplo, se *N* for igual a 4, a seguinte árvore deve ser impressa:

```
   *
  ***
 *****
*******
```

8.13 Faça um programa que leia um número *N* maior que 0 e imprima o quadrado de asteriscos de lado *N*. Um quadrado de asteriscos é construído imprimindo-se linhas de asteriscos de modo a formar a figura de um quadrado. As três figuras abaixo mostram os quadrados de asteriscos de lados 1, 2 e 5:

```
              *****
              *   *
*     **      *   *
      **      *   *
              *****
```

8.14 Faça um programa que leia dois números inteiros *n* e *lim*, *n*> 0, 0 < *lim* < 5, e imprima *n* números randômicos maiores que *lim* e menores que 10. Obs.: a função `rand`, declarada no cabeçalho `stdlib.h`, gera um número randômico na faixa [0, RAND_MAX], onde RAND_MAX é um número inteiro dependente da implementação. A chamada a essa função se faz com a expressão `rand()` e o resultado é um valor do tipo `int`.

8.15 Considere que em todos os trechos de programa a seguir as variáveis `num`, `aux` e `soma` são declaradas e iniciadas de modo idêntico. Diga quais destes trechos são funcionalmente equivalentes (dois trechos de código são funcionalmente equivalentes se exibem o mesmo comportamento para situações idênticas):

a) `while (num-- > aux)`
    `soma = soma + num--;`

b) `while (num > aux) {`
    `soma = num + soma;`
    `num = num - 2;`
    `}`

c) `do`
    `soma = soma + num--;`
    `while (num > aux);`

d) `for   ( ; num-- > aux; )`
    `soma = soma + num;`

8.16 Considere que em todos os trechos de programa a seguir as variáveis fat e num são declaradas e iniciadas de modo idêntico. Quais dos seguintes comandos for são funcionalmente equivalentes?

a) ```
for (fat = 1; num > 1; --num)
    fat = fat * num;
```

b) ```
for (fat = 1; num > 1; )
    fat = fat * num--;
```

c) ```
for (fat = 1; num-- > 1;)
    fat = fat * num;
```

d) ```
for (fat = 1; num > 1; )
    fat = fat * num;
```

Capítulo 9
Funções e Procedimentos

Uma rotina é um trecho identificado de um programa, com início e fim bem definidos e que pode ser acionado de outros pontos desse programa. Normalmente o acionamento de (ou a chamada a) uma rotina se faz com a referência ao nome que a identifica. Quando uma rotina é chamada o fluxo de execução é desviado para o primeiro comando da rotina e prossegue a partir desse ponto até que o seu fim seja atingido, ou um comando explícito de retorno seja executado, quando então o fluxo de execução retorna ao ponto imediatamente posterior ao ponto de chamada.

9.1 FLUXO DE EXECUÇÃO

O fluxo de execução de um programa, ou fluxo de controle, é a sequência de comandos executados pelo programa durante o seu processamento. Normalmente o fluxo é sequencial, iniciando no primeiro comando e prosseguindo com os demais, em sequência, até o último; mas pode ser modificado por comandos de desvio ou chamadas a rotinas.

O diagrama da Figura 9.1 ilustra o procedimento de chamada a rotinas. Em (A) a execução do comando 3 da rotina principal faz o fluxo de execução ser desviado para o primeiro comando da rotina A. O processamento da rotina principal é interrompido, tendo início o processamento dos comandos da rotina A até o último, quando então o fluxo retorna à rotina principal, reiniciando seu processamento a partir do ponto imediatamente posterior ao ponto de chamada.

Podemos ter chamadas encadeadas. A Figura 9.1 (B) mostra uma situação em que o comando 3 da rotina principal chama a rotina A e o comando 2 da rotina A chama a rotina B. Na rotina principal, o comando 3 causa a interrupção do seu processamento e o desvio do fluxo de execução para o primeiro comando da rotina A. Na ro-

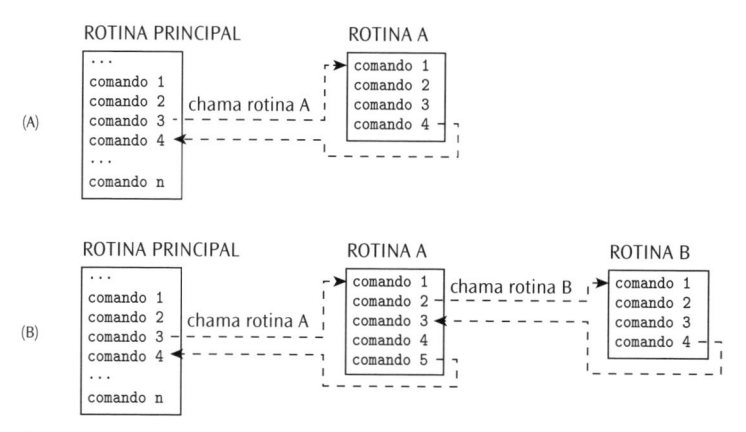

Figura 9.1 Fluxo de execução: chamadas a sub-rotinas.

tina A, o comando 2 causa a interrupção do seu processamento e o desvio do fluxo de execução para o primeiro comando da rotina B. As rotinas principal e A ficam ambas interrompidas durante o tempo em que os comandos da rotina B são executados. Ao fim da rotina B o controle volta para a rotina A, que tem seu processamento reiniciado a partir do ponto imediatamente posterior ao ponto de chamada. O mesmo se dá ao fim da rotina A: o controle volta à rotina principal e o seu processamento é reiniciado a partir do ponto imediatamente posterior ao ponto de chamada.

Costuma-se classificar as rotinas em

funções, caracterizadas por retornarem um valor como resultado do seu processamento, e

procedimentos, caracterizados por não produzirem valor de retorno.

Exemplos típicos de funções são as funções aritméticas para calcular a raiz quadrada, o seno, o cosseno, etc. dos valores passados como argumentos. Exemplos típicos de procedimentos são as rotinas para ler registros de um arquivo e armazená-los em alguma estrutura da memória, para ordenar valores armazenados em memória, etc. A linguagem C utiliza um único mecanismo para implementar tanto as funções quanto os procedimentos, sendo estes especificados como funções que possuem void como o tipo do valor de retorno.

9.2 DECLARAÇÃO, DEFINIÇÃO E PROTÓTIPO

A Tabela 9.1 mostra a sintaxe usada na declaração e definição de funções. As funções são declaradas especificando-se seu nome, ⟨IdentFunção⟩, o tipo do valor de retorno, ⟨DeclTipo⟩, e opcionalmente a quantidade e o tipo dos parâmetros, ⟨ListaParâmetros⟩. Essas informações constituem o *cabeçalho da função*. As funções são definidas especificando-se, além do cabeçalho, o seu corpo, que é delimitado por chaves e consiste opcionalmente nos comandos e declarações usados para implementá-las. O corpo de uma função pode ser vazio.

A lista de parâmetros na definição de uma função deve ser nomeada, isto é, cada parâmetro deve ter um nome. Já a lista de parâmetros na declaração de uma função pode conter apenas o tipo dos parâmetros.

A versão 2011 do padrão da linguagem permite a declaração de funções que não retornam ao ponto de chamada, com o uso do especificador _Noreturn, usado, por exemplo, na declaração das funções exit e abort.

TABELA 9.1 Declaração e definição de funções

⟨DeclFunção⟩	::= ⟨Cabeçalho⟩ ;
⟨DefiniçãoFunção⟩	::= ⟨Cabeçalho⟩ ⟨CorpoFunção⟩
⟨Cabeçalho⟩	::= [**inline_Noreturn**] ⟨DeclTipo⟩ ⟨IdentFunção⟩ (⟨ListaParâmetros⟩ [, ...])
⟨Cabeçalho⟩	::= [**inline_Noreturn**] ⟨DeclTipo⟩ ⟨IdentFunção⟩ ( )
⟨IdentFunção⟩	::= Identificador da função.
⟨ListaParâmetros⟩	::= ⟨Parâmetro⟩ [, ⟨ListaParâmetros⟩]
⟨CorpoFunção⟩	::= Declarações e comandos, entre chaves, que implementam a função.

EXEMPLO 9.1 As seguintes declarações e definições são válidas:

`int funA();`
Declara a função `funA` com lista de parâmetros vazia e tipo do valor de retorno `int`.

`int funB(void);`
Declara a função `funB` com lista de parâmetros `void` e tipo do valor de retorno `int`.

`void funC(int, float);`
Declara a função `funC` com tipo do valor de retorno `void` e dois parâmetros, o primeiro do tipo `int` e o segundo do tipo `float`.

`void funD(int a, float b);`
Declara a função `funD` com tipo do valor de retorno `void` e dois parâmetros, o primeiro com nome a, do tipo `int`, e o segundo com nome b, do tipo `float`.

```
float funE(int a) {
  /* codigo omitido */
}
```
Define a função `funE` com tipo do valor de retorno `float` e um parâmetro nomeado (com o nome a) do tipo `int`. A definição é caracterizada pelas chaves que delimitam o corpo da função. ∎

Uma função pode ter várias declarações, desde que todas sejam compatíveis. Para cada função deve existir, entretanto, no máximo uma definição, podendo haver declaração sem definição se a função não for referida.

Declaração de função especifica o tipo do valor de retorno, a identificação da função e, opcionalmente, o tipo dos seus parâmetros.

Protótipo de função é a declaração que contém o tipo dos parâmetros da lista de parâmetros ou `void`, se a função não possuir lista de parâmetros.

Definição de função é a declaração que especifica o corpo da função, causando alocação de memória (para armazenar os comandos que fazem parte do corpo da função). A declaração decorrente da definição de uma função é chamada de *declaração induzida* (pela definição) e corresponde ao seu cabeçalho.

EXEMPLO 9.2 No trecho de código a seguir, a função `funB` é declarada na linha 2 com a lista de parâmetros vazia e retornando um valor do tipo `const int`. A função `funC` é declarada na linha 3 com dois parâmetros, o primeiro do tipo `int` e o segundo do tipo `float`, retornando um valor do tipo `char *`. A função `funD` é declarada na linha 4 com um parâmetro nomeado do tipo `long int`, tendo `void` como o tipo do valor de retorno.

```
1   #include <stdio.h>
2   const int funB();
3   char *funC(int, float);
4   void funD(long int a);
5   int main(void) {
6     float funE(void);
7     /* codigo omitido */
8     return 0;
9   }
10  long funA(int a) {
11    /* codigo omitido */
12  }
```

A função `funE` é declarada na linha 6 e as funções `main` e `funA` são definidas nas linhas 5-9 e 10-12, respectivamente. Para essa situação temos:

a) A declaração da linha 2, estritamente falando, não é um protótipo, pois não define o tipo dos parâmetros.
b) As declarações nas linhas 3, 4 e 6 são protótipos. O protótipo da linha 6 especifica que a função não possui parâmetros.
c) A definição da função `main` induz o protótipo `int main(void)`.
d) A definição da função `funA` induz o protótipo `long funA(int)`. ∎

Declaração implícita. Quando uma função é referida fora do escopo de sua declaração o compilador assume a existência de uma declaração implícita para a função, com lista de parâmetros vazia e retornando `int`. Por exemplo, a declaração implícita para uma função `fun` é da forma `int fun()`.

Declaração de parâmetros no estilo antigo. O padrão da linguagem C ainda permite, por razões de compatibilidade, a definição de funções com lista de parâmetros contendo apenas identificadores: cada identificador da lista deve ser seguido de uma declaração. Entretanto, essa forma de definição está em desuso e não será discutida.

Definição em desuso	Definição atual
| ```
void fun(a, b)
  int a, b;
{
  printf("Exemplo %d\n", a+b);
}
``` | ```
void fun(int a, int b)
{
  printf("Exemplo %d\n", a+b);
}
``` |

Os seguintes pontos devem ser observados:

a) Nos programas deste livro os parâmetros das declarações não são nomeados. No texto do livro, entretanto, as funções podem ser apresentadas usando-se protótipos com parâmetros nomeados, além da descrição do processamento e do valor de retorno, como ilustrado na seguinte descrição da função `sin`:

  ■ `double sin(double a)`
    Função seno. Considera o parâmetro a expresso em radianos.
    Valor de retorno. Seno de a.

b) Algumas partes deste capítulo, incluindo alguns exemplos, fazem referência a ponteiros e vetores, que são discutidos apenas no Capítulo 10. Entretanto, essas referências são feitas apenas para ilustrar particularidades da declaração, definição e uso de funções, não impedindo a compreensão dos conceitos abordados. O leitor pode retornar para esclarecer esses aspectos específicos após ter estudado o capítulo referente a ponteiros e vetores.

9.3 ESCOPO E CONSISTÊNCIA ENTRE REFERÊNCIA E DECLARAÇÃO

O escopo de uma (declaração de) função pode ser de bloco ou de arquivo, determinado da mesma forma que o escopo das variáveis (pois se trata, de fato, do escopo do identificador usado na declaração da função). Já as definições de função só podem ter escopo de arquivo.

Os argumentos usados na chamada a uma função devem corresponder em número e tipo aos parâmetros declarados para a função. Uma função declarada como `int fun(int, double)` deve ser chamada com dois argumentos, o primeiro do tipo `int` e o segundo do tipo `double`, como em `fun(2, 4.5)`. Entretanto, o compilador só assegura a consistência entre referência e declaração se a referência ocorre no escopo de um protótipo para a função. Se a referência ocorre no escopo de uma declaração apenas (explícita ou implícita), somente o tipo do valor de retorno pode ser verificado; e o resultado é que a função pode ser chamada com argumentos de tipos incompatíveis e mesmo com um número errado de argumentos.

EXEMPLO 9.3 Se uma função é declarada com uma lista de parâmetros vazia, como em `int fun()`, ela pode ser chamada com qualquer número de argumentos, de qualquer tipo. As chamadas `fun()`, `fun(23)` e `fun(2, 7.84)`, por exemplo, são consideradas válidas: o código é gerado, embora o comportamento do programa seja indefinido se uma função é chamada com argumentos incompatíveis em tipo ou número com os parâmetros declarados na definição da função.

Por outro lado, se uma função é declarada com o protótipo `int fun(void)`, apenas as chamadas sem argumentos são admitidas. Isto é, apenas a chamada `fun()` é válida. ■

EXEMPLO 9.4 A função `aloca_linha` é declarada por meio do protótipo da linha 3, tendo um parâmetro do tipo `int` e retornando um ponteiro para `const char`. A função é definida nas linhas 10-14.

A referência à função, na linha 6, é corretamente implementada porque ocorre no escopo do protótipo que a declara. Desse modo, o compilador pode verificar o tipo do valor de retorno e dos argumentos usados na chamada.

```
1   #include <stdio.h>
2   #include <stdlib.h>
3   const char *aloca_linha(int);
4   int main(void) {
5     const char *linha;
6     linha = aloca_linha(80);
7     printf("linha alocada = %s", linha);
8     return 0;
9   }
10  const char *aloca_linha (int qtd) {
11    char *lin = (char *)malloc(qtd * sizeof(char));
12    lin = fgets(lin, qtd, stdin);
13    return lin;
14  }
```

Com a declaração da função na linha 3, o código-objeto seria gerado corretamente mesmo que a definição estivesse em uma outra unidade de compilação. ■

O próximo exemplo mostra uma sequência de chamadas diferentes e incompatíveis para uma mesma função, todas consideradas corretas em virtude de serem feitas fora do escopo de um protótipo.

EXEMPLO 9.5 No trecho de código a seguir, a referência a funA, na linha 3, ocorre sem que a função tenha sido declarada: o compilador assume a existência de uma declaração implícita int funA() e considera a referência correta, já que não verifica a consistência dos argumentos em relação aos parâmetros declarados na definição da função.

```c
#include <stdio.h>
int main(void) {
  funA(4);
  int funA(double, int);
  funA(3.7, 66);
  funB("exem");
  return 0;
}
void funB(int a) {
  funA('a', 57);
}
```

A referência da linha 5 ocorre no escopo do protótipo declarado na linha 4 (com escopo de bloco, que vai da linha 4 até o fim da função main). Nesse caso, a referência é considerada correta porque a quantidade e o tipo dos argumentos são compatíveis com os declarados no protótipo.

A declaração induzida pela definição de funB, na linha 9, é um protótipo e tem escopo de arquivo, que vai da linha 9 até o fim da unidade de compilação. Assim, a referência a funB, na linha 6, ocorre fora do escopo de um protótipo: o compilador assume a existência de uma declaração implícita int funB() e considera a referência correta.

A referência a funA, na linha 10, também é considerada correta porque é avaliada no escopo da declaração implícita int funA(), já que o escopo do protótipo da linha 4 não atinge esse ponto. ■

A definição de uma função serve como declaração para as referências posteriores na mesma unidade de compilação. A declaração induzida pela definição contém as informações do cabeçalho da função.

EXEMPLO 9.6 O código a seguir possui uma referência circular que as definições das funções não conseguem resolver: a função obtem_num chama a função verifica_num que, por sua vez, chama a função obtem_num. A chamada à função obtem_num, na linha 12, ocorre no contexto da declaração induzida pela definição da função nas linhas 2-7. Mas a chamada à função verifica_num, na linha 6, ocorre sem que haja uma declaração anterior da função; o resultado é que o compilador não tem como verificar a correção dessa chamada. Se a definição da função verifica_num fosse deslocada para o início do programa, ocorreria o mesmo problema com a chamada à função obtem_num.

```c
#include <stdio.h>
int obtem_num (int inf, int sup) {
  int num;
  printf("Digite num entre %d e %d: ", inf, sup);
  scanf("%d", &num);
  return verifica_num(num, inf, sup);
}
int verifica_num(int num, int inf, int sup) {
```

```
 9    if ((num > inf) && (num < sup)) {
10       return num;
11    } else {
12       return obtem_num(inf, sup);
13    }
14  }
15  int main(void) {
16    int n = obtem_num(10, 35);
17    printf("numero lido %d\n", n);
18    return 0;
19  }
```

Como está, o código é gerado corretamente porque o compilador assume uma declaração implícita `int verifica_num()` e considera a chamada da linha 6 correta. Entretanto, a chamada seria considerada correta mesmo se estivesse errada, como em `return verifica_num("erro")`. A solução é declarar os protótipos das funções no início do código:

```
int obtem_num(int, int);
int verifica_num(int, int, int);
```
■

Deve-se preferir os protótipos declarados explicitamente àqueles induzidos pelas definições das funções. O uso de protótipos permite verificar a consistência dos argumentos, facilita as referências às funções a partir de outras unidades de compilação, soluciona as referências circulares, além de disciplinar a passagem de argumentos, como mostrado na Seção 9.5.

9.4 PARÂMETROS E ARGUMENTOS

A lista de parâmetros de uma função define as variáveis que receberão os valores usados nas chamadas à função. Costuma-se diferenciar parâmetros e argumentos do seguinte modo:

Parâmetros são as variáveis declaradas na definição de uma função.

Argumentos são as expressões usadas na chamada a uma função.

Também é comum chamar de *parâmetros formais* ou *argumentos formais* as variáveis declaradas na definição e de *parâmetros reais* ou *argumentos reais* as expressões usadas na chamada à função.

Uma função deve ser chamada com o mesmo número de argumentos que os parâmetros da sua definição: o valor de cada argumento será atribuído ao parâmetro correspondente da função. Essa atribuição é chamada de *passagem de argumentos*. Em geral, existem dois modos de passagem de argumentos:

Por valor. Uma cópia do argumento é atribuída ao parâmetro correspondente. As alterações feitas no parâmetro não afetam o argumento usado na chamada à função.

Por referência. O parâmetro passa a ser uma referência ao argumento usado na chamada. Toda alteração feita no parâmetro é refletida no argumento.

Em C existe apenas a passagem de argumentos por valor. Algumas vezes a passagem de um ponteiro é confundida com uma passagem de argumento por referência, mas esse não é o caso. O parâmetro que recebe um ponteiro recebe uma cópia do argumento e pode ser alterado à vontade sem modificar o argumento original.

EXEMPLO 9.7 No código a seguir, a função funA é chamada na linha 7 usando como argumentos a variável a, definida na linha 4, e o endereço da variável b, definida na linha 5.

Em funA, as variáveis paramétricas a e b recebem uma cópia do valor dos respectivos argumentos: a recebe o valor 58 e b o endereço que corresponde à variável b na função main. Nas linhas 13 e 16, essas variáveis são modificadas sem alterar o valor das variáveis originais na função main. A atribuição da linha 14 não modifica a variável b em funA, e sim o valor apontado por ela.

```
1  #include <stdio.h>
2  void funA(int, double *);
3  int main(void) {
4    int a = 58;
5    double b = 36.7;
6    printf("antes: %d %f %p\n", a, b, (void *)&b);
7    funA(a, &b);
8    printf("depois: %d %f %p\n", a, b, (void *)&b);
9    return 0;
10 }
11 void funA(int a, double *b) {
12   printf("recebidos: %d %f %p\n", a, *b, (void *)b);
13   a = 23;
14   *b = 23.0;
15   printf("modificados: %d %f %p\n", a, *b, (void *)b);
16   b = (double *)1223345;
17 }
```

Uma possível saída para esse programa (o valor do endereço de b pode variar dependendo do ambiente de execução) é:

```
antes:        58 36.700000 0xbf8c1da8
recebidos:    58 36.700000 0xbf8c1da8
modificados:  23 23.000000 0xbf8c1da8
depois:       58 23.000000 0xbf8c1da8
```

O conteúdo da variável a após a chamada é o mesmo que antes da chamada. A variável b em main foi modificada em decorrência da operação realizada no conteúdo apontado pela variável b em funA (linha 14), mas seu endereço permanece o mesmo, pois a modificação na linha 16 afeta apenas a cópia do endereço usado como argumento. ■

O especificador register é o único especificador de classe de armazenamento permitido na declaração de parâmetros, servindo apenas como uma orientação ao compilador. Os parâmetros declarados sem especificador de classe possuem classe de armazenamento auto. Os parâmetros não podem conter expressão de iniciação.

EXEMPLO 9.8 As seguintes declarações e definições estão erradas:

Declaração/definição	Erro
`int funA(float a = 3.4f, int);`	Declaração com lista de parâmetros contendo expressão de iniciação.

`int funA(float a, int b = 4) {`
`   /* codigo omitido */`
`}`
	Definição com lista de parâmetros contendo expressão de iniciação.

`int funA(float a, int) {`
`   /* codigo omitido */`
`}`
	Definição com lista de parâmetros contendo parâmetro não nomeado.

`int funA(static int a) {`
`   /* codigo omitido */`
`}`
	Parâmetro com classe de armazenamento diferente de `register`.

■

Em uma declaração os parâmetros podem ser de tipo completo ou incompleto, admitindo-se o tipo vetor de tamanho variável não especificado (declarado com a notação [*]). Já para uma definição, são permitidos os parâmetros de tipo completo, o que inclui o tipo vetor de tamanho variável (desde que especificado), além dos parâmetros de tipo vetor incompleto (declarado com a notação [ ]).

Os parâmetros do tipo função retornando ⟨T⟩, discutidos na Seção 9.13, são convertidos em ponteiros para função retornando ⟨T⟩. Do mesmo modo, os parâmetros do tipo vetor de ⟨T⟩, discutidos no Capítulo 10, são convertidos em ponteiros para ⟨T⟩.

EXEMPLO 9.9 Se o tipo `struct reg` é um tipo incompleto, as seguintes declarações e definições têm o significado descrito ao lado de cada uma. As definições e declarações inválidas estão indicadas, as demais são válidas:

Declaração/definição	Significado
`int funA(int [*]);`	Declara funA como uma função com um parâmetro do tipo vetor de int de tamanho variável não especificado.
`int funA(int []);`	Declara funA como uma função com um parâmetro de tipo vetor incompleto.

`int funA(int a[*]) {`
`   /* codigo omitido */`
`}`
	Definição inválida. A notação [*] só pode ser usada em declarações.

`int funA(int a[]) {`
`   /* codigo omitido */`
`}`
	Define funA como uma função com um parâmetro a do tipo vetor incompleto (que é convertido no tipo ponteiro para int).

`int funA(struct reg);`	Declara funA como uma função com um parâmetro do tipo incompleto struct reg.

`int funA(struct reg a){`
`   /* codigo omitido */`
`}`
	Definição inválida. Os parâmetros nas definições de função não podem ter tipo incompleto (exceto o tipo vetor incompleto).

■

9.5 CHAMADAS A FUNÇÕES

No código de um programa, a referência a uma função é feita por um *designador de função*, que normalmente é o nome da função mas pode ser qualquer expressão de um tipo função. A chamada a uma função ocorre sempre que o operador () é aplicado a um designador de função.

EXEMPLO 9.10 Se `fun` é o nome de uma função, então

a) `fun()` chama a função `fun` sem argumentos, e

b) `fun(x, 2 * y)` chama a função `fun` passando o valor da variável x como primeiro argumento e o valor da expressão `2 * y` como segundo argumento.

Se o endereço da função `fun` fosse armazenado na variável `fptr` (declarada como ponteiro para um tipo função apropriado), então a expressão `*fptr` seria um designador de função e a expressão `(*fptr)(4)` chamaria a função `fun` (designada por `*fptr`) passando o valor 4 como argumento. Os ponteiros para função são discutidos na Seção 9.14. ∎

Na chamada a uma função as expressões usadas como argumentos são avaliadas e seus valores atribuídos aos parâmetros correspondentes, o valor do primeiro argumento é atribuído ao primeiro parâmetro, o valor do segundo argumento ao segundo parâmetro, etc. A execução inicia apenas após a avaliação e atribuição de todos os argumentos.

Os argumentos do tipo função retornando $\langle T \rangle$ são convertidos no tipo ponteiro para função retornando $\langle T \rangle$ e os argumentos do tipo vetor de $\langle T \rangle$ são convertidos no tipo ponteiro para $\langle T \rangle$. O tratamento dos demais argumentos depende da chamada ocorrer dentro ou fora do escopo de um protótipo da função.

A chamada ocorre fora do escopo de um protótipo. Neste caso, os argumentos da chamada são promovidos segundo a seguinte *promoção-padrão de argumentos*:

1. A promoção inteira é aplicada a cada argumento do tipo inteiro.

2. Os argumentos do tipo `float` são promovidos para `double`.

O comportamento é indefinido se

a) a quantidade de argumentos é diferente da quantidade de parâmetros ou

b) o tipo dos argumentos, após a promoção, não é compatível com o tipo dos parâmetros correspondentes.

A chamada ocorre no escopo de um protótipo. Neste caso, os argumentos são convertidos implicitamente (como em uma atribuição) no tipo dos parâmetros correspondentes (tomando o tipo de cada parâmetro como a versão não qualificada do tipo declarado). Se a função é definida com um número variável de parâmetros, os argumentos que correspondem à parte variável recebem a promoção-padrão de argumentos.

As seguintes situações de comportamento indefinido são identificadas em tempo de compilação:

a) a quantidade de argumentos é diferente da quantidade de parâmetros e

b) o tipo dos argumentos é incompatível e não pode ser convertido no tipo dos parâmetros correspondentes.

EXEMPLO 9.11 No programa a seguir, a declaração da função `aloca_linha`, na linha 3, não impõe restrição quanto à quantidade ou ao tipo dos argumentos. As chamadas das linhas 8, 9 e 10 são consideradas corretas, embora apenas a chamada da linha 9 seja compatível com a definição da função na linhas 14-18.

Já a declaração da função `imp_msg`, na linha 4, especifica que a função não possui parâmetros. Desse modo, a referência feita na linha 7 está correta, mas outras referências usando argumentos seriam consideradas erradas.

```
const char *aloca_linha(int);
```

```
1  #include <stdio.h>
2  #include <stdlib.h>
3  const char *aloca_linha();
4  void imp_msg(void);
5  int main(void) {
6    const char *linha;
7    imp_msg();
8    linha = aloca_linha();
9    linha = aloca_linha(80);
10   linha = aloca_linha(73, 'a');
11   printf("linha alocada = %s", linha);
12   return 0;
13 }
14 const char *aloca_linha (int qtd) {
15   char *lin = (char *)malloc(qtd * sizeof(char));
16   lin = fgets(lin, qtd, stdin);
17   return lin;
18 }
19 void imp_msg(void) {
20   printf("Digite uma msg constante: ");
21 }
```

A definição da função `aloca_linha` nas linhas 14-18 causa a seguinte declaração induzida:
```
const char *aloca_linha(int);
```
No escopo da declaração induzida por sua definição, isto é, após o seu cabeçalho, qualquer referência à função `aloca_linha` deve ser feita com um único argumento compatível com o tipo int. ∎

EXEMPLO 9.12 No programa a seguir, a função `imp_msg` é definida nas linhas 4-6 com o parâmetro void. A declaração induzida por essa definição é um protótipo, e faz com que ela só possa ser referida sem argumentos, como ocorre na linha 12. Já a função `imp_ultima_msg` é definida nas linhas 7-9 com a lista de parâmetros vazia. A declaração induzida por essa definição não impõe restrição quanto à quantidade ou ao tipo dos argumentos. Desse modo, as chamadas nas linhas 15-17 são todas válidas, embora apenas a primeira seja compatível com a função.

```
1  #include <stdio.h>
2  #include <stdlib.h>
3  const char *aloca_linha(int);
4  void imp_msg(void) {
5    printf("Digite uma msg constante: ");
6  }
7  void imp_ultima_msg() {
8    printf("Fim do programa\n");
9  }
10 int main(void) {
11   const char *linha;
12   imp_msg();
13   linha = aloca_linha(80);
14   printf("linha alocada = %s", linha);
15   imp_ultima_msg();
16   imp_ultima_msg("fim");
17   imp_ultima_msg(23, "exem");
```

```
18    return 0;
19  }
20  const char *aloca_linha (int qtd) {
21    char *lin = (char *)malloc(qtd * sizeof(char));
22    lin = fgets(lin, qtd, stdin);
23    return lin;
24  }
```
∎

EXEMPLO 9.13 Se a função funA for definida como

```
int funA(const float x, char y) { /* codigo omitido */ }
```

então as seguintes chamadas possuem o efeito descrito ao lado de cada uma, caso ocorram no escopo de um protótipo, int funA(const float, char):

funA(3.4, 45)   A função é chamada com os valores 3,4 do tipo double, convertido no valor 3,4 do tipo float, e 45 do tipo int, convertido no valor 45 do tipo char.

funA(17.25f, 'a')   A função é chamada com os valores 17,25 do tipo float e 'a' do tipo char. Não ocorre conversão porque os tipos dos argumentos são idênticos aos tipos dos parâmetros.

funA(DBL_MAX, 97.23)   A função é chamada com os valores DBL_MAX do tipo double, convertido no valor inf (infinito) do tipo float, e 97,23 do tipo double, convertido no valor 97 do tipo char.

funA("1000", 3)   Ocorre um erro de compilação: o valor "1000" do tipo char * (cadeia de caracteres) é incompatível com o tipo float e não pode ser convertido em um valor desse tipo.

Por outro lado, se as chamadas ocorrerem no escopo de uma declaração implícita, int funA(), o resultado é indefinido, como ilustram os seguintes casos:

funA(3.4, 45)   A promoção-padrão não modifica o tipo original dos argumentos: double e int. Porém, como existe incompatibilidade entre o tipo dos argumentos e o tipo dos respectivos parâmetros, float e char, o comportamento é indefinido (não há conversão de tipo após a promoção-padrão de argumentos).

funA(17.25f, 'a')   Embora o tipo original dos argumentos seja compatível com o tipo dos respectivos parâmetros, a promoção-padrão é sempre aplicada. Assim, o primeiro argumento é convertido no valor 17,25 do tipo double e o segundo é convertido no valor 97 do tipo int (que é o código do caractere 'a'). Novamente o comportamento é indefinido, pois, após a promoção-padrão, o tipo dos argumentos é incompatível com o tipo dos respectivos parâmetros. ∎

9.6 VALOR DE RETORNO

O tipo do valor de retorno na declaração de uma função indica o tipo do valor que deve ser produzido pela função ou void, caso a função não produza valor. O tipo declarado para o valor de retorno não pode ser um tipo função ou vetor. Em uma definição de função o tipo do valor de retorno deve ser completo.

O valor de retorno de uma função é produzido pelo comando de retorno:

⟨*ComandoRetorno*⟩ ::= **return** [⟨*ExprRetorno*⟩] **;**

O comando `return` finaliza a execução da função produzindo o valor de retorno que resulta da avaliação da expressão ⟨*ExprRetorno*⟩, caso exista. Se o tipo do valor de retorno da função é `void`, o comando `return` não deve possuir expressão de retorno. Em caso contrário, o valor produzido pela expressão de retorno deve ser de um tipo compatível com o tipo declarado para o valor de retorno da função, havendo uma conversão ao tipo declarado, caso seja necessária. A expressão de retorno não deve resultar em um endereço para variável local, já que a memória alocada a esse tipo de variável é liberada ao término da função.

A execução de uma função também é finalizada

a) quando o fluxo da execução atinge o fim do seu corpo,
b) com a execução das funções `exit`, `_Exit` e `abort` (discutidas na Seção 9.15) ou
c) com uma interrupção produzida por um erro (discutida no Capítulo 14).

As funções que terminam com o fluxo da execução atingindo o fim do seu corpo devem ter o valor de retorno `void`: o comportamento é indefinido caso não tenham. A exceção é a função `main` que produz o valor 0 quando o fluxo da execução atinge o fim do seu corpo. Entretanto, a prática recomendável é finalizar a função `main` com um comando `return` ou com as funções `exit` ou `_Exit`.

EXEMPLO 9.14 As seguintes definições estão no escopo das declarações de tipos do código a seguir. Todas retornam valores compatíveis com o tipo especificado para o valor de retorno.

```
typedef int vet_t[30];
typedef struct reg1 {int a;} reg1_t;
```

Definição	Valor de retorno

`double funA(double a) {`
`  return 2 * a;`
`}`
	Retorna um valor do tipo `double` (o resultado da expressão `2 * a`).

`int funB(void) {`
`  return UINT_MAX;`
`}`
	O valor produzido pelo comando return, do tipo `unsigned int`, é convertido em um valor do tipo `int`. Se os negativos forem representados como complemento-2, o resultado será constante e igual a −1.

`void funC(int x) {`
`  printf("%d\n", x);`
`}`
	Não produz valor de retorno, o término ocorre quando o fluxo da execução atinge o fim do corpo da função.

`vet_t vetor;`
`int *funD(void) {`
`  return vetor;`
`}`
	Retorna um ponteiro para o primeiro elemento de vetor, um valor do tipo `int *`.

`reg1_t funE(void) {`
`  reg1_t a;`
`  return a;`
`}`
	Retorna o conteúdo de `a`, uma estrutura compatível com o tipo `reg1_t` especificado para o seu valor de retorno.

EXEMPLO 9.15 As seguintes definições estão no escopo das declarações de tipos do código a seguir. Todas contêm erros relacionados ao valor de retorno.

```
typedef int vet_t[30];
typedef struct reg1 {int a;} reg1_t;
typedef struct reg2 reg2_t;
typedef int fun_t(void);
```

Definição	Erro associado ao valor de retorno

`vet_t vetor;`
`vet_t funF(void) {`
`  return vetor;`
`}`
	Um tipo vetor não pode ser declarado como tipo do valor de retorno.

`int *funG(void) {`
`  vet_t vetor;`
`  return vetor;`
`}`
	A expressão de retorno não pode ser um endereço de uma variável local, como é o caso deste exemplo, já que a referência a vetor é convertida em um ponteiro para o seu primeiro elemento.

`fun_t funH(void) {`
`  return funB;`
`}`
	Um tipo função não pode ser declarado como tipo do valor de retorno.

`reg2_t funI(void) {`
`  reg2_t a;`
`  return a;`
`}`
	Um tipo incompleto não pode ser declarado como tipo do valor de retorno.

`float funJ(void) {`
`  reg1_t a;`
`  return a;`
`}`
	O valor de retorno, do tipo reg1_t, é incompatível com o tipo float definido como valor de retorno da função.

`char funK(int a) {`
`  if (a > 30) {`
`    return 's';`
`  }`
`}`
	Comportamento indefinido. Pode terminar sem executar um comando return, como requer o tipo char definido para seu valor de retorno.

`char funL(int a) {`
`  if (a > 30) {`
`    return 's';`
`  }`
`  return;`
`}`
	Comportamento indefinido, Pode executar um comando return sem valor, quando deveria produzir um valor de um tipo compatível com char.

■

9.7 FUNÇÕES RECURSIVAS

O conceito de recursividade é sintetizado pela chamada a uma função por ela mesma, direta ou indiretamente.

Recursividade direta, quando uma função chama ela mesma.

Recursividade indireta, quando uma função chama outra função que chama outra, em uma sequência que eventualmente resulta em uma chamada à função inicial. Por exemplo, a função funA chama a função funB que chama a função funA novamente.

1. Quando uma função recursiva é chamada novamente, a função chamadora é interrompida e todo o seu estado (variáveis e fluxo de execução) é armazenado, passando o controle para uma nova cópia da função chamada, que inicia como se estivesse sendo executada pela primeira vez.
2. Quando uma função recursiva é terminada, o controle volta para a função chamadora, que restaura o estado que tinha antes da chamada, e a execução prossegue como em um retorno convencional.
3. Como as funções recursivas são chamadas novamente antes de serem concluídas, é necessário que tenham uma condição de parada para interromper o processo de chamadas sucessivas.

A recursividade é apropriada para problemas cuja definição é estabelecida em termos recursivos. Nesses casos, o desenvolvimento de soluções usando funções recursivas é a alternativa mais simples.

EXEMPLO 9.16 A operação potência positiva de um número, a^b, pode ser expressa recursivamente do seguinte modo:

$$a^b = \begin{cases} a & \text{se } b = 1 \quad \text{(condição de parada),} \\ a(a^{b-1}) & \text{se } b > 1. \end{cases}$$

Isto é, a elevado à potência b é igual a a vezes a elevado à potência $b - 1$, que por sua vez é igual a a vezes a elevado à potência $(b - 1) - 1$, em uma sucessão de multiplicações que termina apenas quando se obtém a elevado à potência 1.

Para $a = 4$ e $b = 3$ a operação potência é realizada sucessivamente do seguinte modo: $4^3 = 4(4^2) = 4(4(4^1)) = 4(4(4)) = 4(16) = 64$. ∎

EXEMPLO 9.17 A operação fatorial, $a!$, pode ser expressa recursivamente do seguinte modo:

$$a! = \begin{cases} 1 & \text{se } a = 0 \quad \text{(condição de parada),} \\ a(a-1)! & \text{se } a > 0. \end{cases}$$

Para $a = 3$ a operação fatorial é realizada sucessivamente do seguinte modo: $3! = 3(2!) = 3(2(1!)) = 3(2(1(0!))) = 3(2(1(1))) = 3(2(1)) = 3(2) = 6$. ∎

EXEMPLO 9.18 No programa a seguir, a função potencia implementa de modo recursivo a operação a^b, para valores positivos de b. Para um valor de b maior que 0, o resultado de a é dado pela multiplicação de a por $a^{(b-1)}$; esse é o valor de retorno da função, que chama ela mesma na linha 11 para calcular a expressão a * potencia(a, --b).

Novas chamadas podem ocorrer até que eventualmente a função produza um resultado que não dependa de chamadas recursivas.

```
1  #include <stdio.h>
2  int potencia(int, int);
3  int main(void) {
4    printf("%d\n", potencia(5, 3));
5    return 0;
6  }
7  int potencia(int a, int b) {
```

```
 8    if (b == 1) {
 9        return a;
10    }
11    return a * potencia(a, --b);
12 }
```

A condição de parada é estabelecida na linha 8; se a potência b for igual a 1, então o valor de a^b é a, sendo esse o valor de retorno que interrompe o processo de chamadas sucessivas. A função potencia deste exemplo não trata as chamadas erradas, com argumentos negativos ou zero. Nesses casos, ocorre uma recursão infinita, com o programa sendo interrompido por falta de espaço em memória. ∎

EXEMPLO 9.19 O diagrama seguinte ilustra a sequência de chamadas do exemplo anterior, iniciando com a chamada potencia(5,3):

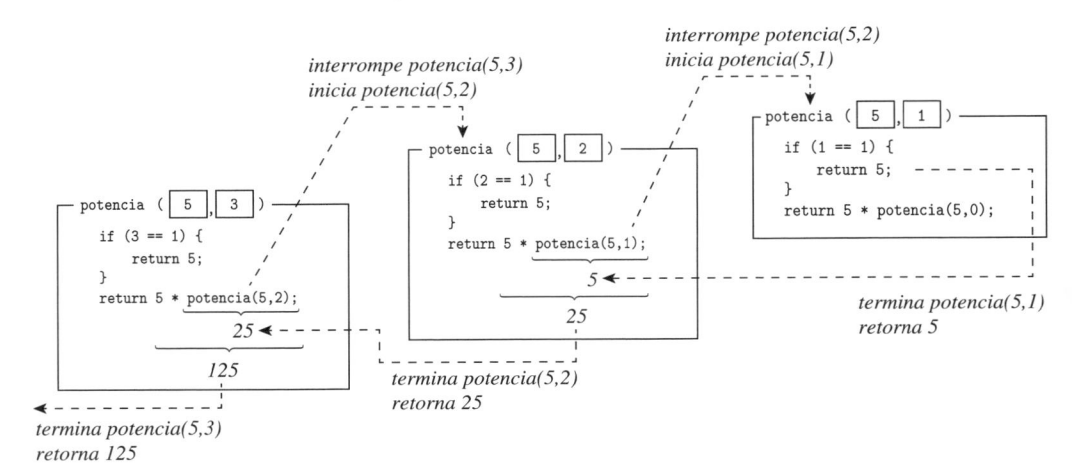

[Diagrama mostrando a sequência de chamadas recursivas de potencia(5,3), potencia(5,2), potencia(5,1), com os retornos 5, 25 e 125.]

Inicialmente a função potencia é chamada com os argumentos a igual a 5 e b igual a 3. Como b é diferente de 1, a execução é interrompida, iniciando-se uma nova execução da função potencia, agora com os argumentos a igual a 5 e b igual a 2. Nessa nova execução, b ainda é diferente de 1: a execução é interrompida, iniciando-se uma nova execução da função potencia, agora com os argumentos a igual a 5 e b igual a 1. Agora, na terceira execução, b é igual a 1, o que provoca o término da execução com o valor de retorno 5. A segunda execução é reiniciada e a avaliação da expressão interrompida é retomada, produzindo o valor de retorno 25. A primeira execução é reiniciada e a avaliação da expressão interrompida é retomada, produzindo o valor de retorno 125. Esse é o valor resultante da chamada potencia(5,3). ∎

EXEMPLO 9.20 A função fatorial a seguir retorna o fatorial do seu argumento. Nesse caso, existem duas condições de parada para tornar a função mais eficiente.

```
int fatorial(int a) {
  if ((a == 0) || (a == 1)) {
    return 1;
  }
  return a * fatorial(a - 1);
}
```

A função para quando *a* é igual a 1, evitando uma chamada desnecessária para *a* = 0, cujo resultado já se sabe ser 1. Entretanto, a condição de parada *a* = 0 permanece no código para tratar a chamada com o argumento zero (um único teste poderia ser realizado: `a <= 1`).

A função `fatorial` deste exemplo não trata erros. Se houver uma chamada indevida, com um argumento negativo, ocorre uma recursão infinita. ∎

9.8 NÚMERO VARIÁVEL DE PARÂMETROS

Uma função pode ser definida com um número variável de parâmetros, usando-se reticências para especificar a existência de uma quantidade indefinida de parâmetros após a declaração dos parâmetros iniciais. Deve existir pelo menos um parâmetro declarado na definição da função.

EXEMPLO 9.21 Os seguintes cabeçalhos de funções fazem parte de definições válidas especificando um número variável de parâmetros:

`float funA(int a, ...)` — Função retornando `float` com no mínimo um parâmetro. O primeiro parâmetro é do tipo `int` e os demais não são definidos.

`void funB(char a, long b, ...)` — Função sem valor de retorno com no mínimo dois parâmetros. O primeiro é do tipo `char`, o segundo é do tipo `long` e os demais não são definidos. ∎

As chamadas a funções com número variável de parâmetros também dependem da existência de protótipos:

a) Existe um protótipo. Os argumentos correspondentes aos parâmetros declarados são convertidos no tipo dos respectivos parâmetros. A promoção-padrão de argumentos é aplicada aos argumentos restantes.

b) Não existe um protótipo. O comportamento é indefinido se uma função definida com um número variável de parâmetros é chamada fora do escopo de um protótipo apropriado.

9.8.1 Acessando os argumentos adicionais

As macros definidas no arquivo-cabeçalho `stdarg.h` devem ser usadas para acessar os argumentos correspondentes aos parâmetros não declarados. O esquema geral é o seguinte:

1. Define-se uma lista que receberá os argumentos correspondentes aos parâmetros não declarados. O tipo dessa lista deve ser `va_list`:

    `va_list` ⟨*listaArg*⟩;

2. A lista de argumentos é iniciada, usando-se a macro `va_start` e informando a identificação do último parâmetro declarado:

    `va_start(`⟨*listaArg*⟩`,` ⟨*IdentUltimoPar*⟩`)`;

3. A macro `va_arg` é usada para obter os argumentos. Cada aplicação da macro resulta no próximo argumento da lista correspondente aos parâmetros não declarados. O valor resultante é do tipo indicado na aplicação da macro. O seguinte comando obtém o próximo argumento da lista ⟨*listaArg*⟩ como um valor do tipo ⟨*tipoArg*⟩:

   `va_arg(`⟨*listaArg*⟩`, `⟨*tipoArg*⟩`);`

4. A lista de argumentos deve ser liberada, com a macro `va_end`, após o seu uso:

   `va_end(`⟨*listaArg*⟩`);`

A macro `va_copy` pode ser usada para copiar a lista dos argumentos correspondentes aos parâmetros não declarados. O primeiro argumento da macro corresponde à lista original e o segundo à lista-destino:

`va_copy(`⟨*listaArg*⟩`, `⟨*cópiaListaArg*⟩`);`

A lista é copiada no estado em que se encontra: logo após a cópia, a execução da macro `va_arg` usando a lista-destino tem o mesmo efeito que usando a lista original. Se for necessário restaurar a lista de argumentos, deve-se liberá-la usando-se a macro `va_end`, antes de reiniciá-la com `va_start`.

Na execução de uma função com número variável de parâmetros o comportamento é indefinido se:

a) o último parâmetro nomeado, cujo identificador é usado na macro `va_start`, é declarado com a classe de armazenamento `register` ou com tipo função ou vetor; ou

b) a macro `va_arg` é usada quando não houver mais argumentos na lista de argumentos; ou

c) o tipo indicado na macro `va_arg` não é compatível com o tipo do argumento obtido; ou

d) a função termina sem a execução da macro `va_end`, ou a macro `va_end` é executada sem que a lista de argumentos tenha sido iniciada (com `va_start` ou `va_copy`).

EXEMPLO 9.22 No programa a seguir, a função `funA` (linhas 10-24) é definida com um número variável de argumentos. A função é projetada para receber, após o primeiro argumento, uma quantidade não especificada de argumentos do tipo `int` e um último argumento do tipo `double`. Costuma-se usar um dos parâmetros declarados para indicar a quantidade de argumentos usada em cada chamada. Neste exemplo, o primeiro argumento tem essa finalidade.

A lista de argumentos é declarada na linha 11 e iniciada na linha 12. O comando `for` (linhas 15-18) é usado para obter e imprimir `qtd - 1` argumentos do tipo `int`. O último argumento, do tipo `double`, é obtido e impresso nas linhas 20-21. A lista é liberada na linha 23.

```
1   #include <stdio.h>
2   #include <stdarg.h>
3   void funA(int, ...);
4   int main(void) {
5     funA(2, 'a', 23.4f);
6     funA(4, 'a', 'b', 'c', 218.f);
7     funA(1, 15.76f);
8     return 0;
9   }
10  void funA(int qtd, ...) {
11    va_list lpar;
```

```
12      va_start(lpar, qtd);
13      int argc;
14      double argd ;
15      for (int i = 0; i < qtd - 1; i++) {
16        argc = va_arg(lpar, int);
17        printf("%c ", argc);
18      }
19      if (qtd > 0) {
20        argd = va_arg(lpar, double);
21        printf("%f\n", argd);
22      }
23      va_end(lpar);
24    }
```

A função funA é chamada nas linhas 5, 6 e 7. Embora os argumentos adicionais sejam do tipo char e float, em funA eles são obtidos como int e double, pois a promoção-padrão é aplicada aos argumentos que correspondem aos parâmetros não declarados. ■

9.9 DESVIOS NÃO LOCAIS

A execução de uma função pode ser interrompida, com o controle passando a outro ponto do programa, possivelmente em outra função, através de desvios não locais. A macro setjmp e a função longjmp, declaradas no arquivo-cabeçalho setjmp.h, são usadas em conjunto para implementar desvios não locais – que podem ultrapassar os limites das funções em que ocorrem.

A macro setjmp salva parte do ambiente de execução e marca o ponto ao qual o fluxo de execução eventualmente retornará, desviado por uma chamada à função longjmp. O ambiente é salvo em uma área de armazenamento temporário do tipo jmp_buf, e contém as informações necessárias para que possa ser restaurado posteriormente: geralmente os ponteiros para a pilha de chamadas a função e blocos de execução, bem como o valor dos registradores são armazenados, permitindo que o fluxo de execução retorne ao ponto de salvamento[1].

A função longjmp recebe como argumentos a identificação de uma área de armazenamento temporário contendo um ambiente de execução salvo pela macro setjmp e um valor inteiro diferente de 0, e procede do seguinte modo:

1. Restaura o ambiente de execução segundo o conteúdo da área de armazenamento.
2. Desvia o fluxo de execução para a macro setjmp que salvou o ambiente restaurado.
3. Faz o valor de retorno dessa nova execução de setjmp ser igual ao valor recebido como argumento.

■ int setjmp(jmp_buf amb)

Salva o ambiente de execução na área de armazenamento temporário amb. A macro pode ser executada a partir do fluxo normal de execução ou em decorrência de uma chamada a longjmp.

Valor de retorno. Zero, se executada a partir do fluxo normal de execução. O valor de retorno quando a macro é executada em decorrência de uma chamada a

---

[1] O modo como as informações do ambiente são armazenadas e restauradas na execução de setjmp e longjmp é dependente da implementação.

longjmp é igual ao argumento fornecido à função longjmp ou 1, se esse argumento for igual a 0.

A função setjmp ou é usada isoladamente, como uma única expressão (possivelmente convertida no tipo void), ou como parte da condição de estruturas condicionais ou de repetição. Nesta última situação, pode ser usada como a própria expressão condicional, ou como um operando de uma expressão relacional em que o outro operando (se houver) seja uma expressão inteira constante. Embora não padronizado, também é comum seu uso como a expressão do lado direito de uma operação de atribuição.

- _Noreturn void longjmp(jmp_buf amb, int res)
  Restaura o ambiente de execução armazenado em amb, causa o desvio para o ponto de chamada da função (macro) setjmp que salvou o ambiente amb e define res como o valor resultante dessa nova chamada a setjmp.
  Valor de retorno. Não tem.

O parâmetro res não deve ter o valor 0, já que esse valor é reservado apenas para as execuções de setjmp que não sejam provenientes de um desvio provocado por longjmp. Caso o valor de res seja 0, o valor de retorno da nova chamada a setjmp será 1.

O par setjmp e longjmp é frequentemente usado nas seguintes situações:

1. Retorno de funções muito aninhadas. Marca-se com a macro setjmp o início das chamadas às funções e, a partir de qualquer ponto no interior das chamadas aninhadas, usa-se a função longjmp para retornar ao ponto inicial.

2. Tratamento centralizado de erros. Usa-se a execução da macro setjmp em uma estrutura condicional que implementa o processamento normal quando o valor de retorno é 0 e o tratamento de erros para os demais valores de retorno.

EXEMPLO 9.23 O programa a seguir ilustra o funcionamento da macro setjmp e da função longjmp para provocar o retorno de funções aninhadas. O uso para tratamento de erros é discutido no Capítulo 14.

```
1  #include <stdio.h>
2  #include <setjmp.h>
3  void funA(int);
4  void funB(int);
5  jmp_buf estado;
6  int main(void) {
7    int i = 0;
8    printf("inicio prog\n");
9    (void)setjmp(estado);
10   printf("Valor de i: ");
11   scanf("%d", &i);
12   if (i < 2) {
13     funA(i);
14   }
15   printf("fim prog\n");
16   return 0;
17 }
18 void funA(int x) {
19   printf("inicio funA\n");
20   if (x > 0) {
21     longjmp(estado, 2);
22   }
23   funB(2 * x);
```

```
24      printf("fim funA\n");
25  }
26  void funB(int y) {
27      printf("inicio funB\n");
28      if (y < 0) {
29          longjmp(estado, 4);
30      }
31      printf("fim funB\n");
32  }
```

Logo após o início do programa o ambiente de execução é salvo pela macro setjmp, na linha 9: o valor de retorno, zero, não é utilizado. Se o valor atribuído na linha 11 à variável i é igual a:

a) 0, a função funA é chamada tendo 0 como argumento. Na execução de funA ocorre a impressão da mensagem de início da função (na linha 19) e a chamada à função funB (na linha 23), tendo 0 como argumento.

Na execução de funB, como o valor de y é 0, as mensagens de início e fim são impressas e o fluxo retorna à linha 24, onde ocorre a impressão da mensagem de fim da função funA e o retorno à linha 15, onde ocorre a impressão da mensagem de fim de programa e o término da execução.

```
inicio prog
Valor de i:   0
inicio funA
inicio funB
fim funB
fim funA
fim prog
```

b) −1, a função funA é chamada tendo −1 como argumento. Na execução de funA ocorre a impressão da mensagem de início da função (na linha 19) e a chamada à função funB (na linha 23), tendo −2 como argumento.

Na execução de funB, ocorre a impressão da mensagem de início da função e o desvio do fluxo de execução, pela função longjmp da linha 29. Esse desvio é feito para o ponto da última execução da macro setjmp que salvou na variável estado as informações do ambiente, isto é, para a linha 9. A nova execução de setjmp resulta no valor 4 (que, entretanto, não é utilizado). A execução prossegue a partir desse ponto com uma nova leitura do teclado (linhas 10-11).

```
inicio prog
Valor de i:   -1
inicio funA
inicio funB
Valor de i:
```

c) 1, a função funA é chamada tendo 1 como argumento. Na execução de funA ocorre a impressão da mensagem de início da função (na linha 19) e o desvio do fluxo de execução, pela função longjmp da linha 21.

Esse desvio é feito para o ponto da última execução da macro setjmp que salvou o ambiente na variável estado, isto é, para a linha 9. O valor de retorno dessa nova execução de setjmp é 2 (que, entretanto, é desprezado). A execução prossegue a partir desse ponto com uma nova leitura do teclado (linhas 10-11).

```
inicio prog
Valor de i:   1
inicio funA
Valor de i:
```

Quando o ambiente é restaurado pela função `longjmp` as variáveis estáticas permanecem com o valor que possuem no momento da execução de `longjmp`, assim como as variáveis locais (à função que contém a macro `setjmp`) voláteis. Entretanto, o valor das variáveis locais não voláteis, se elas tiverem sido modificadas entre o armazenamento do ambiente e sua restauração, é indeterminado. Isso ocorre porque as variáveis locais não voláteis podem ser alocadas a registradores, cujo conteúdo pode não ser salvo pela macro `setjmp`.

O comportamento da função `longjmp` é indefinido se:

1. A função `longjmp` identifica uma área de armazenamento temporário que não tenha sido salva por uma chamada a `setjmp`.

2. A chamada a `setjmp` que salvou o ambiente de execução encontra-se no escopo de uma função que terminou (por exemplo, por conta de um comando `return` ou uma chamada a `longjmp`).

3. A chamada a `setjmp` que salvou o ambiente de execução encontra-se no escopo de um vetor de tamanho variável e o fluxo de execução tenha deixado esse escopo.

9.10 A FUNÇÃO MAIN

A função `main` pode ser definida sem parâmetros:

■ `int main(void)`

Inicia a execução do programa.

Valor de retorno. Valor inteiro indicando o estado do término da execução.

ou com dois parâmetros que capturam a quantidade e o valor dos argumentos fornecidos na linha de comando que inicia a execução do programa:

■ `int main(int qtd_arg, char *args[])`

Inicia a execução do programa armazenando em `qtd_arg` a quantidade de argumentos da linha de comando e em `args` os argumentos fornecidos.

Valor de retorno. Valor inteiro indicando o estado do término da execução.

O primeiro argumento é sempre o nome do programa e os demais consistem nas cadeias de caracteres, separadas por espaços, fornecidas após o nome do programa.

EXEMPLO 9.24 Para um programa de nome `prg`, as seguintes linhas de comando causam o armazenamento dos valores indicados ao lado de cada uma:

Linha de comando	Qtd	Argumentos Valor
`prg`	1	`"prg"`
`prg ghy% 12`	3	`"prg"`, `"ghy%"` e `"12"`
`prg 12.4 12`	3	`"prg"`, `"12.4"` e `"12"`
`prg 12 . 4 12`	5	`"prg"`, `"12"`, `"."`, `"4"` e `"12"`

Os argumentos são sempre armazenados como cadeias terminadas pelo caractere nulo. ■

EXEMPLO 9.25   O programa a seguir imprime a relação de todos os seus argumentos.

```
#include <stdio.h>
int main(int qarg, char *varg[]) {
  for (int i = 0; i < qarg; i++) {
    printf("arg[%d] = %s\n", i, varg[i]);
  }
  return 0;
}
```

9.11 CLASSE DE ARMAZENAMENTO

Apenas os qualificadores `static` e `extern` podem ser usados para determinar a classe de armazenamento de uma função e seu modo de ligação.

static.   Uma função declarada como `static` possui modo de alocação estático e ligação interna. Isto é, as declarações e a definição da função em uma mesma unidade de compilação referem-se todas à mesma função. Porém, pode haver em outras unidades de compilação funções distintas com o mesmo nome.

extern.   Uma função declarada como `extern` possui modo de alocação estático e ligação externa, exceto se houver no mesmo escopo uma declaração prévia com ligação interna, caso em que a ligação será interna.

Sem qualificador.   Uma função declarada sem qualificador para a classe de armazenamento possui modo de alocação e ligação determinados como se tivesse sido declarada com o qualificador `extern`.

EXEMPLO 9.26   As seguintes unidades de compilação fazem parte de um mesmo programa:

UNIDADE COMPILAÇÃO 1

```
1  #include <stdio.h>
2  static void funA(void);
3  void funB(void);
4  extern void funC(void);
5  void funD(void);
6  int main(void) {
7    funA(); funB(); funC(); funD();
8    return 0;
9  }
10 static void funA(void) {
11   printf("funA(1)\n");
12 }
13 void funD(void) {
14   printf("funD\n");
15 }
```

UNIDADE COMPILAÇÃO 2

```
1  #include <stdio.h>
2  static void funA(void);
3  void funB(void);
4  void funC(void);
5  extern void funD(void);
6  void funB(void) {
7    printf("funB\n");
8    funA();
9  }
10 extern void funA(void) {
11   printf("funA(2)\n");
12 }
13 extern void funC(void) {
14   printf("funC\n");
15   funD();
16 }
```

1. A função `funA` é declarada na linha 2 da unidade de compilação 1 com ligação interna. Na linha 10, `funA` é declarada novamente (induzida pela definição) com ligação interna. Toda referência a `funA`, na unidade de compilação 1, executará a função definida nas linhas 10-12 dessa unidade.

2. A função `funA` é declarada na linha 2 da unidade de compilação 2 com ligação interna. Na linha 10, `funA` é declarada novamente (induzida pela definição) com ligação interna, apesar do qualificador `extern`, porque existe declaração prévia visível com ligação inter-

na. Toda referência a funA, na unidade de compilação 2, executará a função definida nas linhas 10-12 da unidade 2.

3. A função funB é declarada na linha 3 da unidade 1 com ligação externa, pois não existe declaração prévia visível com ligação interna. Do mesmo modo, funB é declarada nas linhas 3 e 6 (induzida pela definição) da unidade 2 com ligação externa. Em todo o programa, as referências a funB executarão a função definida nas linhas 6-9 da unidade 2.

4. A função funC é declarada na linha 4 da unidade 1 com ligação externa, pois não existe declaração prévia visível com ligação interna. Essa função também é declarada nas linhas 4 e 13 (declaração induzida) da unidade 2 com ligação externa. Em todo o programa, as referências a funC executarão a função definida nas linhas 13-16 da unidade 2.

5. A função funD é declarada nas linhas 5 e 13 (declaração induzida) da unidade 1 com ligação externa. Na unidade 2, essa função é declarada na linha 5 com ligação externa. Em todo o programa, as referências a funD executarão a função definida nas linhas 13-15 da unidade 1. ■

Todas as declarações de uma função em uma unidade de compilação devem resultar no mesmo tipo de ligação. Além disso, funções com ligação externa devem ter no máximo uma definição em todo o programa, e funções com ligação interna devem ter no máximo uma definição na unidade em que são declaradas. Pode haver declarações sem definição, desde que não haja referência a essas funções.

9.12 FUNÇÕES EM LINHA

O especificador inline orienta o compilador a fazer com que a chamada à função seja a mais rápida possível. Frequentemente isso implica na inserção do código da função no ponto da chamada, evitando assim a transferência do controle e toda preparação necessária à execução da função. Essa inserção é chamada de *substituição em linha*[2] e a função declarada com o especificador inline é chamada de *função em linha*. Entretanto, o compilador não é obrigado a seguir a orientação sugerida pelo especificador.

9.12.1 Funções em linha com ligação interna

Qualquer função com ligação interna pode ser declarada em linha.

EXEMPLO 9.27 Nos três programas a seguir, a função dobro possui ligação interna e é declarada em linha. No programa à direita, apesar do especificador extern, a função possui ligação interna porque existe uma declaração prévia com ligação interna.

```
#include <stdio.h>
inline static int dobro(int);
int main(void) {
  printf("%d\n", dobro(23));
  return 0;
}
static int dobro(int a) {
  return 2 * a;
}
```

```
#include <stdio.h>
static int dobro(int);
int main(void) {
  printf("%d\n", dobro(23));
  return 0;
}
inline static int dobro(int a) {
  return 2 * a;
}
```

```
#include <stdio.h>
inline static int dobro(int);
int main(void) {
  printf("%d\n", dobro(23));
  return 0;
}
extern int dobro(int a) {
  return 2 * a;
}
```

---

[2] A substituição em linha não equivale a uma substituição textual.

Em todas essas situações a chamada à função dobro pode (ou não) ser substituída pelo código da função. Alguns compiladores fazem a substituição em linha apenas para as chamadas que estão no escopo de uma declaração em linha; nesse caso, a chamada no programa do meio não seria substituída. ∎

9.12.2 Funções em linha com ligação externa

Quando uma função declarada em linha possui ligação externa, ela deve ser definida na mesma unidade de compilação.

EXEMPLO 9.28 Nos três programas a seguir, a função dobro possui ligação externa e é declarada em linha. Em todos eles, a função é definida na mesma unidade de compilação.

```
#include <stdio.h>
inline int dobro(int);
int main(void) {
  printf("%d\n", dobro(23));
  return 0;
}
int dobro(int a) {
  return 2 * a;
}
```

```
#include <stdio.h>
inline extern int dobro(int);
int main(void) {
  printf("%d\n", dobro(23));
  return 0;
}
inline extern int dobro(int a) {
  return 2 * a;
}
```

```
#include <stdio.h>
inline extern int dobro(int);
int main(void) {
  printf("%d\n", dobro(23));
  return 0;
}
inline int dobro(int a) {
  return 2 * a;
}
```

Por ter ligação externa, a função dobro pode ser referida em outras unidades de compilação, mas nas demais unidades sua declaração não deve conter o especificador inline, pois que a função teria múltiplas definições (já que em cada unidade com declaração em linha deve haver uma definição). Se for necessário declarar uma função em linha em múltiplas unidades, deve-se usar uma *definição em linha* em cada unidade de compilação na qual a função é declarada. ∎

Definição em linha. Quando em uma unidade de compilação todas as declarações de uma função com ligação externa possuem o especificador inline sem a classe de armazenamento extern, a definição da função nessa unidade de compilação, se existir, é uma *definição em linha*. Uma definição em linha funciona como uma definição provisória para a função, mas não substitui a definição própria que deve existir em outra unidade de compilação (se o código fizer referência à função).

EXEMPLO 9.29 No programa a seguir, a função dobro possui ligação externa e todas as suas declarações usam o especificador inline sem a classe extern. A definição de dobro, nas linhas 9-11, é uma definição em linha, não é uma definição própria.

```
1  #include <stdio.h>
2  inline int dobro(int);
3  int main(void) {
4    int num;
5    scanf("%d", &num);
6    printf("%d\n", dobro(num));
7    return 0;
8  }
9  inline int dobro(int a) {
10   return 2 * a;
11 }
```

Como a função é referida no programa, deve haver uma definição própria em outra unidade de compilação. Na execução do programa, essa definição própria é utilizada. ∎

Uma série de circunstâncias pode fazer o compilador não seguir a recomendação de colocar as funções em linha. Por exemplo, a existência de uma quantidade variável de parâmetros, o uso de tipos de dados de tamanho variável, a referência a variáveis estáticas em funções com ligação externa, etc. A própria substituição em linha é de difícil implementação. O compilador gcc, por exemplo, segue o padrão da linguagem apenas para as funções declaradas como `static`.

9.13 O TIPO DE UMA FUNÇÃO

O tipo de uma função é caracterizado pelo tipo do seu valor de retorno e dos seus parâmetros.

Declaração	Tipo	Descrito como
`int funA()`	`int ()`	Função retornando `int`.
`int funB(void)`	`int (void)`	Função retornando `int`.
`char *funC(int, float)`	`char *(int, float)`	Função de `int` e `float` retornando ponteiro para `char`.
`struct reg funD(int)`	`struct reg (int)`	Função de `int` retornando `struct reg`.

Às vezes, quando se quer realçar o seu valor de retorno, ao interpretá-la como um ponteiro, por exemplo, uma função cujo tipo do valor de retorno é ⟨*T*⟩ pode ser referida apenas como *função retornando* ⟨*T*⟩, independentemente da quantidade de parâmetros que possua.

Quando usados em expressões, os designadores de função do tipo função retornando ⟨*T*⟩ são convertidos em um valor do tipo *ponteiro para função retornando* ⟨*T*⟩.

Tipo da expressão	Convertido em	Descrito como
`int ()`	`int (*)()`	Ponteiro para função retornando `int`.
`int (void)`	`int (*)(void)`	Ponteiro para função retornando `int`.
`char *(int, float)`	`char *(*)(int, float)`	Ponteiro para função retornando `char *`.
`struct reg (int)`	`struct reg (*)(int)`	Ponteiro para função retornando `struct reg`.

A conversão em um valor do tipo ponteiro ocorre, por exemplo, em uma chamada à função, quando se utiliza o designador da função como operando do operador `()`.

9.13.1 Definindo tipos função

Um tipo função pode ser definido com o operador `typedef` usando-se a declaração do novo tipo como se fosse a declaração de um protótipo de função.

EXEMPLO 9.30 As seguintes declarações têm o significado descrito ao lado de cada uma:

`int funA(int)` Declara a função `funA` do tipo `int (int)`, função de `int` retornando `int`.

```
typedef int funA_t(int)
void funB(float *, int)



typedef void funB_t(float *, int)
```
Declara o tipo `funA_t` como sinônimo de `int (int)`.
Declara a função `funB` do tipo `void (float *, int)`, função de `float *` e `int` sem valor de retorno.
Declara o tipo `funB_t` como sinônimo de `void (float *, int)`. ■

O tipo função definido com `typedef` pode ser usado para simplificar a declaração de tipos em expressões.

EXEMPLO 9.31 As definições de tipo `funA_t` e `funB_t` são usadas nas expressões:

```
typedef float funA_t (int , int);
typedef void funB_t (char *);
```

`funA_t *vetf[30];` — Declara `vetf` como um vetor de 30 elementos do tipo ponteiro para `funA_t`, isto é, ponteiro para função de `int` e `int` retornando `float`.

`funB_t fun;` — Declara `fun` com uma variável do tipo `funB_t`, isto é, função de `char *` sem valor de retorno.

`char funtst(funA_t *, int);` — Declara `funtst` como um protótipo de função cujo primeiro parâmetro é um ponteiro para `funA_t`, o segundo é do tipo `int` e o tipo do valor de retorno é `char`. Isto é, o primeiro parâmetro é um ponteiro para função de `int` e `int` retornando `float`.

`funB_t *funtst2(funA_t *);` — Declara `funtst2` como um protótipo de função cujo primeiro parâmetro é um ponteiro para `funA_t` e o tipo do valor de retorno é ponteiro para `funB_t`. Isto é, o valor de retorno é um ponteiro para uma função de `char *` sem valor de retorno.

As duas últimas expressões declaram funções que recebem ponteiros para funções, com a última também retornando um valor do tipo ponteiro para função. Esse tipo de declaração seria especialmente complicado se não fossem utilizados os tipos `funA_t` e `funB_t`, como mostram as seguintes declarações equivalentes:

```
char funtst(float (*)(int, int), int);
void (*funtst2(float (*)(int, int)))(char *);
```
■

O tipo função é usado nas declarações de funções e na verificação de compatibilidade de expressões que envolvam designadores de função. A declaração de variáveis de tipo função apenas faz sentido para variáveis paramétricas, já que não se pode usar uma variável de tipo função como o operando esquerdo do operador de atribuição. Entretanto, é comum declarar variáveis do tipo ponteiro para função.

9.13.2 Compatibilidade

Dois tipos (que designam) funções são compatíveis se possuem tipos de valor de retorno compatíveis e, se ambos possuem lista de parâmetros, as seguintes condições são satisfeitas:

a) a quantidade de parâmetros deve ser igual,

b) os tipos dos parâmetros correspondentes devem ser compatíveis, e

c) se uma lista de parâmetros contém reticências, a outra também deve conter.

9.14 PONTEIROS PARA FUNÇÃO

Variáveis do tipo ponteiro para função podem ser declaradas e usadas para chamar as funções por elas apontadas. Se f_ptr é um ponteiro para função do tipo $\langle T \rangle$ (void), então f_ptr() e (*f_ptr)() causam a execução da função apontada pelo ponteiro; o valor resultante é do tipo $\langle T \rangle$.

EXEMPLO 9.32 O programa a seguir lê um valor inteiro do teclado e executa a função funA, se o valor lido for igual a 1, ou a função funB, se o valor lido for igual a 2.

O tipo fun_t é definido na linha 4 como idêntico ao tipo das funções funA e funB: void (char). Um vetor de ponteiros para fun_t é declarado na linha 7 e iniciado com os nomes das funções que se quer executar. Esse tipo de construção é válido porque as referências a funções são convertidas em ponteiros para as funções referidas.

Na linha 11, a função correspondente ao elemento selecionado é chamada.

```
1   #include <stdio.h>
2   void funA(char);
3   void funB(char);
4   typedef void fun_t(char);
5   int main(void) {
6     int op;
7     fun_t *f[2] = {funA, funB};
8     printf("Operacao (1 ou 2): ");
9     scanf("%d", &op);
10    if ((op == 1) || (op == 2)) {
11      f[op - 1]('x');
12    }
13    return 0;
14  }
15  void funA(char c) {
16    printf("funA: %c\n", c);
17  }
18  void funB(char c) {
19    printf("funB: %c\n", c);
20  }
```

A definição do tipo fun_t na linha 4 simplifica a referência ao tipo das funções. Se não houvesse essa declaração, o vetor de ponteiros para função de char retornando void teria que ser declarado do seguinte modo:

```
void (*f[2])(char) = {funA, funB};
```

A estratégia usada nesse programa é conveniente para implementar menus de funções armazenadas em vetores. Para incluir ou excluir funções apenas a declaração do vetor de funções e a definição das funções devem ser modificadas, o código que aciona as funções permanece inalterado. ■

EXEMPLO 9.33 A função operacao do programa a seguir é definida nas linhas 18-20, tendo como parâmetros um ponteiro para uma função e um valor do tipo int. Ela executa a função f usando o valor x, ambos recebidos como argumentos, e imprime o resultado da execução.

O programa chama a função operacao nas linhas 10 e 12, usando como argumentos a função que será executada e o valor que será utilizado em sua execução. Tanto a declaração da função, na linha 4, quanto sua definição, nas linhas 18-20, declaram explicitamente o tipo ponteiro para função de int retornando int.

```
1  #include <stdio.h>
2  int dobro(int);
3  int triplo(int);
4  void operacao(int (*)(int), int);
5  int main(void) {
6    int op;
7    printf("Operacao (1 ou 2): ");
8    scanf("%d", &op);
9    switch (op) {
10     case 1:  operacao(dobro, 168);
11              break;
12     case 2:  operacao(triplo, 168);
13              break;
14     default: break;
15   }
16   return 0;
17 }
18 void operacao(int (*f)(int), int x) {
19   printf("resultado %d\n", f(x));
20 }
21 int dobro(int x) {
22   return 2 * x;
23 }
24 int triplo(int x) {
25   return 3 * x;
26 }
```

Esse programa ficaria mais simples se um novo tipo fosse declarado:

```
typedef int fun_t(int);
```

e usado na declaração e na definição da função:

```
void operacao(fun_t *, int).
```
■

Na execução de um programa, o comportamento é indefinido se um ponteiro é usado para chamar uma função cujo tipo não é compatível com o tipo apontado por ele.

9.15 CONTROLANDO O TÉRMINO DA EXECUÇÃO

A execução de um programa C começa com a chamada à função main pelo ambiente de execução e termina de dois modos:

Término normal. Quando o fluxo da execução atinge o fim da função main, quando a função main é finalizada pela execução do comando return ou quando as funções exit ou _Exit são executadas.

Término anormal. Quando a execução é interrompida pela ocorrência de um erro de execução não recuperável, que pode ser lançado pelo ambiente ou pelas funções raise ou abort.

Quando um programa é finalizado ele retorna para o ambiente um valor inteiro que descreve o estado do término da execução, podendo indicar um término bem-sucedido, caracterizado pelo valor 0 ou EXIT_SUCCESS, ou um término malsucedido, caracterizado pelo valor EXIT_FAILURE. O estado do término da execução pode ser usado pelo ambiente (ou em roteiros de execução[3]) para realizar ações que dependem da forma como a execução terminou.

O valor numérico produzido por um programa é 0, se a execução termina ao atingir o fim da função main, o valor da expressão do comando return executado pela função main, o valor do argumento das funções exit ou _Exit ou um valor dependente da implementação nos demais casos.

As seguintes ações podem ser executadas por um programa por ocasião de seu término, dependendo do modo como ele é finalizado:

1. Executar as funções de término registradas pela função atexit.
2. Gravar nos arquivos de saída os dados ainda não gravados que estejam em suas áreas de armazenamento temporário.
3. Fechar os arquivos ainda abertos.
4. Remover os arquivos temporários.

As funções a seguir, declaradas no arquivo-cabeçalho stdlib.h (assim como as macros EXIT_SUCCESS e EXIT_FAILURE), são usadas para controlar o modo como a execução de um programa termina:

- **int atexit(void (*fun)(void))**

    Registra a função apontada por fun, que será executada se o programa terminar normalmente. A função fun deve ser definida como uma função sem parâmetros retornando void.

    Valor de retorno. Zero, se o registro é bem-sucedido, ou um valor diferente de 0, em caso de falha.

    Até 32 funções podem ser registradas. Todas serão chamadas ao término normal do programa, na ordem inversa à que foram registradas. Uma mesma função pode ser registrada e executada várias vezes.

- **_Noreturn void exit(int estado)**

    Causa o término normal do programa lançando o código estado para ser capturado pelo ambiente, e.g. por um roteiro de execução a partir do qual o programa foi iniciado.

    Valor de retorno. Não tem.

A execução da função exit faz todas as funções registradas com a função atexit serem executadas, na ordem inversa à que foram registradas, todos os dados que ainda estejam nas áreas de armazenamento temporário associadas às operações de saída sejam gravados, todos os arquivos ainda abertos sejam fechados e todos os arquivos temporários sejam removidos. A versão 2011 do padrão da linguagem define as funções at_quick_exit e quick_exit, semelhantes às funções atexit e exit. Entretanto, a lista de registro da função atexit não se confunde com a da função at_quick_exit e os programas terminados com quick_exit não precisam atualizar, remover ou fechar os arquivos abertos.

O comando return ⟨*Expr*⟩ usado na função main tem o mesmo efeito que a função exit(⟨*Expr*⟩). Entretanto, no corpo de qualquer outra função o return apenas

---

[3] Um exemplo típico são os *scripts* (roteiros de execução) escritos na linguagem de comandos do sistema operacional.

finaliza a função que está sendo executada, enquanto que a função exit sempre termina a execução do programa.

- _Noreturn void _Exit(int estado)

    Causa o término normal do programa lançando o código estado para ser capturado pelo ambiente de execução. Nenhuma função registrada com atexit é chamada. A gravação dos dados que estejam nas áreas de armazenamento temporário associadas às operações de saída, o fechamento dos arquivos abertos e a remoção dos arquivos temporários é dependente da implementação.

    Valor de retorno. Não tem.

- _Noreturn void abort(void)

    Lança um sinal SIGABRT, que causará o término anormal do programa se não for capturado e tratado.

    Valor de retorno. Não tem.

Em um término anormal não há garantia de que as áreas de armazenamento temporário sejam esvaziadas, os arquivos abertos sejam fechados e os temporários removidos. Essas ações dependem da implementação.

EXEMPLO 9.34 O programa a seguir implementa um esquema rudimentar de recuperação do processamento para ilustrar o uso das funções atexit e abort. Sua compreensão requer o estudo dos mecanismos de leitura e gravação de arquivos (Capítulo 13) e tratamento de erros (Capítulo 14).

O comando do (linhas 25-36) engloba a parte principal do processamento, que é a leitura do teclado de uma série de números inteiros positivos, armazenando em qtd a quantidade e em soma a soma dos números lidos. Após as leituras o programa imprime (linhas 37-38) a quantidade, soma e média dos números lidos. O programa termina com a digitação do 0 (linhas 27-29). A digitação de um número negativo (linhas 30-32) permite simular um término anormal, com a execução da função abort.

No início do programa (linhas 17-21) verifica-se a existência de um arquivo de nome recupera.prog. Se esse arquivo existir é sinal de que houve um término anormal da execução anterior do programa e a função de recuperação é acionada. Essa função (linhas 48-51) recupera a quantidade e a soma dos números lidos na execução anterior, que estão gravadas no arquivo recupera.prog. Desse modo, o usuário pode reiniciar o processamento a partir do ponto em que a execução foi interrompida, sem precisar digitar novamente os números já digitados. Se o arquivo não existir é sinal de que o processamento anterior terminou sem erros. Em qualquer caso, um novo arquivo de recuperação é sempre criado na linha 24.

```
1   #include <stdio.h>
2   #include <stdlib.h>
3   #include <signal.h>
4   #include <stdbool.h>
5   void interrompe(int);
6   void remove_arq(void);
7   void finaliza(void);
8   void registra_dados(int, int);
9   void recupera_dados(int *, int *);
10  FILE *arq;
11  int main(void) {
12      int qtd = 0, soma = 0, num;
13      signal(SIGABRT, interrompe);
14      atexit(finaliza);
15      atexit(remove_arq);
```

```c
16    arq = fopen("recupera.prg", "r+b");
17    if (arq != NULL) {
18      printf("Reinicio processamento\n");
19      recupera_dados(&qtd, &soma);
20      fclose(arq);
21    } else {
22      printf("Inicio processamento\n");
23    }
24    arq = fopen("recupera.prg", "w+b");
25    do {
26      scanf("%d", &num);
27      if (num == 0) {
28        break;
29      }
30      if (num < 0) {
31        abort();
32      }
33      soma = soma + num;
34      qtd++;
35      registra_dados(qtd, soma);
36    } while (true);
37    printf("qtd= %d, soma= %d, media= %g",
38            qtd, soma, (double)soma/qtd);
39    fclose(arq);
40    printf("\nfim de programa\n");
41    exit(EXIT_SUCCESS);
42  }
43  void registra_dados(int qtd, int soma) {
44    fseek(arq, 0L, SEEK_SET);
45    fwrite(&qtd, sizeof(int), 1, arq);
46    fwrite(&soma, sizeof(int), 1, arq);
47  }
48  void recupera_dados(int *qtd, int *soma){
49    fread(qtd, sizeof(int), 1, arq);
50    fread(soma, sizeof(int), 1, arq);
51  }
52  void remove_arq(void) {
53    if (remove("recupera.prg") == 0) {
54      printf("arq temp removido\n");
55    } else {
56      printf("arq temp nao removido\n");
57    }
58  }
59  void finaliza(void) {
60    printf("termino finalizacao\n");
61  }
62  void interrompe(int sinal) {
63    printf("programa interrompido\n");
64    fclose(arq);
65  }
```

A leitura dos números, continuando a execução anterior, caso tenha havido recuperação dos dados, ou iniciando uma nova execução, ocorre no corpo do comando do (linhas 25-36). Após a leitura e soma de cada número, a função registra_dados é chamada para registrar o novo estado das variáveis qtd e soma. Na eventualidade de uma interrupção, a função interrompe, registrada com o comando signal da linha 13, fecha o arquivo de recuperação para que ele possa ser usado na próxima execução.

Se o programa terminar normalmente, as funções remove_arq e finaliza, registradas com a função atexit nas linhas 14 e 15, são chamadas, nessa ordem, para remover o arquivo de recuperação e finalizar o procedimento de término normal. Com o arquivo de recuperação removido a próxima execução será considerada uma nova execução, e não uma recuperação do processamento anterior.

Se o comando `_Exit` fosse usado na linha 41, o programa terminaria normalmente, mas as funções de término registradas com `atexit` não seriam acionadas. ∎

9.16 EXECUTANDO COMANDOS DO SISTEMA

Os comandos do sistema operacional podem ser executados através da função `system`, definida no arquivo-cabeçalho `stdlib.h`.

- ■ `int system(const char *comando)`

  Envia a cadeia apontada por `comando` para execução pelo processador de comandos ou, se a cadeia `comando` é nula, verifica se o ambiente de execução possui um processador de comandos. O comportamento é indefinido se a cadeia `comando` é enviada a um ambiente que não possui processador de comandos.

  Valor de retorno. Se a cadeia `comando` é nula, retorna um valor diferente de zero, se o ambiente possui um processador de comandos, ou zero, em caso contrário. Se `comando` é diferente de nulo, o valor de retorno depende da implementação.

EXEMPLO 9.35 Nos sistemas Linux a chamada `system("clear")` limpa a janela de execução do terminal em que o programa é executado. Equivale à execução do comando `clear` pelo processador de comandos. ∎

EXERCÍCIOS

9.1 O que é o fluxo de execução de um programa?

9.2 O que são função e procedimento?

9.3 Qual a diferença entre declaração e definição de função?

9.4 É possível uma função ser declarada ou definida mais de uma vez?

9.5 O que é um protótipo de função?

9.6 O que é uma declaração implícita de função e quando ela ocorre?

9.7 Das declarações e definições de funções do trecho de código a seguir, quais são definições, quais são protótipos e quais são apenas declarações (não são protótipos)?

```
1   char funA(int, int);
2   float funB();
3   void funC();
4   int main(void) {
5      long int funD(const char);
6      /* codigo omitido */
7      return 0;
8   }
9   void funE() {
```

```
10    /* codigo omitido */
11    }
12    double funF(void);
13    void funG(void);
```

9.8 Qual o escopo de cada função declarada no trecho de código do exercício anterior?

9.9 Qual o modo de alocação e ligação das funções declaradas no seguinte trecho de código?

```
static double funA(void);
extern void funB(int x, const short int);
static int funC(float, char, int);
extern long int funD(void);
extern double funA(void);
void funB(int, const short int);
int funC(float a, char c, int b);
double funE(const int, register int);
static void funF(int);
```

9.10 Qual o tipo do valor de retorno e dos parâmetros de cada função declarada no exercício anterior?

9.11 O que são as passagens de argumentos por valor e por referência? Qual dos dois modos de passagem de argumentos é utilizado em C?

9.12 Considerando que tp_vetor é um tipo vetor e tp_fun é um tipo função, o que está errado com as seguintes declarações e definições de funções?

```
#include <stdio.h>
typedef int tp_vetor[2];
typedef int tp_fun(void);
int funA(int a, char a);
long double funB(static int);
char funC(float b, int c = 2);
void funD(int x[*]) {
  printf("exemplo\n");
}
void funE(int x) {
  return x;
}
float funF(int x) {
  printf("%d\n", x);
}
int *funG(void) {
  int x;
  return &x;
}
tp_vetor funH(void);
tp_fun funI(void);
```

9.13 Quais das seguintes chamadas a funções estão corretas e quais estão erradas? Especifique os erros.

```
1  #include <stdio.h>
2  void funB();
3  void funC(void);
```

```
4   void funD(int);
5   int main(void) {
6     int x = 2; double y = 3;
7     funA(x, y);
8     funA();
9     funB(x);
10    funC(x);
11    funC();
12    funD();
13    funD(x);
14    funD(x, y);
15    return 0;
16  }
```

9.14 O que é impresso pelo programa a seguir?

```
#include <stdio.h>
#include <stdarg.h>
float media(int, ...);
int main(void) {
  printf("%f\n", media(2, 3.0f, 5.6f));
  printf("%f\n", media(3, 4.2, 5.6, 4.9));
  return 0;
}
float media(int qtd, ...) {
  double soma = 0.0;
  va_list nums;
  va_start(nums, qtd);
  for (int i = 0; i < qtd; i++) {
    soma = soma + va_arg(nums, double);
  }
  va_end(nums);
  return (float)(soma / qtd);
}
```

9.15 O que são funções em linha e como são caracterizadas em C?

9.16 Qual o tipo das funções declaradas a seguir?

a) `int funA(int, char *);`   b) `int *funB(void);`

c) `float funC(double, char);`   d) `void funD(short int, char);`

9.17 De quais tipos os identificadores `funA_t`, `funB_t`, `funC_t` e `funD_t` são sinônimos?

a) `typedef int funA_t(void);`

b) `typedef short int funB_t(int, float);`

c) `typedef void funC_t(double, short int);`

d) `typedef double funD_t();`

9.18 Considerando que os tipos `funA_t`, `funB_t`, `funC_t` e `funD_t` são declarados como no exercício anterior, quais das chamadas a funções do código a seguir estão corretas? Explique o que está errado com as demais.

```
1   int main(void) {
2     funA_t *funA1, *funA2;
3     funB_t *funB1, *funB2;
```

```
4      funC_t *funC1;
5      funD_t *funD1;
6      /* codigo omitido */
7      funA1();
8      funA2(2);
9      funB1(3, 5.4f);
10     funB1(4, 3);
11     funB2(funA2(3), 4.7f);
12     funC1(funD1(), funB1(funB1(2, 3.4f), funD1()));
13     funC1(funD1(), funC1(3.4, 3));
14     return 0;
15   }
```

9.19 Codifique uma função de nome `fib` que receba um inteiro N e imprima os N primeiros termos da sequência de Fibonacci. A função nada deve imprimir se N for menor ou igual a 0. Modifique o programa do Exercício 8.6 para chamar essa função, em vez de imprimir os termos diretamente.

9.20 Codifique uma função de nome `fib_soma` que receba um inteiro N e imprima a soma dos N primeiros termos da sequência de Fibonacci. A função deve retornar 0 se N for menor ou igual a 0. Modifique o programa do Exercício 9.7 para chamar essa função, em vez de imprimir a soma diretamente.

9.21 Modifique os programas dos seguintes exercícios: 8.1 a 8.4, 8.8, 8.9, 8.12, 8.13 e 8.14. Para cada um elabore uma versão em que partes do processamento principal (impressão, cálculo, etc.) fiquem a cargo de funções chamadas a partir da função `main`.

9.22 Codifique uma função recursiva de nome `fib_elm` que receba um inteiro N e retorne o N-ésimo elemento da sequência de Fibonacci. Isto é, se a função receber o inteiro 1, deverá retornar o valor 1, que é o primeiro elemento da sequência; se receber o inteiro 2, deverá retornar o valor 1, que é o segundo elemento da sequência; e se receber o inteiro 7, deverá retornar o valor 13, que é o sétimo elemento da sequência. Se a função receber um inteiro menor ou igual a 0, deverá retornar o valor -1.

9.23 Use a função recursiva `fib_elm` do exercício anterior para resolver os Exercícios 9.19 e 9.20. Obs. Esse uso da função `fib_elm` é muito ineficiente – serve apenas como exercício.

9.24 Sabendo que $sen(0,5) = 0,479426$, $sen(0,7) = 0,644218$, $ln(0,479426) = -0,735167$ e $ln(0,644218) = -0,439719$, o que será impresso pelo programa a seguir, se o usuário digitar o valor 0,5?

```
1   #include <stdio.h>
2   #include <setjmp.h>
3   #include <math.h>
4   double funA(double);
5   double funB(double);
6   jmp_buf estado;
```

```
7   int main(void) {
8     double a, res = -2.0;
9     scanf("%lf", &a);
10    switch (setjmp(estado)) {
11      case 0:
12      case 1:
13        printf("%f radianos\n", a);
14        res = funA(a);
15        break;
16      case 2:
17        printf("   seno negativo.\n");
18        break;
19    }
20    if (res < -0.7) {
21      a = a + 0.2;
22      longjmp(estado, 1);
23    }
24    return 0;
25  }
26  double funA(double y) {
27    double r = log(funB(y));
28    printf("   log sen %f = %f\n", y, r);
29    return r;
30  }
31  double funB(double x) {
32    double s = sin(x);
33    printf("   sen %f = %f\n", x, s);
34    if (s < 0.0) {
35      longjmp(estado, 2);
36    }
37    return s;
38  }
```

Obs.: As funções log e sin usadas neste exercício retornam o logaritmo e o seno dos seus argumentos. Este programa deve ser compilado com a opção -lm.

9.25 Codifique um programa que imprima seu próprio nome (isto é, o nome do programa).

Capítulo 10

Ponteiros e Vetores

Ponteiros são variáveis que designam endereços de memória e vetores são variáveis multivaloradas que designam sequências de valores de um dado tipo. Este capítulo trata desses dois tipos de variáveis por causa da relação entre eles: na linguagem C, a maior parte das expressões de um tipo vetor é convertida em expressões de um tipo ponteiro cujo valor designa o endereço do primeiro elemento do vetor.

10.1 PONTEIROS

As variáveis do tipo ponteiro para (um tipo) $\langle T \rangle$ armazenam endereços de memória. Por sua vez, os valores armazenados nesses endereços, quando acessados por meio de uma variável do tipo ponteiro para $\langle T \rangle$ que designa o endereço, são interpretados como valores do tipo $\langle T \rangle$. Na figura a seguir a variável a é do tipo ponteiro para int e a variável b do tipo ponteiro para char. Ambas armazenam o mesmo endereço, 10101, portanto, *apontam* para a mesma posição da memória. O conteúdo armazenado no endereço designado, 01100001, quando acessado por meio da variável a é interpretado como o inteiro 97, e quando acessado por meio da variável b é interpretado como o caractere 'a'.

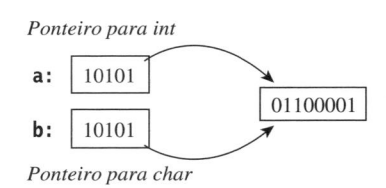

Ponteiro para int

a: 10101

01100001

b: 10101

Ponteiro para char

As variáveis do tipo ponteiro são declaradas como as demais variáveis, com a incorporação do declarador de ponteiro antes da identificação da variável. O declarador de ponteiro, $\langle DeclPonteiro \rangle$, usa asteriscos para caracterizar a variável como ponteiro, podendo haver após cada asterisco uma lista de qualificadores de tipo:

$\langle DeclPonteiro \rangle$ ::= * [$\langle QualifTipo \rangle$]
                | * [$\langle QualifTipo \rangle$] $\langle DeclPonteiro \rangle$

EXEMPLO 10.1 As seguintes declarações são válidas:

`int *ptr_a;`	Declara a variável `ptr_a` do tipo ponteiro para `int`.
`int **ptr_a;`	Declara a variável `ptr_a` do tipo ponteiro para ponteiro para `int`.
`int * const ptr_b;`	Declara a variável `ptr_b` do tipo ponteiro (constante) para `int`.
`int * const * volatile ptr_b;`	Declara a variável `ptr_b` do tipo ponteiro (volátil) para ponteiro (constante) para `int`.

`int *ptr_c, *ptr_d;`	Declara as variáveis `ptr_c` e `ptr_d`, ambas do tipo ponteiro para `int`.
`int *ptr_c, ptr_d;`	Declara as variáveis `ptr_c`, do tipo ponteiro para `int`, e `ptr_d`, do tipo `int`.

∎

Cada asterisco na declaração de uma variável a caracteriza como um ponteiro (possivelmente qualificado) para o tipo declarado anteriormente.

EXEMPLO 10.2 O diagrama a seguir mostra algumas declarações de variáveis do tipo ponteiro. A variável `ptr_a` é do tipo ponteiro para `int`, a variável `ptr_b` é do tipo ponteiro para ponteiro para `int` e a variável `ptr_c` é do tipo ponteiro constante para ponteiro para `int`.

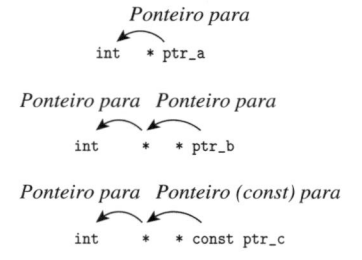

Ponteiro para
`int  * ptr_a`

Ponteiro para Ponteiro para
`int    *    * ptr_b`

Ponteiro para Ponteiro (const) para
`int    *    * const ptr_c`

∎

EXEMPLO 10.3 A figura a seguir ilustra as declarações do exemplo anterior. A variável `ptr_a` do tipo ponteiro para `int` armazena um endereço, representado pelo hexadecimal 0xFF. Assim, ela aponta para o endereço 0xFF. O conteúdo do endereço apontado por `ptr_a` é interpretado como um valor do tipo `int`, já que a variável é declarada como um ponteiro para `int`. De modo semelhante, a variável `ptr_b` também armazena um endereço, representado pelo hexadecimal 0x1A, cujo conteúdo é interpretado como um ponteiro para `int`, isto é, no endereço apontado por `ptr_b` é armazenado um outro endereço (0xA3, um ponteiro para `int`). É o conteúdo apontado por este segundo endereço que é interpretado como um valor do tipo `int`.

```
        int *ptr_a                    int **ptr_b                   int ** const ptr_c

ptr_a: | 0xFF | → Endereço de   ptr_b: | 0x1A | → Endereço de   ptr_c: | 0xB7 | → Endereço de
       |------|                         |------|                         |------|
       | 0110 | Conteúdo                | 0xA3 | → Endereço de           | 0xC6 | → Endereço de
              corresponde               |------|                         |------|
              a um inteiro              | 0101 | Conteúdo                | 1011 | Conteúdo
                                               corresponde                      corresponde
                                               a um inteiro                     a um inteiro
```

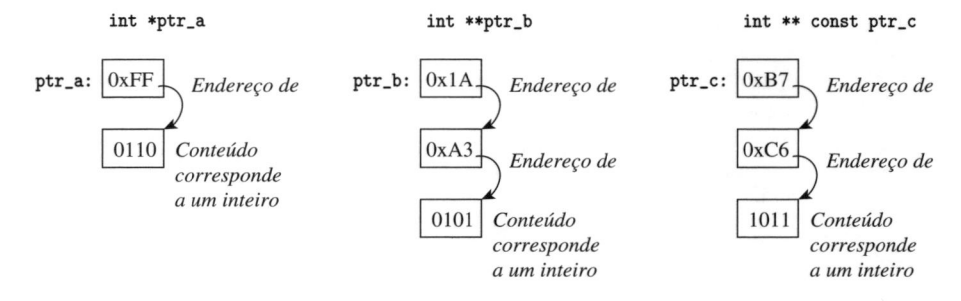

A variável `ptr_c` é declarada de modo semelhante a `ptr_b`, mas é qualificada como constante.

∎

Quando o declarador de ponteiro possui qualificadores de tipo, eles aplicam-se à variável ponteiro. Por outro lado, os qualificadores do tipo apontado por um ponteiro são aplicados ao conteúdo apontado pelo ponteiro.

EXEMPLO 10.4 As declarações a seguir têm o significado descrito ao lado de cada uma:

`const int * ptr_a;`	Declara um ponteiro para `const int`. O conteúdo apontado por `ptr_a` não pode ser modificado.
`int const * ptr_a;`	É a mesma declaração anterior.
`int * const ptr_a;`	Declara um ponteiro constante para `int`. O conteúdo do ponteiro não pode ser modificado, mas o conteúdo apontado por ele pode.
`int * const * ptr_a;`	Declara um ponteiro para ponteiro constante para `int`. O conteúdo do ponteiro `ptr_a` pode ser modificado, mas o conteúdo apontado por ele não pode, é um endereço constante. Por sua vez, conteúdo apontado pelo endereço armazenado no endereço apontado por `ptr_a` pode ser modificado. ∎

10.2 OPERADOR DE ENDEREÇO

O operador de endereço, `&`, aplicado a uma variável (ou expressão que designa uma localização de memória) resulta no endereço da variável (ou da localização designada pela expressão). Assim, `&aluno` resulta no endereço da variável `aluno` e `&(notas[i])` resulta no endereço designado pela expressão `notas[i]` (o endereço do i-ésimo elemento do vetor `notas`). O operador `&` pode ser aplicado

a) a um designador de função;

b) ao resultado do operador `[]`, isto é, a um elemento de um vetor;

c) ao resultado do operador `*`; ou

d) a uma variável; de fato, a um *lvalue*, isto é, a qualquer expressão que permita acesso à memória por ela referida.

Se uma variável (ou expressão que designa uma localização de memória) possui um tipo $\langle T \rangle$, o operador de endereço aplicado a essa variável (ou expressão) resulta em um valor do tipo ponteiro para $\langle T \rangle$.

EXEMPLO 10.5 No programa a seguir, a variável `x` é declarada como do tipo `int`. Logo, a operação `&x` (linhas 6-7) resulta no endereço de `x` como um valor do tipo ponteiro para `int`.

A atribuição da linha 6 é correta: o endereço da variável `x` é armazenado em `ptr_a`. Já na atribuição da linha 7, o endereço de `x` é armazenado em `ptr_b`, mas ocorre uma conversão do tipo ponteiro para `int` no tipo ponteiro para `char`.

```
1  #include <stdio.h>
2  int main(void) {
3    int x = 97;
4    int *ptr_a;
5    char *ptr_b;
6    ptr_a = &x;
7    ptr_b = &x;
8    printf("%p %p\n", (void *)ptr_a, (void *)ptr_b);
9    return 0;
10 }
```

O programa imprime o conteúdo das variáveis `ptr_a` e `ptr_b` como endereços (diretiva de impressão `%p`): um mesmo endereço é impresso. O tipo `(void *)` é imposto aos ponteiros `ptr_a` e `ptr_b` porque esse é o tipo esperado pela diretiva `%p`. ∎

O resultado do operador de endereço não é, ele próprio, um *lvalue*. Desse modo, não pode ser usado no lado esquerdo de operações de atribuição. A expressão &var = endereço, por exemplo, é inválida.

10.3 OPERADOR DE ACESSO INDIRETO

O operador de acesso indireto, *, quando aplicado a uma variável do tipo ponteiro (ou a uma expressão que designa um endereço de memória) resulta na referência ao endereço apontado pelo ponteiro (ou designado pela expressão). Essa referência tem a mesma natureza que as referências feitas por meio de variáveis comuns: pode ser usada para obter o conteúdo referido ou como o operando esquerdo do operador de atribuição (porque o valor produzido é um *lvalue*). Se ptr_a é uma variável do tipo ponteiro para int, então:

ptr_a	Resulta no valor armazenado em ptr_a: um endereço.
*ptr_a	Resulta na referência ao espaço de memória apontado por ptr_a.
*ptr_a = 23;	Atribui o valor 23 ao espaço de memória apontado por ptr_a.
printf("%d", *ptr_a);	Imprime o conteúdo do espaço de memória apontado por ptr_a.

O símbolo asterisco é sobrecarregado, podendo ser interpretado como:

a) parte do declarador de ponteiro, na declaração de variáveis;

b) o operador de acesso indireto, quando aplicado a operando que designa um endereço; ou

c) o operador de multiplicação, quando aplicado a operandos aritméticos.

EXEMPLO 10.6 A figura a seguir ilustra o uso do operador *. Na declaração da variável ptr_a, o espaço que ela designa é alocado e o seu conteúdo é indefinido (considera-se que é uma variável local). Como é uma variável do tipo ponteiro, o espaço da memória para o qual ela aponta também é indefinido.

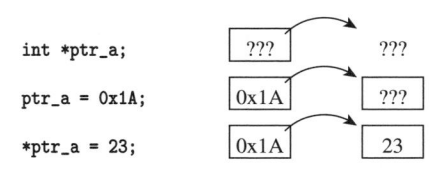

```
int *ptr_a;        [ ??? ]    ???

ptr_a = 0x1A;      [ 0x1A ]   [ ??? ]

*ptr_a = 23;       [ 0x1A ]   [ 23 ]
```

Quando se atribui um valor a ptr_a, esse valor é um endereço e designa um espaço em memória. Após a atribuição, a variável ptr_a possui um valor definido (na figura, o endereço 0x1A), mas o conteúdo do espaço a que esse endereço se refere é indefinido. A atribuição *ptr_a = 23; faz o valor 23 ser armazenado no espaço de memória apontado por ptr_a. O conteúdo de ptr_a permanece inalterado. ■

EXEMPLO 10.7 No programa a seguir, as variáveis ptr_x e ptr_y são iniciadas com os endereços das variáveis x e y, respectivamente.

A impressão da linha 7 produz os valores 97 e 76 porque *ptr_x e *ptr_y referem-se aos espaços de memória apontados por ptr_x e ptr_y, isto é, ao conteúdo de x e y.

```
1   #include <stdio.h>
2   int main(void) {
3     int x = 97;
4     int y = 76;
5     int *ptr_x = &x;
6     int *ptr_y = &y;
7     printf("%d %d\n", *ptr_x, *ptr_y);
8     *ptr_x = 123 + *ptr_y;
9     (*ptr_y)++;
10    printf("%d %d\n", x, y);
11    return 0;
12  }
```

Na linha 8, o conteúdo da variável y (apontado por ptr_y) é somado a 123 e o resultado é atribuído à variável x (a operação *ptr_x resulta na referência à variável x, apontada por ptr_x). Na linha 9, o conteúdo da variável y é incrementado de 1, pois o operador incremento é aplicado à referência a y (resultado da operação *ptr_y). Os valores impressos pelo comando da linha 10 são 199 e 77. ■

O tipo do resultado da operação de acesso indireto é o tipo apontado pelo ponteiro usado como operando (ou o tipo do valor armazenado no endereço designado pela expressão usada como operando).

EXEMPLO 10.8 Considerando o programa do exemplo anterior, as seguintes expressões são indevidas:

int *ptr_x = x;	A variável ptr_x é um ponteiro para int, portanto deve receber endereços, valores do tipo ponteiro para int. Como a variável x é do tipo int, seu valor será convertido e armazenado em ptr_x, mas não representa um ponteiro válido.
printf("%d", ptr_x);	A diretiva %d espera um argumento do tipo int, mas a variável ptr_x é do tipo ponteiro para int. Assim, o conteúdo de ptr_x, um endereço, será convertido e impresso (indevidamente) como um inteiro.
*ptr_x = 123 + ptr_y;	O conteúdo de ptr_y é um endereço (um valor do tipo ponteiro para int). Esse endereço é somado ao inteiro 123, resultando em novo endereço (do tipo ponteiro para int), que é armazenado como um valor inteiro no espaço de memória apontado por ptr_x.
ptr_x = 123 + *ptr_y;	O resultado de *ptr_y é o valor armazenado no espaço de memória apontado por ptr_y, um valor do tipo int. A operação soma resulta em um valor do tipo int, que é convertido e armazenado em ptr_x como se fosse um endereço.
*ptr_y++;	Essa expressão corresponde a *(ptr_y++), que equivale a uma referência ao conteúdo apontado por ptr_y++, isto é, ao endereço, possivelmente inválido, que se obtém somando 1 ao endereço armazenado em ptr_y.

■

Os operadores de endereço e de acesso indireto são necessários quando uma função possui parâmetros do tipo ponteiro.

EXEMPLO 10.9 A função `raiz_eq`, definida nas linhas 14-24 a seguir, recebe 5 parâmetros. Os três primeiros correspondem aos coeficientes da equação quadrática $ax^2 + bx + c = 0$. Os dois últimos são os endereços das variáveis onde as raízes da equação devem ser armazenadas. A função retorna o valor `true`, caso existam raízes reais, ou `false`, em caso contrário.

Como as variáveis paramétricas `r1` e `r2` são do tipo ponteiro (endereços), a modificação do conteúdo apontado por elas deve ser feita com o operador de acesso indireto (linhas 20-21).

A chamada a essa função é feita fornecendo-se os endereços correspondentes às raízes que se quer calcular, como na linha 8. Após a chamada, as raízes ficam disponíveis nas variáveis cujos endereços foram usados como argumento.

```
1  #include <stdio.h>
2  #include <math.h>
3  #include <stdbool.h>
4  bool raiz_eq(double, double, double, double *, double *);
5  int main(void) {
6    double r1 = 0.0, r2 = 0.0;
7    double a = 1.0, b = -1568.0, c = 414847.0;
8    if (raiz_eq(a, b, c, &r1, &r2) == true){
9      printf("%.2fx2 + %.2fx + %.2f = 0\n", a, b, c);
10     printf(" => r1= %.2f, r2= %.2f\n", r1, r2);
11   }
12   return 0;
13 }
14 bool raiz_eq(double a, double b, double c, double *r1, double *r2) {
15   double rd, delta = pow(b,2.0) - 4.0 * a * c;
16   if (delta < 0.0) {
17     return false; /* Sem raizes reais */
18   } else {
19     rd = sqrt(delta);
20     *r1 = (-b + rd) / (2.0 * a);
21     *r2 = (-b - rd) / (2.0 * a);
22     return true;
23   }
24 }
```

Este programa deve ser compilado com a opção `-lm` para permitir sua ligação com o código-objeto das funções matemáticas utilizadas, se no ambiente de compilação essa ligação não for automática. ∎

10.3.1 Relação entre `*` e `&`

Os operadores de endereço e de acesso indireto são relacionados. O valor de uma expressão do tipo ponteiro para $\langle T \rangle$ representa um endereço no qual encontra-se armazenado um valor que deve ser interpretado como do tipo $\langle T \rangle$. O valor apontado pela expressão só pode ser acessado de modo indireto, através do operador `*`. O resultado da operação `*` é o valor armazenado no endereço usado como operando, interpretado como um valor do tipo $\langle T \rangle$. Para um ponteiro `ptr`, uma variável `var_a` e um vetor `vet`, as seguintes expressões são equivalentes:

1. `&*ptr` e `ptr`.
2. `*&var_a` e `var_a`.
3. `&(vet[x])` e `((vet) + (x))`.

A última equivalência envolve vetores, que são discutidos na Seção 10.5.

10.4 PONTEIROS PARA FUNÇÕES

As declarações de ponteiros para funções diferem das declarações de ponteiros para variáveis porque o operador () que caracteriza as funções tem maior precedência que o operador *, que caracteriza os ponteiros. Assim,

`void *fun(void);`	Declara `fun` como uma função sem argumentos retornando um ponteiro para `void`.
`void (*fun)(void);`	Declara `fun` como um ponteiro para uma função sem argumentos retornando `void`.
`int *fun(int);`	Declara `fun` como uma função de `int` retornando um ponteiro para `int`.
`int (*fun)(int);`	Declara `fun` como um ponteiro para uma função de `int` retornando `int`.

A primeira e a terceira declaração correspondem a protótipos de função, os objetos que elas designam são as próprias funções, definidas pelo código que as implementa. Já a segunda e a quarta declaram variáveis do tipo ponteiro para função.

10.4.1 Aplicando os operadores & e * a funções

O operador & aplicado a um designador de função resulta no endereço da função designada. Entretanto, quando usado em expressões, o designador de função já é convertido em um ponteiro para a função designada, não sendo necessário o operador &.

O operador * aplicado a um operando que aponta para uma função resulta no designador da função.

EXEMPLO 10.10 O programa a seguir lê um número do teclado (linha 7) e chama a função `funA`, se o número lido é não negativo, ou `funB`, em caso contrário. A chamada ocorre em um único ponto do programa (linha 13).

A variável `fun` é declarada na linha 6 como um ponteiro para função sem argumentos e sem valor de retorno.

O uso do designador `funA` na expressão de atribuição da linha 9 resulta no endereço da função `funA`, armazenado na variável `fun`. Um efeito semelhante é conseguido na linha 11, com a aplicação do operador & ao designador `funB`: o endereço da função `funB` é armazenado em `fun`.

Na linha13, o operador * aplicado a `fun` resulta no designador da função para a qual `fun` aponta. Essa função é chamada sem argumentos.

```
1   #include<stdio.h>
2   void funA(void);
3   void funB(void);
4   int main(void) {
5     int opcao;
6     void (*fun)(void);
7     scanf("%d", &opcao);
8     if (opcao >= 0) {
9        fun = funA;
10    } else {
11       fun = &funB;
12    }
13    (*fun)();
```

```
14      return 0;
15    }
16    void funA(void) {
17      printf("opcao nao negativa\n");
18    }
19    void funB(void) {
20      printf("opcao negativa\n");
21    }
```

A solução adotada por esse programa é conveniente para implementar menus em que funções são chamadas de acordo com a escolha feita pelo usuário. ∎

10.5 VETORES

Vetores são sequências de elementos de um dado tipo, armazenados em posições contíguas da memória, distribuídos em um número predeterminado de dimensões. Os vetores podem ter uma ou mais dimensões, sendo os vetores multidimensionais um caso especial dos unidimensionais: são vetores unidimensionais cujos elementos são vetores.

A declaração de uma variável do tipo vetor se dá especificando-se as dimensões do vetor após o identificador da variável, como mostra a Tabela 10.1. Cada dimensão, ⟨*DeclDim*⟩, é determinada por um par de colchetes. Entre os colchetes pode-se especificar a quantidade de elementos, ⟨*QtdElmDim*⟩, o qualificador `static` e os qualificadores de tipo que devem ser aplicados ao vetor, ⟨*ListaQualifTipo*⟩.

As variáveis do tipo vetor não podem ter classe de armazenamento `register` e a expressão que indica a quantidade de elementos de uma dimensão deve ser de um tipo inteiro e, se for constante, maior que zero.

10.5.1   Tipo dos vetores e de seus elementos

O tipo dos elementos de um vetor é especificado pelo tipo usado na declaração da variável[1]. Para um tipo ⟨*T*⟩ diz-se que a variável declara um (ou é do tipo) vetor de ⟨*T*⟩. O tipo de um vetor de ⟨*T*⟩ é caracterizado formalmente pela expressão ⟨*T*⟩[]:

Tipo		Caracterização formal
vetor de ⟨T⟩	→	⟨T⟩ []

TABELA 10.1 Declarador de vetores

⟨*DeclaradorVetor*⟩ ::= ⟨*Identificador*⟩ ⟨*DeclDim*⟩ { ⟨*DeclDim*⟩ }

⟨*DeclDim*⟩ ::= [[⟨*ListaQualifTipo*⟩] [⟨*QtdElmDim*⟩]]
    | [**static** [⟨*ListaQualifTipo*⟩] ⟨*QtdElmDim*⟩]
    | [⟨*ListaQualifTipo*⟩ **static** ⟨*QtdElmDim*⟩]
    | [[⟨*ListaQualifTipo*⟩] *]

⟨*ListaQualifTipo*⟩ ::= ⟨*QualifTipo*⟩ | ⟨*ListaQualifTipo*⟩ ⟨*QualifTipo*⟩

⟨*QtdElmDim*⟩ ::= Expressão de tipo inteiro definindo o tamanho da dimensão do vetor.

---

[1] A sintaxe para declaração de vetores é parte da sintaxe para declaração de variáveis apresentada na Tabela 5.1.

Os elementos de um vetor não podem ser de um tipo incompleto ou de um tipo função. Já um tipo vetor pode ser incompleto ou de tamanho variável, dependendo da expressão que define sua quantidade de elementos. Para um vetor de $\langle T \rangle$ diz-se que ele é do tipo:

a) vetor (de $\langle T \rangle$) incompleto (ou que o vetor é incompleto, ou possui tamanho indefinido), se a expressão que define a quantidade de elementos é omitida.

b) vetor (de $\langle T \rangle$) de tamanho variável (ou que o vetor é variável, ou possui tamanho variável), se a expressão que define a quantidade de elementos não é constante. O tamanho é variável, mas especificado pela expressão que o define.

c) vetor (de $\langle T \rangle$) de tamanho variável não especificado (ou que possui tamanho variável não especificado, ou apenas que possui tamanho não especificado), se a quantidade de elementos é caracterizada por um asterisco, *.

Apenas os vetores com a quantidade de elementos omitida são considerados incompletos. Para esses, deve existir uma outra declaração, possivelmente em outra unidade de compilação, que os complete. Os demais tipos são considerados completos, todos possuem a informação necessária para determinar a quantidade de seus elementos.

EXEMPLO 10.11   As declarações seguintes têm o significado descrito ao lado de cada uma:

int alunos[3];   Vetor do tipo int[3]. Tipo completo. A variável alunos é declarada como um vetor de int, de uma dimensão, com 3 elementos.

char *alunos[];   Vetor do tipo char *[]. Tipo incompleto, tamanho indefinido. A variável alunos é declarada como um vetor de char *, de uma dimensão, com um número não definido de elementos.

char *alunos[2 + x];   Vetor do tipo char *[2 + x]. Tipo variável (porém completo), tamanho variável especificado como $2 + x$. A variável alunos é declarada como um vetor de char *, de uma dimensão, com $(2 + x)$ elementos.

long [*]   Vetor do tipo long[*]. Tipo variável de tamanho não especificado (porém completo). Declara um parâmetro do tipo vetor de long, de uma dimensão, com número não especificado de elementos. Esse tipo de declaração é admitido apenas em protótipos de função.

Os vetores de mais de uma dimensão são caracterizados como vetores de vetores. Assim, seus elementos são do tipo vetor:

double alunos[2][3];   Vetor do tipo double[2][3]. Tipo completo. A variável alunos é declarada como um vetor bidimensional de double, com 2 elementos na primeira dimensão e 3 na segunda, isto é, como um vetor de uma dimensão cujos elementos são do tipo vetor de double.

A caracterização dos vetores multidimensionais como vetores de vetores é explicada na Seção 10.7.   ■

10.5.2   Atribuição de valores

As variáveis de tipo vetor podem ser iniciadas, mas não podem ser usadas como operando esquerdo em operações de atribuição, pois não são objetos modificáveis (*lvalues*). Por exemplo, para variáveis `vetA` e `vetB`, ambas declaradas como vetores compatíveis (de mesmo tipo e dimensões), a expressão `vetA = vetB` é inválida. Os elementos de um vetor são modificados apenas individualmente, em atribuições da forma `vetA[indice] = 23`, em que se indica o índice do elemento que se quer modificar. A criação de vetores e a atribuição de valores aos seus elementos são discutidas nas duas sessões seguintes e a iniciação na Seção 10.8.

10.6 VETORES UNIDIMENSIONAIS

Os vetores unidimensionais são declarados com um único par de colchetes e são criados (têm reservado em memória o espaço suficiente para armazenar seus elementos) sempre que a declaração que os define é executada. No caso de vetores variáveis, a expressão que define a quantidade de elementos é avaliada a cada vez que o vetor é criado, e deve ser sempre maior que zero. Apenas vetores completos podem ser criados.

A referência a um elemento é feita indicando-se o índice do elemento, entre os colchetes, após o nome do vetor. O primeiro elemento possui índice 0, o segundo, índice 1, e assim por diante. Por exemplo, para uma variável `vet` do tipo vetor de `int`, `vet[0]` refere-se ao primeiro e `vet[406]` refere-se ao quadringentésimo sétimo elemento do vetor. O índice pode ser qualquer expressão que resulte em um valor inteiro: se $x = 2$, então as expressões `vet[3 * x + 1]`, `vet[x + x +3]` e `vet[7]` referem-se todas ao oitavo elemento do vetor `vet`.

Os elementos de um vetor, desde que completamente determinados, podem participar de qualquer operação compatível com o seu tipo. Para o vetor de `int` do parágrafo anterior as seguintes expressões são válidas:

`vet[3] = 23;`	Atribui o valor 23 ao quarto elemento de `vet`.
`vet[3] = 3.56;`	Essa atribuição implica na conversão do valor 3,56 do tipo `double` em um valor do tipo `int`.
`vet[3]++;`	Adiciona 1 ao valor de `vet[3]`.
`--vet[3];`	Subtrai 1 do valor de `vet[3]`.
`(vet[3] > 2)`	Compara o valor de `vet[3]` com o inteiro 2.

Uma variável (do tipo) vetor pode ser vista como um ponteiro que armazena o endereço do primeiro elemento do vetor criado em memória. A partir desse endereço são calculados os endereços dos demais elementos. O modo de cálculo é apresentado na Seção 10.10.1.

EXEMPLO 10.12 A execução das declarações e comandos do código a seguir produz o efeito mostrado no diagrama:

```
int a[4];
a[2] = 13;
a[0] = 5;
```

A execução da declaração `int a[4]` faz com que sejam alocados 4 espaços contíguos na memória para armazenar os 4 elementos do tipo `int` declarados para o vetor. O endereço do primeiro elemento é armazenado em `a`.

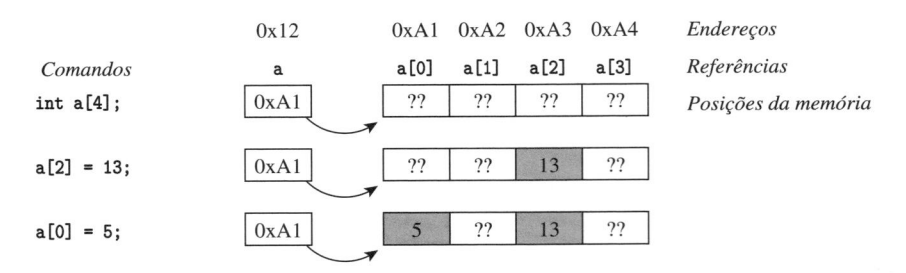

	0x12	0xA1	0xA2	0xA3	0xA4	*Endereços*
Comandos	a	a[0]	a[1]	a[2]	a[3]	*Referências*
int a[4];	0xA1	??	??	??	??	*Posições da memória*
a[2] = 13;	0xA1	??	??	13	??	
a[0] = 5;	0xA1	5	??	13	??	

A expressão a[2] refere-se ao terceiro elemento do vetor, o elemento de índice 2. O comando de atribuição a[2] = 13 armazena o valor 13 nesse elemento. De modo semelhante, a atribuição a[0] = 5 armazena o valor 5 no primeiro elemento do vetor. ■

EXEMPLO 10.13 O programa a seguir lê 10 números inteiros, armazenando-os em um vetor de int, e imprime os números lidos, após a leitura.

O vetor vetnum é declarado na linha 3. Essa é uma declaração completa, com a quantidade de elementos totalmente especificada. Como resultado um espaço capaz de armazenar 10 valores do tipo int é alocado em memória; o endereço do primeiro elemento desse espaço é armazenado em vetnum.

```
1  #include <stdio.h>
2  int main(void) {
3    int vetnum[10];
4    int num;
5    for (int i = 0; i < 10; i++) {
6      printf("digite elm %d: ", i);
7      scanf("%d", &num);
8      vetnum[i] = num;
9    }
10   for (int i = 0; i < 10; i++) {
11     printf("%d ", vetnum[i]);
12   }
13   return 0;
14 }
```

O comando for (linhas 5-9) realiza 10 leituras. Em cada leitura o número lido é armazenado em num (linha 7) e, em seguida, atribuído ao elemento de índice i do vetor vetnum. Assim, são lidos e armazenados os elementos vetnum[0], vetnum[1], ... , vetnum[9]. O comando for das linhas 10-12 é usado para percorrer os elementos do vetor. A cada iteração o elemento vetnum[i] é impresso. ■

EXEMPLO 10.14 No programa do exemplo anterior, os números lidos podem ser armazenados diretamente em cada elemento do vetor, substituindo-se o comando for das linhas 5-9 pelo comando a seguir:

```
for (int i = 0; i < 10; i++) {
  printf("digite elm %d: ", i);
  scanf("%d", &vetnum[i]);
}
```

Com essa substituição, os valores provenientes da leitura são armazenados no endereço referente ao elemento de índice i (&vetnum[i]). A variável num é desnecessária e evita-se uma operação de atribuição a cada iteração. ■

10.6.1 Vetores de tamanho variável

Em muitas ocasiões é necessário declarar vetores de tamanho variável, para acomodar apenas a quantidade de elementos requerida em cada execução da função na qual são declarados. Os vetores de tamanho variável não podem ser estáticos: as variáveis que os declaram devem ter escopo de protótipo de função ou de bloco, sem ligação interna ou externa.

EXEMPLO 10.15 O programa deste exemplo modifica o do exemplo anterior, fazendo a quantidade de números lidos e armazenados no vetor ser definida pelo usuário. O comportamento do programa é indefinido, caso o usuário digite um número negativo ou zero para a quantidade de elementos do vetor.

O vetor é declarado na linha 6 como de tamanho variável. A criação ocorre sempre que essa declaração é executada, após a leitura da quantidade de elementos na linha 5. Desse modo, a cada execução do programa será criado um vetor com exatamente a quantidade de elementos informada pelo usuário.

```
1  #include <stdio.h>
2  int main(void) {
3    int qtd;
4    printf("Digite a qtd elms: ");
5    scanf("%d", &qtd);
6    int vetnum[qtd];
7    for (int i = 0; i < qtd; i++) {
8      printf("digite elm %d: ", i);
9      scanf("%d", &vetnum[i]);
10   }
11   for (int i = 0; i < qtd; i++) {
12     printf("%d ", vetnum[i]);
13   }
14   return 0;
15 }
```

Nesta versão, os comandos de iteração também são modificados para usar a quantidade lida como controle da iteração. ∎

Os vetores de tamanho variável também podem ser declarados como parâmetros de função, indicando que a função será chamada tendo como argumentos vetores de diversos tamanhos. Se o cabeçalho de uma função é especificado como

```
void imp_vet(int v[10])
```

espera-se que ela seja chamada usando-se como argumento um vetor de int, de uma dimensão, com 10 elementos[2]. Pode-se tornar a função mais flexível usando-se um vetor de tamanho variável para especificar seu cabeçalho: `void imp_vet(int v[x])`. O protótipo de uma função com esse cabeçalho pode ter uma das seguintes formas:

`void imp_vet(int [*]);`   O asterisco só pode ser usado em protótipos de função e declara o parâmetro correspondente como um tipo vetor de tamanho variável. Nesse caso, toda chamada à função

---

[2] Essa expectativa pode não ser confirmada visto que o argumento é convertido em um ponteiro para o primeiro elemento. Todavia, esse é o sentido de se declarar um vetor com tamanho fixo.

`void imp_vet(int [y]);`   imp_vet, tendo como argumento um vetor de int de uma dimensão, de qualquer tamanho, estará em conformidade com o protótipo.

Nos protótipos de função uma expressão variável é sempre substituída por um asterisco, tendo o mesmo efeito já discutido no item anterior. Assim, é preferível usar explicitamente a notação asterisco para indicar a quantidade variável de elementos do vetor.

`void imp_vet(int []);`   O uso de vetores incompletos em protótipos de função indica que o argumento correspondente pode ser um vetor de tamanho variável. Nesses casos, a declaração não precisa ser completada porque o argumento é sempre convertido em um ponteiro para o primeiro elemento do vetor, o importante é que o tipo do elemento seja completo.

Quando se usa expressões variáveis na declaração de vetores, as variáveis utilizadas devem estar previamente declaradas. Um artifício comum é também declará-las como parâmetros. A função

```
void imp_vet(int x, int v[x])
```

sempre irá compilar, pois a variável x encontra-se declarada antes do seu uso na expressão v[x]. O protótipo para essa função pode ser:

```
void imp_vet(int, int [*]), preferencialmente,
void imp_vet(int x, int [x]) ou
void imp_vet(int, int []).
```

As funções definidas com um cabeçalho da forma `void imp_vet(int x, int v[x])` não vinculam os seus parâmetros. Elas podem ser chamadas tendo qualquer valor inteiro como primeiro argumento e qualquer vetor de int como segundo argumento. É responsabilidade do programador assegurar que o primeiro argumento de fato indica a quantidade de elementos do vetor usado como segundo argumento.

EXEMPLO 10.16 Este exemplo modifica o exemplo anterior fazendo a impressão do vetor ocorrer na função imp_vet que recebe um inteiro x e um vetor de int com x elementos.

No programa a seguir, o vetor vetnum é criado, na linha 7, com qtd elementos e a função imp_vet é chamada, na linha 12, com os argumentos qtd e vetnum. Desse modo, garante-se que o primeiro argumento da função contém a quantidade de elementos do vetor usado como segundo argumento.

```
1   #include <stdio.h>
2   void imp_vet(int, int [*]);
3   int main(void) {
4     int qtd;
5     printf("Digite a qtd elms: ");
6     scanf("%d", &qtd);
7     int vetnum[qtd];
8     for (int i = 0; i < qtd; i++) {
9       printf("digite elm %d: ", i);
10      scanf("%d", &vetnum[i]);
11    }
12    imp_vet(qtd, vetnum);
```

```
13    return 0;
14  }
15  void imp_vet(int x, int vet[x]) {
16    for (int i = 0; i < x; i++) {
17      printf("%d ", vet[i]);
18    }
19  }
```

Entretanto, nada impede uma chamada errônea à função. Por exemplo, para uma situação em que vetnum fosse criado com 30 elementos, a função poderia ser chamada com imp_vet(1000, vetnum). Se isso ocorresse, provavelmente a execução da função imp_vet seria interrompida por erro de acesso indevido à memória, na linha 17, ou, em uma hipótese também ruim, seriam impressos 970 valores errados.

O protótipo da função imp_vet é declarado na linha 2 com a notação asterisco, mas poderia ter sido declarado como void imp_vet(int x, int[x]) ou void imp_vet(int, int[]). ∎

10.6.2 Vetores incompletos

As variáveis que declaram vetores incompletos devem ter ligação externa, pois seu tipo deve ser completado por outra declaração em que o tamanho esteja definido. O tipo vetor incompleto não pode ser usado em definições, portanto sua declaração não pode ser local, possuir o especificador static nem redeclarar uma variável já definida. Se um vetor incompleto é declarado com escopo de arquivo, sem especificador de classe de armazenamento, e se não houver uma outra declaração que defina seu tamanho, ele é considerado como um vetor de um único elemento.

As declarações de vetores incompletos são úteis por permitir a referência a vetores definidos em outras unidades de compilação.

EXEMPLO 10.17 Nos trechos de código a seguir o programa do arquivo prg_vetA.c declara na linha 2 a variável estado do tipo vetor de char incompleto, com ligação externa. Em outra unidade de compilação, no arquivo prg_vetB.c, a mesma variável é declarada na linha 3 como do tipo vetor de char completo, com 10 elementos.

prg_vetA.c

```
1  #include <stdio.h>
2  extern char estado[];
3  extern int  qtd;
4  void inicia_vet(char);
5  void imp_vet(char[]);
6  int main(void) {
7    inicia_vet('a');
8    imp_vet(estado);
9    return 0;
10 }
11 void imp_vet(char v[]) {
12   for (int i = 0; i < qtd; i++) {
13     printf("%c ", v[i]);
14   }
15 }
```

prg_vetB.c

```
1  #define TAM (10)
2  int  qtd = TAM;
3  char estado[TAM];
4  void inicia_vet(char c) {
5    for (int i = 0; i < qtd; i++) {
6      estado[i] = c++;
7    }
8  }
```

Desse modo, os dois programas podem ser compilados separadamente para a geração dos respectivos códigos-objetos. Durante a compilação do programa para a geração do código executável, na fase de ligação dos dois objetos, todas as declarações da variável estado são unificadas com a definição existente no programa prg_vetB.c. ∎

10.6.3 Aplicações básicas

Com o uso de vetores pode-se desenvolver programas que exigem a manutenção de um grande número de variáveis; programas que, se as variáveis tivessem que ser declaradas individualmente, seriam trabalhosos ou mesmo impossíveis. Considere o problema: "ler três números e imprimir os números lidos se o último for maior que a soma dos anteriores." Esse problema é facilmente resolvido lendo os três números, armazenando-os nas variáveis n1, n2 e n3, e em seguida imprimindo o conteúdo dessas variáveis se n3 for maior que n1 + n2. Agora considere o mesmo problema com a leitura de 10 ou mesmo 2.000 números.

EXEMPLO 10.18 O programa a seguir lê 10 números inteiros e imprime os números lidos se o último for maior que a soma dos anteriores.

O comando for das linhas 6-9 realiza a leitura e o armazenamento dos números no vetor val, e o comando for das linhas 11-13 imprime os números lidos. A impressão ocorre apenas se a condição do if for verdadeira. O índice do último elemento do vetor é especificado como a quantidade de elementos menos 1, já que o índice inicial é sempre 0.

```
1   #include <stdio.h>
2   #define QTD (10)
3   int main(void) {
4     int soma = 0;
5     int val[QTD];
6     for (int i = 0; i < QTD; i++) {
7       scanf("%d", &val[i]);
8       soma = soma + val[i];
9     }
10    if (val[QTD - 1] > soma - val[QTD - 1]){
11      for (int i = 0; i < QTD; i++) {
12        printf("%d ", val[i]);
13      }
14    }
15    return 0;
16  }
```

A quantidade de elementos é definida pela macro QTD. Para uma outra quantidade, basta modificar a definição da macro na linha 2 e compilar o programa novamente. ∎

TABELA 10.2 Uso do comando for para percorrer vetores

Percorrer um vetor a cujos elementos são do tipo int,

a) imprimindo seus elementos.	`for (int i = 0; i < QTD ; i++) {`
	`  printf ("%d ", a[i]);`
	`}`

b) imprimindo os elementos de ordem ímpar, i.e., o primeiro, o terceiro, etc.	`for (int i = 0; i < QTD ; i++) {`
	`  printf ("%d ", a[i++]);`
	`}`

c) imprimindo os elementos na ordem inversa.	`for (int i = QTD - 1; i >= 0; i--)` `  printf ("%d ", a[i]);`

d) fazendo cada elemento ser igual a ele mais o anterior. O elemento a[0] não deve ser modificado.	`for (int i = QTD - 1; i > 0; i--) {`
	`  a[i] = a[i] + a[i - 1];`
	`}`

e) fazendo cada elemento ser igual a ele mais a soma de todos os anteriores.	`for (int i = 1; i < QTD ; i++) {`
	`  a[i] = a[i] + a[i - 1];`
	`}`

O comando `for` das linhas 11-13 do exemplo anterior é a estrutura clássica para percorrer um vetor, nesse caso imprimindo seus elementos. A Tabela 10.2 mostra exemplos do uso dessa estrutura para diferentes situações.

EXEMPLO 10.19   O programa a seguir lê um número N ($0 < N \leq 1000$) e a seguir lê N números inteiros. Ao final, ele imprime, na ordem inversa à que foram digitados, todos os N números lidos que forem pares.

O comando do (linhas 4-6) garante que N terá um valor maior que zero e menor ou igual a 1.000. A leitura dos N números é realizada pelo `for` das linhas 8-10. O `for` das linhas 11-15 percorre o vetor, na ordem inversa, imprimindo os seus elementos pares.

```
1  #include <stdio.h>
2  int main(void) {
3     int N;
4     do {
5        scanf("%d", &N);
6     } while ((N <= 0) || (N > 1000));
7     int lval[N];
8     for (int i = 0; i < N; i++) {
9        scanf("%d", &lval[i]);
10    }
11    for (int i = N - 1; i >= 0; i--) {
12       if ((lval[i] % 2) == 0) {
13          printf("%d ", lval[i]);
14       }
15    }
16    return 0;
17 }
```

O vetor é criado na linha 7 com a quantidade de elementos necessária para armazenar os N números. O índice usado para percorrer o vetor na ordem inversa é iniciado com sua quantidade de elementos menos 1. ■

EXEMPLO 10.20   O programa a seguir lê 50 números inteiros entre 20 e 30. Ao final, ele imprime um histograma horizontal mostrando com asteriscos a quantidade de vezes que cada número foi lido.

A seguinte ilustração mostra as quatro primeiras linhas do histograma para o caso do número 20 ter sido lido 3 vezes, o 21 nenhuma, o 22 sete vezes e o 23 duas vezes:

```
20: ***
21:
22: *******
23: **
```

No programa, todas as quantidades estão definidas como constantes, facilitando sua manutenção.

O vetor que armazena os valores do histograma é criado na linha 6 com a quantidade de elementos necessária para acumular a frequência dos números na faixa de 20 a 30, inclusive. O comando `for` das linhas 7-9 é necessário para zerar os elementos do vetor: como `histo` é uma variável automática o conteúdo inicial de seus elementos é indeterminado.

```
1  #include <stdio.h>
2  int main(void) {
3     int num;
4     const int QTD = 50, MIN = 20, MAX = 30,
5               FAIXA = MAX - MIN + 1;
6     int histo[FAIXA];
7     for (int i = 0; i < FAIXA; i++) {
```

```
8      histo[i] = 0;
9    }
10   for (int i = 0; i < QTD; i++) {
11     do {
12       scanf("%d", &num);
13     } while ((num < MIN) || (num > MAX));
14     histo[num-MIN] = histo[num-MIN] + 1;
15   }
16   for    (int i = 0; i < FAIXA; i++) {
17     printf("%d: ", (i+MIN));
18     for (int j = 0; j < histo[i]; j++) {
19       printf("*");
20     }
21     printf("\n");
22   }
23   return 0;
24 }
```

O comando for, nas linhas 10-15, é usado para a leitura dos 50 números. O comando do nas linhas 11-13 garante que os números estejam na faixa válida, entre 20 e 30. Para cada número lido, num, o conteúdo do elemento correspondente no vetor histo é incrementado de 1 (linha 14). Por exemplo, se num = 22, então o elemento de índice 2 (22 - 20) é incrementado de 1. Após a leitura, cada elemento histo[i] contém a quantidade de vezes que o número correspondente foi digitado: histo[0] contém a quantidade de vezes que o número 20 foi digitado, histo[1] contém a quantidade de vezes que o número 21 foi digitado, etc.

O duplo for (linhas 16-22) realiza a impressão do histograma. O primeiro, por meio da variável i, controla a impressão referente a cada número da faixa válida. O segundo controla a impressão dos asteriscos correspondentes à quantidade armazenada em histo[i]. ∎

Nos dois exemplos anteriores os vetores foram criados com uma quantidade de elementos que depende do conteúdo de uma variável. Essa é a situação ideal, pois economiza espaço. Entretanto, nem sempre é possível saber de antemão quantos elementos de um vetor serão necessários.

EXEMPLO 10.21 O programa a seguir lê até 100 números e imprime os números lidos na ordem inversa à que foram digitados. A digitação é interrompida (linha 11) se o usuário digitar o 0. No programa, o vetor lnum é declarado na linha 3 com o número máximo de elementos, pois não se sabe quantos serão digitados.

A quantidade de elementos digitados é controlada pela variável qtd, que é incrementada (cláusula de fim da iteração, na linha 8) após o armazenamento de cada número lido (linha 13). O comando for das linhas 15-17 usa qtd como limite para percorrer o vetor e imprimir os elementos armazenados.

```
1  #include <stdio.h>
2  int main(void) {
3    int lnum[100];
4    int valor;
5    printf("Digite ate 100 numeros "
6           "(0 p/parar)\n");
7    int qtd = 0;
8    for ( ; qtd < 100; qtd++) {
9      scanf("%d", &valor);
10     if (valor == 0) {
11       break;
```

```
12      }
13      lnum[qtd] = valor;
14    }
15    for (int i = qtd - 1; i > -1 ; i--) {
16      printf("%d ", lnum[i]);
17    }
18    return 0;
19  }
```

10.7 VETORES MULTIDIMENSIONAIS

Os vetores multidimensionais também têm seus elementos referidos através de índices numéricos não negativos, um para cada dimensão. Os vetores bidimensionais têm seus elementos referidos através de dois índices, os tridimensionais, através de três índices, e assim por diante.

A referência a um elemento é feita colocando-se os índices entre colchetes, um par de colchetes para cada dimensão, correspondendo o primeiro índice à posição do elemento na primeira dimensão, o segundo índice à posição do elemento na segunda dimensão, etc. Por exemplo, $A[2][3]$ representa um elemento de um vetor bidimensional A que se encontra na terceira posição, em relação à primeira dimensão, e na quarta posição, em relação à segunda dimensão.

A figura de uma tabela, ou matriz, onde as linhas correspondem à primeira dimensão e as colunas correspondem à segunda dimensão, é um modo conveniente para visualizar vetores de 2 dimensões.

a	b	c
d	e	f
g	h	i
j	k	l

A matriz acima é uma representação para um vetor bidimensional A cujos elementos são os caracteres 'a', 'b', 'c', 'd', 'e', 'f', 'g', 'h', 'i', 'j', 'k' e 'l'. Esses elementos estão dispostos em duas dimensões: a primeira com quatro posições e a segunda com três posições. Um elemento desse vetor só fica determinado quando fornecida sua posição em relação às duas dimensões. Por exemplo, o elemento $A[0][0]$ corresponde ao caractere 'a', o elemento $A[0][2]$ corresponde ao caractere 'c' e o elemento $A[3][1]$ corresponde ao caractere 'k'.

Os vetores multidimensionais são implementados em C como vetores de vetores, isto é, vetores cujos elementos são vetores. O vetor bidimensional que corresponde à matriz anterior é implementado da seguinte forma:

a	b	c		d	e	f		g	h	i		j	k	l

Agora pode-se ver que esse vetor é na verdade um vetor de uma dimensão cujos elementos são vetores de caracteres, também de uma dimensão. O primeiro elemento desse vetor é o vetor unidimensional formado pelos caracteres 'a', 'b' e 'c', isto é, $A[0]$ = | a | b | c |. Da mesma forma temos $A[1]$ = | d | e | f | e $A[3]$ = | j | k | l |. Nessa interpretação, cada elemento individual de um vetor bidimensional ainda necessita de dois índices para ser completamente caracterizado: o primeiro fornece o vetor unidimensional e o segundo, o elemento desse vetor. Por exemplo, $A[2][1]$ é entendido como sendo o elemento de índice 1 do vetor unidimensional $A[2]$ que, no exemplo em questão, é o vetor | g | h | i |, isto é, $A[2][1]$ = 'h'.

O mesmo raciocínio vale para vetores de 3 ou mais dimensões. Um vetor A de 3 dimensões tem seus elementos caracterizados por um grupo de três índices e pode ser visto como um vetor de vetores de duas dimensões, cada um sendo um vetor de vetores de uma dimensão. O elemento $A[2][3][1]$ corresponde ao elemento de índice 1 do vetor unidimensional $A[2][3]$, que por sua vez corresponde ao elemento de índice 3 do vetor bidimensional $A[2]$, que corresponde ao elemento de índice 2 do vetor tridimensional A.

Qualquer expressão que resulte em valores inteiros pode ser usada como índice. Assim, se x é igual a 1, `vet[x + x][x]`, `vet[3 * x - 1][2 - x]`, `vet[2][x]` e `vet[2][1]` são expressões que referem-se ao mesmo elemento.

10.7.1 Declaração de vetores multidimensionais

A declaração de vetores multidimensionais segue a sintaxe da Tabela 10.1. Para um vetor n-dimensional, declarado como $\langle T \rangle$ `vet` $[x_1][x_2] \dots [x_n]$ diz-se que `vet` é um

a) vetor n-dimensional de $\langle T \rangle$, ou

b) vetor de $\langle T \rangle$ $[x_2] \dots [x_n]$, isto é, um vetor cujos elementos são vetores $(n-1)$-dimensionais.

EXEMPLO 10.22   As declarações seguintes têm o significado descrito ao lado de cada uma:

`int alunos[3][2];`   alunos é um vetor bidimensional de `int`, com 3 elementos na primeira e 2 na segunda dimensão (ou vetor de `int[2]`).

`char *alunos[][2][4];`   alunos é um vetor de `char *`, de três dimensões, com um número indefinido de elementos na primeira, 2 elementos na segunda e 4 na terceira dimensão (ou vetor de `char *[2][4]`). Tipo vetor incompleto, cujos elementos são de tipo vetor completo.

`long [][x];`   Vetor bidimensional de `long`, com número indefinido de elementos na primeira e x elementos na segunda dimensão (ou vetor de `long[x]`). Tipo vetor incompleto, cujos elementos são de tipo vetor variável.

`long [][*]`   Vetor bidimensional de `long`, com número indefinido de elementos na primeira e um número variável, e não especificado, de elementos na segunda dimensão (ou vetor de `long[*]`). Tipo vetor incompleto, cujos elementos são de tipo vetor variável de tamanho não especificado.

`char *alunos[y][2 + x];`   alunos é um vetor de `char *`, de duas dimensões, com y elementos na primeira e $(2 + x)$ na segunda dimensão (ou vetor de `char *[2 + x]`). Tipo vetor variável (porém, completo), cujos elementos são de tipo vetor variável.

short int alunos[3][2 + x]; alunos é um vetor bidimensional de short int, com 3 elementos na primeira e (2 + x) na segunda dimensão (ou vetor de short int[2 + x]). Tipo vetor variável (porém, completo), cujos elementos são de tipo vetor variável.

long [*][*]   Vetor bidimensional de long, com número variável, e não especificado, de elementos na primeira e na segunda dimensão (ou vetor de long[*]). Tipo vetor variável (porém, completo), cujos elementos são de tipo vetor variável.

A descrição da penúltima declaração mostra que basta uma das dimensões ser variável para o vetor ser considerado variável. Como ocorre com os vetores unidimensionais, as declarações de vetores multidimensionais variáveis e incompletos possuem restrições de uso, explicadas nas Seções 10.7.5 e 10.7.6. ∎

10.7.2 Tipo dos vetores multidimensionais

O tipo de um vetor n-dimensional de $\langle T \rangle$ é caracterizado como:

$\langle T \rangle \, [x_1][x_2] \ldots [x_n]$

O tipo das expressões que referem-se parcialmente (até a dimensão i) a um vetor n-dimensional de $\langle T \rangle$ é caracterizado como:

$\langle T \rangle \, [x_{i+1}] \ldots [x_n]$

EXEMPLO 10.23 Para cada uma das seguintes declarações de vetores multidimensionais são mostrados o tipo e o significado de expressões que referem-se, completa ou parcialmente, ao vetor declarado.

Declaração: `long *vetA[2][3]`

Expressão	Tipo	Significado
vetA	long *[2][3]	Vetor bidimensional de long * (ou vetor de long *[3]).
vetA[1]	long *[3]	Vetor de long *.
vetA[1][2]	long *	Valor do tipo ponteiro para long.

Declaração: `const char vetB[2][3][x]`

Expressão	Tipo	Significado
vetB	const char[2][3][x]	Vetor de três dimensões de const char (ou vetor de const char[3][x]).
vetB[1]	const char[3][x]	Vetor bidimensional de const char (ou vetor de const char[x]).
vetB[1][2]	const char[x]	Vetor de const char.
vetB[1][0][1]	const char	Valor do tipo const char.

Declaração: `short int vetC[x]`

Expressão	Tipo	Significado
vetC	short int[x]	Vetor de short int.
vetC[0]	short int	Valor do tipo short int.

Declaração: `float vetD[const x][y]`

Expressão	Tipo	Significado
vetD	float [x][y]	Vetor bidimensional de `float` (ou vetor de `float[y]`). A variável vetD é const.
vetD[2]	float [y]	Vetor de `float`. A variável vetD é const.

A última declaração, contendo o qualificador const na primeira dimensão, só pode ocorrer como parâmetro em protótipos e definições de funções. O qualificador aplica-se ao parâmetro e não ao tipo dos elementos do vetor. Assim, o parâmetro vetD é qualificado como const, mas os elementos do vetor não possuem essa qualificação. ∎

10.7.3 Criação de vetores multidimensionais

A criação de vetores de duas ou mais dimensões é similar à criação de vetores de uma dimensão. Quando a declaração do vetor multidimensional é executada, o espaço em memória necessário para armazenar todos os seus elementos é alocado e o endereço do primeiro elemento é armazenado na variável vetor.

EXEMPLO 10.24 A execução das declarações e comandos a seguir produz o efeito mostrado no diagrama:

```
int vet[2][3][2];
vet[1][1][0] = 13;
vet[0][1][1] = 5;
```

A execução da declaração `int vet[2][3][2]` faz com que sejam alocados 12 espaços contíguos da memória, para armazenar os 12 valores do tipo int do vetor. O endereço do primeiro espaço alocado fica armazenado em vet.

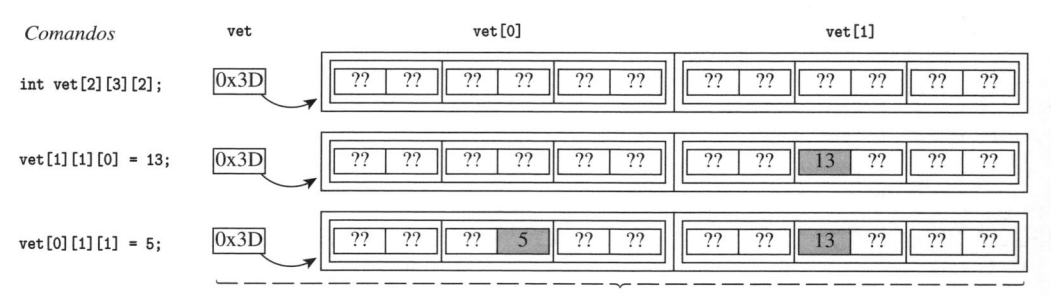

Posições da memória

A expressão vet[1][1][0] refere-se ao primeiro elemento (índice 0) do vetor armazenado no segundo elemento (índice 1) do vetor armazenado no segundo elemento (índice 1) de vet. Os comandos de atribuição do código armazenam os valores 13 e 5 nos elementos indicados na figura. ∎

Os elementos de um vetor multidimensional, desde que completamente determinados, podem participar de qualquer operação compatível com o seu tipo. Para um vetor declarado como `int vet[4][3]`, as seguintes expressões são válidas:

vet[3][2] = 23;   Atribui o valor 23 ao elemento de índices 3 (primeira dimensão) e 2 (segunda dimensão) de vet.
vet[3][2]++;   Adiciona 1 ao conteúdo de vet[3][2].
(vet[3][2] > 10)   Compara o conteúdo de vet[3][2] com o inteiro 10.

EXEMPLO 10.25 O programa a seguir lê do teclado, linha a linha, os números inteiros correspondentes aos elementos de uma matriz 2 × 3, armazenando-os em um vetor bidimensional mat, declarado na linha 3.

A leitura é controlada por dois comandos for (linhas 4-9): o primeiro controla o índice referente às linhas e o segundo, o índice referente às colunas.

```
1   #include <stdio.h>
2   int main(void) {
3     int mat[2][3];
4     for (int i = 0; i < 2; i++) {
5       for (int j = 0; j < 3; j++) {
6         printf("digite o elem (%d,%d): ", (i+1), (j+1));
7         scanf("%d", &mat[i][j]);
8       }
9     }
10    return 0;
11  }
```

A leitura dos elementos da matriz, neste exemplo, é orientada a linha: primeiro são lidos todos os elementos da primeira linha, depois todos os da segunda linha, etc.

No código, para cada índice i referente a uma linha, temos a leitura e o armazenamento dos números correspondentes aos elementos mat[i][0], mat[i][1] e mat[i][2]. Se a leitura fosse orientada a coluna, a estrutura dos comandos for seria a mostrada a seguir:

```
4   for (int j = 0; j < 3; j++) {
5     for (int i = 0; i < 2; i++) {
6       printf("digite o elem (%d,%d): ",(i+1), (j+1));
7       scanf("%d", &mat[i][j]);
8     }
9   }
```

O programa deste exemplo não imprime a matriz lida.   ∎

10.7.4 Aplicações básicas
É frequente o uso de vetores bidimensionais, principalmente em programas que implementam operações com matrizes. A estrutura com dois comandos for aninhados, um para cada dimensão, usada no exemplo anterior é a estrutura básica para percorrer os elementos de uma matriz. A Tabela 10.3 (p. 250) mostra outros exemplos do uso dessa estrutura.

10.7.5 Vetores de tamanho variável
Os vetores de tamanho variável são necessários nas situações em que o número de elementos pode variar a cada execução das funções nas quais são declarados. Como ocorre com os vetores unidimensionais, os vetores multidimensionais de tamanho variável não podem ser estáticos: as variáveis que os declaram devem ter escopo de protótipo de função ou de bloco, sem ligação externa ou interna.

TABELA 10.3 Uso do comando for para percorrer uma matriz

Percorrer uma matriz M, de ordem L × C,

a) imprimindo a transposta da matriz.

```
for (int j = 0; j < C; j++ ) {
   for (int i = 0; i < L; i++) {
      printf("%d ", M[i][j]);
   }
   printf("\n");
}
```

b) imprimindo os elementos da diagonal principal (considerando L = C).

```
for (int i = 0; i < L; i++) {
   printf("%d ", M[i][i]);
}
```

c) somando os elementos da matriz

```
int soma = 0;
for (int i = 0; i < L; i++) {
   for (int j = 0; j < C; j++) {
      soma = soma + M[i][j];
   }
}
```

EXEMPLO 10.26 O programa a seguir lê dois números, L e C, ambos maiores que 0, e depois lê, coluna a coluna, os números correspondentes aos elementos de uma matriz de ordem $L \times C$. Após a leitura, a matriz lida é impressa.

Os comandos do (linhas 4-7 e 8-11) garantem que os números referentes a L e C sejam maiores que 0. A variável mat é declarada na linha 12 como do tipo vetor de tamanho variável. A cada execução dessa declaração o vetor é criado com a quantidade de $L \times C$ elementos informada pelo usuário.

```
1  #include <stdio.h>
2  int main(void) {
3     int L, C;
4     do {
5        printf("Digite a qtd de linhas: ");
6        scanf("%d", &L);
7     } while (L <= 0);
8     do {
9        printf("Digite a qtd de colunas: ");
10       scanf("%d", &C);
11    } while (C <= 0);
12    int mat[L][C];
13    printf("Digite, coluna a coluna, ");
14    printf("os elementos de uma ");
15    printf("matriz %d x %d\n", L, C);
16    for (int j = 0; j < C; j++) {
17       for (int i = 0; i < L; i++) {
18          printf("elm (%d,%d):", (i+1), (j+1));
19          scanf("%d", &mat[i][j]);
20       }
21    }
22    for (int i = 0; i < L; i++) {
23       for (int j = 0; j < C; j++) {
24          printf("%d ", mat[i][j]);
25       }
26       printf("\n");
27    }
28    return 0;
29 }
```

A leitura dos elementos é controlada pelos dois comandos for das linhas 16-21 e a impressão pelos comandos for das linhas 22-27. A matriz é impressa linha a linha, embora seus elementos tenham sido digitados coluna a coluna. ∎

Vetores de tamanho variável podem ser usados na declaração de parâmetros de função para indicar que a função recebe vetores de diferentes tamanhos.

EXEMPLO 10.27 O programa a seguir modifica o programa do exemplo anterior, fazendo a impressão ocorrer na função `imp_vet`, que é definida nas linhas 26-33 com três parâmetros, sendo o terceiro do tipo vetor de tamanho variável.

Valem para os vetores multidimensionais as mesmas considerações feitas para o caso de vetores unidimensionais: é responsabilidade do programador garantir que a função `imp_vet` será chamada com seus dois primeiros argumentos representando o número de linhas e colunas do terceiro argumento.

O protótipo da função é declarado na linha 2 com a notação * para indicar a quantidade variável de elementos, mas poderia ter sido declarado como `void imp_vet(int x, int y, int[x][y])` ou `void imp_vet(int, int, int[][*])`, por exemplo.

```
1   #include <stdio.h>
2   void imp_vet(int, int, int [*][*]);
3   int main(void) {
4      int L, C;
5      do {
6         printf("Digite a qtd de linhas: ");
7         scanf("%d", &L);
8      } while (L <= 0);
9      do {
10        printf("Digite a qtd de colunas: ");
11        scanf("%d", &C);
12     } while (C <= 0);
13     int mat[L][C];
14     printf("Digite, coluna a coluna, ");
15     printf("os elementos de uma ");
16     printf("matriz %d x %d\n", L, C);
17     for (int j = 0; j < C; j++) {
18        for (int i = 0; i < L; i++) {
19           printf("elm (%d,%d):", (i+1), (j+1));
20           scanf("%d", &mat[i][j]);
21        }
22     }
23     imp_vet(L, C, mat);
24     return 0;
25  }
26  void imp_vet(int L, int C, int m[L][C]) {
27     for (int i = 0; i < L; i++) {
28        for (int j = 0; j < C; j++) {
29           printf("%d ", m[i][j]);
30        }
31        printf("\n");
32     }
33  }
```

10.7.6 Vetores incompletos

A declaração de vetores multidimensionais incompletos é menos flexível porque apenas a primeira dimensão pode ser declarada incompleta; as demais devem ser completas, podendo ser variáveis. A razão para isso é que a declaração incompleta de uma das dimensões posteriores resulta em um vetor cujo tipo de seus elementos é incompleto, o que não é possível pelo padrão da linguagem.

Para o caso de um vetor de 3 dimensões, por exemplo, a declaração `int vetA[][x][y]` é válida e declara vet como um vetor com uma quantidade indefinida de elementos, cada um do tipo (completo) int[x][y]. Por outro lado, as declarações int vet[x][][y], int vet[2][2][] e int vet[x][][] são inválidas, pois declaram vet como um vetor de int[][y], de int[2][] e de int[][], respectivamente, isto é, um vetor de elementos de tipo incompleto.

Pode-se declarar incompleta a primeira dimensão de um (vetor usado como) parâmetro de função, com o mesmo efeito que se a dimensão tivesse sido declarada variável. No Exemplo 10.27, o cabeçalho da função imp_vet poderia ter sido declarado com o terceiro parâmetro do tipo vetor incompleto:

Cabeçalho original com vetor variável	Cabeçalho com vetor incompleto
void imp_vet(int L, int C, int m[L][C])	void imp_vet(int L, int C, int m[][C])

Em ambos os cabeçalhos, o parâmetro m é declarado como um vetor de int[C], com um número variável de elementos na declaração original, e com um número indefinido na declaração alternativa. Como os parâmetros do tipo vetor são sempre ajustados para ponteiros, o efeito de ambas as declarações é o mesmo, a diferença está na legibilidade do código: o formato original indica que a intenção do programador é que a primeira dimensão tenha L elementos.

Os vetores incompletos também podem ser declarados nas situações em que o vetor é definido em outra unidade de compilação, ou outro arquivo da mesma unidade de compilação, de modo semelhante ao discutido na Seção 10.6.2, inclusive com a ressalva de que o tipo vetor incompleto não pode ser usado em definições.

10.8 INICIAÇÃO

As variáveis do tipo vetor podem ser iniciadas com listas de iniciação, que são relações de valores dispostos entre chaves e separados por vírgula. Cada valor de uma lista de iniciação pode ser uma constante ou uma outra lista de valores, também entre chaves e separados por vírgula.

EXEMPLO 10.28 Cada lista de iniciação a seguir contém 3 valores. O segundo valor da segunda lista é, ele próprio, uma lista com 2 valores. Na terceira lista, o segundo valor é uma lista com 2 valores e o terceiro, uma lista contendo uma lista com um valor.

```
{2, 3, 4}
{'a', {'b', 'c'}, 'd'}
{12, {3, 9}, {{38}}}
```
■

A iniciação dos elementos de um vetor se dá através de um processo de associação dos seus elementos aos valores da lista de iniciação. Começando com o primeiro elemento do vetor e com o primeiro valor da lista, chamados de *elemento corrente* e *valor corrente*, o seguinte processo de atribuição tem efeito:

1) Se o valor corrente pode ser atribuído ao elemento corrente, a atribuição é realizada e o processo prossegue com o próximo elemento do vetor e o próximo valor da lista, que serão os novos elemento e valor correntes.

2) Se o valor corrente é também uma lista, a atribuição de valor ao elemento corrente e a seus subelementos (se ele for um vetor) fica restrita aos valores da lista que corresponde ao valor corrente.

3) Se o elemento corrente é também um vetor, o processo prossegue recursivamente, associando o primeiro elemento desse vetor ao valor corrente, até que a atribuição seja realizada.

Os elementos não iniciados de um vetor assumem o valor-padrão que corresponde ao seu tipo e os valores excedentes da lista de iniciação são ignorados.

EXEMPLO 10.29 Se um vetor fatorRH é declarado com a seguinte lista de iniciação:

```
char *fatorRH[8][2] = {"A","+","A",{"B","+"},{"B"},{"0","+"},"0","+","AB","-"};
```

os passos iniciais do procedimento de iniciação são:

1. O primeiro elemento do vetor, fatorRH[0], é associado ao primeiro valor da lista de iniciação, "A". Como o elemento é um vetor, o processo prossegue recursivamente:

    1.1 O primeiro elemento de fatorRH[0], fatorRH[0][0], é associado ao valor corrente "A". Como a atribuição é possível, ela é realizada.

    1.2 O próximo elemento de fatorRH[0], fatorRH[0][1], é associado ao próximo valor da lista de iniciação, "+". Como a atribuição é possível, ela é realizada.

2. O próximo elemento do vetor, fatorRH[1], é associado ao próximo valor da lista de iniciação, "A". Como o elemento é um vetor, o processo prossegue recursivamente:

    2.1 O primeiro elemento de fatorRH[1], fatorRH[1][0], é associado ao valor corrente, "A". Como a atribuição é possível, ela é realizada.

    2.2 O próximo elemento de fatorRH[1], fatorRH[1][1], é associado ao próximo valor da lista de iniciação, {"B","+"}. Como o valor é uma lista, o processo de atribuição do elemento corrente fica restrito a essa lista, como se esse elemento tivesse sido declarado do seguinte modo: fatorRH[1][1] = {"B","+"}. Nessa situação, o valor "B" é atribuído a fatorRH[1][1] e o valor "+" é desconsiderado.

3 O próximo elemento do vetor, fatorRH[2], é associado ao próximo valor da lista de iniciação, {"B"}. Como o valor é uma lista, o processo de atribuição do elemento corrente fica restrito a essa lista, como se esse elemento tivesse sido declarado do seguinte modo: fatorRH[2] = {"B"}. Nessa situação,

    3.1 o valor "B" é atribuído a fatorRH[2][0] e

    3.2 o elemento fatorRH[2][1] assume o valor-padrão (NULL, para cadeias de caracteres).

O próximo elemento do vetor é fatorRH[3] e o próximo valor da lista é {"0","+"}. O processo prossegue e o resultado final corresponde à seguinte sequência de atribuições:

```
fatorRH[0][0] = "A";     fatorRH[0][1] = "+";     fatorRH[1][0] = "A";     fatorRH[1][1] = "B";
fatorRH[2][0] = "B";     fatorRH[2][1] = NULL;    fatorRH[3][0] = "0";     fatorRH[3][1] = "+";
fatorRH[4][0] = "0";     fatorRH[4][1] = "+";     fatorRH[5][0] = "AB";    fatorRH[5][1] = "-";
fatorRH[6][0] = NULL;    fatorRH[6][1] = NULL;    fatorRH[7][0] = NULL;    fatorRH[7][1] = NULL;
```
∎

A legibilidade dos programas melhora se as listas de iniciação reproduzem a estrutura dos vetores que elas iniciam.

EXEMPLO 10.30 A declaração seguinte tem o mesmo efeito que a declaração do exemplo anterior:

```
char *fatorRH[8][2] = {{"A","+"},{"A","B"},{"B",NULL},{"0","+"},{"0","+"},{"AB","-"}};
```

Nesta versão cada elemento do vetor fatorRH, excetuando-se os dois últimos, é iniciado com uma lista de dois elementos, o que corresponde à estrutura do vetor. ∎

As variáveis de tipo vetor variável não podem ser iniciadas e as de tipo vetor incompleto, quando iniciadas, têm a quantidade de elementos da primeira dimensão determinada pela quantidade de valores da lista de iniciação, deixando de ser incompletas.

EXEMPLO 10.31   As declarações seguintes contêm lista de iniciação:

```
char *estadosNE[] = {"AL","BA","CE","MA","PB","PE","PI","RN","SE"};
char *estadosCO[3] = {"GO","MT","MS","XX","YY"};
char *estadosNO[9] = {"AC","AM","AP","PA","RO","RR","TO"};
```

A iniciação do vetor estadosNE torna o seu tipo completo, com nove elementos na primeira dimensão. Os três elementos do vetor estadosCO são iniciados com os valores "GO", "MT", "MS"; os valores "XX" e "YY" da lista de iniciação são ignorados. Apenas os 7 primeiros elementos do vetor estadosNO são iniciados, os dois últimos assumem o valor-padrão NULL. ■

10.8.1   Iniciação seletiva

O valor de iniciação pode ser seletivamente atribuído a um elemento identificado com a notação [x]= em que x indica o índice do elemento. Após a atribuição do valor a esse elemento o procedimento de iniciação prossegue com o elemento seguinte do vetor. Os elementos anteriores ficam sem atribuição, exceto se houver outras iniciações seletivas que os identifiquem.

EXEMPLO 10.32   A seguinte iniciação da variável fatorRH discrimina alguns dos elementos a serem atribuídos:

```
char *fatorRH[8][2] = {{"A","+"},[5]= {"O","-"},{"AB","+"},
                       [1] = {"A","-"},{[1] = "+"}};
```

Após a atribuição do valor {"A","+"} ao elemento fatorRH[0], ocorre a atribuição do valor {"O","-"} ao elemento fatorRH[5]. Nesse ponto, os elementos fatorRH[1], fatorRH[2], fatorRH[3] e fatorRH[4] ficam sem atribuição; o próximo elemento, fatorRH[6], recebe o valor {"AB","+"}. A atribuição seguinte atribui o valor {"A","-"} ao elemento fatorRH[1]. Após esta última atribuição, o próximo elemento do vetor, fatorRH[2], é associado ao próximo valor da lista, {[1] = "+"}. Neste último caso, o elemento de índice 1 é discriminado, significando que o valor "+" é atribuído ao elemento fatorRH[2][1]. A iniciação corresponde à seguinte sequência de atribuições:

```
fatorRH[0][0] = "A";     fatorRH[0][1] = "+";     fatorRH[1][0] = "A";     fatorRH[1][1] = "-";
fatorRH[2][0] = NULL;    fatorRH[2][1] = "+";     fatorRH[3][0] = NULL;    fatorRH[3][1] = NULL;
fatorRH[4][0] = NULL;    fatorRH[4][1] = NULL;    fatorRH[5][0] = "O";     fatorRH[5][1] = "-";
fatorRH[6][0] = "AB";    fatorRH[6][1] = "+";     fatorRH[7][0] = NULL;    fatorRH[7][1] = NULL;
```
■

10.8.2   Iniciação de vetores de caracteres

Os vetores de caracteres podem ser iniciados com um literal do tipo cadeia de caracteres. Cada caractere da cadeia, incluindo o caractere nulo ao final, inicia um elemento do vetor, se nele houver espaço ou se ele for declarado incompleto.

EXEMPLO 10.33 As declarações a seguir iniciam vetores de caracteres com diversas cadeias de caracteres.

```
char vogais[] = "aeiou";
char let_ini[5] = "abcde";
char let_meio[5] = "klmnop";
char let_fim[5] = "xyz";
```

O vetor vogais é declarado como um vetor incompleto. Ele é criado com a quantidade de elementos necessária para armazenar cada caractere da cadeia, incluindo o caractere nulo ao final. Neste exemplo, um vetor de seis caracteres é criado.

O vetor let_ini é criado com 5 elementos, com as letras 'a', 'b', 'c', 'd', e 'e' sendo atribuídas a cada um, em sequência. O caractere nulo do fim da cadeia é desconsiderado.

Os elementos do vetor let_meio são iniciados com os primeiros 5 caracteres da sua cadeia de iniciação; o caractere 'p' e o caractere nulo do fim da cadeia são desconsiderados. Já o vetor let_fim tem apenas seus quatro primeiros elementos iniciados com os caracteres da cadeia de iniciação, que inclui o caractere nulo; o quinto elemento assume o valor-padrão (no caso, o caractere nulo). ∎

10.8.3 Iniciação com literais compostos

Os literais compostos podem ser usados para iniciar vetores. O tipo do literal composto pode ser incompleto, mas não pode ser variável.

EXEMPLO 10.34 As duas declarações a seguir usam literais compostos para iniciar os vetores primos e perfeitos.

```
int *primos = (int []){2, 3, 5, 7};
int *perfeitos = (int [4]){6, 28, 496, 8128};
```

Na primeira, o literal composto cria um vetor de 4 elementos, iniciado com os números primos 2, 3, 5 e 7, atribuindo o endereço do primeiro elemento do vetor à variável primos. Uma atribuição semelhante ocorre na segunda declaração.

As variáveis primos e perfeitos devem ser do tipo ponteiro, não podem ser declaradas como vetor. Por exemplo, a declaração

```
int perfeitos[4] = (int [4]){6, 28, 496, 8128};
```

é incorreta porque inicia uma variável de tipo vetor com uma expressão que não é constante. ∎

10.9 PONTEIROS E VETORES

Existe uma forte relação entre ponteiros e vetores. Uma variável do tipo vetor é implementada como um ponteiro para o primeiro elemento da sequência de valores contíguos que caracteriza o vetor. Além disso,

1. Toda expressão do tipo *vetor de* ⟨T⟩ é convertida em uma expressão do tipo *ponteiro para* ⟨T⟩, cujo valor é um ponteiro apontando para o primeiro elemento do vetor. As exceções são os operandos dos operadores sizeof e &, e os literais cadeia de caracteres usados em expressões de iniciação.

2. As declarações de parâmetros de função do tipo *vetor de* ⟨T⟩ são ajustadas para declarações de parâmetros do tipo *ponteiro (possivelmente qualificado) para* ⟨T⟩.

Esse ajuste quer dizer que, na função, toda referência ao parâmetro é de fato uma referência a um ponteiro.

EXEMPLO 10.35   Para um vetor declarado como `char vet[3][2][4]` a seguinte tabela mostra o tipo de algumas expressões e a conversão realizada:

Expressão	Tipo	Vetor de	Convertido em
`vet`	`char[3][2][4]`	`char[2][4]`, com 3 elementos.	`char (*)[2][4]`.
`vet[x]`	`char[2][4]`	`char[4]`, com 2 elementos.	`char (*)[4]`.
`vet[1][0]`	`char[4]`	`char`, com 4 elementos.	`char *`.
`vet[x][y][w]`	`char`	Não é vetor	Sem conversão a ponteiro.

O tipo ponteiro para vetor de $\langle T \rangle$ é caracterizado formalmente com o auxílio dos parênteses porque o operador de indexação, `[]`, tem maior precedência do que o declarador de ponteiro, `*`:

a) `int *vet[3]` declara vet como vetor de `int *` (ponteiro para `int`), com 3 elementos.

b) `int (*vet)[3]` declara vet como ponteiro para vetor de `int`, com 3 elementos. ∎

EXEMPLO 10.36   Seja a variável vet declarada como `int vet[2][3][3]`. Na expressão `fun(vet)`, a função fun é chamada tendo a variável vet como argumento. O vetor vet, do tipo `int[2][3][3]` (vetor de `int[3][3]`), é convertido em um valor do tipo `int (*)[3][3]` (ponteiro para `int[3][3]`). É esse o valor (do tipo ponteiro, apontando para o primeiro elemento de vet) que é usado como argumento na chamada à função.

Por sua vez, a função fun, se definida como `void fun(int a[2][3][3])`, terá seu parâmetro ajustado para um tipo ponteiro, como se tivesse sido definida como `void fun(int (*a)[3][3])`. ∎

10.10   ARITMÉTICA DE PONTEIROS

Uma variável do tipo ponteiro pode ser usada em operações de soma e subtração. Para variáveis `ptrA` e `ptrB` do tipo ponteiro para T e um valor inteiro `qtd`:

1. A operação `ptrA + qtd` ou `qtd + ptrA` resulta no endereço que se obtém somando qtd × (tamanho de $\langle T \rangle$) a `ptrA`. Esse resultado é do tipo ponteiro para $\langle T \rangle$.

    1.1 Se a variável ponteiro aponta para um elemento de índice i de um vetor de $\langle T \rangle$, então o resultado da operação equivale ao endereço correspondente ao elemento de índice $(i + qtd)$.

    1.2. A operação de incremento unário aplicada a um ponteiro equivale a somar 1 ao ponteiro.

2. A operação `ptrA - qtd` resulta no endereço que se obtém subtraindo qtd × (tamanho de $\langle T \rangle$) de `ptrA`. Esse resultado é do tipo ponteiro para $\langle T \rangle$.

    2.1. Se a variável ponteiro aponta para um elemento de índice i de um vetor de $\langle T \rangle$, então o resultado da operação equivale ao endereço correspondente ao elemento de índice $(i - qtd)$.

    2.2. A operação decremento unário aplicada a um ponteiro equivale a subtrair 1 do ponteiro.

    2.3. Não se pode subtrair um ponteiro de um inteiro, isto é, a operação `qtd - ptrA` não é definida.

3. A operação `ptrA - ptrB` resulta no valor inteiro que corresponde à distância (orientada) entre os endereços `ptrA` e `ptrB`, medida em termos do tamanho de ⟨T⟩: (endereço `ptrA` - endereço `ptrB`)/(tamanho de ⟨T⟩). Essa distância pode ser negativa e o valor obtido é do tipo `ptrdiff_t`[3].

   3.1 A subtração entre ponteiros só é definida para ponteiros que apontam para elementos do mesmo tipo ⟨T⟩ e só tem sentido quando os ponteiros apontam para elementos de um mesmo vetor.

   3.2 Se o ponteiro `ptrA` aponta para um elemento de índice i e o ponteiro `ptrB` para um elemento de índice j de um mesmo vetor, então o resultado da operação equivale a $(i - j)$.

4. A operação `ptrA + ptrB` não é permitida. A operação soma não é definida quando ambos os operandos são do tipo ponteiro.

EXEMPLO 10.37 Seja uma arquitetura em que o tamanho do tipo `int` é igual a 4 bytes e o do tipo `double` é igual a 8 bytes. Considerando que o conteúdo da variável `ptrI` do tipo `int *` é 0x26 e que o conteúdo da variável `ptrD` do tipo `double *` é 0x1A:

1. `ptrI + 1` resulta no valor 0x2A (= 0x26 + 1×4) do tipo `int *`. Se `ptrI` aponta para o elemento de índice i de um vetor de `int`, esse endereço corresponde ao elemento de índice $(i + 1)$.

2. `ptrI + 6` resulta no valor 0x3E (= 0x26 + 6×4 = 0x26 + 0x18) do tipo `int *`. Se `ptrI` aponta para o elemento de índice i de um vetor de `int`, esse endereço corresponde ao elemento de índice $(i + 6)$.

3. `(ptrI + 6) - (ptrI + 1)` resulta no valor 5 (= (0x3E − 0x2A) / 4) do tipo `ptrdiff_t`.

4. `ptrD + 1` resulta no valor 0x22 (= 0x1A + 1×8) do tipo `double *`. Se `ptrD` aponta para o elemento de índice i de um vetor de `double`, esse endereço corresponde ao elemento de índice $(i + 1)$.

5. `ptrD - 2` resulta no valor 0xA (= 0x1A − 2×8 = 0x1A − 0x10) do tipo `double *`. Se `ptrD` aponta para o elemento de índice i de um vetor de `double`, esse endereço corresponde ao elemento de índice $(i - 2)$.

Os valores e as operações estão na base 16. A figura a seguir ilustra as operações deste exemplo:

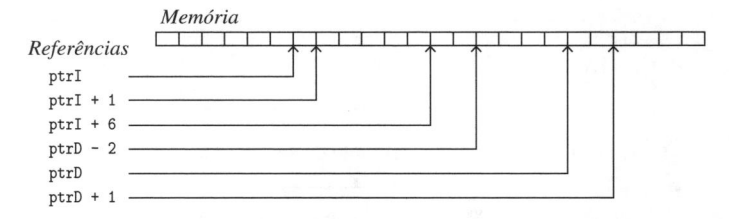

Na figura as setas apontam para o elemento que o ponteiro designa e cada retângulo representa 4 bytes de memória, com os elementos de um vetor de `double` ocupando 2 retângulos cada. ∎

Comparando ponteiros. Os operadores relacionais também podem ser aplicados a ponteiros: um ponteiro é considerado *maior* que outro se o endereço que ele armaze-

---

[3] O tipo `ptrdiff_t` é definido no arquivo-cabeçalho `stddef.h` como um tipo inteiro, sendo dependente da implementação.

na é maior que o endereço armazenado pelo outro, em valores absolutos. As demais operações relacionais seguem lógica semelhante. Entretanto, esse tipo de comparação só faz sentido entre ponteiros que apontam para elementos de um mesmo vetor: o valor verdadeiro para a comparação ptrA < ptrB, por exemplo, indica que o elemento apontado por ptrA está à esquerda do elemento apontado por ptrB, isto é, seu índice é menor que o índice do elemento apontado por ptrB.

10.10.1 Referenciando os elementos dos vetores

As referências aos elementos dos vetores são implementadas através da aritmética de ponteiros. O endereço de cada elemento é calculado a partir do ponteiro que designa o primeiro elemento do vetor e dos índices utilizados na referência. Para um vetor vet, a referência vet[i] equivale a *(vet + i): o i-ésimo elemento do vetor corresponde ao elemento armazenado no endereço vet + i. A aplicação desse cálculo aos vetores unidimensionais decorre diretamente da aritmética de ponteiros: o índice 1 refere-se ao endereço que se obtém somando-se 1 ao endereço base, o índice 2 refere-se à soma de 2 ao endereço base, e assim por diante.

EXEMPLO 10.38 Seja vet um vetor de int, com 10 elementos. Então, vet[0] corresponde a *vet, vet[3] corresponde a *(vet + 3) e vet[9] corresponde a *(vet + 9). ∎

Se o vetor é multidimensional, o mesmo raciocínio se aplica. Para um vetor vet de $\langle T \rangle$ com n dimensões, declarado como $\langle T \rangle$ vet$[x_1][x_2] \ldots [x_n]$,

vet$[i_1][i_2] \ldots [i_n]$ corresponde a *(... *(*(vet + i_1) + i_2) + ... + i_n).

EXEMPLO 10.39 Seja vet declarado como char vet[2][3][4]. Então, vet é do tipo char [2][3][4], convertido em char (*)[3][4]. A referência vet[1][1][2] equivale a *(*(*(vet + 1) + 1) + 2). Essa equivalência pode ser entendida do seguinte modo:

1. vet + 1 é do tipo char (*)[3][4], o mesmo tipo de vet, e aponta para o segundo elemento de vet.

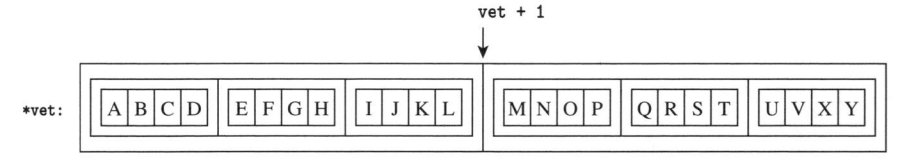

2. *(vet + 1) é o segundo elemento de vet, do tipo char [3][4], convertido em char (*)[4].

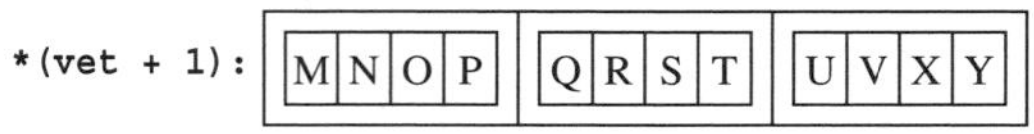

3. *(vet + 1) + 1 é do tipo char (*)[4], o mesmo tipo de *(vet + 1), e aponta para o segundo elemento de *(vet + 1).

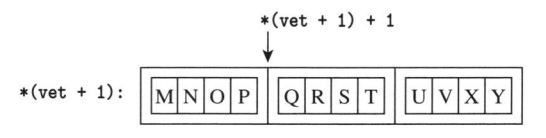

4. `*(*(vet + 1) + 1)` é o segundo elemento de `*(vet + 1)`, do tipo `char [4]`, convertido em `char *`.

`*(*(vet + 1) + 1)`: | Q | R | S | T |

5. `*(*(vet + 1) + 1) + 2` é do tipo `char *`, o mesmo tipo de `*(*(vet + 1) + 1)`, e aponta para o terceiro elemento de `*(*(vet + 1) + 1)`.

```
                       *(*(vet + 1) + 1) + 2
                                ↓
   *(*(vet + 1) + 1): | Q | R | S | T |
```

6. `*(*(*(vet + 1) + 1) + 2)` é o caractere 'S', terceiro elemento de `*(*(vet + 1) + 1)`, do tipo `char`. ∎

EXEMPLO 10.40 O mesmo procedimento aplica-se às referências parciais. Para o vetor do exemplo anterior, a referência `vet[0][2]` equivale a `*(*(vet + 0) + 2)`, isto é, ao terceiro elemento do vetor `*(vet + 0)` = | I | J | K | L |. O tipo de `vet[0][2]` é `char [4]`, convertido em `char *`. ∎

10.10.2 Usando ponteiros para acessar os elementos dos vetores

Todo vetor pode ter seus elementos acessados usando-se tanto índices quanto ponteiros.

EXEMPLO 10.41 O programa a seguir adapta o programa do Exemplo 10.19, com a utilização de ponteiros para acessar os elementos do vetor.

Na linha 9, a expressão `(lval + i)` resulta no endereço relativo ao elemento `i`. Desse modo, não é necessário usar o operador de endereço (`&`) para armazenar o valor lido. Nas linhas 12 e 13, o conteúdo do elemento armazenado em `(lval + i)` é obtido com o operador de acesso indireto, `*`.

```
1   #include <stdio.h>
2   int main(void) {
3      int N;
4      do {
5         scanf("%d", &N);
6      } while ((N <= 0) || (N > 1000));
7      int lval[N];
8      for (int i = 0; i < N; i++) {
9         scanf("%d", (lval + i));
10     }
11     for (int i = N - 1; i >= 0; i--) {
12        if ((*(lval + i) % 2) == 0) {
13           printf("%d ", *(lval + i));
14        }
15     }
16     return 0;
17  }
```
∎

EXEMPLO 10.42 O programa a seguir adapta o programa do Exemplo 10.20, com a utilização de ponteiros para acessar os elementos do vetor.

Nesta versão, o índice de cada elemento que armazena a quantidade referente a num ainda é dado pela expressão num - MIN. Na linha 14, o valor 1 é adicionado ao conteúdo do elemento armazenado no endereço (histo + num - MIN) (referente a num). De modo semelhante, o operador * é usado na linha 18 para obter o conteúdo do elemento de índice i.

```
1   #include <stdio.h>
2   int main(void) {
3     int num;
4     const int QTD = 10, MIN = 20, MAX = 30,
5               FAIXA = MAX - MIN + 1;
6     int histo[FAIXA];
7     for (int i = 0; i < FAIXA; i++) {
8       histo[i] = 0;
9     }
10    for (int i = 0; i < QTD; i++) {
11      do {
12        scanf("%d", &num);
13      } while ((num < MIN) || (num > MAX));
14      *(histo + num - MIN) = *(histo + num - MIN) + 1;
15    }
16    for (int i = 0; i < FAIXA; i++) {
17      printf("%d: ", (i + MIN));
18      for (int j=0; j < *(histo+i); j++) {
19        printf("*");
20      }
21      printf("\n");
22    }
23    return 0;
24  }
```

EXEMPLO 10.43 O programa a seguir adapta o programa do Exemplo 10.27, com a utilização de ponteiros para acessar os elementos do vetor. As diferenças estão apenas na leitura e impressão da matriz.

Na linha 20, o endereço do elemento (*i, j*) é calculado. A expressão *(mat + i) + j produz o endereço do elemento de índice j do vetor *(mat + i), que corresponde à i-ésima linha da matriz. Esse endereço é do tipo int *, como requer a diretiva %d da função scanf. Do mesmo modo, na linha 29, a expressão *(*(m + i) + j) resulta no elemento armazenado na linha i, coluna j de m: o j-ésimo elemento do vetor *(m + i).

```
1   #include <stdio.h>
2   void imp_vet(int, int, int [*][*]);
3   int main(void) {
4     int L, C, i, j;
5     do {
6       printf("Digite a qtd de linhas: ");
7       scanf("%d", &L);
8     } while (L <= 0);
9     do {
10      printf("Digite a qtd de colunas: ");
11      scanf("%d", &C);
12    } while (C <= 0);
13    int mat[L][C];
14    printf("Digite, coluna a coluna, ");
15    printf("os elementos de uma ");
```

```
16      printf("matriz %d x %d\n", L, C);
17      for (j = 0; j < C; j++) {
18        for (i = 0; i < L; i++) {
19          printf("elm (%d,%d):",(i+1),(j+1));
20          scanf("%d", (*(mat + i) + j));
21        }
22      }
23      imp_vet(L, C, mat);
24      return 0;
25    }
26    void imp_vet(int L, int C, int m[L][C]) {
27      for (int i = 0; i < L; i++) {
28        for (int j = 0; j < C; j++) {
29          printf("%d ", *(*(m + i) + j));
30        }
31        printf("\n");
32      }
33    }
```

É possível misturar os dois modos de acessar os elementos de um vetor: índices e ponteiros. Entretanto, essa mistura não é recomendável porque quebra a uniformidade de estilo dos programas, dificultando o entendimento do código.

EXEMPLO 10.44   O comando scanf a seguir pode substituir o mesmo comando na linha 20 do exemplo anterior.

```
20          scanf("%d", (mat[i] + j));
```

Nesta versão, a expressão mat[i] refere-se ao i-ésimo elemento de mat. Essa expressão é do tipo int [C] convertido no tipo int *. Assim, mat[i] + j, também do tipo int *, aponta para o j-ésimo elemento do vetor mat[i].

Do mesmo modo, a função imp_vet a seguir pode substituir a mesma função no exemplo anterior. Esta versão usa o conteúdo apontado pelo ponteiro (m + i) para obter o vetor de inteiros que corresponde ao elemento de índice i. O vetor obtido é então indexado de j.

```
void imp_vet(int L, int C, int m[L][C]) {
  for (int i = 0; i < L; i++) {
    for (int j = 0; j < C; j++) {
      printf("%d ", (*(m + i))[j]);
    }
    printf("\n");
  }
}
```

Os dois casos podem ser melhor entendidos pela aplicação da regra de conversão entre índices e ponteiros:

1. A expressão mat[i] é convertida em *(mat + i). Logo, mat[i] + j equivale a *(mat + i) + j.

2. A expressão (*(m + i))[j] é convertida em *((*(m + i)) + j) que é equivalente a *(*(m + i) + j). ■

Os ponteiros também podem ser usados para declarar parâmetros associados a vetores. Nesses casos, deve-se cuidar para que o elemento apontado não seja de um tipo incompleto.

EXEMPLO 10.45 A função a seguir é semelhante à função do exemplo anterior. Nesta versão o terceiro parâmetro é explicitamente declarado como um ponteiro para um vetor de int, com C elementos.

```
void imp_vet(int L, int C, int (*m)[C]) {
  for (int i = 0; i < L; i++) {
    for (int j = 0; j < C; j++) {
      printf("%d ", *(*(m + i) + j));
    }
    printf("\n");
  }
}
```

A declaração int (*m)[] não poderia ter sido usada, pois não seria possível calcular o endereço dos elementos de m. Sem a quantidade de elementos de cada vetor apontado por m não se pode saber qual o endereço do i-ésimo elemento em expressões como m + i: se m aponta para um vetor de C elementos do tipo int, m + 1 aponta para o endereço m + C * sizeof(int), por exemplo – sem a quantidade C esse cálculo não é possível. ∎

10.11 PONTEIROS RESTRITOS

Quando uma variável do tipo ponteiro é qualificada como restrita, o espaço de memória por ela designado, se for modificado, só pode ser acessado através dela própria ou de um outro endereço baseado em seu conteúdo. A declaração int * restrict pv declara pv como um ponteiro restrito para int. O espaço de memória apontado por pv só pode ser acessado através de pv ou por meio de algum endereço baseado em pv, como, por exemplo, pv + 1.

EXEMPLO 10.46 A função a seguir (extraída de um exemplo presente no padrão da linguagem C) declara os parâmetros p e q como ponteiros restritos para int.

```
void fun(int n, int * restrict p, int * restrict q) {
  while (n-- > 0) {
    *p++ = *q++;
  }
}
```

Isso quer dizer que o espaço de memória apontado por p só pode ser acessado pelo próprio p, ou por meio de algum endereço baseado em p, já que sofre modificações com o comando de atribuição. A mesma restrição aplica-se ao parâmetro q, mas nessa função, como o espaço apontado por q não é modificado, ele poderia ser acessado por outros ponteiros. ∎

O qualificador restrict não tem efeito semântico, não impede que haja acessos indevidos à memória, mas pode ser usado para documentar a intenção do programador e por verificadores estáticos de código para avaliar a conformidade do código com as declarações.

EXEMPLO 10.47 O programa a seguir realiza diversas chamadas à função fun do exemplo anterior.

A chamada da linha 8 está correta porque os vetores v2 e v3 não se sobrepõem: não há acesso indevido ao espaço de memória apontado por p.

A chamada da linha 9 também está correta porque, embora o mesmo vetor v1 seja usado como argumento, os endereços acessados a partir de p estão na faixa [v1 + 0, v1 + 25 − 1] e os acessados a partir de q estão na faixa [v1 + 25, v1 + 25 + 25 − 1]: eles não se sobrepõem.

```
1   #include <stdio.h>
2   void fun(int, int *restrict, int *restrict);
3   int main(void) {
4     int v1[50];
5     int v2[10];
6     int v3[10];
7     /* Inicia os vetores: omitido */
8     fun(10, v2, v3);
9     fun(25, v1, v1 + 25);
10    fun(25, v1, v1 + 10);
11    return 0;
12  }
```

Já a chamada da linha 10 é indevida, pois os endereços acessados por meio de p estão na faixa [v1 + 0, v1 + 25 − 1] e os acessados por meio de q estão na faixa [v1 + 10, v1 + 10 + 25 − 1], isto é, existem endereços restritos a p, mas acessados a partir de q. ∎

10.12 DEFININDO TIPOS VETORES

Um tipo vetor pode ser definido com o operador `typedef` usando-se a declaração do novo tipo como se fosse uma variável do tipo vetor que se quer substituir.

EXEMPLO 10.48 As declarações seguintes têm o significado mostrado ao lado de cada uma:

`int vA[10]`	Declara a variável vA do tipo `int [10]`.
`typedef int vA_t[10]`	Declara o tipo vA_t como sinônimo de `int [10]`.
`char vB[3][6]`	Declara a variável vB do tipo `char [3][6]`.
`typedef char vB_t[3][6]`	Declara o tipo vB_t como sinônimo de `char [3][6]`.
`float vC[][34]`	Declara a variável vC do tipo `float [][34]`.
`typedef float vC_t[][34]`	Declara o tipo vC_t como sinônimo de `float [][34]`. ∎

10.13 QUALIFICANDO AS VARIÁVEIS DO TIPO VETOR

O uso dos qualificadores de tipo ou da palavra-chave `static` entre colchetes qualifica o ponteiro que designa o primeiro elemento do vetor. Eles só podem aparecer em declarações de protótipos e parâmetros de função e apenas na designação da dimensão mais externa. O uso da palavra-chave `static`[4] faz o ponteiro usado como argumento da função apontar para o primeiro elemento de um vetor com pelo menos o número de elementos especificado pela expressão de tamanho. Entretanto, essa informação serve apenas para eventual otimização do código: o programador ainda é responsável por chamar a função fornecendo um vetor com o número adequado de elementos.

---

[4] Essa utilização da palavra-chave `static` funciona mais como um qualificador do ponteiro que designa o vetor, não configura uma classe de armazenamento.

int const vet[x] Declara o parâmetro vet como um vetor de int const de uma dimensão, com *x* elementos. O tipo dos elementos é int const; assim, nenhum elemento pode ser modificado, mas a variável paramétrica vet pode.

int vet[const x] Declara o parâmetro vet como um vetor de int de uma dimensão, com *x* elementos. O tipo dos elementos é int; assim, cada elemento pode ser modificado, mas a variável paramétrica vet é qualificada como const e não pode ser modificada.

int vet[static 23] Declara o parâmetro vet como um vetor de int de uma dimensão, com 23 elementos. O compilador pode usar essa informação para otimizar o código, mas o programador é responsável pela correta chamada à função, usando um vetor com um número adequado de elementos (nesse caso, no mínimo 23).

EXEMPLO 10.49 O trecho de código a seguir ilustra o uso dos qualificadores em uma aplicação.

A função ler_vet é definida com o segundo parâmetro do tipo int [const]. Assim, os elementos de vet podem ser modificados, mas a variável vet não. Isso garante que ela apontará sempre para o vetor usado como argumento.

```
void ler_vet(int x, int vet[const]) {
  for (int i = 0; i < x; i++) {
    printf("digite elm %d: ", i);
    scanf("%d", &vet[i]);
  }
}
void imp_vet(int x, int const vet[]) {
  for (int i = 0; i < x; i++) {
    printf("%d ", vet[i]);
  }
}
```

A função imp_vet, por sua vez, é definida com o segundo parâmetro do tipo int const[]. Assim, os elementos do vetor são do tipo int const e não podem ser modificados, mas a variável vet pode.

Os protótipos dessas funções podem ser declarados como void ler_vet(int, int[const *]) e void imp_vet(int, int const [*]). ∎

Nos vetores multidimensionais a qualificação entre os colchetes pode ocorrer apenas na primeira dimensão:

int vetA[const 3][4] Declara o parâmetro vetA como um vetor de int de duas dimensões, com 3 elementos na primeira e 4 na segunda. A variável paramétrica vetA não pode ser modificada, mas os elementos do vetor podem.

const int vetB[3][4] Declara o parâmetro vetB como um vetor de const int de duas dimensões, com 3 elementos na primeira e 4 na segunda. A variável paramétrica vetA pode ser modificada, mas os elementos do vetor não podem.

int vetC[static 3][4] Declara o parâmetro vetC como um vetor de int de duas dimensões, com 3 elementos na primeira e 4 na segunda.

O vetor que for usado como o argumento que corresponde a esse parâmetro na chamada à função deve conter no mínimo 3 elementos na primeira dimensão.

10.14 COMPATIBILIDADE DE VETORES E PONTEIROS

A compatibilidade de vetores e ponteiros é definida do seguinte modo:

Vetores. O tipo dos seus elementos são compatíveis, possuem as mesmas dimensões e os especificadores de tamanho, se existirem e forem constantes, têm o mesmo valor.

Ponteiros. Possuem os mesmos qualificadores e apontam para tipos compatíveis.

10.15 VETORES OU PONTEIROS PARA VETOR?

A opção entre tratar vetores como objetos do tipo vetor, usando o operador de indexação, ou como ponteiros para o seu primeiro elemento deve ser vista sob dois aspectos: uniformidade e legibilidade.

1. Deve-se adotar um estilo uniforme de codificação. Não convém misturar em uma função ou unidade de compilação referências que usam índices com referências que usam ponteiros.
2. Deve-se adotar a notação que melhor indica a intenção do programador. Em uma função que recebe um argumento de um tipo vetor, o melhor é definir o argumento como vetor e utilizar a notação de índices para acessar seus elementos. A notação ponteiro para ⟨T⟩, principalmente em relação a vetores unidimensionais, também pode ser aplicada a variáveis simples do tipo ⟨T⟩, o que dificulta o entendimento da função, pois não fica claro se o argumento a ser recebido é um ponteiro para o primeiro elemento de um vetor de ⟨T⟩ ou um ponteiro para uma variável simples do tipo ⟨T⟩.
3. Deve-se evitar expressões complexas. O uso conjunto de operadores de endereço e de acesso indireto pode gerar expressões de difícil entendimento.

EXERCÍCIOS

10.1 O que representam os valores armazenados em uma variável do tipo ponteiro?

10.2 Numere a segunda coluna de acordo com a primeira.

(1) `int *ptr;`   ( ) Ponteiro constante para `int`.
(2) `int **ptr;`   ( ) Ponteiro para const `int`.
(3) `int * const ptr;`   ( ) Ponteiro para `int`.
(4) `int * const *ptr;`   ( ) Ponteiro constante para ponteiro para `int`.
(5) `int ** const ptr;`   ( ) Ponteiro para ponteiro constante para `int`.
(6) `const int *ptr;`   ( ) Ponteiro para ponteiro para `int`.

10.3 Quais das atribuições do programa a seguir são corretas? O que está errado com as atribuições incorretas?

```
1   #include <stdio.h>
2   int main(void) {
3     int a = 12;
4     int *ptr1;
5     const int *ptr2;
6     int * const ptr3;
7     int * const ptr4 = &a;
8     int * const *ptr5;
9     int **ptr6 = &ptr1;
10    ptr1 = &a;
11    ptr1 = 23;
12    *ptr1 = 15;
13    ptr2 = &a;
14    *ptr2 = 35;
15    ptr3 = &a;
16    *ptr3 = 76;
17    *ptr4 = 69;
18    ptr5 = &a;
19    ptr5 = &ptr1;
20    **ptr5 = 83;
21    *ptr5 = ptr1;
22    ptr6 = &ptr2;
23    *ptr6 = ptr1;
24    /* codigo omitido */
25    return 0;
26  }
```

10.4 O que é impresso pelo programa a seguir?

```
1   #include <stdio.h>
2   int main(void) {
3     int a = 6, b = 8;
4     int *c, **d;
5     c = &a;
6     d = &c;
7     printf("%d %d %d %d\n", a, b, *c, **d);
8     c = &b;
9     printf("%d %d %d %d\n", a, b, *c, **d);
10    a = b;
11    b = 12;
12    c = &a;
13    printf("%d %d %d %d\n", a, b, *c, **d);
14    *c = b;
15    b = 16;
16    printf("%d %d %d %d\n", a, b, *c, **d);
17    *d = &b;
18    printf("%d %d %d %d\n", a, b, *c, **d);
19    return 0;
20  }
```

10.5 O que é impresso pelo programa a seguir?

```
1   #include <stdio.h>
2   void funA(int, int);
3   void funB(int *, int);
4   void funC(int *, int *);
5   void funD(int *, int **);
6   void funE(int **, int **);
7   int main(void) {
8     int a = 107, b = 12;
9     int *ptrA = &a, *ptrB = &b;
10    funA(a, b);
11    printf("%d %d\n", a, b);
12    funB(ptrA, b);
13    printf("%d %d\n", a, b);
14    funC(ptrA, ptrB);
15    printf("%d %d\n", a, b);
16    funD(ptrA, &ptrB);
17    printf("%d %d\n", a, b);
18    funE(&ptrA, &ptrB);
19    printf("%d %d\n", a, b);
20    return 0;
21  }
22  void funA(int x, int y) {
23    x = 77; y = 21;
24    x = y;
25  }
26  void funB(int *x, int y) {
27    *x = 123; y = 415;
28    *x = y;
29  }
30  void funC(int *x, int *y) {
31    *x = 13; *y = 47;
32    x = y;
33  }
34  void funD(int *x, int **y) {
35    x = *y;
36    *x = 95;
37  }
38  void funE(int **x, int **y) {
39    x = &*y;
40    **x = 23;
41  }
```

10.6 O que é impresso pelo programa a seguir?

```
1   #include <stdio.h>
2   int funA(int);
3   int funB(int);
4   int funC(int (*)(int), int);
5   int main(void) {
6     int (*fun)(int);
7     int (*fun2)(int (*)(int), int);
```

```
8    fun = funA;
9    printf("%d ", fun(3));
10   fun = funB;
11   printf("%d ", fun(fun(3)));
12   fun2 = funC;
13   printf("%d\n", fun2(fun, fun(5)));
14   return 0;
15 }
16 int funA(int x) {
17   return x * x;
18 }
19 int funB(int x) {
20   return x + x;
21 }
22 int funC(int (*f)(int), int x) {
23   return f(x);
24 }
```

10.7 Qual o tipo de cada variável declarada a seguir? Para cada variável de tipo vetor diga se o tipo é completo ou incompleto e se possui tamanho variável.

a) `float v_a[3], v_b;`   b) `int *v_c[12], v_d, v_e[12];`

c) `double v_f[2][2 + x], *v_g;`   d) `char v_h[3][2], *v_i[];`

e) `short v_j[][*];`   f) `long v_k[*]`

10.8 Qual o tipo dos seguintes vetores e de seus elementos?

a) `int vet_a[2];`   b) `int *vet_b[2];`   c) `int vet_c[x];`

d) `int vet_d[];`   e) `int vet_e[2][3];`   f) `int vet_f[][3];`

g) `int vet_g[x][3];`   h) `int vet_h[x][y];`

10.9 Os trechos de código a seguir fazem parte de um único programa e estão armazenados em unidades de compilação diferentes. Verifique se há algo errado com as declarações e definições de vetores, comentando os possíveis erros.

UNIDADE A
```
1  #include <stdio.h>
2  int x;
3  long vet_a[*];
4  static int vet_b[];
5  int vet_c[][];
6  int vet_d[2][];
7  long vet_e[2 * x];
8  int main(void) {
9    long vet_f[];
10   /* codigo omitido */
11   return 0;
12 }
13 void funA(int [x]) {
14   /* codigo omitido */
15 }
```

UNIDADE B
```
1  void funE(int x) {
2    extern int vet_s[2 * x];
3    static int vet_t[3 * x];
4    /* codigo omitido */
5  }
6  void funG(int vet[x]) {
7    /* codigo omitido */
8  }
9  void funA(int vet[x], int x) {
10   /* codigo omitido */
11 }
12 void funC(int vet[*]) {
13   /*codigo omitido */
14 }
```

10.10 Os trechos de código a seguir fazem parte de um único programa e estão armazenados em unidades de compilação diferentes. Verifique se há algo errado com as declarações e definições de vetores, comentando os possíveis erros.

UNIDADE A

```
1   #include <stdio.h>
2   int funB(char *[*]);
3   long vet_b[];
4   extern int vet_c[];
5   int vetK[][2];
6   int vetll[3][4];
7   int main(void) {
8     extern long vet_d[];
9     /* codigo omitido */
10    return 0;
11  }
12  void funA(int y, int vet[y]) {
13    /* codigo omitido */
14  }
```

UNIDADE B

```
1   int x;
2   int vet_c[3];
3   int vet_d[12];
4   void funB(char *vet_c[]) {
5     /* ócdigo omitido */
6   }
7   void funX(int y) {
8     int vet[2 * y];
9     /* codigo omitido */
10  }
11  void funG(int vet[x]) {
12    /* codigo omitido */
13  }
14  void funA(int vet[x], int x) {
15    /* codigo omitido */
16  }
```

10.11 O que é impresso pelo programa a seguir?

```
1   #include <stdio.h>
2   int main(void) {
3     int vetA[]    = {2, 4, 5};
4     int vetB[5]   = {37, 39, 32, 31, 36, 34};
5     int vetC[5]   = {17, 19, 12};
6     int vetD[3][2] = {{1, 2}, {24, 25}, {48, 46}};
7     int vetE[3][2] = {72, 73, 74, 77, 71, 76};
8     printf("%d %d %d %d %d\n", vetA[0], vetB[0], vetC[0], vetB[4], vetC[4]);
9     printf("%d %d %d %d\n", vetD[0][0], vetE[0][0], vetD[1][2], vetE[1][2]);
10    return 0;
11  }
```

10.12 O que é impresso pelo programa a seguir[5]?

```
1   #include <stdio.h>
2   int main(void) {
3     char vetA[3][2] = {'a', 'g', 'h', {'e', 'q'}};
4     char vetB[4][3] = {{'w', 'k', 'i'}, [2] = {'s', 't', 'n'},
                        {'u', [2] = 'u'}};
5     char vetC[]   = "E vem teu charme";
6     char vetD[17] = "do leve sabor de podre";
7     char vetE[17] = "na jovem carne.";
8     int *vetF = (int [4]){2, 7, 8, 9};
9     printf("|%c|%c|%c|%c|\n", vetA[0][0], vetB[0][0], vetA[1][1],
              vetB[1][1]);
10    printf("|%c|%c|%c|%c|\n", vetA[2][1], vetB[2][1], vetB[3][1],
              vetB[3][2]);
11    printf("|%c|%c|%c|%c|%c|\n", vetC[10], vetD[10], vetE[10], vetD[15],
              vetE[15]);
12    printf("|%d|\n", vetF[0] + vetF[2]);
13    return 0;
14  }
```

---

[5] As cadeias que iniciam os vetores vetC, vetD e vetE são versos extraídos do poema Jogos Frutais, de João Cabral de Melo Neto.

10.13 O que é impresso pelo programa a seguir?

```
1   #include <stdio.h>
2   int main(void) {
3     int num[] = {1, 2, 3, 4, 5, 6, 7, 8, 9, 10, 11, 12};
4     int *ptrA;
5     int *ptrB;
6     printf("%d %d\n", *(num + 3), *(num + 10));
7     ptrA = &num[3];
8     ptrB = &num[10];
9     printf("%d %d\n", *ptrA, *ptrB);
10    printf("%d %d\n", *(ptrA + 2), *(ptrB - 2));
11    printf("%d %d\n", ptrB - ptrA, *(num + (ptrB - ptrA)));
12    return 0;
13  }
```

10.14 Considere as declarações a seguir:

```
int i = 0, j = 1;
int mat[2][3] = {{1, 2, 3}, {4, 5, 6}};
```

Quais das seguintes expressões são equivalentes (apontam para o mesmo elemento)?

a) `mat[i][j]`
b) `mat[1][1]`
c) `*(*(mat + i) + j)`
d) `**(mat + i + j)`
e) `*(*mat + j)`
f) `mat[0][1]`
g) `(*(mat + i + j))[i]`
h) `mat[1][0]`
i) `*(mat[i] + j)`
j) `*mat[j]`
k) `*(*(mat + i + j) + j)`
l) `(*(mat + i + j))[j]`

10.15 Com relação à declaração e definição dos vetores e ao seu uso nas chamadas às funções, comente o que há de errado com o seguinte trecho de código:

```
1   #include <stdio.h>
2   typedef const int va_t[2][3];
3   typedef int vb_t[][2];
4   void funA(int, int, const int [const][*]);
5   void funB(int, int [const][const *]);
6   int main(void) {
7     va_t matA = {1, 2, 3, 4, 5, 6};
8     vb_t matB = {{1, 2}, {3, 4}, {5, 6}};
9     funA(2, 3, matA);
10    funA(2, 3, matB);
11    return 0;
12  }
13  void funA(int x, int y, int const vet[const x][y]) {
14    /* codigo omitido */
15  }
16  void funB(int x, int vet[const x][const x]) {
17    /* codigo omitido */
18  }
```

10.16 Faça um programa que leia dois inteiros, M e N, com $M > 0$, $1 \leq N \leq M$, e, em seguida, leia M números inteiros. Após a leitura dos M números seu programa deve:

a) Imprimir, em uma linha, com um espaço entre eles, os M números lidos.

b) Imprimir, em uma nova linha, com um espaço entre eles, todos os números, do número de ordem N (i.e., do enésimo número lido) ao último número lido.

10.17 Faça um programa que leia dois inteiros, M e N, com $M > 0$, $1 \leq N \leq M$, e, em seguida, leia M números inteiros. Após a leitura dos M números seu programa deve imprimir parte dos M números lidos, na seguinte ordem: o primeiro, o último, o segundo, o penúltimo, o terceiro, o antepenúltimo, e assim por diante, até serem impressos N números.

10.18 Codifique uma função de nome `f_pg` que receba um inteiro n, maior que 0, e um vetor de n números inteiros e retorne verdadeiro se os elementos do vetor formam uma P.G. (progressão geométrica) ou falso, em caso contrário. Em toda P.G. a divisão de um termo pelo termo anterior é fixa e igual à sua razão: $q = a_n/a_{n-1}$, para $n > 1$. Considere que todo vetor de 1 elemento forma uma P.G.

10.19 O exercício anterior deve ser resolvido novamente com as seguintes modificações: as variáveis que tiverem sido declaradas como vetor devem ser declaradas como ponteiro para o seu primeiro elemento e aquelas que tiverem sido declaradas como ponteiro para o primeiro elemento devem ser declaradas como vetor. Do mesmo modo, os elementos que tiverem sido referidos com índices devem ser referidos com o operador de acesso indireto e aqueles que tiverem sido referidos com o operador de acesso indireto devem ser referidos com índices.

10.20 Codifique uma função de nome `comp_vet` que receba dois vetores de `float` e retorne a quantidade dos elementos do primeiro vetor que forem maiores que o elemento correspondente do segundo vetor. O último elemento de cada vetor é o valor `FLT_MIN`, que não deve ser considerado parte do vetor, servindo apenas para marcar o seu fim. Os elementos de um vetor que não tiverem correspondente no outro vetor não devem ser comparados. Por exemplo, se o primeiro vetor for igual {2, 12, 5, 9, `FLT_MIN`} e o segundo for igual a {8, 10, 3, 15, 28, 1, `FLT_MIN`}, então a função deve retornar 2, pois o segundo e o terceiro elemento do primeiro vetor são maiores, respectivamente, que o segundo e terceiro elemento do segundo vetor.

10.21 O exercício anterior deve ser resolvido com as mesmas modificações sugeridas no Exercício 10.19.

10.22 Faça um programa que leia uma sequência de até 50 números inteiros ou até que seja digitado o número 0 (a leitura deve ser interrompida após terem sido digitados 50 números ou após a digitação do 0). O número 0, se digitado, não deve ser considerado parte da sequência. Após a leitura dos números seu programa deve imprimir, com um espaço entre eles, os termos de uma outra sequência, construída da seguinte forma: o primeiro termo é a soma de todos os números da sequência lida, o segundo termo é a soma do segundo até o último número da sequência lida, o terceiro termo é a soma do terceiro até o último número da sequência lida, e assim por diante.

10.23 Faça um programa que leia uma sequência de números inteiros, até que seja digitado um número negativo. Apenas os números entre 0 e 10, inclusive, são considerados válidos. Após a leitura desses números, seu programa deve imprimir um histograma vertical, usando a letra X para indicar a quantidade de vezes que cada número válido foi digitado. Por exemplo, o histograma abaixo indica, entre outras coisas, que o número 0 não foi digitado, o número 1 foi digitado duas vezes e o número 10 apenas uma.

```
0 1 2 3 4 5 6 7 8 9 10
  X X     X X   X X X
  X X             X
  X
```

10.24 Codifique uma função de nome `combina_vet` que receba um inteiro n e três vetores de `int`, `vA`, `vB` e `vC`, com n elementos cada. A função deve modificar os elementos do terceiro vetor do seguinte modo: o primeiro elemento é a soma do primeiro elemento de `vA` com o primeiro de `vB`, o segundo elemento é a subtração do segundo de `vA` pelo segundo de `vB`, o terceiro elemento é a soma do terceiro de `vA` com o terceiro de `vB`, o quarto elemento é a subtração do quarto de `vA` pelo quarto de `vB`, e assim por diante.

A função não retorna valor, os vetores `vA` e `vB` devem ser declarados de modo que seus elementos não possam ser modificados, e o vetor `vC` deve ser declarado de modo que a variável paramétrica que o identifica não possa ser modificada.

10.25 Faça um programa que leia dois inteiros L e C, com $L > 0$, $C > 0$, e, em seguida, leia, linha a linha, todos os números de uma matriz de inteiros, A, do tipo $L \times C$ (isto é, com L linhas e C colunas). Após a leitura dos números da matriz, o programa deve:

(a) Ler dois números inteiros P e Q, com $0 < P, Q \leq L$.

(b) Imprimir, com um espaço entre eles, todos os termos de uma sequência de N números, construída a partir da matriz A da seguinte forma: o primeiro termo é a soma do primeiro número da linha P com o primeiro número da linha Q; o segundo termo é a soma do segundo número da linha P com o segundo número da linha Q, e assim por diante.

10.26 Elabore uma função de nome `imp_dupla` que receba dois inteiros, L e C, e duas matrizes de inteiros, mA e mB, ambas com L linhas e C colunas. A função deve imprimir, no formato bidimensional, as matrizes mA e mB, lado a lado. Isto é, na primeira linha deve ser impressa a primeira linha de mA, seguida da primeira linha de mB; na segunda linha deve ser impressa a segunda linha de mA, seguida da segunda linha de mB, e assim por diante.

Deve-se deixar 4 espaços entre as matrizes. Veja a seguinte ilustração:

```
        1 2 3       4 4 5
        2 0 1       4 7 2
```

10.27 O exercício anterior deve ser resolvido novamente com as mesmas modificações sugeridas no Exercício 10.19.

10.28 Codifique uma função de nome `unidade` que receba um inteiro L e uma matriz de inteiros, quadrada de ordem L, e retorne verdadeiro, se a matriz for igual à matriz unidade, ou falso, em caso contrário. A matriz unidade possui todos os elementos da diagonal principal iguais a um, e os demais iguais a zero.

10.29 Codifique uma função de nome `imp_mult` que receba três inteiros, L, K e C, uma matriz de `double`, mA, do tipo $(L \times K)$, e uma matriz de `double`, mB, do tipo $(K \times C)$, e imprima, no formato bidimensional, a matriz multiplicação $mA \times mB$. Cada elemento (i, j) da matriz multiplicação é obtido multiplicando-se os elementos da linha i de mA pelos elementos correspondentes da coluna j de mB: $c_{i,j} = \sum_{x=1}^{k} a_{i,x} \times b_{x,j}$.

10.30 Codifique uma função de nome `mat_mc` que receba um inteiro L, uma matriz quadrada mA de ordem L, uma matriz quadrada mB de ordem $L - 1$ e dois inteiros, I e J. A função deve armazenar em mB os elementos da matriz que se obtém removendo-se da matriz mA a linha I e a coluna J.

Por exemplo, a tabela a seguir mostra a matriz que se obtém com a remoção da linha 1 e coluna 2 de mA:

mA			mB	
12	6	53	7	25
7	15	25	83	76
83	70	76		

Os elementos das matrizes são do tipo `double`. Não é necessário verificar a correção dos parâmetros. A função deve considerar que eles estão corretos: $L > 1$, $1 \leq I, J \leq L$ e as matrizes possuem a ordem esperada.

10.31 Codifique uma função de nome `det` que receba um inteiro L e uma matriz quadrada mA, de ordem L, e retorne o determinante da matriz mA. Elabore essa função de modo recursivo, usando o fato de o determinante de uma matriz mA ser igual à soma dos produtos dos elementos de uma linha (ou coluna) qualquer pelos respectivos cofatores. A seguinte fórmula exprime essa regra para a primeira linha:

$$\text{det. } mA = \sum_{j=1}^{L} a_{1,j} \times (-1)^{1+j} \times D_{1,j}$$

onde $a_{1,j}$ são os elementos da primeira linha de mA e $D_{1,j}$ é o determinante da matriz que se obtém com a supressão da primeira linha e da coluna j de mA (ver exercício anterior). Como essa fórmula exige o cálculo de determinantes de matrizes de ordens cada vez menores, a condição de parada pode ser a ordem 1: o determinante de toda matriz quadrada de ordem 1 é igual ao seu único elemento.

Capítulo 11

Estruturas e Uniões

As estruturas e uniões são tipos de dados que permitem a organização estruturada de valores. São úteis para tratar agrupadamente valores de diversos tipos, como, por exemplo, informações sobre um veículo (marca, potência, cor), um empregado (nome, salário, função) ou aluno (matrícula, nome, curso). Nesses casos é conveniente obter um único registro contendo as informações (do veículo, empregado ou aluno) e ter, por meio dele, acesso aos dados desejados.

11.1 DECLARANDO ESTRUTURAS

As estruturas são declaradas por meio de variáveis do tipo estrutura que especifica os seus componentes.

EXEMPLO 11.1 O tipo estrutura a seguir representa uma estrutura com três componentes.

```
struct {
  int matr;
  float nota1;
  float nota2;
}
```

Essa estrutura é concebida para tratar agrupadamente dados referentes às notas de um aluno. Cada valor desse tipo consiste em três valores: um inteiro representando a matrícula de um aluno, matr, e dois reais representando suas notas, nota1 e nota2. As declarações a seguir mostram três formas de declarar variáveis do tipo estrutura:

```
struct {                struct r_aluno {                typedef struct {
  int matr;               int matr;                       int matr;
  float nota1;            float nota1;                    float nota1;
  float nota2;            float nota2;                    float nota2;
} aluno,                } aluno;                        } tp_r_aluno;
  aluno_regular;        struct r_aluno aluno_regular,   tp_r_aluno aluno,
                                       aluno_especial;              aluno_regular;
```

1) A primeira declaração declara aluno e aluno_regular como variáveis do tipo estrutura usado na declaração.

2) A segunda declaração especifica o tipo estrutura com a etiqueta r_aluno, declarando aluno como uma variável do tipo especificado. Em seguida o especificador de tipo struct r_aluno é usado para declarar aluno_regular e aluno_especial como variáveis do mesmo tipo que a variável aluno.

3) A terceira declaração define o tipo tp_r_aluno como idêntico ao tipo estrutura que o antecede. As variáveis aluno e aluno_regular são declaradas com esse novo tipo.

As três declarações deste exemplo não podem coexistir em uma mesma unidade de compilação, já que as variáveis seriam redeclaradas com tipos distintos: cada especificação de uma estrutura define um tipo distinto, conforme discutido na Seção 3.7. ∎

Uma variável de um tipo estrutura é tipicamente usada em

a) comandos de atribuição, recebendo valores estruturados do seu tipo;
b) como argumento em chamadas a funções; e
c) em expressões de acesso aos componentes da estrutura.

Considerando a variável `aluno` como do tipo estrutura especificado no Exemplo 11.1, as seguintes expressões ilustram os usos típicos de uma variável de tipo estrutura:

`aluno = ler_aluno();`	Atribui a `aluno` o valor de retorno da função `ler_aluno`, que deve ser de um tipo compatível com o tipo da variável `aluno`.
`imp_aluno(aluno);`	Chama a função `imp_aluno` usando como argumento o conteúdo da variável `aluno`.
`aluno.matr = 33456;`	Atribui o valor 33.456 ao componente `matr` da estrutura armazenada em `aluno`.

11.2 REFERENCIANDO OS COMPONENTES DE UMA ESTRUTURA

Quando uma estrutura é diretamente referida por meio de uma variável do seu tipo ou de uma expressão que a identifique, a referência a seus componentes é feita através do *operador de seleção direta*, também chamado de operador ponto (.):

⟨*OpSelecaoDireta*⟩	::= ⟨*IdEstrutura*⟩ **.** ⟨*IdComponente*⟩
⟨*IdEstrutura*⟩	::= Identificador da estrutura, geralmente uma variável de tipo estrutura.
⟨*IdComponente*⟩	::= Identificador do componente.

EXEMPLO 11.2 Se `aluno` é uma variável do tipo estrutura especificado no Exemplo 11.1, então as seguintes referências são válidas:

`aluno.nota1`	Refere-se ao componente `nota1` da estrutura armazenada em `aluno`.
`aluno.matr`	Refere-se ao componente `matr` da mesma estrutura. ∎

Quando a estrutura é indiretamente referida por meio de um ponteiro, a referência a seus componentes é feita através do *operador de seleção indireta*, também chamado de operador seta (->):

⟨*OpSelecaoIndireta*⟩	::= ⟨*PtrEstrutura*⟩ **->** ⟨*IdComponente*⟩
⟨*PtrEstrutura*⟩	::= Variável do tipo ponteiro para estrutura.
⟨*IdComponente*⟩	::= Identificador do componente.

EXEMPLO 11.3   Se ptr_aluno é uma variável do tipo ponteiro para a estrutura especificada no Exemplo 11.1, então as seguintes referências são válidas:

ptr_aluno->nota1   Refere-se ao componente nota1 da estrutura apontada por ptr_aluno.
ptr_aluno->matr   Refere-se ao componente matr da mesma estrutura.   ■

O operador seta (->) só pode ser aplicado a variáveis (ou expressões) do tipo ponteiro para estrutura e o operador ponto (.) não pode ser aplicado a esse tipo de variável (ou expressão).

11.2.1   Usando estruturas como valor

As estruturas são valores do tipo que as especifica. Portanto, podem ser usadas como argumento e valor de retorno de funções.

EXEMPLO 11.4   O programa a seguir lê a matrícula e duas notas referentes a um aluno, atualizando os respectivos componentes da estrutura (armazenada em) aluno. Após a leitura, o programa chama a função imp_aluno, passando aluno como argumento, para imprimir os dados da estrutura.

O tipo struct r_aluno é declarado nas linhas 2-6 com escopo de arquivo para que possa ser referido em toda a unidade de compilação. Seu escopo engloba tanto a função main quanto a declaração da função imp_aluno (linha 7) e sua definição (linhas 20-23). As linhas 12, 14 e 16 referem-se aos endereços dos componentes matr, nota1 e nota2, pois o operador ponto tem precedência sobre & (a expressão &aluno.matr equivale a &(aluno.matr)).

```
1  #include <stdio.h>
2  struct r_aluno {
3    int matr;
4    float nota1;
5    float nota2;
6  };
7  void imp_aluno(struct r_aluno);
8  int main(void) {
9    struct r_aluno aluno;
10   printf("Digite os dados do aluno\n");
11   printf("Matricula: ");
12   scanf("%d", &aluno.matr);
13   printf("Primeira nota: ");
14   scanf("%f", &aluno.nota1);
15   printf("Segunda nota: ");
16   scanf("%f", &aluno.nota2);
17   imp_aluno(aluno);
18   return 0;
19 }
20 void imp_aluno(struct r_aluno al) {
21   printf("Matr: %d Notas: %5.2f %5.2f ", al.matr, al.nota1, al.nota2);
22   printf("Media: %5.2f\n", (al.nota1 + al.nota2) / 2);
23 }
```
■

EXEMPLO 11.5   O programa a seguir modifica o programa do Exemplo 11.4 realizando a leitura dos dados do aluno na função ler_aluno. Nesta versão a função main fica mais simples, resumindo-se às chamadas às funções de leitura e impressão. A função ler_aluno é declarada na linha 7 com valor de retorno do tipo struct r_aluno, e definida do mesmo modo nas linhas 14-24. A função imp_aluno não é modificada e por isso não é mostrada.

A variável aluno é declarada na linha 10 e iniciada com o valor de retorno da função ler_aluno. A variável al, declarada na linha 15, é desalocada ao término da função ler_aluno. Entretanto, a atribuição da linha 10 é correta, pois o valor de retorno da função é uma cópia da estrutura armazenada em al: é essa cópia que é usada para iniciar a estrutura aluno.

```
1   #include <stdio.h>
2   struct r_aluno {
3     int matr;
4     float nota1;
5     float nota2;
6   };
7   struct r_aluno ler_aluno(void);
8   void imp_aluno(struct r_aluno);
9   int main(void) {
10    struct r_aluno aluno = ler_aluno();
11    imp_aluno(aluno);
12    return 0;
13  }
14  struct r_aluno ler_aluno(void) {
15    struct r_aluno al;
16    printf("Digite os dados do aluno\n");
17    printf("Matricula: ");
18    scanf("%d", &al.matr);
19    printf("Primeira nota: ");
20    scanf("%f", &al.nota1);
21    printf("Segunda nota: ");
22    scanf("%f", &al.nota2);
23    return al;
24  }
```

11.3 PONTEIROS PARA ESTRUTURAS

Quando se usa uma estrutura como argumento na chamada a uma função, a variável paramétrica da função recebe uma cópia de toda estrutura. Esse processo pode ser custoso com relação tanto ao espaço de memória quanto ao tempo de execução. Uma alternativa é usar um ponteiro para referenciar a estrutura.

EXEMPLO 11.6   O programa a seguir modifica o programa do Exemplo 11.5 passando um ponteiro para a estrutura aluno nas chamadas às funções ler_aluno e imp_aluno, que agora são declaradas (linhas 7-8) e definidas (linhas 15-23 e 24-27) recebendo um ponteiro para a estrutura r_aluno.

```
1   #include <stdio.h>
2   struct r_aluno {
3     int matr;
4     float nota1;
5     float nota2;
6   };
7   void ler_aluno(struct r_aluno *);
8   void imp_aluno(struct r_aluno *);
9   int main(void) {
10    struct r_aluno aluno;
```

```
11      ler_aluno(&aluno);
12      imp_aluno(&aluno);
13      return 0;
14   }
15   void ler_aluno(struct r_aluno *al) {
16      printf("Digite os dados do aluno\n");
17      printf("Matricula: ");
18      scanf("%d", &al->matr);
19      printf("Primeira nota: ");
20      scanf("%f", &al->nota1);
21      printf("Segunda nota: ");
22      scanf("%f", &al->nota2);
23   }
24   void imp_aluno(struct r_aluno *al) {
25      printf("Matr: %d Notas: %5.2f %5.2f ", al->matr, al->nota1, al->nota2);
26      printf("Media: %5.2f\n", (al->nota1 + al->nota2) / 2);
27   }
```

As chamadas às funções ler_aluno e imp_aluno usam o endereço da estrutura em vez da própria estrutura. Nessas funções, como a variável al é um ponteiro, os componentes da estrutura são acessados através do operador ->. ∎

O conteúdo do endereço apontado por um ponteiro para estrutura é a própria estrutura. Assim, pode-se aplicar o operador de seleção direta ao resultado do operador de conteúdo.

EXEMPLO 11.7 Considerando al um ponteiro para a estrutura especificada no Exemplo 11.1, as seguintes referências são válidas:

*al	Refere-se ao conteúdo do endereço armazenado em al, isto é, à estrutura armazenada nesse endereço.
&(*al)	Refere-se ao endereço da estrutura armazenada no endereço armazenado em al. Logo, &(*al) = al.
al->nota1	Refere-se ao componente nota1 da estrutura apontada por al.
(*al).nota1	Refere-se ao componente nota1 da estrutura *al.
(&(*al))->nota1	Refere-se ao componente nota1 da estrutura cujo endereço é dado pela expressão &(*al).
&(*al).nota1	Refere-se ao endereço do componente nota1 da estrutura *al. É equivalente a &((*al).nota1).

A expressão *al.nota1 é inválida pois, como . tem maior precedência que *, equivale a *(al.nota1); e como al é um ponteiro, a expressão al.nota1 não faz sentido. ∎

11.3.1 Ponteiro para o primeiro componente de uma estrutura

O primeiro componente de uma estrutura é alocado no início do espaço reservado à estrutura. Dessa forma, um ponteiro para uma estrutura (convenientemente convertido) aponta para o seu primeiro componente ou, se esse componente for um campo de bits, para a unidade de endereçamento em que o campo de bits reside. Do mesmo modo, um ponteiro para o primeiro componente de uma estrutura (convertido de modo apropriado) aponta para a própria estrutura.

EXEMPLO 11.8 Considerando al, do tipo struct r_aluno *, um ponteiro para a estrutura especificada no Exemplo 11.1, os seguintes pares de expressões são equivalentes:

PONTEIRO PARA PRIMEIRO COMPONENTE

```
scanf("%d", &al->matr);
printf("%d", *&al->matr);
imp_aluno((struct r_aluno *)&(al->matr));
```

PONTEIRO PARA ESTRUTURA

```
scanf("%d", (int *)al);
printf("%d", *(int *)al);
imp_aluno(al);
```

■

11.4 COMPONENTES NÃO NOMEADOS

Os componentes cujo tipo seja uma estrutura ou união podem ser não nomeados, chamados de *estruturas* (ou *uniões*) *anônimas*. Nesses casos, pode-se fazer referência aos componentes das estruturas (e uniões) anônimas como se eles fossem componentes da estrutura externa que os contém. O comportamento em caso de duplicidade de nomes é indefinido. O uso de estrturas e uniões anônimas é permitido pela versão 2011 do padrão da linguagem C.

EXEMPLO 11.9 A estrutura struct r a seguir (linhas 3-9) possui um componente não nomeado, também do tipo estrutura (linhas 5-8). A referência aos componentes da estrutura interna é feita como se eles fossem componentes da estrutura externa. As linhas 13 e 14 mostram referências válidas ao componente a da estrutura anônima.

O comportamento é indefinido se uma estrutura possuir um componente direto com o mesmo nome que um componente de estruturas ou uniões internas não nomeadas.

```
1   #include <stdio.h>
2   #include <stdlib.h>
3   struct r {
4     int matr;
5     struct {
6       int a;
7       int b;
8     };
9   };
10  int main(void) {
11    struct r reg;
12    reg.matr = 234;
13    reg.a = 876;
14    printf("matr = %d a = %d\n", reg.matr, reg.a);
15    return 0;
16  }
```

O programa deste exemplo não compila se o compilador gcc for utilizado com uma opção que força a adoção estrita do padrão ISO/IEC 9899:1999 (-std=c99). ■

Os campos de bits também podem ser não nomeados, como visto na Seção 11.13.

11.5 ESTRUTURAS COM COMPONENTE FLEXÍVEL

Os componentes de uma estrutura ou união não podem ser de um tipo função, vetor variável ou incompleto, exceto o último componente de uma estrutura contendo mais de um componente nomeado, que pode ser de um tipo vetor incompleto. Esse componente é chamado de *componente (vetor) flexível*.

EXEMPLO 11.10   O componente `vendas_mes` do tipo estrutura `struct r1` ao lado é do tipo vetor de `int` incompleto, pois não especifica a quantidade de elementos do vetor.

```
struct r1 {
  int matr;
  int vendas_mes[];
};
```
■

As estruturas com componente flexível devem ser usadas apenas após ter havido alocação explícita de espaço em memória suficiente para armazenar os elementos do vetor incompleto. Em caso contrário, o comportamento é indefinido, embora muitas implementações assumam, na ausência de alocação explícita de espaço, que o vetor incompleto possui um único elemento – esse é o caso do compilador gcc. O tamanho de um tipo estrutura com componente flexível é o mesmo que se o componente não existisse.

EXEMPLO 11.11   O tamanho da estrutura do exemplo anterior é de 4 bytes, para uma arquitetura em que o tamanho do tipo `int` é 4 bytes, mesmo que a implementação assuma, na criação da estrutura, que o vetor `vendas_mes` possui um elemento do tipo `int`. ■

EXEMPLO 11.12   No programa a seguir, o tipo `struct r1` é um tipo estrutura com componente flexível, enquanto o tipo `struct r2` possui todos os seus componentes definidos.

Quando a declaração da linha 11 é executada, a variável `reg_a` é alocada à memória sem que o tamanho de seu componente flexível seja conhecido, ao contrário da declaração da variável `reg_b`, na linha 12, que possui o tamanho de todos os componentes definidos. A linha 13 imprime o tamanho da estrutura (armazenada em) `reg_a` e a linha 14 imprime o tamanho da estrutura `reg_b`. Para uma arquitetura em que o tamanho do tipo `int` é 4 bytes, os valores impressos são 4 e 8.

```
1  #include <stdio.h>
2  struct r1 {
3    int matr;
4    int vendas_mes[];
5  };
6  struct r2 {
7    int matr;
8    int vendas_mes[1];
9  };
10 int main(void) {
11   struct r1 reg_a;
12   struct r2 reg_b;
13   printf("tam r1 = %zd\n", sizeof(reg_a));
```

```
14    printf("tam r2 = %zd\n", sizeof(reg_b));
15    printf("r1 vendas_mes[0] = %d\n", reg_a.vendas_mes[0]);
16    printf("r2 vendas_mes[0] = %d\n", reg_b.vendas_mes[0]);
17    return 0;
18  }
```

A referência a `reg_b.vendas_mes[0]` (linha 16) é válida, mas a referência a `reg_a.vendas_mes[0]` (linha 15) não é definida pelo padrão, embora o compilador gcc, por exemplo, trate-a como uma referência válida, já que ele assume que o vetor `reg_a.vendas_mes` possui um único elemento. Em ambos os casos, como as variáveis são locais, sem atribuição de valor, o conteúdo impresso pelo programa é indeterminado. ∎

11.5.1 Alocando espaço de memória a um componente flexível

A leitura desta seção pode ser postergada para após o estudo do Capítulo 16, onde as funções `malloc` e `calloc`, usadas para alocação explícita de espaço em memória, são discutidas.

As variáveis do tipo estrutura com componente flexível devem ter o seu espaço em memória explicitamente alocado, usando-se as funções `malloc` ou `calloc`. O esquema geral consiste em declará-las como um ponteiro para o tipo estrutura com componente flexível e alocar espaço em memória, somando-se o tamanho da estrutura (isto é, o tamanho do tipo estrutura) ao tamanho necessário para armazenar a quantidade desejada de elementos do vetor incompleto.

EXEMPLO 11.13 No programa a seguir, a estrutura `struct r1` é uma estrutura com componente flexível.

A função `malloc` (linhas 9) aloca um espaço em memória suficiente para armazenar os componentes da estrutura, considerando `vendas_mes` como um vetor de 4 elementos. O espaço é calculado somando-se o tamanho do tipo estrutura (`sizeof(struct r1)`) ao tamanho necessário para armazenar um vetor de 4 elementos do tipo int (`sizeof(int[4])`).

```
1   #include <stdio.h>
2   #include <stdlib.h>
3   struct r1 {
4     int matr;
5     int vendas_mes[];
6   };
7   int main(void) {
8     struct r1 *reg_a;
9     reg_a = (struct r1 *)malloc(sizeof(struct r1) + sizeof(int[4]));
10    for (int i = 0; i < 4; i++) {
11      printf("%d\n", reg_a->vendas_mes[i]);
12    }
13    return 0;
14  }
```

O comando `for` (linhas 10-12) imprime o conteúdo de cada elemento do vetor `vendas_mes`. Como a alocação do espaço reservado à estrutura é feita explicitamente, a referência aos elementos do vetor, na linha 11, é válida. Entretanto, a saída do programa é indeterminada, já que a função `malloc` não inicia o espaço por ela alocado (o comportamento dessa função é explicado no Capítulo 16). ∎

As estruturas com componente flexível são úteis nas situações em que se deseja tratar registros que contêm uma quantidade variável de valores.

EXEMPLO 11.14   A estrutura especificada a seguir, nas linhas 3-7, é concebida para armazenar em `vendas_mes` a quantidade dos produtos vendidos por empregado em cada mês, desde sua admissão. Como essa quantidade é variável, um empregado pode ter apenas dois meses enquanto outro pode ter cinquenta, por exemplo, o vetor `vendas_mes` é especificado de modo incompleto.

```
1   #include <stdio.h>
2   #include <stdlib.h>
3   struct r_vendas {
4     int matr;
5     int qtd_meses;
6     int vendas_mes[];
7   };
8   int main(void) {
9     int matr, qtd;
10    struct r_vendas *reg;
11    do {
12      printf("Digite a matricula: ");
13      scanf("%d", &matr);
14      if (matr <= 0) {
15        break;
16      }
17      do {
18        printf("Digite qtd meses: ");
19        scanf("%d", &qtd);
20      } while (qtd <= 0);
21      reg = (struct r_vendas *)malloc(sizeof(struct r_vendas) +
                                          sizeof(int [qtd]));
22      reg->matr = matr;
23      reg->qtd_meses = qtd;
24      /* Obtem a quantidade vendida para
25       * cada mes e grava a estrutura reg
26       * recem-criada */
27    } while (matr > 0);
28    return 0;
29  }
```

O programa lê a matrícula (linha 13) e a quantidade de meses (linhas 17-20) de um empregado e cria um registro (um valor do tipo `struct r_vendas`) reservando espaço suficiente para armazenar as vendas de todos os meses trabalhados (linha 21).

Após a criação da estrutura, o programa atribui um valor inicial aos seus componentes e prossegue armazenando a estrutura criada em algum meio persistente (essa parte do programa é apenas indicada por um comentário). O processamento continua até que seja digitada uma matrícula com valor menor ou igual a zero (comando do linhas 11-27).

Esse programa apenas ilustra aspectos do uso de estruturas. Assim, muito do código necessário em aplicações profissionais é omitido, como, por exemplo, o teste para verificar se o valor de retorno da função `malloc` é válido. ∎

11.6 VETORES DE ESTRUTURAS

Um vetor de estruturas é declarado usando-se um tipo estrutura para especificar o tipo dos seus elementos. As declarações a seguir mostram três formas de declarar o vetor v_alunos de 20 elementos do tipo estrutura descrito no Exemplo 11.1.

```
struct {                    struct r_aluno {              typedef struct {
  int matr;                   int matr;                     int matr;
  float nota1;                float nota1;                  float nota1;
  float nota2;                float nota2;                  float nota2;
} v_alunos[20];             };                            } tp_r_aluno;
                            struct r_aluno v_alunos[20];  tp_r_aluno v_alunos[20];
```

1. O tipo dos elementos na primeira declaração é definido pela própria especificação da estrutura.
2. O tipo dos elementos na segunda declaração é definido pelo especificador de tipo struct r_aluno.
3. O tipo dos elementos na terceira declaração é definido pelo tipo tp_r_aluno que, por sua vez, é definido pelo comando typedef que precede a declaração.

EXEMPLO 11.15 O programa a seguir é semelhante ao do Exemplo 11.4. A diferença é que este programa lê dados referentes a QTD_AL alunos, armazenando-os no vetor v_alunos definido na linha 10. Cada elemento do vetor é uma estrutura (um valor do tipo struct r_aluno). Após a leitura, a função imp_alunos é chamada na linha 20, tendo o vetor de alunos como argumento, para imprimir todos os alunos lidos.

O comando for (linhas 12-19) repete a leitura para cada um dos QTD_AL alunos. Em cada leitura, a expressão v_alunos[i] refere-se ao i-ésimo elemento do vetor v_alunos. Assim, na linha 14, por exemplo, a expressão &v_alunos[i].matr refere-se ao endereço do componente matr da estrutura armazenada no i-ésimo elemento de v_alunos.

```
1   #include <stdio.h>
2   #define QTD_AL (10)
3   struct r_aluno {
4     int matr;
5     float nota1;
6     float nota2;
7   };
8   void imp_alunos(struct r_aluno []);
9   int main(void) {
10    struct r_aluno v_alunos[QTD_AL];
11    printf("Digite os dados dos %d alunos\n", QTD_AL);
12    for (int i = 0; i < QTD_AL; i++) {
13      printf("Matricula %d: ", (i + 1));
14      scanf("%d", &v_alunos[i].matr);
15      printf("Primeira nota: ");
16      scanf("%f", &v_alunos[i].nota1);
17      printf("Segunda nota: ");
18      scanf("%f", &v_alunos[i].nota2);
19    }
20    imp_alunos(v_alunos);
21    return 0;
```

```
22   }
23   void imp_alunos(struct r_aluno al[]) {
24     for (int i = 0; i < QTD_AL; i++) {
25       printf("Matr: %d Notas: %5.2f %5.2f",
26               al[i].matr, al[i].nota1, al[i].nota2);
27       printf(" Media: %5.2f\n", (al[i].nota1 + al[i].nota2) / 2);
28     }
29   }
```

A função `imp_alunos` é declarada na linha 8, tendo um parâmetro do tipo vetor de struct r_aluno, e definida do mesmo modo nas linhas 23-29. Nela, como a variável paramétrica al é declarada como de um tipo vetor, a notação al[i] refere-se ao i-ésimo elemento do vetor. ∎

Os elementos de um vetor são referidos por índices ou ponteiros. Assim, para acessar os componentes dos elementos de um vetor de estruturas deve-se usar o operador de seleção direta ou indireta, conforme a referência utilizada para o vetor. Considere a seguinte declaração extraída do Exemplo 11.15:

```
struct r_aluno v_alunos[QTD_AL];
```

Então, as seguintes expressões são válidas:

v_alunos	Ponteiro para struct r_aluno, o tipo dos elementos do vetor, apontando inicialmente para o primeiro elemento.
(v_alunos + 2)	Ponteiro para o terceiro elemento do vetor.
*v_alunos	Referência à estrutura armazenada no elemento apontado por v_alunos.
*(v_alunos + 2)	Referência à estrutura armazenada no elemento apontado por (v_alunos + 2).
v_alunos[2]	Referência à estrutura armazenada no terceiro elemento do vetor.
&v_alunos[2]	Endereço do terceiro elemento do vetor.
v_alunos[2].matr	Referência ao componente matr da estrutura armazenada no terceiro elemento do vetor.
(*v_alunos).matr	Referência ao componente matr da estrutura armazenada no elemento apontado por v_alunos.
v_alunos->matr	Referência ao componente matr da estrutura armazenada no elemento apontado por v_alunos.
(v_alunos + 2)->matr	Referência ao componente matr da estrutura armazenada no elemento apontado por (v_alunos + 2).
(&v_alunos[2])->matr	Referência ao componente matr da estrutura armazenada no endereço do terceiro elemento do vetor (&v_alunos[2]).

EXEMPLO 11.16 A seguinte função imp_alunos é uma versão da função de mesmo nome usada no Exemplo 11.15. Agora os elementos do vetor são acessados através de um ponteiro.

```
void imp_alunos(struct r_aluno al[]) {
  for (int i = 0; i < QTD_AL; i++, al++) {
    printf("Matr: %d Notas: %5.2f %5.2f ", al->matr, al->nota1, al->nota2);
    printf("Media: %5.2f\n", (al->nota1 + al->nota2) / 2);
  }
}
```

A variável al é declarada como do tipo vetor de struct r_aluno. Assim, o nome da variável sem os colchetes é interpretado com um ponteiro, apontando inicialmente para o primeiro elemento do vetor recebido como argumento. A cada nova iteração do comando for esse ponteiro é incrementado de 1, passando a apontar para o próximo elemento do vetor. ■

Os operadores de seleção direta e indireta têm maior precedência que os operadores de incremento e decremento. Se pa for um ponteiro para o segundo elemento do vetor do tipo struct r_aluno descrito no Exemplo 11.15, então:

pa->matr	Refere-se ao componente matr da estrutura apontada por pa (segunda estrutura armazenada no vetor).
pa++->matr	Refere-se ao componente matr da segunda estrutura armazenada no vetor. Após a referência, o ponteiro é incrementado, passando a apontar para o terceiro elemento do vetor.
++pa->matr	Resulta no componente matr da segunda estrutura armazenada no vetor, incrementado de 1. O ponteiro permanece apontando para o segundo elemento do vetor.
++(pa->matr)	Resulta no componente matr da segunda estrutura armazenada no vetor, incrementado de 1. O ponteiro permanece apontando para o segundo elemento do vetor.
(++pa)->matr	Refere-se ao componente matr da terceira estrutura armazenada no vetor, pois o ponteiro é incrementado antes da seleção, passando a apontar para o terceiro elemento do vetor.

11.7 INICIANDO ESTRUTURAS

As variáveis do tipo estrutura podem receber valores compatíveis com o seu tipo, como ocorre com a estrutura aluno no Exemplo 11.5, e podem ser iniciadas com uma relação de iniciação contendo, entre chaves e separados por vírgula, os valores correspondentes aos seus componentes. O primeiro valor da relação de iniciação é atribuído ao primeiro componente da estrutura que ela inicia, o segundo valor ao segundo componente, e assim por diante, recursivamente. Uma relação de iniciação só pode ser usada na declaração de variáveis e o tipo de cada valor deve ser compatível com o tipo do respectivo componente. A expressão de iniciação deve ser constante se a variável iniciada é estática.

EXEMPLO 11.17 O trecho de código a seguir declara a variável aluno, iniciando-a com o valor 130.518 para o componente matr, 4,57 para o componente nota1 e 8,33 para o componente nota2.

```
struct {
  int matr;
  float nota1;
  float nota2;
} aluno = {130518, 4.57, 8.33};
```

Os literais reais são convertidos em valores do tipo float. ∎

Se a relação de iniciação tiver mais valores do que os componentes da estrutura, os valores adicionais são desprezados (produzindo uma mensagem de alerta durante a compilação); se tiver menos valores, os componentes finais são implicitamente iniciados (como se fossem estáticos) segundo as regras da Seção 5.11.

EXEMPLO 11.18 O trecho de código a seguir declara as variáveis aluno e aluno_regular. A variável aluno é iniciada com o valor 130.518 para o componente matr, 4,57 para o componente nota1 e 8,33 para o componente nota2; o valor 9,54 é desprezado.

```
struct {
  int matr;
  float nota1;
  float nota2;
} aluno = {130518, 4.57, 8.33, 9.54},
  aluno_regular = {234, 7.65};
```

A variável aluno_regular é iniciada como valor 234 para o componente matr, 7,65 para o componente nota1 e 0,0 para o componente nota2, que é iniciado implicitamente. ∎

11.7.1 Iniciação seletiva

Os componentes de uma estrutura podem ser seletivamente iniciados, usando-se o identificador correspondente antecedido por um ponto. Quando uma expressão inicia um componente identificado seletivamente, as próximas expressões iniciam os componentes subsequentes a partir desse componente. Logo, é possível sobrescrever valores iniciados anteriormente.

EXEMPLO 11.19 O trecho de código a seguir declara as variáveis aluno e aluno_regular. O componente nota1 da variável aluno é iniciado com o valor 4,57 e o próximo componente da estrutura, o componente nota2, é iniciado com o próximo valor da lista: 8,33. O componente matr é implicitamente iniciado com 0.

```
struct {
  int matr;
  float nota1;
  float nota2;
} aluno = {.nota1 = 4.57, 8.33},
  aluno_regular = {.nota1 = 3.89, 6.72, .matr = 24506, 2.11};
```

O componente nota1 da variável aluno_regular é iniciado com o valor 3,89, seguindo-se a iniciação do próximo componente após nota1 com o valor 6,72. Depois, o componente matr é iniciado com o valor 24.506, seguindo-se a iniciação do próximo componente após matr, o componente nota1, com o próximo valor da lista: 2,11. Desse modo, o componente nota1 é iniciado duas vezes, permanecendo o último valor. ∎

11.7.2 Iniciação de componentes agregados

A iniciação de estruturas com componentes de tipos agregados ocorre de modo recursivo, com cada componente agregado podendo ter sua própria lista de iniciação entre chaves.

EXEMPLO 11.20 No trecho de código a seguir, as variáveis são declaradas como estruturas com 4 componentes, sendo o segundo também uma estrutura.

A variável reg_a tem todos os seus componentes explicitamente iniciados. Após a atribuição do valor 1.111 ao componente matr, os dois próximos valores são atribuídos (recursivamente) aos componentes da estrutura sit.

```
struct {
  int matr;
  struct {
    char sexo;
    int  rg;
  } sit;
  float nota1;
  float nota2;
} reg_a = {1111, 'm', 715, 8.54, 5.73},
  reg_b = {2222, 'f'},
  reg_c = {.sit = {'f', 32}, 215.3},
  reg_d = {3333, {'m', 234}, 86.44};
```

A variável reg_b é iniciada de modo semelhante à variável reg_a, sendo que os componentes rg (de sit), nota1 e nota2 são iniciados implicitamente. Na iniciação da variável reg_c o componente .sit é explicitamente designado, com seu valor delimitado por chaves. A iniciação da variável reg_d também faz uso de uma relação de iniciação própria para o componente sit.

A seguinte tabela mostra como ficam os componentes da estrutura armazenada em cada variável:

| | | Componentes | | | |
| | | sit | | | |
Variável	Matr	Sexo	RG	Nota1	Nota2
reg_a	1.111	'm'	715	8,54	5,73
reg_b	2.222	'f'	0	0,00	0,00
reg_c	0	'f'	32	215,30	0,00
reg_d	3.333	'm'	234	86,44	0,00

O modo mais adequado de iniciar estruturas com componentes agregados é usar chaves para delimitar cada componente agregado, como ocorre na iniciação das variáveis reg_c e reg_d. ∎

11.7.3 Iniciação de vetores de estruturas

Na iniciação de vetores de estruturas cada elemento do vetor é iniciado como uma estrutura. Novamente, o modo mais adequado é usar chaves para delimitar os elementos do vetor, explicitando sua natureza estrutural.

EXEMPLO 11.21 O trecho de código a seguir declara a variável v_alunos como um vetor de 3 elementos do tipo estrutura especificado na declaração. A tabela a seguir mostra como são iniciados os componentes de cada elemento do vetor.

Elemento	Componentes		
	Matr	Nota1	Nota2
v_alunos[0]	1.111	3,45	6,77
v_alunos[1]	2.222	7,32	8,12
v_alunos[2]	3.333	9,21	7,04

```
struct {
  int matr;
  float nota1;
  float nota2;
} v_alunos[3] = {{1111, 3.45, 6.77}, {2222, 7.32, 8.12}, {3333, 9.21, 7.04}};
```

EXEMPLO 11.22 O trecho de código a seguir declara a variável v_alunos como um vetor de 3 elementos do tipo estrutura especificado na declaração. A tabela a seguir mostra como são iniciados os componentes de cada elemento do vetor.

Elemento	Componentes		
	Matr	Nota1	Nota2
v_alunos[0]	1.111	3,45	6,77
v_alunos[1]	2.222	0,00	0,00
v_alunos[2]	3.333	9,21	0,00

```
struct {
  int matr;
  float nota1;
  float nota2;
} v_alunos[3] = {{1111, 3.45, 6.77}, {2222}, {3333, 9.21}};
```

Os componentes da primeira estrutura são explicitamente definidos. Na segunda estrutura apenas o primeiro componente é explicitamente definido, e na terceira apenas o primeiro e o segundo componente o são.

É possível o uso de expressões de iniciação complexas, misturando iniciações seletivas e implícitas de vários modos. Entretanto, deve-se ter em mente que a legibilidade é um importante atributo dos bons programas. Sempre que possível a iniciação de vetores e estruturas deve ser corretamente estruturada, usando-se todas as chaves necessárias para caracterizar os elementos.

EXEMPLO 11.23   O trecho de código a seguir declara a variável `v_alunos` como um vetor de 3 elementos do tipo estrutura especificado na declaração.

```
struct {
  int matr;
  float nota1;
  float nota2;
} v_alunos[3] = {1111, 3.45, 6.77, 2222, [2] = {.nota1 = 9.21, .matr = 3333}};
```

Os três primeiros valores da relação de iniciação são atribuídos aos três primeiros componentes do primeiro elemento do vetor. O quarto valor é atribuído ao primeiro componente do segundo elemento, que é o componente que vem a seguir. O próximo valor da relação é precedido da designação [2], indicando que é um valor para o elemento de índice 2 do vetor. A estrutura designada por esse índice é, então, iniciada seletivamente, um valor para o componente `nota1` e outro para o componente `matr`.

A expressão de iniciação deste exemplo é de difícil entendimento. A do exemplo anterior produz o mesmo efeito e é preferível. ■

Os componentes não nomeados não participam do processo de iniciação: o valor é indeterminado mesmo que a estrutura à qual pertencem seja iniciada.

11.7.4   Iniciação com literais compostos

Os literais compostos podem ser usados para iniciar variáveis automáticas do tipo estrutura.

EXEMPLO 11.24   A variável `aula`, no trecho de programa a seguir, é iniciada com um literal composto.

```
struct r_aula {
  char topico[20];
  int ini;
  int fim;
} aula = (struct r_aula){"Programacao", 10, 12};
```

Entretanto, a declaração deste exemplo só é válida se `aula` for uma variável automática, pois os literais compostos não são expressões constantes, como requerido na iniciação de variáveis estáticas. ■

11.8 DECLARANDO UNIÕES

As uniões são declaradas por meio de variáveis do tipo união que especifica os seus componentes.

EXEMPLO 11.25 O tipo união a seguir representa uma união com dois componentes.

```
union {
  unsigned int regra;
  char norma;
}
```

Esse tipo é concebido para representar valores que identificam documentos classificados como normas e regras: o componente `regra`, do tipo `unsigned int`, é usado para registrar a identificação de regras e o componente `norma`, do tipo `char`, é usado para identificar normas. As declarações a seguir mostram três modos de declarar variáveis do tipo união:

```
union {                 union doc_id {             typedef union {
  unsigned int regra;     unsigned int regra;        unsigned int regra;
  char norma;             char norma;                char norma;
} id;                   };                         } tp_doc_id;
                        union doc_id id;           tp_doc_id id;
```

1. A primeira declaração declara `id` como do tipo união usado na declaração.
2. A segunda declaração usa o especificador de tipo `union doc_id` para declarar `id`, fazendo referência ao tipo união que possui a etiqueta `doc_id`.
3. A terceira declaração declara `id` como do tipo `tp_doc_id` definido pelo comando `typedef` precedente.

As três declarações deste exemplo não podem coexistir em uma mesma unidade de compilação, já que a variável `id` seria redeclarada com tipos distintos: cada especificação de uma união define um tipo distinto, conforme discutido na Seção 3.8. ∎

Da mesma forma que ocorre com as estruturas, uma variável de um tipo união é tipicamente usada em

a) comandos de atribuição, recebendo valores do seu tipo;

b) como argumento em chamadas a funções; e

c) em expressões de acesso aos componentes da união.

Considerando a variável `id` como do tipo união especificado no Exemplo 11.25, as seguintes expressões ilustram os usos típicos de uma variável de tipo união:

`id = ler_documento();`	Atribui a `id` o valor de retorno da função `ler_documento`, que deve ser de um tipo compatível com o tipo de `id`.
`imp_doc(id);`	Chama a função `imp_doc` passando como argumento o conteúdo da variável `id`.
`id.regra = 2101;`	Atribui o valor 2.101 ao componente regra da união armazenada em `id`.

11.9 REFERENCIANDO OS COMPONENTES DE UMA UNIÃO

Os componentes de uma união são referidos do mesmo modo que os componentes de uma estrutura: por meio do operador de seleção direta, se a expressão que identifica a união é do tipo união, ou por meio do operador de seleção indireta, se a expressão que identifica a união é do tipo ponteiro.

EXEMPLO 11.26 Se id é uma variável do tipo união especificado no Exemplo 11.25 e ptr_id é uma variável do tipo ponteiro para o mesmo tipo união, então as seguintes referências são válidas:

```
id.regra      Refere-se ao componente regra da união armazenada em id.
ptr_id->norma Refere-se ao componente norma da união apontada por ptr_id.
```

Uma variável de um tipo união contém um único valor a cada momento, do tipo de um dos seus componentes. Se uma variável armazena um valor correspondente ao componente x do seu tipo união, esse valor possui o tipo declarado para x. O comportamento é indefinido se o valor de uma união é acessado com um componente diferente do usado para armazená-lo.

EXEMPLO 11.27 O programa a seguir lê e imprime a identificação de um documento, que pode ser do tipo regra ou norma. O formato da identificação é diferente para cada tipo, mas ambos são armazenados em uma mesma variável, do tipo union doc_id já apresentado no exemplo 11.25.

```
1   #include <stdio.h>
2   union doc_id {
3     unsigned int regra;
4     char norma;
5   };
6   union doc_id obtem_id_regra(void);
7   union doc_id obtem_id_norma(void);
8   void imp_doc(union doc_id, char);
9   void limpa_linha(void);
10  int main(void) {
11    union doc_id id;
12    char tipo;
13    printf("Digite o tipo de documento: ");
14    tipo = getchar();
15    limpa_linha();
16    switch (tipo) {
17      case 'r':
18        id = obtem_id_regra();
19        break;
20      case 'n':
21        id = obtem_id_norma();
22        break;
23      default:
24        break;
```

```c
25      };
26      imp_doc(id, tipo);
27      return 0;
28  }
29  union doc_id obtem_id_regra(void) {
30      union doc_id id;
31      printf("id regra (numerico): ");
32      scanf("%u", &id.regra);
33      return id;
34  }
35  union doc_id obtem_id_norma(void) {
36      union doc_id id;
37      printf("id norma (char): ");
38      scanf("%c", &id.norma);
39      return id;
40  }
41  void imp_doc(union doc_id d, char tipo) {
42      printf("tipo: %c id: ", tipo);
43      switch (tipo) {
44        case 'r':
45          printf("%u\n", d.regra);
46          break;
47        case 'n':
48          printf("%c\n", d.norma);
49          break;
50        default:
51          printf("tipo invalido\n");
52          break;
53      }
54  }
55  void limpa_linha() {
56      while (getchar() != '\n') { };
57  }
```

Na linha 14, o programa lê o tipo do documento que será tratado. Como `getchar` lê um único caractere, a função `limpa_linha` é chamada na linha 15 para suprimir da área de armazenamento temporário associada ao teclado os caracteres remanescentes, incluindo o caractere de fim de linha, deixando-a limpa para as próximas leituras.

Se o tipo for igual a r, a variável id é atualizada com o valor correspondente à identificação de uma regra, através do valor de retorno da função `obtem_id_regra` (linha 18). Se o tipo for igual a n, a variável id é atualizada com o valor correspondente à identificação de uma norma, através do valor de retorno da função `obtem_id_norma` (linha 21).

Tanto a função `obtem_id_regra` quanto a função `obtem_id_norma` são declaradas (linhas 6-7) e definidas (linhas 29-34 e 35-40) com um valor de retorno do tipo `union doc_id`. Cada uma delas realiza a leitura do valor apropriado, armazenando-o no componente que corresponde ao seu tipo de documento: na linha 32 um valor `unsigned int` é lido e armazenado no endereço do componente que corresponde a uma regra (`&id.regra`) e na linha 38 um valor do tipo `char` é lido e armazenado no componente que corresponde a uma norma (`&id.norma`).

Na função `imp_doc` (linhas 41-54) o componente regra ou norma é impresso, dependendo do tipo de documento indicado pelo parâmetro `tipo`; uma mensagem indicando tipo inválido é impressa, se esse for o caso. ∎

11.9.1 Usando os componentes apropriados

As variáveis do tipo união só devem ser usadas diretamente para receber ou passar valores compatíveis com o seu tipo, como ocorre nas linhas 18, 21 e 26 do programa do exemplo anterior. Quando se usa uma variável do tipo união para acessar um valor que corresponde a um de seus componentes, ocorre uma conversão entre o tipo união e o tipo do componente, que pode resultar em um valor inválido.

EXEMPLO 11.28 A união declarada a seguir possui dois componentes, um do tipo int e o outro do tipo char [20].

```
union u {
  int num;
  char texto[20];
} tst;
```

Se o valor 23 for atribuído ao componente num, os seguintes comandos de impressão produzem o resultado descrito ao lado de cada um:

printf("%d", tst.num)   Imprime o conteúdo da variável tst como um valor do tipo int (que é o tipo do componente usado para acessá-lo). Não ocorre conversão de tipo e o valor 23 é impresso corretamente.

printf("%d", tst)   Imprime o conteúdo da variável tst convertendo-o do tipo union u em um valor do tipo int, como requer a diretiva %d. O valor 23 pode ser impresso, mas esse não é um uso recomendável de tst.

printf("%s", tst.texto)   Imprime o conteúdo da variável tst como um valor do tipo char [20] (que é o tipo do componente usado para acessá-lo). Pode ocorrer a impressão de caracteres indevidos ou falha de segmentação porque o valor 23 não é uma cadeia de caracteres válida. ■

O valor de uma união deve ser acessado através do componente utilizado para armazená-lo. É responsabilidade do programador assegurar que os valores armazenados em uma (variável do tipo) união sejam tratados com os componentes apropriados.

EXEMPLO 11.29 No programa a seguir, o valor 34,5 é atribuído a cada um dos componentes da união tst e, após cada atribuição, todos os componentes de tst são impressos.

```
#include <stdio.h>
union r {
  float a;
  double b;
  int c;
} tst;
int main(void) {
  tst.a = 34.5;
  printf("%g %g %d\n",tst.a, tst.b, tst.c);
  tst.b = 34.5;
  printf("%g %g %d\n",tst.a, tst.b, tst.c);
  tst.c = 34.5;
  printf("%g %g %d\n",tst.a, tst.b, tst.c);
  return 0;
}
```

Em uma arquitetura em que os tipos int e float são implementados com 32 bits e o tipo double com 64 bits, o programa produz a seguinte saída:

```
34.5 5.47401e-315 1107951616
0 34.5 0
4.76441e-44 34.5 34
```

O tamanho da variável tst é de 64 bits, para acomodar os valores do seu maior componente. Na primeira atribuição, quando o valor 34,5 é armazenado como um valor do tipo float a variável tst assume a seguinte configuração de bits:

32 bits	32 bits
0100001000001010... 00	0000000000000 ... 00

a) Como um valor do tipo float, essa sequência é interpretada como $(1 + 2^{-4} + 2^{-6}) \times 2^{(132-127)} = 34,5$, pois o expoente é 10000100 (com excesso igual a 127) e a mantissa é 0001010 ... 00.
b) Como um valor do tipo double, os 32 bits menos significativos são considerados primeiro na formação do valor[1] (o expoente de 11 dígitos fica igual a 00000000000 e o excesso a 1023). A sequência é interpretada como o valor não normalizado: $(2^{-22} + 2^{-27} + 2^{-33} + 2^{-35}) \times 2^{(-1023+1)} \approx 5,47401 \times 10^{-315}$.
c) Como um valor do tipo int, a sequência é interpretada como $2^{30} + 2^{25} + 2^{19} + 2^{17} = 1.107.951.616$.

Na terceira atribuição, quando o valor 34,5 é armazenado por meio do componente c ele é convertido em um valor do tipo int e a configuração 100010, referente ao inteiro 34 é armazenada nos primeiros 32 bits da variável tst, sem, entretanto, modificar o valor que já estava armazenado nos 32 bits finais.

A interpretação do valor segundo o tipo do componente usado para acessá-lo, adotada pelo compilador gcc, não é garantida em todas as implementações, pois, segundo o padrão, o comportamento é indefinido se o valor de uma união é acessado com um componente diferente do usado para armazená-lo. ∎

11.9.2 Uniões como componentes de estruturas

É comum o uso de uniões como componentes de estruturas contendo um outro componente que indica como a união deve ser tratada.

EXEMPLO 11.30 Os três fragmentos de código a seguir mostram a especificação de um tipo estrutura contendo os componentes tipo, id e resumo:

```
union doc_id {                  struct r_doc {                  typedef union {
   unsigned int regra;             char tipo;                       unsigned int regra;
   char norma;                     union {                          char norma;
};                                    unsigned int regra;        } tp_id;
struct r_doc {                        char norma;                struct r_doc {
   char tipo;                      } id;                            char tipo;
   union doc_id id;                char *resumo;                    tp_id id;
   char *resumo;                };                                  char *resumo;
};                                                               };
```

1. No primeiro fragmento o especificador de tipo union doc_id é usado na declaração do componente id da estrutura struct r_doc.

---

[1] A ordem de armazenamento dos bytes em memória é uma característica do processador, sendo chamada de *little endian*, quando os bytes menos significativos (à direita) de um valor são armazenados primeiro (nos endereços menores) que os seus bytes mais significativos, ou *big endian*, quando os bytes mais significativos de um valor são armazenados primeiro. De fato, na ordem *little endian*, a configuração de bits do valor 34,5 é diferente da mostrada neste exemplo, pois os 4 bytes dos 32 bits de maior ordem também são armazenados na ordem inversa.

2. No segundo fragmento o próprio tipo união é usado na declaração do componente `id`.

3. No terceiro fragmento usa-se o tipo `tp_id`, definido através do comando `typedef`, para declarar o componente `id`.

Os valores armazenados na estrutura representam documentos contendo uma identificação, `id`, e um resumo, `resumo`. O componente `tipo` designa o tipo do documento armazenado e serve para determinar o componente da união `id` que deve ser usado na identificação do documento.

■

EXEMPLO 11.31 O programa a seguir modifica o programa do Exemplo 11.27. Agora, a união que identifica o documento (linhas 2-5) é um componente da estrutura que armazena outros dados do documento (linhas 6-10). Desse modo, o tipo do documento é armazenado na própria estrutura (linha 18) e a função de impressão pode ser chamada com apenas um argumento (linha 30).

Na função `imp_doc` (linhas 45-56), as referências aos componentes `regra` e `norma` da identificação são feitas pelas expressões `d.id.regra` e `d.id.norma` (o operador de seleção direta é associativo à esquerda).

Por economia de espaço, este programa não realiza a obtenção do texto que seria atribuído ao componente `resumo` da estrutura armazenada em `doc`.

```
1  #include <stdio.h>
2  typedef union {
3    unsigned int regra;
4    char norma;
5  } tp_id;
6  struct r_doc {
7    char tipo;
8    tp_id id;
9    char *resumo;
10 };
11 tp_id obtem_id_norma(void);
12 tp_id obtem_id_regra(void);
13 void imp_doc(struct r_doc);
14 void limpa_linha(void);
15 int main(void) {
16   struct r_doc doc;
17   printf("Digite o tipo de documento: ");
18   doc.tipo = getchar();
19   limpa_linha();
20   switch (doc.tipo) {
21     case 'r':
22       doc.id = obtem_id_regra();
23       break;
24     case 'n':
25       doc.id = obtem_id_norma();
26       break;
27     default:
28       break;
29   };
30   imp_doc(doc);
31   return 0;
32 }
33 tp_id obtem_id_regra(void) {
34   tp_id id;
35   printf("id regra (numerico): ");
36   scanf("%u", &id.regra);
37   return id;
38 }
```

```
39  tp_id obtem_id_norma(void) {
40    tp_id id;
41    printf("id norma (char): ");
42    scanf("%c", &id.norma);
43    return id;
44  }
45  void imp_doc(struct r_doc d) {
46    printf("tipo: %c id: ", d.tipo);
47    if (d.tipo == 'r') {
48      printf("%u\n", d.id.regra);
49    } else {
50      if (d.tipo == 'n') {
51        printf("%c\n", d.id.norma);
52      } else {
53        printf("tipo invalido\n");
54      }
55    }
56  }
57  void limpa_linha() {
58    while (getchar() != '\n') { };
59  }
```

11.10 PONTEIROS PARA UNIÕES

As uniões também podem ser referidas através de ponteiros. Nesse caso, o operador de seleção indireta deve ser usado para acessar seus componentes.

EXEMPLO 11.32 O programa a seguir modifica o programa do Exemplo 11.31 para ilustrar o uso de ponteiros para uniões. Nesta versão, existe uma única função para a obtenção da identificação do documento. Após ler o tipo do documento (linha 17), o programa chama a função obtem_id passando como argumentos o endereço da união doc.id e o tipo lido.

```
1   #include <stdio.h>
2   typedef union {
3     unsigned int regra;
4     char norma;
5   } tp_id;
6   struct r_doc {
7     char tipo;
8     tp_id id;
9     char *resumo;
10  };
11  void obtem_id(tp_id *, char);
12  void imp_doc(struct r_doc *);
13  void limpa_linha(void);
14  int main(void) {
15    struct r_doc doc;
16    printf("Digite o tipo de documento: ");
17    doc.tipo = getchar();
18    limpa_linha();
19    obtem_id(&doc.id, doc.tipo);
20    imp_doc(&doc);
21    return 0;
22  }
```

```
23   void obtem_id(tp_id *id, char tipo) {
24     if (tipo == 'r') {
25       printf("id regra (numerico): ");
26       scanf("%u", &id->regra);
27     } else {
28       if (tipo == 'n') {
29         printf("id norma (char): ");
30         scanf("%c", &id->norma);
31       }
32     }
33   }
34   void imp_doc(struct r_doc *d) {
35     printf("tipo: %c id: ", d->tipo);
36     if (d->tipo == 'r') {
37       printf("%u\n", d->id.regra);
38     } else {
39       if (d->tipo == 'n') {
40         printf("%c\n", d->id.norma);
41       } else {
42         printf("tipo invalido\n");
43       }
44     }
45   }
46   void limpa_linha() {
47     while (getchar() != '\n') { };
48   }
```

Na função obtem_id (linhas 23-33), a identificação é lida e armazenada no componente apropriado, de acordo com o tipo do documento. Os comandos de leitura usam o ponteiro id recebido como argumento para acessar o componente regra (linha 26) ou norma (linha 30).

A função imp_doc (chamada na linha 20 e definida nas linhas 34-45) recebe o endereço da estrutura que contém o documento. A união id é referida através do operador de seleção indireta e os componentes regra (linha 37) e norma (linha 40) através da seleção direta. Os operadores . e -> possuem a mesma precedência e são associativos à esquerda; desse modo, a expressão d->id.norma equivale a (d->id).norma. ■

11.10.1 Ponteiro para componentes de uma união

Um ponteiro para uma união (convenientemente convertido) aponta para cada um de seus componentes ou, se o componente for um campo de bits, para a unidade de endereçamento em que o campo de bits reside. Um ponteiro para os componentes de uma união (convertido de modo apropriado) aponta para a própria união.

EXEMPLO 11.33 Se ptr é um ponteiro para o tipo união tp_id do exemplo anterior, então:

a) printf("%u\n", *(unsigned int *)ptr) imprime o conteúdo da união como um valor do tipo unsigned int.

b) printf("%c\n", *(char *)ptr) imprime o conteúdo da união como um valor do tipo char.

Entretanto, recomenda-se acessar cada componente através da sua própria identificação: evitam-se conversões desnecessárias e as expressões ficam mais fáceis de serem entendidas. ■

11.11 VETORES DE UNIÕES

Os vetores de uniões são declarados de modo semelhante aos vetores de estruturas: usando-se um tipo união para designar o tipo de seus elementos.

EXEMPLO 11.34 A expressão

```
union doc_id idents[30];
```

define o vetor `idents` contendo 30 elementos do tipo `union doc_id` especificado no Exemplo 11.25. Para essa situação as seguintes expressões têm o significado indicado ao lado de cada uma:

`idents`	Ponteiro para `union doc_id`, o tipo dos elementos do vetor, apontando inicialmente para o primeiro elemento.
`(idents + 2)`	Ponteiro para o terceiro elemento do vetor.
`*idents`	Referência à união armazenada no elemento apontado por `idents`.
`*(idents + 2)`	Referência à união armazenada no elemento apontado por `(idents + 2)`.
`idents[2]`	Referência à união armazenada no terceiro elemento do vetor.
`&idents[2]`	Endereço do terceiro elemento do vetor.
`idents[2].regra`	Referência ao componente `regra` da união armazenada no terceiro elemento do vetor.
`(*idents).regra`	Referência ao componente `regra` da união armazenada no elemento apontado por `idents`.
`idents->regra`	Referência ao componente `regra` da união armazenada no elemento apontado por `idents`.
`(idents + 2)->regra`	Referência ao componente `regra` da união armazenada no elemento apontado por `(idents + 2)`.
`(&idents[2])->regra`	Referência ao componente `regra` da união armazenada no endereço do terceiro elemento do vetor (`&idents[2]`). ∎

11.12 INICIANDO UNIÕES

As uniões são explicitamente iniciadas com valor correspondente ao seu primeiro componente especificado entre chaves, podendo haver a iniciação seletiva, indicando-se um componente específico da união. Se o valor de iniciação não for do tipo correspondente ao primeiro componente (ou ao componente selecionado, no caso de iniciação seletiva), ocorre uma conversão entre os tipos.

EXEMPLO 11.35 Para o tipo união `union doc_id` especificado no Exemplo 11.25, as seguintes iniciações possuem o significado indicado ao lado de cada uma:

`union doc_id id = {1234};`	Atribui o valor 1.234 ao componente `regra` da união armazenada em `id`.
`union doc_id id = {'t'};`	Atribui ao componente `regra` da união armazenada em `id` o resultado da conversão do caractere 't' em um valor do tipo `unsigned int`.
`union doc_id id = {.norma = 't'};`	Iniciação seletiva: atribui o caractere 't' ao componente `norma` da união armazenada em `id`. ∎

Se uma variável do tipo união é declarada como estática, sem expressão de iniciação, seu primeiro componente é iniciado com um valor-padrão segundo as regras da Seção 5.11.

11.12.1 Usando literais compostos

Os literais compostos podem ser usados para iniciar uniões, como ilustram as expressões a seguir para o mesmo tipo union doc_id do exemplo anterior.

```
union doc_id i1 = (union doc_id){1234};
union doc_id i2 = (union doc_id){'t'};
union doc_id i3 = (union doc_id){.norma = 't'};
```

11.13 CAMPOS DE BITS

Os campos de bits permitem declarar, em estruturas e uniões, componentes de tipos inteiros que ocupam uma quantidade limitada de bits, geralmente menor que a quantidade-padrão dos tipos básicos usados em suas declarações. O tipo de um campo de bits deve ser _Bool, signed int, unsigned int, possivelmente qualificado, ou algum outro tipo dependente da implementação. Se o tipo int for usado na declaração de um campo de bits, o campo será considerado como signed int ou unsigned int, dependendo da implementação[2].

EXEMPLO 11.36 A estrutura a seguir é concebida para armazenar informações sobre arquivos, contendo um componente id para a identificação do arquivo e os campos de bits grv e perm para controlar o uso do arquivo.

```
struct r_arq {
  char id[9];
  _Bool grv: 1;
  unsigned int perm: 3;
}
```

O campo de bits grv, do tipo _Bool, possui um único bit, usado para indicar se o arquivo é de leitura (valor 0) ou gravação (valor 1). O campo de bits perm, do tipo unsigned int, possui três bits e indica quem tem permissão para usar o arquivo, segundo o esquema descrito a seguir.

Existem três classes de usuários: administrador, convidados e outros. Cada classe é representada por um bit do campo perm; se esse bit tiver o valor 1, os usuários da classe podem usar o arquivo. A tabela seguinte mostra os valores decimais que podem ser atribuídos ao campo de bits, a configuração correspondente de bits e o significado associado:

Valor decimal ↓	Adm	Con	Out	
0	0	0	0	Ninguém pode usar o arquivo.
1	0	0	1	Apenas outros podem usar o arquivo.
2	0	1	0	Apenas convidados podem usar o arquivo.
3	0	1	1	Apenas convidados e outros podem usar o arquivo.
4	1	0	0	Apenas o administrador pode usar o arquivo.
5	1	0	1	Apenas o administrador e outros podem usar o arquivo.
6	1	1	0	Apenas o administrador e convidados podem usar o arquivo.
7	1	1	1	Todos podem usar o arquivo.

■

---

[2] O compilador gcc considera o campo como signed int.

11.13.1 Referência a campos de bits

A referência aos campos de bits ocorre do mesmo modo que a referência aos demais componentes de uma estrutura ou união: através do operador de seleção direta ou indireta. Cada campo se comporta como um componente do tipo especificado para o campo, diferindo na faixa de representação, que é definida por sua quantidade de bits.

EXEMPLO 11.37 O seguinte programa obtém informações sobre um arquivo, armazenando-as em uma estrutura do tipo struct r_arq especificado no Exemplo 11.36. A variável arquivo é definida na linha 12. O nome do arquivo é obtido por meio da função ler_nome, chamada na linha 14. O arquivo é registrado como de gravação pela atribuição do valor 1 ao campo de bits grv (linha 15). Na linha 16 o campo perm é zerado, pois a operação arquivo.perm & 0 equivale à conjunção de todos os bits do campo arquivo.perm com o valor 0.

```
1  #include <stdio.h>
2  #define QTD (80)
3  struct r_arq {
4    char id[QTD];
5    _Bool grv: 1;
6    unsigned int perm: 3;
7  };
8  void ler_nome(char *, int);
9  char ler_opcao(void);
10 void imp_arq(struct r_arq *);
11 int main(void) {
12   struct r_arq arquivo;
13   printf("Digite o nome do arquivo: ");
14   ler_nome(arquivo.id, QTD - 1);
15   arquivo.grv = 1;
16   arquivo.perm = arquivo.perm & 0;
17   printf("Administrador usa (s/n)? ");
18   if (ler_opcao() == 's') {
19     arquivo.perm = arquivo.perm | 4;
20   }
21   printf("Convidados usam (s/n)? ");
22   if (ler_opcao() == 's') {
23     arquivo.perm = arquivo.perm | 2;
24   }
25   printf("Outros usam (s/n)? ");
26   if (ler_opcao() == 's') {
27     arquivo.perm = arquivo.perm | 1;
28   }
29   imp_arq(&arquivo);
30   return 0;
31 }
32 void imp_arq(struct r_arq *arq) {
33   printf("%s ", arq->id);
34   if (arq->grv) {
35     printf("(gravacao) ");
36   } else {
37     printf("(leitura) ");
38   }
39   printf("permissao: %u ", arq->perm);
40   switch (arq->perm) {
41     case 0: printf("nenhum\n"); break;
42     case 1: printf("outros\n"); break;
43     case 2: printf("convidados\n"); break;
44     case 3: printf("convidados/outros\n"); break;
```

```
45       case 4: printf("adm\n"); break;
46       case 5: printf("adm / outros\n"); break;
47       case 6: printf("adm / convidados\n"); break;
48       default: printf("todos\n"); break;
49     }
50   }
51   void ler_nome(char *n, int qtd) {
52     for (int i = 0; (i < qtd) && ((*n = getchar()) != '\n'); i++, n++) {
53     };
54     *n = '\0';
55   }
56   char ler_opcao(void) {
57     char c;
58     while ((c = getchar()) == '\n') { };
59     return c;
60   }
```

Nas linhas 17-20, o usuário deve responder se o arquivo é utilizado pelo administrador; se a resposta for sim (caractere s), o bit correspondente do campo perm é ativado, permanecendo os demais inalterados. Isso ocorre porque a operação arquivo.perm | 4 equivale à disjunção, bit a bit, do conteúdo de arquivo.perm com a configuração de bits 100, que equivale ao valor decimal 4: dessa forma, os dois bits à direita permanecem inalterados, pois $x | 0 = x$. Um procedimento semelhante é adotado para determinar a utilização do arquivo pelos convidados (linhas 21-24) e outros (linhas 25-28).

Após a entrada dos dados o programa chama a função imp_arq, definida nas linhas 32-50, para imprimir as informações obtidas. A função ler_opcao (linhas 56-60) lê um caractere, tendo o cuidado de desprezar o caractere de fim de linha remanescente da leitura anterior. ∎

Os campos de bits possuem as seguintes características:

1. Não podem ser acessados com o operador de endereço (&) porque não se pode garantir que um campo de bits inicia em uma posição endereçável da memória.
2. Podem ser não nomeados. O uso de um campo de bits não nomeado pode ser útil para inserir bits de preenchimento, atendendo a requisitos de portabilidade, por exemplo.
3. Os campos não nomeados podem ser especificados com zero bits. Um campo com 0 bits faz o próximo campo de bits não ser alocado na mesma unidade de endereçamento que o campo de bits precedente.

EXEMPLO 11.38 A estrutura a seguir possui quatro campos de bits. O primeiro é um campo nomeado, com 2 bits. O segundo é um campo não nomeado, com 0 bits; esse campo faz o próximo campo de bits não ser alocado na mesma unidade de endereçamento que o campo de bits precedente.

```
struct r {
  char a;
  unsigned int b: 2;
  int: 0;
  unsigned int: 3;
  int c: 5;
};
```

O terceiro campo de bits também é um campo não nomeado, com 3 bits, e o último é um campo nomeado, com 5 bits. O seguinte diagrama mostra a alocação dos componentes da estrutura, para uma arquitetura em que o tipo char e a unidade de endereçamento possuem um tamanho de 8 bits:

unidade endereçamento								unidade endereçamento								unidade endereçamento					
a	a	a	a	a	a	a	a	b	b	-	-	-	-	-	-	0	0	0	c	c	c	c	c

As letras *a*, *b* e *c* designam os bits dos componentes a, b e c. Os bits do quarto componente são designados pelo caractere 0 e o caractere hífen mostra os bits não alocados. ∎

Os campos de bits devem ser evitados, pois possuem muitos aspectos dependentes da implementação, principalmente porque sua representação é baseada na unidade de endereçamento da arquitetura na qual são implementados.

11.14 COMPATIBILIDADE DE ESTRUTURAS E UNIÕES

Duas estruturas ou uniões (declaradas em diferentes unidades de compilação) são compatíveis se possuem a mesma etiqueta. Além disso, se os tipos são completos, deve existir uma correspondência entre os seus componentes tal que os componentes correspondentes devem

a) ser declarados na mesma ordem (apenas para estruturas);

b) ter tipos compatíveis;

c) ter nomes iguais (se forem nomeados); e

d) ser do mesmo tamanho (se forem campos de bits).

EXEMPLO 11.39 Os arquivos prgA.c e prgB.c são unidades de compilação diferentes contendo a definição da estrutura struct s1. A compilação individual de cada arquivo produz códigos-objetos válidos:

```
gcc -c prgA.c -Wall -std=c99 -pedantic
gcc -c prgB.c -Wall -std=c99 -pedantic
```

prgA.c
```
#include <stdio.h>
void fun (void);
struct s1 {
   int a;
   int b;
};
struct s1 var1 = {33, 44};
struct s1 var2;
int main(void) {
   var2 = var1;
   fun();
   return 0;
}
```

prgB.c
```
#include <stdio.h>
struct s1 {
   int a,
       b;
   char c;
};
struct s1 var2 = {111, 222, 's'};
void fun (void) {
   printf("%d %d %c\n", var2.a, var2.b, var2.c);
}
```

Entretanto, a compilação

```
gcc -o prgExem prgA.o prgB.o -Wall -std=c99 -pedantic
```

produz um código executável com comportamento indefinido. A declaração de var2 no arquivo prgA.c é uma definição provisória, cuja definição própria encontra-se no arquivo prgB.c com um tipo incompatível, apesar de possuir o mesmo especificador de tipo: struct s1. Nessa situação, o compilador gcc adota a definição da variável var2 no arquivo prgB.c, mas alerta para a mudança de tamanho (do tipo) da variável. Entretanto, pelo padrão da linguagem, esse comportamento é indefinido. ■

EXERCÍCIOS

11.1 O que são estruturas e uniões?

11.2 Considerando as declarações a seguir:

```
struct exem {              typedef struct {
  int num;                   int num;
  float valor;               float valor;
} regA;                    } exem_tp;
struct {                   struct exem regC, *ptrD;
  int num;                 exem_tp regE, *ptrF;
  float valor;
} regB;
```

Quais das seguintes expressões são válidas?

a) regA = regB;   b) regA = regC;   c) ptrD = &regA;

d) ptrF = &regA;   e) ptrF = &regE;   f) regE = *ptrF;

11.3 Considerando as declarações do Exercício 11.2, quais das seguintes expressões são válidas?

a) regB->valor = 4.67;   b) &regC.valor = 8.77;

c) *&regC.valor = 9.55;   d) (&regA).valor = 3.2;

e) &regA->valor = 6.51;   f) (&regA)->valor = 7.29;

11.4 Considerando as declarações do Exercício 11.2, quais das seguintes expressões são válidas?

a) regB.num = 23;   b) ptrD.num = 88;

c) *ptrD.num = 715;   d) ptrF->num = 63;

e) (*ptrF).num = 964;   f) (&(*ptrD))->num = 707;

11.5 Que tipos de componentes de uma estrutura podem ser não nomeados?

11.6 O que são estruturas com componente flexível?

11.7 Considerando as declarações abaixo, quais das expressões a seguir são equivalentes?

```
struct r {
  int num;
  char sigla;
};
struct r vA[4];
```

a) vA->sigla b) vA[0].sigla
c) vA[1 + 2].sigla d) vA[2].sigla
e) (vA + 3)->sigla f) (*vA).sigla
g) (*(vA + 2)).sigla h) (&*(vA + 2))->sigla

11.8 O que é impresso pelo programa a seguir?

```
1   #include <stdio.h>
2   int main(void) {
3     struct r {
4       int num;
5       char sigla;
6     };
7     struct r *vA;
8     struct r vB[4] = {{10, 'a'}, {20, 'b'}, {30, 'c'}, {40, 'd'}};
9     vA = vB;
10    printf("%d ", vA->num);
11    printf("%d ", vA++->num);
12    printf("%d\n", vA->num);
13    vA = vB;
14    printf("%d ", vA->num);
15    printf("%d ", ++vA->num);
16    printf("%d\n", vA->num);
17    vA = vB;
18    printf("%d ", vA->num);
19    printf("%d ", (++vA)->num);
20    printf("%d\n", vA->num);
21    return 0;
22  }
```

11.9 O que é impresso pelo programa a seguir?

```
1   #include <stdio.h>
2   int main(void) {
3     struct r {
4       double val;
5       int prazo;
6       int desc;
7     };
8     struct r regA = {2.3, 5, 4};
9     struct r regB = {.prazo=9, 21};
10    struct r regC = {.desc=9, .val=4.77};
11    printf("%g %d %d\n", regA.val, regA.prazo, regA.desc);
12    printf("%g %d %d\n", regB.val, regB.prazo, regB.desc);
13    printf("%g %d %d\n", regC.val, regC.prazo, regC.desc);
14    return 0;
15  }
```

11.10 Preencha a tabela com os três elementos do vetor vest, considerando o tipo tp_reg e a seguinte iniciação:

```
typedef struct r {           tp_reg vest[3] = {
    double val;                  {2.3, {{'a', 26}, 'b', 28, 'c', 31}, 4},
    struct {                     {69, {[1]={'d', 13}, [0]={'e'}}, 77},
        char tp;                 {.seq={[1]={.num=34}, {.tp='f'}}, 82}
        int num;             };
    } seq[3];
    int fixo;
} tp_reg;
```

	val	tp	num	tp	num	tp	num	fixo
vest[0]:								
vest[1]:								
vest[2]:								

(header spans: "seq" spans the three tp/num pairs)

11.11 Considerando as declarações a seguir, quais das expressões abaixo são válidas?

a) unA = unC   b) unB = &unA   c) unA = unB

d) unA = *unB   e) unB = &unC   f) unA = *unD

```
typedef union {
    int cod;
    char nome[20];
} un_tp;
union exem {
    int cod;
    char nome[20];
} unA;
union exem *unB;
un_tp unC;
un_tp unD[20];
```

11.12 Considerando a declaração de unD, no exercício anterior, quais das seguintes expressões são equivalentes?

a) unD->cod   b) (&unD[2 + 1])->cod   c) *&unD[0].cod + 3

d) unD[2].cod + 1   e) (unD + 3)->cod   f) (&unD[3])->cod

11.13 Considerando o acesso aos componentes da união val, comente o que está errado com o programa a seguir.

```
1  #include <stdio.h>
2  int main(void) {
3      union un {
4          unsigned int a;
5          int b;
6      } val;
7      scanf("%d", &val.b);
8      printf("%d", val.b);
```

```
9    if (val.a < 0) {
10     printf(": negativo\n");
11   } else {
12     printf(": nao negativo\n");
13   }
14   scanf("%u", &val.a);
15   printf("%u", val.a);
16   if (val.b < 0) {
17     printf(": negativo\n");
18   } else {
19     printf(": nao negativo\n");
20   }
21   return 0;
22 }
```

11.14 O que é impresso pelo seguinte programa?

```
#include <stdio.h>
int main(void) {
  typedef union {
    int cod;
    char nome[20];
  } un_tp;
  un_tp varA = {234};
  un_tp varB = {.nome="Josefa linda"};
  printf("%d ", varA.cod);
  printf("%d\n", *(int *)&varA);
  printf("%s\n", varB.nome);
  varB = varA;
  printf("%d\n", varB.cod);
  return 0;
}
```

11.15 O que é impresso pelo seguinte programa?

```
#include <stdio.h>
int main(void) {
  struct r {
    int a: 3;
    int b: 3;
    unsigned int c: 3;
  } val;
  val.a = val.a & 0;
  val.b = val.b & 0;
  val.c = val.c & 0;
  printf("%d %d %u\n", val.a, val.b, val.c);
  val.a = val.a | 5;
  val.b = val.b | 3;
  val.c = val.c | 5;
  printf("%d %d %u\n", val.a, val.b, val.c);
  printf("%d\n", val.a ^ val.c);
  printf("%d\n", val.b ^ val.c);
  return 0;
}
```

11.16 Codifique uma função de nome `imp_aprovados` que receba um inteiro *n* e um vetor de *n* elementos do tipo estrutura especificado a seguir. A função deve imprimir o componente `nome` de todo elemento que tiver a média dos componentes `n1` e `n2` maior ou igual a 5,0.

```
typedef struct {
  char nome[30];
  float n1;
  float n2;
} aln_tp;
```

11.17 Codifique uma função de nome `comp_media` que receba duas estruturas, `al_A` e `al_B`, do tipo especificado no exercício anterior, e retorne um valor inteiro positivo, se a média da estrutura `al_A` for maior que a média da estrutura `al_B`; um valor negativo, se a média da estrutura `al_A` for menor que a média da estrutura `al_B`; ou o valor 0, se as médias forem iguais. As médias de cada estrutura devem ser calculadas da mesma forma que no exercício anterior.

Capítulo 12

Entrada e Saída: Teclado e Monitor de Vídeo

As operações de entrada e saída são realizadas por meio dos comandos de leitura e gravação. Os comandos de leitura fazem os dados de uma fonte externa serem transferidos para o computador, onde ficam disponíveis, podendo ser armazenados na memória ou usados diretamente em outras operações. Os comandos de gravação fazem dados armazenados na memória ou resultantes de outras operações serem transferidos para repositórios externos.

Este capítulo apresenta os conceitos das operações de entrada e saída e mostra as funções da linguagem C que implementam os comandos de leitura e gravação relacionados ao teclado e ao monitor de vídeo.

12.1 VIAS LÓGICAS DE COMUNICAÇÃO

Uma via lógica de comunicação[1] representa um canal de comunicação entre uma fonte ou repositório de dados e um programa, conforme ilustra a Figura 12.1. As operações de leitura e gravação são aplicadas à via que, por sua vez, é associada à fonte ou repositório de dados. Neste capítulo, e sempre que o contexto permitir, a palavra via, ou via de comunicação, é usada em vez de via lógica de comunicação.

As vias de comunicação permitem a separação entre as operações lógicas de leitura e gravação e as operações físicas que dependem das fontes e repositórios utilizados. Os programas leem dados de uma via e essa leitura provoca a leitura física dos dados armazenados na fonte à qual a via está conectada. Do mesmo modo, os programas gravam dados em uma via e essa gravação provoca a gravação física dos dados no repositório ao qual a via está conectada.

Um mesmo tipo de via de comunicação pode ser usado para estabelecer a conexão entre um programa e diferentes tipos de fontes ou repositórios. Por exemplo, tanto um arquivo quanto o teclado podem ser lidos byte a byte. No arquivo cada caractere é gravado como o byte que representa o seu código ASCII, do mesmo modo que cada tecla

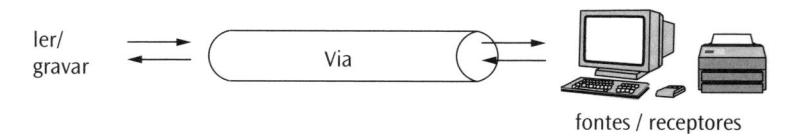

Figura 12.1 Via lógica de comunicação

---

[1] A maior parte dos textos em português usa a palavra inglesa *stream* em vez de via lógica de comunicação.

digitada no teclado gera o byte que representa o código ASCII do caractere associado à tecla[2]. Um comando que leia um byte pode ser aplicado tanto ao arquivo quanto ao teclado, embora as operações de leitura sejam essencialmente diferentes, inclusive por conta das diferenças físicas entre essas duas fontes. Pode-se usar um mesmo tipo de via, que permita a leitura byte a byte, para conectar um programa a um arquivo-texto ou a um teclado: em termos lógicos as operações de leitura são idênticas, embora o efeito físico dependa da fonte à qual a via está conectada.

12.1.1 Tipo, modo de operação e acesso

As vias de comunicação são implementadas de modo diferente pelas várias linguagens de programação. De fato, em algumas o conceito nem é usado explicitamente. Em C existem duas formas de mapeamento ou tipos de vias:

Vias de texto. São implementadas como sequências de caracteres organizados em linha. Cada linha consiste em zero ou mais caracteres e é terminada com um caractere de fim de linha. A última linha da via pode ou não ser terminada com um caractere de fim de linha (essa é uma característica dependente da implementação).

Vias binárias. São implementadas como sequências de caracteres organizados de modo a representar de forma direta os valores dos tipos básicos.

EXEMPLO 12.1 Considerando uma arquitetura de 32 bits e CHAR_BIT igual a 8, então o valor 123 (do tipo int) é armazenado em uma via binária como a sequência de 4 caracteres (bytes) que representa sua configuração binária:

00000000 00000000 00000000 01111011

O mesmo valor é armazenado em uma via de texto como uma sequência de 3 caracteres, o primeiro contendo o código do numeral 1; o segundo, do numeral 2; e o terceiro, do numeral 3:

00110001 00110010 00110011 ∎

Quanto ao modo de operação as vias de comunicação são classificadas em:

Vias de entrada Estabelecem um canal de comunicação entre uma fonte de dados e o programa que a utiliza. A fonte de dados pode ser um arquivo, uma cadeia de caracteres, um vetor de bytes ou outra via de comunicação.

Vias de saída As operações de saída são realizadas através de vias de saída associadas a repositórios de dados que podem ser arquivos, cadeias de caracteres, vetores de bytes ou outras vias decomunicação.

Vias de entrada e saída Permitem que um programa realize operações de entrada e saída em uma mesma via, fazendo com que um arquivo, por exemplo, possa ser usado ao mesmo tempo como fonte e repositório de dados.

As vias possuem um cursor de posição que indica o ponto a partir do qual a próxima operação será realizada. O cursor de posição também é chamado de cursor de leitura ou de entrada, para as vias de entrada, e cursor de gravação ou de saída, para

---

[2] Esse raciocínio é mantido quando se usa outros esquemas de codificação que associam caracteres a representações multibytes, por exemplo.

as vias de saída. Quando uma via é criada seu cursor de posição normalmente fica no início do primeiro byte. As operações de leitura obtêm uma quantidade de bytes a partir da posição apontada pelo cursor e o reposiciona no início do byte seguinte ao último lido. O mesmo ocorre com as operações de gravação: os dados são gravados a partir da posição apontada pelo cursor de gravação, sendo este reposicionado no início do byte seguinte ao último gravado.

EXEMPLO 12.2 As operações de leitura deste exemplo aplicam-se à via mostrada abaixo de cada operação.

Na criação da via o cursor é posicionado no início do seu primeiro byte.

01101101111010110010000110110000
↑

Uma operação que leia dois bytes retornará o valor 0110110111101011 e reposicionará o cursor no início do terceiro byte.

01101101111010110010000110110000
↑

Uma nova operação de leitura de dois bytes retornará o valor 0010000110110000 e reposicionará o cursor no fim da via.

01101101111010110010000110110000
↑

Nesse ponto uma nova operação de leitura falhará e o indicador de fim da via será ativado.
■

Quanto ao acesso, as vias de comunicação são classificadas em:

Vias sequenciais ou de acesso sequencial. O cursor de posição se move apenas em uma direção, do início para o fim da via. Nessas vias não é possível ler (ou gravar) um dado que esteja antes da posição apontada pelo cursor.

Vias randômicas ou de acesso randômico. O cursor de posição pode se mover em ambas as direções, para o início ou para o fim da via. Nessas vias é possível mover o cursor para uma posição anterior à atual e realizar a leitura (ou gravação) de um dado que já tenha sido lido (ou que já esteja gravado).

12.1.2 Orientação

A orientação de uma via define o modo como os bytes lidos ou gravados são mapeados em caracteres. Uma via de comunicação pode ser orientada a bytes ou a caracteres multibytes:

Via orientada a bytes. Cada caractere é associado a um byte (e vice-versa).

Via orientada a caracteres multibytes. Cada caractere é associado à sequência de bytes que o representa (e vice-versa).

As vias de comunicação devem ter a mesma orientação que as fontes e repositórios que elas acessam. Por exemplo, se os dados de uma fonte estão gravados como caracteres multibytes, eles devem ser lidos através de uma via orientada a caracteres multibytes. Só assim garante-se que as funções de leitura (ou gravação) de caracteres lerão (ou gravarão) a quantidade de bytes apropriada.

12.1.3 Áreas de armazenamento temporário

As operações de leitura e gravação são realizadas por dispositivos físicos que controlam as fontes e repositórios no qual os dados são armazenados. Por exemplo, as operações de leitura e gravação de arquivos localizados no disco rígido são realizadas pelo controlador de disco, a partir de uma solicitação do programa, sob o controle do sistema operacional. São operações custosas, que envolvem a comunicação entre o processador e os dispositivos periféricos.

Para agilizar essas operações, as vias normalmente possuem áreas de armazenamento temporário chamadas *buffers*. Essas áreas, geralmente em memória, mantêm cópia de parte do dispositivo ao qual a via está associada. Em uma via com armazenamento temporário, quando uma primeira leitura de um byte é solicitada, a solicitação é transmitida ao controlador do dispositivo e uma quantidade de N bytes é lida e armazenada na área de armazenamento temporário associada à via, sendo o primeiro desses bytes retornado como resultado da leitura. Quando uma segunda leitura de um byte é realizada, o byte é lido a partir da área de armazenamento temporário, sem a necessidade de acionar o controlador do dispositivo para uma nova leitura física.

EXEMPLO 12.3 A sequência de figuras a seguir ilustra o uso da área de armazenamento temporário em operações de leitura. Neste exemplo considera-se que a área de armazenamento possui um tamanho de 3 bytes e a fonte de dados é um arquivo armazenado ém disco.

No início, quando a via de entrada é criada e associada ao arquivo, sua área de armazenamento temporário está vazia.

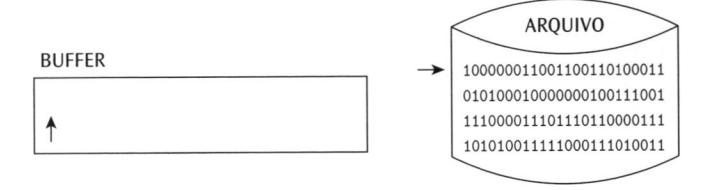

```
                                        ARQUIVO
BUFFER                              ┌─────────────────────┐
┌─────────────────────────┐    →    │ 10000001100110010011 │
│                         │         │ 01010001000000100111001 │
│ ↑                       │         │ 11100001110111011000111 │
└─────────────────────────┘         │ 10101001111000111010011 │
                                    └─────────────────────┘
```

A leitura de 1 byte causa a leitura física de 3 bytes do arquivo para a área de armazenamento. O cursor de posição do arquivo é reposicionado no início do quarto byte, posição a partir da qual ocorrerá a próxima leitura física do arquivo, e o cursor de posição da área de armazenamento temporário aponta para o início do primeiro byte.

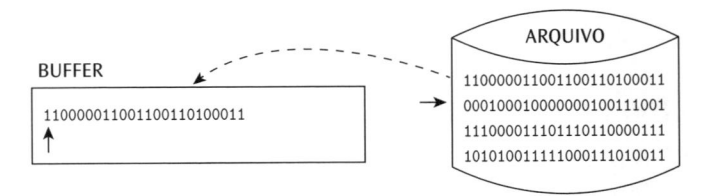

```
                                        ARQUIVO
BUFFER      ◄- - - - - - - - - - ┐  ┌─────────────────────┐
┌─────────────────────────┐      │  │ 11000001100110010011 │
│ 11000001100110010011    │   →  │  │ 00010001000000100111001 │
│ ↑                       │         │ 11100001110111011000111 │
└─────────────────────────┘         │ 10101001111000111010011 │
                                    └─────────────────────┘
```

A leitura ocorre sempre a partir da área de armazenamento temporário. Após a transferência física dos bytes, o byte solicitado é lido e o cursor da área de armazenamento é reposicionado no início do seu segundo byte.

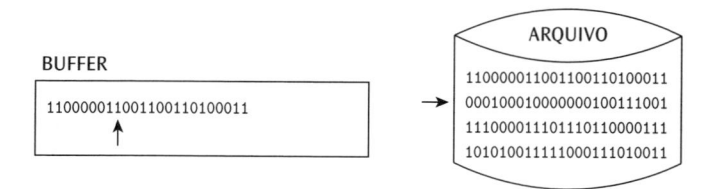

```
        BUFFER                              ARQUIVO
 ┌──────────────────────┐            ┌──────────────────────┐
 │ 110000011001100110100011 │   →    │ 110000011001100110100011 │
 │         ↑            │            │ 000100010000000100111001 │
 └──────────────────────┘            │ 111000011101110110000111 │
                                     │ 101010011111000111010011 │
                                     └──────────────────────┘
```

Agora, uma leitura de 2 bytes causa a leitura do segundo e do terceiro byte da área de armazenamento. Nenhuma leitura física é realizada no arquivo e o cursor de posição passa a apontar para o fim da área de armazenamento temporário.

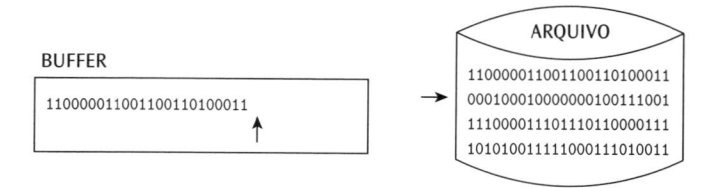

```
        BUFFER                              ARQUIVO
 ┌──────────────────────┐            ┌──────────────────────┐
 │ 110000011001100110100011 │   →    │ 110000011001100110100011 │
 │                 ↑    │            │ 000100010000000100111001 │
 └──────────────────────┘            │ 111000011101110110000111 │
                                     │ 101010011111000111010011 │
                                     └──────────────────────┘
```

Nesse ponto, como o cursor de posição da área de armazenamento aponta para o seu fim, o próximo comando de leitura provocará uma outra leitura física, transferindo os 3 bytes seguintes do arquivo para a área de armazenamento temporário.

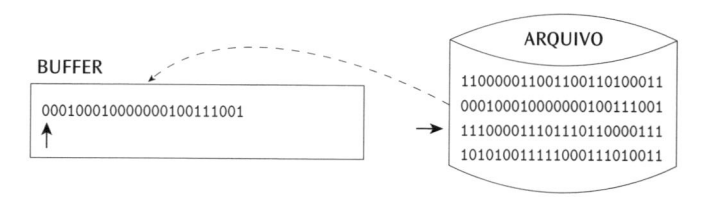

```
        BUFFER                              ARQUIVO
 ┌──────────────────────┐            ┌──────────────────────┐
 │ 000100010000000100111001 │   →    │ 110000011001100110100011 │
 │ ↑                    │            │ 000100010000000100111001 │
 └──────────────────────┘            │ 111000011101110110000111 │
                                     │ 101010011111000111010011 │
                                     └──────────────────────┘
```

Após a transferência dos bytes a leitura será realizada e os cursores reposicionados. O processo prossegue até o fim do arquivo. ∎

As áreas de armazenamento temporário das vias de entrada também são chamadas de áreas de armazenamento (temporário) de entrada. Do mesmo modo, as áreas das vias de saída e as das vias de entrada e saída são chamadas, respectivamente, de áreas de armazenamento (temporário) de saída e de entrada e saída. De modo mais específico, as áreas associadas ao teclado e ao monitor de vídeo são chamadas de área de armazenamento (temporário) do teclado e área de armazenamento (temporário) do monitor.

12.2 LENDO E GRAVANDO DADOS

O primeiro passo para ler ou gravar dados é declarar e associar uma via de comunicação à fonte ou repositório onde os dados são armazenados. Após isso a via deve ser aberta para só então iniciar as operações de leitura e gravação. É boa prática fechar as vias de comunicação após o uso.

Leitura	Gravação
1. Declarar uma variável que possa armazenar a identificação de uma via de comunicação.	1. Declarar uma variável que possa armazenar a identificação de uma via de comunicação.
2. Criar a via de comunicação e associá-la à fonte de dados que se deseja ler.	2. Criar a via de comunicação e associá-la ao repositório de dados no qual se deseja gravar.
3. Realizar as operações de leitura usando a (variável que contém a identificação da) via de comunicação.	3. Realizar as operações de gravação usando a (variável que contém a identificação da) via de comunicação.
4. Fechar a via de comunicação após as leituras do programa.	4. Fechar a via de comunicação após as gravações do programa.

As operações de leitura e gravação em vias de entrada e saída ocorrem de modo semelhante.

12.2.1 Biblioteca de entrada e saída

As funções básicas de leitura e gravação, bem como as macros e os tipos usados nas operações de entrada e saída, são declaradas no cabeçalho stdio.h. As vias de comunicação são implementadas como estruturas do tipo FILE, acessadas através de ponteiros. Assim, uma declaração como

```
FILE *arq;
```

permite que a variável arq receba o endereço de uma via de comunicação, que por sua vez é associada a uma fonte ou repositório de dados. Por extensão, nos referimos à variável arq como sendo a própria via e, algumas vezes, como sendo a própria fonte ou repositório de dados. Dizemos, por exemplo, a via arq ou o arquivo arq.

A macro EOF é usada com frequência, pois seu valor indica a situação de fim da via ou fim do arquivo[3].

As variáveis stdin, stdout e stderr não precisam ser declaradas nem associadas a fontes ou repositórios, pois já se encontram definidas no cabeçalho stdio.h, designando ponteiros para as vias-padrões de entrada e saída:

stdin. Entrada-padrão, via de entrada inicialmente associada ao teclado.

stdout. Saída-padrão, via de saída inicialmente associada ao monitor de vídeo.

stderr. Saída-padrão para mensagens de erro, via de saída inicialmente associada ao monitor de vídeo.

---

[3] No ambiente Unix os dispositivos de entrada e saída são implementados como arquivos, inclusive aqueles que controlam o teclado, o monitor de vídeo, e mesmo os que caracterizam os diretórios. Por essa razão, o padrão da linguagem C utiliza a palavra arquivo nas referências às estruturas que implementam vias de comunicação (e.g. FILE, para arquivo, e EOF, abreviatura de fim de arquivo, em inglês).

Desse modo, inicialmente toda referência a stdin é uma referência ao teclado e toda referência a stdout ou stderr é uma referência ao monitor de vídeo. Qualquer função de entrada que leia dados de uma via do tipo FILE *, fornecida como argumento, pode ser usada para ler dados do teclado, bastando usar a entrada-padrão como argumento. Por exemplo, a função fgetc pode ser usada para ler um caractere do arquivo associado à via arq, como em fgetc(arq), ou para ler um caractere do teclado, como em fgetc(stdin). O mesmo ocorre com as saídas-padrões: a chamada fputc('x', arq) grava o caractere 'x' no arquivo associado à via arq, ao passo que fputc('x', stdout) grava (exibe) o caractere 'x' no monitor de vídeo.

12.3 LENDO DADOS DO TECLADO

As funções desta seção leem dados diretamente da entrada-padrão, sem a necessidade de indicar a fonte dos dados.

12.3.1 Lendo caracteres

■ int getchar(void)

Lê um caractere da entrada-padrão como um valor do tipo unsigned char. Dessa forma, garante-se que todos os caracteres são representados como um inteiro positivo.

Valor de retorno. O código do caractere lido, como um valor do tipo int, ou EOF, em caso de falha.

EXEMPLO 12.4 O programa a seguir lê um caractere do teclado e imprime o caractere lido. Na linha 5, o caractere é lido e armazenado na variável c como um valor do tipo int.

A impressão da linha 7 imprime o conteúdo de c como um valor do tipo int, por conta da diretiva %d, e como um valor do tipo char, por conta da diretiva %c.

```
1  #include <stdio.h>
2  int main(void) {
3      int c;
4      printf("Digite algo: ");
5      c = getchar();
6      printf("Voce digitou: ");
7      printf("%d (codigo de %c)\n", c, c);
8      return 0;
9  }
```

Se o usuário digitar 1, o programa produzirá a seguinte saída:

```
Digite algo: 1
Voce digitou: 49 (codigo de 1)
```
■

Todos os caracteres digitados, inclusive o caractere associado à tecla de retorno (tecla *Enter* ou *Return*), são enviados para a área de armazenamento temporário associada ao teclado, sobre a qual as operações de leitura são realizadas.

EXEMPLO 12.5 O programa a seguir repete o procedimento do programa anterior, leitura e impressão do caractere lido, duas vezes.

```
1   #include <stdio.h>
2   int main(void) {
3     int c;
4     for (int i = 0; i < 2; i++) {
5       printf("Digite algo: ");
6       c = getchar();
7       printf("Voce digitou: ");
8       printf("%d (codigo de %c)\n", c, c);
9     }
10    return 0;
11  }
```

Caso o usuário digite 1, o programa produz a seguinte saída:

```
Digite algo: 1
Voce digitou: 49 (codigo de 1)
Digite algo: Voce digitou: 10 (codigo de )
```

Após a leitura e impressão do caractere 1, o programa realiza uma segunda leitura e obtém o caractere cujo código é 10 (correspondente à tecla de retorno) sem que o usuário precise digitar novamente, pois esse caractere encontra-se disponível na área de armazenamento temporário do teclado, proveniente da leitura anterior. ∎

Se um programa precisa ler dois ou mais caracteres em sequência, usando a função getchar, deve cuidar para que após a leitura de um caractere a área de armazenamento temporário do teclado seja esvaziada. Caso contrário, as próximas leituras obterão os caracteres remanescentes da leitura anterior (como o caractere de fim de linha, por exemplo). A Seção 12.7 mostra um modo de esvaziar a área de armazenamento temporário do teclado.

EXEMPLO 12.6 O programa a seguir lê dois caracteres, representando os códigos de uma classe e de uma operação, e imprime os caracteres lidos.

Apenas os caracteres 'a' e 'b' são aceitos como código da classe (linhas 5-8) e apenas os caracteres 'p' e 'q' são aceitos como código da operação (linhas 9-12). Os caracteres lidos são impressos na linha 13.

```
1   #include <stdio.h>
2   int main(void) {
3     int classe, oper;
4     printf("Informe classe e operacao\n");
5     do {
6       printf("Classe ('a' ou 'b'): ");
7       classe = getchar();
8     } while ((classe != 'a') && (classe != 'b'));
9     do {
10      printf("Operacao ('p' ou 'q'): ");
11      oper = getchar();
12    } while ((oper != 'p') && (oper != 'q'));
13    printf("Classe = %c, operacao = %c\n", classe, oper);
14    return 0;
15  }
```

Caso o usuário digite os caracteres 'a' para a classe e 'q' para a operação, o programa produzirá a seguinte saída (note que a mensagem da linha 10 é impressa duas vezes):

```
Informe classe e operacao
Classe ('a' ou 'b'): a
Operacao ('p' ou 'q'): Operacao ('p' ou 'q'): q
Classe = a, operacao = q
```

Após a digitação do caractere 'a', o programa prossegue imprimindo a mensagem para a digitação da operação (linha 10) e realizando a leitura do próximo caractere (linha 11). O caractere lido corresponde ao caractere de fim de linha proveniente da leitura anterior, que é diferente de 'p' e 'q', causando a repetição da operação. Na segunda iteração a área de armazenamento temporário da entrada está vazia e o usuário pode então digitar o código da operação. ∎

12.3.2 Lendo cadeias de caracteres

■ `char *gets(char *linha)`

Lê da entrada-padrão todos os caracteres digitados até que ocorra um fim de arquivo ou que seja digitado o caractere de fim de linha (tecla de retorno). Os caracteres lidos são armazenados na cadeia de caracteres apontada por `linha`. O caractere de fim de linha que finaliza a leitura é lido mas não é armazenado, e o caractere nulo é inserido após o último caractere armazenado em `linha`.

Valor de retorno. Um ponteiro para a cadeia `linha` ou o ponteiro nulo, se ocorrer um erro de leitura ou se ocorrer o fim de arquivo e nenhum caractere tiver sido digitado.

Se nenhum caractere for digitado, a cadeia (apontada por) `linha` permanece inalterada. Caso haja um erro de leitura, o conteúdo da cadeia `linha` é indeterminado.

EXEMPLO 12.7 O programa a seguir lê do teclado uma cadeia de caracteres (linha 7), armazenando-a no vetor `linha`. Em seguida, o programa conta a quantidade de letras 'a' digitadas (linhas 8-12).

A função `strlen`, usada na linha 8 para controlar a iteração do `for`, retorna a quantidade de caracteres da cadeia usada como argumento. Ela é declarada no cabeçalho `string.h` (linha 2).

```
1  #include <stdio.h>
2  #include <string.h>
3  int main(void) {
4    int qtd = 0;
5    char linha[255];
6    printf("Digite uma linha: ");
7    gets(linha);
8    for (int i = 0; i < strlen(linha); i++) {
9      if (linha[i] == 'a') {
10       qtd++;
11     }
12   }
13   printf("A linha digitada contem ");
14   printf("%d letras 'a'", qtd);
15   return 0;
16 }
```

A função `gets` pode provocar a gravação em áreas indevidas da memória porque não verifica se a cadeia de caracteres usada como argumento é capaz de receber os caracteres digitados. Neste exemplo, se o usuário digitar mais do que 254 caracteres, o programa gravará os caracteres adicionais (incluindo o caractere nulo) fora da área delimitada pelo vetor `linha`. ■

Um modo de evitar a gravação em área indevida da memória é limitar a leitura a um número preespecificado de caracteres, como faz a função `fgets` discutida no próximo capítulo.

A função `gets` é obsoleta e foi removida da versão 2011 do padrão da linguagem, que sugere o uso de `get_s` em seu lugar. O padrão, entretanto, não requer que a nova função seja implementada (se for, a implementação deve definir a macro `_STDC_LIB_EXT1_`).

12.4 LENDO VALORES DE TIPOS BÁSICOS

Nem as funções de leitura de caracteres nem as de leitura de cadeias de caracteres são adequadas para a leitura de valores dos tipos básicos, como inteiros e reais. Na leitura de um caractere, por exemplo, quando a tecla 1 é digitada é o caractere '1' que é lido (código ASCII igual a 49) e não o valor 1 do tipo `int`. A função `scanf` permite a leitura de uma cadeia de caracteres, convertendo o valor lido em um valor de um tipo básico.

■ `int scanf(const char * restrict formato, ...)`

Lê valores da entrada-padrão, convertendo-os em valores dos tipos básicos, segundo as diretivas de conversão presentes na cadeia apontada por `formato`, e armazenando-os nas variáveis apontadas pelos argumentos da parte variável. Os argumentos da parte variável devem ser ponteiros para as variáveis que receberão os valores convertidos.

Valor de retorno. A quantidade de valores atribuídos ou `EOF`, se ocorre um erro de leitura antes de qualquer conversão. A função retorna ao final do processamento de todas as diretivas, ou tão logo a aplicação de alguma diretiva falhe. Assim, o valor de retorno pode ser menor que a quantidade de diretivas, inclusive zero.

Os valores da entrada-padrão são lidos como sequências de caracteres e interpretados e convertidos em valores dos tipos básicos de acordo com as diretivas de conversão presentes na cadeia apontada por `formato`, que consiste em caracteres ordinários, exceto '%', e zero ou mais diretivas de conversão iniciadas por '%'. Na chamada à função, para cada diretiva deve haver um argumento, a primeira diretiva corresponde ao primeiro argumento após a cadeia `formato`, a segunda corresponde ao segundo argumento após `formato`, e assim por diante. A leitura é controlada pela cadeia `formato` do seguinte modo:

1. Um caractere espaço[4] faz os caracteres da entrada-padrão serem lidos até o primeiro caractere diferente de espaço. Desse modo, um ou mais espaços juntos na cadeia do formato têm o mesmo efeito: o primeiro espaço da cadeia causa

---

[4] Nesta seção considera-se espaço todo caractere definido pela função `isspace` (cabeçalho `ctype.h`), o que inclui, na localização C, o espaço propriamente dito, mas também os caracteres de tabulação, `\t` e `\v`, avanço de formulário, `\f`, fim de linha, `\n`, e retorno de carro, `\r`.

a leitura de todos os caracteres da entrada até o primeiro diferente de espaço, e os espaços seguintes da cadeia são desprezados porque o próximo caractere da entrada já é diferente de espaço.

2. Um caractere ordinário diferente de espaço faz o próximo caractere da entrada ser lido, se ele for igual ao caractere especificado em formato; se não for, ocorre um erro de formato e a leitura é interrompida; o caractere divergente permanece na entrada.

3. Uma diretiva de conversão faz uma quantidade de caracteres da entrada ser lida, convertida no tipo especificado pela diretiva e, na maioria da vezes, atribuída ao argumento correspondente. Caso o valor lido não possa ser convertido no tipo especificado, ocorre um erro de formato. O comportamento é indefinido se o tipo da variável apontada pelo argumento correspondente não for compatível com o tipo especificado pela diretiva, ou se o valor convertido não puder ser representado no tipo da variável.

As diretivas de conversão têm a seguinte sintaxe:

⟨*DirConvEnt*⟩ ::= % [*][⟨*TamMáximo*⟩][⟨*ModTipo*⟩] ⟨*EspecConv*⟩

São iniciadas pelo caractere '%' e possuem um especificador de conversão, ⟨*EspecConv*⟩, que especifica o tipo da variável à qual o valor lido deve ser atribuído e a conversão que deve ser aplicada. Opcionalmente podem existir, nesta ordem:

a) *: um asterisco, indicando que o valor lido não deve ser atribuído;

b) ⟨*TamMáximo*⟩: um inteiro decimal, maior que zero, indicando a quantidade máxima de caracteres que deve ser lida para compor o valor; e

c) ⟨*ModTipo*⟩: um modificador de tipo usado para alterar o tipo da variável à qual o valor lido deve ser atribuído.

Processamento das diretivas. As diretivas da cadeia do formato são processadas sequencialmente. Para cada diretiva os caracteres da entrada são lidos até o primeiro que não possa compor um valor do tipo especificado, ou até que seja atingida a quantidade de caracteres especificada pela diretiva, ou até que não haja mais caracteres na entrada. As diretivas c e [consideram todo caractere da entrada para compor o valor do seu tipo, as demais desprezam os espaços iniciais, começando a compor o valor a partir do primeiro caractere diferente de espaço.

O valor composto com os caracteres lidos é convertido no tipo especificado pelo especificador de conversão e o resultado é armazenado na variável apontada pelo argumento correspondente. O comportamento é indefinido se a variável apontada não possuir um tipo apropriado ao valor convertido, ou se o valor não puder ser representado no tipo da variável.

EXEMPLO 12.8 Ao processar a diretiva %f, que especifica que um valor do tipo float deve ser lido, se a via de entrada contém a sequência de caracteres "2.5.a", então o seguinte procedimento é realizado:

Via de entrada	Composição do valor
2.5.a ↑	Os espaços iniciais são lidos e desprezados.
2.5.a ↑	O caractere '2' é lido e considerado: 2
2.5.a ↑	O caractere '.' é lido e considerado: 2.
2.5.a ↑	O caractere '5' é lido e considerado: 2.5
2.5.a ↑	O caractere '.' não é lido, pois 2.5. não pode compor um valor do tipo float.

O valor 2.5 é convertido no tipo float e atribuído à variável correspondente. Os caracteres '.' e 'a' permanecem na via de entrada para serem processados por outras diretivas, ou serem lidos por outros comandos de leitura. ∎

12.4.1 Especificadores de conversão

Os especificadores de conversão definem como a sequência de caracteres deve ser interpretada, a conversão que será aplicada e o tipo da variável que deve receber o valor convertido.

Conversões inteiras. São usadas para interpretar os caracteres lidos como valores de tipo inteiro.

- **d**   O valor lido deve ser um inteiro decimal. O argumento correspondente deve ser um ponteiro para `int`.
- **i**   O valor lido deve ser um inteiro, interpretado como decimal, octal (se vier antecedido de 0) ou hexadecimal (se vier antecedido de 0x ou 0X). O argumento correspondente deve ser um ponteiro para `int`.
- **u**   O valor lido deve ser um inteiro decimal. O argumento correspondente deve ser um ponteiro para `unsigned int`.
- **o**   O valor lido deve ser um inteiro octal, podendo ser expresso com ou sem o prefixo 0. O argumento correspondente deve ser um ponteiro para `unsigned int`.
- **x, X**   O valor lido deve ser um inteiro hexadecimal, podendo ser expresso com ou sem os prefixos 0x ou 0X. O argumento correspondente deve ser um ponteiro para `unsigned int`.

EXEMPLO 12.9   O trecho de programa a seguir lê cinco valores inteiros. Os argumentos da função `scanf` nas linhas 3 e 4 não usam o operador de endereço, `&`, porque as variáveis `numA` e `numB` já são declaradas como ponteiros para `int`.

```
1    void le_exem(int *numA, int *numB) {
2      unsigned int numC, numD, numE;
3      scanf("%d", numA);
```

```
4    scanf("%i", numB);
5    scanf("%o %u", &numC, &numD);
6    scanf("%x", &numE);
7    /* codigo omitido */
8   }
```

Na tabela a seguir, a digitação dos valores à esquerda corresponde às atribuições das colunas à direita:

Valores digitados	Atribuições efetuadas				
	numA	numB	numC	numD	numE
-045 045 45	−45	37	37	87	1.217
87 4c1					

Os valores podem ser digitados em uma mesma linha ou em linhas separadas porque os espaços iniciais (incluindo o caractere de fim de linha) são desprezados nas conversões inteiras. O primeiro valor é interpretado como um inteiro decimal. A diretiva %i faz o segundo valor ser interpretado como um inteiro octal e a diretiva o também causa a interpretação do terceiro valor como um octal, mesmo sem o prefixo 0. O quarto valor é um inteiro decimal não negativo e o último é interpretado como um inteiro hexadecimal. ∎

Conversões reais de ponto flutuante. São usadas para interpretar os caracteres lidos como valores de tipo real de ponto flutuante.

a, A,
e, E,   O valor lido deve ser um número real, o valor infinito ou NAN. O valor pode
f, F,   ser expresso como hexadecimal, se precedido do prefixo 0x ou 0X. O argu-
g, G   mento correspondente deve ser um ponteiro para float.

As diretivas a e A são concebidas para exprimir valores reais no formato hexadecimal; e e E, para exprimi-los em notação científica; f e F, com número fixo de casas decimais; e g e G, apenas com as casas decimais significativas. Entretanto, para leitura de valores elas se comportam de modo idêntico, as diferenças de representação só se aplicam às operações de saída.

EXEMPLO 12.10 O trecho de programa a seguir lê três valores reais, armazenando-os em variáveis do tipo float.

```
float numA, numB, numC;
scanf("%a %f", &numA, &numB);
scanf("%g", &numC);
/* codigo omitido */
```

A digitação dos valores à esquerda corresponde às atribuições das colunas à direita.

Valores digitados	Atribuições efetuadas		
	numA	numB	numC
0x2.2 2.2	2,125	2,2	8,0
0X2p2			

O primeiro valor é interpretado como hexadecimal, sendo igual a $2 + 2 \times 16^{-1}$. O terceiro valor também é interpretado como hexadecimal em notação científica, sendo igual a 2×2^2. ∎

Conversões de caracteres. Interpretam os caracteres lidos como valores do tipo caractere ou cadeias de caracteres.

c   O valor lido deve ser um caractere, e o argumento correspondente deve ser um ponteiro para char. Se o indicador de tamanho está presente, o valor lido deve ser uma sequência de caracteres do tamanho especificado e o argumento correspondente deve ser um ponteiro para um vetor de caracteres capaz de armazenar a cadeia lida. O caractere nulo não é inserido no fim da cadeia.

s   O valor lido deve ser uma cadeia de caracteres, todos diferentes de espaço, e o argumento correspondente deve ser um ponteiro para um vetor de caracteres capaz de armazenar a cadeia lida e um caractere nulo, que é inserido no fim da cadeia.

EXEMPLO 12.11   O trecho de programa a seguir lê um caractere, armazenando-o na variável letra, e em seguida uma cadeia de caracteres diferentes de espaço, armazenando-a no vetor nome.

```
char letra;
char nome[20];
scanf("%c", &letra);
scanf("%s", nome);
```

No segundo comando de leitura o operador & não é necessário porque a referência a nome é traduzida para um ponteiro para char. O primeiro caractere é sempre lido e armazenado em letra, mas apenas uma sequência de caracteres diferentes de espaço é armazenada em nome. Se o usuário digitar 6 espaços seguidos dos caracteres da frase "amar se aprende amando", a variável letra receberá o primeiro espaço, os cinco espaços seguintes serão lidos e desprezados, e a variável nome receberá os caracteres da palavra "amar"; os caracteres restantes permanecerão na via de entrada.

Neste exemplo, se mais do que 19 caracteres diferentes de espaço são digitados para nome, o comportamento é imprevisível, pois os caracteres adicionais e o caractere nulo inserido ao final serão armazenados em posições indevidas da memória. ∎

[O valor lido deve ser uma cadeia de caracteres, formada a partir do conjunto de caracteres válidos especificados entre colchetes. O argumento correspondente deve ser um ponteiro para um vetor de caracteres que possa armazenar a cadeia lida e um caractere nulo, que é inserido no fim da cadeia.

Os caracteres válidos são especificados relacionando-os entre os colchetes que definem o conjunto. Faixas de caracteres podem ser especificadas relacionando o primeiro e o último caractere da faixa, separados por um hífen. O caractere ^ no início da relação especifica que são válidos todos os caracteres não relacionados entre os colchetes inicial e final. O caractere] é especificado como membro (ou não membro) do conjunto se for o primeiro após [(ou ^), e o caractere -, se for o último antes do colchete final.

EXEMPLO 12.12 O trecho de programa a seguir lê três cadeias de caracteres, armazenando-as nos vetores nome1, nome2 e nome3.

```
char nome1[20], nome2[20], nome3[20];
scanf("%[a-cm-o ]", nome1);
scanf("%[^a-ckls-u]", nome2);
scanf("%[][a-c ]", nome3);
```

Na primeira leitura, todos os caracteres do conjunto {a, b, c, m, n, o, ⟨espaço⟩} são considerados; na segunda, apenas os que não fazem parte do conjunto {a, b, c, k, l, s, t, u}; e na terceira, todos os que fazem parte do conjunto {a, b, c, ⟨espaço⟩, [,]}. Se o usuário digitar a frase "o caapora [comeu] o gabiru", a execução desse trecho equivale às seguintes atribuições:

```
nome1 = "o caa"; nome2 = "por"; nome3 = "a [c";
```

O caractere p finaliza a primeira leitura, pois está fora do seu conjunto de caracteres válidos. A segunda leitura termina com o caractere a, após os caracteres válidos p, o e r terem sido lidos, e a última leitura lê os caracteres a, ⟨espaço⟩, [e c do seu conjunto de caracteres válidos. Os caracteres restantes ("omeu] o gabiru") permanecem na via de entrada. ∎

Miscelânea. Os seguintes especificadores são usados para interpretar os caracteres lidos como valores do tipo ponteiro, para obter a quantidade de caracteres lidos e para ler o caractere '%'.

p   O valor lido deve ser um endereço, expresso em um formato que depende da implementação. O argumento correspondente deve ser um ponteiro para um ponteiro para void.

n   Nenhum valor é lido. O argumento correspondente deve ser um ponteiro para int. Essa diretiva faz a quantidade de caracteres lidos até o momento ser armazenada na variável apontada pelo argumento. Se a diretiva inclui um indicador de supressão de atribuição (asterisco) ou um indicador de tamanho, o comportamento é indefinido.

%   O valor lido deve ser o caractere '%'. Essa diretiva, que é expressa como %%, não possui argumento correspondente.

EXEMPLO 12.13 O trecho de programa a seguir ilustra a leitura de um ponteiro e a obtenção da quantidade de caracteres lidos.

```
void *end;
int num, qtd;
float val;
scanf("%p", &end);
scanf("%d%n%f", &num, &qtd, &val);
```

A seguinte tabela mostra uma possível execução desse trecho de código, com a digitação de três valores, um por linha, e as respectivas atribuições:

Valores digitados	Atribuições efetuadas			
	end	num	val	qtd
12a	298	107	3,4	4
107				
3.4				

Na primeira execução da função scanf qualquer inteiro hexadecimal é válido (pois esse é o formato adotado pelo compilador gcc para a diretiva %p). Assim, o valor 12a é interpretado como um inteiro hexadecimal e armazenado como 298 na variável end. Na segunda execução de scanf, após a leitura e armazenamento do valor 107 na variável num, ocorre o processamento da diretiva %n, com o consequente armazenamento do valor 4 na variável qtd, pois nesta execução de scanf terão sido lidos 4 caracteres até o momento: o caractere de fim de linha que encerrou a digitação anterior, mas permaneceu na área de armazenamento temporário, e os caracteres '1', '0' e '7' (o caractere de fim de linha após a digitação do '7' não é consumido e não é contado como lido). O próximo valor digitado, 3.4, é interpretado como um valor do tipo float e armazenado na variável val. ∎

12.4.2 Modificadores de tipo

Os modificadores de tipo são usados para alterar o tipo do argumento correspondente ao especificador de conversão ao qual são aplicados. A tabela a seguir mostra os modificadores de tipo, os especificadores de conversão que podem ser utilizados e o novo tipo determinado pelo modificador. Por exemplo, o modificador hh pode ser aplicado aos especificadores d, i ou n, fazendo com que o argumento correspondente deva ser um ponteiro para signed char; ou aos especificadores o, u, x ou X, fazendo com que o argumento correspondente deva ser um ponteiro para unsigned char.

Modificador	Especificador de conversão	Argumento correspondente
hh	d, i ou n o, u, x ou X	signed char * unsigned char *
h	d, i ou n o, u, x ou X	short int * unsigned short int *
l	d, i ou n o, u, x ou X a, A, f, F, g, G, e ou E c, s ou [	long int * unsigned long int * double * wchar_t *
ll	d, i ou n o, u, x ou X	long long int * unsigned long long int *
j	d, i ou n o, u, x ou X	intmax_t * uintmax_t *
z	d, i ou n o, u, x ou X	(size_t sinalizado) * size_t *
t	d, i ou n o, u, x ou X	ptrdiff_t * (ptrdiff_t não sinalizado) *
L	a, A, f, F, g, G, e ou E	long double *

O modificador z requer que o argumento seja um ponteiro para o tipo size_t, se o especificador é o, u, x ou X; ou para o tipo inteiro sinalizado correspondente, se o especificador é d, i ou n (se o tipo size_t for implementado como unsigned int, o tipo inteiro sinalizado correspondente será signed int). De modo semelhante, o modificador t requer que o argumento seja um ponteiro para o tipo ptrdiff_t, se o especificador é d, i ou n; ou para o tipo inteiro não sinalizado correspondente, se o especificador é o, u, x ou X.

O comportamento é indefinido se um modificador de tipo for usado com especificadores de conversão aos quais não se aplica, como, por exemplo, o modificador j com o especificador f.

12.4.3 Tamanho máximo do campo

A quantidade de caracteres lidos para cada diretiva pode ser modificada especificando-se o tamanho máximo do campo. Cada diretiva induz a leitura de uma certa quantidade de caracteres, do seguinte modo:

a) As diretivas das conversões inteiras ou reais e as diretivas %s e %p desprezam, a partir do cursor de entrada, os espaços iniciais até o primeiro caractere diferente de espaço.

b) As diretivas %c e [não desprezam os espaços iniciais.

A partir do primeiro caractere que deve ser considerado, a leitura prossegue enquanto os caracteres lidos puderem ser usados na formação do valor que corresponde à diretiva. O indicador de tamanho interrompe a leitura quando o número de caracteres lidos é igual ao especificado por ele.

EXEMPLO 12.14 A tabela a seguir apresenta as atribuições realizadas pelo comando scanf abaixo para diversas configurações da via de entrada:

```
char nome[30];
float numA, numB;
scanf("nome:%[a-zA-Z ] %f %f", nome, &numA, &numB);
```

Caso	Digitação	Atribuições		
		Nome	numA	numB
1.	nome: Josefa Linda 3.5 85.4	" Josefa Linda "	3,5	85,4
2.	nome:Josefa Linda 3.5a 85.4	"Josefa Linda "	3,5	–
3.	nome: Josefa Linda3.5a 85.4	" Josefa Linda"	3,5	–
4.	nome Josefa Linda 3.5 85.4	–	–	–

1. No primeiro caso todas as atribuições são realizadas, os espaços após o caractere ':' são considerados como parte do nome porque pertencem ao conjunto especificado por [a-zA-Z].

2. No segundo caso apenas duas atribuições são realizadas. Após a atribuição do valor 3,5 a numA, o cursor de entrada aponta para o caractere a, que não pode compor um valor do tipo float.

3. O mesmo ocorre com o terceiro caso. A composição do primeiro valor termina com o caractere 3 (não pertencente ao conjunto entre colchetes) e a composição do segundo valor termina com o caractere a, que não pode compor um valor do tipo float.

4. No quarto caso a operação de leitura falha após a leitura dos caracteres 'n', 'o', 'm' e 'e' porque falta na via de entrada o caractere ordinário ':', que é parte da cadeia do formato. Nenhuma atribuição é realizada.

O programa deste exemplo pode falhar se o usuário digitar mais que 29 caracteres para nome, pois haverá gravação em área indevida da memória. O correto é limitar nome a 29 caracteres (já que o caractere nulo é inserido automaticamente): `scanf("nome:%29[a-zA-Z ] %f %f", nome, &numA, &numB)`. ∎

EXEMPLO 12.15 A tabela a seguir apresenta as atribuições realizadas pelo comando scanf abaixo para diversas configurações da via de entrada.

```
int n1;
long int n2;
float n3;
double n4;
scanf("%d %3ld %4f %5lf", &n1, &n2, &n3, &n4);
```

Caso	Digitação	Atribuições			
		n1	n2	n3	n4
1.	137 23 8.3 95.1	137	23	8,3	95,1
2.	213356 4792 9.7	213.356	479	2,0	9,7
3.	12 76187.4273951 8.6	12	761	87,4	27.395,0
4.	23 4 0x2345.4 44	23	4	35,0	45,4

1. No primeiro caso as quatro atribuições são realizadas como esperado.
2. No segundo caso o segundo valor é composto pelos três caracteres '4', '7' e '9'. A composição do terceiro valor inicia com o caractere '2' e termina com o caractere espaço. Os caracteres '9', '.' e '7' compõem o quarto valor.
3. No terceiro caso, após a atribuição do valor 761 à variável n2, o terceiro valor é composto pelos quatro caracteres seguintes, '8', '7', '.' e '4', e o quarto valor é composto pelos cinco próximos caracteres, '2', '7', '3', '9' e '5'. Os caracteres restantes permanecem na via.
4. No quarto caso o terceiro valor é composto pelos quatro caracteres, '0', 'x', '2' e '3', que equivalem ao decimal 35. O quarto valor é composto pelos caracteres seguintes: '4', '5', '.' e '4'. ∎

12.4.4 Supressão de atribuição

O uso do asterisco indica que o valor lido não deve ser atribuído. O valor é lido segundo a especificação da diretiva, apenas a atribuição é suprimida. Isso quer dizer que, embora não ocorra atribuição, a operação de leitura pode falhar. Por exemplo, a diretiva `%*3d` falha se os três caracteres da via de entrada não puderem ser convertidos em um valor do tipo int.

Um exemplo de uso da diretiva * é apresentado na Seção 12.7.1.

12.5 EXIBINDO DADOS NO MONITOR DE VÍDEO

As funções desta seção gravam dados diretamente na saída-padrão, sem a necessidade de indicar o repositório onde eles serão gravados. Embora a saída-padrão encontre-se normalmente associada ao monitor de vídeo, a palavra gravar é usada na maioria das vezes, por uniformidade, em vez de imprimir ou exibir.

12.5.1 Gravando caracteres

■ `int putchar(int c)`

Grava na saída-padrão o caractere c convertido em um valor do tipo `unsigned char`.

Valor de retorno. O código decimal do caractere gravado, como um valor do tipo `int`, ou `EOF`, em caso de falha.

Essa função é implementada como uma macro e pode ter seu argumento avaliado mais de uma vez.

EXEMPLO 12.16 O programa a seguir lê do teclado uma cadeia de até 30 caracteres e imprime todas as suas vogais minúsculas na ordem inversa à que aparecem na cadeia.

O comando da linha 8 lê até 30 caracteres diferentes do fim de linha (\n). A leitura termina com a digitação do caractere de fim de linha, que não é lido, ou quando os 30 caracteres são digitados. O comando `for` (linhas 9-13) percorre a cadeia lida, do último para o primeiro caractere, imprimindo aqueles que são vogais.

```c
1  #include <stdio.h>
2  #include <stdbool.h>
3  #include <string.h>
4  bool vogal(char);
5  int main(void) {
6    char linha[31];
7    printf("Digite algo: ");
8    scanf("%30[^\n]", linha);
9    for (int i = strlen(linha) - 1; i >= 0; i--) {
10     if (vogal(linha[i])) {
11       putchar(linha[i]);
12     }
13   }
14   return 0;
15 }
16 bool vogal(char c) {
17   switch (c) {
18     case 'a':
19     case 'e':
20     case 'i':
21     case 'o':
22     case 'u': return true;
23     default:  return false;
24   }
25 }
```

Como `linha` será sempre terminada com um caractere nulo, a função `strlen` pode ser usada com segurança para determinar o tamanho da cadeia lida. A impressão dos caracteres é realizada pela função `putchar` da linha 11. ■

12.5.2 Gravando cadeias de caracteres

■ int puts(const char * restrict linha)

Grava na saída-padrão a cadeia de caracteres apontada por seu argumento. A cadeia linha deve ser terminada por um caractere nulo que, entretanto, não é gravado. Por outro lado, um caractere de fim de linha é sempre gravado após a gravação dos caracteres de linha.

Valor de retorno. Um valor não negativo ou EOF, em caso de erro.

EXEMPLO 12.17 O programa a seguir lê uma cadeia de até trinta caracteres e imprime a cadeia lida sem suas vogais minúsculas.

```
1   #include <stdio.h>
2   #include <string.h>
3   #include <stdbool.h>
4   bool vogal(char);
5   int main(void) {
6     int j = 0;
7     char orig[31];
8     char dest[31];
9     printf("Digite algo: ");
10    scanf("%30[^\n]", orig);
11    for (int i = 0; i < strlen(orig); i++) {
12      if (!vogal(orig[i])) {
13        dest[j++] = orig[i];
14      }
15    }
16    dest[j] = '\0';
17    puts(dest);
18    return 0;
19  }
```

A cadeia a ser impressa é construída pelo comando for das linhas 11-15, copiando os caracteres da cadeia original que são diferentes das vogais. O caractere nulo é adicionado à nova cadeia na linha 16 e a cadeia é impressa na linha 17.

A função vogal deste exemplo está omitida por ser idêntica à do exemplo anterior. ■

12.6 GRAVANDO VALORES DE TIPOS BÁSICOS

As funções de gravação de caracteres e de cadeias de caracteres não permitem a gravação de valores dos demais tipos básicos. Para esses, a biblioteca de entrada e saída possui um conjunto de funções que gravam os valores em um formato adequado ao seu tipo.

■ int printf(const char * restrict formato, ...)

Grava na saída-padrão sequências de caracteres que representam valores dos tipos básicos armazenados nas variáveis apontadas pelos argumentos da parte variável. A formatação de um valor de um tipo básico como uma sequência de caracteres que o representa dá-se através das diretivas de formatação presentes na cadeia apontada por formato.

Valor de retorno. A quantidade de caracteres gravados ou um valor negativo, em caso de erro de entrada e saída ou de formato.

A cadeia `formato` consiste nos caracteres ordinários, exceto '%', e zero ou mais diretivas de formatação iniciadas por '%'. A cada diretiva corresponde um argumento: o primeiro argumento após a cadeia `formato` corresponde à primeira diretiva, o segundo argumento após a cadeia `formato` corresponde à segunda diretiva, e assim por diante. A gravação dos valores ocorre sob o controle da cadeia `formato`:

a) Os caracteres ordinários são gravados na saída-padrão na forma como se encontram.

b) Cada diretiva causa a transformação do valor do argumento correspondente em uma sequência formatada de caracteres que o representa. A sequência de caracteres é gravada na saída-padrão.

c) Os argumentos excedentes são avaliados, mas desprezados.

d) O comportamento é indefinido se uma diretiva não possui o argumento correspondente ou se um argumento não é do tipo apropriado à conversão especificada pela diretiva.

As diretivas têm a seguinte sintaxe:

⟨*DirFormato*⟩ ::= %{⟨*ModFormato*⟩}[⟨*TamMínimo*⟩][⟨*Precisão*⟩][⟨*ModTipo*⟩]⟨*TipoFormato*⟩

São iniciadas pelo caractere '%' e possuem um especificador de formato, ⟨*TipoFormato*⟩, que especifica o tipo da variável que contém o valor a ser formatado. Para cada tipo é aplicada uma formatação padronizada que resulta em uma sequência de caracteres apropriada para representar o valor do tipo. Opcionalmente, podem existir, nesta ordem:

a) ⟨*ModFormato*⟩: zero ou mais modificadores de formato que modificam a formatação-padrão do especificador de formato.

b) ⟨*TamMínimo*⟩: um especificador de tamanho mínimo. Se o argumento convertido possui menos caracteres que o definido para o tamanho mínimo, os caracteres restantes são preenchidos com espaços à esquerda (o modo de preenchimento pode ser modificado pelos modificadores de formato). O tamanho mínimo pode ser um asterisco ou um valor não negativo.

c) ⟨*Precisão*⟩: um especificador de precisão que define o número mínimo de caracteres que deve ser produzido, para os especificadores `d`, `i`, `o`, `u`, `x`, `X` e `s`; o número de dígitos após o ponto decimal, para os especificadores `a`, `A`, `e`, `E`, `f` e `F`; ou o número máximo de dígitos significativos, para os especificadores `g` e `G`.

d) ⟨*ModTipo*⟩: um modificador de tipo que altera o tipo definido pelo especificador de formato.

12.6.1 Especificadores de formato

Os especificadores de formato definem o tipo do argumento correspondente e o formato que deve ser adotado para representar o valor como uma sequência de caracteres.

Formatações inteiras. São usadas para imprimir valores inteiros. Inicialmente aplica-se a promoção inteira ao argumento, depois o valor obtido é convertido em um valor do tipo especificado pela diretiva, e por último ocorre a formatação: a representação do valor como uma sequência de caracteres.

- d, i   O argumento correspondente deve ser do tipo `int`. O valor é impresso como um inteiro no formato decimal: [-]⟨DígitosDecimais⟩.
- o   O argumento deve ser `unsigned int`. O valor é impresso como um inteiro não sinalizado no formato octal: ⟨DígitosOctais⟩.
- u   O argumento deve ser `unsigned int`. O valor é impresso como um inteiro não sinalizado no formato decimal: ⟨DígitosDecimais⟩.
- x, X O argumento deve ser `unsigned int`. O valor é impresso como um inteiro não sinalizado no formato hexadecimal: ⟨DígitosHexadecimais⟩. Os dígitos a, b, c, d, e e f são usados se o especificador é x; os dígitos A, B, C, D, E e F são usados se o especificador é X.

EXEMPLO 12.18   O programa a seguir produz a saída:

```
155 155 233 9b
-155 -155 37777777545 ffffff65
```

```
#include <stdio.h>
int main(void) {
  int a = 155, b = -155;
  printf("%d %i %o %x\n", a, a, a, a);
  printf("%d %i %o %x\n", b, b, b, b);
  return 0;
}
```

As duas últimas diretivas da segunda impressão causam a conversão do valor −155 no tipo `unsigned int`, resultando no valor 4.294.967.141, que é impresso como octal e hexadecimal. ∎

Formatações reais de ponto flutuante. São usadas para imprimir valores reais de ponto flutuante.

- f, F   O argumento deve ser `double`. O valor é impresso no formato decimal: [-]⟨ParteInteira⟩ . ⟨ParteFracionária⟩. O valor é arredondado, sendo a quantidade de dígitos da parte fracionária determinada pela precisão ou, em sua ausência, igual a 6.
- e, E   O argumento deve ser `double`. O valor é impresso no formato científico: [-]⟨ParteInteira⟩ . ⟨ParteFracionária⟩ **e** ⟨Expoente⟩. O valor é arredondado,

sendo a quantidade de dígitos da parte fracionária determinada pela precisão ou, em sua ausência, igual a 6. A parte inteira possui um único dígito inteiro, que é diferente de zero se o valor é diferente de zero. O expoente possui pelo menos 2 dígitos, sendo zero se o valor convertido for zero. A letra E é usada como indicador do expoente, em vez de e, para a diretiva E.

g, G   O argumento deve ser double. O valor é impresso no formato da diretiva f ou e, dependendo da precisão. Se o expoente da representação do valor no formato científico é *Exp* e a precisão da diretiva é *P* (considerada como 6, se omitida, ou igual a 1, se zero), então ele será impresso no formato da

a) diretiva f, com a precisão igual a $P - (Exp + 1)$, caso $-4 \leq Exp < P$; ou da

b) diretiva e, com a precisão igual a $P - 1$, em caso contrário.

Os zeros à direita da parte fracionária são removidos.

a, A   O argumento deve ser double. O valor é impresso no formato hexadecimal: [-]**0x**⟨*ParteInteira*⟩ . ⟨*ParteFracionária*⟩ **p** ⟨*Expoente*⟩. A parte inteira contém exatamente 1 dígito e a quantidade de dígitos da parte fracionária depende da precisão. A diretiva A produz uma saída com o prefixo 0X, o indicador de expoente P e os dígitos A, B, C, D, E e F, em vez do prefixo 0x, indicador de expoente p e dígitos a, b, c, d, e e f produzidos pela diretiva a.

EXEMPLO 12.19   O programa a seguir produz a saída:

```
639.869995 6.398700e+02
639.870000 6.398700E+02
0.000528 5.280000e-04 0.000528
0.000053 5.280000E-05 5.28e-05
0x1.87ae147ae147bp+2
```

```
#include <stdio.h>
#include <math.h>
int main(void) {
  float  a = 639.87f; double b = 639.87;
  printf("%f %e\n", a, a);
  printf("%f %E\n", b, b);
  double c = 0.000528, d = 0.0000528;
  printf("%f %e %g\n", c, c, c);
  printf("%f %E %g\n", d, d, d);
  b = 6.12;
  printf("%a\n", b);
  return 0;
}
```

O número 639,87 não possui representação binária exata. A variável a armazena-o como um valor do tipo float, aumentando a imprecisão. A primeira impressão arredonda o valor armazenado em a (que equivale aproximadamente a 639,869995117) para 639,869995 (diretiva %f) e $6,398700 \times 10^2$. Na segunda impressão, o valor armazenado em b também é arredondado (a imprecisão não aparece apenas porque ocorre bem além da sexta casa decimal).

Na terceira impressão, o valor armazenado em c possui a seguinte representação científica: $5,28 \times 10^{-4}$. Como o expoente está na faixa [−4, 6), a impressão controlada pela diretiva %g será no formato da diretiva %f com precisão igual a $6 - (-4 + 1) = 9$. Os zeros à direita do valor 0,000528000 são removidos.

Na quarta impressão, o valor armazenado em d possui a seguinte representação científica: $5,28 \times 10^{-5}$. Como o expoente está fora da faixa [−4, 6), a impressão controlada pela diretiva %g será no formato da diretiva %e com precisão igual a $6 - 1 = 5$. Os zeros à direita da parte fracionária do valor $5,28000 \times 10^{-05}$ são removidos.

A quinta impressão imprime o valor 6,12 no formato hexadecimal: $1,87ae147ae147b \times 2^2$ equivale a $(1 \times 16^0 + 8 \times 16^{-1} + 7 \times 16^{-2} + 10 \times 16^{-3} + ... + 11 \times 16^{-13}) \times 2^2$. ∎

Formatações de caracteres. São usadas para imprimir caracteres e cadeias de caracteres.

- c   O argumento deve ser do tipo int. O valor é convertido em unsigned char e impresso como um caractere.
- s   O argumento deve ser um ponteiro para char apontando para uma cadeia de caracteres. Apenas a quantidade de caracteres especificada pela precisão é impressa. Se a precisão não é fornecida, ou se é maior que o tamanho da cadeia (que nesse caso deve ser terminada pelo caractere nulo), toda a cadeia é impressa. O caractere nulo não é impresso.

EXEMPLO 12.20   O programa a seguir imprime o verso de Gregório de Matos:

Carregado de mim ando no mundo

```
#include <stdio.h>
int main(void) {
  char letra = 'o';
  char verso[] = "Carregado de mim";
  printf("%s and%c n%c mund%c\n", verso, 'o', letra, letra);
  return 0;
}
```
∎

Miscelânea. Os seguintes especificadores imprimem valores do tipo ponteiro, a quantidade de caracteres já impressos e o caractere '%'.

- p   O argumento deve ser um ponteiro para void. O formato adotado depende da implementação (o compilador gcc produz um valor hexadecimal para representar o endereço armazenado no argumento correspondente).
- n   O argumento deve ser um ponteiro para int. O número de caracteres impressos até o momento é gravado na variável apontada pelo argumento. Nenhum caractere é impresso.
- %   Essa diretiva não possui argumento correspondente. O caractere '%' é impresso.

EXEMPLO 12.21   O programa a seguir produz a saída (o endereço da variável a pode variar a cada execução):

```
Endereco a= 0xbf9505bc
a = 12.346000; impresso com 9 caracteres
```

```
#include <stdio.h>
int main(void) {
  double a = 12.346;
  int q1, q2;
  printf("Endereco a= %p\n", (void *)&a);
  printf("a = %n%f%n; impresso ", &q1, a, &q2);
  printf("com %d caracteres\n", q2 - q1);
  return 0;
}
```

Na segunda impressão, a variável q1 recebe o valor 4, quantidade de caracteres impressos até o momento da sua avaliação (a =), e a variável q2 recebe o valor 13, quantidade de caracteres impressos que inclui todos os caracteres anteriores (a = 12.346000). Logo, a quantidade de caracteres usados na impressão do valor de a é dada por q2 - q1. ∎

12.6.2 Modificadores de tipo

Os modificadores de tipo modificam o tipo do argumento que será formatado. O modo de formatação continua definido pelo especificador de formato. Por exemplo, a diretiva %o especifica que um valor do tipo unsigned int deve ser formatado como um inteiro octal, já a diretiva %ho especifica que a mesma formatação deve ser aplicada a um valor do tipo unsigned short int.

Modificador	Especificador de formato	Argumento correspondente
hh	d ou i o, u, x ou X n	signed char unsigned char signed char *
h	d ou i o, u, x ou X n	short int unsigned short int short int *
l	d ou i o, u, x ou X n c s a, A, f, F, g, G, e ou E	long int unsigned long int long int * wint_t wchar_t * Sem efeito.
ll	d ou i o, u, x ou X n	long long int unsigned long long int long long int *
j	d ou i o, u, x ou X n	intmax_t uintmax_t intmax_t *
z	d, i o, u, x ou X n	size_t sinalizado size_t (size_t sinalizado) *
t	d, i o, u, x ou X n	ptrdiff_t ptrdiff_t não sinalizado ptrdiff_t *
L	a, A, f, F, g, G, e ou E	long double

Os modificadores z e t têm efeito semelhante ao já explicado para os mesmos modificadores da função scanf. O comportamento é indefinido se um modificador de tipo é usado com especificadores aos quais não se aplica, como, por exemplo, o modificador t com o especificador g.

12.6.3 Modificadores de formato

Os modificadores de formato alteram a formatação-padrão definida pelos especificadores de formato. A tabela seguinte mostra os seus efeitos:

Mod.	Efeito
#	Torna explícita a notação utilizada, quando usado com os seguintes especificadores de formato:
	o: a precisão é aumentada, fazendo o primeiro dígito do resultado ser 0. Caso o valor e a precisão sejam ambos zero, um único 0 é impresso.
	x, X: os valores diferentes de zero são impressos com o prefixo 0x (ou 0X).
	a, A, f, F, e, E, g, G: o valor formatado sempre contém o ponto decimal, mesmo que não haja dígitos na parte fracionária. Para os especificadores g e G os zeros finais da parte fracionária não são removidos.
	O comportamento é indefinido se o modificador # é usado com outros especificadores de formato.
-	O valor é alinhado à esquerda, com a impressão de espaços à direita, se forem necessários para completar o tamanho mínimo.
+	O sinal positivo (+) ou negativo (-) é sempre impresso. Sem esse modificador, os valores positivos não são impressos com sinal.
espaço	Imprime um espaço à esquerda se o valor formatado é positivo ou não possui caracteres. Esse modificador é ignorado, se usado juntamente com o modificador +.
0	Imprime zeros em vez de espaços para fazer o valor impresso ter o tamanho mínimo. Esse modificador é ignorado, se usado juntamente com o modificador - ou se a precisão é especificada para as formatações inteiras (d, i, o, u, x e X).

12.6.4 Tamanho mínimo

O especificador de tamanho mínimo define a quantidade mínima de caracteres que deve ser usada para representar o valor convertido. Se o valor formatado possui um número menor de caracteres, espaços ou zeros são usados para atingir o tamanho especificado. Se o valor formatado possui um número maior de caracteres, ele é impresso com todos os seus caracteres – não há truncamento.

Se o tamanho mínimo é especificado por um asterisco, então deve haver um argumento de tamanho, do tipo `int`, imediatamente antes do argumento que corresponde à diretiva, especificando o tamanho mínimo. Se esse argumento é negativo, assume-se que a diretiva possui o modificador – seguido do valor positivo do argumento de tamanho.

12.6.5 Precisão

A precisão é especificada por um ponto seguido opcionalmente de um valor inteiro não negativo ou asterisco: . [⟨*VlrPrecisão*⟩ | *]. Caso seja especificada apenas com o ponto, o valor 0 é assumido. Caso seja omitida, assume-se um valor padronizado que depende do especificador de formato. A precisão tem os seguintes significados:

1. Para as formatações inteiras d, i, o, u, x e X a precisão define o número mínimo de dígitos do valor formatado. Se o valor formatado possui um número menor de dígitos, ele é acrescido de zeros à esquerda; se possui um número maior de dígitos, ele é impresso com todos os dígitos. O valor 0 com precisão 0 não é impresso. O valor-padrão, caso a precisão não seja especificada, é 1.

2. Para as formatações reais a, A, e, E, f e F a precisão define o número de dígitos após o ponto decimal. Se a precisão é 0, o ponto decimal não é impresso (exceto se o modificador # estiver presente). Se a quantidade de dígitos da parte fracionária for maior que a precisão, o valor é arredondado; se for menor, a parte fracionária é acrescida de zeros à direita. O valor-padrão, caso a precisão não seja especificada, é 6.

3. Para as formatações reais g e G a precisão é idêntica às demais formatações reais, exceto que os zeros finais da parte fracionária são removidos.

4. Para a formatação s a precisão define o número máximo de caracteres que devem ser impressos.

Se a precisão é especificada por um asterisco, então deve haver um argumento do tipo int contendo o valor da precisão. Esse argumento deve vir imediatamente antes do argumento que corresponde à diretiva. Se o argumento da precisão é negativo, assume-se que ela é omitida.

EXEMPLO 12.22 As tabelas a seguir apresentam a saída produzida por diversas diretivas de formatação. Cada linha mostra uma diretiva e um ou dois argumentos, cada um seguido da saída produzida quando o valor do argumento é gravado com a diretiva em questão. Por exemplo, a última linha da próxima tabela mostra que (para um valor 3530 armazenado na variável arg do tipo short int) o comando printf("%8.6hd", arg) produz a saída 003530 e o comando printf("%8.6hd", -arg) produz a saída -003550.

Os valores dos argumentos mostrados na seguinte tabela estão armazenados em variáveis do tipo short int:

Diretiva	Argumento	Impressão	Argumento	Impressão
"%hd"	3530	3530	-3530	-3530
"%+3hd"	3530	+3530	-3530	-3530
"%+8hd"	3530	+3530	-3530	-3530
"%+08hd"	3530	+0003530	-3530	-0003530
"%-+8hd"	3530	+3530	-3530	-3530
"%.2hd"	3530	3530	-3530	-3530
"%.6hd"	3530	003530	-3530	-003530
"%8.6hd"	3530	003530	-3530	-003530

Os valores dos argumentos mostrados na tabela seguinte estão armazenados em variáveis do tipo unsigned short int:

Diretiva	Argumento	Impressão
"%8ho"	3530	6712
"%#8ho"	3530	06712
"%8hx"	3530	dca
"%#8hx"	3530	0xdca

Os valores dos argumentos mostrados na tabela seguinte estão armazenados em variáveis do tipo `long double`:

Diretiva	Argumento	Impressão	Argumento	Impressão
`"%Lf"`	450,3	450.300000	−450,3	-450.300000
`"%+4Lf"`	450,3	+450.300000	−450,3	-450.300000
`"%13Lf"`	450,3	450.300000	−450,3	-450.300000
`"%13Lg"`	450,3	450.3	−450,3	-450.3
`"%#13Lg"`	450,3	450.300	−450,3	-450.300
`"%+-13Lf"`	450,3	+450.300000	−450,3	-450.300000
`"%013Lf"`	450,3	000450.300000	−450,3	-00450.300000
`"%13.Lf"`	450,3	450	−450,3	-450
`"%.4Lf"`	450,3	450.3000	−450,3	-450.3000
`"%13.8Lf"`	450,3	450.30000000	−450,3	-450.30000000
`"%13.Lg"`	450,3	5e+02	−450,3	-5e+02
`"%#13.Lg"`	450,3	5.e+02	−450,3	-5.e+02

As duas últimas linhas da tabela anterior merecem análise. O expoente *Exp* da representação do valor em notação científica é 2 (pois $450,3 = 4,503 \times 10^2$) e a precisão *P* é tomada como 1 (já que a diretiva especifica 0). Desse modo, *Exp* está fora da faixa [−4, 1) e o valor é impresso no formato da diretiva e com precisão 0 (= *P* − 1), sendo a parte inteira arredondada para 5.

Os valores dos argumentos mostrados na tabela seguinte reproduzem versos do Auto da Barca do Inferno, de Gil Vicente, e estão armazenados em variáveis do tipo `char *`:

Diretiva	Argumento	Impressão
`"%s"`	"Sapateiro da Candosa!"	Sapateiro da Candosa!
`"%4s"`	"Entrecosto de carrapato!"	Entrecosto de carrapato!
`"%24ssapato,"`	"Hiu! Hiu! Caga no "	Hiu! Hiu! Caga no sapato,
`"%21.15s aleivosa!"`	"filho da grandelixolixo"	filho da grande aleivosa!
`"%-24s"`	"Tua mulher eh tinhosa"	Tua mulher eh tinhosa
`"%-24.17ssapo"`	"e ha-de parir um lixolixo"	e ha-de parir um sapo
`"%.s"`	"cantando no guardanapo!"	

A terceira, a quarta e a sexta diretiva da tabela acima contêm caracteres convencionais, que são gravados após o argumento. ∎

12.7 EVITANDO COMPORTAMENTOS INDESEJADOS OU INDEFINIDOS

A leitura de valores, e em particular a leitura de valores do teclado, requer atenção às conversões que ocorrem em suas várias etapas. De modo geral, deve-se usar argumentos do tipo esperado por cada diretiva, já que o comportamento é indefinido se o tipo do argumento não corresponde ao tipo da diretiva.

EXEMPLO 12.23 O programa a seguir imprime os números 1, 2 e 3. Infelizmente, a impressão pode resultar na saída:

```
0.000000 0.000000 0.000000
```

```
#include <stdio.h>
int main(void) {
  for (int i = 1; i < 4; i++) {
    printf("%f ", i);
  }
  return 0;
}
```

Deve-se notar que, por ser indefinido o comportamento, qualquer saída é possível, até uma saída correta, dependendo do compilador utilizado. Esse programa sempre imprimirá a saída esperada, se o comando de impressão usar a diretiva %d ou se o argumento for previamente convertido, isto é, se a função de impressão for printf("%d ", i) ou printf("%f ", (double)i). ∎

Em se tratando de leitura de valores, tanto o argumento pode não possuir o tipo apropriado para a diretiva, quanto o valor convertido segundo a diretiva pode não ser representável no tipo do argumento. Em ambos os casos o comportamento é indefinido.

EXEMPLO 12.24 Em um ambiente de execução no qual int é implementado com 32 e short int com 16 bits, o programa a seguir produz a saída abaixo, caso o usuário digite o valor 38.976 para as duas leituras:

```
a = -26560
b = 134518848
```

```
#include <stdio.h>
int main(void) {
  short int a;
  int b;
  scanf("%d", &a);
  scanf("%hd", &b);
  printf("a = %hd\n", a);
  printf("b = %d\n", b);
  return 0;
}
```

Na primeira leitura, o valor lido, 38.976, é convertido no tipo int, resultando no próprio 38.976, que é armazenado em uma variável do tipo short int, resultando, por redução módulo 2^{16}, no valor −26.560. Na segunda leitura, o valor lido, 38.976, não é representável como um valor do tipo short int, conforme especificado pela diretiva. Nesse caso, o comportamento é indefinido, mesmo com o tipo do argumento correspondente (int) podendo armazenar o valor digitado. ∎

12.7.1 Suprimindo caracteres remanescentes

Um outro problema frequente na leitura de valores do teclado é a existência de caracteres remanescentes, principalmente o caractere de fim de linha que finaliza a digitação. Por exemplo, as diretivas numéricas sempre deixam o caractere de fim de linha na entrada. Assim, se a próxima leitura envolver uma diretiva %c ou %[, o caractere de fim de linha remanescente será lido. Uma solução para esse problema é usar uma leitura com supressão de atribuição para consumir todos os caracteres remanescentes da entrada, até o caractere de fim de linha:

```
void limpa_linha(void) {
   scanf("%*[^\n]");
   scanf("%*c");
}
```

Essa solução, entretanto, só pode ser aplicada quando se tem a certeza de que o caractere de fim de linha está presente na entrada. Deve-se observar também que as duas diretivas não podem estar juntas em uma única leitura: scanf("%*[^\n]%*c"). Isso porque, caso não existam caracteres ordinários antes do fim da linha, a primeira diretiva lerá 0 caracteres, provocando um erro de formato e interrompendo a leitura antes que o caractere de fim de linha seja lido!

EXEMPLO 12.25 O programa a seguir ilustra o uso da função limpa_linha discutida nesta seção. O programa lê um nome de até 30 caracteres e duas notas, imprimindo o nome, as notas lidas e a média. Após a impressão, o programa pergunta se o usuário deseja prosseguir, e reinicia o processamento se a resposta for s ou S (teste da linha 20).

```
1   #include <stdio.h>
2   #include <string.h>
3   #define TAM_NOME (31)
4   double obtem_nota(void);
5   void obtem_nome(char *);
6   void limpa_linha(void);
7   int main(void) {
8      char nome[TAM_NOME];
9      char op;
10     double n1, n2;
11     do {
12        obtem_nome(nome);
13        n1 = obtem_nota();
14        n2 = obtem_nota();
15        limpa_linha();
16        printf("%-30s %5.2f %5.2f %6.2f\n", nome, n1, n2, (n1 + n2)/2);
17        printf("Prossegue (s/n)? ");
18        scanf("%c", &op);
19        limpa_linha();
20     } while ((op == 's') || (op == 'S'));
21     return 0;
22  }
23  double obtem_nota(void) {
24     double nota;
25     do {
26        printf("Nota (entre 0 e 10): ");
27        scanf("%lf", &nota);
28     } while ((nota < 0.0) || (nota > 10.0));
29     return nota;
```

```
30  }
31  void obtem_nome(char *nome) {
32    printf("Digite nome: ");
33    scanf("%30[^\n]",nome);
34    limpa_linha();
35  }
36  void limpa_linha(void) {
37    scanf("%*[^\n]");
38    scanf("%*c");
39  }
```

A função `obtem_nota` (linhas 23-30) assegura que apenas notas entre 0 e 10 são lidas. A função `obtem_nome` (linhas 31-35) realiza a leitura do nome com até 30 caracteres. O caractere de fim da linha não é lido porque não faz parte do conjunto de caracteres válidos. Desse modo, a função `limpa_linha` é chamada na linha 34, após a leitura do nome.

A função `limpa_linha` também é chamada na linha 15, após a leitura da segunda nota, para remover o caractere de fim de linha remanescente, antes da leitura do caractere de opção na linha 18. Por último, a função `limpa_linha` é chamada na linha 19, após a leitura do caractere de opção, porque o caractere de fim de linha remanescente atrapalhará a leitura de um novo nome, na linha 12, se houver uma nova iteração. ■

12.8 LENDO E GRAVANDO CARACTERES MULTIBYTES

Tanto o teclado quanto o monitor de vídeo podem se comportar como fonte e repositório de caracteres multibytes, dependendo da localização[5] do ambiente de execução.

Se a localização do ambiente adota uma codificação multibyte para representar os caracteres, a digitação de um caractere fora do conjunto básico de caracteres produz dois ou mais bytes que devem ser lidos e interpretados em conjunto, e convertidos no caractere estendido utilizado para representar internamente o caractere multibyte. As funções que permitem a leitura e gravação de caracteres multibytes são discutidas na Seção 13.9.

EXERCÍCIOS

12.1 O que é uma via de comunicação e quais os tipos de vias que existem?

12.2 Como as vias de comunicação são classificadas quanto ao modo de operação? Descreva cada um dos modos.

12.3 O que caracteriza as vias de acesso sequencial? E as de acesso randômico?

12.4 Qual a diferença entre as vias de comunicação orientadas a bytes e as orientadas a caracteres multibytes?

12.5 Para que são usadas as áreas de armazenamento temporário associadas às vias de comunicação?

---

[5] A localização de um ambiente define aspectos próprios da cultura desse ambiente, como a formatação de quantidades monetárias, datas, os caracteres do alfabeto, etc. A adequação dos programas ao seu ambiente de execução é discutida no Capítulo 16.

12.6 Considerando as declarações de variáveis abaixo, quais das seguintes chamadas à função `scanf` estão corretamente formuladas? Explique o que está errado com as que não estão.

```
int a;      unsigned int b;
char c;     float f;
double d;   char s [20];
short aa;   long double dd;
```

a) scanf("%d", &a);   b) scanf("%d", &b);   c) scanf("%u", &b);

d) scanf("%g", &f);   e) scanf("%c", &b);   f) scanf("%f", &d);

g) scanf("%s", &s);   h) scanf("%Lg", &dd);   i) scanf("%hd", &a);

j) scanf("%i", &a);   k) scanf("%lf", &f);   l) scanf("%llg", &dd);

12.7 O que será impresso pelo programa a seguir se o usuário digitar os números

a) 32 32 32   b) 0x12 3489 10

c) 0x32 0x32 0x32   d) 048 002 045

```
#include <stdio.h>
int main(void) {
  int a = 0;
  unsigned int b = 0, c = 0;
  printf("Digite 3 nums em sequencia: ");
  scanf("%i", &a);
  scanf("%o", &b);
  scanf("%x", &c);
  printf("a=%d b=%u c=%u", a, b, c);
  return 0;
}
```

12.8 Para cada item a seguir diga o que será armazenado na variável `desejo` (do tipo char *) se o usuário digitar a cadeia de caracteres "vou casar no fim do ano".

a) scanf("%[a-ht-v osr]", desejo);   b) scanf("%[^d-nx-z]", desejo);

c) scanf("%[^d]", desejo);   d) scanf("%[^\n]", desejo);

12.9 O que será impresso pelo programa a seguir se o usuário digitar os números:

a) 23 78.9   b) 17 34.58

c) 7362 8.77   d) 9 359.75

```
#include <stdio.h>
int main(void) {
  int a; float b;
  printf("Digite um inteiro e um real: ");
  scanf("%2d", &a);
  scanf("%4f", &b);
  printf("%d %f\n", a, b);
  return 0;
}
```

12.10 Considerando as declarações abaixo[6], preencha a tabela a seguir com a saída produzida por cada chamada à função printf.

```
int a = 357821;
double b = 6789.522;
char c[] = "Aqui trago minha roupa";
char d[] = "que recorda meu malfeito";
```

Chamada à função	Saída
printf("%hd %9.7hd", a, a);	
printf("%d %9.7d", a, a);	
printf("%d %d", a, a);	
printf("%f %4.2f", b, b);	
printf("%f %4.7f", b, b);	
printf("%f %f", b, b);	
printf("%s\n%s", c, d);	
printf("%.10s\n%11.4s", c, d);	

12.11 Codifique um programa que leia do teclado o nome, com até 30 caracteres, e o salário dos funcionários de uma empresa. O nome e o salário são digitados em linhas distintas. Após ler um nome e salário, seu programa deve iniciar a leitura de novos nomes e salários, parando quando um nome nulo (sem caracteres ou apenas com espaços) for digitado. Seu programa deve:

a) Desprezar os caracteres excedentes do nome, se o usuário digitar mais do que 30 caracteres.

b) Armazenar o salário em uma variável do tipo double.

c) Imprimir, ao final, o nome e o salário do funcionário de maior salário.

12.12 Codifique um programa que leia uma sequência de números inteiros positivos e imprima a soma de todos os números que forem maiores que o número digitado após ele (o último número positivo digitado deve ser sempre considerado). A leitura deve terminar quando o usuário digitar um número negativo ou o zero. Por exemplo, se o usuário digitar os números 23, 4, 2, 15, 8, 12, 18 e -9, então seu programa deve imprimir 60 (que é a soma de 23, 4, 15 e 18).

Elabore seu programa para permitir que o usuário digite um ou mais números por linha e utilize o formato decimal, octal (com o prefixo 0), ou hexadecimal (com o prefixo 0x ou 0X), indistintamente.

12.13 Codifique uma função de nome alinha_margens que receba um inteiro *n* e um vetor unidimensional com *n* valores do tipo long double e imprima seus elementos em pares, dois de cada vez, com um espaço entre eles.

Cada número deve ser impresso entre barras verticais, com no mínimo 15 caracteres, com apenas 2 representando os dígitos fracionários (após o ponto decimal). Em cada linha o primeiro número deve ser alinhado à esquerda e o segundo, alinhado à direita. Por exemplo, se o vetor contiver os valores 34,5; 12,3467; 212,98; 2907,287 e 2,66, então a função deve produzir a seguinte saída:

```
|34.50          |  |          12.35|
|212.98         |  |        2907.29|
|2.66           |
```

---

[6] O conteúdo das cadeias c e d reproduz um verso do poema Caso do Vestido, de Carlos Drummond de Andrade.

Capítulo 13
Entrada e Saída: Arquivos

Um arquivo pode ser visto como um conjunto de dados, unicamente identificado e armazenado em um formato específico. Assim, por exemplo, o arquivo `JosefaBela` que contém uma carta de amor não se mistura com a relação de compras armazenada no arquivo `supermercado.rol`.

O formato no qual os dados de um arquivo são gravados requer dos programas que o leem comandos apropriados. Para executar músicas gravadas em arquivos no formato *mp3* é necessário usar programas construídos especialmente para ler e interpretar os dados nesse formato. Do mesmo modo, um editor de texto convencional não consegue modificar arquivos gráficos gravados no formato *jpeg*.

Este capítulo mostra as funções disponíveis na biblioteca de entrada e saída da linguagem C para a utilização de arquivos.

13.1 CLASSIFICAÇÃO, IDENTIFICAÇÃO E ESTRUTURA DOS ARQUIVOS

Os arquivos são usados como as demais fontes e repositórios de dados e são classificados da mesma forma quanto ao tipo, modo de operação e acesso. Os seguintes tipos são explicitamente caracterizados:

Arquivos-textos. São arquivos implementados como sequências de caracteres (i.e., grupos de `CHAR_BIT` bits) organizados em linha.

Arquivos binários. São arquivos implementados como sequências de caracteres representando valores dos tipos básicos.

A diferença entre arquivos-textos e binários é apenas lógica, pois a rigor toda informação é gravada como uma sequência de bits. Entretanto, as operações sobre um arquivo-texto interpretam cada grupo de `CHAR_BIT` bits como um caractere, enquanto as operações sobre arquivos binários interpretam esses grupos de bits como parte da representação binária dos tipos básicos.

Os arquivos são criados ou abertos com um modo de operação específico que determina o tipo das operações que podem ser realizadas:

Leitura. Apenas operações de leitura são permitidas, o arquivo não pode ser modificado.

Gravação ou adição. Apenas operações de gravação são permitidas. No modo de adição as gravações ocorrem apenas no fim do arquivo.

Atualização. São permitidas operações de leitura e gravação.

13.1.1 Identificação de arquivos

A identificação externa de um arquivo é unicamente determinada pelo caminho que indica sua localização no ambiente de execução, seguido do seu nome. Por exemplo, o arquivo de nome `JosefaFlor.txt`, armazenado no subdiretório `cartas`, do diretório `exemplo`, é identificado pela expressão

```
exemplo/cartas/JosefaFlor.txt.
```

Um programa pode referir-se a um arquivo apenas pelo nome, se o ambiente de execução é capaz de determinar a localização do arquivo. Usualmente o nome de um arquivo contém um sufixo que indica seu tipo. Assim, o sufixo `txt` indica arquivos do tipo texto e o sufixo `wav` indica arquivos do tipo *wave*. Esses sufixos, porém, são apenas indicativos, não determinando o conteúdo. Por exemplo, se o arquivo-texto `JosefaFlor.txt` for renomeado para `JosefaFlor.mp3` não será transformado em um arquivo de música.

Em C, um arquivo é identificado internamente por uma estrutura do tipo `FILE` que armazena sua identificação externa, bem como suas características: arquivo de leitura, gravação, binário, etc. A operação de abertura de um arquivo, quando bem-sucedida, retorna um ponteiro para a estrutura do tipo `FILE` que armazena as informações do arquivo. É esse ponteiro que é utilizado nas operações subsequentes de leitura e gravação.

13.1.2 Estrutura dos arquivos

Os dados de um arquivo são organizados de modo bem definido: possuem uma estrutura. Para se ler um arquivo é necessário saber como os seus dados estão estruturados. Para um arquivo que contém um cadastro de alunos, por exemplo, quando não se sabe se o nome de um aluno vem antes da sua matrícula, não se pode ler corretamente essas informações.

Dado e informação. Costuma-se diferenciar os conceitos de dado e informação relacionando-os aos conceitos de valor e interpretação. Um dado é o valor lido ou armazenado, com a informação advindo da interpretação que se dá ao dado. O valor 12 é um dado que pode ser interpretado como a idade de uma pessoa, a quantidade de faltas de um aluno, etc. Logo, a informação depende do contexto no qual o dado é utilizado. Geralmente, quando um dado é associado a um nome existe uma interpretação subentendida: se o valor 123 é armazenado em uma variável `matricula`, faz sentido assumir que esse valor deve ser interpretado como uma matrícula.

Como este livro não trata de aplicações específicas, a diferença entre dado e informação não é relevante e, muitas vezes, a palavra informação é usada apenas como referência genérica a dados, significando que eles se diferenciam de outros, possuem uma interpretação particular embora não se saiba qual.

Organização dos dados. Os dados de um arquivo são organizados em registros e estes em campos:

> Um registro é um conjunto de informações relacionadas entre si. Esse é o caso, por exemplo, de um arquivo de contas-correntes em que cada registro contém as

informações de um correntista; e de um arquivo de cadastro escolar em que cada registro contém as informações de um aluno.

Um campo é uma informação distinta de um registro. Um registro de alunos pode conter, por exemplo, os campos matrícula, nome e média.

Existem registros com um único campo, nesses casos pode-se fazer referência indistinta ao registro e ao campo. Quando o registro contém vários campos é usual haver referências específicas ao registro e a seus campos.

EXEMPLO 13.1 A tabela a seguir ilustra a estrutura de dois arquivos. O da esquerda possui registros com um único campo, ambos, registro e campo, referidos pelo nome `matricula`. O da direita possui registros com dois campos, todos referidos por nomes distintos.

	arquivo A	arquivo B	
Registro:	matricula	aluno	
Campos:	matricula	matricula	nome

Para o arquivo A as expressões "registro `matricula`" e "campo `matricula`" são equivalentes. Já para o arquivo B a expressão "registro `aluno`" designa todo o registro e "campo `nome` do registro `aluno`" designa um campo específico do registro. ∎

Formato do registro. Os registros podem ter formato fixo, quando têm sempre os mesmos campos e cada campo é gravado sempre com a mesma quantidade de caracteres, ou variável, quando podem ter campos diferentes ou a quantidade de caracteres de cada campo pode variar a cada gravação.

EXEMPLO 13.2 Considere um arquivo de alunos cujos registros contêm os campos seq, indicando o sequencial do registro: 1, 2, 3, ...; nome, contendo o nome do aluno; nota1 e nota2, contendo as notas do aluno. Esse arquivo pode ser gravado com um formato variável, em que cada campo ocupa apenas a quantidade de caracteres necessária para armazenar o seu valor, ou com um formato fixo, com o campo seq ocupando 2 caracteres; nome, 30 caracteres; e os campos nota1 e nota2 ocupando 5 caracteres cada um. Em ambos os casos, os campos são separados por um espaço, como mostra a seguinte ilustração:

Formato fixo			Formato variável
1 Capitu	8.7	6.32	1 Capitu 8.7 6.32
2 Ines Pereira	8.3	6.15	2 Ines Pereira 8.3 6.15
3 Leonardo Pataca	6.3	7.3	3 Leonardo Pataca 6.3 7.3
4 Marilia de Dirceu	5.18	8.4	4 Marilia de Dirceu 5.18 8.4
6 Padre Nando	6.6	5.9	6 Padre Nando 6.6 5.9
7 Policarpo Quaresma	2.3	9.15	7 Policarpo Quaresma 2.3 9.15
8 Virgilia Neves	8.47	4.88	8 Virgilia Neves 8.47 4.88
9 Quincas Borba	5.7	7.32	9 Quincas Borba 5.7 7.32
10 Dulcineia del Toboso	9.4	10.0	10 Dulcineia del Toboso 9.4 10.0

∎

Os registros de formato variável podem ter alguns campos com formato fixo. No exemplo anterior o campo nome poderia ser gravado sempre com 30 caracteres e os demais apenas com os caracteres suficientes para armazenar o valor.

Organização dos registros em memória. Os campos de um registro podem ser armazenados em variáveis declaradas separadamente, mas é prática comum organizá-los em uma estrutura. Para o exemplo anterior a seguinte estrutura poderia ser utilizada:

```
struct r_aluno {
  short seq;
  char nome[30];
  double nota1;
  double nota2;
}
```

Desse modo, todo o conteúdo da estrutura poderia ser armazenado em uma variável e gravado como um único valor.

Em algumas situações pode-se ter em um mesmo arquivo diferentes tipos de registro. Um arquivo pode ter, por exemplo, um único registro de cabeçalho, vários registros de dados, e um único registro de resumo. Outras variações são possíveis, o importante é que o formato de um arquivo seja bem definido para que as operações sobre ele possam ser adequadamente implementadas.

13.2 UTILIZAÇÃO DE ARQUIVOS

O uso de arquivos como fontes ou repositórios de dados requer os mesmos procedimentos que as demais fontes e repositórios de dados:

1. Declarar uma variável para armazenar a identificação de uma via de comunicação que possa ser associada à fonte (repositório) de dados. No caso de arquivos, a variável deve ser do tipo ponteiro para FILE.

   O trecho de programa a seguir declara a variável arq, que pode ser utilizada para acessar arquivos.

   ```
   FILE * arq;
   ```

2. Criar a via de comunicação e associá-la à fonte (repositório) de dados que se quer utilizar. A criação da via de comunicação e sua associação a um arquivo se dá através de comandos de abertura de arquivo.

   O trecho de programa a seguir abre o arquivo identificado por exemplo.txt, para leitura, associando-o à variável arq.

   ```
   arq = fopen ("exemplo.txt", "r");
   ```

   Quando um arquivo é aberto uma via de comunicação entre ele e o programa é criada e o endereço da estrutura que a implementa é retornado. As características da via, se de entrada, sequencial, etc. são determinadas pelos parâmetros usados na abertura do arquivo.

3. Realizar as operações de leitura (ou gravação) usando a (variável que contém a identificação da) via de comunicação.

O trecho de programa a seguir ilustra o uso da variável `arq` em um comando de leitura.

```
fgetc(arq);
```

4. Fechar a via de comunicação após sua utilização.

O trecho de programa a seguir ilustra o uso da variável `arq` em um comando de fechamento.

```
fclose(arq);
```

Usando a entrada-padrão e as saídas-padrões como arquivos. Todas as operações de leitura e gravação sobre arquivos podem ser realizadas com a entrada-padrão e as saídas-padrões, bastando usar as variáveis `stdin`, `stdout` e `stderr` para identificar a via de comunicação. Deve-se, entretanto, respeitar o modo de operação das vias de comunicação, não se pode ler de uma via apenas de saída, como `stdout`, e não se pode gravar em uma via apenas de entrada, como `stdin`.

Arquivo e vias de comunicação. Os arquivos existem fisicamente na memória ou nas unidades persistentes de armazenamento, enquanto as vias de comunicação são um conceito lógico, implementado em termos das estruturas e funções que permitem a conexão entre os programas e os arquivos.

As variáveis do tipo `FILE *` apontam para uma via de comunicação, que por sua vez é associada a um arquivo. Entretanto, para facilitar a descrição das operações sobre arquivos, as variáveis do tipo `FILE *` são às vezes referidas como se fossem um ponteiro para um arquivo, ou mesmo o próprio arquivo.

13.2.1 Abrindo arquivos

■ `FILE *fopen(const char * restrict nome_arq, const char * restrict modo)`

Abre o arquivo cujo nome é apontado por `nome_arq` no modo de operação indicado por `modo`.

Valor de retorno. Um ponteiro para a via associada ao arquivo ou o ponteiro nulo, em caso de falha.

A cadeia apontada por `nome_arq` pode conter apenas o nome do arquivo ou incluir o caminho do local onde o arquivo reside:

`fopen("exemplo.txt","r")`. Abre para leitura o arquivo `exemplo.txt`. Como o arquivo é identificado apenas pelo nome, deve residir no mesmo diretório em que o programa é executado.

`fopen("../tst/exemplo.txt","r")`. Abre para leitura o arquivo `exemplo.txt`. O arquivo é identificado fornecendo-se o caminho relativo da sua localização: deve residir no diretório `tst` situado um nível acima (..) do diretório onde se encontra o programa.

fopen("/aulas/tst/exemplo.txt","r"). Abre para leitura o arquivo exemplo.txt. O arquivo é identificado fornecendo-se o caminho absoluto da sua localização: deve residir no diretório tst, que é subdiretório de aulas, que é subdiretório do diretório raiz /.

O modo de operação indica o tipo da via associada ao arquivo, se de entrada (leitura), saída (gravação ou adição) ou entrada e saída (atualização), bem como se o arquivo é do tipo texto ou binário. Os seguintes modos de operação podem ser especificados:

Arquivo-texto	Arquivo binário	Operação
r	rb	Abre um arquivo para leitura.
w	wb	Cria (ou trunca) um arquivo para gravação.
wx	wbx	Cria um arquivo para gravação.
a	ab	Abre ou cria um arquivo para adição (gravação a partir do final).
r+	rb+ ou r+b	Abre um arquivo para atualização (leitura ou gravação).
w+	wb+ ou w+b	Cria (ou trunca) um arquivo para atualização.
w+x	wb+x ou w+bx	Cria um arquivo para atualização.
a+	ab+ ou a+b	Abre ou cria um arquivo para atualização (gravação a partir do final).

a) O modo de leitura (r) permite apenas a leitura de dados já gravados. Nenhuma operação de gravação é possível. Os arquivos abertos para leitura devem existir: se o arquivo não existir, a operação falha.

b) Os modos de gravação (w e wx) permitem apenas a gravação de dados. Nenhuma operação de leitura é possível. Os arquivos abertos com o modo wx não podem existir. Se um arquivo aberto com o modo w já existir, um novo arquivo vazio é criado, sobrepondo-se ao já existente.

c) O modo de adição (a) permite a criação de novos arquivos ou a abertura de arquivos já existentes para gravação de novos dados. Nenhuma operação de leitura é possível. Se o arquivo não existir, um novo arquivo vazio é criado; se já existir um arquivo de mesmo nome, seu conteúdo é preservado. Os novos dados são sempre incluídos no fim do arquivo.

d) O modo de atualização (+) permite tanto a leitura de dados já gravados quanto a gravação de novos dados. O arquivo deve ser aberto para leitura, gravação ou adição, com as restrições aplicáveis a esses modos quanto à sua existência:

r+. Abre um arquivo já existente para leitura e gravação.
w+. Cria um novo arquivo para leitura e gravação.
a+. Cria um novo arquivo ou abre um arquivo já existente para leitura e gravação.

e) Os mesmos modos de operação aplicam-se aos arquivos binários, com a indicação da letra b.

13.2.2 Fechando arquivos

■ int fclose(FILE *arq)

Fecha o arquivo associado à via apontada por arq, após gravar todos os dados ainda não gravados, se a via é de saída. Se a via é de entrada, os dados ainda não lidos que estão na área de armazenamento temporário do arquivo são desprezados. Após o fechamento, a via é desassociada do arquivo e todas as áreas de armazenamento temporário são liberadas (caso tenham sido automaticamente alocadas).

Valor de retorno. O valor 0, se a operação for bem-sucedida, ou EOF, em caso de falha.

EXEMPLO 13.3 O programa a seguir lê um nome do teclado e abre para leitura o arquivo correspondente. O nome é lido na linha 10. Caso o usuário digite apenas a tecla de retorno a leitura falha e a função scanf retorna o valor 0, pois nenhum caractere é obtido. Caso o usuário digite um nome qualquer, ele é armazenado em nome e as leituras da linha 13 consomem os caracteres remanescentes, limpando a área de armazenamento temporário para futuras leituras.

Na linha 14 o programa tenta abrir o arquivo indicado pelo usuário. Se o arquivo não existe, uma mensagem de alerta é exibida na linha 16 e o programa prossegue com uma nova leitura, já que a variável arq será igual a NULL.

```
1   #include <stdio.h>
2   #define QTD (30)
3   char *ler_linha(char *);
4   int main(void) {
5     FILE *arq;
6     char nome[QTD];
7     do {
8       printf("Nome do arquivo ");
9       printf("(<Enter> p/terminar): ");
10      if (scanf("%29[^\n]", nome) == 0) {
11        return 0; /* Fim de programa */
12      }
13      scanf("%*[^\n]"); scanf("%*c");
14      arq = fopen(nome, "r");
15      if (arq == NULL) {
16        printf("Erro ao abrir |%s|\n", nome);
17      }
18    } while (arq == NULL);
19    printf("Arquivo existe\n");
20    fclose(arq);
21    return 0;
22  }
```

Quando o usuário digita um nome que corresponde a um arquivo, o programa consegue abri-lo e prossegue imprimindo uma mensagem de sucesso e fechando o arquivo recém-aberto (linhas 19-20). ∎

13.2.3 Detectando o fim de arquivo

O fim de arquivo é detectado através do indicador de fim de arquivo associado à via que o acessa, ativado quando ocorre uma tentativa de leitura após o último dado gravado. Por exemplo, quando o último caractere de um arquivo é lido, fazendo o cursor de posição ficar posicionado após ele, não há indicação de fim de arquivo – o indicador de fim de arquivo será ativado apenas quando ocorrer uma nova leitura a partir desse ponto. Assim, o esquema intuitivo da coluna esquerda a seguir não pode ser usado, pois haveria uma leitura e um processamento após o fim do arquivo. O esquema mostrado na coluna direita funciona quando o arquivo possui pelo menos um registro:

```
while (indicador de fim não está ativo) {      /* lê um registro */
    /* lê um registro */                        while (indicador de fim não está ativo) {
    /* processa o registro lido */                  /* processa o registro lido */
}                                                   /* lê um registro */
                                                }
```

Nos programas deste capítulo o fim de arquivo é detectado através do valor de retorno da função de leitura utilizada, seguindo este outro esquema geral:

```
if ((dado = função_leitura()) != valor que indica o fim de arquivo) {
    /* dado foi lido e não é fim de arquivo */
}
```

Entretanto, essa solução deve ser adotada com cautela. O valor de retorno das funções de leitura indica o sucesso ou a falha da operação. Quando a leitura é bem-sucedida seu valor de retorno contém alguma informação acerca do dado lido (o conteúdo do próprio dado, a quantidade de atribuições realizadas, etc.) Por outro lado, o valor obtido em caso de falha é o mesmo para todos os tipos de falha, incluindo a tentativa de leitura após o fim do arquivo. O Capítulo 14, sobre tratamento de erros, mostra como diferenciar uma situação de fim de arquivo de uma situação de erro.

13.3 LENDO ARQUIVOS

13.3.1 Lendo caracteres

- **int fgetc(FILE *arq)**

    Obtém o próximo caractere da via apontada por `arq` como um valor do tipo `unsigned char` (convertido em `int`), garantindo que todo caractere válido será positivo.

    Valor de retorno. O código do caractere lido convertido em um valor do tipo `int` ou o valor `EOF`, em caso de falha.

    Quando `stdin` é usada como argumento, a função `fgetc` equivale a `getchar`.

EXEMPLO 13.4 O programa a seguir lê todos os caracteres do arquivo-texto `guararapes.txt`, imprimindo-os como valores do tipo `int`. Se o arquivo contém apenas a palavra *calabar*, o programa produzirá a seguinte saída:

    9997108979897114

que corresponde aos códigos ASCII de suas letras: c (99), a (97), l (108), a (97), b (98), a (97) e r (114). Deve-se observar que alguns editores gravam o caractere de fim linha como o último caractere, mesmo que este não tenha sido digitado. Se o arquivo `guararapes.txt` for criado com um desses editores, o código correspondente ao caractere de fim de linha também será impresso.

```
1  #include <stdio.h>
2  int main(void) {
3      FILE *arq;
4      int c;
```

```
5    arq = fopen("guararapes.txt", "r");
6    while ((c = fgetc(arq)) != EOF) {
7      printf("%d", c);
8    }
9    fclose(arq);
10   return 0;
11 }
```

O arquivo-texto com a palavra *calabar* possui 7 bytes[1], cada um representando um caractere no padrão ASCII. Ao ser aberto na linha 5 o cursor de leitura é posicionado no caractere inicial:

> 01100011011000010110110001100001011000100110000101110010

↑ posição do cursor após a abertura do arquivo

A primeira leitura (linha 6) faz o inteiro 99 (representação decimal do caractere c, byte 01100011) ser armazenado na variável c e o cursor posicionado no próximo caractere:

> 01100011011000010110110001100001011000100110000101110010

↑ posição do cursor após a primeira leitura

A segunda leitura faz o inteiro 97 (representação decimal do caractere a, byte 01100001) ser armazenado na variável c. As leituras prosseguem até que o fim do arquivo é atingido. ∎

Caso a função fgetc leia os caracteres do teclado (entrada-padrão stdin), a indicação de fim de arquivo depende do ambiente de execução. No ambiente Linux, a digitação das teclas Ctrl-d (digitação simultânea das teclas Ctrl e d) finaliza a leitura corrente e, se a área de armazenamento do teclado estiver vazia, equivale à situação de fim de arquivo, pois a leitura será finalizada sem a obtenção de caracteres. A digitação das teclas Ctrl-d, entretanto, não fecha o teclado, permitindo que leituras posteriores sejam realizadas.

EXEMPLO 13.5 O programa a seguir calcula o número de caracteres digitados pelo usuário. A leitura do teclado é feita pela função fgetc, usando a entrada-padrão stdin. Os caracteres lidos não são armazenados e a leitura prossegue até atingir o fim do arquivo associado à via; no caso, o teclado.

```
#include <stdio.h>
int main(void) {
  int qtd =0;
  for (qtd = 0; fgetc(stdin) != EOF; qtd++) { }
  printf("%d caracteres digitados",qtd);
  return 0;
}
```

A execução desse programa no ambiente Linux requer que o usuário digite as teclas Ctrl-d para sinalizar a condição de fim de arquivo. ∎

---

[1] Exceto se o editor usado para criá-lo inserir o caractere de fim de linha como último caractere, caso em que terá 8 bytes.

- `int getc(FILE *arq)`

    A função `getc` é equivalente à função `fgetc`, exceto que é implementada como uma macro. Desse modo, seus argumentos podem ser avaliados mais de uma vez e, portanto, não devem ser expressões com efeitos colaterais.

13.3.2 Retornando caracteres lidos

Em algumas aplicações é necessário retornar um caractere já lido para que ele possa ser lido novamente. Isso ocorre com alguma frequência quando, por exemplo, implementam-se verificadores de sintaxe.

- `int ungetc(int c, FILE *arq)`

    Recoloca o caractere `c` na via de comunicação apontada por `arq`. O caractere é retornado à via de comunicação e o arquivo ao qual a via é associada permanece inalterado. O caractere é retornado como um valor do tipo `unsigned char` e será lido novamente pelo próximo comando de leitura.

    Valor de retorno. O código do caractere retornado convertido em um valor do tipo `int` ou `EOF`, em caso de falha.

O padrão garante que pelo menos um caractere possa ser retornado. Quando vários caracteres são retornados em sequência, eles são lidos na ordem inversa à que foram retornados. Entretanto, as implementações da linguagem têm um limite e a operação de retorno pode falhar se a função `ungetc` for chamada várias vezes sem que haja operações de leitura ou reposicionamento do cursor entre as chamadas. As operações de reposicionamento descartam os caracteres retornados e ainda não lidos.

Para vias de texto o cursor de posição, após uma execução bem-sucedida da função `ungetc`, apontará para uma posição não especificada até que o caractere retornado seja lido ou descartado. Para vias binárias o cursor de posição é decrementado de um caractere a cada execução da função `ungetc` (se o cursor aponta para a posição 0, seu valor fica indeterminado). Em qualquer caso, o cursor de posição após a leitura (ou descarte) de todos os caracteres retornados à via estará no mesmo ponto em que estava antes do retorno dos caracteres.

A execução bem-sucedida da função `ungetc` faz o indicador de fim de arquivo ser desligado.

EXEMPLO 13.6 O programa a seguir lê do teclado uma sequência de caracteres até que seja digitado o caractere de fim de linha. Cada caractere lido é impresso na linha 5, exceto os caracteres diferentes de 'b' que ocorram imediatamente após um 'a' – estes não são impressos.

Para implementar esse comportamento, após a leitura de um caractere testa-se, na linha 6, se o caractere lido é igual a 'a'. Se for, um novo caractere é lido na linha 7 e comparado com o caractere 'b' na linha 8.

```
1  #include <stdio.h>
2  int main(void) {
3    int c;
4    while ((c = getc(stdin)) != '\n') {
5      printf("obteve %c\n", c);
```

```
 6      if (c == 'a') {
 7        c = getc(stdin);
 8        if (c == 'b') {
 9          ungetc(c, stdin);
10        }
11      }
12    }
13    return 0;
14  }
```

O caractere 'b' após o 'a' é retornado à via, na linha 9, para ser lido novamente na próxima iteração; os demais ocorrendo após o 'a' são desprezados, pois terão sido lidos sem terem sido impressos. ∎

EXEMPLO 13.7 O programa a seguir lê do teclado uma cadeia de caracteres e verifica se ela satisfaz a seguinte especificação: contém apenas caracteres 'a', 'b' ou 'c' de tal modo que (1) imediatamente após um 'c' deve haver um 'b' e (2) não pode haver dois 'b's seguidos.

```
 1  #include <stdio.h>
 2  #include <stdbool.h>
 3  int main(void) {
 4    int c;
 5    bool erro = false;
 6    while (!erro && (c = fgetc(stdin)) != '\n') {
 7      switch (c) {
 8        case 'a': break;
 9        case 'b':
10          c = fgetc(stdin);
11          if (c == 'b') {
12            printf("2 Bs seguidos\n");
13            erro = true;
14          }
15          ungetc(c, stdin);
16          break;
17        case 'c':
18          c = fgetc(stdin);
19          if (c != 'b') {
20            printf("C sem B\n");
21            erro = true;
22          }
23          ungetc(c, stdin);
24          break;
25        default:
26          printf("difere de ABC\n");
27          erro = true;
28          break;
29      } /* fim switch */
30    }  /* fim while */
31    if (!erro) {
32      printf("cadeia valida\n");
33    }
34    return 0;
35  }
```

Quando um caractere 'b' é lido, uma nova leitura é realizada na linha 10 para verificar a existência de dois 'b's seguidos. Se o novo caractere não é um 'b', ele é retornado à via para que o processo de verificação continue a partir dele. O mesmo ocorre quando um caractere 'c' é lido; uma nova leitura é realizada na linha 18 para verificar se existe um 'b' logo após o 'c'. Se existir, então o caractere 'b' é retornado à via para que o processo de verificação continue a partir dele.

Em qualquer situação de erro uma mensagem é exibida e o indicador de erro é ativado (`erro = true`), interrompendo o processo de verificação, já que a condição do `while` na linha 6 será falsa. ∎

13.3.3 Lendo cadeias de caracteres

■ `char *fgets(char * restrict linha, int n, FILE * restrict arq)`

Lê até n − 1 caracteres da via de comunicação apontada `arq`, armazenando-os na cadeia de caracteres apontada por `linha`. A leitura é interrompida quando ocorre um fim de arquivo, quando o caractere de fim de linha é lido ou após a leitura de n − 1 caracteres. O caractere de fim de linha que finaliza a leitura é armazenado na cadeia `linha`, bem como o caractere nulo, que é sempre colocado após o último caractere armazenado.

Valor de retorno. Um ponteiro para a cadeia `linha` ou o ponteiro nulo, se ocorrer um erro de leitura ou se ocorrer o fim de arquivo e nenhum caractere houver sido lido.

EXEMPLO 13.8   O programa a seguir lê e imprime todas as linhas do arquivo `alunos.txt`. Cada execução da função `fgets` na linha 7 lê até 79 caracteres do arquivo, sendo finalizada pela leitura do caractere de fim de linha ou do septuagésimo nono caractere.

A leitura do arquivo termina com a obtenção do valor NULL, que indica o seu fim.

```
1  #include <stdio.h>
2  #define TAM (80)
3  int main(void) {
4    FILE *arq;
5    char linha[TAM];
6    arq = fopen("alunos.txt", "r");
7    while (fgets(linha, TAM, arq) != NULL) {
8      printf("%s", linha);
9    }
10   fclose(arq);
11   return 0;
12 }
```

A cadeia de formato na impressão da linha 8 não contém o caractere \n porque assume-se que o caractere de fim de linha encontra-se na cadeia lida (se isso não for verdade, mais de um nome será impresso em uma mesma linha).

Esse programa não trata erros de abertura ou leitura do arquivo e funciona apenas se as linhas do arquivo `alunos.txt` possuírem menos do que 80 caracteres e terminarem com o caractere de fim de linha. Do contrário, as leituras não obterão as linhas da forma como foram gravadas. ∎

Lendo cadeias de caracteres do teclado.   A função `fgets` é uma alternativa segura para a leitura de cadeias de caracteres do teclado porque impõe um limite para a quantidade de caracteres lidos e finaliza a cadeia lida com o caractere nulo, além de permitir o uso de macros para indicar a quantidade de caracteres a serem lidos. O uso da função scanf para ler uma quantidade definida de caracteres, como em

scanf("%79[^\n]", linha)

não permite indicar a quantidade de caracteres através de macros. Assim, se for necessário alterar a quantidade de caracteres de 79 para 30, por exemplo, deve-se modificar todas as chamadas à função scanf que contêm o valor 79. Com a função fgets a quantidade de caracteres pode ser indicada com uma macro:

fgets(linha, TAM, stdin)

A mesma macro pode ser usada tanto como argumento da função fgets quanto para indicar o tamanho da cadeia linha. Se for necessário mudar a quantidade de caracteres lidos, basta modificar a definição da macro TAM. Entretanto, com a função fgets o caractere de fim de linha é inserido na cadeia linha, caso seja lido. Deve-se removê-lo, se for necessário.

EXEMPLO 13.9 As seguintes funções implementam a leitura de cadeias de caracteres do teclado com a função fgets, suprimindo o caractere de fim de linha, se ele tiver sido incluído. Para usá-las é necessário incluir o arquivo-cabeçalho string.h (por causa da referência a strlen, que retorna o tamanho da cadeia lida).

Se o usuário digitar mais do que n − 1 caracteres, a leitura é finalizada, ficando os caracteres remanescentes na área de armazenamento temporário do teclado. A segunda versão suprime os caracteres remanescentes, cuja existência é identificada pela ausência do caractere de fim de linha na cadeia lida. Na primeira versão eles permanecem na área de armazenamento temporário.

SEM SUPRESSÃO DOS CARACTERES REMANESCENTES

```
char *le_lin(char *linha, int n) {
  if (fgets(linha, n, stdin) != NULL) {
    if (linha[strlen(linha) - 1] == '\n') {
      linha[strlen(linha) - 1] = '\0';
    }
    return linha;
  } else {
    return NULL;
  }
}
```

COM SUPRESSÃO DOS CARACTERES REMANESCENTES

```
char *le_linha(char *linha, int n) {
  if (fgets(linha, n, stdin) != NULL) {
    if (linha[strlen(linha) - 1] == '\n') {
      linha[strlen(linha) - 1] = '\0';
    } else {
      scanf("%*[^\n]");
      scanf("%*c");
    }
    return linha;
  } else {
    return NULL;
  }
}
```

A função strtok (linha, "\n") pode ser usada para suprimir o caractere de fim de linha, que será substituído pelo caractere nulo, como discutido na Seção 15.2.6. Entretanto, essa solução não funciona se a cadeia linha contiver apenas o caractere '\n'. ∎

13.3.4 Lendo valores de tipos básicos

A função fscanf é semelhante à função scanf, exceto que o primeiro argumento é a identificação da via de entrada de onde os caracteres são lidos.

- **int fscanf(FILE * restrict arq, const char * restrict formato, ...)**

    Lê do arquivo associado à via apontada por arq os valores que correspondem às diretivas de conversão presentes na cadeia apontada por formato, armazenando--os nas variáveis apontadas pelos argumentos da parte variável.

    Valor de retorno. A quantidade de valores atribuídos ou EOF, em caso de falha.

EXEMPLO 13.10 O programa a seguir lê o arquivo alunos.txt gravado com o formato fixo descrito no Exemplo 13.2, imprimindo o sequencial, o nome e as notas dos alunos cuja média é maior ou igual a 7.

A leitura do sequencial é realizada com a diretiva %d e a do nome com a diretiva %30c, já que este é gravado sempre com 30 caracteres. O nome dos alunos não contém o caractere nulo. Por isso, ele é atribuído uma única vez ao último caractere de nome.

O espaço na cadeia do formato, entre as diretivas %d e %30c, é necessário: se não existisse, o espaço após o sequencial seria lido pela diretiva %30c e incorporado ao nome.

```
#include <stdio.h>
int main(void) {
  char nome[31];
  int seq;
  double n1, n2, media;
  FILE *arq = fopen("alunos.txt", "r");
  nome[30] = '\0';
  while (fscanf(arq, "%d %30c%lf%lf\n", &seq, nome, &n1, &n2) != EOF)
  {
    media = (n1 + n2) / 2.0;
    if (media >= 7.0) {
      printf("%2d %30s %5.2f %5.2f %5.2f\n", seq, nome, n1, n2, media);
    }
  }
  fclose(arq);
  return 0;
}
```

Assume-se que o nome do aluno não contém espaços iniciais. Do contrário, eles seriam lidos em decorrência do espaço na cadeia do formato, prejudicando a leitura dos 30 caracteres subsequentes, que avançaria pelos campos das notas.

Já entre as diretivas %30c e %lf não é necessário espaço, pois os espaços à esquerda são ignorados pelas conversões reais, mas poderia haver sem prejuízo algum. Isto é, tanto "%d %30c %lf %lf\n" quanto "%d %30c%lf%lf\n" são cadeias de formato adequadas para ler o arquivo deste exemplo.

O caractere \n no fim da cadeia de formato faz o caractere de fim de linha ser lido. Sem ele, o caractere de fim de linha, após a obtenção do segundo valor real (diretiva %lf), permaneceria na via de entrada. Embora neste exemplo a permanência do caractere de fim de linha não cause prejuízo, já que será ignorado pela próxima leitura (com a diretiva %d), é boa prática fazer a cadeia do formato refletir a estrutura do arquivo. ∎

13.4 GRAVANDO ARQUIVOS

Ao abrir um arquivo para gravação com o modo w, se o arquivo não existe, um arquivo vazio é criado; se o arquivo já existe, um novo arquivo de mesmo nome é criado, sobrepondo-se ao já existente. O cursor de gravação é posicionado no início do arquivo e as gravações ocorrem a partir da posição do cursor.

Abrindo-se com o modo a, se o arquivo não existe, um arquivo vazio é criado; se o arquivo já existe, ele é aberto, mantendo os dados já existentes. A posição inicial do cursor de gravação depende da implementação, sendo normalmente o fim do arquivo. Independentemente da posição inicial do cursor, toda gravação é feita a partir do fim do arquivo.

Em ambos os modos, a cada gravação o cursor avança para a posição imediatamente posterior ao dado gravado.

Os arquivos criados para gravação devem ser obrigatoriamente fechados, senão as informações neles gravadas serão perdidas. No retorno da função main e na execução da função exit todos os arquivos abertos são fechados. Entretanto, é boa prática fechar explicitamente os arquivos abertos por um programa, antes do seu término.

13.4.1 Gravando caracteres

- `int fputc(int c, FILE *arq)`

  Converte o caractere especificado por c em um valor do tipo unsigned char e o grava no arquivo associado à via apontada por arq.

  Valor de retorno. O código do caractere gravado ou EOF, em caso de falha.

EXEMPLO 13.11 O programa a seguir abre um arquivo-texto para leitura, cujo nome é fornecido pelo usuário, e cria uma cópia do arquivo com o nome original acrescido do sufixo ".copia". O nome do arquivo cópia é construído pelos comandos for das linhas 16-18 e 19-21. Uma construção mais elegante pode ser feita com o uso das funções strcpy e strcat, vistas no Capítulo 15.

O arquivo cópia é aberto para gravação na linha 22 e o procedimento de cópia é realizado pelo comando while, nas linhas 26-28: cada caractere lido do arquivo arqE é gravado no arquivo arqS. Os dois arquivos são fechados na linha 29.

A função le_linha, chamada na linha 11, é idêntica à do Exemplo 13.9 e, por essa razão, está omitida.

```
1   #include <stdio.h>
2   #include <string.h>
3   #define QTD (30)
4   char *le_linha(char *, int);
5   int main(void) {
6     FILE *arqE, *arqS;
7     char nome[QTD], copia[QTD+6],
8          sufixo[] = ".copia";
9     int c;
10    printf("Nome do arquivo: ");
11    le_linha(nome, QTD);
```

```
12    if ((arqE = fopen(nome,"r")) == NULL){
13      printf("Arquivo %s inexiste\n", nome);
14      return 0; /* fim programa */
15    }
16    for (int i = 0; i < strlen(nome); i++) {
17      copia[i] = nome[i];
18    }
19    for (int i = 0; i < 7; i++) {
20      copia[strlen(nome) + i] = sufixo[i];
21    }
22    if ((arqS = fopen(copia,"w")) == NULL){
23      printf("Nao abriu copia\n");
24      return 0; /* fim programa */
25    }
26    while ((c = fgetc(arqE)) != EOF) {
27      fputc(c, arqS);
28    }
29    fclose(arqE); fclose(arqS);
30    return 0;
31  }
```

■ int putc(int c, FILE *arq)

A função putc é equivalente a fputc, exceto que é implementada como uma macro. Portanto, seus argumentos podem ser avaliados mais de uma vez e não devem ser expressões com efeitos colaterais.

13.4.2 Gravando cadeias de caracteres

■ int fputs(const char * restrict linha, FILE * restrict arq)

Grava a cadeia de caracteres apontada por linha no arquivo associado à via apontada por arq. O caractere nulo que deve finalizar a cadeia não é gravado.

Valor de retorno. Um valor não negativo ou EOF, em caso de erro.

EXEMPLO 13.12 O programa a seguir mostra várias formas de gravar cadeias de caracteres em um arquivo-texto. Inicialmente a cadeia armazenada em tr1 é gravada. Em seguida os caracteres espaço e 'o' são gravados, sendo seguidos pela gravação do literal " meu so" e do resultado da chamada à função altera, que transforma cada caractere da cadeia usada como argumento no caractere cujo código é anterior ao seu. Por último, a cadeia formada pela justaposição dos literais " porto" e " infinito" é gravada.

```
#include <stdio.h>
#include <string.h>
char *altera(char *);
int main(void) {
  FILE *arq;
  arq = fopen("poema.trecho", "w");
  char tr1[] = "Atravessa esta paisagem";
  char tr2[8] = "oip!evn";
  fputs(tr1, arq);
  fputc(' ', arq);
  fputc('o', arq);
  fputs(" meu so", arq);
  fputs(altera(tr2), arq);
  fputs(" porto" " infinito", arq);
  fclose(arq);
  return 0;
```

```
}
char *altera(char *str) {
  for (int i = 0; i < strlen(str); i++) {
    str[i]--;
  }
  return str;
}
```

O arquivo poema.trecho terá o seguinte conteúdo após a execução desse programa[2]:

"Atravessa esta paisagem o meu sonho dum porto infinito"

Todos os caracteres são gravados em uma única linha porque não há gravação de caracteres de fim de linha. ∎

13.4.3 Saída formatada

A função fprintf é equivalente à função printf, exceto que o primeiro argumento é um ponteiro para a via associada ao arquivo onde os caracteres são gravados.

- **int fprintf(FILE * restrict arq, const char * restrict formato, ...)**
  Grava no arquivo associado à via apontada por arq os valores armazenados nas variáveis apontadas pelos argumentos da parte variável, segundo as diretivas contidas na cadeia apontada por formato.

  Valor de retorno. A quantidade de caracteres gravados ou um valor negativo, em caso de falha.

EXEMPLO 13.13 O programa a seguir lê do teclado uma sequência de nomes de alunos e suas notas, gravando um arquivo alunos.txt como formato fixo descrito no Exemplo 13.2.

O comando do (linhas 13-26) controla a leitura e gravação dos dados. A cada iteração um aluno é gravado. A iteração é interrompida quando o usuário digita apenas a tecla de retorno para o nome do aluno (teste da linha 17).

Para cada aluno são lidos seu nome, obtendo-se até 30 caracteres através da função le_linha, e suas notas, com a diretiva %lf das funções scanf das linhas 21 e 23. Após a digitação da segunda nota, a área de armazenamento do teclado é esvaziada com a função limpa_linha para que os caracteres remanescentes não sejam incorporados ao próximo nome. A gravação do registro com os dados do aluno ocorre com o comando fprintf da linha 25: o sequencial é gravado com dois caracteres, o nome com trinta, alinhados à esquerda, e as notas com cinco, sendo dois para as casas decimais.

```
1   #include <stdio.h>
2   #include <string.h>
3   #include <stdbool.h>
4   #define QTD (31)
5   char *le_linha(char *, int);
6   void limpa_linha(void);
7   int main(void) {
8     FILE *arq;
9     char nome[QTD];
10    double n1, n2;
11    int seq = 0;
```

---

[2] Esse é o primeiro verso do poema Chuva Oblíqua, de Fernando Pessoa.

```
12    arq = fopen("alunos.txt", "w");
13    do {
14      printf("Nome aluno ");
15      printf("(<Enter> p/terminar): ");
16      le_linha(nome, QTD);
17      if (nome[0] == '\0') {
18        break;
19      }
20      printf("Primeira nota: ");
21      scanf("%lf", &n1);
22      printf("Segunda nota: ");
23      scanf("%lf", &n2);
24      limpa_linha();
25      fprintf(arq,"%2d %-30s %5.2f %5.2f\n", ++seq, nome, n1, n2);
26    } while (true);
27    fclose(arq);
28    return 0;
29  }
```

Esse programa não trata erros de abertura, leitura ou gravação, nem mostra as funções le_linha, descrita no Exemplo 13.9, e limpa_linha, descrita no Exemplo 12.25. ∎

O programa do exemplo anterior, além de não tratar erros de entrada e saída, também não garante a correta gravação dos dados. Por exemplo, se o usuário digitar mais do que 99 alunos, o sequencial dos últimos será gravado com 3 ou mais caracteres, apesar da diretiva %2d, modificando o formato especificado para o arquivo. O mesmo ocorre com a digitação das notas, caso elas sejam maiores que 99,99. Parte desses problemas pode ser minimizada com o uso de arquivos binários, gravando-se os valores com sua representação interna, mas uma solução definitiva requer a incorporação do tratamento de erros.

13.5   LEITURA E GRAVAÇÃO DE ARQUIVOS BINÁRIOS

Os arquivos binários usam a representação dos tipos básicos da linguagem para armazenar os dados. Desse modo, o valor 12 do tipo int é armazenado em 32 bits[3] com a configuração

00000000000000000000000000001100

ao passo que se o mesmo número 12 fosse armazenado em um arquivo-texto, usaria 16 bits[4] para representar o código ASCII dos caracteres 1 (decimal 49) e 2 (decimal 50):

0011000100110010

A leitura e gravação direta da representação binária dos valores é realizada com as funções fread e fwrite.

---

[3] Em um ambiente no qual o tipo int é implementado com 32 bits.

[4] Em um ambiente no qual o valor de CHAR_BIT é igual a 8.

13.5.1 Gravando valores binários

■ `size_t fwrite(const void * restrict vetor, size_t tam, size_t qtd,`
$$\text{FILE * restrict arq)}$$

Grava no arquivo associado à via apontada por `arq` até `qtd` elementos do vetor apontado por `vetor`. Cada elemento é gravado com um tamanho igual a `tam` bytes.

Valor de retorno. A quantidade de elementos gravados. Se `qtd` ou `tam` for 0, o valor de retorno é 0 e o arquivo permanece inalterado. Nos demais casos, o valor de retorno será diferente de `qtd` apenas se ocorrer algum erro de gravação.

A função `fwrite` é implementada como uma sequência de chamadas à função `fputc`: para cada um dos `qtd` elementos, a função `fputc` é chamada `tam` vezes para gravar o elemento com a quantidade de caracteres (bytes) especificada. A cada gravação o cursor de posição avança para a posição imediatamente posterior ao caractere gravado. Se houver erro na gravação, o valor do cursor é indeterminado.

EXEMPLO 13.14 O programa a seguir grava os elementos do vetor `nums` no arquivo `valores.bin`. A quantidade de elementos do vetor é calculada na linha 6 e serve como controle para o comando de iteração da linha 7. Os elementos são gravados um a um a partir da sua posição no vetor `nums`. Por isso, a cada execução do comando `fwrite` o ponteiro para o vetor que contém os elementos aponta para o elemento a ser gravado (`nums + i`) e a quantidade de elementos é igual a 1.

```
1  #include <stdio.h>
2  int main(void) {
3    int nums[] = {12, 3, 23, 24, 6, 7};
4    size_t qtd;
5    FILE *arq = fopen("valores.bin", "ab");
6    qtd = sizeof(nums)/sizeof(int);
7    for (size_t i = 0; i < qtd; i++) {
8      fwrite(nums + i, sizeof(int), 1, arq);
9    }
10   fclose(arq);
11   return 0;
12 }
```

O mesmo resultado pode ser obtido com a gravação de todos os elementos de uma única vez. Pode-se substituir as linhas 7-9 por

`fwrite(nums, sizeof(int), qtd, arq);`

ou por

`fwrite(nums, qtd * sizeof(int), 1, arq);`

Como o arquivo é aberto para adição, a cada vez que o programa é executado os novos dados são gravados a partir do fim do arquivo, preservando os já existentes. ■

Quando apenas um valor é gravado por vez, ele pode ser gravado a partir de uma variável simples, informando-se o endereço da variável, o tamanho do seu tipo e a quantidade 1.

EXEMPLO 13.15 Se `nota` for uma variável do tipo `float`, o comando `fwrite(&nota, sizeof(float), 1, arq)` grava o valor de `nota` no arquivo `arq`. ■

13.5.2 Lendo valores binários

- `size_t fread(const void * restrict vetor, size_t tam, size_t qtd,`
  `                                                    FILE * restrict arq)`

Lê do arquivo associado à via apontada por `arq` até `qtd` elementos de tamanho igual a `tam` bytes, armazenando-os no vetor apontado por `vetor`.

Valor de retorno. A quantidade de elementos lidos e armazenados no vetor. Se `tam` ou `qtd` for 0, a função retorna 0 e o conteúdo do vetor e o estado da via permanecem inalterados. Nos demais casos, o valor de retorno é menor que `qtd` apenas se houver erro de leitura ou se o fim do arquivo for atingido.

De modo semelhante a `fwrite`, a função `fread` é implementada através de chamadas sucessivas à função `fgetc`: para cada um dos `qtd` elementos, a função `fgetc` é chamada `tam` vezes para ler o elemento com o tamanho especificado. A cada leitura o cursor de posição avança a quantidade de caracteres lidos. Se ocorrer erro de leitura, o valor do cursor é indeterminado; e se um elemento for obtido parcialmente, seu valor é indeterminado.

EXEMPLO 13.16 O programa a seguir lê os números gravados no arquivo `valores.bin` do Exemplo 13.14 e imprime a média dos números lidos.

A leitura de um número do arquivo é parte da condição do `while`. Ao atingir o fim do arquivo a leitura não é realizada e o valor de retorno da função `fread` é diferente de 1 (esse programa não trata a possibilidade de ocorrer erro de leitura). No corpo do `while`, o número lido é somado e a quantidade de números lidos é atualizada para o cálculo da média.

```
#include <stdio.h>
int main(void) {
  FILE *arq = fopen("valores.bin", "rb");
  int num[1];
  int qtd_num = 0; double media = 0.0;
  while (fread(num, sizeof(int), 1, arq) == 1) {
    media = media + num[0];
    qtd_num++;
  }
  media = media / qtd_num;
  printf("media = %f\n", media);
  fclose(arq);
  return 0;
}
```

Como o programa lê do arquivo um valor por vez, o vetor que recebe o valor lido é declarado com apenas um elemento. ■

Quando apenas um valor é lido por vez, pode-se declarar uma variável simples para receber o valor e usar um ponteiro para essa variável.

EXEMPLO 13.17 O programa do exemplo anterior funcionaria do mesmo modo se tivesse as seguintes linhas modificadas:

Linhas	De	Para
4	int num[1];	int num;
6	while (fread(num, sizeof(int), 1, arq) == 1) {	while (fread(&num, sizeof(int), 1, arq) == 1) {
7	media = media + num[0];	media = media + num;

As duas versões, tanto a da coluna 'De' quanto a da coluna 'Para', são equivalentes, pois um ponteiro para um vetor de int é convertido em um ponteiro para int, apontando para o seu primeiro elemento.

O programa do exemplo anterior também poderia ler todos os valores de uma única vez, armazenando-os em um vetor suficientemente grande, e depois calcular a média a partir dos elementos desse vetor. ∎

EXEMPLO 13.18 O programa a seguir lê até 1.000 elementos do arquivo valores.bin, armazenando-os no vetor num. A função fread retorna a quantidade de elementos efetivamente lidos. Essa quantidade é usada como controle, no comando for, para percorrer apenas os valores lidos.

Neste exemplo, se o arquivo possui mais do que 1.000 valores, os valores remanescentes não são lidos.

```
#include <stdio.h>
int main(void) {
  FILE *arq = fopen("valores.bin", "rb");
  int num[1000];
  size_t qtd_num = 0; double media = 0.0;
  qtd_num = fread(num, sizeof(int), 1000, arq);
  for (size_t i = 0; i < qtd_num; i++) {
    media = media + num[i];
  }
  media = media / qtd_num;
  printf("media = %f\n", media);
  fclose(arq);
  return 0;
}
```
∎

Quando os registros de um arquivo são compostos por vários campos o mais adequado é organizá-los como um valor de um tipo struct. Desse modo, pode-se realizar a leitura e gravação de toda a estrutura.

EXEMPLO 13.19 O programa a seguir é semelhante ao do Exemplo 13.13. Agora, a estrutura struct reg é utilizada para organizar os campos dos registros do arquivo alunos.bin. As informações armazenadas na variável reg_aluno (do tipo struct reg) são gravadas pelo comando fwrite.

```
#include <stdio.h>
#include <string.h>
#include <stdbool.h>
#define QTD (31)
char *le_linha(char *, int);
void limpa_linha(void);
int main(void) {
  struct reg {
```

```
    int   seq;
    char  nome[QTD];
    double n1, n2;
} reg_aluno;
FILE *arq;
reg_aluno.seq = 0;
arq = fopen("alunos.bin", "wb");
do {
  printf("Nome aluno ");
  printf("(<Enter> p/terminar): ");
  le_linha(reg_aluno.nome, QTD);
  if (reg_aluno.nome[0] == '\0') {
    break;
  }
  (reg_aluno.seq)++;
  printf("Primeira nota: ");
  scanf("%lf", &(reg_aluno.n1));
  printf("Segunda nota: ");
  scanf("%lf", &(reg_aluno.n2));
  limpa_linha();
  fwrite(&reg_aluno, sizeof(struct reg), 1, arq);
} while (true);
fclose(arq);
return 0;
}
```

Esse programa não trata erros nem mostra o código das funções `le_linha`, descrita no Exemplo 13.9, e `limpa_linha`, descrita no Exemplo 12.25. ∎

13.6 ATUALIZAÇÃO DE ARQUIVOS

Os arquivos abertos para atualização permitem a leitura e a gravação de seus dados. Os seguintes modos (e os modos binários correspondentes) podem ser usados para abrir um arquivo para atualização:

r+   Abre um arquivo para atualização. O arquivo deve existir. O cursor pode ser reposicionado para permitir tanto a leitura quanto a sobreposição de dados previamente gravados.

w+   Cria um arquivo vazio para atualização. Se o arquivo já existir, um novo arquivo vazio é criado, sobrepondo-se ao anterior. O cursor pode ser reposicionado para permitir tanto a leitura quanto a sobreposição de dados previamente gravados.

a+   Cria ou abre um arquivo para atualização. Se o arquivo já existir, seus dados são preservados. A gravação nesse modo ocorre sempre ao final do arquivo, independentemente da posição do cursor que, entretanto, pode ser reposicionado para permitir a leitura de dados previamente gravados.

Após cada operação de leitura ou gravação o cursor avança para a posição imediatamente posterior ao dado lido ou gravado.

13.6.1 Posicionando o cursor de leitura e gravação

As operações de posicionamento do cursor permitem modificar o ponto a partir do qual a próxima operação de leitura ou gravação é realizada. São importantes para arquivos abertos para atualização e mais adequadas a arquivos binários, mas podem ser aplicadas também a arquivos-textos abertos apenas para leitura ou gravação.

- int fsetpos(FILE *arq, const fpos_t *pos)

   Move o cursor de posição da via apontada por arq para a posição indicada pela estrutura apontada por pos.

   Valor de retorno. Zero, se a operação é bem-sucedida. Em caso de falha, a função retorna um valor diferente de zero e armazena um valor positivo em errno[5].

   A estrutura apontada por pos, do tipo fpos_t declarado em stdio.h, possui as informações necessárias ao correto posicionamento do cursor. Seu conteúdo é dependente da implementação e deve ser obtido com a função fgetpos.

- int fgetpos(FILE *arq, const fpos_t *pos)

   Armazena na estrutura apontada por pos as informações relativas à posição corrente da via apontada por arq.

   Valor de retorno. Zero, se a operação é bem-sucedida. Em caso de falha, a função retorna um valor diferente de zero e armazena um valor positivo em errno.

EXEMPLO 13.20 O programa a seguir atualiza o arquivo alunos.txt do Exemplo 13.13. O arquivo é aberto para atualização no modo r+, portanto deve existir.

A leitura e atualização dos registros são controladas pelo comando while das linhas 12-39. Cada registro é lido na linha 14 e seus dados são impressos na linha 17. Após a impressão do registro, o programa exibe um menu de opções permitindo ao usuário optar por manter o registro, modificá-lo ou terminar o programa. O menu é exibido através da função escolhe_opcao (linhas 43-55). A escolha do usuário é armazenada na variável opcao e usada pelo comando switch para executar a opção escolhida.

O programa para, com a interrupção do while, quando a leitura atinge o fim do arquivo (linha 15) ou quando o usuário escolhe a opção 9 (linha 20). Se o usuário escolher a opção 1 (alterar o registro), o programa solicita que ele digite novos valores para o nome e as notas do aluno, e atualiza o registro com os valores informados, o sequencial não é modificado (linhas 23-34). O procedimento de atualização envolve a sobreposição dos valores já gravados do seguinte modo:

1. Antes da leitura de um registro a posição do cursor é obtida na linha 13.

   ```
   ...6.32\n 2 Ines Pereira 8.3 6.15\n 3 Leonardo...
             ↑
   ```

2. Ao realizar a leitura do registro o cursor é reposicionado após o último campo lido.

   ```
   ...6.32\n 2 Ines Pereira 8.3 6.15\n 3 Leonardo...
                                    ↑
   ```

3. Se o usuário optar por atualizar o registro, a função fsetpos da linha 32 posiciona o cursor na mesma posição obtida pela execução anterior de fgetpos, isto é, o cursor é reposicionado no início do registro.

   ```
   ...6.32\n 2 Ines Pereira 8.3 6.15\n 3 Leonardo...
             ↑
   ```

---

[5] A variável errno é usada como indicador de erro para algumas funções da biblioteca-padrão, conforme discutido no Capítulo 14.

4. Os novos dados são gravados a partir da posição corrente do cursor, sobrepondo-se aos dados antigos.

...6.32\n 2 Ines Silva   6.2 7.21\n 3 Leonardo...
                                      ↑

```c
#include <stdio.h>
#include <stdbool.h>
#define QTD (31)
char escolhe_opcao(void);
void limpa_linha(void);
int main(void) {
  FILE *arq = fopen("alunos.txt","r+");
  fpos_t pos;
  char nome[31];
  double n1, n2;
  char opcao; int seq;
  while (true) {
    fgetpos(arq, &pos);
    if (fscanf(arq, "%d %30c %lf %lf%*c", &seq, nome, &n1, &n2) == EOF){
      break;
    }
    printf("%2d %30s %5.2f %5.2f\n", seq, nome, n1, n2);
    opcao = escolhe_opcao();
    if (opcao == '9') {
      break;
    }
    switch (opcao) {
      case '1':
        printf("novo nome: ");
        scanf("%30[^\n]", nome);
        limpa_linha();
        printf("nova nota1: ");
        scanf("%lf", &n1);
        printf("nova nota2: ");
        scanf("%lf", &n2);
        limpa_linha();
        fsetpos(arq, &pos);
        fprintf(arq, "%2d %-30s %5.2f %5.2f\n", seq, nome, n1, n2);
        break;
      default:
        printf("mantem os dados\n");
        break;
    } /* fim switch */
  }   /* fim while */
  fclose(arq);
  return 0;
}
char escolhe_opcao(void) {
  char op;
  do {
    printf("Escolha a opcao\n");
    printf("1 - Atualiza\n");
    printf("2 - Mantem\n");
```

```
49        printf("9 - Termina programa\n");
50        printf("opcao: ");
51        scanf("%c", &op);
52        limpa_linha();
53     } while ((op != '1') && (op != '2') && (op != '9'));
54     return op;
55  }
```

A leitura do registro, na linha 14, utiliza a diretiva %*c para ler (e descartar) o caractere de fim de linha gravado após a segunda nota. Para aplicações em que se deseja apenas ler os dados gravados, é possível realizar a leitura explícita do caractere de fim de linha: \n. Entretanto, para aplicações que reposicionam o cursor, a leitura explícita pode não ser adequada, pois o caractere de fim de linha é considerado um caractere de espaço e sua utilização na cadeia de formato faz todos os espaços subsequentes também serem lidos. No programa deste exemplo, se a cadeia de formato "%d %30c %lf %lf\n" fosse utilizada na função de leitura da linha 14, tanto o caractere de fim de linha gravado após a segunda nota quanto os espaços iniciais do próximo registro seriam lidos, prejudicando a obtenção da posição do cursor, que não ficaria posicionado no início do próximo registro (se este tivesse espaços iniciais).

Esse programa possui as mesmas restrições que o programa do Exemplo 13.13: o sequencial não pode ter mais do que 2 dígitos nem as notas mais do que 5 dígitos, incluindo o ponto decimal. A função limpa_linha, descrita no Exemplo 12.25, é chamada após as leituras que deixam um caractere de fim de linha que pode ser consumido indevidamente por uma leitura subsequente (linhas 26, 31 e 52). ∎

O posicionamento do cursor também pode ser realizado indicando-se a quantidade de bytes[6] que se quer deslocar a partir de um ponto determinado.

■ int fseek(FILE *arq, long int deslocamento, int base)

Reposiciona o cursor da via apontada por arq, deslocando-o da quantidade de bytes indicada por deslocamento a partir da posição indicada por base. Os possíveis valores de base são:

SEEK_SET. O cursor é reposicionado a partir do início do arquivo.
SEEK_CUR. O cursor é reposicionado a partir da sua posição corrente.
SEEK_END. O cursor é reposicionado a partir do fim do arquivo.

Valor de retorno. Zero, se a operação for bem-sucedida, ou um valor diferente de zero, se o reposicionamento não puder ser realizado.

O deslocamento pode ser negativo, com o efeito de deslocar o cursor para a esquerda a partir da posição indicada por base. Se a nova posição for anterior ao início do arquivo, a operação falha; se for posterior ao fim do arquivo, o reposicionamento é efetuado, ficando indefinidos os bytes adicionais, entre o último valor gravado e a nova posição do arquivo. Uma operação de leitura falhará se o cursor apontar para uma posição posterior ao fim do arquivo, enquanto uma operação de gravação gravará o novo valor.

---

[6] As referências a bytes e caracteres são intercambiáveis, pois ambos referem-se a CHAR_BIT bits. Em geral, usa-se caractere quando a referência envolve arquivos-textos e byte quando envolve arquivos binários.

EXEMPLO 13.21 O programa a seguir, após gravar em arq os inteiros de 0 a 4 (linhas 5-7), reposiciona o cursor 8 bytes após o fim do arquivo. Nessa posição, a operação de leitura da linha 9 falha, mas a operação de gravação da linha 12 é bem-sucedida e o valor 5 é gravado a partir da posição do cursor: o conteúdo dos bytes adicionados, entre o valor gravado anteriormente (o inteiro 4) e este último (o inteiro 5), é indefinido.

```c
#include <stdio.h>
int main(void) {
  FILE *arq = fopen("exemplo", "wb+");
  int valor = 0;
  for (valor = 0; valor < 5; valor++) {
    fwrite(&valor, sizeof(int), 1, arq);
  }
  fseek(arq, 8, SEEK_END);
  if (fread(&valor, sizeof(int), 1, arq) != 1) {
    printf("leitura falha\n");
  }
  fwrite(&valor, sizeof(int), 1, arq);
  fseek(arq, 0, SEEK_SET);
  while (fread(&valor, sizeof(int), 1, arq) == 1) {
    printf("%d ", valor);
  }
  fclose(arq);
  return 0;
}
```

Após a gravação o cursor é posicionado no início do arquivo (linha 13) e todos os seus valores são impressos. Uma possível saída do programa é:

```
leitura falha
0 1 2 3 4 0 0 5
```

Os dois inteiros entre o 4 e o 5, correspondentes aos 8 bytes adicionados devido ao posicionamento da linha 8, podem variar.

Se o arquivo tivesse sido aberto no modo ab+ não haveria bytes adicionais, pois no modo de adição a gravação sempre ocorre imediatamente após o último byte gravado, independentemente da posição do cursor. ∎

■ `long int ftell(FILE *arq)`

Obtém a posição corrente do cursor da via apontada por arq.

Valor de retorno. Valor que corresponde à posição atual do cursor. Em caso de falha, a função retorna −1L e armazena um valor positivo em errno.

Para arquivos binários o valor de retorno da função ftell corresponde à quantidade de bytes a partir do início do arquivo. Para arquivos-textos o valor não representa necessariamente a quantidade de caracteres, porque pode haver caracteres multibytes, mas pode ser usado pela função fseek para indicar o deslocamento a partir do início do arquivo.

EXEMPLO 13.22 O programa do Exemplo 13.20 pode usar as funções `ftell` e `fseek` com as seguintes mudanças:

Linha	De	Para
8	`fpos_t pos;`	`long int pos;`
13	`fgetpos(arq, &pos);`	`pos = ftell(arq);`
32	`fsetpos(arq, &pos);`	`fseek(arq, pos, SEEK_SET);`

A versão do programa com as funções `ftell` e `fseek` é funcionalmente equivalente à original. ∎

- `void rewind(FILE *arq)`

  Posiciona o cursor da via apontada por `arq` em seu início.

  Valor de retorno. Não retorna valor.

13.6.2 Atualizando arquivos binários

Os arquivos binários podem ter bits de preenchimento após o último byte gravado. Assim, não é garantido que o movimento do cursor a partir do fim de um arquivo binário (`SEEK_END`) resulte no posicionamento desejado. De todo modo, os arquivos binários são mais adequados para as operações de atualização do que os arquivos-textos, já que nos arquivos binários os valores são gravados em sua representação binária e, para um dado tipo, todos têm o mesmo tamanho, facilitando as operações de reposicionamento.

13.6.3 Atualizando arquivos-textos

O padrão da linguagem admite que suas implementações tratem os arquivos-textos criados ou abertos para atualização como arquivos binários. Entretanto, os arquivos-textos não são adequados para operações de atualização, pois nem sempre um caractere corresponde a um único grupo de `CHAR_BIT` bits, fazendo o resultado das operações de reposicionamento baseadas em deslocamento de caracteres (bytes) não ser confiável. Se necessário, aconselha-se usar o reposicionamento em arquivos-textos em uma das seguintes formas:

a) Posicionar o cursor com `fsetpos` em posições obtidas com `fgetpos`, como ilustra o Exemplo 13.20.

b) Posicionar o cursor com `fseek` para deslocamentos, a partir do início, de distâncias obtidas com `ftell`, como ilustra o Exemplo 13.22.

c) Posicionar o cursor no início ou fim do arquivo usando a função `fseek` e deslocamento 0.

EXEMPLO 13.23 O programa a seguir lista os registros do arquivo do Exemplo 13.19, correspondentes aos sequenciais informados pelo usuário.

A função `scanf` da linha 23 lê o sequencial informado pelo usuário. Se ele corresponder a um registro válido, os dados do registro são lidos e exibidos; em caso contrário, o programa imprime uma mensagem de erro. Após o tratamento de um sequencial o programa reinicia o processamento (comando `do`, linhas 21-37), lendo um novo sequencial e terminando quando o usuário digitar um valor menor ou igual a 0.

Para decidir se um sequencial corresponde a um registro válido, primeiro calcula-se, na linha 27, a posição de início do registro: se o tamanho do registro é igual a 43 caracteres, o registro de sequencial 1 inicia na posição 0, o de sequencial 2, na posição 43, e assim por diante. Depois compara-se, na linha 28, a posição calculada com a posição de início do último registro: se esta for menor que aquela, então o registro calculado não existe no arquivo.

A posição do último registro é obtida nas linhas 18-20 subtraindo-se o tamanho do registro da posição que indica o fim do arquivo. Não se utiliza diretamente o valor que indica o fim do arquivo porque os arquivos binários podem ter bits de preenchimento no seu final.

```
1   #include <stdio.h>
2   #include <string.h>
3   #include <stdbool.h>
4   #define QTD (31)
5   char *ler_linha(char *);
6   int main(void) {
7     FILE *arq;
8     struct reg {
9       int   seq;
10      char  nome[QTD];
11      double n1, n2;
12    } reg_aluno;
13    int seq;
14    long int pos, pos_final;
15    size_t tam_reg;
16    reg_aluno.seq = 0;
17    arq = fopen("alunos.bin", "rb");
18    tam_reg = sizeof(struct reg);
19    fseek(arq, 0, SEEK_END);
20    pos_final = ftell(arq) - tam_reg;
21    do {
22      printf("Num. sequencia: ");
23      scanf("%d", &seq);
24      if (seq <= 0) {
25        break;
26      }
27      pos = (seq - 1) * tam_reg;
28      if (pos > pos_final) {
29        printf("Reg %d inexiste\n", seq);
30      } else {
31        fseek(arq, pos, SEEK_SET);
32        fread(&reg_aluno, tam_reg, 1, arq);
33        printf("%2d %s %5.2f %5.2f\n",
34               reg_aluno.seq, reg_aluno.nome,
35               reg_aluno.n1, reg_aluno.n2);
36      }
37    } while (true);
38    fclose(arq);
39    return 0;
40  }
```

Uma vez decidido que o sequencial pertence a um registro válido, o cursor é posicionado no início do registro (linha 31) e seus dados são lidos e exibidos. ∎

EXEMPLO 13.24 O programa anterior poderia permitir a modificação dos registros lidos, em vez de apenas exibi-los. Após a exibição de um registro, caso o usuário decidisse modificá-lo, novos valores seriam lidos e o novo registro gravado, sobrepondo-se ao anterior. A sequência de ações seria algo como:

1. Obter os novos dados e armazená-los na estrutura `reg_aluno`.
2. Reposicionar o cursor no início do registro a ser modificado: `fseek(arq, pos, SEEK_SET);`
3. Gravar o novo registro: `fwrite(&reg_aluno, tam_reg, 1, arq);` ■

13.6.4 Descarregando a área de armazenamento temporário de um arquivo

O uso de áreas de armazenamento temporário faz as operações de gravação nem sempre serem imediatamente refletidas no arquivo físico correspondente. Por isso, quando um arquivo é aberto para atualização, as operações de gravação não devem ser seguidas de uma operação de leitura, sem que haja antes uma operação para descarregar a área de armazenamento temporário do arquivo (`fflush`) ou uma operação de posicionamento do cursor (`fseek`, `fsetpos` ou `rewind`). Da mesma forma, as operações de leitura não devem ser seguidas de uma operação de gravação, sem que haja antes uma operação de posicionamento, exceto se a leitura fizer o cursor apontar para o fim do arquivo.

■ `int fflush(FILE *arq)`

Descarrega a área de armazenamento temporário da via apontada por `arq`. Se a via é de gravação ou de atualização e a operação mais recente não é de entrada, então esta função força a gravação dos dados ainda não gravados. Nos demais casos o comportamento é indefinido.

Valor de retorno. Zero, se bem-sucedida, ou `EOF`, em caso contrário.

Se o argumento de `fflush` é o ponteiro nulo, então a função é aplicada a toda via para a qual seu comportamento é definido (gravação ou atualização em que a operação mais recente não é de entrada).

13.7 MANUTENÇÃO E OUTRAS OPERAÇÕES SOBRE ARQUIVOS

13.7.1 Redirecionando as vias de comunicação

■ `FILE *freopen(const char * restrict nome_arq, const char * restrict modo, FILE * restrict arq)`

Abre o arquivo cujo nome é apontado por `nome_arq`, no modo apontado por `modo`, e o associa à via apontada por `arq`. A função tenta inicialmente fechar qualquer arquivo associado a `arq`, para só então proceder a abertura do novo arquivo no modo indicado. Se `nome_arq` é nulo, a função tenta modificar o modo de operação do arquivo associado à via apontada por `arq`.

Valor de retorno. O ponteiro `arq` ou o ponteiro nulo, se a operação falhar.

As mudanças de modo permitidas para um arquivo já aberto (executando-se a função `freopen` com um nome nulo) dependem da implementação. Um uso comum da função `freopen` é associar arquivos convencionais às vias-padrões `stderr`, `stdin` e `stdout`, já que esses identificadores podem ser implementados como variáveis não modificáveis.

EXEMPLO 13.25   O programa a seguir redireciona a entrada-padrão para um arquivo cujo nome está armazenado em `nome_tmp`. O arquivo é criado na linha 8 e o comando `for` das linhas 9-11 grava nele os números do vetor `nums`. O redirecionamento ocorre com o comando `freopen`, na linha 13. Desse ponto em diante, toda leitura do teclado (linha 15) é realizada a partir do arquivo associado a `stdin`. Isto é, o programa lerá os números 2, 3, 10, 2, 14 e 0, que estão gravados no arquivo `teclado.txt`.

```
1   #include <stdio.h>
2   int main(void) {
3     int nums[] = {2, 3, 10, 2, 14, 0, 11};
4     FILE *arq;
5     char nome_tmp[] = "teclado.txt";
6     int val, soma = 0, qtd = 0;
7     size_t lim = sizeof(nums)/sizeof(int);
8     arq = fopen(nome_tmp, "w");
9     for (size_t i = 0; i < lim; i++) {
10       fprintf(arq, "%d ", nums[i]);
11    }
12    fclose(arq);
13    freopen(nome_tmp, "r", stdin);
14    do {
15      scanf("%d", &val);
16      if (val > 0) {
17        soma = soma + val;
18        qtd++;
19      }
20    } while (val > 0);
21    printf("media= %f\n",((double)soma)/qtd);
22    return 0;
23  }
```

Esse programa não verifica se a operação de redirecionamento foi bem-sucedida. ∎

13.7.2   Usando arquivos e nomes temporários

Algumas aplicações requerem a criação de arquivos temporários para, por exemplo, armazenar registros que podem posteriormente ser restaurados ou informações de recuperação que devem ser mantidas apenas em caso de término anormal do programa.

- **FILE *tmpfile(void)**

    Cria um arquivo temporário binário, aberto para atualização no modo `wb+`. O arquivo é diferente de qualquer outro existente no ambiente de execução, sendo removido quando fechado ou ao término normal do programa. Se o programa termina anormalmente, o comportamento com relação à remoção do arquivo é dependente da implementação.

    Valor de retorno. Um ponteiro para a descrição do arquivo ou o ponteiro nulo, se o arquivo não puder ser criado.

EXEMPLO 13.26   O programa a seguir lê o arquivo `valores.bin`, que contém uma sequência de números inteiros, e imprime todos os números múltiplos de 3, na ordem inversa à ordem em que estão gravados no arquivo, se o total desses números for maior do que 1.000.

O comando while (linhas 6-11) lê os números, totalizando e gravando em um arquivo temporário (linha 8) aqueles que são múltiplos de 3. Se ao final o total for maior do que 1.000, o programa percorre o arquivo temporário, imprimindo os seus números na ordem inversa à que foram gravados.

Para a leitura do arquivo temporário o cursor de leitura é inicialmente posicionado no início do último número gravado (linha 13). O comando do (linhas 14-17) lê um número, imprime-o e reposiciona o cursor no início do número anterior ao último lido. A iteração prossegue enquanto o reposicionamento puder ser realizado.

```
1   #include <stdio.h>
2   int main(void) {
3     FILE *arqE = fopen("valores.bin", "rb");
4     FILE *arqT = tmpfile();
5     int num, soma = 0;
6     while (fread(&num, sizeof(int), 1, arqE) == 1) {
7       if ((num % 3) == 0) {
8         fwrite(&num, sizeof(int), 1, arqT);
9         soma = soma + num;
10      }
11    }
12    if (soma > 1000) {
13      fseek(arqT, -sizeof(int), SEEK_CUR);
14      do {
15        fread(&num, sizeof(int), 1, arqT);
16        printf("%d\n", num);
17      } while (fseek(arqT, -2 * sizeof(int), SEEK_CUR) == 0);
18    }
19    fclose(arqE); fclose(arqT);
20    return 0;
21  }
```

Ao final do programa, quando o arquivo temporário é fechado, ele é automaticamente removido do ambiente de execução. ■

■ char *tmpnam(char *nome_arq)

Gera um nome que pode ser usado como nome de arquivo, pois será diferente de qualquer nome de arquivo existente no ambiente de execução.

Se nome_arq não é nulo, então deve apontar para uma cadeia de caracteres de no mínimo L_tmpnam caracteres: o nome gerado será armazenado nessa cadeia. Se nome_arq é nulo, o nome gerado é armazenado em uma variável estática interna. Chamadas subsequentes a tmpnam podem modificar a variável estática interna que já tenha sido usada em alguma chamada anterior. A função gera um nome diferente cada vez que é chamada, podendo gerar até TMP_MAX[7] nomes.

Valor de retorno. Um ponteiro para a cadeia gerada, que aponta ou para a cadeia fornecida como argumento ou para uma variável estática interna. Se um nome não puder ser gerado, a função retorna o ponteiro nulo.

---

[7] Os valores de TMP_MAX e L_tmpnam são definidos no arquivo-cabeçalho stdio.h.

EXEMPLO 13.27   O programa a seguir ilustra o uso da função `tmpnam`. Em alguns ambientes é possível que, após a terceira chamada à função `tmpnam`, as cadeias `nome2` e `nome3` tenham o mesmo conteúdo.

```
#include <stdio.h>
int main(void) {
  char nome1[L_tmpnam], *nome2, *nome3;
  if (tmpnam(nome1) != NULL) {
    printf("gerou %s\n", nome1);
  }
  nome2 = tmpnam(NULL);
  printf("gerou %s\n", nome2);
  nome3 = tmpnam(NULL);
  printf("gerou %s e %s\n", nome2, nome3);
  return 0;
}
```
■

13.7.3   Removendo e renomeando arquivos

- `int remove(const char *nome_arq)`

  Remove o arquivo de nome `nome_arq`. O arquivo deve estar fechado, o comportamento sobre um arquivo aberto é dependente da implementação.

  Valor de retorno. Zero, se bem-sucedida, ou um valor diferente de zero, em caso de falha.

- `int rename(const char *nome_antigo, const char *nome_novo)`

  Muda o nome do arquivo de `nome_antigo` para `nome_novo`. O arquivo deve estar fechado e não deve existir um arquivo com o novo nome, sendo o comportamento dependente da implementação, caso exista.

  Valor de retorno. Zero, se bem-sucedida, ou um valor diferente de zero, em caso de falha.

13.7.4   Redimensionando as áreas de armazenamento temporário

As vias de comunicação podem ter áreas de armazenamento temporário que servem para otimizar as operações de leitura e gravação:

1. Os caracteres gravados nas vias **sem armazenamento temporário** são enviados para gravação física no arquivo associado logo que possível. A leitura também é realizada caractere a caractere.

2. Os caracteres gravados nas vias com **armazenamento (temporário) completo** são enviados para gravação física no arquivo associado, como um bloco, quando a área de armazenamento temporário fica cheia. A leitura também é realizada como um bloco, de forma a preencher toda a área de armazenamento temporário.

3. Os caracteres gravados nas vias com **armazenamento (temporário) em linha** são enviados para gravação física no arquivo associado tão logo um caractere de fim de linha é gravado na área de armazenamento temporário. A leitura também é feita linha a linha, sendo os caracteres transmitidos para a área de armazenamento temporário tão logo um caractere de fim de linha é lido.

■ `int setvbuf(FILE * restrict arq, char * restrict buffer, int modo, size_t tam)`

Determina que o vetor (de caracteres não sinalizados) apontado por `buffer` seja usado como área de armazenamento temporário nas operações de entrada e saída relacionadas ao arquivo associado a `arq`. O tamanho da área de armazenamento temporário é dado por `tam` e `modo` pode ser `_IOFBF` (para armazenamento completo), `_IOLBF` (para armazenamento em linha) ou `_IONBF` (quando não há armazenamento temporário). Se `buffer` for nulo, os dados enviados para a área de armazenamento são colocados em um vetor de tamanho `tam` alocado pela própria função. O conteúdo de `buffer` é indeterminado a qualquer tempo.

Valor de retorno. Zero, se bem-sucedida, ou um valor diferente de zero, em caso de falha.

A função `setvbuf` só pode ser usada se a via apontada por `arq` está associada a um arquivo aberto e antes da realização de qualquer operação no arquivo (exceto, possivelmente, uma operação `setvbuf` malsucedida).

■ `void setbuf(FILE * restrict arq, char * restrict buffer)`

Equivale a `setvbuf(arq, buffer, _IOFBF, BUFSIZ)` ou, se `buffer` for nulo, a `setvbuf(arq, NULL, _IONBF, BUFSIZ)`. A macro `BUFSIZ` é definida no arquivo-cabeçalho `stdio.h` e estabelece um tamanho-padrão para as áreas de armazenamento temporário, sendo no mínimo 256.

Valor de retorno. Não há valor de retorno.

13.8 FORMAS ALTERNATIVAS DE LEITURA E GRAVAÇÃO

13.8.1 Usando cadeias de caracteres

As cadeias de caracteres podem ser usadas como fonte e repositório de dados. As funções `sprintf`, `snprintf` e `sscanf` são equivalentes às suas congêneres `fprintf` e `scanf`, exceto pelo uso de uma cadeia de caracteres como fonte ou repositório de dados.

■ `int sprintf(char * restrict cadeia, const char * restrict formato, ...)`

Grava na cadeia de caracteres apontada por `cadeia` os valores da parte variável dos argumentos, segundo as diretivas contidas na cadeia apontada por `formato`. O caractere nulo é inserido em `cadeia` imediatamente após a gravação do último argumento. O comportamento é indefinido se a gravação (incluindo o caractere nulo) extrapolar os limites da cadeia de caracteres.

Valor de retorno. A quantidade de caracteres gravados menos o caractere nulo inserido no fim da cadeia ou um valor negativo, se houver erro de formato.

EXEMPLO 13.28 O programa a seguir lê uma sequência de números positivos, terminando com um número menor ou igual a 0, que não faz parte da sequência lida. Após a leitura, o programa grava uma cadeia de caracteres com os números mínimo e máximo, e com a média dos números lidos.

A leitura é controlada pelo comando `while` (linhas 12-22). A cada número lido a soma e os valores mínimo (`min`) e máximo (`max`) são atualizados, e o contador de números lidos (`qtd`) é incrementado. Quando a leitura termina, a cadeia formula é gravada na linha 24 com o menor, o maior e a média dos números lidos, sendo impressa em seguida.

```
1   #include <stdio.h>
2   #include <float.h>
3   #define QTDC (35)
4   int main(void) {
5     char formula[QTDC];
6     double min = DBL_MAX, max = DBL_MIN;
7     double num, soma = 0.0;
8     int qtd = 0;
9     printf("digite uma serie de numeros ");
10    printf("(zero p/ terminar):\n");
11    scanf("%lf", &num);
12    while (num > 0.0) {
13      qtd++;
14      soma = soma + num;
15      if (num < min) {
16        min = num;
17      }
18      if (num > max) {
19        max = num;
20      }
21      scanf("%lf", &num);
22    }
23    if (qtd > 0) {
24      sprintf(formula, "%5.2f %5.2f %5.2f", min, max, (soma / qtd));
25      printf("cadeia= |%s|\n", formula);
26    }
27    return 0;
28  }
```

As diretivas %5.2f estabelecem que no mínimo 5 caracteres são utilizados na gravação de cada número, mas a gravação pode ultrapassar o tamanho alocado para a cadeia formula, se os números ocuparem mais espaço que o previsto pelo programa. ■

■ int snprintf(char * restrict cadeia, size_t n,
                         const char * restrict formato, ...)
Grava na cadeia de caracteres apontada por cadeia os valores da parte variável dos argumentos, segundo as diretivas contidas na cadeia apontada por formato, até o máximo de n − 1 caracteres. Todas as diretivas são avaliadas e todos os caracteres são produzidos, mas apenas os n − 1 caracteres iniciais são gravados, os demais são descartados. O caractere nulo é inserido imediatamente após a gravação do último argumento. O comportamento é indefinido se a gravação (incluindo o caractere nulo) extrapolar os limites de cadeia.

Valor de retorno. O número de caracteres da saída, antes da gravação. Isto é, o valor de retorno corresponde ao número de caracteres que seriam gravados se o valor de n fosse suficientemente grande. O valor de retorno é negativo caso ocorra algum erro de formato. Desse modo, os caracteres da saída são completamente gravados apenas se o valor de retorno for positivo e menor que n.

A função snprintf é preferível a sprintf porque permite estabelecer um limite para a quantidade de caracteres gravados.

- `int sscanf(char * restrict cadeia, const char * restrict formato, ...)`
  Lê da cadeia de caracteres apontada por `cadeia` os valores que correspondem às diretivas da cadeia apontada por `formato`, armazenando-os nas variáveis indicadas na parte variável dos argumentos.

  Valor de retorno. A quantidade de valores atribuídos ou `EOF`, caso haja algum erro antes de qualquer conversão.

A cadeia usada como fonte dos dados deve ser terminada pelo caractere nulo, cuja leitura equivale ao fim de arquivo. O comportamento é indefinido, caso não seja.

EXEMPLO 13.29 A função `ver_media` a seguir ilustra um uso da função `sscanf` e poderia compor o programa do exemplo anterior. Ela recebe uma cadeia de caracteres, lê da cadeia três valores e armazena-os nas variáveis `min`, `max` e `media`.

Os valores lidos são impressos apenas se a diferença `max - min` for maior que `media`.

```
void ver_media(char formula[]) {
  double min, max, media;
  sscanf(formula, "%lf %lf %lf", &min, &max, &media);
  if (max - min > media) {
    printf("min %.2f max %.2f", min, max);
    printf(" media %.2f\n", media);
  }
}
```
■

13.8.2 Usando funções de argumentos variáveis

As funções `vprintf`, `vfprintf`, `vsprintf`, `vsnprintf`, `vscanf`, `vfscanf` e `vsscanf` são equivalentes às suas congêneres `printf`, `fprintf`, `sprintf`, `snprintf`, `scanf`, `fscanf` e `sscanf`, exceto pelo uso de uma lista de argumentos variáveis, do tipo `va_list`, para indicar os argumentos da parte variável.

- `int vprintf(const char * restrict formato, va_list arg)`
- `int vfprintf(FILE * restrict arq, const char * restrict formato, va_list arg)`
- `int vsprintf(char * restrict cadeia, const char * restrict formato, va_list arg)`
- `int vsnprintf(char * restrict cadeia, size_t n, const char * restrict formato, va_list arg)`
- `int vscanf(const char * restrict formato, va_list arg)`
- `int vfscanf(FILE * restrict arq, const char * restrict formato, va_list arg)`
- `int vsscanf(const char * restrict cadeia, const char * restrict formato, va_list arg)`

A lista de argumentos `arg` deve ser iniciada com a macro `va_start` e finalizada com a macro `va_end`. Sempre que um argumento é consumido com a macro `va_arg` ele deixa de fazer parte da lista.

EXEMPLO 13.30 A função `imp_vals` a seguir é definida como uma função de argumentos variáveis, com o primeiro indicando a quantidade dos demais argumentos. A lista de argumentos variáveis é iniciada na linha 3 e o comando `for` (linhas 4-7) é usado para percorrê-la.

A função `vprintf`, na linha 5, imprime o primeiro argumento da lista `args` porque existe apenas uma diretiva em sua cadeia de formato. A chamada a `va_arg`, na linha 6, consome um argumento de `args`, de modo que na próxima iteração o argumento seguinte será impresso.

```
1  void imp_vals(int qtd, ...) {
2    va_list args;
3    va_start(args, qtd);
4    for (int i = 0; i < qtd; i++) {
5      vprintf("%5.2f ", args);
6      va_arg(args, double);
7    }
8    va_end(args);
9  }
```

Se essa função for chamada com `imp_vals(3, 3.4, 6.7, 1.2)`, então a execução de `va_start(args, qtd)` inicia a lista `args` com os valores 3,4; 6,7 e 1,2, e as seguintes iterações terão efeito:

1. Na primeira iteração `vprintf("%5.2f", args)` equivale a `printf("%5.2f", 3.4, 6.7, 1.2)`. O valor 3,4 é impresso e a execução de `va_arg(args, double)` consome o próximo valor de `args`, que fica com 6,7 e 1,2.

2. Na segunda iteração `vprintf("%5.2f", args)` equivale a `printf("%5.2f", 6.7, 1.2)`. O valor 6,7 é impresso e a execução de `va_arg(args, double)` consome o próximo valor de `args`, que fica com 1,2.

3. Na terceira iteração `vprintf("%5.2f", args)` equivale a `printf("%5.2f", 1.2)`. O valor 1,2 é impresso. ∎

EXEMPLO 13.31 A função `obtem_vals` a seguir é semelhante à função `imp_vals` do exemplo anterior, com as seguintes diferenças:

1. Como usa uma função de leitura (no caso, `vscanf`), os argumentos variáveis devem ser ponteiros para as variáveis que receberão os valores lidos.

2. A obtenção do próximo argumento com a macro `va_arg` deve ser compatível com o tipo dos argumentos (no caso, `int *`).

```
void obtem_vals(int qtd, ...) {
  va_list args;
  va_start(args, qtd);
  for (int i = 0; i < qtd; i++) {
    printf("Digite um valor inteiro: ");
    vscanf("%d", args);
    va_arg(args, int *);
  }
  va_end(args);
}
```

A função `main` a seguir mostra como a função `obtem_vals` pode ser chamada:

```
#include <stdio.h>
#include <stdarg.h>
void obtem_vals(int, ...);
int main(void) {
```

```
        int nums[3];
        int v1, v2;
        obtem_vals(2, &v1, &v2);
        printf("%d %d\n", v1, v2);
        obtem_vals(3, nums, nums + 1, nums + 2);
        for (int i = 0; i < 3; i++) {
          printf("%d ", nums[i]);
        }
        return 0;
      }
```
∎

13.9 LEITURA E GRAVAÇÃO DE CARACTERES MULTIBYTES

As funções que permitem a leitura e a gravação de caracteres multibytes são declaradas no cabeçalho wchar.h, juntamente com os tipos e macros apropriados para lidar com caracteres multibytes e estendidos. O tipo wchar_t é usado para representar os caracteres estendidos e o tipo wint_t é um tipo inteiro que pode representar todos os valores do tipo wchar_t e mais um valor distinto, que corresponde ao fim de arquivo (definido pela macro WEOF).

Os caracteres multibytes são representados internamente como caracteres estendidos, do tipo wchar_t. Quando um caractere multibyte é lido de uma fonte orientada a caracteres multibytes, os bytes que o representam são convertidos em um único valor do tipo wchar_t. Do mesmo modo, quando um caractere estendido, do tipo wchar_t, é gravado em um repositório multibyte, ele é convertido na sequência de bytes que o representa. A conversão é determinada pela localização em vigor, associada à via utilizada para a leitura (ou gravação). Uma função que leia ou grave caracteres multibytes, convertendo-os nos caracteres estendidos correspondentes, é chamada de função estendida ou multibyte.

Para a maioria das funções de leitura e gravação de caracteres básicos existe uma função estendida associada. O comportamento das funções estendidas é idêntico aos das funções básicas correspondentes, excetuando-se o tipo dos valores envolvidos. As tabelas a seguir mostram as declarações das funções estendidas, juntamente com o nome das funções básicas associadas.

Leitura e gravação de caracteres multibytes

Básica	Estendida/multibyte
getchar	wint_t getwchar(void)
fgetc	wint_t fgetwc(FILE *arq)
getc	wint_t getwc(FILE *arq)
ungetc	wint_t ungetwc(wint_t c, FILE *arq)
putchar	wint_t putwchar(wchar_t c)
fputc	wint_t fputwc(wchar_t c, FILE *arq)
putc	wint_t putwc(wchar_t c, FILE *arq)
fgets	wchar_t *fgetws(wchar_t * restrict linha, int n, FILE * restrict arq)
fputs	int fputws(const wchar_t * restrict linha, FILE * restrict arq)

As funções estendidas cujo valor de retorno é do tipo `wint_t` retornam o valor `WEOF`, em caso de falha (em todas as situações em que suas congêneres retornam `EOF`). Além disso, as funções `fgetwc` e `fputwc` armazenam o valor `EILSEQ` em `errno`, se ocorre um erro na codificação dos caracteres.

Os literais caracteres e cadeias de caracteres usados nas funções estendidas devem ser do tipo estendido, caracterizados pelo prefixo L.

EXEMPLO 13.32 A expressão `putwc(L'ã', arq)` grava corretamente o caractere 'ã' na via apontada por `arq`, enquanto `putwc('ã', arq)` resulta na gravação de um valor errado, pois

1. O caractere 'ã' é um caractere estendido, pois não faz parte do conjunto básico de caracteres. O prefixo L faz com que ele seja corretamente interpretado: sua representação interna é convertida na sequência de bytes apropriada, que é enviada à via apontada por `arq`.

2. Sem o prefixo L a representação interna do caractere 'ã' não é convertida apropriadamente, já que ele não é interpretado como um caractere estendido.

Do mesmo modo, a expressão `fputws(L"ação", stdout)` causa a exibição da cadeia de caracteres estendidos "ação" (que será correta se o terminal de vídeo puder exibir esses caracteres estendidos), enquanto a expressão `fputws("ação", stdout)` faz os códigos internos dos caracteres da cadeia serem erroneamente interpretados. ∎

Entrada e saída formatadas

Básica	Estendida/multibyte
printf	int wprintf(const wchar_t * restrict formato, ...)
scanf	int wscanf(const wchar_t * restrict formato, ...)
fprintf	int fwprintf(FILE * restrict arq, const wchar_t * restrict formato, ...)
fscanf	int fwscanf(FILE * restrict arq, const wchar_t * restrict formato, ...)
snprintf	int swprintf(wchar_t * restrict cadeia, size_t n, const wchar_t * restrict formato, ...)
sscanf	int swscanf(const wchar_t * restrict cadeia, const wchar_t * restrict formato, ...)
vprintf	int vwprintf(const wchar_t * restrict formato, va_list arg)
vfprintf	int vfwprintf(FILE * restrict arq, const wchar_t * restrict formato, va_list arg)
vsnprintf	int vswprintf(wchar_t * restrict cadeia, size_t n, const wchar_t * restrict formato, va_list arg)
vscanf	int vwscanf(const wchar_t * restrict formato, va_list arg)
vfscanf	int vfwscanf(FILE * restrict arq, const wchar_t * restrict formato, va_list arg)
vsscanf	int vswscanf(const wchar_t * restrict cadeia, const wchar_t * restrict formato, va_list arg)

Nas funções estendidas formatadas, tanto a cadeia de formato deve ser estendida, caracterizada pelo prefixo L, quanto as diretivas devem ser compatíveis com o tipo dos argumentos.

EXEMPLO 13.33 A expressão

```
wprintf(L"%.2ls %.2s %.2ls %.2s\n", L"ação", "sutil", "sutil", L"ação")
```

imprime corretamente apenas os dois primeiros argumentos, já que

1. A diretiva %.2ls imprime os dois primeiros caracteres da cadeia de caracteres estendidos L"ação", assim como a diretiva %.2s imprime corretamente os dois primeiros caracteres da cadeia de caracteres básicos "sutil".
2. As demais diretivas provocam a conversão do tipo do argumento no tipo indicado por elas, resultando em valores errados. ∎

13.9.1 Lendo e gravando caracteres multibytes

Os programas que leem e gravam caracteres multibytes devem:

1. Definir a orientação da via de comunicação para permitir que a leitura (ou gravação) de um caractere obtenha (ou produza) todos os bytes que o compõem.
2. Definir a localização utilizada na interpretação dos caracteres multibytes para permitir a correta conversão desses caracteres em caracteres estendidos, e vice-versa.
3. Utilizar as funções de leitura e gravação apropriadas.

Definindo a orientação das vias de comunicação

Assim que são criadas, as vias de comunicação não possuem orientação, que é definida pela função `fwide` ou através da primeira operação de leitura ou gravação. A primeira operação de leitura ou gravação determina a orientação da via (se ela já não estiver orientada) do seguinte modo: se a operação é realizada através de uma função de caracteres básicos, a via será orientada a bytes; se, por outro lado, a operação é realizada através de uma função estendida, a via será orientada a caracteres multibytes.

- **int fwide(FILE *arq, int modo)**

    Determina ou obtém a orientação da via apontada por `arq`. Se `modo` for positivo, a via será orientada a caracteres multibytes; se for negativo, a via será orientada a bytes; e se for igual a 0, a orientação não é modificada. Esta função não muda a orientação de uma via que já possua orientação.

    Valor de retorno. Um valor positivo, se a via é orientada a caracteres multibytes; um valor negativo, se a via é orientada a bytes; ou o valor 0, se a via não possui orientação. O valor de retorno corresponde à orientação da via após a execução da função, que pode ser idêntica à orientação original.

    Uma vez definida a orientação de uma via, ela não pode ser modificada, exceto se for reaberta (com `freopen`). As funções de entrada e saída devem ser compatíveis com a orientação das vias de comunicação que utilizam: o comportamento é indefinido se uma função multibyte utiliza uma via orientada a bytes, ou se uma função de caracteres básicos utiliza uma via multibyte.

EXEMPLO 13.34 Os programas deste exemplo ilustram as várias formas usadas para determinar a orientação de uma via de comunicação.

No programa a seguir, a primeira impressão faz a saída-padrão ser orientada a bytes, já que utiliza a função `printf` que lida com caracteres do conjunto básico. Do mesmo modo, a função `fgets`, que também lida com caracteres básicos, faz a entrada-padrão ser orientada a bytes. As funções `fwide` apenas obtêm as orientações da entrada-padrão e da saída-padrão, sem modificá-las, pois seu segundo argumento é 0.

```
#include <stdio.h>
#include <wchar.h>
int main(void) {
  char linha[80];
  printf("teclado: %d, video: %d\n", fwide(stdin, 0), fwide(stdout, 0));
  fgets(linha, 80, stdin);
  printf("teclado: %d, video: %d\n", fwide(stdin, 0), fwide(stdout, 0));
  return 0;
}
```

No programa a seguir, a primeira impressão faz a saída-padrão ser orientada a caracteres multibytes, já que utiliza a função estendida `wprintf`. Do mesmo modo, a função estendida `fgetws` faz a entrada-padrão ficar orientada a caracteres multibytes.

```
#include <stdio.h>
#include <wchar.h>
int main(void) {
  wchar_t linha[80];
  wprintf(L"teclado: %d, video: %d\n", fwide(stdin, 0), fwide(stdout, 0));
  fgetws(linha, 80, stdin);
  wprintf(L"teclado: %d, video: %d\n", fwide(stdin, 0), fwide(stdout, 0));
  return 0;
}
```

No programa a seguir, as orientações da entrada-padrão e da saída-padrão são determinadas pelas funções `fwide`, que são executadas antes que a primeira impressão seja realizada. A segunda execução das funções `fwide` tenta modificar as orientações estabelecidas, sem êxito.

```
#include <stdio.h>
#include <wchar.h>
int main(void) {
  wchar_t linha[80];
  printf("teclado: %d, video: %d\n", fwide(stdin, 20), fwide(stdout, -5));
  fgetws(linha, 80, stdin);
  printf("teclado: %d, video: %d\n", fwide(stdin, -2), fwide(stdout, 32));
  return 0;
}
```

A execução desses programas, caso o usuário digite a palavra "ola", produz as seguintes saídas (a saída do primeiro programa está na coluna esquerda e a do último, na coluna direita):

```
teclado: 0, video: 0       teclado: 0, video: 0       teclado: 1, video: -1
ola                        ola                        ola
teclado: -1, vídeo: -1     teclado: 1, video: 1       teclado: 1, video: -1
```

■

Além da orientação da via, os programas devem definir a codificação utilizada na interpretação dos caracteres multibytes. As fontes e repositórios multibytes usam vários bytes para representar cada caractere, tipicamente de 1 a 4 bytes, dependendo do alfabeto. A interpretação dos bytes lidos de uma fonte (ou gravados em um repositório) multibyte e sua conversão no caractere estendido correspondente depende da localização da via de comunicação, que deve ser compatível com a localização da fonte (ou repositório) dos dados. A Seção 16.3 mostra como assegurar essa compatibilidade.

13.9.2 Restrições da orientação multibyte

As vias orientadas a caracteres multibytes possuem as mesmas restrições quanto ao posicionamento do cursor de leitura ou gravação que as discutidas nas Seções 13.6.2 e 13.6.3. Como os caracteres multibytes compreendem vários bytes (e mesmo sua representação estendida, como valores do tipo `wchar_t`, pode ocupar mais de um byte), as funções de posicionamento do cursor devem ser usadas com cautela. Se o cursor for posicionado antes do fim de um arquivo, uma gravação posterior pode sobrescrever parcialmente um caractere multibyte previamente gravado.

EXERCÍCIOS

13.1 O que são arquivos-textos e arquivos binários?

13.2 Que operações são permitidas em um arquivo aberto para

a) leitura   b) gravação   c) adição   d) atualização?

13.3 O que diferencia um arquivo aberto para gravação de um aberto para adição?

13.4 Como são organizados os dados em um arquivo?

13.5 Que tipos de formato podem ter os registros de um arquivo? O que caracteriza cada um?

13.6 Qual a diferença entre os seguintes modos de operação, especificados na abertura de um arquivo?

a) `r e r+`   b) `w e w+`   c) `a e a+`

13.7 Por que não se pode garantir que a função `fseek`, em arquivos binários, com o deslocamento a partir do fim do arquivo (`SEEK_END`), resulte no posicionamento desejado?

13.8 Por que não se pode garantir que a função `fseek`, em arquivos-textos, com o deslocamento a partir da posição corrente (`SEEK_CUR`), resulte no posicionamento desejado?

13.9 Quais são as formas de uso seguro da função `fseek` em arquivos-textos?

13.10 Que cuidados se deve ter ao utilizar operações de leitura e gravação em um mesmo arquivo aberto para atualização?

13.11 Faça um programa que leia do teclado e grave em um arquivo-texto `empregados.cad` os registros dos empregados de uma empresa, consistindo cada um em matrícula, nome e salário do empregado. O usuário do programa deve digitar a matrícula, seguida do nome e do salário. O nome deve ser digitado em uma linha separada da linha em que é digitado o salário, isto é, o usuário deve teclar *Enter* para finalizar a digitação do nome. Para cada empregado, o programa deve gravar no arquivo `empregados.cad` uma linha contendo a matrícula, o nome e o salário, no seguinte formato:

⟨*matrícula*⟩ ⟨*nome*⟩ ⟨*salário*⟩

obedecendo às seguintes restrições:

a) A matrícula deve ser um valor do tipo `int`.

b) Todo nome deve ser gravado com exatamente 25 caracteres, desprezando os caracteres excedentes se o nome digitado for maior, ou complementando com espaços, se for menor.

c) O salário deve ser um valor do tipo `double`, gravado com 2 casas decimais.

d) Deve haver exatamente um espaço entre os campos matrícula, nome e salário.

O programa deve terminar assim que o usuário digitar uma matrícula menor ou igual a zero.

13.12 Faça um programa que leia o arquivo `empregados.cad` criado no exercício anterior e imprima a matrícula, o nome e o salário dos empregados com o menor e com o maior salário. Se houver mais de um empregado com o menor (ou maior) salário, deve ser impresso apenas o primeiro desses empregados lidos.

13.13 Faça um programa que crie um arquivo binário contendo pares de números formados do seguinte modo: o usuário digitará uma série de números reais e para cada número digitado o programa deve gravar no arquivo o par

⟨*seq*⟩ ⟨*num*⟩

onde ⟨*num*⟩ é o valor digitado pelo usuário e ⟨*seq*⟩ é um valor inteiro, gerado automaticamente, correspondendo ao sequencial do número digitado pelo usuário, começando com o valor 1. Por exemplo, se o usuário digitar os números 123,45; 23,004 e 88,6, o programa deve gravar no arquivo o número 1 seguido do número 123,45, o número 2 seguido do número 23,004 e o número 3 seguido do número 88,6. O programa deve obedecer às seguintes restrições:

a) O nome do arquivo é `valores.val`.

b) A leitura deve terminar com a digitação do número zero, que não deve ser gravado no arquivo.

c) Os valores de ⟨*seq*⟩ devem ser gravados como valores do tipo `int` e os valores de ⟨*num*⟩ devem ser gravados como valores do tipo `double`.

13.14 Faça um programa que leia o arquivo `valores.val` gerado no Exercício 13.13 e imprima todos os pares de números nele gravados. Os pares devem ser impressos cada um em uma linha.

13.15 Faça um programa que use o arquivo `valores.val` gerado no Exercício 13.13 do seguinte modo: o usuário digita um número inteiro;

a) Se o inteiro não corresponder a um sequencial do arquivo, o programa deve imprimir a mensagem "sequencial invalido".

b) Se o inteiro corresponder a um sequencial existente no arquivo, o programa deve imprimir o valor que corresponde a esse sequencial. Por exemplo, se o terceiro par gravado no arquivo é 3 e 88,6 e o usuário digitar 3, então o programa deve imprimir 88,6.

c) O programa deve terminar quando for digitado o sequencial 0.

13.16 Faça um programa que use o arquivo `valores.val` gerado no Exercício 13.13 do seguinte modo: O usuário digita um número inteiro;

a) Se o inteiro não corresponder a um sequencial do arquivo, o programa deve imprimir a mensagem "sequencial invalido".

b) Se o inteiro corresponder a um sequencial gravado no arquivo, o programa deve

  b.1) imprimir o valor associado ao sequencial digitado,

  b.2) ler um novo valor de teclado, e

  b.3) substituir o valor antigo pelo novo.

Por exemplo, se o quinto par gravado no arquivo é 5 e 23,6 e o usuário digitar 5, então o programa deve imprimir o valor 23,6 e ler um novo valor do teclado. Se o novo valor for −17,84, o quinto par gravado no arquivo deve ser modificado para 5 e −17,84.

c) O programa deve terminar quando o usuário digitar o sequencial 0.

13.17 A função `grv_div3`, cujo protótipo é mostrado a seguir, possui três parâmetros:

`int grv_div3(char *, int, char *);`

o primeiro é um ponteiro para uma cadeia de caracteres, *orig*, terminada pelo caractere nulo, contendo uma série de números inteiros, o segundo é um inteiro positivo *n* e o terceiro um ponteiro para uma cadeia *dest* com exatamente *n* caracteres.

A função deve ler os números contidos na cadeia *orig* e gravar na cadeia *dest* aqueles que forem divisíveis por 3. A cadeia *dest* deve terminar com o caractere nulo e os números nela gravados não devem ultrapassar o seu tamanho. O valor de retorno da função deve ser um inteiro positivo, se todos os números divisíveis por 3 da cadeia *orig* forem gravados corretamente, ou o valor 0, em caso contrário.

Por exemplo, se a cadeia *dest* possuir 8 caracteres, a chamada `grv_div3("23 9 15 14 39", 8, dest)` deve retornar um valor positivo e armazenar em *dest* os seguintes caracteres: "9 15 39". Se possuir apenas 7 caracteres, a função deve retornar o valor 0, pois nem todos os valores divisíveis por 3 de *orig* podem ser gravados em *dest* (nesse caso o conteúdo de *dest* é indefinido).

Codifique a função `grv_div3` para que ela funcione como especificado.

13.18 A função `acumula`, cujo protótipo é mostrado a seguir, é uma função de argumentos variáveis, com três parâmetros fixos:

```
bool acumula(int, char *, int, ...);
```

o primeiro é um inteiro *n*, o segundo um ponteiro para uma cadeia de *n* caracteres, e o terceiro um inteiro que indica a quantidade de parâmetros variáveis. Os parâmetros variáveis são todos do tipo `float`.

A função deve gravar na cadeia apontada pelo segundo parâmetro as somas acumuladas dos parâmetros variáveis: o primeiro valor gravado corresponde ao primeiro parâmetro variável, o segundo corresponde à soma dos primeiro e segundo parâmetros variáveis, o terceiro corresponde à soma dos primeiro, segundo e terceiro parâmetros variáveis, e assim por diante. Por exemplo, se a função for chamada com `acumula(40, res, 3, 2.4, 5.6, 12.8)`, então a cadeia `res` deve ficar com seguinte conteúdo: `"2.4 8 20.8"` (use a diretiva `%g` para imprimir (gravar) os valores do tipo `float`).

A cadeia a ser gravada deve terminar com o caractere nulo e as somas nela gravadas não devem ultrapassar o seu tamanho. A função deve retornar o valor `true`, se todas as somas forem corretamente gravadas, ou o valor `false`, em caso contrário.

Codifique a função `acumula` para que ela funcione como especificado.

13.19 Faça um programa que leia do teclado o nome de um arquivo.

a) Se o arquivo existir, o programa deve solicitar um novo nome para o arquivo e renomeá-lo.

b) Se o arquivo não existir, a mensagem "arquivo inexistente" deve ser impressa e o processo deve ser reiniciado com a leitura de um outro nome de arquivo.

c) O programa deve parar quando for digitado um nome vazio.

13.20 Que prefixo deve anteceder os literais do tipo cadeia de caracteres usados como argumentos das funções estendidas?

13.21 Como é determinada a orientação de uma via de comunicação?

Capítulo 14
Identificação e Tratamento de Erros

Quanto à fase em que ocorrem, ou na qual seus efeitos são notados, os erros podem ser classificados em erros de compilação ou, de modo mais amplo, erros de construção, e erros de execução. Este capítulo apresenta as facilidades que a linguagem C oferece para a identificação e o tratamento dos erros de execução.

14.1 TIPOS DE ERROS DE EXECUÇÃO

Os erros de execução são aqueles que ocorrem durante a execução do programa. Tanto podem causar a interrupção dos programas quanto produzir resultados incorretos ou comportamento inesperado. São classificados em:

Erros lógicos, decorrentes de falhas na concepção. São evitados ou minimizados verificando-se a correção do programa em relação à sua especificação, através de testes, da inspeção do código ou de um raciocínio formal.

Erros operacionais, decorrentes do mau uso do programa. São evitados ou minimizados desenvolvendo-se programas adequados ao uso e elaborando-se uma boa documentação operacional.

Erros computacionais, decorrentes de operações inválidas ou do mau uso das funções. São evitados ou minimizados com o uso adequado das construções e elementos da linguagem, levando-se em conta a interação do programa com o ambiente de execução.

Muitos erros não podem ser evitados. Como regra, o programador deve, primeiro, não usar construções erradas ou que podem levar a erros e, segundo, identificar a possibilidade de ocorrência de erros e desenvolver as rotinas de tratamento adequadas.

14.1.1 Erros lógicos

Os erros de lógica são erros de concepção e refletem-se no desenvolvimento de um algoritmo não apropriado ao problema que ele deve resolver. Geralmente são devidos a uma especificação inadequada ou interpretação errônea do que foi especificado. Programas com erros lógicos, embora possam produzir resultados errados, não causam necessariamente a interrupção da execução.

EXEMPLO 14.1 O programa a seguir foi desenvolvido para atender à seguinte especificação: ler do teclado um número inteiro N e imprimir todos os ímpares maiores que 0 e menores ou iguais a N.

Se o número lido for negativo, o programa funciona corretamente, nada imprimindo. Se o número lido for par positivo, o programa também funciona corretamente, imprimindo todos os ímpares entre 0 e N. Entretanto, se o número lido for ímpar, o programa falha ao não imprimir o próprio N. Esse é um erro na concepção do algoritmo.

```
#include <stdio.h>
int main(void) {
  int num;
  printf("Digite um inteiro: ");
  scanf("%d", &num);
  printf("Impares em [1, %d]: ", num);
  for (int i = 1; i < num; i = i + 2) {
    printf("%d ", i);
  }
  return 0;
}
```

O programa deste exemplo não resolve corretamente o problema e, portanto, está errado. ∎

14.1.2 Erros operacionais

Os erros operacionais são decorrentes de falhas na operação do sistema.

EXEMPLO 14.2 O programa a seguir lê um número inteiro e imprime o resultado da divisão inteira de 1.000 pelo número lido. Esse programa tem sua execução interrompida abruptamente se o usuário digitar o valor 0, porque a divisão inteira não é definida para esse valor.

```
#include <stdio.h>
int main(void) {
  int x;
  printf("Digite x (diferente de 0): ");
  scanf("%d", &x);
  printf("f(%d) = 1000/%d = %d\n", x, x, 1000/x);
  return 0;
}
```

Embora o programa solicite a digitação de um número diferente de 0, não se pode garantir que o usuário irá digitar um valor diferente de 0. Esse tipo de erro pode ser evitado assegurando-se o uso de valores válidos:

```
do {
  printf("Digite x (diferente de 0): ");
  scanf("%d", &x);
} while (d == 0);
```

ou capturando a exceção produzida pela operação inválida. ∎

Os erros operacionais geralmente induzem erros computacionais, fazendo operações e funções do programa serem executadas de modo inapropriado.

14.1.3 Erros computacionais

Os erros computacionais dependem da plataforma, da linguagem utilizada e também do ambiente no qual as operações são realizadas. Em geral, existem operações não permitidas que, caso aconteçam, causam a interrupção da execução pelo sistema operacional. Um exemplo típico é a divisão inteira por zero. Também é possível que uma operação não possa ser realizada por falta de suporte no ambiente, como é o caso, por exemplo, de um comando para leitura de um arquivo inexistente. Existem ainda erros causados pela não observância das condições de uso dos operadores e funções, como é o caso dos erros decorrentes de conversões indevidas.

EXEMPLO 14.3 O programa a seguir lê um inteiro *n* e calcula o fatorial do número lido usando a função tgamma da biblioteca matemática, já que para inteiros positivos, $\Gamma(n) = (n - 1)!$. Entretanto, o programa falha quando o usuário digita, por exemplo, o número 171[1] imprimindo

```
Fatorial de 171 = inf

#include <stdio.h>
#include <math.h>
int main(void) {
  int num;
  do {
    printf("Digite num > 0: ");
    scanf("%d", &num);
  } while (num < 0);
  printf("Fatorial de %d = %f\n",  num, tgamma(num + 1));
  return 0;
}
```

É claro que, embora muito grande, o fatorial de 171 não é infinito. O programa deste exemplo não considera a notificação de erro que a função tgamma emite em caso de falha. ∎

14.2 ERROS NA EXECUÇÃO DE FUNÇÕES DA BIBLIOTECA-PADRÃO

Os erros resultantes da execução das funções da biblioteca-padrão são notificados de dois modos, que podem ocorrer separadamente ou em conjunto:

1. Através do valor de retorno das funções, indicando a ocorrência do erro.
2. Através da variável errno e de indicadores específicos para erros de entrada e saída. A variável errno, definida no cabeçalho errno.h, recebe valores inteiros positivos atribuídos por diversas funções da biblioteca-padrão para indicar a ocorrência de erros. Seu valor pode ser inspecionado, após a execução das funções que o modificam, para verificar se houve algum erro durante a execução. Para usar o valor de errno o programador deve atribuir o valor 0 à variável, antes de chamar a função, pois:
    a) O valor de errno é 0 no início da execução do programa, mas nenhuma função da biblioteca-padrão zera essa variável antes de sua execução. Assim, após a ocorrência de um erro, ela permanece com o código do erro ocorrido até que seja explicitamente zerada.

---

[1] O programa falha com o número 171, se o tipo double é implementado com 64 bits. Ele falhará com outros valores para outras implementações.

b) As funções que não usam `errno` para indicar erros podem alterar o seu conteúdo à vontade. Por essa razão, a variável `errno` só deve ser usada para verificar erros das funções que, segundo o padrão, a utilizam para indicar a ocorrência de erros.

EXEMPLO 14.4 Os trechos de código a seguir mostram os dois modos de verificar a ocorrência de erros na abertura de um arquivo. O trecho à esquerda, entretanto, usa erradamente o valor de errno, pois o padrão da linguagem não especifica que a função fopen deve indicar seus erros usando a variável `errno`. Desse modo, mesmo que funcione para algumas implementações, esse trecho não é portável e deve ser evitado.

USANDO ERRADAMENTE O VALOR DE ERRNO

```
do {
  printf("Nome arquivo: ");
  scanf("%30s", nome);
  scanf("%*[^\n]"); scanf("%*c");
  errno = 0;
  arqA = fopen(nome, "r");
} while (errno > 0);
printf("Abriu arquivo %s\n", nome);
fclose(arqA);
```

USANDO O VALOR DE RETORNO

```
do {
  printf("Nome arquivo: ");
  scanf("%30s", nome);
  scanf("%*[^\n]"); scanf("%*c");
} while ((arqA = fopen(nome, "r")) == NULL);
printf("Abriu arquivo %s\n", nome);
fclose(arqA);
```

Nos trechos deste exemplo, as leituras com supressão de atribuição, após a leitura do nome, servem para esvaziar a área de armazenamento temporário do teclado. ∎

A variável `errno` é usada para indicar a ocorrência de erros pela maioria das funções da biblioteca matemática, declaradas em `math.h`, pelas funções de posicionamento de arquivos `fsetpos`, `fgetpos` e `ftell`, declaradas no cabeçalho `stdio.h`, e por algumas funções que lidam com caracteres estendidos e multibytes, declaradas nos cabeçalhos `inttypes.h`, `stdlib.h` e `wchar.h`. Os códigos que são armazenados em `errno` e a significação a eles atribuída dependem da implementação. Em geral, testa-se apenas se `errno` é maior do que zero, mas pode-se verificar valores específicos e mesmo imprimir mensagens que revelam o significado de cada código. As seguintes macros estão definidas no cabeçalho `errno.h` e correspondem a códigos de erro específicos que podem ser armazenados em errno:

`EDOM`. Indica erro nos argumentos das funções.

`ERANGE`. Indica erro no valor de retorno das funções.

`EILSEQ`. Indica erro na codificação de caracteres estendidos ou multibytes.

14.3 ERROS DE ENTRADA E SAÍDA

Os erros de entrada e saída possuem indicadores específicos associados a cada via de comunicação e são acessados através de funções definidas no cabeçalho `stdio.h`.

■ `void clearerr(FILE *arq)`

Restaura o indicador de fim de arquivo e os demais indicadores de erro associados à via apontada por `arq` ao seu estado original (sem indicação de erro).

Valor de retorno. Não tem.

- `int ferror(FILE *arq)`

    Verifica o indicador de erro associado à via apontada por `arq`.

    Valor de retorno. Um valor diferente de zero, se há algum erro indicado para a via, ou zero, em caso contrário.

Como a função `ferror` não pode ser aplicada a uma via que ainda não esteja aberta, os erros na abertura de um arquivo devem ser controlados pelo retorno da função `fopen`.

14.3.1 Identificando o fim de arquivo

A função `ferror` não verifica o indicador de fim de arquivo, que deve ser inspecionado com a função `feof`.

- `int feof(FILE *arq);`

    Verifica o indicador de fim de arquivo associado à via apontada por `arq`.

    Valor de retorno. Um valor diferente de zero, se o indicador está ativado, ou zero, em caso contrário.

O indicador de fim de arquivo é ativado somente após uma tentativa de acesso a um arquivo que tenha seu cursor de leitura posicionado no (ou após o) fim do arquivo. Isto é, ele não indica o fim de arquivo propriamente dito, e sim uma tentativa de acesso além do fim do arquivo. Assim, a função `feof` não deve ser usada para verificar se (o cursor de posição de) um arquivo atingiu o seu fim. O uso adequado da função `feof` é determinar se uma falha na leitura ocorre devido a um erro ou a uma tentativa de acesso após o fim do arquivo.

EXEMPLO 14.5 No trecho de código a seguir, a função `feof` é usada erradamente para determinar se o arquivo `arq` atingiu o seu final.

```
while (!feof(arq)) {      /* <<< Erro */
  fscanf(arq, "%d", &num);
  printf("%d ", num);
}
```

A intenção é ler e imprimir todos os valores do arquivo, mas o resultado é que o último valor é impresso duas vezes:

a) Quando o cursor de posição aponta para o último valor, o indicador de fim de arquivo não está ativado e a leitura é realizada, passando o cursor de posição a apontar para o fim do arquivo. Entretanto, o indicador de fim de arquivo continua desativado.

b) Na próxima iteração a função `feof` ainda retorna o valor 0 e uma nova leitura é realizada, falhando porque o cursor de posição aponta para o fim do arquivo. Por ocasião dessa falha o indicador de fim de arquivo é ativado, mas o erro de leitura não é detectado e a variável `num`, ainda com o valor antigo, é impressa.

A função `feof` pode ser usada para detectar o fim de arquivo nas situações em que o arquivo possui pelo menos um registro, e o processamento dos registros lidos ocorre apenas quando a leitura é efetivamente realizada.

O código a seguir mostra um uso correto da função `feof` para o trecho apresentado anteriormente neste exemplo.

```
fscanf(arq, "%d", &num);
do {
  printf("%d ", num);
  fscanf(arq, "%d", &num);
} while (!feof(arq));
```
■

Uma prática comum é usar o valor de retorno da função de leitura para determinar o fim do arquivo, como em:

```
while (fscanf(arq, "%d", &num) != EOF) {
  printf("%d ", num);
}
```

ou, para a função `fread`, em:

```
while (fread(&aluno, tam, 1, arq) == 1) {
  printf("%2d %-30s %5.2f %5.2f\n", aluno.seq, aluno.nome,
                                    aluno.n1, aluno.n2);
}
```

Entretanto, o padrão da linguagem especifica que o valor `EOF` ou, no caso da função `fread`, um valor diferente da quantidade especificada de elementos, é retornado em caso de falha, que pode ocorrer por outras razões que não apenas o fim do arquivo. As funções `feof` ou `ferror` devem ser usadas sempre que for necessário diferenciar a falha decorrente do fim do arquivo dos outros tipos de falha.

EXEMPLO 14.6 O programa a seguir lê e imprime todos os registros do arquivo `alunos.bin` gravado pelo programa do Exemplo 13.19. A leitura é interrompida assim que o comando fread produz um valor diferente de 1. Após a interrupção pode-se confirmar se o arquivo atingiu o seu final ou se houve um erro. Neste exemplo, o programa é finalizado com o valor da macro `EXIT_FAILURE`, caso a interrupção tenha sido motivada por um erro (`ferror(arq)` diferente de 0).

```
#include <stdio.h>
#include <stdlib.h>
#define QTD (31)
int main(void) {
  struct reg {
    int seq;
    char nome[QTD];
    double n1, n2;
  } aluno;
  size_t tam = sizeof(struct reg);
  FILE *arq = fopen("alunos.bin", "r");
  if (arq == NULL) {
    printf("Arq alunos.bin inexiste\n");
    return EXIT_FAILURE;
  }
  while (fread(&aluno, tam, 1, arq) == 1) {
    printf("%2d %-30s %5.2f %5.2f\n", aluno.seq, aluno.nome,
                                      aluno.n1, aluno.n2);
  }
  if (ferror(arq) != 0) {
    printf("Erro E/S: %d\n", ferror(arq));
    return EXIT_FAILURE;
```

```
    } else {
      fclose(arq);
      return EXIT_SUCCESS;
    }
}
```
■

Em grande parte dos programas C (neste livro, inclusive, por razões de espaço) a falha nas operações de leitura é considerada como indicação de fim de arquivo, sem que haja a determinação da causa da falha. Entretanto, os programas profissionais devem possuir rotinas adequadas de tratamento de erro.

14.4 ERROS MATEMÁTICOS

As funções da biblioteca matemática (declaradas no arquivo-cabeçalho `math.h`) são executadas como se fossem operações atômicas (isto é, o ambiente externo não é notificado de condições anormais que ocorram durante sua execução) e sempre produzem valores. Além dos valores válidos, as funções matemáticas produzem valores inválidos ou com grande erro de arredondamento, nas seguintes situações:

Erros de domínio. Quando o valor de algum argumento está fora do domínio matemático da função. Nesses casos a função retorna um valor dependente da implementação, sendo geralmente igual a NAN (*not a number*), já que nem uma aproximação pode ser calculada.

Erros de imagem. Quando o resultado da função não pode ser representado no tipo especificado para o valor de retorno, exceto com grande erro de arredondamento. Existem dois casos:

Estouro por excesso (*overflow*, em inglês). Quando a magnitude do resultado matemático é finita mas tão grande que não pode ser representada no tipo especificado. Nesses casos a função retorna o valor infinito, representado pelas macros `HUGE_VAL`, para o tipo `double`, `HUGE_VALF`, para o tipo `float`, ou `HUGE_VALL`, para o tipo `long double`.

Estouro por falta (*underflow*, em inglês). Quando a magnitude do resultado é tão pequena que o resultado não pode ser representado no tipo especificado. Nesses casos a função retorna um valor dependente da implementação, mas tal que sua magnitude não é maior que o menor número positivo normalizado para o tipo especificado.

O valor infinito e os valores extremamente pequenos podem ser produzidos sem erros de imagem. Em geral, ocorre erro de imagem apenas quando esses valores são obtidos por aproximação a partir de argumentos finitos, como acontece, por exemplo, com log(0). Esses erros são chamados de erros de pico ou de *singularidade*.

EXEMPLO 14.7 As expressões a seguir ilustram a produção de valores na execução de algumas funções da biblioteca matemática. Os argumentos usados são do tipo `double`.

`asin(2.0)`   A função arc sen(*x*) é definida para valores em [−1, 1]. A expressão ao lado produz o valor NAN e resulta em um erro de domínio.

`tgamma(DBL_MAX)`	A função gama, $\Gamma(x)$, tende a $+\infty$ quando o argumento tende a $+\infty$. A expressão ao lado produz o valor `HUGE_VAL` e resulta em um erro de imagem, caracterizado como um estouro por excesso.
`tgamma(INFINITY)`	Já essa expressão, com o argumento `INFINITY`, também produz o valor `HUGE_VAL`, mas não resulta em erro de imagem.
`exp2(-DBL_MAX)`	A função 2^x tende a 0 quando o argumento tende a $-\infty$. A expressão ao lado produz um valor muito pequeno, expresso como 0 por conta do arredondamento, e resulta em um erro de imagem, caracterizado como um estouro por falta.
`exp2(-INFINITY)`	Essa expressão, por outro lado, com um argumento que representa o infinito negativo, produz o mesmo valor 0, porém sem erro de imagem. ■

14.4.1 Notificação de erros matemáticos

As funções matemáticas de ponto flutuante notificam os erros dos seguintes modos, que podem ocorrer separadamente ou em conjunto:

1. Através da variável `errno`, que assume os valores das macros `EDOM`, se o erro for de domínio, ou `ERANGE`, se o erro for de imagem.

2. Através das exceções de ponto flutuante definidas pelas seguintes macros no cabeçalho `fenv.h`:

`FE_INVALID`	Indica a ocorrência de valores inválidos.
`FE_DIVBYZERO`	Indica o ocorrência de uma divisão por zero. Também é usada para indicar estouro por excesso, em situações especiais.
`FE_OVERFLOW`	Indica a ocorrência de estouro por excesso.
`FE_UNDERFLOW`	Indica a ocorrência de estouro por falta.
`FE_INEXACT`	Indica a ocorrência de erros de arredondamento.

    Essas macros são definidas apenas se a implementação trata exceções de ponto flutuante. As ocorrências dessas exceções são armazenadas em uma estrutura interna cujo estado pode ser inspecionado por funções específicas.

Testando o modo de notificação em vigor

A notificação de erros matemáticos através da variável `errno` ou das exceções de ponto flutuante depende da implementação, e é controlada pelas macros `math_errhandling`, `MATH_ERRNO` e `MATH_ERREXCEPT` (declaradas no arquivo-cabeçalho `math.h`), do seguinte modo:

1. Se `math_errhandling & MATH_ERRNO` é diferente de zero, então:

    Para erros de domínio, o valor `EDOM` é atribuído a `errno`. Para erros de imagem decorrentes de:

    - Estouro por excesso. O valor `ERANGE` é atribuído a `errno`.
    - Estouro por falta. A atribuição do valor `ERANGE` a `errno` pode não ocorrer, é dependente da implementação.

2. Se `math_errhandling & MATH_ERREXCEPT` é diferente de zero, então:

    Para erros de domínio, a exceção `FE_INVALID` é ativada. Para erros de imagem decorrentes de:

- Estouro por excesso. A exceção FE_OVERFLOW é ativada.
- Estouro por falta. A ativação da exceção FE_UNDERFLOW é dependente da implementação, pode não ocorrer.
- Singularidade, isto é, valores infinitos obtidos por aproximação com argumentos finitos. A exceção FE_DIVBYZERO é ativada.

A verificação do modo de notificação em vigor pode ser feita apenas com as macros MATH_ERRNO e MATH_ERREXCEPT, já que math_errhandling apenas unifica a indicação que elas fornecem: assumindo o valor de MATH_ERRNO, MATH_ERREXCEPT ou da disjunção binária das duas. Por conta da variação na forma de notificação, os programas devem testar qual está em vigor no ambiente de execução para usar o modo de verificação apropriado.

EXEMPLO 14.8 O programa a seguir executa as funções apresentadas no Exemplo 14.7 para ilustrar o uso da variável errno na verificação da ocorrência de erros matemáticos.

```
#include <stdio.h>
#include <math.h>
#include <float.h>
#include <errno.h>
void imp_erros(int);
int main(void) {
  double res;
  errno = 0;
  res = asin(2.0);
  printf("arc sen(2.0) = %f. ", res);
  imp_erros(errno);
  errno = 0;
  res = tgamma(DBL_MAX);
  printf("Gama(DBL_MAX) = %f. ", res);
  imp_erros(errno);
  errno = 0;
  res = tgamma(INFINITY);
  printf("Gama(INFINITY) = %f. ", res);
  imp_erros(errno);
  errno = 0;
  res = exp2(-DBL_MAX);
  printf("exp2(-DBL_MAX) = %f. ", res);
  imp_erros(errno);
  errno = 0;
  res = exp2(-INFINITY);
  printf("exp2(-INFINITY) = %f. ", res);
  imp_erros(errno);
  return 0;
}
void imp_erros(int cod_erro) {
  if (MATH_ERRNO & math_errhandling) {
    if (cod_erro == EDOM) {
      printf(" -> Erro de dominio.");
    }
    if (cod_erro == ERANGE) {
      printf(" -> Erro de imagem");
    }
    printf("\n");
  }
}
```

O programa produz a seguinte saída (o resultado das duas execuções da função tgamma é HUGE_VAL, impresso como inf):

```
arc sen(2) = nan.   -> Erro de dominio.
Gama(DBL_MAX) = inf.  -> Erro de imagem.
Gama(INFINITY) = inf.
exp2(-DBL_MAX) = 0.000000.  -> Erro de imagem.
exp2(-INFINITY) = 0.000000.
```

Na função imp_erros, a verificação do erro é realizada apenas se o ambiente utiliza a variável errno para indicar os erros em operações de ponto flutuante, isto é, apenas se MATH_ERRNO & math_errhandling é diferente de zero[2]. ∎

14.4.2 Inspecionando as exceções de ponto flutuante

As exceções de ponto flutuante são caracterizadas por configurações de bits representando potências de 2. Desse modo podem ser combinadas, através da disjunção binária, e extraídas de uma combinação de configurações, através da conjunção binária.

EXEMPLO 14.9 Se as macros forem representadas pelas configurações:

Macro	Valor	Configuração
FE_INVALID	1	000001
FE_DIVBYZERO	2	000010
FE_OVERFLOW	4	000100
FE_UNDERFLOW	8	001000
FE_INEXACT	16	010000

Então, a operação FE_INVALID | FE_UNDERFLOW | FE_INEXACT resulta na configuração 011001, que indica a presença dos três tipos de exceção. Assim, se uma combinação de configurações é armazenada em uma variável, como em

```
resultado = FE_INVALID | FE_UNDERFLOW | FE_INEXACT
```

pode-se usar a conjunção binária para verificar se uma determinada configuração de bits está contida nessa variável:

```
resultado & FE_INVALID                       = 000001
resultado & FE_INEXACT                       = 010000
resultado & (FE_INVALID | FE_UNDERFLOW)      = 001001
resultado & (FE_OVERFLOW | FE_UNDERFLOW)     = 001000
resultado & FE_DIVBYZERO                     = 000000
```

A expressão resultado & ⟨Configuração⟩ será zero apenas se nenhuma das configurações presentes em ⟨Configuração⟩ estiver contida na representação binária de resultado. ∎

---

[2] Com a versão 4.4.1 do compilador gcc esse teste deve ser feito apenas com MATH_ERRNO, já que a macro math_errhandling não é implementada.

Existe uma única estrutura interna para armazenar o estado das exceções de ponto flutuante. Se uma função matemática ativa uma exceção, ela permanecerá ativada até que seja restaurada. Desse modo, antes da execução de uma função matemática, é necessário restaurar o estado das exceções.

- **int feclearexcept(int tipos_excecao)**

    Restaura as exceções indicadas no argumento, desativando-as. O argumento tanto pode ser uma macro indicando uma exceção particular, como FE_INVALID, quanto a disjunção de várias macros indicando o conjunto delas, como FE_INVALID | FE_INEXACT. A macro FE_ALL_EXCEPT provê a disjunção de todas as exceções de ponto flutuante definidas para o ambiente.

    Valor de retorno. Zero, se todas as exceções indicadas no argumento forem restauradas (ou se o argumento for zero), ou um valor diferente de zero, em caso de falha.

- **int fetestexcept(int tipos_excecao)**

    Verifica se a exceção indicada no argumento está ativada. Se o argumento for uma disjunção de várias exceções, a função verifica se cada uma está ativada.

    Valor de retorno. Retorna a disjunção das configurações de cada exceção ativada indicada no argumento. O valor retornado é uma configuração de bits, convertida em um valor do tipo int, e será zero apenas se nenhuma das exceções indicadas estiver ativada.

EXEMPLO 14.10 O programa a seguir executa as funções apresentadas no Exemplo 14.7 para ilustrar o uso das exceções de ponto flutuante na verificação da ocorrência de erros matemáticos.

```
#include <stdio.h>
#include <math.h>
#include <float.h>
#include <fenv.h>
void imp_erros(void);
int main(void) {
  double res;
  feclearexcept(FE_ALL_EXCEPT);
  res = asin(2.0);
  printf("arc sen(2.0) = %f. ", res);
  imp_erros();
  feclearexcept(FE_ALL_EXCEPT);
  res = tgamma(DBL_MAX);
  printf("Gama(DBL_MAX) = %f. ", res);
  imp_erros();
  feclearexcept(FE_ALL_EXCEPT);
  res = tgamma(INFINITY);
  printf("Gama(INFINITY) = %f. ", res);
  imp_erros();
  feclearexcept(FE_ALL_EXCEPT);
  res = exp2(-DBL_MAX);
  printf("exp2(-DBL_MAX) = %f. ", res);
  imp_erros();
  feclearexcept(FE_ALL_EXCEPT);
  res = exp2(-INFINITY);
```

```
    printf("exp2(-INFINITY) = %f. ", res);
    imp_erros();
    return 0;
}
void imp_erros(void) {
  int excecao;
  if (!(MATH_ERREXCEPT & math_errhandling)) {
    return;
  }
  excecao = fetestexcept(FE_OVERFLOW | FE_UNDERFLOW | FE_INVALID |
                         FE_INEXACT | FE_DIVBYZERO);
  if (excecao == 0) {
    printf("   -> Sem excecao\n");
    return;
  }
  if (excecao & FE_UNDERFLOW) {
    printf("   -> estouro por falta");
  }
  if (excecao & FE_OVERFLOW) {
    printf("   -> estouro por excesso");
  }
  if (excecao & FE_INVALID) {
    printf("   -> valor invalido");
  }
  if (excecao & FE_INEXACT) {
    printf("   -> valor inexato");
  }
  if (excecao & FE_DIVBYZERO) {
    printf("   -> estouro/ vlr infinito");
  }
  printf("\n");
}
```

O estado das exceções é restaurado com a função feclearexcept antes da execução de cada função. A impressão dos possíveis erros ocorre na função imp_erros, que obtém o estado atual de várias exceções e imprime as mensagens correspondentes àquelas que estão ativadas. A função imp_erros retorna imediatamente caso o ambiente não use exceções de ponto flutuante para indicar erros matemáticos (!(MATH_ERREXCEPT & math_errhandling)).O programa produz a seguinte saída:

```
arc sen(2) = nan.    -> valor invalido
Gama(DBL_MAX) = inf.    -> estouro por excesso   -> valor inexato
Gama(INFINITY) = inf.    -> Sem excecao
exp2(-DBL_MAX) = 0.000000.   -> estouro por falta    -> valor inexato
exp2(-INFINITY) = 0.000000.   -> Sem excecao
```

O exemplo anterior mostra a possibilidade de uma função ativar mais de uma exceção. A ativação da exceção valor inexato (FE_INEXACT) é dependente da implementação. Se ativada, indica um erro de arredondamento.

EXEMPLO 14.11 O programa a seguir lê valores reais do teclado e, para cada valor x, imprime o resultado das funções e^x e Γx, indicando as possíveis situações de erro. O programa termina com o fechamento do teclado (digitação das teclas Ctrl-d).

```
#include <stdio.h>
#include <math.h>
#include <errno.h>
#include <fenv.h>
void imp_erros(void);

int main(void) {
  double x;
  while (scanf("%lf", &x) != EOF) {
    errno = 0;
    feclearexcept(FE_ALL_EXCEPT);
    printf("exp(%g)  = %g ", x, exp(x));
    imp_erros();
    errno = 0;
    feclearexcept(FE_ALL_EXCEPT);
    printf("gama(%g) = %g ", x, tgamma(x));
    imp_erros();
  }
  return 0;
}
void imp_erros(void) {
  if (MATH_ERRNO) {
    if (errno == EDOM) {
      printf("  Nao definida");
    }
  }
  if (MATH_ERREXCEPT) {
    if (fetestexcept(FE_UNDERFLOW) == FE_UNDERFLOW) {
      printf("  Estouro por falta");
    }
    if (fetestexcept(FE_OVERFLOW) == FE_OVERFLOW) {
      printf("  Estouro por excesso");
    }
  }
  printf("\n");
}
```

O programa usa tanto a variável errno quanto as funções para inspeção das exceções de ponto flutuante. Na função imp_erros cada exceção é testada separadamente e uma mensagem é impressa para cada erro detectado. Uma possível saída para esse programa é:

```
1000
exp(1000)  = inf   Estouro por excesso
gama(1000) = inf   Estouro por excesso
300
exp(300)  = 1.94243e+130
gama(300) = inf   Estouro por excesso
10.2
exp(10.2)  = 26903.2
gama(10.2) = 570499
-1e+300
exp(-1e+300)  = 0   Estouro por falta
gama(-1e+300) = nan   Nao definida
0
exp(0)  = 1
gama(0) = inf
```

A função gama não é definida para o valor 0. Entretanto, esse erro não é capturado pela função `imp_erros` porque, nesse caso, a biblioteca utilizada atribui à variável `errno` o valor de `ERANGE`, e não o valor de `EDOM`, como seria esperado, e indica a exceção `FE_DIVBYZERO`, que não é verificada. Este exemplo mostra que a mera existência de um código para identificação e tratamento de erros não garante que eles serão devidamente identificados e tratados. ∎

14.4.3 Erros de precisão, conversão e arredondamento

A representação dos valores reais é imprecisa devido ao limite na quantidade de dígitos que pode ser usada e à forma de representação na base 2. Valores que na base 2 requerem uma quantidade de dígitos maior que a disponível na representação utilizada para armazená-los são arredondados. Por outro lado, valores que na base 10 são expressos com uma quantidade finita de dígitos podem ser transformados em dízimas periódicas quando expressos na base 2 – esse é o caso do valor decimal 0,1.

EXEMPLO 14.12 Para valores do tipo `double`, a comparação

```
(3.0 / 30.0) == ((1.0 / 3.0) * (6.0 / 20.0))
```

é falsa, já que a operação do lado esquerdo produz um valor aproximado que não é reproduzido pela multiplicação do lado direito (entre dois valores aproximados). Entretanto, algumas vezes os compiladores são capazes de realizar simplificações que anulam os erros produzidos. A comparação equivalente à anterior,

```
(3.0 / 30.0) == ((1.0 * 6.0) / (3.0 * 20.0)),
```

é verdadeira (quando implementada pelo compilador gcc). ∎

Quando se lida com valores imprecisos costuma-se verificar a igualdade entre dois valores comparando o módulo da diferença entre eles com um valor positivo muito pequeno. Se essa diferença for menor ou igual a ϵ é porque os valores estão muito próximos e podem ser considerados iguais.

EXEMPLO 14.13 Se $\epsilon = 10^{-5}$, então 63,999990 e 64,000000, bem como 64,000000 e 64,000010, são considerados iguais, pois:

$$|63{,}999990 - 64{,}000000| = 0{,}00001 \leq 0{,}00001\text{, e}$$
$$|64{,}000000 - 64{,}000010| = 0{,}00001 \leq 0{,}00001.$$

Qualquer valor cuja diferença para 64 seja menor ou igual a ϵ será considerado igual a 64, como é o caso de 63,999991 e 64,000009. Por outro lado, os valores 63,999980 e 64,000011 são considerados diferentes de 64,000000, pois:

$$|63{,}999980 - 64{,}000000| = 0{,}000020 > 0{,}00001\text{, e}$$
$$|64{,}000000 - 64{,}000011| = 0{,}000011 > 0{,}00001.$$

O valor de ϵ depende da aplicação. Em alguns casos 10^{-5} pode ser satisfatório, enquanto em outros será necessária uma precisão maior. ∎

A diferença em termos absolutos pode não ser apropriada para grandes valores. Por exemplo, a diferença entre 3,1 e 3,2 é geralmente considerada significativa, mas entre 10.000.000.000,1 e 10.000.000.000,2 pode ser considerada insignificante, fazendo estes últimos valores serem vistos como aproximadamente iguais. Para as aplicações em que isso é verdadeiro, costuma-se usar o erro relativo: para valores x e y compara-se $|x - y| / |y| \leq \epsilon$.

A macro `DBL_EPSILON` costuma ser usada para implementar em C o teste de igualdade entre valores do tipo `double`.

Erro absoluto	Erro relativo

`if (fabs(x - y) <= DBL_EPSILON) {`
`  /* x igual a y */`
`}`
	`if (fabs(x - y) <= (fabs(y) * DBL_EPSILON)) {`
	`  /* x igual a y */`
	`}`

A comparação com o zero geralmente se faz em termos absolutos: `fabs(x) <= DBL_EPSILON` em vez de `fabs(x) <= x * DBL_EPSILON`. As macros `FLT_EPSILON` e `LDBL_EPSILON` são usadas para implementar o teste entre valores do tipo `float` e `long double`, respectivamente (com a necessária adequação da função `fabs` para `fabsf` ou `fabsl`).

O tratamento de erros devidos a imprecisões nas operações e representação dos números é um aspecto que deve ser cuidadosamente considerado. Para grande parte das aplicações comerciais as duas abordagens discutidas são suficientes, sendo comum o uso de ambas, adotando-se um limite absoluto mínimo, abaixo do qual os valores são considerados iguais, juntamente com a verificação do erro relativo. Entretanto, para aplicações que exigem um maior rigor, outras soluções podem ser mais adequadas.

Conversão. As operações de conversão podem resultar em perda de informação, com o valor convertido sendo diferente do valor original. Nas conversões de tipos reais de ponto flutuante em tipos inteiros, se o valor real é infinito ou NAN, ou se sua parte inteira excede os limites do tipo-alvo, uma exceção de ponto flutuante inválida (`FE_INVALID`) é ativada, sendo o resultado da conversão não especificado.

Se o valor real não é inteiro, mesmo que sua parte inteira possa ser representada no tipo-alvo, pode ocorrer uma exceção de ponto flutuante inexata (`FE_INEXACT`), dependendo da implementação.

EXEMPLO 14.14 A execução do programa a seguir produz a saída:

```
De: inf Para: -2147483648 -> valor invalido
De: 235.016693 Para: 235 -> valor inexato
```

Na atribuição da linha 7 um valor infinito é armazenado em `numf`, provocando uma exceção de ponto flutuante inválida quando de sua conversão em um valor do tipo `int`, na linha 9. De modo semelhante, a conversão da linha 14 provoca uma exceção de ponto flutuante inexata, mesmo com a parte inteira do valor convertido sendo representável no tipo `int`.

```
1  #include <stdio.h>
2  #include <math.h>
3  #include <fenv.h>
4  void imp_erros(void);
5  int main(void) {
6    int numi;
7    double numf = 3.0/0.0;
8    feclearexcept(FE_ALL_EXCEPT);
9    numi = numf;
10   printf("De: %f Para: %d ", numf, numi);
11   imp_erros();
```

```
12    numf = 235.0167;
13    feclearexcept(FE_ALL_EXCEPT);
14    numi = numf;
15    printf("De: %f Para: %d ", numf, numi);
16    imp_erros();
17    return 0;
18  }
```

A função `imp_erros` é omitida por ser idêntica à do Exemplo 14.10. ∎

Para as situações em que a conversão de um valor real em um valor inteiro deve ser realizada sem a ocorrência de exceções do tipo inexata, deve-se usar a função de arredondamento `nearbyint`, declarada no arquivo-cabeçalho `math.h` e descrita no Capítulo 16.

Arredondamento. As operações com valores de ponto flutuante são realizadas internamente com a maior precisão possível e convertidas no tipo-alvo segundo o modo de arredondamento em vigor. As seguintes macros, declaradas no cabeçalho `fenv.h`, definem os possíveis modos de arredondamento:

FE_TONEAREST. Arredonda para o valor mais próximo. Se o número estiver exatamente no meio entre dois valores, o valor cujo bit menos significativo é zero é escolhido. Esse é o modo-padrão.

Contrário ao zero. Arredonda para o valor mais próximo. Se o número estiver exatamente no meio entre dois valores, será escolhido o mais distante do zero. Embora não exista uma macro específica para esse modo, ele é adotado pelas funções `round`, `lround` e `llround`.

FE_TOWARDZERO. Arredonda em direção ao zero. Se o número for positivo será arredondado para menos, e se for negativo será arredondado para mais.

FE_UPWARD. Arredonda em direção ao infinito positivo. O arredondamento será sempre para mais.

FE_DOWNWARD. Arredonda em direção ao infinito negativo. O arredondamento será sempre para menos.

A tabela seguinte ilustra o efeito dos vários modos de arredondamento, considerando a precisão do resultado igual a zero.

	Modo de arredondamento				
Número	Mais próximo	Para zero	Para $+\infty$	Para $-\infty$	Contrário ao zero
2,1	2	2	3	2	2
2,5	2	2	3	2	3
3,5	4	3	4	3	4
3,9	4	3	4	3	4
−2,1	−2	−2	−2	−3	−2
−2,5	−2	−2	−2	−3	−3
−3,5	−4	−3	−3	−4	−4
−3,9	−4	−3	−3	−4	−4

O modo em vigor pode ser inspecionado e modificado com as seguintes funções (também declaradas em fenv.h):

- int fegetround(void)
  Inspeciona o modo de arredondamento.

  Valor de retorno. Um valor não negativo, referente à macro que define o modo de arredondamento em vigor, ou um valor negativo, se o modo não puder ser determinado.

- int fesetround(int modo)
  Modifica o modo de arredondamento para o modo indicado por modo. Se o argumento não corresponde a um modo válido, nenhuma mudança é efetuada.

  Valor de retorno. Zero, se o modo foi modificado, ou um valor diferente de zero, em caso contrário.

EXEMPLO 14.15 O programa a seguir mostra a diferença entre os modos de arredondamento FE_UPWARD e FE_DOWNWARD.

```
#include <stdio.h>
#include <fenv.h>
int main(void) {
  double y = 0.01;
  int x;
  printf("y = %.50f\n", y);
  printf("x = ");
  scanf("%d", &x);
  fesetround(FE_UPWARD);
  printf(" x * y =  % .50f\n",  x * y);
  printf("-x * y =  % .50f\n", -x * y);
  fesetround(FE_DOWNWARD);
  printf(" x * y =  % .50f\n",  x * y);
  printf("-x * y =  % .50f\n", -x * y);
  return 0;
}
```

Se o usuário digitar o número 5 a seguinte saída é produzida:

```
y = 0.01000000000000000208166817117216851329430937766703
x = 5
 x * y =   0.05000000000000000277555756156289135105907917022705
-x * y =  -0.04999999999999999583666365765566297341138124465942
 x * y =   0.04999999999999999583666365765566297341138124465942
-x * y =  -0.05000000000000000277555756156289135105907917022705
```

14.5 SINAIS DE INTERRUPÇÃO

As operações que não podem ser realizadas pelo processador como, por exemplo, divisão inteira por zero, ou que causam violação do ambiente de execução como, por exemplo, acesso a áreas indevidas da memória, causam a interrupção do programa. Nesses casos um sinal de interrupção é enviado ao programa pelo ambiente. A execução de um programa também pode ser interrompida por sinais enviados por funções do próprio programa (como as funções raise ou abort) ou por processos ou eventos externos (como o comando `kill` das linguagens de comandos do sistema operacional Linux ou o disparo de um temporizador).

Os sinais de interrupção podem ser capturados e tratados pelos programas, mas esse tratamento é dependente da implementação, que não é obrigada a implementar a notificação pelo ambiente de nenhum dos sinais descritos no padrão e, além disso, caso implemente, pode adicionar outros. Entretanto, as implementações da linguagem C devem permitir a notificação (através da função `raise`) de pelo menos os seguintes sinais:

SIGTERM. Término. O programa é interrompido por solicitação de término.

SIGABRT. Término anormal. O programa é interrompido por falhas que impedem o prosseguimento da execução.

SIGINT. Interrupção/Interação. O programa é interrompido por solicitação resultante da interação com o ambiente de execução, como a solicitação de acesso a dispositivos de entrada e saída, por exemplo.

SIGFPE. Exceção de ponto flutuante. O programa é interrompido ao tentar realizar uma operação matemática inválida.

SIGILL. Instrução ilegal. O programa é interrompido ao tentar executar uma instrução ilegal, provavelmente por corrupção da área onde reside o código do programa.

SIGSEGV. Violação de segmento. O programa é interrompido ao tentar acessar uma área indevida da memória.

Na relação apresentada, a descrição de cada sinal é iniciada com o nome da macro que o identifica. Assim, SIGILL é o nome da macro que identifica o sinal emitido quando ocorre a execução de uma instrução ilegal. Essas macros devem ser usadas na identificação dos sinais, pois o código de cada uma pode variar a cada implementação. Elas, bem como as funções associadas ao tratamento de sinais, são declaradas no cabeçalho `signal.h`.

Os sinais podem ser gerados de dois modos:

Síncrono. Quando o sinal é gerado durante a operação (ou evento) que o origina, antes da execução da próxima operação (ou da ocorrência do próximo evento). A maioria dos sinais decorrentes de erros computacionais é síncrona. Em algumas implementações o sinal SIGFPE pode ser assíncrono, emitido algumas operações após a operação que o originou. As solicitações explícitas para geração de sinais através de funções do próprio programa, como `raise` e `abort`, também geram sinais de modo síncrono.

Assíncrono. Quando o sinal pode ser gerado algumas operações (ou eventos) após a operação (ou evento) que o origina. Os sinais gerados a partir de outros processos ou de eventos externos são assíncronos. O momento em que um programa recebe um sinal enviado a ele de modo assíncrono é imprevisível.

Quando uma operação ou evento gera um sinal de interrupção ele fica pendente até ser enviado ao programa que, ao recebê-lo, executa uma das seguintes ações:

a) ignora o sinal, caso em que o processamento prossegue como se o sinal não tivesse ocorrido,

b) executa uma ação padronizada, que na maioria das vezes resulta no término do programa, ou

c) executa a função registrada para o tratamento do sinal.

Quando uma função de tratamento de sinal é executada em decorrência do sinal para o qual ela foi registrada, diz-se que o sinal foi capturado.

14.5.1 Funções de tratamento de sinal

Uma função de tratamento de sinal deve ter o tipo void (int), isto é, deve declarar um parâmetro do tipo int e não retornar valor, como ilustrado abaixo:

```
void trata_erro(int s) {
  printf("recebeu o sinal %d\n", s);
  abort();
}
```

Na ocorrência de um sinal para o qual uma função de tratamento foi registrada, ela é chamada tendo como argumento o código do sinal que originou a chamada. Durante o tratamento de um sinal de um dado tipo, outros sinais do mesmo tipo são normalmente bloqueados, sendo liberados (e enviados para o programa) após o término do tratamento corrente. Sinais de outros tipos, entretanto, podem ocorrer. O tratamento de sinais possui vários aspectos dependentes da implementação, incluindo:

1. Quando uma função para tratamento de sinal é chamada, o tratamento padronizado para o sinal que originou a chamada é restabelecido, fazendo a próxima ocorrência de um sinal do mesmo tipo ser tratada do modo padronizado. Algumas implementações podem, entretanto, apenas bloquear o envio dos sinais de mesmo tipo do que está sendo tratado enquanto durar a função de tratamento, sem que o tratamento padronizado seja restabelecido. Para o sinal SIGILL, algumas implementações podem simplesmente ignorar a ocorrência de novos sinais desse tipo enquanto durar a função de tratamento.

2. Após a execução de uma função de tratamento de sinal, o controle pode ou não voltar ao ponto seguinte ao ponto de chamada, reiniciando o processamento a partir do próximo comando ou operação. Esse comportamento pode, inclusive, variar com a origem do sinal: para algumas implementações, após a execução da função de tratamento, é possível que

    a) o controle retorne, se o sinal for gerado a partir de um processo externo (como os sinais enviados pelo comando kill), ou que

    b) o programa seja finalizado, se o sinal for gerado em função do próprio processamento (decorrente de uma operação inválida ou acesso indevido à memória, por exemplo).

Por serem muito dependentes da implementação, as funções de tratamento de sinais possuem várias restrições, descritas na Seção 14.5.4.

14.5.2 Registrando as funções de tratamento

As funções de tratamento de sinais são registradas com a função signal, cujo tipo é void (* (int, void (*)(int)))(int). A função signal recebe o código de um sinal (um valor do tipo int) e o ponteiro para a função que tratará esse sinal (um valor do tipo void (*)(int), retornando o ponteiro para a função de tratamento que estava anteriormente associada ao sinal, se o registro for realizado, ou o valor SIG_ERR, caso o registro não seja efetuado.

- ■ void (*signal(int sinal, void (*funcao)(int)))(int)

    Registra a função apontada por funcao para tratar o sinal indicado por sinal.

    Valor de retorno. O ponteiro para a função de tratamento que estava anteriormente associada ao sinal, se a nova função for corretamente registrada, ou SIG_ERR, em caso de falha.

EXEMPLO 14.16 Se a função trata_segv é definida para tratar erros sinalizados pelo sinal SIGSEGV, então seu registro pode ser feito como indicado abaixo:

```
if (signal(SIGSEGV, trata_segv) == SIG_ERR) {
  printf("erro ao registrar o sinal\n");
}
```

A partir do registro da função trata_segv, ela será chamada quando o sinal SIGSEGV for enviado ao programa.

Já no trecho de código a seguir, o valor de retorno da função signal é usado para restabelecer o tratamento dado aos sinais do tipo SIGINT, que são tratados pela função trata_int apenas no corpo do comando while.

```
void (*fptr)(int);
fptr = signal(SIGINT, trata_int);
while (true) {
  /* codigo omitido */
}
signal(SIGINT, fptr);
```
■

A referência à função de tratamento pode ser feita com as macros SIG_DFL, que define o comportamento padrão para o tratamento do sinal, e SIG_IGN, para ignorar o sinal. A execução da função signal(SIGINT, SIG_IGN), por exemplo, faz os sinais SIGINT serem ignorados. De fato, no início da execução de um programa signal(⟨*Sinal*⟩, SIG_IGN) é chamada para cada ⟨*Sinal*⟩ que deve ser ignorado e signal(⟨*Sinal*⟩, SIG_DFL), para cada ⟨*Sinal*⟩ que deve receber tratamento padronizado. A determinação dos sinais que são inicialmente ignorados e dos que recebem o tratamento padronizado é dependente da implementação.

EXEMPLO 14.17 No trecho de código a seguir, a função trata_int é registrada para o sinal SIGINT apenas se a ação associada a ele não for ignorá-lo. Se for, o tratamento para ignorar é restabelecido.

```
if (signal(SIGINT, trata_int) == SIG_IGN) {
  signal(SIGINT, SIG_IGN);
}
```
■

Para cada sinal apenas uma função pode ser registrada, valendo o último registro. Entretanto, uma mesma função pode ser registrada para tratar vários sinais.

EXEMPLO 14.18 O programa a seguir registra a função trata_erro para tratar todos os sinais descritos no padrão. O objetivo é verificar a chamada realizada pelos vários sinais, quando enviados a partir do ambiente. Em um ambiente Linux, quando a execução parar para ler o teclado, faça:

1. Em outro terminal, obtenha o código do processo (⟨*pid*⟩) com o comando ps -e.
2. Envie o sinal desejado com o comando kill -⟨*SINAL*⟩ ⟨*pid*⟩. Por exemplo, o comando kill -SIGABRT 1288 envia o sinal SIGABRT para o processo cujo código é 1288.

Quando a função trata_erro retorna, deve ser observado que a operação interrompida não é concluída. No caso, o valor de a permanece inalterado.

```
#include <stdio.h>
#include <signal.h>
void trata_erro(int);
int main(void) {
   int a = -6137;
   signal(SIGABRT, trata_erro);
   signal(SIGTERM, trata_erro);
   signal(SIGINT, trata_erro);
   signal(SIGILL, trata_erro);
   signal(SIGSEGV, trata_erro);
   signal(SIGFPE, trata_erro);
   do {
      printf("Envie sinal p/este programa.");
      scanf("%d", &a);
      printf("Valor de a = %d\n", a);
   } while (a < 0);
   return 0;
}
void trata_erro(int sinal) {
   signal(sinal, trata_erro);
   printf("Recebeu sinal %d. ", sinal);
}
```

Sempre que a função trata_erro é executada, ela é registrada novamente para o sinal que originou sua chamada, de modo a garantir que os sinais subsequentes do mesmo tipo continuem sendo tratados por ela. Neste exemplo, a função trata_erro não está em conformidade com o padrão da linguagem, que não permite a utilização da função printf, conforme discutido na Seção 14.5.4. ∎

14.5.3 Lançando sinais de interrupção

Um programa pode lançar seus próprios sinais de interrupção. Essa possibilidade permite o reenvio de sinais, após terem sido capturados por uma função de tratamento, e também serve para forçar a interrupção da execução nas situações em que normalmente sinal algum seria gerado. Apenas os sinais controlados por uma implementação podem ser lançados.

- `int raise(int sig)`
  Lança o sinal de erro correspondente ao seu argumento.
  Valor de retorno. Zero, se bem-sucedida, ou um valor diferente de zero, em caso de falha.

- `void abort(void)`
  Lança o sinal `SIGABRT` que provoca o término anormal do programa.
  Valor de retorno. Não tem.

EXEMPLO 14.19 A função a seguir lança o sinal `SIGFPE` se a for maior do que b. Se houver uma função de tratamento para esse sinal, ela será chamada e, caso retorne, o programa prossegue com a execução do comando `return -1.0`.

```
double calcula_media(int a, int b) {
  if (a > b) {
    raise(SIGFPE);
    return -1.0;
  }
  return (a + b)/2.0;
}
```
■

14.5.4 Tratando interrupções

Uma função de tratamento de sinal pode ser interrompida (e ser chamada novamente) em decorrência de sinais gerados a partir do seu próprio processamento ou de eventos externos. As complexas interações que podem ocorrer com as funções de tratamento de sinal, cujas execuções podem se sobrepor, fazem o padrão da linguagem adotar uma série de restrições:

1. Uma função de tratamento de sinal não deve chamar `raise`, se o sinal que a ativou decorreu de uma execução de `abort` ou `raise`.

2. Uma função de tratamento de sinal não deve chamar funções da biblioteca-padrão, exceto as funções `_Exit`, `quick_exit`, `abort` e `signal`. Essa é uma restrição extremamente limitante. A maioria das implementações adota uma solução mais flexível, permitindo que uma função de tratamento de sinal possa referir-se de modo seguro a um conjunto de funções reentrantes[3] ou que não podem ser interrompidas[4].

3. A função `signal` pode ser chamada no corpo de uma função de tratamento de sinal apenas para o sinal que originou sua execução, como ocorre no Exemplo 14.18.

4. As variáveis estáticas referidas por uma função de tratamento de sinal devem ser do tipo `volatile sig_atomic_t`. Esse tipo é implementado como um tipo inteiro cujo acesso ocorre através de uma única operação em linguagem de máquina, garantindo a atomicidade da operação e evitando que ela seja interrompida.

---

[3] Uma função é reentrante se pode existir duas ou mais execuções concorrentes do seu código, sem que uma interfira nas outras.

[4] O padrão POSIX define como funções seguras, entre outras, as funções de entrada e saída `creat`, `read`, `pread`, `write`, `lseek` e `close`, declaradas nos cabeçalhos `unistd.h` e `fcntl.h`. Essas funções não fazem parte do padrão ISO/IEC e, por isso, não são apresentadas neste livro.

As funções de tratamento de sinal devem ser simples, apenas modificando o valor de variáveis globais do tipo volatile sig_atomic_t, nos casos em que o fluxo de execução normal deve ser retomado, ou usando funções seguras para promover o término controlado do processamento, nos demais casos.

Encerrando o processamento

Quando um sinal é gerado em decorrência de um erro de computação que indica uma situação grave, não faz sentido prosseguir com o processamento. O padrão da linguagem estabelece que para os sinais SIGFPE, SIGILL e SIGSEGV (bem como para os demais sinais definidos pelas implementações para operação inválida, instrução ilegal e acesso indevido à memória) o comportamento é indefinido, caso o controle retorne. Nesses casos, as funções de tratamento de sinal devem ser usadas para promover o término controlado do programa, fechando arquivos e restaurando a configuração do terminal de execução, por exemplo.

EXEMPLO 14.20 No programa a seguir, a função trata_fpe é registrada para tratar as interrupções decorrentes do sinal SIGFPE. O programa lê pares de inteiros (numerador e denominador), gravando no arquivo arqtst os pares lidos e o resultado da divisão de um pelo outro. Caso o denominador seja zero, ocorre uma exceção de ponto flutuante, com a emissão do sinal SIGFPE, fazendo a função trata_fpe ser chamada.

Neste exemplo, o tratamento do erro resume-se à impressão de uma mensagem de erro e ao fechamento do arquivo. Como o arquivo é aberto para gravação, caso o erro recebesse o tratamento padronizado, ele não seria devidamente fechado e as informações já gravadas seriam perdidas.

A função trata_fpe não está de acordo com o padrão da linguagem, já que utiliza as funções printf e fclose[5]. Por outro lado, a prática de restabelecer o tratamento padronizado para o sinal s e lançá-lo novamente é considerada adequada para os casos em que se deseja encerrar o processamento. Isso faz o programa terminar do modo padronizado, inclusive com o código de término associado ao sinal que provocou a interrupção.

```
#include <stdio.h>
#include <stdbool.h>
#include <signal.h>
void trata_fpe(int);
FILE *arq;
int main(void) {
  int num, den;
  arq = fopen("arqtst", "w");
  if (signal(SIGFPE, trata_fpe) == SIG_ERR) {
    printf("sem tratamento erro: FPE\n");
  }
  while (true) {
    printf("Digite numerador");
    printf(" (0 p/terminar): ");
    scanf("%d", &num);
    if (num == 0) {
      break;
    }
    printf("Digite denominador: ");
```

---

[5] O correto, para sistemas que adotam o padrão POSIX, seria usar a função close para fechar o arquivo, com a correspondente modificação no modo como o arquivo é identificado.

```
      scanf("%d", &den);
      fprintf(arq, "%d %d %d\n", num, den, num/den);
    }
    fclose(arq);
    return 0;
}
void trata_fpe(int s) {
    printf("Erro sinal %d\n", s);
    fclose(arq);
    signal(s, SIG_DFL);
    raise(s);
}
```

As seguintes mensagens ilustram uma possível saída do programa:

```
Digite numerador (0 p/terminar): 986
Digite denominador: 0
Erro sinal 8
Exceção de ponto flutuante
```

As duas últimas mensagens são dependentes da implementação e podem não ser reproduzidas: o código do sinal, no caso, 8, pode variar e a última mensagem é parte do comportamento padronizado que finaliza o programa, após a execução da função de tratamento de erro. ∎

Se uma função de tratamento de sinal elaborada para encerrar o processamento de modo controlado for registrada para vários sinais, é importante que o tratamento de um sinal não seja comprometido pela ocorrência de um outro sinal para o qual a função está registrada. A implementação adotada pela biblioteca glibc [5] sugere o uso de uma variável estática do tipo volatile sig_atomic_t para controlar a execução da função de tratamento e o reenvio dos sinais subsequentes que, desse modo, ficam bloqueados enquanto o programa é encerrado. Essa solução, que pode não ser válida para outras implementações, é ilustrada no exemplo a seguir.

EXEMPLO 14.21 Se a função trata_fpe do exemplo anterior fosse registrada para vários sinais, a codificação a seguir garantiria maior segurança. A variável encerrando é uma variável global declarada como

```
volatile sig_atomic_t encerrando = false;
```

Caso a execução da função trata_fpe já tenha sido iniciada para um sinal, uma nova execução seria identificada e o sinal que a originou seria relançado, ficando bloqueado até o término da execução em andamento.

```
void trata_fpe(int s) {
  if (encerrando) {
    raise(s);
  }
  encerrando = true;
  printf("Erro sinal %d\n", s);
  fclose(arq);
  signal(s, SIG_DFL);
  raise(s);
}
```
∎

Retomando o processamento

Quando o processamento é retomado após o tratamento de um sinal, ele é reiniciado a partir do ponto em que ocorreu a interrupção (e não do ponto em que a operação ou o evento que gerou o sinal ocorreu). A abordagem recomendada para esses casos é utilizar variáveis globais do tipo volatile sig_atomic_t para informar o programa sobre a interrupção e o tratamento a ser adotado.

EXEMPLO 14.22 No programa a seguir, o comando do é interrompido com a digitação do valor zero ou com a ocorrência do sinal SIGINT.

```c
#include <stdio.h>
#include <stdbool.h>
#include <signal.h>
void trata_int(int);
volatile sig_atomic_t erro;
int main(void) {
  int num, soma = 0;
  signal(SIGINT, trata_int);
  erro = false;
  do {
    scanf("%d", &num);
    if ((num == 0) || (erro)) {
      break;
    }
    soma = soma + num;
    /* codigo omitido */
  } while (true);
  printf("soma = %d\n", soma);
  return 0;
}
void trata_int(int s) {
  signal(s, trata_int);
  erro = true;
}
```

Se o sinal SIGINT for gerado, a função trata_int é chamada, habilitando novamente o tratamento do sinal e modificando a variável global erro, que é utilizada pelo programa para interromper o comando do. ∎

14.6 USANDO DESVIOS NÃO LOCAIS PARA TRATAMENTO DE ERROS

A macro setjmp e a função longjmp podem ser usadas para implementar um tratamento centralizado de erros, segundo o seguinte esquema geral:

1. A macro setjmp, geralmente em uma estrutura de decisão, marca o ponto ao qual o fluxo de execução deve retornar.

    1.1 O valor de retorno igual a 0 indica um processamento sem erros, já que equivale à execução de setjmp decorrente do fluxo normal da execução.

    1.2 Os casos em que o valor de retorno é diferente de zero indicam as condições de erro. A essas condições são associadas rotinas de tratamento de erros.

2. Durante o processamento, sempre que uma condição de erro for detectada, a função longjmp é chamada, tendo como segundo argumento o código que provoca o desvio para a rotina de tratamento de erro apropriada.

EXEMPLO 14.23   O programa a seguir ilustra o uso de `setjmp` e `longjmp` no tratamento de erros. O comando do (linhas 9-29) repete seu corpo enquanto houver erro no processamento. A condição do `switch` (linhas 10-28) é definida pela execução da macro `setjmp`; na primeira vez sempre será 0, fazendo o fluxo da execução entrar na primeira cláusula.

```
1   #include <stdio.h>
2   #include <setjmp.h>
3   int funA(int);
4   int funAA(int, jmp_buf);
5   int funB(int);
6   jmp_buf estado;
7   int main(void) {
8     int x = 0, res = 0, erro = 0;
9     do {
10      switch (erro = setjmp(estado)) {
11        case 0:
12          printf("Valor de x: ");
13          scanf("%d", &x);
14          res = funA(x) - funB(x);
15          if (res < -30) {
16            longjmp(estado, res);
17          }
18          break;
19        case 1:
20          printf("erro parcela 1.\n");
21          break;
22        case 2:
23          printf("erro parcela 2.\n");
24          break;
25        default:
26          printf("erro resultado: %d.\n", res);
27          break;
28      }
29    } while (erro);
30    printf("Resultado = %d\n", res);
31    printf("fim programa\n");
32    return 0;
33  }
34  int funA(int x) {
35    jmp_buf amb;
36    if (x > 50) {
37      longjmp(estado, 1);
38    }
39    if (setjmp(amb) == 0) {
40      return funAA(x, amb);
41    } else {
42      return funAA(x + 1, amb);
43    }
44  }
45  int funAA(int x, jmp_buf estado) {
46    if ((x % 2) == 0) {
47      longjmp(estado, 1);
48    }
49    return x;
50  }
51  int funB(int x) {
52    if (x < -50) {
53      longjmp(estado, 2);
54    }
55    return 2 * x;
56  }
```

Na primeira cláusula, o valor de x é lido na linha 13 e as funções funA e funB são chamadas na linha 14 para calcular o valor de res. Se após a leitura e o cálculo do valor de res não tiver ocorrido erro, o comando break da linha 18 interrompe o switch, com a consequente interrupção do comando do, já que erro é 0.

Se o valor do resultado for menor que −30, a função longjmp da linha 16 é executada, desviando o fluxo de execução para a avaliação da macro setjmp na linha 10, com valor de retorno igual a res (um valor menor que −30). A cláusula default do comando switch é acionada, uma mensagem de erro é impressa, a condição do comando do é avaliada e uma nova iteração tem início: a macro setjmp é novamente executada a partir do fluxo normal (em função da nova iteração) e seu valor de retorno é 0.

Se houver erro na execução da função funA, neste exemplo ilustrado pelo valor de x ser maior do que 50, a função longjmp da linha 37 é executada e o fluxo da execução é desviado para a avaliação da macro setjmp da linha 10, com valor de retorno igual a 1. Essa nova avaliação de setjmp faz a segunda cláusula do switch (que possui rótulo 1) ser executada.

De modo semelhante, se houver erro na execução da função funB, neste exemplo ilustrado pelo valor de x ser menor do que −50, a função longjmp da linha 53 é executada e o fluxo é desviado para a avaliação da macro setjmp da linha 10, com valor de retorno igual a 2. Essa nova avaliação de setjmp faz a terceira cláusula do switch (que possui rótulo 2) ser executada.

O valor de retorno da função funA é calculado chamando-se a função funAA com o argumento x (linhas 39-43). Uma outra execução da macro setjmp é realizada na linha 39, com o ambiente salvo em amb, para permitir o retorno a esse ponto caso haja um erro na execução da função funAA. Isso faz apenas número ímpares serem produzidos como valor de retorno de funA.

As mensagens a seguir mostram uma possível execução desse programa. Com o valor de x igual a −55 ocorre um erro na execução de funB e com o valor de x igual a 55 ocorre um erro na execução de funA. O valor de x sendo igual a 10 faz o retorno de funA ser igual a 11 e o retorno de funB igual a 20, produzindo o resultado −9.

```
Valor de x:  -55
erro parcela 2.
Valor de x:   55
erro parcela 1.
Valor de x:   10
Resultado = -9
fim programa
```

O uso de desvios não locais torna os programas complicados. O uso de desvios não locais aninhados complica mais ainda o entendimento dos programas, como ilustra este exemplo.

■

14.6.1 Desvios não locais e funções de tratamento de sinais

Em muitas implementações o tratamento de um sinal que indica erro computacional pode retornar, caso ele tenha sido gerado pelas funções raise, abort ou a partir de um processo externo – isso porque nesses casos a interrupção não ocorre, de fato, em decorrência de uma operação ilegal. Entretanto, a prática mais frequente quando se quer retornar de uma função de tratamento que tenha sido ativada por um sinal que geralmente provoca o término da execução é utilizar um desvio não local, retornando a um ponto a partir do qual a execução possa prosseguir.

O padrão da linguagem C especifica que o comportamento é indefinido se longjmp é chamada no interior de uma função de tratamento de sinais, mas algumas implementações aceitam a existência dessas chamadas, já que o padrão anterior (ISO/

IEC 9899:1990) as aceitava, embora limitadas a um nível de tratamento: o comportamento é indefinido se a chamada ocorre em funções de tratamento aninhadas, isto é, ativadas por conta de sinais gerados durante o tratamento de sinais anteriores.

Também é comum o uso das versões `sigsetjmp`, `siglongjmp` e `sigjmp_buf`, especificadas no padrão POSIX. A versão `sigsetjmp` recebe uma área de armazenamento do tipo `sigjmp_buf` e um valor inteiro, e salva a máscara de sinais da aplicação se o valor inteiro for diferente de 0, permitindo que seja restaurada pela função `siglongjmp`. A portabilidade das versões adotadas pelo padrão POSIX é maior porque elas possibilitam a restauração da máscara de sinais juntamente com o estado da execução.

EXEMPLO 14.24 O programa à esquerda não adere ao padrão atual da linguagem, já que usa a função `longjmp` no interior de uma função para tratamento de sinais (além do uso da função `printf`). Se ocorre uma divisão por 0 na expressão da linha 14, a função de tratamento `erro_divzero` é acionada. Nessa função, a chamada a `longjmp`, na linha 24, causa o desvio para a execução da macro `setjmp`, na linha 9, iniciando uma nova iteração, com a leitura e o cálculo de novos valores.

No programa à direita, a macro `sigsetjmp`, na linha 9, sempre salvará a máscara de sinais (já que o segundo argumento é diferente de zero), permitindo sua restauração posterior. Agora, quando ocorre um sinal `SIGFPE`, a função `erro_divzero` é chamada e o desvio não local é realizado pela função `siglongjmp`. Nesse caso, não é necessário registrar a função de tratamento novamente, pois a máscara de sinais que será restaurada já indica que o tratamento dos sinais `SIGFPE` é feito pela função `erro_divzero`.

ISO/IEC 9989:1990

```
1  #include <stdio.h>
2  #include <signal.h>
3  #include <setjmp.h>
4  jmp_buf estado;
5  void erro_divzero(int);
6  int main(void) {
7    int a, b, res = 0;
8    signal(SIGFPE, erro_divzero);
9    while (setjmp(estado) >= 0) {
10     printf("Digite a: ");
11     scanf("%d", &a);
12     printf("Digite b: ");
13     scanf("%d", &b);
14     res = a / b;
15     break;
16   }
17   printf("resultado a/b = %d\n", res);
18   return 0;
19 }
20 void erro_divzero(int sinal) {
21   printf("Erro: div por zero.\n");
22   printf("Entre com novos valores.\n");
23   signal(SIGFPE, erro_divzero);
24   longjmp(estado, 1);
25 }
```

POSIX

```
1  #include <stdio.h>
2  #include <signal.h>
3  #include <setjmp.h>
4  sigjmp_buf estado;
5  void erro_divzero(int);
6  int main(void) {
7    int a, b, res = 0;
8    signal(SIGFPE, erro_divzero);
9    while (sigsetjmp(estado, 9) >= 0) {
10     printf("Digite a: ");
11     scanf("%d", &a);
12     printf("Digite b: ");
13     scanf("%d", &b);
14     res = a / b;
15     break;
16   }
17   printf("resultado a/b = %d\n", res);
18   return 0;
19 }
20 void erro_divzero(int sinal) {
21   printf("Erro: div por zero.\n");
22   printf("Entre com novos valores.\n");
23   siglongjmp(estado, 1);
24 }
```

Com o compilador gcc, o programa à direita compila apenas com as opções que incorporam extensões ao padrão (`-std=gnu89` e `-std=gnu99`) ou sem opção relativa ao padrão. ∎

14.7 ASSERTIVAS

A função `assert` é definida como uma macro no arquivo-cabeçalho `assert.h`, sendo usada para assegurar que uma condição é verdadeira no momento da execução da macro.

- void assert(⟨*expressão escalar*⟩)

    Avalia a expressão fornecida como argumento. Se a expressão é verdadeira, a execução prossegue normalmente; se a expressão é falsa, isto é, possui o valor 0, a execução é interrompida por uma chamada a `abort`. As seguintes informações sobre a interrupção são exibidas na saída-padrão `stderr`: a identificação do programa que foi interrompido, o nome da função que contém a assertiva, o arquivo-fonte no qual a função está definida e o número da linha em que a assertiva se encontra, além do texto da expressão avaliada.

    Valor de retorno. Não tem.

EXEMPLO 14.25 No trecho de programa a seguir, a função `analisaAeB` é interrompida sempre que a expressão (b > 0) || (a < 3 * b) for falsa.

```
void analisaAeB(int a, int b) {
  assert((b > 0) || (a < 3 * b));
  /* codigo omitido */
}
```

Se essa função estiver definida no arquivo `analise.c`, parte do programa `prg_teste`, e for chamada com `analisaAeB(3, -2)`, então o programa é interrompido e a seguinte mensagem é exibida:

```
prg_teste: analise.c:14: analisaAeB: Assertion (b > 0) || (a < 3 * b) failed
```

Essa mensagem indica que a assertiva falhou na execução da função `analisaAeB`, que está definida na linha 14 do código-fonte `analise.c`, que é parte do programa `prg_teste`. O formato da mensagem pode variar e o número da linha (aqui, 14) depende de como o arquivo-fonte está codificado. ∎

A interrupção provocada pela macro `assert` não permite o tratamento da condição de erro, exceto se uma função para tratar o sinal `SIGABRT` for registrada. Entretanto, é simples e eficiente, sendo útil durante o desenvolvimento. Uma estratégia comum é usar as assertivas durante o desenvolvimento, quando os erros decorrentes das modificações do código-fonte são mais frequentes. Após os testes e a estabilização do programa, quando ele for colocado em produção, pode-se tornar as assertivas inativas compilando-o com a macro `NDEBUG`.

A definição da macro `NDEBUG` torna as assertivas inativas. A inatividade é definida no momento em que o arquivo-cabeçalho `assert.h` é incluído. Por isso, o ideal é definir a macro como um parâmetro da compilação: `gcc -o prog -DNDEBUG fonteA.c fonteB.c`.

A versão 2011 do padrão define a declaração `_Static_assert( ⟨*expr*⟩, ⟨*cadeia*⟩ )` avaliada em tempo de compilação, que é interrompida, exibindo uma mensagem que inclui ⟨*cadeia*⟩, se a expressão constante ⟨*expr*⟩ for falsa.

14.8 DESCREVENDO OS ERROS

Cada código de erro é associado a uma mensagem que pode ser obtida com a função `strerror`, declarada no cabeçalho `string.h`, ou impressa com a função `perror`, declarada no cabeçalho `stdio.h`.

- `char *strerror(int cod_erro)`

    Seleciona a mensagem que corresponde ao erro cujo código é igual a `cod_erro`. Essa função seleciona uma mensagem para qualquer inteiro fornecido como argumento, mas para os códigos que correspondem a erros armazenados em `errno`, a mensagem selecionada reflete o significado atribuído ao erro pelo ambiente de execução.

    Valor de retorno. Um ponteiro para a cadeia que contém a mensagem selecionada.

EXEMPLO 14.26 O programa a seguir exibe as mensagens associadas aos códigos na faixa [−1, 132]. As 5 primeiras mensagens exibidas pelo programa são:

```
-1 Unknown error 4294967295
 0 Success
 1 Operation not permitted
 2 No such file or directory
 3 No such process
```

```
#include <stdio.h>
#include <string.h>
int main(void) {
  for (int i = -1; i < 133; i++) {
    printf("%3d %s\n", i, strerror(i));
  }
  return 0;
}
```

As mensagens impressas podem variar dependendo da implementação. ∎

- `void perror(const char *prefixo)`

    Grava na saída-padrão de erro (`stderr`) a cadeia de caracteres indicativa do erro cujo código está armazenado na variável `errno`. Se o ponteiro `prefixo` não é nulo, então a cadeia apontada por ele, seguida do caractere ':', é gravada antes da mensagem associada ao erro.

    Valor de retorno. Não tem.

EXEMPLO 14.27 Se o valor de `errno` é 2, então a chamada `perror("Exemplo")` imprime a seguinte mensagem:

```
Exemplo: No such file or directory
```
∎

14.9 EVITANDO OS ERROS

Os mecanismos de tratamento de erros em C são limitados. Portanto, a melhor abordagem para desenvolver código seguro é diminuir a possibilidade de ocorrência do erro, evitando situações potencialmente perigosas. Por exemplo, se um vetor é percorrido além da quantidade de elementos que ele armazena, é grande a probabilidade de acesso à área indevida da memória, podendo haver uma interrupção por violação de segmento (sinal SIGSEGV). Essa é uma situação indesejável por dois motivos:

a) As funções para tratamento de sinais de interrupção possuem limitações, muitas vezes não permitindo o tratamento adequado do erro.

b) Se o programa não é interrompido, ele provavelmente produzirá valores que, apesar de errados, serão de difícil detecção.

A melhor providência é evitar que o vetor seja percorrido além do seu limite. As próximas seções contêm orientações úteis para o desenvolvimento de programas seguros.

14.9.1 Garantindo o limite dos vetores

Extrapolar os limites de um vetor é causa de inúmeros erros.

Recomendação 1 Declarar vetores com tamanho fixo, usando macros para definir o tamanho.

```
#define TAM (31);
long int vetor[TAM];
```

Razão. Favorece a consistência do programa. Quando o tamanho do vetor for alterado, basta modificar a definição da macro para que o resto do código fique adaptado ao novo tamanho.

Cadeias de caracteres. Um tipo especial de vetor, as cadeias de caracteres devem ser terminadas com o caractere nulo. A maior parte das funções usa esse caractere para determinar o tamanho da cadeia e não invadir outras áreas da memória. Uma simples impressão, com o comando printf, de uma cadeia não terminada com '\0' pode gerar resultados imprevisíveis.

Recomendação 2 Evitar o uso de funções que não permitem determinar o tamanho da cadeia, como, por exemplo, gets. Deve-se optar pelas funções que permitem determinar um limite para os caracteres lidos, assegurando-se que o vetor onde eles serão armazenados possui um tamanho apropriado, como, por exemplo, fgets.

Razão. Com essas funções não ocorre acesso indevido à memória, caso a entrada contenha um número maior de caracteres que o vetor utilizado para armazená-los.

Recomendação 3 Criar cadeias delimitadas como caractere nulo. Por exemplo, nas operações de leitura, deve-se usar a função fgets ou diretivas do tipo %30s e %30[^\n], que incluem o caractere nulo automaticamente, evitando-se diretivas como %30c.

Razão. As cadeias que não possuem o caractere nulo ao final não podem ser usadas nas funções da biblioteca-padrão que assumem a existência desse caractere.

14.9.2 Evitando conversões

Erros decorrentes de conversões indevidas são difíceis de detectar.

Recomendação 4 Evitar conversão de valores, usando variáveis adequadas ao tipo dos valores produzidos pelas expressões.

Razão. As conversões indevidas podem modificar os valores originais, causando problemas de difícil detecção.

EXEMPLO 14.28 No programa a seguir, se o usuário digitar o número −6, esta saída será produzida:

```
Digite um numero: -6
numero = -6 positivo ou zero

#include <stdio.h>
int main(void) {
  unsigned int num;
  printf("Digite um numero: ");
  scanf("%d", &num);
  printf("numero = %d ", num);
  if (num < 0) {
    printf("negativo\n");
  } else {
    printf("positivo ou zero\n");
  }
  return 0;
}
```

A função scanf lê os caracteres digitados, convertendo-os em um valor do tipo int, por conta da diretiva %d. O valor −6 é obtido com a seguinte representação binária:

11111111111111111111111111111010,

se o tipo int for implementado com 32 bits, usando complemento-2. Esse valor é armazenado na variável num como um valor não sinalizado. Logo, o conteúdo de num é interpretado como o decimal positivo 4.294.967.290 e o teste do comando if indica que ele não é menor que zero. Para complicar, quando o conteúdo de num é impresso, o valor −6 é obtido. Isso ocorre por conta da conversão inversa de um valor do tipo unsigned int (variável num) em um valor do tipo int (diretiva %d do comando printf).

Neste exemplo, a variável num deveria ser declarada como do tipo int ou os comandos de leitura e impressão deveriam usar a diretiva %u. Além disso, se a intenção fosse ler um inteiro não negativo, o programa deveria verificar o número lido antes de prosseguir. ■

Conversões inválidas ou inexatas de valores reais em inteiros podem ser verificadas com os testes descritos na Seção 14.4.3.

14.9.3 Assegurando a obtenção de valores válidos

As operações de entrada e saída são fontes para a obtenção e propagação de valores indevidos, principalmente se os valores forem obtidos do teclado, pois não se pode garantir o comportamento do usuário. Via de regra, todos os valores devem ser verificados: se um valor positivo é esperado, deve haver um teste para verificar se o valor obtido é de fato positivo, e rotinas para tratar as situações em que ele não seja.

Recomendação 5 Validar os valores obtidos com funções de leitura.

Razão. As funções de leitura nem sempre produzem valores válidos, podendo falhar ou resultar em conversões indevidas.

Quando possível, deve-se usar o resultado das funções de entrada e saída que indicam falhas na operação. Pode-se, por exemplo, verificar se a quantidade de atribuições corresponde ao que se espera.

EXEMPLO 14.29 O programa a seguir lê um inteiro positivo e consegue evitar a leitura indevida de caracteres e valores não positivos.

A leitura é realizada no interior do comando do enquanto a variável erro for verdadeira ou o valor lido for negativo ou zero. Se o usuário digita um caractere, a leitura não ocorre porque a função scanf não consegue compor um valor inteiro com o caractere lido: seu valor de retorno é 0, fazendo a variável erro ser igual a true. Após cada leitura, os caracteres remanescentes são descartados (essa é uma boa prática quando se lê valores do teclado).

```
#include <stdio.h>
#include <stdbool.h>
int main(void) {
  int num;
  bool erro;
  do {
    erro = false;
    printf("Digite um inteiro > 0 : ");
    if (scanf("%d", &num) != 1) {
      erro = true;
    }
    scanf("%*[^\n]");
    scanf("%*c");
  } while (erro || (num <= 0));
  printf("Valor lido = %d\n", num);
  return 0;
}
```

Esse programa, entretanto, não consegue evitar a leitura do inteiro 315, quando o usuário digita erradamente o valor real 315,886, ou do inteiro 23, quando a cadeia "23ab" é digitada.

■

Erros de formato. Os erros de formato, como a obtenção de um inteiro quando o usuário digita um valor real, não podem ser capturados apenas com a inspeção do valor de retorno das funções scanf e fscanf. Se necessário, deve-se desenvolver rotinas para realizar a verificação do valor digitado e evitar as conversões indesejadas. Uma possibilidade é ler a cadeia com todos os caracteres digitados e usar as rotinas de conversão declaradas no cabeçalho stdlib.h.

EXEMPLO 14.30 O programa a seguir lê um número inteiro do teclado, rejeitando a digitação de caracteres e também a digitação de valores reais. Uma possível saída desse programa é:

```
Digite um inteiro:    23r 3
Digite um inteiro: 23.4
Digite um inteiro:    ewed
Digite um inteiro:    345
Valor lido = 345
```

A função ler_int obtém do teclado a próxima sequência de caracteres diferentes de espaços, e a transforma em um valor do tipo long int usando a função strtol. Após a conversão, a cadeia *resto, criada pela função strtol com os caracteres remanescentes de linha que não formam um valor inteiro, é testada: se possuir caracteres, é sinal de que a sequência lida possui caracteres além do necessário; nesse caso indica-se a ocorrência de um erro de domínio.

```
#include <stdio.h>
#include <stdlib.h>
#include <errno.h>
#define TAM (31)
long int ler_int(void);
int main(void) {
  long int num;
  do {
    printf("Digite um inteiro: ");
    num = ler_int();
    scanf("%*[^\n]");
    scanf("%*c");
  } while (errno != 0);
  printf("Valor lido = %ld\n", num);
  return 0;
}
long int ler_int(void) {
  char linha[TAM]; char *resto;
  long int num = 0L;
  scanf("%30s", linha);
  errno = 0;
  num = strtol(linha, &resto, 0);
  if (*resto != '\0') {
    errno = EDOM;
  }
  return num;
}
```

Como a função strtol já indica em errno os erros de imagem, basta, na função principal, testar se errno é igual a 0, para assegurar que o valor lido é um inteiro válido. ∎

A função strtol e outras usadas na conversão de cadeias de caracteres em valores numéricos são discutidas no Capítulo 15.

14.9.4 Assegurando o uso de valores válidos

As variáveis devem ser iniciadas e ter valores bem definidos e compatíveis com o seu tipo.

Recomendação 6 Declarar variáveis com valor inicial.

Razão. As variáveis automáticas não iniciadas podem assumir qualquer valor quando o bloco que as contém é ativado. Se a variável for usada antes de uma atribuição, o resultado é imprevisível.

Recomendação 7 Assegurar que o valor de um ponteiro é válido antes do seu uso. Essa orientação vale para todos os tipos de variáveis, entretanto, o uso de ponteiros com valores indevidos é mais frequente. Deve-se, no mínimo, assegurar que um ponteiro não é nulo antes do seu uso.

Razão. Um ponteiro com valor nulo ou indevido remete a um endereço inválido, provocando a obtenção de valores errados ou mesmo a violação de áreas reservadas da memória.

14.9.5 Assegurando a compatibilidade de tipos

Se uma mesma variável ou função é declarada com tipos incompatíveis, o comportamento é indefinido.

Recomendação 8 Verificar a compatibilidade de tipos das declarações que referem-se ao mesmo objeto.

Razão. As declarações que referem-se a um mesmo objeto (variável ou função) devem ter tipos compatíveis. O padrão exige que a compatibilidade seja assegurada, se as declarações fazem parte de uma mesma unidade de compilação, em um mesmo escopo. Entretanto, se elas ocorrem em unidades de compilação distintas, o padrão não requer a verificação de compatibilidade, mas estabelece que o comportamento nesses casos é indefinido.

EXEMPLO 14.31 No programa a seguir, a variável a é declarada com tipos incompatíveis em unidades de compilação distintas. Como sua ligação é externa, as declarações referem-se ao mesmo espaço de memória, tornando o comportamento do programa indefinido.

UNIDADE A
```
/* Programa fonte: prg_err28a.c */
#include <stdio.h>
void fun(void);
int a;
int main(void) {
  a = 1088421888;
  printf("main: end: %p valor: %d\n",
                   (void *)&a, a);
  fun();
  printf("main: end: %p valor: %d\n",
                   (void *)&a, a);
  return 0;
}
```

UNIDADE B
```
/* Programa fonte: prg_err28b.c */
#include <stdio.h>
float a;
void fun() {
  printf("fun : end: %p valor: %f\n",
                   (void *)&a, a);
  a = 23.4f;
  printf("fun : end: %p valor: %f\n",
                   (void *)&a, a);
}
```

Como as declarações ocorrem em unidades de compilação distintas, o compilador gcc não detecta a incompatibilidade, adotando o seguinte comportamento não padronizado: a variável é interpretada diferentemente, segundo o contexto no qual é referida. A execução desse programa produz a seguinte saída:

```
main: end: 0x804a01c valor:  1088421888
fun : end: 0x804a01c valor:  7.000000
fun : end: 0x804a01c valor:  23.400000
main: end: 0x804a01c valor:  1102787379
```

Na função fun a variável é interpretada como sendo do tipo float: a configuração de bits que corresponde ao valor 1.088.421.888 é tratada segundo o formato sinal, expoente e mantissa, próprio dos valores do tipo float. Do mesmo modo, o valor 23,4, que é armazenado como um valor do tipo float em fun, é visto na função main como um valor do tipo int, cuja configuração de bits corresponde ao inteiro 1.102.787.379.

As funções de impressão imprimem o endereço da variável, mostrando que, de fato, ela é única (o endereço impresso, no caso, 0x804a01c, pode variar a cada execução). ∎

A verificação da compatibilidade de tipos pode ser feita com um verificador estático de código.

EXERCÍCIOS

14.1 Em relação à fase na qual seus efeitos são notados, como são classificados os erros e o que caracteriza cada classe de erro?

14.2 Quais são os tipos de erros de execução?

14.3 Como cada tipo de erro de execução pode ser evitado ou minimizado?

14.4 Quais são os modos básicos de notificação de erro na execução das funções da biblioteca-padrão?

14.5 Que recomendações devem ser seguidas ao se usar a variável `errno` para verificar a ocorrência de erros na execução das funções da biblioteca-padrão?

14.6 É possível usar a variável `errno` para verificar a ocorrência de erros na execução de todas as funções da biblioteca-padrão? Justifique sua resposta.

14.7 Que tipos de indicadores são verificados pelas funções `ferror` e `feof`?

14.8 Por que a função `feof` não é adequada para verificar se um arquivo atingiu o seu fim, como ilustrado no código abaixo?

```
while (!feof(arq)) {
  /* codigo omitido */
}
```

14.9 Modifique o programa do Exemplo 13.10 inserindo código para assegurar que o arquivo foi aberto corretamente, e que o processamento termina devido ao fim de arquivo. Caso haja erro na abertura ou na leitura do arquivo, o programa deve imprimir uma mensagem de erro e parar, retornando o código do erro.

14.10 O que são erros de domínio e erros de imagem?

14.11 As execuções das expressões `tgamma(DBL_MAX)` e `tgamma(INFINITY)` produzem o mesmo valor `HUGE_VAL`. Por que em uma há indicação de erro de imagem e na outra não?

14.12 Quais são os modos básicos de notificação de erros na execução das funções matemáticas de ponto flutuante? Esses modos estão sempre presentes em todas as implementações da linguagem C? Caso não estejam, como se pode verificar quais dos modos estão implementados?

14.13 Faça um programa que leia valores reais do teclado, e para cada um imprima o resultado da função `atanh` (arco tangente hiperbólica) aplicada ao valor lido. Seu programa sempre deve imprimir o resultado obtido, seguido da mensagem "erro de domínio", caso haja um erro de domínio, ou "erro de imagem", caso haja um erro de imagem. A verificação da ocorrência de erros deve ser feita usando a variável `errno`. O programa deve terminar com o fechamento do teclado (digitação das teclas Ctrl-d).

14.14 Modifique o programa do exercício anterior para usar as exceções de ponto flutuante para verificar a ocorrência de erros.

14.15 Codifique uma função, com o protótipo `bool armazena(double, int *)`, que armazene o valor do primeiro argumento, convertido em um valor do tipo `int`, na variável apontada pelo segundo argumento e retorne o valor booliano verdadeiro, se não houver erro de conversão, ou falso, em caso contrário.

14.16 O que diferencia os sinais de interrupção síncronos dos assíncronos?

14.17 Quais são as três ações que um programa pode realizar quando recebe um sinal de interrupção?

14.18 É possível registrar várias funções para tratar o mesmo sinal? Se for, que funções são executadas e em que ordem, na ocorrência do sinal para o qual são registradas?

14.19 É possível que uma mesma função seja registrada para tratar sinais diferentes? Se for, como na execução da função pode-se saber qual foi o sinal que originou a chamada?

14.20 Que recomendações devem ser seguidas na codificação de uma função de tratamento de sinal?

14.21 A função `soma_elms` a seguir recebe um vetor `v` e a quantidade de elementos do vetor, `qtd`, e produz a soma das divisões inteiras de cada elemento do vetor, a partir do segundo, pelo elemento anterior:

`v[1]/v[0] + v[2]/v[1] + ... + v[qtd]/v[qtd-1]`.

```
int soma_elms(int v[], unsigned int qtd) {
  int soma = 0;
  for (unsigned int i = 1u; i < qtd; i++) {
    soma = soma + v[i] / v[i-1u];
  }
  return soma;
}
```

Entretanto, se um dos denominadores for zero a função é interrompida pelo sinal `SIGFPE`. Codifique uma solução para capturar esse sinal, de forma que, se ele ocorrer, o programa imprima uma mensagem de erro e lance o sinal novamente para receber o tratamento-padrão do sistema.

14.22 Modifique a solução do exercício anterior para que, na ocorrência do sinal `SIGFPE`, apenas a parcela da soma que provocou a exceção seja desprezada: o processamento deve continuar com a soma das demais parcelas. Use a função `longjmp` para retornar da função de tratamento de sinal.

14.23 Para quais das seguintes chamadas, a função a seguir será abortada pela execução da macro `assert`?

```
void f(int a, int b, int c) {
  assert((a > 2 * b) && (b < 3) || (a > b + c));
  /* codigo omitido */
}
```

    a) `f(2, 3, 4)`   b) `f(2, -3, 8)`   c) `f(9, 4, 2)`   d) `f(9, 4, 6)`

14.24 Modifique o programa do Exercício 14.9 de modo que as mensagens do sistema (geradas pelas funções `strerror` ou `perror`) sejam usadas para indicar os erros.

14.25 Descreva cinco recomendações para evitar erros de execução.

Capítulo 15

Caracteres e Cadeias de Caracteres

Este capítulo trata das funções que implementam operações sobre caracteres e cadeias de caracteres, incluindo as funções de classificação e conversão de cadeias de caracteres em valores de tipos reais.

15.1 CADEIAS DE CARACTERES

As cadeias de caracteres são implementadas em C como vetores de caracteres (do tipo `char []`), com as expressões que as referenciam convertidas em ponteiros para o primeiro elemento (`char *`).

Estritamente falando, o padrão da linguagem define cadeia de caracteres (*string*) como uma sequência contígua de caracteres terminada com, e incluindo, o caractere nulo. Diversas operações e funções da linguagem pressupõem a existência do caractere nulo como delimitador das cadeias de caracteres. A função `printf`, por exemplo, trata o argumento correspondente à diretiva `%s` como uma cadeia terminada pelo caractere nulo: a impressão ocorre até que esse caractere seja encontrado. Entretanto, é usual também considerar como cadeias de caracteres aquelas que não são terminadas com o caractere nulo, ou que o contêm em posições intermediárias.

EXEMPLO 15.1 No programa a seguir, a cadeia `textoUm` é terminada pelo caractere nulo (os literais do tipo cadeia de caracteres são sempre terminados pelo caractere nulo). A cadeia `textoDois` possui dois caracteres nulos: um na posição (de índice) 10 e outro ao final. Já a cadeia `textoTres` não possui caractere nulo delimitando-a, pois apenas os 25 primeiros caracteres do literal são armazenados no vetor `textoTres`.

```
#include <stdio.h>
int main(void) {
  char *textoUm = "cadeia normal";
  char *textoDois = "cadeia com\0 intermediario";
  char textoTres[25] = "cadeia sem caractere nulo";
  printf("%s\n", textoUm);
  printf("%s\n", textoDois);
  printf("%s\n", textoTres);
  return 0;
}
```

A impressão de `textoUm` imprime toda a cadeia e a de `textoDois` apenas os 10 primeiros caracteres. A impressão de `textoTres` prossegue após o último caractere, imprimindo os bytes seguintes até encontrar um com o valor 0 (tratado como o caractere nulo): existe a possibilidade de acesso indevido à memória. ∎

É responsabilidade do programador assegurar que as cadeias de caracteres que devem ser delimitadas pelo caractere nulo possuam, de fato, esse caractere como delimitador.

EXEMPLO 15.2 A função ler do programa a seguir realiza a leitura dos caracteres digitados pelo usuário, armazenando-os no vetor linha usado como argumento. A quantidade máxima de caracteres lidos é dada pelo parâmetro tam, sendo a leitura terminada também pela digitação da tecla de fim de linha (teste da linha 14, comparando o caractere lido com '\n').

Na linha 18, o caractere nulo é inserido imediatamente após o último caractere lido (ou sobre o caractere de fim de linha). Desse modo, a função garante que a cadeia de caracteres sempre terminará com o caractere nulo.

```
1  #include <stdio.h>
2  #include <stdlib.h>
3  #define TAM (80)
4  void ler(int, char[*]);
5  int main(void) {
6    char linha[TAM];
7    ler(TAM, linha);
8    printf("|%s|\n", linha);
9    return 0;
10 }
11 void ler(int tam, char linha[tam]) {
12   int i;
13   for (i = 0; i < tam - 1; i++) {
14     if ((linha[i] = getchar()) == '\n') {
15       break;
16     }
17   }
18   linha[i] = '\0';
19 }
```
■

15.2 OPERAÇÕES SOBRE CADEIAS DE CARACTERES

Por ser uma estrutura de dados bastante usada, as linguagens de programação geralmente fornecem bibliotecas de funções com operações básicas sobre cadeias[1]. Esta seção apresenta, organizadas por categoria, as funções declaradas no arquivo-cabeçalho string.h.

15.2.1 Função de tamanho

■ `size_t strlen(const char *cadeia)`

Calcula o tamanho da cadeia apontada por cadeia, que deve ser terminada pelo caractere nulo (não incluído no cálculo).

Valor de retorno. O tamanho da cadeia.

EXEMPLO 15.3 A função conta_letra a seguir recebe um caractere c e uma cadeia cda, e retorna a quantidade de vezes que o caractere aparece na cadeia.

---

[1] Se o contexto permitir, a palavra "cadeia" pode ser usada como abreviação de "cadeia de caracteres".

A função strlen fornece o tamanho da cadeia recebida, servindo como controle para determinar o término do comando for.

```
int conta_letra(char c, char *cda) {
  int qtd = 0;
  for (size_t i = 0; i < strlen(cda); i++) {
    if (cda[i] == c) {
      qtd++;
    }
  }
  return qtd;
}
```

Essa função só funciona corretamente se a cadeia recebida terminar com o caractere nulo.

■

15.2.2 Funções de cópia

■ char *strcpy(char * restrict dest, const char * restrict orig)
  Copia a cadeia apontada por orig, incluindo o caractere nulo que a finaliza, para a cadeia apontada por dest. As cadeias não podem estar sobrepostas, e a cadeia de origem deve ser terminada pelo caractere nulo.

  Valor de retorno. O ponteiro dest.

■ char *strncpy(char * restrict dest, const char * restrict orig, size_t qtd)
  Copia até qtd caracteres da cadeia apontada por orig para a cadeia apontada por dest. Se a cadeia de origem é menor que qtd caracteres, caracteres nulos são inseridos em dest até completar a quantidade especificada; se é maior ou igual, apenas os qtd caracteres iniciais da origem são copiados. As cadeias não podem estar sobrepostas e a cadeia de origem deve terminar com o caractere nulo, se for menor que qtd caracteres.

  Valor de retorno. O ponteiro dest.

EXEMPLO 15.4 O programa a seguir lê do teclado até 15 caracteres, armazenando-os na cadeia linha, pergunta ao usuário quantos caracteres devem ser copiados, e realiza a cópia da quantidade indicada.

```
 1  #include <stdio.h>
 2  #include <string.h>
 3  int main(void) {
 4    char linha[16];
 5    char copia[20] = "@@@@@@@@@@@@@@@@@@@@";
 6    size_t qtd;
 7    scanf("%15[^\n]", linha);
 8    scanf("%*[^\n]"); scanf("%*c");
 9    printf("Qtd caracteres p/copia: ");
10    scanf("%zu", &qtd);
11    strncpy(copia, linha, qtd);
12    printf("Origem : |%s|\n", linha);
13    printf("Destino: |");
14    for (int i = 0; i < 20; i++) {
15      if (copia[i] == '\0') {
16        putchar('^');
```

```
17      } else {
18          putchar(copia[i]);
19      }
20  }
21  putchar('|');
22  return 0;
23 }
```

Após a cópia, as cadeias de origem e destino são impressas. Todos os caracteres da cadeia copia são impressos (linhas 14-20), com o caractere nulo impresso como ^. Desse modo, pode-se verificar exatamente as modificações efetuadas em copia. Uma possível saída do programa é ilustrada a seguir:

```
Irene preta
Qtd caracteres p/copia: 14
Origem : |Irene preta|
Destino: |Irene preta^^^@@@@@^|
```

Como a cadeia de origem é terminada pelo caractere nulo, esse programa só apresenta problemas se a quantidade informada for negativa ou maior do que 20. ∎

As funções de cópia de cadeias de caracteres devem ser usadas com cautela. A função strcpy pode copiar mais caracteres que o tamanho da cadeia destino e cadeia copiada pela função strncpy pode não ser terminada pelo caractere nulo. Em geral, prefere-se strncpy a strcpy porque aquela permite controlar a quantidade de caracteres que devem ser copiados.

15.2.3 Funções de concatenação

■ char *strcat(char * restrict cesq, const char * restrict cdir)

Concatena as cadeias cesq e cdir, anexando uma cópia da cadeia apontada por cdir ao fim da cadeia apontada por cesq. As duas cadeias devem ser terminadas pelo caractere nulo, e não devem se sobrepor. Na cadeia resultante, a cópia do caractere inicial de cdir sobrepõe-se ao caractere nulo de cesq.

Valor de retorno. O ponteiro cesq.

■ char *strncat(char * restrict cesq, const char * restrict cdir, size_t qtd)

Concatena as cadeias cesq e cdir, anexando uma cópia dos qtd caracteres iniciais da cadeia apontada por cdir ao fim da cadeia apontada por cesq. A concatenação termina após a cópia de qtd caracteres ou quando o caractere nulo de cdir é encontrado. As cadeias não devem se sobrepor e a cadeia cesq deve ser terminada pelo caractere nulo, assim como a cadeia cdir, se seu tamanho for menor do que qtd caracteres. Na cadeia resultante, a cópia do caractere inicial de cdir sobrepõe-se ao caractere nulo de cesq. Um caractere nulo é sempre inserido no fim da cadeia resultante.

Valor de retorno. O ponteiro cesq.

EXEMPLO 15.5 O programa a seguir lê um prefixo e um sufixo, ambos com até 20 caracteres, e monta uma cadeia nome com a concatenação dos dois.

```c
1   #include <stdio.h>
2   #include <string.h>
3   #include <stdlib.h>
4   int main(void) {
5     char prefixo[21] = "\0";
6     char sufixo[21] = "\0";
7     char nome[41] = "\0";
8     printf("prefixo: ");
9     scanf("%20[^\n]", prefixo);
10    scanf("%*[^\n]"); scanf("%*c");
11    printf("sufixo : ");
12    scanf("%20[^\n]", sufixo);
13    strcpy(nome, prefixo);
14    strcat(nome, sufixo);
15    printf("nome    : |%s|\n", nome);
16    return 0;
17  }
```

A cadeia nome é declarada com tamanho suficiente para armazenar os caracteres das cadeias componentes mais o caractere nulo final. As cadeias prefixo e sufixo são iniciadas com o caractere nulo para permitir a digitação de cadeias vazias. A cadeia prefixo é copiada para nome na linha 13 e a cadeia sufixo é concatenada ao resultado na linha 14.

O programa não mostra, mas as cadeias prefixo e sufixo não são modificadas. ∎

As funções de concatenação também requerem atenção. Tanto strcat quanto strncat podem concatenar mais caracteres do que a cadeia destino (primeiro argumento) pode armazenar.

15.2.4 Funções de comparação

■ int strcmp(const char *cesq, const char *cdir)

Compara a cadeia de caracteres apontada por cesq com a cadeia apontada por cdir. As duas cadeias devem ser terminadas com o caractere nulo. Os caracteres são comparados como valores do tipo unsigned char. O primeiro caractere que for maior que o caractere correspondente da outra cadeia, faz sua cadeia ser maior. Se as cadeias tiverem tamanhos diferentes, com todos os caracteres iguais até o menor dos tamanhos, então a cadeia de maior tamanho é maior.

Valor de retorno. Zero, se as cadeias forem iguais; um valor negativo, se cesq for menor do que cdir; ou um valor positivo, se cesq for maior do que cdir.

■ int strncmp(const char *cesq, const char *cdir, size_t qtd)

Compara os caracteres iniciais das cadeias apontadas por cesq e cdir, até o máximo de qtd caracteres. Para os qtd caracteres iniciais (ou para todos os caracteres, se uma cadeia possui menos que qtd caracteres) a comparação é realizada do modo descrito na função strcmp.

Valor de retorno. Zero, se as cadeias forem iguais; um valor negativo, se cesq for menor do que cdir; ou um valor positivo, se cesq for maior do que cdir.

EXEMPLO 15.6 O programa a seguir lê uma sequência de palavras e imprime a menor palavra digitada. Cada palavra deve ter no máximo 19 caracteres e a sequência deve ser terminada com a digitação das teclas Ctrl-d.

```
1  #include <stdio.h>
2  #include <string.h>
3  #include <stdbool.h>
4  int main(void) {
5    char menor[20] = "\0";
6    char palavra[20] = "\0";
7    printf("Digite algumas palavras\n");
8    printf("(Ctrl-d para terminar):\n");
9    scanf("%19s", menor);
10   do {
11     if (scanf("%19s", palavra) == EOF) {
12       break;
13     }
14     if (strcmp(palavra, menor) < 0) {
15       strcpy(menor, palavra);
16     }
17   } while (true);
18   printf("Menor palavra = %s\n", menor);
19   return 0;
20 }
```

Sempre que uma nova palavra é menor que a já armazenada em `menor` ela é copiada, na linha 15, sobrepondo-se à anterior. O programa produz a seguinte saída, se o usuário digitar os dois últimos versos do soneto Coração Frio, de Augusto dos Anjos:

```
Digite algumas palavras
(Ctrl-d para terminar):
Sombra de gelo que me apaga a febre
Lua que esfria o sol do meu desejo
Menor palavra = Lua
```

A palavra "Lua" é considerada menor do que "a" porque o código das letras maiúsculas é menor que o das minúsculas (no padrão ASCII). ∎

■ `int strcoll(const char *cesq, const char *cdir)`

Compara a cadeia de caracteres apontada por `cesq` com a cadeia apontada por `cdir`. Os caracteres são comparados segundo as convenções de ordenamento especificadas por `LC_COLLATE` na localização em vigor no ambiente de execução.

Valor de retorno. Zero, se as cadeias forem iguais; um valor negativo, se `cesq` for menor do que `cdir`; ou um valor positivo, se `cesq` for maior do que `cdir`.

■ `size_t strxfrm(char * restrict dest, const char * restrict orig, size_t n)`

Transforma a cadeia apontada por `orig`, armazenando o resultado na cadeia apontada por `dest`, de tal modo que se duas cadeias transformadas forem comparadas com a função `strcmp` o resultado será idêntico à comparação das cadeias originais com a função `strcoll`.

Não mais do que `n` caracteres são armazenados em `dest`, incluindo o caractere nulo ao final. As cadeias `orig` e `dest` não podem se sobrepor.

Valor de retorno. O tamanho da cadeia transformada (não inclui o caractere nulo ao final). Se o valor de retorno é maior ou igual a `n`, o conteúdo da cadeia `dest` é indeterminado.

15.2.5 Funções de pesquisa

■ char *strchr(const char *cadeia, int c)

Procura a primeira ocorrência do caractere c, convertido em um valor do tipo char, na cadeia apontada por cadeia, que deve ser terminada pelo caractere nulo.

Valor de retorno. Ponteiro para a primeira ocorrência do caractere na cadeia ou o ponteiro nulo, se o caractere não estiver presente.

■ char *strrchr(const char *cadeia, int c)

Procura a última ocorrência do caractere c, convertido em um valor do tipo char, na cadeia apontada por cadeia, que deve ser terminada pelo caractere nulo.

Valor de retorno. Ponteiro para a última ocorrência do caractere na cadeia ou o ponteiro nulo, se o caractere não estiver presente.

EXEMPLO 15.7 O programa a seguir lê uma letra e imprime a maior e a menor subcadeia do verso final do poema As Duas Flores, de Castro Alves, iniciada com a letra lida.

```
#include <stdio.h>
#include <string.h>
int main(void) {
  char verso[] = "Na verde rama do amor!";
  char ini;
  char *esq, *dir;
  printf("Digite uma letra: ");
  scanf("%c", &ini);
  esq = strchr(verso, ini);
  dir = strrchr(verso, ini);
  if (esq != NULL) {
    printf("Maior: %s\n", esq);
  }
  if (dir != NULL) {
    printf("Menor: %s\n", dir);
  }
  return 0;
}
```

As funções strchr e strrchr retornam ponteiros a partir do qual as subcadeias são impressas, se os ponteiros não forem nulos. Se o usuário digitar a letra 'a', o programa imprime as seguintes cadeias:

```
Maior: a verde rama do amor!
Menor: amor!
```
■

■ char *strpbrk(const char *cesq, const char *cdir)

Procura na cadeia apontada por cesq a primeira ocorrência de qualquer caractere da cadeia apontada por cdir. As duas cadeias devem ser terminadas pelo caractere nulo.

Valor de retorno. Ponteiro para o primeiro caractere de cesq contido em cdir ou o ponteiro nulo, se nenhum caractere for encontrado.

EXEMPLO 15.8 O programa a seguir imprime a subcadeia "a em morte a sua vida" porque dentre os caracteres da palavra "verdejar", a letra 'a' é a primeira que aparece na cadeia verso, que reproduz um verso do poema Eros e Psique, de Fernando Pessoa.

```
#include <stdio.h>
#include <string.h>
int main(void) {
  char verso[] = "Sonha em morte a sua vida";
  char *res;
  res = strpbrk(verso, "verdejar");
  printf("res: %s\n", res);
  return 0;
}
```

Os caracteres repetidos da palavra "verdejar" são desnecessários. ∎

■ char *strstr(const char *cesq, const char *cdir)

Procura na cadeia apontada por cesq a primeira ocorrência da cadeia apontada por cdir. As cadeias devem ser terminadas com o caractere nulo, mas o caractere nulo de cdir não é incluído na busca.

Valor de retorno. O ponteiro para o início da primeira ocorrência de cdir em cesq ou o ponteiro nulo, se cdir não está contida em cesq. Se o comprimento de cdir é zero, o valor de retorno é cesq.

EXEMPLO 15.9 A função subcadeia a seguir retorna o índice da primeira ocorrência da cadeia sub em txt ou um valor maior que o tamanho de txt, se sub não estiver contida em txt.

A subtração res - txt resulta na quantidade de elementos entre os ponteiros, que nesse caso corresponde ao índice do elemento apontado por res menos 0 (índice do elemento apontado por txt).

```
ptrdiff_t subcadeia(char txt[], char sub[]) {
  char *res = strstr(txt, sub);
  if (res == NULL) {
    return (ptrdiff_t)(strlen(txt) + 1);
  } else {
    return (ptrdiff_t)(res - txt);
  }
}
```

O tipo ptrdiff_t, adequado para designar o resultado da subtração de ponteiros, é declarado no cabeçalho stddef.h. ∎

■ size_t strspn(const char *cesq, const char *cdir)

Calcula o comprimento do maior segmento inicial da cadeia apontada por cesq consistindo apenas em caracteres que constam da cadeia apontada por cdir. As duas cadeias devem ser terminadas pelo caractere nulo.

Valor de retorno. O comprimento do segmento.

■ `size_t strcspn(const char *cesq, const char *cdir)`
Calcula o comprimento do maior segmento inicial da cadeia apontada por `cesq` consistindo apenas em caracteres que não constam da cadeia apontada por `cdir`. As duas cadeias devem ser terminadas pelo caractere nulo.

Valor de retorno. O comprimento do segmento.

EXEMPLO 15.10 O programa a seguir lê do teclado uma cadeia de até 60 caracteres e imprime o resultado das funções `strspn` e `strcspn`, usando como máscara a palavra "palimpsesto", armazenada na variável `mascara`.

```
#include <stdio.h>
#include <string.h>
int main(void) {
  size_t tam;
  char texto[61];
  char mascara[] = "palimpsesto";
  scanf("%60[^\n]", texto);
  tam = strspn(texto, mascara);
  printf("Tam c/palimpsesto: %zd\n", tam);
  tam = strcspn(texto, mascara);
  printf("Tam s/palimpsesto: %zd\n", tam);
  return 0;
}
```

Se o usuário digitar "urubu avoando sobre o lixo", o programa imprimirá:

```
Tam c/palimpsesto: 0
Tam s/palimpsesto: 6
```

Como a letra inicial, 'u', não faz parte de "palimpsesto", não existe segmento inicial apenas com caracteres de `mascara`. Por outro lado, o segmento "urubu ", com 6 caracteres, é o maior segmento inicial constituído apenas de caracteres que não fazem parte de `mascara`. ■

15.2.6 Função de decomposição

A função `strtok` decompõe uma cadeia de caracteres em seus elementos constituintes, chamados de formantes[2]. Um formante é caracterizado como uma sequência de caracteres delimitada por caracteres delimitadores. Por exemplo, se os caracteres 'a', 't' e ' ' (espaço) são usados como delimitadores, então a cadeia "nau catarineta" contém os seguintes formantes:

Formante	Delimitadores
"n"	caractere 'a' à direita.
"u"	caracteres 'a' à esquerda e ' ' à direita.
"c"	caracteres ' ' à esquerda e 'a' à direita.
"rine",	caracteres 'a' à esquerda e 't' à direita.

Nesse caso, o processo de obtenção dos formantes pode ser ilustrado como:

Cadeia:	n	a	u		c	a	t	a	r	i	n	e	t	a
Formantes:	n		u		c				r	i	n	e		

---

[2] *Tokens*, em inglês.

■ char *strtok(char * restrict cadeia, const char * restrict delim)

Obtém os formantes da cadeia apontada por cadeia, usando como delimitadores os caracteres da cadeia apontada por delim. Quando a função é chamada com cadeia diferente de nulo, o primeiro formante é obtido. Uma chamada subsequente com cadeia igual a nulo obtém o próximo formante da mesma cadeia usada na chamada anterior.

O processo de obtenção dos formantes ocorre do seguinte modo: os caracteres à esquerda são desconsiderados até encontrar o primeiro que não seja um delimitador; esse e os próximos caracteres que não são delimitadores compõem o formante, até que seja encontrado um delimitador ou o fim da cadeia. O delimitador à direita, que finaliza o formante, é substituído pelo caractere nulo. A procura por um formante tem início no caractere imediatamente posterior ao delimitador que encerrou a busca anterior (ou no caractere inicial, se cadeia for diferente de nulo). A cada chamada, a cadeia de delimitadores pode ser modificada.

Valor de retorno. Ponteiro para o formante obtido na chamada ou o ponteiro nulo, se não houver formantes.

No processo de obtenção dos formantes a cadeia apontada por cadeia pode mudar, já que os delimitadores que finalizam um formante são substituídos pelo caractere nulo.

EXEMPLO 15.11 O programa a seguir lê do teclado uma data no formato ⟨dia⟩/⟨mes⟩/⟨ano⟩ e valida a data fornecida pelo usuário, que tem alguma liberdade para digitá-la: os números do dia, mês e ano podem ser escritos com um ou mais algarismos, e pode haver espaços entre eles e as barras invertidas que os separam. Por exemplo, as cadeias

"05/07/1985", " 5/   07/1985", e " 5 / 7 / 1985"

contêm datas válidas.

```
1   #include <stdio.h>
2   #include <string.h>
3   _Bool valida_data(int, char *, char *, char *);
4   int main(void) {
5       char linha[31] = "\0";
6       char *dia, *mes, *ano;
7       int erro_delim = 0;
8       scanf("%30[^\n]", linha);
9       if ((strspn(linha, "/") > 0) || (strstr(linha, "//") != NULL)) {
10          erro_delim = 1;
11      }
12      dia = strtok(linha, "/");
13      mes = strtok(NULL, "/");
14      ano = strtok(NULL, "");
15      valida_data(erro_delim, dia, mes, ano);
16      return 0;
17  }
```

O programa lê uma cadeia de caracteres (na linha 8) e verifica se o seu conteúdo corresponde a uma data válida. A estratégia é obter os segmentos que correspondem ao dia, mês e ano, considerando-os como formantes delimitados por '/'. Inicialmente verifica-se (com a função strspn) se a cadeia linha inicia com uma barra ou se possui barras duplicadas (com a função strstr). Essas situações podem passar despercebidas, já que os delimitadores iniciais são desconsiderados na busca por um formante.

O comando da linha 12 obtém o primeiro formante de linha, delimitado por '/'. Os comandos das linhas 13 e 14 obtêm os próximos formantes da mesma cadeia linha, pois o primeiro argumento de strtok é nulo. No comando da linha 14 não há delimitadores; isto é, todos os caracteres restantes são considerados na composição do terceiro formante. A tabela a seguir ilustra esse procedimento para linha igual a " 10 / 7/ 1985":

Comando	Cadeia analisada	Formante obtido	Cadeia restante
strtok(linha, "/")	" 10 / 7/ 1985"	" 10 "	" 7/ 1985"
strtok(NULL, "/")	" 7/ 1985"	" 7"	" 1985"
strtok(NULL, "")	" 1985"	" 1985"	

A cadeia termina com a seguinte composição: " 10 \0 7\0 1985", onde \0 representa o caractere nulo que substitui os delimitadores que finalizam os formantes. A função valida_data é chamada com os argumentos 0, " 10 ", " 7" e " 1985", pois não há erros nos delimitadores. Já se o usuário digitar " 10/// 7/ 1985", ocorre o seguinte processamento:

Comando	Cadeia analisada	Formante obtido	Cadeia restante
strtok(linha, "/")	" 10/// 7/ 1985"	" 10"	"// 7/ 1985"
strtok(NULL, "/")	"// 7/ 1985"	" 7"	" 1985"
strtok(NULL, "")	" 1985"	" 1985"	

A cadeia termina com a seguinte composição: " 10\0// 7\0 1985", com \0 representando o caractere nulo usado na substituição dos delimitadores que finalizam os formantes. A chamada a valida_data se faz com os argumentos 1, " 10", " 7" e " 1985". Nesse caso, existe erro nos delimitadores (a ocorrência de barras duplas). A função valida_data não é mostrada neste exemplo. ∎

15.3 CONVERTENDO CADEIAS DE CARACTERES EM VALORES NUMÉRICOS

O cabeçalho stdlib.h declara algumas funções para converter cadeias de caracteres em valores de tipos reais e inteiros.

15.3.1 Conversões reais de ponto flutuante

■ double strtod(const char * restrict num, char ** restrict resto)
  Converte a cadeia de caracteres apontada por num em um valor do tipo double. Os espaços iniciais[3] são desprezados e os caracteres seguintes são utilizados até o primeiro que não possa compor um valor do tipo double. Um ponteiro para a cadeia restante, composta pelos caracteres finais a partir do primeiro não utilizado, é armazenado na variável apontada por resto, se resto não é nulo.

  As sequências de caracteres aceitáveis são aquelas usadas para descrever constantes reais, sem sufixo, nos formatos normal e científico, e nas notações decimal ou hexadecimal. Se a sequência é hexadecimal deve ser precedida do prefixo 0x ou 0X. As sequências inf e infinity (em maiúsculas ou minúsculas) correspondem ao valor infinito, e a sequência nan (em maiúsculas ou minúsculas) corresponde ao valor NAN. O padrão também admite, para a representação dos

---

[3] Considera-se espaço todo caractere definido como tal pela função isspace, discutida na Seção 15.4.

valores não numéricos, sequências da forma nan() e nan(⟨*dígitos*⟩), em que a cadeia ⟨*dígitos*⟩ é usada, de modo dependente da implementação, para caracterizar o valor não numérico (no padrão IEC 60559, o valor NAN é caracterizado por um expoente com todos os bits iguais a 1 e uma mantissa diferente de 0 – a cadeia ⟨*dígitos*⟩ pode ser usada para determinar o valor da mantissa).

Valor de retorno. Um dos seguintes valores é retornado:

1. Um valor do tipo double que corresponde à cadeia convertida, se a conversão ocorre sem erros.
2. O valor HUGE_VAL sinalizado, se ocorre um estouro por excesso. Nesse caso, o valor da macro ERANGE é atribuído a errno.
3. Um valor dependente da implementação, não maior que o menor número positivo normalizado, se ocorre um estouro por falta. Nesse caso, a atribuição de ERANGE a errno depende da implementação.
4. O valor 0 se a conversão não é possível. Nesse caso, o valor do ponteiro num é armazenado na variável apontada por resto, se resto não é nulo.

As funções strtof e strtold são equivalentes à função strtod para os tipos float e long double. Seus valores de retorno, quando ocorre estouro por excesso, são HUGE_VALF e HUGE_VALL, respectivamente.

■ float strtof(const char * restrict num, char ** restrict resto)

■ long double strtold(const char * restrict num, char ** restrict resto)

A função atof pode ser usada quando não se deseja analisar a cadeia de caracteres restantes:

■ double atof(const char *num)

Corresponde a strtod(num, (char **)NULL). Entretanto, a função atof não precisa indicar a ocorrência de erros em errno. Seu comportamento é indefinido, se o resultado não puder ser representado como um valor do tipo double.

EXEMPLO 15.12 A tabela a seguir mostra o resultado da execução do trecho de código abaixo para diversos valores de cadeia.

```
char cadeia[30]; char *resto;
errno = 0;
double num = strtod(cadeia, &resto);
```

cadeia	num	resto	errno
" 12"	12	""	0
" 13.536"	13,536	""	0
" 13.536 a 12 "	13,536	" a 12 "	0
"5e-23 "	5×10^{-23}	" "	0
"a5e2"	0	"a5e2"	0
"4.2p2"	4,2	"p2"	0
"0x4.2p2"	$16,5 = (4 + 2 \times 16^{-1}) \times 2^2$	""	0
"1e400"	inf	""	ERANGE
"1e-315 "	1×10^{-315}	" "	ERANGE

15.3.2 Conversões inteiras

- `long int strtol( const char * restrict num, char ** restrict resto, int base)`
    Converte a cadeia apontada por `num` em um valor do tipo `long int`. Os espaços iniciais são desprezados e os caracteres seguintes são utilizados até o primeiro que não possa compor um valor do tipo `long int`. Um ponteiro para a cadeia restante, composta pelos caracteres finais a partir do primeiro não utilizado, é armazenado na variável apontada por `resto`, se `resto` não é nulo.

    As sequências de caracteres aceitáveis são aquelas usadas para descrever constantes inteiras na base indicada por `base`, que pode ser 0 ou um valor entre 2 e 36, inclusive. Quando a base é 0, a cadeia é interpretada como um literal inteiro, conforme as regras descritas no Capítulo 4, sem considerar os sufixos. Quando a base é diferente de 0, a cadeia é interpretada como uma constante inteira expressa na base especificada. Para bases maiores que 10 as letras `a-z` (`A-Z`) são usadas da forma convencional para representar números no intervalo [10, 35]. Se a base é 16, o número pode ter o prefixo `0x` ou `0X`.

    Valor de retorno. Um dos seguintes valores é retornado:

    1. Um valor do tipo `long int` que corresponde à cadeia convertida, se a conversão ocorre sem erros.
    2. O valor `LONG_MIN` ou `LONG_MAX`, se o valor convertido não pode ser representado no tipo especificado. Nesse caso, o valor da macro `ERANGE` é atribuído a `errno`.
    3. O valor 0 se a conversão não é possível. Nesse caso, o valor do ponteiro `num` é armazenado na variável apontada por `resto`, se `resto` não é nulo.

As funções `strtoll`, `strtoul` e `strtoull` são equivalentes à função `strtol` para os tipos `long long int`, `unsigned long int` e `unsigned long long int`. Seus valores de retorno, quando ocorre um erro, são `LLONG_MIN`, `LLONG_MAX`, `ULONG_MAX` e `ULLONG_MAX`, respectivamente.

- `long long int strtoll(const char * restrict num, char ** restrict resto, int base)`
- `unsigned long int strtoul(const char * restrict num, char ** restrict resto, int base)`
- `unsigned long long int strtoull(const char * restrict num,`
                                   `char ** restrict resto, int base)`

As funções `atoi`, `atol` e `atoll` podem ser usadas quando não se deseja analisar a cadeia de caracteres restantes:

- `int atoi(const char *num)`
    Corresponde a `(int)strtol(num, (char **)NULL, 10)`.
- `long int atol(const char *num)`
    Corresponde a `strtol(num, (char **)NULL, 10)`.
- `long long int atoll(const char *num)`
    Corresponde a `strtoll(num, (char **)NULL, 10)`.

Entretanto, essas funções não precisam indicar a ocorrência de erros em errno, sendo o comportamento indefinido, caso o resultado não possa ser representado como um valor do tipo especificado por elas.

EXEMPLO 15.13   A tabela a seguir mostra o resultado da execução do trecho de código abaixo para diversos valores de cadeia e base.

```
char cadeia[30]; char *resto;
int base;
errno = 0;
double num = strtol(cadeia, &resto, base);
```

cadeia	base	num	resto	errno
" 101231 "	10	101.231	" "	0
" 101231 "	2	$5 = 1 \times 2^2 + 1 \times 2^0$	"231 "	0
"034a bc"	10	34	"a bc"	0
"034a bc"	8	$28 = 3 \times 8^1 + 4 \times 8^0$	"a bc"	0
"025"	0	$21 = 2 \times 8^1 + 5 \times 8^0$	""	0
"025"	8	$21 = 2 \times 8^1 + 5 \times 8^0$	""	0
"025"	10	25	""	0
"0x25"	0	$37 = 2 \times 16^1 + 5 \times 16^0$	""	0
"0x25"	16	$37 = 2 \times 16^1 + 5 \times 16^0$	""	0
"25"	16	$37 = 2 \times 16^1 + 5 \times 16^0$	""	0
"25"	0	25	""	0
"2147483648"	10	2.147.483.647	""	ERANGE

O último valor estoura apenas se o tipo int for implementado com 32 bits.   ■

15.4   CLASSIFICAÇÃO E MAPEAMENTO DE CARACTERES

O cabeçalho ctype.h declara uma série de funções úteis para o tratamento de caracteres.

15.4.1   Funções de classificação

A classificação dos caracteres depende da localização em vigor no ambiente de execução. Por exemplo, um espaço ou um sinal de pontuação pode ser considerado um caractere em algumas localizações e não em outras. As descrições a seguir especificam o comportamento para a localização "C", que é adotada se nenhuma outra for especificada. Nestas descrições, apenas a condição relativa ao valor de retorno verdade, correspondendo a um inteiro diferente de zero, é especificada – o valor falso, correspondendo ao inteiro zero, é retornado, caso o caractere não pertença à classe verificada pela função.

- **int isblank(int c)** *(Em branco)*
  Valor de retorno. Verdade, se c é um dos caracteres em branco do conjunto básico de caracteres: ' ' e '\t'.

- **int isspace(int c)** *(Espaço)*
  Valor de retorno. Verdade, se c é um dos caracteres espaços do conjunto básico de caracteres: o próprio espaço (' '), avanço de formulário ('\f'), nova linha ('\n'), retorno de carro ('\r'), tabulação horizontal ('\t') e tabulação vertical ('\v').

- **int isdigit(int c)** *(Dígito decimal)*
  Valor de retorno. Verdade, se c é um dígito decimal: '0' a '9'.

- **int isxdigit(int c)** *(Dígito hexadecimal)*
  Valor de retorno. Verdade, se c é um dígito hexadecimal: '0' a '9', 'a' a 'f' ou 'A' a 'F'.

- **int islower(int c)** *(Minúsculo)*
  Valor de retorno. Verdade, se c é uma letra minúscula: 'a' a 'z'.

- **int isupper(int c)** *(Maiúsculo)*
  Valor de retorno. Verdade, se c é uma letra maiúscula: 'A' a 'Z'.

- **int isalpha(int c)** *(Alfabético)*
  Valor de retorno. Verdade, se isupper(c) ou islower(c) é verdade.

- **int isalnum(int c)** *(Alfanumérico)*
  Valor de retorno. Verdade, se isalpha(c) ou isdigit(c) é verdade.

- **int ispunct(int c)** *(Pontuação)*
  Valor de retorno. Verdade, se c é um caractere para o qual nem isspace nem isalnum são verdadeiras.

- **int isgraph(int c)** *(Imprimível - Gráfico)*
  Valor de retorno. Verdade, se c possui representação gráfica, isto é, se pode ser impresso, exceto o espaço (' ').

- **int isprint(int c)** *(Imprimível)*
  Valor de retorno. Verdade, se c possui representação gráfica, isto é, se pode ser impresso, incluindo o espaço (' ').

- **int iscntrl(int c)** *(Controle)*
  Valor de retorno. Verdade, se c é um caractere de controle.

EXEMPLO 15.14 O programa a seguir lê caracteres do teclado, terminando com a digitação das teclas Ctrl-d (fechamento da via). A cada caractere lido, o programa imprime sua representação gráfica e seu código numérico (linha 15). Em seguida o programa aplica todas as funções do cabeçalho ctype.h, imprimindo o nome das classes a que o caractere pertence (linhas 16-20).

```
1   #include <stdio.h>
2   #include <ctype.h>
3   typedef int (*ftipo)(int);
4   int main(void) {
5     int c;
6     size_t qtd;
7     char *fnome[] = {"blank", "space", "digit", "xdigit", "lower", "upper",
8                     "alpha", "alnum", "punct", "graph", "print", "cntrl"};
9     ftipo fun[] = {isblank, isspace, isdigit, isxdigit, islower, isupper,
10                   isalpha, isalnum, ispunct, isgraph, isprint, iscntrl};
11    qtd = sizeof(fnome)/sizeof(char *);
12    printf("Digite alguns caracteres, ");
13    printf("Ctrl-d p/terminar:\n");
14    while ((c = getchar()) != EOF) {
15      printf("%c (%d) ", (char)c, c);
16      for (size_t i = 0; i < qtd; i++) {
17        if (fun[i](c) != 0) {
18          printf(", %s ",fnome[i]);
19        }
20      }
21      printf("\n");
22    }
23    return 0;
24  }
```

A identificação das funções é armazenada em um vetor de ponteiros para função de int retornando int (linhas 3, 9-10), e o nome correspondente a cada função é armazenado no vetor fnome (linhas 7-8). Para os caracteres 'a', '9', '&' e '.' o programa produz a seguinte saída:

```
a (97) , xdigit , lower , alpha , alnum , graph , print
9 (57) , digit , xdigit , alnum , graph , print
& (38) , punct , graph , print
. (46) , punct , graph , print
```

15.4.2 Funções de mapeamento

As seguintes funções permitem mapear um caractere maiúsculo no seu correspondente minúsculo, e viceversa.

- ■ int tolower(int c) *(Conversão em minúsculo)*

  Valor de retorno. Um caractere minúsculo correspondente, se isupper(c) é verdade e existe na localização em vigor um ou mais caracteres correspondentes para os quais islower é verdade (a função retorna um desses caracteres correspondentes, sempre o mesmo). Em caso contrário, o caractere c é retornado sem modificação.

- ■ int toupper(int c) *(Conversão em maiúsculo)*

  Valor de retorno. Um caractere maiúsculo correspondente, se islower(c) é verdade e existe na localização em vigor um ou mais caracteres correspondentes para os quais isupper é verdade (a função retorna um desses caracteres correspondentes, sempre o mesmo). Em caso contrário, o caractere c é retornado sem modificação.

15.5 CARACTERES ESTENDIDOS E MULTIBYTES

O cabeçalho `wchar.h` declara funções para o tratamento de caracteres e cadeias de caracteres multibytes. Para a maioria das funções que lidam com caracteres do conjunto básico de caracteres existe uma função correspondente que lida com caracteres multibytes. As tabelas a seguir mostram a declaração de cada função multibyte, juntamente com o nome da função básica correspondente.

15.5.1 Função de tamanho

Básica	Multibyte
strlen	size_t wcslen(const wchar_t *cadeia)

15.5.2 Funções de cópia

Básica	Multibyte
strcpy	wchar_t *wcscpy(wchar_t * restrict dest, const wchar_t * restrict orig)
strncpy	wchar_t *wcsncpy(wchar_t * restrict dest, const wchar_t * restrict orig, size_t qtd)

15.5.3 Funções de concatenação

Básica	Multibyte
strcat	wchar_t *wcscat(wchar_t * restrict cesq, const wchar_t * restrict cdir)
strncat	wchar_t *wcsncat(wchar_t * restrict cesq, const wchar_t * restrict cdir, size_t qtd)

15.5.4 Funções de comparação

Básica	Multibyte
strcmp	int wcscmp(const wchar_t *cesq, const wchar_t *cdir)
strncmp	int wcsncmp(const wchar_t *cesq, const wchar_t *cdir, size_t qtd)
strcoll	int wcscoll(const wchar_t *cesq, const wchar_t *cdir)
strxfrm	size_t wcsxfrm(wchar_t * restrict dest, const wchar_t * restrict orig, size_t n)

15.5.5 Funções de pesquisa

Básica	Multibyte
strchr	wchar_t *wcschr(const wchar_t *cadeia, wchar_t c)
strrchr	wchar_t *wcsrchr(const wchar_t *cadeia, wchar_t c)
strpbrk	wchar_t *wcspbrk(const wchar_t *cesq, const wchar_t *cdir)
strstr	wchar_t *wcsstr(const wchar_t *cesq, const wchar_t *cdir)
strspn	size_t wcsspn(const wchar_t *cesq, const wchar_t *cdir)
strcspn	size_t wcscspn(const wchar_t *cesq, const wchar_t *cdir)

15.5.6 Função de decomposição

Básica	Multibyte
strtok	wchar_t *wcstok(wchar_t * restrict cadeia, const wchar_t * restrict delim, wchar_t ** restrict inf_ant)

A função `wcstok` difere da `strtok` porque tem um terceiro parâmetro – um ponteiro indireto para uma variável onde a função armazena a informação necessária para prosseguir obtendo formantes de uma mesma cadeia de caracteres. Na primeira chamada com `cadeia` diferente de nulo, a função obtém o primeiro formante da cadeia apontada por `cadeia` e armazena uma informação inicial na variável (indiretamente) apontada por `inf_ant`. As chamadas subsequentes para a mesma cadeia devem ser feitas com o ponteiro `cadeia` nulo e o ponteiro `inf_ant` igual ao usado na chamada anterior. Nos demais aspectos, o comportamento dessa função é igual ao da função `strtok`.

EXEMPLO 15.15 O programa a seguir é a versão multibyte do programa do Exemplo 15.11. A primeira chamada a `wcstok` é feita na linha 12 com a cadeia contendo a data a ser decomposta e o ponteiro indireto `inf`. As chamadas subsequentes possuem o primeiro argumento nulo e mantêm o ponteiro de informações – são chamadas para a mesma cadeia, sempre a partir da última posição analisada.

Todos os literais do tipo cadeia de caracteres possuem o prefixo L e as variáveis são do tipo ponteiro para `wchar_t`.

```
1  #include <stdio.h>
2  #include <wchar.h>
3  #include <locale.h>
4  _Bool valida_data(wchar_t *, wchar_t *, wchar_t *, wchar_t *);
5  int main(void) {
6    wchar_t linha[31] = L"\0";
7    wchar_t *dia, *mes, *ano, *barra_dupla;
8    wchar_t *inf;
9    setlocale(LC_CTYPE, "pt_BR.UTF-8");
10   wscanf(L"%30l[^\n]", linha);
11   barra_dupla = wcsstr(linha, L"//");
12   dia = wcstok(linha, L"/", &inf);
13   mes = wcstok(NULL, L"/", &inf);
14   ano = wcstok(NULL, L"", &inf);
15   valida_data(barra_dupla, dia, mes, ano);
16   return 0;
17 }
```

As funções `wcsstr` e `wscanf` são funções multibytes e a diretiva `%30l[\n]` possui o modificador `l` para permitir a leitura de caracteres multibytes.

Como os programas que lidam com caracteres multibytes são influenciados pela localização do ambiente, é importante determinar a localização desejada. A chamada à função `setlocale`, na linha 9, faz o programa adotar a localização brasileira (na categoria relacionada à codificação de caracteres, `LC_CTYPE`), mas, de fato, a execução só deveria prosseguir se a localização do ambiente e do programa fossem compatíveis. ■

15.5.7 Funções de conversão

Nestas funções, se o valor convertido não pode ser representado no tipo-alvo, o valor de retorno é `LONG_MIN`, `LONG_MAX`, `LLONG_MIN`, `LLONG_MAX`, `ULONG_MAX` ou `ULLONG_MAX` (de acordo com o tipo do valor de retorno de cada função) e o valor da macro ERANGE é armazenado em errno.

Básica	Multibyte
strtod	double wcstod(const wchar_t * restrict num, wchar_t ** restrict resto)
strtof	float wcstof(const wchar_t * restrict num, wchar_t ** restrict resto)
strtold	long double wcstold(const wchar_t * restrict num, wchar_t ** restrict resto)
strtol	long int wcstol(const wchar_t * restrict num, wchar_t ** restrict resto, int base)
strtoll	long long int wcstoll(const wchar_t * restrict num, wchar_t ** restrict resto, int base)
strtoul	unsigned long int wcstoul(const wchar_t * restrict num, wchar_t ** restrict resto, int base)
strtoull	unsigned long long int wcstoull(const wchar_t * restrict num, wchar_t ** restrict resto, int base)

15.5.8 Funções de classificação

O cabeçalho wctype.h contém as seguintes funções correspondentes às declaradas no cabeçalho ctype.h:

Básica	Estendida	Básica	Estendida
isblank	int iswblank(wint_t wc)	isalpha	int iswalpha(wint_t wc)
isspace	int iswspace(wint_t wc)	isalnum	int iswalnum(wint_t wc)
isdigit	int iswdigit(wint_t wc)	ispunct	int iswpunct(wint_t wc)
isxdigit	int iswxdigit(wint_t wc)	isgraph	int iswgraph(wint_t wc)
islower	int iswlower(wint_t wc)	isprint	int iswprint(wint_t wc)
isupper	int iswupper(wint_t wc)	iscntrl	int iswcntrl(wint_t wc)

A classificação de um caractere estendido também pode ser verificada com a função iswctype, que utiliza, para caracterizar as classes de caracteres, o identificador de uma propriedade válida, obtido com a função wctype:

■ wctype_t wctype(const char *prop_id)

Verifica se a propriedade identificada por prop_id pode ser usada como um classificador de caracteres na localização em vigor (segundo a especificação da categoria LC_TYPE). Os seguintes identificadores (coluna Id) podem ser usados, em todas as localizações, para designar propriedades:

Id	Propriedade	Id	Propriedade	Id	Propriedade
"blank"	Em branco	"lower"	Minúsculo	"punct"	Pontuação
"space"	Espaço	"upper"	Maiúsculo	"graph"	Imprimível - Gráfico
"digit"	Dígito decimal	"alpha"	Alfabético	"print"	Imprimível
"xdigit"	Dígito hexadecimal	"alnum"	Alfanumérico	"cntrl"	Controle

O valor retornado por essa função deve ser usado como segundo argumento da função iswctype.

Valor de retorno. Um valor diferente de 0, se a classe de caracteres estendidos identificada por `prop_id` é válida, segundo a categoria `LC_TYPE` da localização em vigor; ou 0, em caso contrário.

■ `int iswctype(wint_t ce, wctype_t propriedade)`

Verifica se o caractere estendido `ce` possui a propriedade identificada por `propriedade`, segundo a categoria `LC_TYPE` da localização em vigor (que deve ser a mesma utilizada durante a chamada à função `wctype` que gerou `propriedade`). Para os identificadores das propriedades padronizadas, essa função é equivalente à execução da função de classificação correspondente. Por exemplo, `iswctype(ce, wctype("alnum"))` é equivalente a `iswalnum(ce)`.

Valor de retorno. Um valor diferente de 0, se o caractere estendido `ce` possui a propriedade identificada por `propriedade`, ou 0, em caso contrário.

15.5.9 Funções de mapeamento

Básica	Estendida	Básica	Estendida
tolower	wint_t towlower(wint_t wc)	toupper	wint_t towupper(wint_t wc)

Um caractere estendido também pode ser mapeado em seu correspondente maiúsculo (ou minúsculo) com a função `towctrans`, que utiliza, para caracterizar o mapeamento, o identificador obtido com a função `wctrans`:

■ `wctrans_t wctrans(const char *map_id)`

A cadeia apontada por `map_id` identifica um mapeamento válido na localização em vigor (segundo a especificação da categoria `LC_TYPE`). Os seguintes mapeamentos podem ser usados como argumentos em todas as localizações: "tolower", que mapeia um caractere estendido no correspondente caractere minúsculo, e "toupper", que mapeia um caractere estendido no correspondente caractere maiúsculo.

O valor de retorno dessa função deve ser usado como segundo argumento da função `towctrans`.

Valor de retorno. Um valor diferente de 0, se o mapeamento identificado por `mapeamento` é válido, segundo a categoria `LC_TYPE` da localização em vigor, ou 0, em caso contrário.

■ `wint_t towctrans(wint_t ce, wctrans_t mapeamento)`

Mapeia o caractere `ce` usando o mapeamento identificado por `mapeamento`. A categoria `LC_TYPE` deve ser a mesma utilizada durante a chamada à função `wctrans` que gerou a identificação do mapeamento.

Para os mapeamentos padronizados, essa função é equivalente à função de mapeamento convencional. Por exemplo, `towctrans(ce, wctrans("tolower"))` é equivalente a `towlower(ce)`.

Valor de retorno. O caractere mapeado usando o mapeamento identificado por `mapeamento`, como um valor inteiro.

EXERCÍCIOS

As soluções dos exercícios a seguir devem ser elaboradas usando-se as funções discutidas neste capítulo, podendo, é claro, haver o uso de funções adicionais.

15.1 O que são e como são implementadas em C as cadeias de caracteres?

15.2 Por que as funções `strncpy`, `strncat` e `strncmp` devem ser preferidas às suas congêneres `strcpy`, `strcat` e `strcmp`?

15.3 Codifique uma função (com protótipo `bool extremos_ncmp(const char *, int)`) que receba uma cadeia de caracteres e um inteiro n. A função deve retornar o valor booliano verdadeiro, se os n primeiros caracteres da cadeia forem iguais aos n últimos, ou falso, em caso contrário. A função também deve retornar falso se o inteiro n for negativo, zero ou maior que o tamanho da cadeia.

15.4 Codifique uma função (cujo protótipo é `void suprime_sub(char * restrict, const char *, const char *)`) que receba três cadeias de caracteres, *dest*, *orig* e *sub*, nessa ordem. A função deve copiar para *dest* todos os caracteres de *orig*, após excluir a primeira ocorrência de *sub*. A cadeia *dest* será igual a *orig*, se *sub* não estiver contida em *orig*. Exemplos:

a) Para *orig* igual a "abc ght ht" e *sub* igual a "ht", *dest* será igual a "abc g ht".

b) Para *orig* igual a "abc g" e *sub* igual a "ht", *dest* será igual a "abc g".

15.5 Codifique uma função (com protótipo `void ordena_cat(const char * restrict, const char * restrict, char * restrict)`) que receba três cadeias de caracteres, *sa*, *sb* e *sr*, nessa ordem. A função deve armazenar em *sr* o resultado da concatenação ordenada das cadeias *sa* e *sb*. Isto é, se *sa* for menor ou igual a *sb*, então *sr* deve ser igual a *sa* seguida de *sb*; em caso contrário, *sr* deve ser igual a *sb* seguida de *sa*.

15.6 Codifique uma função (com protótipo `bool equidchar(const char *, char)`) que receba uma cadeia de caracteres s e um caractere c. A função deve retornar verdadeiro, se a cadeia s contiver um único caractere c central, ou pares equidistantes do caractere c. Isto é, para cada caractere c na metade inicial de s, distante x caracteres do início da cadeia, deve existir um caractere c na metade final de s, distante x caracteres do fim da cadeia. Em caso contrário, a função deve retornar falso. Exemplos:

a) Para "abc g" e 'c' a função retorna verdadeiro.

b) Para "abc gh" e 'c' a função retorna falso.

c) Para "af bfcdf efg" e 'f' a função retorna verdadeiro.

d) Para "xh jh hk iho" e 'h' a função retorna falso.

e) Para "sem letra" e 'k' a função retorna falso.

15.7 Codifique uma função (com protótipo `bool valida_hora(char *)`) que receba uma cadeia de caracteres e retorne verdadeiro, se a cadeia contiver apenas uma hora no formato ⟨*hora*⟩:⟨*min*⟩:⟨*seg*⟩, ou falso, em caso contrário. A cadeia deve obedecer as seguintes restrições:

a) ⟨*hora*⟩ é um inteiro de no máximo dois dígitos entre 0 e 24, inclusive.

b) ⟨*min*⟩ é um inteiro de no máximo dois dígitos entre 0 e 59, inclusive.

c) ⟨*seg*⟩ é um inteiro de no máximo dois dígitos entre 0 e 59, inclusive.

d) Se ⟨*hora*⟩ for igual a 24, ⟨*min*⟩ e ⟨*seg*⟩ devem ser iguais a 0.

e) Pode haver espaços antes de ⟨*hora*⟩, após ⟨*seg*⟩ e entre os termos ⟨*hora*⟩, ⟨*min*⟩, ⟨*seg*⟩ e os literais ':'.

Por exemplo, as cadeias "12:8:21", " 08 :23: 1 " e " 4 : 8 : 59 " são válidas, enquanto "25:1 8:21", "008:23:1", "1 2: 8:59 " e "24:1:1"são inválidas.

15.8 Por que se deve evitar a função `atof`? Quais as funções que podem substituí-la?

15.9 Por que se deve evitar as funções `atoi`, `atol` e `atoll`? Quais as funções que podem substituí-las?

15.10 Elabore um programa que leia um número real do teclado e imprima o maior inteiro menor ou igual ao número lido (use a função `floor` da biblioteca matemática). O usuário deve digitar apenas um número real: se o número lido não for real, ou se o usuário digitar caracteres adicionais além do número, o programa deve solicitar uma nova digitação, prosseguindo somente quando for digitado um real válido.

15.11 Elabore um programa que leia um número inteiro *n*, maior do que zero, e em seguida leia *n* números reais. Ao final, o programa deve imprimir o maior dos *n* números lidos.

Se o primeiro número não for um inteiro ou não for maior do que zero, o programa deve solicitar uma nova digitação, prosseguindo apenas quando for digitado um inteiro válido. Após a digitação do inteiro *n*, o usuário pode digitar os números reais um por linha ou vários em uma mesma linha. Cada número lido que não seja um real válido deve ser desprezado, não contando como um dos *n* números que devem ser lidos.

15.12 Elabore um programa que leia um inteiro *b*, entre 2 e 36, inclusive, e em seguida um número inteiro *n*, expresso na base *b*. O programa deve imprimir o valor decimal correspondente ao inteiro *n*, se a conversão da base *b* na base 10 puder ser realizada, ou uma mensagem indicando que o número *n* não representa um número da base *b*. Após a impressão do valor decimal (ou da mensagem de erro), o programa deve voltar a ler uma nova base *b* e um novo número *n*, encerrando o processamento quando o usuário digitar um número negativo para a base.

Caso a base não esteja na faixa [2, 36], o programa deve solicitar uma nova digitação, prosseguindo apenas quando for digitada uma base válida ou um valor negativo para encerrar o programa.

15.13 Codifique uma função (com protótipo `bool hex_para_int(const char *, int *)`) que receba uma cadeia de caracteres, *cda*, e um ponteiro para uma variável inteira, *nptr*. A cadeia de caracteres deve conter apenas a representação hexadecimal de um valor inteiro. A função deve armazenar na variável apontada por *nptr* a representação decimal equivalente ao inteiro hexadecimal representado por *cda*, e retornar o valor verdadeiro. A função deve retornar o valor falso, se a cadeia não corresponder a um inteiro hexadecimal ou se o inteiro hexadecimal não puder ser representado como um valor decimal do tipo int.

15.14 Codifique uma função (com protótipo int compcad(const char *, const char *)) que receba duas cadeias de caracteres e retorne o valor 0, se as cadeias forem iguais, um valor positivo, se a primeira cadeia for maior do que a segunda, ou um valor negativo, se a primeira for menor do que a segunda. A comparação deve ser independente de grafia: um caractere maiúsculo deve ser considerado igual ao seu correspondente minúsculo.

Capítulo 16
Utilitários e Funções Matemáticas

Este capítulo descreve as funções da biblioteca matemática e algumas funções utilitárias para gerenciamento de memória, pesquisa e ordenamento de valores e manipulação de datas e horas.

16.1 GERENCIAMENTO DE MEMÓRIA

As funções de gerenciamento de memória permitem alocar, realocar e liberar espaços de memória, e são declaradas no cabeçalho `stdlib.h`.

- `void *malloc(size_t tam)`

    Aloca espaço de memória de tamanho igual a `tam` bytes[1]. O conteúdo do espaço alocado é indeterminado.

    Valor de retorno. Ponteiro para o endereço inicial do espaço alocado ou o ponteiro nulo, em caso de falha.

EXEMPLO 16.1 O programa a seguir aloca espaço para armazenar uma matriz de `lin` linhas e `col` colunas com elementos do tipo `float`. O espaço é alocado na linha 10 com tamanho suficiente para armazenar `lin × col` elementos do tipo `float`.

```
1   #include <stdio.h>
2   #include <stdlib.h>
3   int main(void) {
4     float *mat;
5     int lin, col;
6     printf("Digite M: ");
7     scanf("%d", &lin);
8     printf("Digite N: ");
9     scanf("%d", &col);
10    mat = (float *)malloc(lin * col * sizeof(float));
11    if (mat == NULL) {
12      return EXIT_FAILURE;
13    }
14    printf("Digite os numeros da matriz\n");
15    for (int i = 0; i < lin; i++) {
16      for (int j = 0; j < col; j++) {
17        printf("mat[%d][%d] = ", i, j);
18        scanf("%f", mat + (col * i) + j);
19      }
20    }
21    printf("Matriz lida\n");
```

---

[1] A unidade de alocação é `CHAR_BIT` bits. Por isso também se diz que são alocados `tam` caracteres.

```
22    for (int i = 0; i < lin; i++) {
23      for (int j = 0; j < col; j++) {
24        printf("%5.2f ", *(mat + (i * col) + j));
25      }
26      printf("\n");
27    }
28    return EXIT_SUCCESS;
29  }
```

A função `malloc` retorna o endereço inicial do espaço alocado, como um ponteiro para void. No programa, esse endereço é convertido em um ponteiro para float, pois será interpretado como um ponteiro para o primeiro elemento do vetor que implementa a matriz. A conversão do valor de retorno da função `malloc`, do tipo void * no tipo float *, não é estritamente necessária porque ocorreria automaticamente, mas é uma boa prática de programação: explicita a intenção do programador e facilita a análise do programa por outras pessoas.

O programa é interrompido caso a alocação não ocorra (linhas 11-13). A macro `EXIT_FAILURE`, definida no cabeçalho `stdlib.h`, corresponde ao código de falha adotado pelo ambiente de execução. Após a alocação bem-sucedida da memória, o programa lê os elementos da matriz (linhas 15-20), imprimindo-os em seguida (linhas 22-27). ∎

- `void *calloc(size_t qtd, size_t tam)`

    Aloca espaço de memória suficiente para armazenar `qtd` elementos de `tam` bytes cada. Todos os bits do espaço alocado são iniciados com zeros.

    Valor de retorno. Ponteiro para o endereço inicial do espaço alocado ou o ponteiro nulo, em caso de falha.

EXEMPLO 16.2 A alocação do exemplo anterior poderia ser feita com o seguinte comando:

```
mat = (float *)calloc(lin * col, sizeof(float));
```

que aloca lin × col elementos, cada um com sizeof(float) bytes. ∎

- `void *realloc(void *ptr, size_t tam)`

    Desaloca o espaço apontado por `ptr`, realocando seu conteúdo em um novo espaço de tamanho igual a `tam` bytes. Se `tam` é maior que o tamanho do espaço apontado por `ptr`, todo o espaço original é copiado para o novo espaço, ficando os bytes excedentes com conteúdo indeterminado; se `tam` é menor, apenas os `tam` bytes iniciais do espaço apontado por `ptr` são copiados. Se a cópia não puder ser feita, o espaço original (apontado por `ptr`) não é desalocado. O comportamento é indeterminado se `ptr` não aponta para um espaço previamente alocado por `malloc`, `calloc` ou `realloc` (ou se aponta para um espaço que tenha sido desalocado com as funções `free` ou `realloc`).

    Valor de retorno. Ponteiro para o endereço inicial do novo espaço alocado ou o ponteiro nulo, em caso de falha.

    A chamada `realloc(NULL, tam)` é idêntica à chamada `malloc(tam)`.

EXEMPLO 16.3 O programa a seguir lê uma sequência de números inteiros diferentes de zero, armazenando-os no vetor `numeros`. O vetor é construído adicionando-se espaço para

10 elementos do tipo int, de cada vez: sempre que não houver mais espaço para armazenar um número, o tamanho do vetor é modificado, com a adição de mais 10 elementos.

Os números são lidos e armazenados no corpo do comando while (linhas 9-17). A quantidade de elementos do vetor numeros é controlada pela variável tam, iniciada com o valor 0. A cada número lido, a variável qtd é incrementada e comparada com tam (linhas 10-11): se não houver mais espaço no vetor para armazenar o número lido, o vetor é realocado, passando a ocupar um espaço com mais 10 elementos (linhas 12-13). Após as leituras, o vetor numeros é percorrido para a impressão dos seus qtd elementos (linhas 19-21).

```
1   #include <stdio.h>
2   #include <stdlib.h>
3   int main(void) {
4      int *numeros = NULL;
5      int num, tam = 0, qtd = 0;
6      printf("Digite os numeros ");
7      printf("(zero p/terminar):\n");
8      scanf("%d", &num);
9      while (num != 0) {
10        qtd++;
11        if (qtd > tam) {
12           tam = tam + 10;
13           numeros = (int *)realloc(numeros, tam * sizeof(int));
14        }
15        numeros[qtd - 1] = num;
16        scanf("%d", &num);
17     }
18     printf("Numeros armazenados:\n");
19     for (int i = 0; i < qtd; i++) {
20        printf("%3d ", numeros[i]);
21     }
22     return 0;
23  }
```

O esquema de alocação deste exemplo permite o armazenamento de qualquer quantidade de números, limitada apenas pelo tamanho da memória, com perda mínima de espaço: no máximo 9 elementos ficam sem uso. Para ser considerado robusto, esse programa deveria testar se a realocação do vetor numeros é bem-sucedida. Como está, o programa falha se o tamanho alocado exceder o tamanho da memória disponível para ele. ■

16.1.1 Falhas na alocação de memória

As funções de alocação de memória falham quando o tamanho solicitado excede o tamanho disponível da memória no ambiente de execução, e quando a expressão usada no cálculo do tamanho ultrapassa o maior valor permitido para o tipo size_t. Neste último caso, a alocação é realizada com o valor errado. Por exemplo, se o tipo size_t for implementado como unsigned long int, então a expressão ULONG_MAX + sizeof(int) resulta no valor 3 (em um ambiente onde o tipo int ocupe 4 bytes).

Antes de utilizá-los, deve-se verificar se os ponteiros que armazenam o resultado das funções de alocação de memória são diferentes de nulo (de fato, essa verificação deve ser feita antes do uso de qualquer ponteiro). Para o último caso citado no parágrafo anterior, deve-se assegurar que a expressão que indica o tamanho da memória alocada não excede o valor máximo permitido. Para simplificar o código e porque a intenção é apenas ilustrar o uso das funções apresentadas, os programas desta seção não realizam essas verificações.

16.1.2 Vazamento de memória

O vazamento de memória é caracterizado pela existência de espaço de memória alocado, mas que não pode ser acessado. Quando um espaço de memória é alocado pelas funções malloc, calloc e realloc, ele permanece alocado até o término do programa ou até que seja explicitamente desalocado. Se os espaços alocados desse modo não podem ser acessados, eles ficam bloqueados desnecessariamente, já que não podem ser usados nem pelo programa que os alocou nem por outros programas. O mais grave é que tal situação pode não ser apenas um desperdício, pois geralmente indica um erro que pode levar ao bloqueio desnecessário de espaços cada vez maiores, chegando ao esgotamento da memória disponível.

EXEMPLO 16.4 O programa a seguir lê uma sequência de inteiros diferentes de 0, armazenando-os em uma lista encadeada cujos elementos são estruturas do tipo elem_t: cada elemento da lista contém um campo, val, que armazena o número lido e um campo, prox, que armazena o ponteiro para o próximo elemento da lista.

```
1  #include <stdio.h>
2  #include <stdlib.h>
3  typedef struct elem elem_t;
4  struct elem {
5    int val;
6    elem_t *prox;
7  };
8  int main(void) {
9    int num;
10   elem_t *lista = NULL;
11   elem_t *elem;
12   scanf("%d", &num);
13   while (num != 0) {
14     elem = (elem_t *)calloc(1, sizeof(elem_t));
15     if (elem == NULL) {
16       break;    /* elem nao foi alocado */
17     }
18     elem->val = num;
19     elem->prox = lista;
20     lista = elem;
21     scanf("%d", &num);
22   }
23   elem = lista;
24   while (elem != NULL) {
25     printf("%d -> ", elem->val);
26     elem = elem->prox;
27   }
28   printf("//");
29   return 0;
30 }
```

Sempre que um número é lido um novo elemento da lista é criado na linha 14; o endereço do novo elemento é interpretado como um ponteiro para uma estrutura do tipo elem_t. Os campos val e prox do novo elemento são atualizados de modo que a variável lista sempre aponta para o último elemento criado, e o campo prox de um elemento sempre aponta para o elemento criado antes dele (linhas 18-20).

Terminada a criação da lista encadeada, com a digitação do número 0, ela é percorrida para a impressão dos seus elementos (linhas 24-27). Iniciando com o primeiro, o ponteiro elem sempre aponta para o elemento cujo valor será impresso, sendo atualizado com o ponteiro para o próximo elemento.

A seguinte descrição exemplifica o procedimento para a inclusão dos números 23 e 12 (cada passo da descrição é ilustrado no diagrama que segue):

1. Inicialmente a variável lista contém o valor nulo e a variável elem um valor indefinido (linhas 10-11).
2. Com a digitação do número 23 um novo elemento do tipo elem_t é criado e seu endereço (0x1B) é armazenado em elem (linha 14).
3. Em seguida, o número 23 é armazenado no campo val, o campo prox assume o valor de lista, e lista assume o valor de elem (linhas 18-20).
4. Com a digitação do número 12 um novo elemento do tipo elem_t é criado e seu endereço (0xC3) é armazenado em elem (linha 14).
5. Em seguida, o número 12 é armazenado no campo val, o campo prox assume o valor de lista, e lista assume o valor de elem (linhas 18-20).

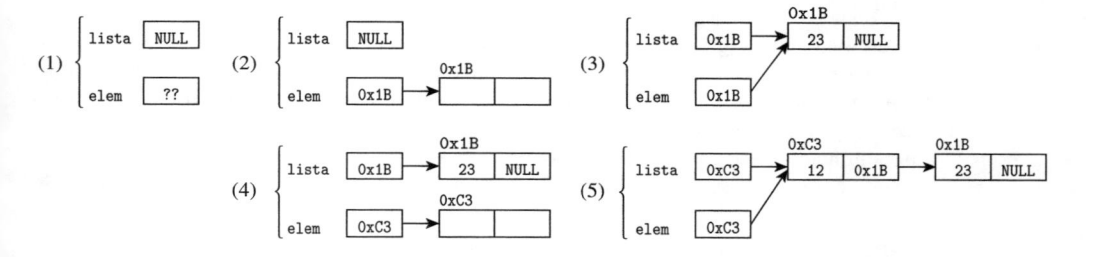

Como ilustrado, lista aponta sempre para o último elemento e cada elemento, por meio do campo prox, aponta para o digitado anteriormente, exceto o primeiro, cujo campo prox possui o valor nulo. ∎

EXEMPLO 16.5 Para ilustrar o vazamento de memória, o programa do exemplo anterior será modificado de forma que sempre que for digitado um número negativo uma nova lista é iniciada, desconsiderando os elementos digitados anteriormente. Para isso, o comando while do exemplo anterior (linhas 13-22) será substituído pelo código a seguir. Com esse novo código, sempre que num for negativo a variável lista volta a ter o valor nulo, como se nenhum elemento tivesse sido criado anteriormente.

```
while (num != 0) {
  elem = (elem_t *)calloc(1, sizeof(elem_t));
  if (elem == NULL) {
    break;     /* elem nao foi alocado */
  }
  if (num < 0) {
    lista = NULL;
  }
  elem->val = num;
  elem->prox = lista;
  lista = elem;
  scanf("%d", &num);
}
```

A seguinte descrição ilustra o novo procedimento, assumindo que um número negativo é digitado após os números 23 e 12:

1. Após a digitação dos números 23 e 12 as variáveis lista e elem, bem como os elementos da lista encadeada possuem o conteúdo indicado no diagrama.
2. Com a digitação do número −3 um novo elemento do tipo elem_t é criado e seu endereço (0xAA) é armazenado em elem.
3. Como o número lido é negativo, a variável lista assume o valor nulo.
4. A seguir, o número −3 é armazenado no campo val, o campo prox assume o valor de lista, e lista assume o valor de elem.

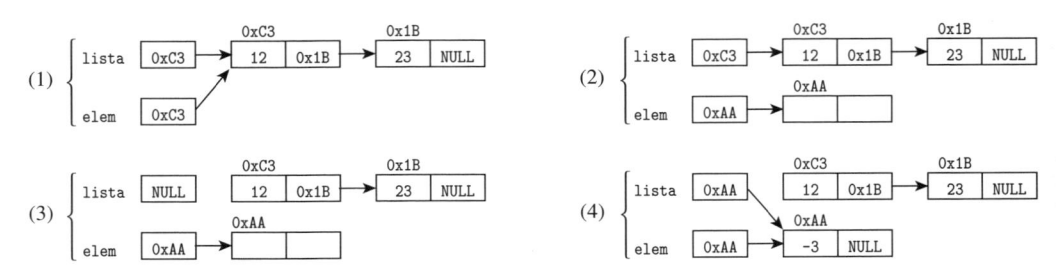

(1) lista | 0xC3 | → | 0xC3: 12 | 0x1B | → | 0x1B: 23 | NULL
    elem | 0xC3 |

(2) lista | 0xC3 | → | 0xC3: 12 | 0x1B | → | 0x1B: 23 | NULL
    elem | 0xAA | → | 0xAA: | |

(3) lista | NULL | | 0xC3: 12 | 0x1B | → | 0x1B: 23 | NULL
    elem | 0xAA | → | 0xAA: | |

(4) lista | 0xAA | | 0xC3: 12 | 0x1B | → | 0x1B: 23 | NULL
    elem | 0xAA | → | 0xAA: −3 | NULL |

Os elementos digitados anteriormente (com os endereços 0x1B e 0xC3, no diagrama) ficam inacessíveis: nenhuma variável do programa refere-se a eles. Como continuam alocados, o espaço de memória ocupado por eles não pode ser reutilizado. Como esse programa pode armazenar qualquer quantidade de números, pois só termina com a digitação do número 0, existe a possibilidade de se criar uma quantidade cada vez maior de elementos que permanecem alocados desnecessariamente, até o esgotamento da memória disponível para o programa. ■

Para evitar os vazamentos de memória, todo espaço alocado pelas funções malloc, calloc e realloc, que não seja mais necessário, deve ser explicitamente desalocado.

■ void free(void *ptr)

Desaloca o espaço apontado pelo ponteiro ptr, que deve apontar para um espaço previamente alocado por malloc, calloc ou realloc; caso contrário, o comportamento é indefinido.

Valor de retorno. Não tem.

EXEMPLO 16.6 A função libera_memoria a seguir pode ser usada para liberar a memória da lista encadeada do programa anterior.

Se o argumento recebido for nulo, a função retorna, pois não existe elemento a ser liberado. Se o valor de elm for um ponteiro válido e não apontar para outro elemento (elm->prox igual a nulo), então ele é liberado. Se elm aponta para um outro elemento, então o elemento elm é liberado apenas após a liberação do elemento apontado por ele (a função é chamada recursivamente com o argumento elm->prox).

```
void libera_memoria(elem_t *elm) {
  if (elm == NULL) {
    return;
  }
  if (elm->prox != NULL) {
    libera_memoria(elm->prox);
  }
  free(elm);
}
```

A função `libera_memoria` deve ser usada no programa do exemplo anterior antes de se atribuir um valor nulo a `lista`, como indicado no código a seguir:

```
if (num < 0) {
  libera_memoria(lista);
  lista = NULL;
}
```

16.1.3 Cópia, comparação e modificação de espaços de memória

As funções de cópia, comparação e modificação de espaços de memória operam byte a byte (interpretando o conteúdo de cada byte com um caractere não sinalizado) e são declaradas no cabeçalho `string.h`.

- `void *memcpy(void * restrict dest, const void * restrict orig, size_t qtd)`
  Copia `qtd` bytes do espaço de memória apontado por `orig` para o espaço de memória apontado por `dest`. O espaço destino deve comportar os bytes copiados. Se houver sobreposição dos espaços, o comportamento é indefinido.

  Valor de retorno. O ponteiro `dest`.

EXEMPLO 16.7 O programa a seguir cria, na linha 6, uma área na memória com o mesmo tamanho do vetor `num`. Em seguida copia, na linha 7, o vetor `num` para a área recém-criada. Desse modo, os elementos do vetor podem ser modificados (como ocorre no comando `for` das linhas 8-10), pois os números originais estão preservados em `copia`.

```
1  #include <stdio.h>
2  #include <stdlib.h>
3  #include <string.h>
4  int main(void) {
5    int num[5] = {10, 2, 3, 8, 6};
6    int *copia = malloc(5 * sizeof(int));
7    memcpy((void *)copia, (void *)num, 5 * sizeof(int));
8    for (int i = 1; i < 5; i++) {
9      num[i] = num[i] + num[i - 1];
10   }
11   printf("modificados : ");
12   for (int i = 0; i < 5; i++) {
13     printf("%d, ", num[i]);
14   }
15   printf("\noriginais : ");
16   for (int i = 0; i < 5; i++) {
17     printf("%d, ", copia[i]);
18   }
19   return 0;
20 }
```

Ao final, os dois vetores são impressos, produzindo a seguinte saída:

```
modificados : 10, 12, 15, 23, 29,
originais : 10, 2, 3, 8, 6,
```

A conversão dos ponteiros para os espaços origem e destino em ponteiros para `void`, como ocorre na chamada à função `memcpy`, embora aconselhável, é apenas documentacional, pois é realizada automaticamente sem perda de informação.

■ void *memmove(void *dest, const void *orig, size_t qtd)
Copia qtd bytes do espaço de memória apontado por orig para o espaço de memória apontado por dest. O espaço destino deve comportar os bytes copiados. Essa operação é realizada copiando os bytes de orig para um espaço temporário, sem sobreposição com orig e dest, e depois copiando os bytes desse espaço temporário para dest. Desse modo, os espaços de origem e destino podem se sobrepor.

Valor de retorno. O ponteiro dest.

EXEMPLO 16.8 No programa a seguir, o usuário informa um índice entre 1 e 4, inclusive, e o programa move todos os elementos do vetor num, a partir do índice informado, para o seu início.

A função de movimentação é chamada na linha 14 do seguinte modo: o endereço de destino é o início do vetor, (void *)num; o endereço de origem é o ponteiro para o elemento do índice informado, (void *)(num + ind); a quantidade de elementos a partir do índice é fornecida por 5 - ind, e o número de bytes que devem ser movidos é a multiplicação dessa quantidade pelo tamanho de cada elemento.

Se o usuário informar o índice 2, os elementos 9, 4 e 7 serão movidos para o início do vetor, que ficará com a seguinte configuração: {9, 4, 7, 4, 7}.

```
1  #include <stdio.h>
2  #include <string.h>
3  int main(void) {
4    int num[5] = {10, 5, 9, 4, 7};
5    int ind;
6    do {
7      printf("Digite 0 < ind < 5: ");
8      scanf("%d", &ind);
9    } while ((ind < 1) || (ind > 4));
10   printf("original    : ");
11   for (int i = 0; i < 5; i++) {
12     printf("%d, ", num[i]);
13   }
14   memmove((void *)num, (void *)(num+ind), (5 - ind) * sizeof(int));
15   printf("\nmodificado : ");
16   for (int i = 0; i < 5; i++) {
17     printf("%d, ", num[i]);
18   }
19   return 0;
20 }
```

Como pode haver sobreposição, a movimentação deste exemplo não pode ser realizada com a função memcpy. ■

Todas as funções de cópia de espaços de memória devem ser usadas com cautela: o risco de corromper áreas indevidas é grande. No exemplo anterior, se a quantidade de elementos fosse erradamente calculada como 500 − ind:

memmove((void *)num, (void *)(num + ind), (500 - ind) * sizeof(int))

haveria a cópia de até 1.996 bytes, provocando falha de segmentação. De fato, nem é necessário extrapolar tanto a quantidade de bytes copiados: qualquer movimentação indevida dos espaços de memória é errada e pode provocar falha de segmentação.

- int memcmp(const void *esq, const void *dir, size_t qtd)
    Compara os qtd bytes iniciais dos espaços de memória apontados por esq e dir. Os bytes são comparados como valores do tipo unsigned char.

    Valor de retorno. Zero, se os espaços forem iguais; um valor negativo, se esq for menor que dir; ou um valor positivo, se esq for maior que dir.

    O resultado da comparação pode não espelhar o conteúdo lógico dos espaços de memória se, por exemplo, neles estiverem armazenadas estruturas contendo bits de preenchimento, já que o valor desses bits é indeterminado.

- void *memchr(const void *obj, int c, size_t qtd)
    Procura a primeira ocorrência do caractere c, convertido em um valor do tipo unsigned char, nos qtd bytes iniciais do espaço apontado por obj. Os bytes do espaço de memória pesquisado são interpretados como valores do tipo unsigned char.

    Valor de retorno. Ponteiro com o endereço da primeira ocorrência do caractere ou o ponteiro nulo, se o caractere não estiver no espaço pesquisado.

- void *memset(void *mem, int c, size_t qtd)
    Copia o caractere c, convertido em um valor do tipo unsigned char, para cada um dos qtd bytes iniciais do espaço apontado por mem.

    Valor de retorno. O ponteiro mem.

16.1.4 Espaços de memória contendo caracteres estendidos

O cabeçalho wchar.h declara funções para cópia, comparação e modificação de espaços de memória contendo caracteres estendidos. Essas funções lidam com caracteres estendidos, com o último parâmetro correspondendo à quantidade de caracteres estendidos que devem ser movidos, copiados ou pesquisados. Nos demais aspectos, elas são idênticas às suas funções básicas correspondentes. A tabela a seguir mostra a declaração de cada função estendida, ao lado da identificação da função básica correspondente:

Básica	Estendida/Multibyte
memcpy	wchar_t *wmemcpy(wchar_t * restrict dest, const wchar_t * restrict orig, size_t qtd)
memmove	wchar_t *wmemmove(wchar_t *dest, const wchar_t *orig, size_t qtd)
memcmp	int wmemcmp(const wchar_t *cesq, const wchar_t *cdir, size_t qtd)
memchr	wchar_t *wmemchr(const wchar_t *obj, wchar_t c, size_t qtd)
memset	wchar_t *wmemset(wchar_t *mem, wchar_t c, size_t qtd)

16.2 PESQUISA E ORDENAMENTO

As funções qsort e bsearch, declaradas no cabeçalho stdlib.h, implementam operações de ordenamento e pesquisa em vetores[2]. São funções úteis porque podem ser usadas com vetores de qualquer tipo, bastando fornecer uma função para a comparação dos elementos do vetor.

---
[2] Embora os nomes das funções sugiram os algoritmos *quick sort* e *binary search*, o uso desses algoritmos não é uma exigência do padrão.

■ void qsort(void *vetor, size_t qtd, size_t tam,
                          int (*fcomp)(const void *, const void *))

Ordena o vetor de qtd elementos, cada um de tamanho tam, apontado por vetor, usando a ordem ascendente determinada pela função de comparação fcomp.

A função fcomp deve receber dois argumentos do tipo ponteiro para void e retornar um valor negativo, se o conteúdo apontado pelo primeiro argumento for menor que o conteúdo apontado pelo segundo; um valor positivo, se for maior; ou o valor zero, se forem iguais. Os elementos do vetor não podem ser modificados pela função fcomp, e para dois elementos iguais não é especificado qual deles virá à esquerda no vetor ordenado.

Valor de retorno. Não tem.

EXEMPLO 16.9 O programa a seguir lê do teclado até 1.000 números inteiros, armazenando-os no vetor nums. Após a leitura, a chamada à função qsort, na linha 12, ordena os primeiros qtd números de num, que são impressos em seguida (linhas 13-15).

```
1   #include <stdio.h>
2   #include <stdlib.h>
3   #define TAM (1000)
4   int compara(const void *, const void *);
5   int main(void) {
6     int nums[TAM];
7     int qtd = 0;
8     printf("Digite ate 1000 nums inteiros");
9     printf(" (Ctrl-d para terminar) \n");
10    while ((qtd < TAM) && scanf("%d", &(nums[qtd]))!= EOF)
11    {qtd++;}
12    qsort(nums, qtd, sizeof(int), compara);
13    for (int i = 0; i < qtd; i++) {
14      printf("%d ", nums[i]);
15    }
16    return 0;
17  }
18  int compara(const void *numa, const void *numb) {
19    if (*(int *)numa < *(int *)numb) {
20      return -1;
21    } else {
22      if (*(int *)numa > *(int *)numb) {
23        return 1;
24      } else {
25        return 0;
26      }
27    }
28  }
```

Os parâmetros da função compara (linhas 18-28) são ponteiros para void, portanto precisam ser convertidos em ponteiros para int, que é o tipo dos elementos do vetor que será ordenado: a expressão *(int *)numa obtém o conteúdo de numa, interpretado como um ponteiro para int. ■

EXEMPLO 16.10 A função compara, mostrada a seguir, é usada para ordenar um vetor de registros que possuem a estrutura abaixo:

```
struct reg {
  int seq;
  float valor;
  float taxa;
}
```

Como cada parâmetro é um ponteiro para void, é necessário convertê-lo em um valor do tipo do elemento que será comparado. A expressão (struct reg *)numa converte o ponteiro numa em um ponteiro para um elemento do tipo struct reg. A expressão *(struct reg *)numa.seq obtém o componente seq do elemento apontado por numa.

```
int compara(const void *numa, const void *numb) {
  if ((*(struct reg *)numa).seq < (*(struct reg *)numb).seq) {
    return -1;
  } else {
    if ((*(struct reg *)numa).seq > (*(struct reg *)numb).seq) {
      return 1;
    } else {
      return 0;
    }
  }
}
```

Uma chamada à função qsort usando essa função de comparação deve fazer referência ao tamanho de cada elemento:

```
qsort(nums, qtd, sizeof(struct reg), compara).
```
■

■ void *bsearch(const void *chv, const void *vetor, size_t qtd, size_t tam,
                              int (*fcomp)(const void *, const void *))

Pesquisa o vetor de qtd elementos, cada um de tamanho tam, apontado por vetor, verificando se algum de seus elementos possui a chave apontada por chv. A função de comparação usada para comparar a chave de cada elemento com aquela apontada por chv é fornecida pelo ponteiro fcomp.

O vetor apontado por vetor deve ser ordenado. A função fcomp deve receber dois argumentos do tipo ponteiro para void e retornar um valor negativo, se o conteúdo do primeiro argumento for menor que o conteúdo do segundo; um valor positivo, se for maior; ou o valor zero, se forem iguais. Os elementos do vetor não podem ser modificados pela função fcomp.

Valor de retorno. Um ponteiro para o primeiro elemento do vetor que possui chave igual à especificada ou o ponteiro nulo, se nenhum possuir chave igual à especificada. Se mais de um elemento possuir chave igual à especificada, qualquer um pode ser apontado pelo valor de retorno.

EXEMPLO 16.11 O programa a seguir estende o programa do Exemplo 16.9 para, após a digitação dos números e o ordenamento do vetor nums, ler um número do teclado e verificar se o número lido pertence ao vetor.

```c
#include <stdio.h>
#include <stdlib.h>
#define TAM (1000)
int compara(const void *, const void *);
int main(void) {
  int nums[TAM];
  int qtd = 0, val;
  int *ptr_val;
  printf("Digite ate 1000 nums inteiros");
  printf(" (Ctrl-d para terminar) \n");
  while ((qtd < TAM) && scanf("%d", &(nums[qtd]))!= EOF)
  {qtd++;}
  qsort(nums, qtd, sizeof(int), compara);
  for (int i = 0; i < qtd; i++) {
    printf("%d ", nums[i]);
  }
  printf("\nDigite numeros p/pesquisa:\n");
  while (scanf("%d", &val) != EOF) {
    ptr_val = bsearch((void *)&val, nums, qtd, sizeof(int), compara);
    if (ptr_val != NULL) {
      printf("%d esta no vetor\n", val);
    } else {
      printf("%d fora do vetor\n", val);
    }
  }
  return 0;
}
int compara(const void *numa, const void *numb) {
  if (*(int *)numa < *(int *)numb) {
    return -1;
  } else {
    if (*(int *)numa > *(int *)numb) {
      return 1;
    } else {
      return 0;
    }
  }
}
```

Neste exemplo, a função compara usada na pesquisa é a mesma utilizada no ordenamento do vetor. Esta é a situação mais frequente. ∎

16.3 LOCALIZAÇÃO

A interpretação das informações obtidas de uma fonte de dados pode variar de idioma para idioma, e de país para país. Por exemplo, a data 10/08/2012 pode ser entendida como oito de outubro de dois mil e doze, se considerada como uma data no formato americano, ou como dez de agosto de dois mil e doze, se considerada como uma data no formato brasileiro. A interpretação dos caracteres lidos de (ou gravados em) uma via orientada a caracteres multibytes também varia de idioma para idioma, segundo a codificação adotada para representá-los.

Chama-se *localização* de uma fonte de dados a adaptação das informações dessa fonte às convenções adotadas por determinado idioma ou país. A localização de um programa ou de um ambiente de execução é uma extensão do conceito:

1. A localização do ambiente de execução é previamente determinada, geralmente por ocasião da instalação do sistema operacional ou da ativação do terminal a partir do qual o programa é executado. Essa localização influencia a entrada--padrão e a saída-padrão.
2. A localização adotada por um programa é usada na execução de suas funções. No início da execução, os programas adotam a localização-padrão "C", que pode ser modificada com a função setlocale.

A localização das vias de comunicação, isto é, o modo de codificação utilizado para leitura e gravação dos seus caracteres, corresponde à localização do programa no momento em que a orientação da via é definida[3]. Se a localização da via for diferente da localização dos dados que ela acessa, ocorre uma conversão entre os modos de codificação adotados que pode resultar em valores indevidos.

3. A localização dos dados corresponde à localização da via que foi utilizada em sua gravação. Os dados armazenados em arquivos, gerados em outro ambiente ou por outros programas, podem ter localização diferente da localização do ambiente de execução.

16.3.1 Categorias de localização

Os diversos aspectos da localização podem ser especificados separadamente, por meio das seguintes categorias, definidas como macros no cabeçalho locale.h:

LC_ALL. Refere-se a todos os aspectos de uma localização.

LC_COLLATE. Especifica aspectos relacionados ao ordenamento dos caracteres. Afeta o comportamento das funções strcoll e strxfrm.

LC_CTYPE. Especifica aspectos relacionados à codificação dos caracteres. Afeta o comportamento das funções de classificação de caracteres (Seção 15.4, as funções isdigit e isxdigit são as únicas funções de classificação que não são afetadas) e das funções que lidam com caracteres estendidos e multibytes.

LC_MONETARY. Especifica aspectos monetários da informação, como os símbolos usados como indicador de moeda, separador de milhar, etc.

LC_NUMERIC. Especifica aspectos numéricos (não monetários) da informação, como os símbolos usados como separador de milhar, indicador de números negativos, etc. Afeta o modo como as funções de entrada e saída formatadas e as funções de conversão de cadeias em valores de tipo real interpretam o ponto decimal.

LC_TIME. Especifica os aspectos relacionados ao tempo, como os símbolos usados como separador de hora, minuto e segundo, indicador AM/PM, etc. Afeta o comportamento das funções strftime e wcsftime.

---

[3] Ver Seções 12.1.2 e 13.9.1.

A localização não modifica a representação interna dos valores, apenas o modo como sua representação textual é interpretada. Assim, se a cadeia "103,45" é convertida em um valor do tipo `float` (usando a localização brasileira) e a cadeia "103.45" é também convertida em um valor do tipo `float` (usando a localização americana), os valores convertidos possuem a mesma representação interna.

16.3.2 Localizando informações

A função `setlocale`, declarada no cabeçalho `locale.h`, permite definir a localização usada pelo programa.

- `char *setlocale(int categoria, const char *local)`
  Se a cadeia apontada por `local` é nula, a função apenas identifica a localização em vigor no programa, para a categoria especificada, sem modificá-la. Se a cadeia apontada por `local` não é nula, a função atribui aos aspectos da localização especificados por `categoria` as convenções da localização identificada por `local`. O valor "C" para `local` identifica a localização-padrão e a cadeia vazia ("") identifica a localização nativa do ambiente de execução.

  Valor de retorno. O valor de retorno depende da cadeia que identifica a localização:

  `local` não é nula. Retorna a cadeia de caracteres que identifica a nova localização para a categoria especificada, se a nova localização foi estabelecida com sucesso, ou o ponteiro nulo, em caso de falha.

  `local` é nula. Retorna a cadeia de caracteres que identifica a localização em vigor associada à categoria especificada.

No início da execução de um programa a localização-padrão é estabelecida, como se a chamada `setlocale(LC_ALL, "C")` fosse executada. Para adotar a localização em vigor no ambiente de execução, os programas devem executar a função `setlocale(LC_ALL, "")`.

A cadeia de caracteres retornada pela função `setlocale` pode ser usada para restaurar a localização da categoria que ela identifica. Essa cadeia pode ser sobrescrita por chamadas subsequentes a `setlocale`, mas não deve ser sobrescrita pelo programa.

EXEMPLO 16.12 Se o programa a seguir for executado em um ambiente cuja localização é "pt_BR.UTF-8", isto é, localização brasileira com os caracteres codificados segundo o padrão UTF-8, e o usuário digitar a cadeia "moça, tão moça e já desventurada"[4], ele produzirá a seguinte saída:

```
moça, tão moça e já desventurada
(37 caracteres)
m|o|♯|♯|a|,| |t|♯|♯|o| |m|o|♯|♯|a| |e| |j|♯|♯| |d|e|s|v|e|n|t|u|r|a|d|a|
|fim
```

Neste exemplo, o símbolo ♯ indica um caractere que não possui representação gráfica.

Quando a cadeia é digitada, os caracteres multibytes, 'ç', 'ã' e 'á', são gerados no formato UTF-8, com dois bytes cada, porque essa é a codificação usada pelo teclado. A via de

---

[4] Verso do poema A Louca, de Augusto dos Anjos.

comunicação, por ser orientada a bytes, lê cada byte como um caractere, armazenando os 37 caracteres (e não 33) na cadeia linha. Quando essa cadeia é impressa pelo primeiro comando printf, todos os seus caracteres são enviados ao terminal, em sequência, e interpretados corretamente, já que a codificação adotada pelo terminal também é UTF-8.

```
#include <stdio.h>
#include <string.h>
int main(void) {
  char linha[80];
  fgets(linha, 80, stdin);
  printf("%s (%zd caracteres)\n", linha, strlen(linha));
  for (size_t i = 0; i < strlen(linha); i++) {
    printf("%c|", linha[i]);
  }
  printf("fim\n");
  return 0;
}
```

Entretanto, quando a cadeia é impressa caractere a caractere, com a interposição do caractere '|' entre eles, os caracteres enviados ao terminal não podem mais ser interpretados corretamente segundo a codificação UTF-8: o par que corresponde ao caractere 'ç', por exemplo, é desmembrado. Por isso ocorre a impressão do símbolo ♯, indicando um caractere não imprimível.

Essa situação é evitada com o programa a seguir, que lê e imprime corretamente as informações digitadas pelo usuário.

```
#include <stdio.h>
#include <wchar.h>
#include <locale.h>
int main(void) {
  wchar_t linha[80];
  setlocale(LC_ALL, "");
  fgetws(linha, 80, stdin);
  wprintf(L"%ls (%zd caracteres)\n", linha, wcslen(linha));
  for (size_t i = 0; i < wcslen(linha); i++) {
    wprintf(L"%lc|", linha[i]);
  }
  wprintf(L"fim\n");
  return 0;
}
```

As seguintes modificações são realizadas:

1. A função setlocale define a localização do programa como igual à do ambiente.
2. A função fgetws faz a via de entrada ficar orientada a caracteres multibytes, com a localização do ambiente (que é a localização em vigor no momento de sua execução).
3. Como a função fgetws lê caracteres multibytes, armazenando-os como caracteres estendidos, a cadeia linha é definida como um vetor de wchar_t.
4. Da mesma forma, a impressão ocorre com a função wprintf, compatível com os caracteres estendidos que são impressos e com a orientação do terminal.

Agora, para a mesma cadeia de entrada, o programa produz a seguinte saída:

```
moça, tão moça e já desventurada
(33 caracteres)
m|o|ç|a|,| |t|ã|o| |m|o|ç|a| |e| |j|á| |d|e|s|v|e|n|t|u|r|a|d|a|
|fim
```

EXEMPLO 16.13 O programa a seguir lê e imprime dois valores, usando diferentes localizações. A função `setlocale` da linha 6 retorna a identificação da localização em vigor para os aspectos numéricos. O valor lido pela função da linha 9 é interpretado segundo essa localização.

A chamada a `setlocale` na linha 10 especifica a localização brasileira ("pt_BR") como a nova localização para os aspectos numéricos (o programa deveria verificar se a nova localização foi de fato estabelecida); os demais aspectos da localização continuam com as convenções padronizadas. O valor lido na linha 13 é interpretado segundo a nova localização.

```
1  #include <stdio.h>
2  #include <locale.h>
3  int main(void) {
4      double v1, v2;
5      char *local;
6      local = setlocale(LC_NUMERIC, NULL);
7      printf("localizacao atual: %s\n", local);
8      printf("Valor (use ponto decimal): ");
9      scanf("%lf", &v1);
10     local = setlocale(LC_NUMERIC, "pt_BR");
11     printf("localizacao atual: %s\n", local);
12     printf("Valor (use virgula decimal): ");
13     scanf("%lf", &v2);
14     printf("Valores: %g e %g\n", v1, v2);
15     return 0;
16 }
```

A localização-padrão utiliza o ponto como separador decimal, enquanto que a localização "pt_BR" utiliza a vírgula. O resultado é que o usuário deve digitar o ponto decimal na primeira leitura e a vírgula decimal na segunda. As seguintes saídas mostram duas possíveis execuções desse programa:

```
localizacao atual: C                    localizacao atual: C
Valor (use ponto decimal): 12.56        Valor (use ponto decimal): 12.56
localizacao atual: pt_BR                localizacao atual: pt_BR
Valor (use virgula decimal): 12,56      Valor (use virgula decimal): 12.56
Valores: 12,56 e 12,56                  Valores: 12,56 e 12
```

Na execução à esquerda, o usuário digitou os valores conforme esperado. Na execução à direita, a obtenção do ponto na segunda leitura interrompeu a formatação de um valor real (já que a localização "pt_BR" usa a vírgula como separador decimal). Ambos os valores são impressos com a vírgula decimal, por conta da localização brasileira em vigor no momento da última impressão. ■

16.3.3 Inspecionando a localização

Os aspectos numéricos e monetários de uma localização podem ser inspecionados com a função `localeconv`. Essa função armazena nos componentes de uma estrutura do tipo `struct lconv` (declarado em `locale.h`) os símbolos usados na formatação dos valores numéricos e monetários.

■ struct lconv *localeconv(void)

Valor de retorno. Uma estrutura com as convenções de formatação numérica e monetária para a localização em vigor.

Os elementos da estrutura de formatação não devem ser modificados pelo programa, e podem ser sobrescritos por chamadas subsequentes a `localeconv`, e por chamadas a `setlocale` com as categorias `LC_ALL`, `LC_NUMERIC` e `LC_MONETARY`.

Componentes da estrutura de formatação

O padrão da linguagem estabelece que uma estrutura do tipo `struct lconv` deve ter pelo menos os componentes relacionados a seguir. Os componentes de tipo `char` possuem valores não negativos. Se o valor de um desses componentes for igual `CHAR_MAX`, significa que a localização não especifica valor para ele.

Formatação numérica. A formatação dos valores numéricos não monetários é controlada pelos seguintes componentes:

`char *decimal_point`. Símbolo do separador decimal.

`char *thousands_sep`. Símbolo do separador de milhar. De fato, o símbolo usado para separar os grupos de dígitos que constituem o número.

`char *grouping`. Cadeia de caracteres contendo os tamanhos de cada grupo de dígitos. Cada formante da cadeia deve ser interpretado como um valor inteiro expresso como um caractere octal. Valores sucessivos, da esquerda para a direita, indicam o tamanho dos sucessivos grupos da direita para a esquerda, a partir do ponto decimal. O valor mais à direita aplica-se aos grupos remanescentes ou, se for igual a `CHAR_MAX`, indica que os dígitos remanescentes formam um único grupo. A cadeia vazia indica a ausência de agrupamento.

O número 786512567 é interpretado como consistindo nos grupos 7, 86, 51, 2 e 567, se `grouping` for igual a "\3\1\2", ou 786, 512 e 567, se `grouping` for igual a "\3".

Formatação monetária local. Os seguintes componentes têm o mesmo significado que seus correspondentes para valores numéricos: `mon_decimal_point`, `mon_thousands_sep` e `mon_grouping`.

`char frac_digits`. Quantidade de dígitos decimais (após o separador decimal).

`char *currency_symbol`. Símbolo indicador da moeda.

`char p_cs_precedes`. Posição do indicador da moeda para valor não negativo: 1, se o indicador precede o valor, ou 0, se o sucede.

`char n_cs_precedes`. Posição do indicador da moeda para valor negativo: 1, se o indicador precede o valor, ou 0, se o sucede.

`char *positive_sign`. Símbolo indicador de sinal para valor não negativo.

`char *negative_sign`. Símbolo indicador de sinal para valor negativo.

`char p_sign_posn`. Posição do sinal para valor não negativo:

  0 O indicador da moeda e o valor entre parênteses.
  1 Sinal antes do indicador da moeda e valor.
  2 Sinal após o indicador da moeda e valor.
  3 Sinal imediatamente antes do indicador da moeda.
  4 Sinal imediatamente após o indicador da moeda.

`char n_sign_posn`. Posição do sinal para valor negativo (mesma definição da posição para valor não negativo).

`char p_sep_by_space`. Quantidade de espaços separando o indicador da moeda, o indicador do sinal e o valor não negativo.

`char n_sep_by_space`. Quantidade de espaços separando o indicador da moeda, o indicador do sinal e o valor negativo.

Formatação monetária internacional. A formatação de valores monetários pode ter uma representação especial para uso internacional. Por exemplo, na localização "pt_BR" o indicador local da moeda é "R$" e o internacional é "BRL". Os seguintes componentes possuem a mesma definição que seus correspondentes locais: `int_frac_digits`, `int_curr_symbol`, `int_p_cs_precedes`, `int_n_cs_precedes`, `int_p_sign_posn`, `int_n_sign_posn`, `int_p_sep_by_space`, `int_n_sep_by_space`.

EXEMPLO 16.14 O programa a seguir obtém do teclado a identificação de uma localização, estabelece a localização obtida como a localização do ambiente, e imprime alguns elementos da estrutura de formatação associada a essa localização.

```c
#include <stdio.h>
#include <locale.h>
void imp_locale(void);
int main(void) {
  char local_id[21];
  char *local;
  do {
    printf("Localizacao: ");
    scanf("%20s", local_id);
    local = setlocale(LC_ALL, local_id);
  } while (local == NULL);
  imp_locale();
  return 0;
}
void imp_locale() {
  struct lconv *L = localeconv();
  printf("ponto decimal: %s\n", L->decimal_point);
  printf("separador milhar: %s\n", L->thousands_sep);
  printf("ponto decimal monetario: %s\n", L->mon_decimal_point);
  printf("separador milhar monetario:%s\n", L->mon_thousands_sep);
  printf("simbolo monetario: %s\n", L->currency_symbol);
}
```

A seguinte saída é produzida se o usuário digitar "pt_BR":

```
Localizacao: pt_BR
ponto decimal: ,
separador milhar:
ponto decimal monetario: ,
separador milhar monetario:.
simbolo monetario: R$
```

Usando a estrutura de formatação

As informações da estrutura de formatação podem ser usadas no desenvolvimento de funções que imprimem os valores numéricos e monetários segundo a localização em vigor no ambiente de execução[5].

EXEMPLO 16.15 A função a seguir imprime o valor recebido como argumento usando a quantidade de dígitos decimais e o indicador da moeda da localização em vigor.

---

[5] O compilador gcc fornece, como uma extensão da linguagem, a função `strfmon`, definida pelo padrão X/Open para a saída formatada de valores monetários.

A quantidade de casas decimais, c_dec, assume o valor especificado pela localização, ou 3, se a localização não especificar valor. A impressão da quantidade de dígitos ocorre com a diretiva %.*f, onde o asterisco após o ponto especifica que a precisão é dada pelo argumento que antecede aquele que será impresso.

```
void imp_moeda(double val) {
  struct lconv *L = localeconv();
  int c_dec;
  if (L->frac_digits == CHAR_MAX) {
    c_dec = 3;
  } else {
    c_dec = L->frac_digits;
  }
  printf("%s %.*f", L->currency_symbol, c_dec, val);
}
```

O espaço entre o indicador da moeda e o valor impresso deveria seguir a convenção estabelecida pelos componentes p_sep_by_space e n_sep_by_space. ∎

16.4 CONVERTENDO CARACTERES ESTENDIDOS E MULTIBYTES

A conversão de caracteres estendidos em multibytes, e vice-versa, ocorre segundo as definições da categoria LC_CTYPE da localização em vigor no programa. Essa conversão pode ser dependente de um estado de conversão, quando os caracteres multibytes adotam sequências de transição de estado para indicar como os próximos bytes devem ser interpretados, ou não, quando a interpretação de cada caractere independe da noção de estado. O controle do estado de conversão pode ser interno, próprio de cada função, ou externo, controlado por uma variável declarada explicitamente para esse fim.

16.4.1 Estado interno de conversão

As funções de conversão descritas nesta seção (e declaradas no cabeçalho stdlib.h) possuem um estado de conversão próprio, controlado por uma variável interna do tipo mbstate_t (declarado em wchar.h). A seguinte convenção é aplicada a todas elas:

1. Quando a função é chamada com seu parâmetro correspondente à cadeia multibyte igual ao ponteiro nulo, o estado de conversão da função é colocado no estado inicial e o valor de retorno (para as funções mbtowc, mblen e wctomb) indica se a codificação em vigor no programa é dependente do estado, se o valor é diferente de zero, ou não, se é igual a zero.

2. Quando a categoria LC_TYPE é modificada, os estados de conversão de todas as funções ficam indeterminados.

■ int mbtowc(wchar_t * restrict pce, const char * restrict cadeia_mb,
size_t qtd)

Converte o próximo caractere multibyte da cadeia apontada por cadeia_mb no caractere estendido correspondente, armazenando-o na variável apontada por pce. Se pce for o ponteiro nulo, a função é executada normalmente, produzindo os valores esperados, mas não ocorre o armazenamento do caractere convertido. Nesse caso, a função é colocada em seu estado de conversão inicial. Se `cadeia_mb` for o ponteiro nulo, a função também é colocada em seu estado de conversão inicial.

Até `qtd` bytes da cadeia apontada por `cadeia_mb` são analisados para determinar o número de bytes necessário para completar o próximo caractere multibyte (incluindo os caracteres de transição). Se o próximo caractere multibyte está completo e é válido, então a conversão é realizada e o caractere estendido é armazenado na variável apontada por `pce`. Se o caractere convertido corresponde ao caractere nulo, a função fica em seu estado de conversão inicial.

Valor de retorno. Se `cadeia_mb` é o ponteiro nulo, a função retorna um valor diferente de 0, se a codificação em vigor é dependente do estado, ou o valor 0, em caso contrário. Se `cadeia_mb` é diferente de nulo, a função retorna o primeiro dos seguintes valores aplicáveis:

- 0, se o caractere convertido, e armazenado na variável apontada por `pce`, corresponde ao caractere nulo.

- Um valor entre 1 e `qtd`, inclusive, se os próximos `qtd` ou menos bytes completam um caractere multibyte válido. Esse valor corresponde ao número de bytes que completam o caractere multibyte cujo caractere estendido correspondente é armazenado na variável apontada por `pce`.

- −1, se ocorre um erro de codificação. Nesse caso, os próximos `qtd` ou menos bytes não contribuem para completar um caractere multibyte válido. Nenhum valor é armazenado na variável apontada por `pce`.

A macro `MB_CUR_MAX`, declarada no cabeçalho `stdlib.h` como um valor do tipo `size_t`, indica a quantidade máxima de bytes que pode ser usada para codificar um caractere multibyte, incluindo os caracteres de transição de estado. Esse valor é dependente da categoria `LC_TYPE` da localização em vigor no programa. A macro `MB_LEN_MAX`, definida no cabeçalho `limits.h`, tem o mesmo significado que `MB_CUR_MAX`, mas vale para toda localização que possa ser usada pelo programa (`MB_CUR_MAX` será sempre menor ou igual a `MB_LEN_MAX`).

- ■ `int mblen(const char *cadeia_mb, size_t qtd)`

    Verifica o tamanho do próximo caractere multibyte. Até `qtd` bytes da cadeia `cadeia_mb` são avaliados, mas nenhuma conversão é realizada. É equivalente a `mbtowc(NULL, cadeia_mb, qtd)`. Se `cadeia_mb` for o ponteiro nulo, a função é colocada em seu estado de conversão inicial.

    Valor de retorno. Se `cadeia_mb` for o ponteiro nulo a função retorna um valor diferente de 0, se a codificação em vigor é dependente do estado, ou o valor 0, em caso contrário. Se `cadeia_mb` é diferente de nulo, a função retorna 0, se `cadeia_mb` aponta para o caractere nulo; um valor entre 1 e `qtd`, representando a quantidade de bytes do próximo caractere multibyte da cadeia apontada por `cadeia_mb`; ou −1, caso os bytes apontados por `cadeia_mb` não formem um caractere multibyte válido.

- ■ `int wctomb(char *cadeia_mb, wchar_t ce)`

    Converte o caractere estendido `ce` no caractere multibyte correspondente, armazenando a sequência de bytes que o representa na cadeia apontada por `cadeia_mb`.

Se `cadeia_mb` for o ponteiro nulo, não ocorre o armazenamento e a função é colocada em seu estado de conversão inicial. Se `ce` for o caractere nulo, um byte nulo é armazenado e a função também fica em seu estado de conversão inicial. A quantidade de bytes necessária para armazenar o caractere multibyte inclui os caracteres de transição. Apenas os caracteres estendidos cuja sequência multibyte possa ser completamente armazenada são convertidos – no máximo `MB_CUR_MAX` bytes são armazenados.

Valor de retorno. Se `cadeia_mb` for o ponteiro nulo, a função retorna um valor diferente de 0, se a codificação em vigor é dependente do estado, ou o valor 0, em caso contrário. Se `cadeia_mb` é diferente de nulo, a função retorna a quantidade de bytes armazenados na cadeia `cadeia_mb`, ou −1, se `ce` não é um caractere estendido válido.

■ `size_t mbstowcs(wchar_t * restrict dest, const char * restrict orig,`
                                                              `size_t qtd)`

Converte os caracteres multibytes da cadeia apontada por `orig` na sequência de caracteres estendidos correspondentes, armazenando-os na cadeia apontada por `dest`. No máximo `qtd` caracteres estendidos são armazenados em `dest`. A conversão tem início no estado inicial e ocorre como se a função `mbtowc` fosse chamada para cada caractere (entretanto, o estado de conversão de `mbtowc` não é afetado), prosseguindo até encontrar o caractere nulo, que também é armazenado, podendo terminar precocemente em dois casos:

a) quando uma sequência de bytes não forma um caractere multibyte válido, ou

b) após o armazenamento de `qtd` caracteres estendidos.

Se `dest` é o ponteiro nulo, a função executa normalmente, produzindo os valores esperados, mas a cadeia convertida não fica disponível. Nesse caso, a quantidade `qtd` não é considerada – o processamento para ao encontrar o caractere nulo ou um caractere multibyte inválido. Se a conversão termina ao encontrar o caractere nulo, a função é deixada em seu estado de conversão inicial.

Valor de retorno. A quantidade de caracteres estendidos armazenados em `dest`, sem incluir o caractere nulo ao final, ou −1, em caso de erro.

■ `size_t wcstombs(char * restrict dest, const wchar_t * restrict orig,`
                                                              `size_t qtd)`

Converte a cadeia de caracteres estendidos apontada por `orig` nos caracteres multibytes correspondentes, armazenando-os na cadeia apontada por `dest`. Um caractere estendido só é convertido se a sequência multibyte correspondente, incluindo os caracteres de transição, puder ser completamente armazenada – no máximo `qtd` bytes são armazenados em `dest`. A conversão tem início no estado inicial e ocorre como se a função `wctomb` fosse chamada para cada caractere (entretanto, o estado de `wctomb` não é afetado), prosseguindo até encontrar o caractere nulo, que também é armazenado, podendo terminar precocemente em dois casos:

a) quando um caractere estendido não corresponde a um caractere multibyte válido, ou

b) quando o próximo caractere multibyte excede o limite de `qtd` bytes (nesse caso, o armazenamento desse caractere não ocorre).

Se dest é o ponteiro nulo, a função executa normalmente, produzindo os valores esperados, mas a cadeia convertida não fica disponível. Nesse caso, a quantidade qtd não é considerada – o processamento para ao encontrar o caractere nulo ou um caractere estendido inválido. Se a conversão termina ao encontrar o caractere nulo, a função é deixada em seu estado de conversão inicial.

Valor de retorno. A quantidade de bytes armazenados em dest, sem incluir o caractere nulo ao final (se houver), ou −1, em caso de erro.

EXEMPLO 16.16   O programa a seguir ilustra a conversão de caracteres multibytes em caracteres estendidos usando a função mbtowc.

Inicialmente uma cadeia de caracteres é lida e armazenada em cmb (as duas leituras seguintes, sem atribuição, apenas esvaziam a área de armazenamento temporário do teclado). O comando for é usado para percorrer a cadeia lida, imprimindo para cada caractere seu índice, seu código decimal e o resultado da função mbtowc; para as conversões realizadas, o caractere estendido é impresso (tanto o código, com a diretiva %4u, quanto a representação gráfica, com a diretiva %lc).

```
#include <stdio.h>
#include <stdlib.h>
#include <string.h>
#include <locale.h>
int main(void) {
  char cmb[81];
  wchar_t ce;
  int res;
  size_t tam;
  scanf("%80[^\n]", cmb);
  scanf("%*[^\n]"); scanf("%*c");
  setlocale(LC_ALL, "pt_BR.UTF-8");
  tam = strlen(cmb);
  for (size_t i = 0; i <= tam; i++) {
    res = mbtowc(&ce, cmb + i, MB_CUR_MAX);
    printf("%02zd: %4d -> res= %2d ", i, cmb[i], res);
    if (res >= 0) {
      printf("ce=(%4u %lc)\n", ce, ce);
    } else {
      printf("\n");
    }
  }
  return 0;
}
```

Se a localização do ambiente for "pt_BR.UTF-8" e o usuário digitar "ação", o programa lê 6 caracteres de 1 byte, pois nessa localização os caracteres 'ç' e 'ã' são representados por dois bytes cada. O comportamento do programa depende de sua localização. Se ela for igual à do ambiente (como, de fato, é, em virtude da chamada a setlocale), a seguinte saída é produzida:

```
00:   97 -> res=  1 ce=(  97 a)
01:  -61 -> res=  2 ce=( 231 ç)
02:  -89 -> res= -1
03:  -61 -> res=  2 ce=( 227 ã)
04:  -93 -> res= -1
05:  111 -> res=  1 ce=( 111 o)
06:    0 -> res=  0 ce=(   0  )
```

O primeiro elemento de cmb tem código decimal igual a 97; ele representa um caractere do conjunto básico de caracteres e pode ser convertido em um caractere estendido, consumindo apenas 1 byte da cadeia cmb. O segundo elemento de cmb tem código decimal igual a −61; ele representa o primeiro byte de um caractere multibyte que pode ser convertido em um caractere estendido, consumindo 2 bytes da cadeia cmb. Já o terceiro elemento de cmb tem código decimal igual a −89 e a partir dele não se pode obter um caractere multibyte válido, o resultado da conversão é −1. O último caractere é o caractere nulo.

Se a localização do programa for igual a "C" (a chamada a setlocale deve ser modificada para setlocale(LC_ALL, "C")), mantendo-se a localização do ambiente como "pt_BR.UTF-8", a seguinte saída é produzida:

```
00:    97 -> res=  1 ce=(  97 a)
01:   -61 -> res= -1
02:   -89 -> res= -1
03:   -61 -> res= -1
04:   -93 -> res= -1
05:   111 -> res=  1 ce=( 111 o)
06:     0 -> res=  0 ce=(   0 )
```

Agora, o primeiro e o sexto caracteres são corretamente convertidos, pois pertencem ao conjunto básico de caracteres. Já os demais não possuem representação estendida compatível com seus códigos, na localização "C" – para eles a conversão não é realizada e o resultado da função mbtowc é -1. ∎

EXEMPLO 16.17 A função a seguir converte uma cadeia de caracteres multibytes em uma cadeia de caracteres estendidos. O comando for percorre a cadeia multibyte mb, chamando a função mbtowc para converter cada caractere. Se a conversão é bem-sucedida, res indica a quantidade de caracteres multibytes que corresponde ao caractere estendido armazenado na posição de índice i_ce da cadeia ce.

A cada novo caractere, o índice da cadeia estendida é incrementado de 1 e o da cadeia multibyte é incrementado do resultado da conversão anterior, ultrapassando os caracteres multibytes já considerados. A cadeia multibyte deve ser terminada pelo caractere nulo. O processamento termina quando o caractere multibyte nulo é convertido ou quando ocorre um erro de conversão. Neste último caso, a cadeia estendida é finalizada com o caractere nulo e o processamento é interrompido pelo comando break.

```c
void converte(wchar_t *ce, const char *mb) {
  for (int i_mb = 0, i_ce = 0, res = 9; res != 0; i_mb += res, i_ce++) {
    res = mbtowc(ce + i_ce, mb + i_mb, MB_CUR_MAX);
    if (res == -1) {
      *(ce + i_ce) = L'\0';
      break;
    }
  }
}
```

Essa função falha se a cadeia apontada por ce não comportar todos os caracteres convertidos. ∎

16.4.2 Controlando o estado da conversão

As funções desta seção, declaradas no cabeçalho wchar.h, são usadas na conversão de caracteres estendidos e multibytes cujo estado de conversão é controlado através da declaração explícita de uma variável do tipo mbstate_t.

■ int mbsinit(const mbstate_t *p_conv)

Determina se o estado de conversão, apontado por p_conv, corresponde ao estado inicial.

Valor de retorno. Um valor diferente de zero, se o objeto apontado por p_conv descreve um estado inicial de conversão ou se o ponteiro p_conv é nulo. Zero, em caso contrário.

O seguinte código pode ser usado para colocar o conteúdo de uma variável do tipo mbstate_t no estado inicial de conversão:

```
mbstate_t estado;
estado = memset((void *)&estado, 0, sizeof(estado));
```

Funções reentrantes. As seguintes funções correspondem às funções da seção anterior, com um parâmetro adicional para indicar a variável usada no controle do estado de conversão. Entretanto, se esse parâmetro for nulo, as funções utilizam seu estado de conversão próprio, que é iniciado no começo da execução do programa.

O uso de uma variável não local para controlar o estado de conversão permite que as funções desta seção possam ser usadas em conversões concorrentes. Elas passam a ser reentrantes, já que com diferentes variáveis para controlar o estado de conversão, a execução de uma função não interfere nas demais execuções da mesma função. O valor de retorno dessas funções não indica se a codificação em vigor no ambiente é dependente do estado ou não, diferentemente do que ocorre com as funções mbtowc, wctomb e mblen; nos demais aspectos, elas são semelhantes às funções correspondentes da seção anterior.

■ size_t mbrtowc(wchar_t * restrict pce, const char * restrict cadeia_mb, size_t qtd, mbstate_t * restrict p_conv)

Converte o próximo caractere multibyte da cadeia apontada por cadeia_mb no caractere estendido correspondente, armazenando-o na variável apontada por pce. O parâmetro p_conv é utilizado para controlar o estado de conversão. Se pce for o ponteiro nulo, a função é executada normalmente, produzindo os valores esperados, mas não ocorre o armazenamento do caractere convertido. Nesse caso, p_conv (ou o estado de conversão interno da função) é colocado no estado inicial. Se cadeia_mb é o ponteiro nulo, o resultado é equivalente a mbrtowc(NULL, "", 1, p_conv).

Até qtd bytes da cadeia apontada por cadeia_mb são analisados para determinar o número de bytes necessário para completar o próximo caractere multibyte (incluindo as sequências de transição). Se o próximo caractere multibyte está completo e é válido, então a conversão é realizada e o caractere estendido é armazenado na variável apontada por pce. Se o caractere convertido corresponde ao caractere nulo, o estado de conversão resultante reflete o estado inicial.

Valor de retorno. O primeiro dos seguintes valores aplicáveis:

0, se o caractere convertido, e armazenado na variável apontada por pce, corresponde ao caractere nulo.

Um valor entre 1 e qtd, inclusive, se os próximos qtd ou menos bytes completam um caractere multibyte válido. Esse valor corresponde ao número de bytes que completam o caractere multibyte cujo caractere estendido correspondente é armazenado na variável apontada por pce.

–1, se ocorre um erro de codificação. Nesse caso, os próximos `qtd` ou menos bytes não contribuem para completar um caractere multibyte válido. Nenhum valor é armazenado na variável apontada por `pce`, o valor da macro `EILSEQ` é armazenado em `errno` e o estado de conversão não é especificado.

–2, se os próximos `qtd` bytes contribuem para um caractere multibyte incompleto (mas potencialmente válido), com todos os `qtd` bytes tendo sido processados (nenhum valor é armazenado na variável apontada por pce)[6].

■ `size_t mbrlen(const char * restrict cadeia_mb, size_t qtd,`
$\qquad\qquad\qquad\qquad\qquad\qquad\qquad\qquad\qquad$ `mbstate_t * restrict p_conv)`

Verifica o tamanho do próximo caractere multibyte. Até `qtd` bytes da cadeia `cadeia_mb` são avaliados, mas nenhuma conversão é realizada. É equivalente a `mbrtowc(NULL, cadeia_mb, qtd, p_conv != NULL ? p_conv : &interno)`, onde `interno` representa a variável usada internamente por `mbrtowc` para controlar o estado de conversão. Se `cadeia_mb` é o ponteiro nulo, o estado de conversão é colocado no estado inicial.

Valor de retorno. Um valor entre 0 e `qtd`, inclusive, –1 ou –2, com os mesmos significados dos valores retornados pela função `mbrtowc`.

■ `size_t wcrtomb(char * restrict cadeia_mb, wchar_t ce,`
$\qquad\qquad\qquad\qquad\qquad\qquad\qquad\qquad\qquad$ `mbstate_t * restrict p_conv)`

Converte o caractere estendido `ce` no caractere multibyte correspondente, incluindo as sequências de transição necessárias, armazenando-o na cadeia apontada por `cadeia_mb`. Apenas os caracteres estendidos cuja sequência multibyte possa ser completamente armazenada são convertidos – no máximo `MB_CUR_MAX` bytes são armazenados. O estado de conversão é controlado por `p_conv`. Se `cadeia_mb` é nulo, a função é executada normalmente, produzindo os valores esperados, mas não ocorre o armazenamento do caractere convertido. Nesse caso, `p_conv` (ou o estado de conversão interno da função) é colocado no estado inicial. Se `ce` é nulo, o caractere nulo é armazenado em `cadeia_mb`, precedido de uma sequência de transição, se necessário, e o estado de conversão resultante reflete o estado inicial.

Valor de retorno. A quantidade de bytes armazenados na cadeia `cadeia_mb`, ou –1, se `ce` não é um caractere válido. Em caso de erro, o valor da macro `EILSEQ` é armazenado em `errno` e o estado de conversão não é especificado.

A versão 2011 do padrão da linguagem declara no cabeçalho `uchar.h` funções específicas para tratar caracteres Unicode de 16 e 32 bits. As funções `mbrtoc16` e `mbrtoc32` são equivalentes à função `mbrtowc`, e as funções `c16rtomb` e `c32rtomb` são equivalentes à função `wcrtomb`. A diferença é o tipo do caractere estendido, que passa de `wchar_t` para `char16_t` ou `char32_t`.

■ `size_t mbsrtowcs(wchar_t * restrict dest, const char ** restrict orig,`
$\qquad\qquad\qquad\qquad\qquad\qquad$ `size_t qtd, mbstate_t * restrict p_conv)`

Converte os caracteres multibytes da cadeia (indiretamente) apontada por `orig` na sequência de caracteres estendidos correspondentes, armazenando-os na cadeia apontada por `dest` (se ele não for o ponteiro nulo). No máximo `qtd` caracteres

---

[6] Quando qtd é maior ou igual ao valor da macro MB_CUR_MAX, esse caso só acontece se a cadeia multibyte possui sequências de transição redundantes.

estendidos são armazenados em dest. A conversão tem início no estado de conversão descrito pelo objeto apontado por p_conv, e ocorre como se a função mbrtowc fosse chamada para cada caractere, prosseguindo até o caractere nulo, que também é armazenado, podendo terminar precocemente em dois casos:

a) quando uma sequência de bytes não forma um caractere multibyte válido, ou

b) após o armazenamento de qtd caracteres estendidos.

Se dest é o ponteiro nulo, a função executa normalmente, produzindo os valores esperados, mas a cadeia convertida não fica disponível. Nesse caso, a quantidade qtd não é considerada – o processamento para ao encontrar o caractere nulo ou um caractere multibyte inválido. Ao término do processamento, se dest não é o ponteiro nulo, o ponteiro apontado por orig contém o ponteiro nulo (se a conversão terminou com o caractere nulo) ou o endereço seguinte ao último caractere multibyte convertido (se algum). Se a conversão termina ao encontrar o caractere nulo, o estado de conversão resultante é o estado inicial.

Valor de retorno. A quantidade de caracteres multibytes convertidos, sem incluir o caractere nulo ao final, ou −1, em caso de erro, situação em que o valor da macro EILSEQ é armazenado em errno e o estado de conversão não é especificado.

■ size_t wcsrtombs(char * restrict dest, const wchar_t ** restrict orig,
size_t qtd, mbstate_t * restrict p_conv)

Converte a cadeia de caracteres estendidos (indiretamente) apontada por orig na sequência de caracteres multibytes correspondentes, armazenando-os na cadeia apontada por dest. Um caractere estendido só é convertido se a sequência multibyte correspondente, incluindo os caracteres de transição, puder ser completamente armazenada – no máximo qtd bytes são armazenados em dest. A conversão tem início no estado de conversão descrito pelo objeto apontado por p_conv, e ocorre como se a função wcrtomb fosse chamada para cada caractere, prosseguindo até encontrar o caractere nulo, que também é armazenado, podendo terminar precocemente em dois casos:

a) quando um caractere estendido não corresponde a um caractere multibyte válido, ou

b) quando o armazenamento do próximo caractere multibyte excede o limite de qtd bytes (nesse caso, o armazenamento desse caractere não acontece).

Se dest é o ponteiro nulo, a função executa normalmente, produzindo os valores esperados, mas a cadeia convertida não fica disponível. Nesse caso, a quantidade qtd não é considerada – o processamento para ao encontrar o caractere nulo ou um caractere estendido inválido. Ao término do processamento, se dest não é o ponteiro nulo, o ponteiro apontado por orig contém o ponteiro nulo (se a conversão termina com o caractere nulo) ou o endereço seguinte ao último caractere estendido convertido (se algum). Se a conversão termina ao encontrar o caractere nulo, o estado de conversão resultante é o estado inicial.

Valor de retorno. A quantidade de bytes da cadeia resultante, sem incluir o caractere nulo ao final (se houver), ou −1, em caso de erro, situação em que o valor da macro EILSEQ é armazenado em errno e o estado de conversão não é especificado.

EXEMPLO 16.18 O programa a seguir é semelhante ao do Exemplo 16.16, usando a função mbrtowc em vez de mbtowc. Nesta versão é necessário iniciar o estado de conversão controlado pela variável p_conv (linha 15), bem como restaurá-lo ao estado inicial sempre que ocorrer um erro de conversão (linha 21). O erro de conversão é indicado pelos valores −1 e −2, convertidos em valores do tipo size_t (um inteiro não sinalizado). Por isso, o teste da linha 19 verifica se res é maior ou igual a (size_t) -2.

```
1  #include <stdio.h>
2  #include <stdlib.h>
3  #include <string.h>
4  #include <wchar.h>
5  #include <locale.h>
6  int main(void) {
7    char cmb[81];
8    wchar_t ce;
9    size_t res, tam;
10   mbstate_t p_conv;
11   scanf("%80[^\n]", cmb);
12   scanf("%*[^\n]"); scanf("%*c");
13   setlocale(LC_ALL, "pt_BR.UTF-8");
14   tam = strlen(cmb);
15   memset(&p_conv, 0, sizeof(p_conv));
16   for (size_t i = 0; i <= tam; i++) {
17     res = mbrtowc(&ce, cmb + i, MB_CUR_MAX, &p_conv);
18     printf("%02zd: %4d -> res= %2zd ", i, cmb[i], res);
19     if (res >= (size_t) -2) {
20       printf("\n");
21       memset(&p_conv, 0, sizeof(p_conv));
22     } else {
23       printf("ce=(%4u %lc)\n", ce, ce);
24     }
25   }
26   return 0;
27 }
```

Nos demais aspectos os programas são iguais. ∎

16.4.3 Conversão entre caracteres básicos e estendidos

Os caracteres estendidos podem ser convertidos em caracteres do conjunto básico, e vice-versa, com as seguintes funções, declaradas no cabeçalho wchar.h:

- **wint_t btowc(int c)**

    Converte o caractere básico c no caractere estendido correspondente.

    Valor de retorno. A representação estendida do caractere c ou WEOF, se o valor de c é EOF ou se (unsigned char)c não constitui um caractere estendido válido.

- **int wctob(wint_t c)**

    Converte o caractere estendido c no caractere básico correspondente.

    Valor de retorno. O caractere básico que representa o caractere estendido c – o caractere é retornado como um valor unsigned char convertido em int – ou EOF, se c não puder ser representado como um caractere básico.

16.4.4 Cuidados no uso das funções de conversão de caracteres

As funções de conversão de caracteres devem ser usadas com cautela, obedecendo as seguintes restrições:

a) No início de uma conversão deve-se assegurar que o estado de conversão encontra-se no estado inicial.

b) A cadeia de origem deve ser terminada pelo caractere nulo.

c) A cadeia de destino deve ter o tamanho necessário para armazenar o(s) caractere(s) convertido(s).

d) As cadeias de origem e destino não podem ser sobrepostas.

e) Deve-se usar as funções reentrantes, com estados de conversão distintos, nos casos em que esse tipo de comportamento é requerido (por exemplo, uma mesma função convertendo várias cadeias ou funções diferentes convertendo uma mesma cadeia, ao mesmo tempo).

16.5 DATA E HORA

As funções e tipos que permitem obter e manipular informações de tempo, na forma de data e hora, estão declarados no arquivo-cabeçalho `time.h`.

Historicamente o tempo é contado com base nos movimentos de rotação e translação da terra, havendo diferenças de um lugar para outro. O tempo em cada lugar pode ser descrito em função das diferenças em relação a um "tempo médio" predeterminado. As seguintes definições são adotadas:

Tempo local. Corresponde à data e hora de cada lugar. A contagem da hora local pode ser temporariamente alterada adotando-se um "horário de verão" para os períodos de dias mais longos.

Tempo médio. Corresponde à data e hora adotadas no meridiano 0. Também chamado de "tempo médio de Greenwich" (GMT, do inglês, *Greenwich Mean Time*), "tempo universal" (UT, do inglês, *Universal Time*) ou "tempo solar médio", pois é calculado com base no período de rotação da terra, tendo o sol como referência.

Tempo universal coordenado. Corresponde à data e hora calculadas com base em padrões atômicos, em vez do cálculo com base no movimento da terra. Também é referido pela sigla UTC (do inglês, *Universal Time, Coordinated*). A hora zero UTC corresponde aproximadamente à meia-noite GMT.

Tempo de calendário. Corresponde à data e hora calculadas a partir de um marco inicial, definido politicamente: no calendário cristão assume-se que a origem é o nascimento de Cristo; no calendário judaico, a data de Criação do Mundo, que corresponde ao ano 3.761 antes de Cristo (essa correspondência tem sentido religioso, não histórico); e no calendário muçulmano, a data da migração de Maomé, de Meca para Medina, por volta de 662 depois de Cristo.

O tempo de calendário transcorrido entre dois eventos é algumas vezes denominado de "tempo de sala", como uma referência informal à medição feita com um relógio convencional existente na "sala" onde ocorrem os eventos.

16.5.1 Representações do tempo

O tipo `time_t` é um tipo aritmético usado para representar o tempo de calendário. As implementações da linguagem podem codificar a informação de tempo de vários modos. Por exemplo, é possível usar alguns bits para armazenar informação referente aos segundos intercalados e os demais para armazenar os segundos transcorridos a partir de um determinado marco. A biblioteca glibc [5] implementa esse tipo como um tipo `long int`, cujos valores representam a quantidade de segundos transcorridos a partir de 0 h 0 min 0 s de 1 de janeiro de 1970. Assim, para a biblioteca glibc, um valor 0 do tipo `time_t` corresponde a 0 h 0 min 0 s de 1 de janeiro de 1970 e −1 corresponde a 23 h 59 min 59 s de 31 de dezembro de 1969.

Os tempos universal e local são representados pelo tipo `struct tm`, que designa uma estrutura contendo pelo menos os seguintes componentes, com os significados indicados:

`int tm_sec`	segundos após o minuto	[0, 60]
`int tm_min`	minutos após a hora	[0, 59]
`int tm_hour`	horas desde a meia-noite	[0, 23]
`int tm_mday`	dia do mês	[1, 31]
`int tm_mon`	meses desde janeiro	[0, 11]
`int tm_year`	anos desde 1900	
`int tm_wday`	dias desde domingo	[0, 6]
`int tm_yday`	dias desde 1 de janeiro	[0, 365]
`int tm_isdst`	indicador de horário de verão	

A faixa de representação para a quantidade de segundos inclui o valor 60, permitindo a utilização dos segundos intercalados (usados para ajustar a contagem do tempo, mantendo-a próxima ao tempo solar médio). O indicador de horário de verão é positivo, se o horário de verão está em vigor, 0, se não está, e negativo, se a informação não está disponível.

16.5.2 Obtenção da data e hora

■ `time_t time(time_t *tempo)`

Determina o tempo de calendário corrente. O valor de retorno também é armazenado na variável apontada pelo parâmetro `tempo`, se este não é nulo.

Valor de retorno. Tempo de calendário (como um valor `time_t`) ou −1, se o tempo de calendário não está disponível.

■ `struct tm *gmtime(const time_t *tempo)`

Converte o tempo de calendário apontado por `tempo` no tempo universal coordenado (UTC) correspondente, armazenando-o em uma estrutura do tipo `struct tm`.

Valor de retorno. Um ponteiro para a estrutura gerada ou o ponteiro nulo, se o tempo especificado não puder ser convertido.

■ `struct tm *localtime(const time_t *tempo)`

Converte o tempo de calendário apontado por `tempo` no tempo local correspondente, armazenando-o em uma estrutura do tipo `struct tm`. A conversão considera o fuso horário e o horário de verão definidos no ambiente de execução.

Valor de retorno. Um ponteiro para a estrutura gerada ou o ponteiro nulo, se o tempo especificado não puder ser convertido.

A estrutura apontada pelo valor de retorno das funções gmtime e localtime é estática e pode ser sobreposta por outras chamadas a essas funções.

EXEMPLO 16.19 O programa a seguir obtém o tempo corrente e o converte nos tempos local e universal. O tempo corrente é obtido na linha 7 e armazenado em t_atual. A conversão ao tempo local é feita na linha 9, com o ponteiro para a estrutura resultante armazenado em t_local. Após a impressão dos componentes de t_local, ocorre a conversão ao tempo universal, na linha 11, com o ponteiro para a estrutura resultante armazenado em t_utc, e a correspondente impressão dos novos valores.

A função imp_tempo imprime todos os componentes da estrutura struct tm. O componente tm_wday não é sempre usado como um índice para o vetor de dias da semana (como ocorre na linha 24) apenas porque essa função também é usada neste capítulo em outras aplicações, onde esse componente pode ter valores fora da sua faixa de representação.

```c
1   #include <stdio.h>
2   #include <time.h>
3   void imp_tempo(struct tm *);
4   int main(void) {
5     struct tm *t_local, *t_utc;
6     time_t t_atual;
7     t_atual = time(NULL);
8     printf("tempo atual: %ld\n", t_atual);
9     t_local = localtime(&t_atual);
10    imp_tempo(t_local);
11    t_utc = gmtime(&t_atual);
12    imp_tempo(t_utc);
13    return 0;
14  }
15  void imp_tempo(struct tm *t) {
16    char *sem[7] = {"dom", "seg", "ter", "qua", "qui", "sex", "sab"};
17    printf("%d h %d min %d s %d/%d/%d ",
18           t->tm_hour, t->tm_min, t->tm_sec,
19           t->tm_mday, (t->tm_mon + 1),
20           (t->tm_year + 1900));
21    if ((t->tm_wday < 0) || (t->tm_wday > 6))
22      printf("(%d, ", t->tm_wday);
23    else
24      printf("(%s, ", sem[t->tm_wday]);
25    printf("%d dias%s)\n", t->tm_yday, t->tm_isdst > 0 ? ", verao" : "");
26  }
```

A seguinte saída ilustra uma possível execução desse programa, em um ambiente cujo tempo local seja 3 horas a menos que o tempo universal (a diferença mostrada é de apenas 2 horas por conta do horário de verão em vigor no tempo local):

```
tempo atual: 1289325378
15 h 56 min 18 s 9/11/2010 (ter, 312 dias, verao)
17 h 56 min 18 s 9/11/2010 (ter, 312 dias)
```

Embora as variáveis `t_utc` e `t_local` sejam diferentes, após a atribuição da linha 11 elas apontam para a mesma estrutura (o resultado de `gmtime` sobrepõe-se ao de `localtime`). Se for necessário diferenciar as estruturas obtidas, deve-se fazer uma cópia do valor de retorno da funções `localtime` e `gmtime`:

```
t_local = (struct tm *)malloc(sizeof(struct tm));
memcpy(t_local, localtime(&t_atual), sizeof(struct tm));
```

O valor de `t_atual` é dependente da implementação. ■

■ `time_t mktime(struct tm *tempo)`

Converte o valor da estrutura apontada por `tempo`, considerada como um tempo local, em um valor do tipo `time_t`.

O conteúdo original dos componentes `tm_wday` e `tm_yday` da estrutura apontada por `tempo` não é usado na conversão e os demais componentes podem ter valores fora de suas faixas de representação. Após a determinação do tempo resultante, como um valor do tipo `time_t`, a função modifica os componentes de `*tempo`, atribuindo a eles valores que correspondem à data convertida.

Valor de retorno. O tempo local especificado, codificado como um valor do tipo `time_t`, ou −1, se o tempo especificado não puder ser convertido.

EXEMPLO 16.20   O programa a seguir lê os valores de um dia, mês e ano (linhas 9-14), armazenando-os na estrutura `tempo`. Após ajustar os valores lidos de mês e ano (linhas 15 e 16), o programa converte o tempo especificado por `tempo` em um valor do tipo `time_t` (linha 18). A estrutura `tempo` é impressa antes e após a conversão, mostrando as modificações efetuadas. A função `imp_tempo` está omitida por ser idêntica à mesma função do exemplo anterior.

```
1   #include <stdio.h>
2   #include <string.h>
3   #include <time.h>
4   void imp_tempo(struct tm *);
5   int main(void) {
6     struct tm tempo;
7     time_t t_c;
8     memset(&tempo, 0, sizeof(struct tm));
9     printf("dia: ");
10    scanf("%d", &(tempo.tm_mday));
11    printf("mes: ");
12    scanf("%d", &(tempo.tm_mon));
13    printf("ano: ");
14    scanf("%d", &(tempo.tm_year));
15    (tempo.tm_mon)--;
16    tempo.tm_year -= 1900;
17    imp_tempo(&tempo);
18    if ((t_c = mktime(&tempo)) == (time_t) -1) {
19      printf("data invalida\n");
20    } else {
21      imp_tempo(&tempo);
22      printf("Equivale a %ld s desde 1/1/1970\n", t_c);
```

```
23    }
24    return 0;
25 }
```

Se os valores 10, 07 e 1957 forem digitados, o programa produz a seguinte saída:

```
0 h 0 min 0 s 10/7/1957 (dom, 0 dias)
0 h 0 min 0 s 10/7/1957 (qua, 190 dias)
Equivale a -393800400 s desde 1/1/1970
```

Como a estrutura tempo é iniciada na linha 8, na primeira impressão os valores de tm_wday, tm_yday, tm_hour, tm_min e tm_sec estão zerados. Após a conversão, esses componentes são ajustados (o ajuste da hora, minuto e segundo depende do horário de verão e da implementação dos valores do tipo time_t, se eles incorporam ou não os segundos intercalados). Já para os valores 34, 13 e 2009, a seguinte saída é produzida:

```
0 h 0 min 0 s 34/13/2009 (dom, 0 dias)
1 h 0 min 0 s 3/2/2010 (qua, 33 dias, verao)
Equivale a 1265166000 s desde 1/1/1970
```

Este último exemplo mostra que as datas podem estar fora da faixa. Nesse caso, o mês 13 é considerado como o primeiro do próximo ano e o dia 34, como o terceiro após os 31 dias do primeiro mês. A data convertida é mostrada no horário de verão, refletindo a situação do ambiente no qual o programa foi executado. ∎

16.5.3 Operações com data e hora

Como a implementação do tipo time_t não é definida pelo padrão, não se deve usar os valores desse tipo diretamente em operações aritméticas. A seguinte função pode ser usada para calcular a diferença entre datas expressas como valores do tipo time_t:

- double difftime(time_t t0, time_t t1)

    Calcula a diferença entre datas.

    Valor de retorno. O valor t0 − t1, expresso em segundos.

Um valor negativo da função difftime indica que a primeira data é menor que a segunda.

16.5.4 Representação textual da data e hora

O tempo armazenado em variáveis dos tipos struct tm e time_t pode ser convertido em uma cadeia de caracteres contendo sua representação textual.

- char *asctime(const struct tm *tempo)

    Converte o tempo armazenado na estrutura apontada por tempo em uma cadeia de caracteres contendo a representação dos componentes da estrutura, no seguinte formato:

    ```
    Sun Sep 16 01:03:52 1973\n\0
    ```

    A cadeia gerada é terminada pelo caractere de fim de linha, seguido do caractere nulo. Os nomes do mês e do dia da semana são gerados em inglês.

    Valor de retorno. Um ponteiro para a cadeia de caracteres gerada.

■ `char *ctime(const time_t *tempo)`

Converte o tempo apontado por `tempo` em uma cadeia de caracteres com um formato idêntico ao da saída produzida por `asctime`. De fato, essa função é equivalente a `asctime(localtime(tempo))`.

Valor de retorno. Um ponteiro para a cadeia gerada.

A cadeia gerada pelas funções `asctime` e `ctime` é armazenada em uma variável estática e pode ser sobreposta por chamadas posteriores a essas funções.

■ `size_t strftime(char * restrict s, size_t maxqtd,`
      `const char * restrict formato, const struct tm * restrict tempo)`

Grava na cadeia apontada por `s` os valores do tempo armazenado na estrutura apontada por `tempo`, segundo o formato definido na cadeia `formato`. As diretivas da cadeia do formato são usadas para converter os valores dos componentes de `tempo` em sua representação textual. O caractere nulo é sempre inserido ao final.

As cadeias de destino, formato e a estrutura contendo o tempo não devem se sobrepor. Caso a cadeia `s` não comporte os caracteres gravados, o comportamento é indefinido. No máximo `maxqtd` caracteres são gravados. Se a quantidade de caracteres necessária para armazenar os valores no formato especificado, incluindo o caractere nulo ao final, é maior do que `maxqtd`, a conversão do tempo em sua representação textual falha e o conteúdo da cadeia `s` fica indeterminado.

Valor de retorno. A quantidade de caracteres gravados, sem contar o caractere nulo ao final, se a conversão for bem-sucedida, ou zero, em caso contrário.

A função `strftime` é semelhante à função `sprintf` (Capítulo 13): os caracteres ordinários são gravados como aparecem na cadeia `formato` e as diretivas de conversão, iniciadas com %, são usadas para converter os valores da estrutura apontada por `tempo` em suas representações textuais.

Cada diretiva é apresentada a seguir, com sua descrição, faixa de representação e um exemplo de saída baseado na estrutura a seguir.

```
struct tm tempo ;
tempo.tm_mday   = 29;
tempo.tm_mon    = 11; /* corresponde a 12 */
tempo.tm_year   = 114;/* corresponde a 2014*/
tempo.tm_hour   = 17;
tempo.tm_min    = 3;
tempo.tm_sec    = 28;
tempo.tm_wday   = 1;
tempo.tm_yday   = 362;
tempo.tm_isdst = 0;
```

Por exemplo, o trecho de código

```
#define TAM (80)
char cadeia[TAM];
strftime(cadeia, TAM, "%D", tempo);
```

faz `cadeia` assumir o valor "12/29/14".

As conversões da função `strftime` dependem da localização adotada pelo programa. Os exemplos mostrados assumem a localização brasileira ("pt_BR").

Dir	Descrição: [Faixa]	Exemplo
%d	Dia do mês: [01, 31]	29
%e	Dia do mês (os dígitos simples são precedidos de espaço): [1, 31]	29
%m	Mês, como um número decimal: [01, 12]	12
%Y	Ano	2014
%C	Ano dividido por 100 e truncado para um valor inteiro	20
%y	Ano, dois últimos dígitos: [00, 99]	14
%G	Ano ISO	2015
%g	Ano ISO, dois últimos dígitos: [00, 99]	15
%j	Dias do ano até a data, como um número decimal: [001, 366]	363
%x	Data na localização em vigor	29-12-2014
%D	Mês, dia e ano (equivalente a %m/%d/%y)	12/29/14
%F	Ano, mês e dia (equivalente a %Y-%m-%d)	2014-12-29
%u	Dia da semana, como um número decimal (segunda como o dia 1): [1, 7]	1
%w	Dia da semana, como um número decimal (domingo como o dia 0): [0, 6]	1
%U	Número da semana no ano (domingo como o primeiro dia da semana): [00, 53]	52
%W	Número da semana no ano (segunda como o primeiro dia da semana): [00, 53]	52
%V	Número da semana no ano ISO: [01, 53]	01
%a	Nome do dia da semana abreviado	Seg
%A	Nome do dia da semana por extenso	segunda
%b	Nome do mês abreviado	Dez
%h	Nome do mês abreviado	Dez
%B	Nome do mês por extenso	dezembro
%H	Hora (24 horas): [00, 23]	17
%I	Hora (12 horas): [01, 12]	05
%M	Minuto: [00, 59]	03
%S	Segundo: [00, 60]	28
%X	Hora (24 horas) na localização em vigor	17:03:28
%r	Hora (12 horas) na localização em vigor	05:03:28
%T	Hora, minuto e segundo (equivalente a %H:%M:%S)	17:03:28
%R	Hora e minuto (equivalente a %H:%M)	17:03
%c	Data e hora, representação textual	Seg 29 Dez 2014 17:03:28 BRT
%z	Deslocamento da hora local em relação ao meridiano de Greenwich (o formato −0430 significa menos 4 horas e 30 minutos, oeste de Greenwich)	-0300
%Z	Nome (ou abreviação) da zona de tempo local (fuso horário)	BRT
%p	Equivalente local das designações AM (do latim *ante meridiem*, usado para horas antes do meio-dia) e PM (do latim *post meridiem*, usado para horas após o meio-dia)	
%%	Caractere '%'	%
%n	Caractere de fim de linha	
%t	Caractere de tabulação horizontal	

Os modificadores E e O podem aparecer antes das diretivas (como em %Ec) e produzem representações alternativas na localização corrente, se elas existirem:

E produz representações alternativas para data e hora. Aplica-se às diretivas %c, %C, %x, %X, %y e %Y. Por exemplo, algumas localizações podem representar alternativamente o ano em relação a uma dinastia ou com base em outra contagem, como ocorre com os calendários hebraico e chinês.

O produz representações alternativas para os símbolos numéricos. Aplica-se às diretivas que produzem valores numéricos, como %d e %H. Por exemplo, algumas localizações podem usar alternativamente os algarismos romanos.

Algumas diretivas podem não produzir caracteres de saída, como, por exemplo, as diretivas %z e %Z, se o fuso horário não está disponível, e a diretiva %p, se a localização não possui designação AM-PM. Nesses casos, o valor produzido pela função strftime é zero sem que tenha havido um erro de conversão.

Para detectar corretamente um erro na função strftime aconselha-se iniciar a cadeia destino com um caractere diferente de nulo e identificar o erro como sendo o resultado zero sem que a cadeia seja nula:

```
cadeia[0] = '\1';
res = strftime(cadeia, TAM, frmt, tempo);
if ((res == 0) && (cadeia[0] != '\0')) {
   /* erro na funcao strftime */
} else {
   /* cadeia corretamente formatada, podendo ser nula */
}
```

Caracteres estendidos. A função wcsftime é semelhante à função strftime, exceto que s e formato apontam para cadeias de caracteres estendidos. Essa função deve ser usada juntamente com o cabeçalho wchar.h.

■ size_t wcsftime(wchar_t * restrict s, size_t maxqtd,
        const wchar_t * restrict formato, const struct tm * restrict tempo)

Ano ISO. O padrão ISO 8601 estabelece que a semana inicia em uma segunda-feira e a primeira semana do ano é a que inclui o dia 4 de janeiro (sendo também a que inclui a primeira quinta-feira do ano e a primeira que possui pelo menos 4 dias). Por essa definição, se a primeira segunda-feira do ano cai nos dias 2, 3 ou 4 de janeiro, então os dias precedentes de janeiro fazem parte da última semana do ano anterior. Do mesmo modo, se os dias 29, 30 ou 31 de dezembro caem em uma segunda-feira, então os dias de dezembro a partir dessa segunda fazem parte da primeira semana do próximo ano. As diretivas %G, %g e %V seguem essa definição.

16.5.5 Tempo de processador

O tempo de processador e, por conseguinte, o tempo de processamento, é a quantidade de tempo de uso efetivo das CPUs de um processador. Ele é calculado em função da quantidade de pulsos de relógio do processador. O tipo clock_t é um tipo aritmético usado para representar esses tempos e a macro CLOCKS_PER_SEC representa a quantidade de pulsos de relógio em um segundo[7]. Para um dado processo (ou programa) o tempo de processador é dividido em:

a) tempo do processo: tempo de uso efetivo da CPU para executar as operações do próprio processo;

b) tempo do sistema: tempo de uso efetivo da CPU para executar as operações do sistema solicitadas pelo próprio processo;

c) tempo dos processos filhos: tempo de uso efetivo da CPU para executar as operações dos processos filhos; e

d) tempo do sistema devotado aos processos filhos: tempo de uso efetivo da CPU para executar as operações do sistema solicitadas pelos processos filhos.

A função clock refere-se ao tempo de CPU de um processo (ou programa):

■ clock_t clock(void)

Calcula o tempo de uso efetivo da CPU pelo processo desde o início de um evento específico, relacionado com a ativação do próprio processo. O evento a partir do qual o tempo é calculado é dependente da implementação.

Valor de retorno. Tempo de uso da CPU, como uma quantidade de pulsos de relógio do processador, ou −1, se este tempo não está disponível ou se o valor não pode ser representado no tipo clock_t.

O valor calculado pela função clock é uma aproximação do tempo de CPU usado pelo programa, sua determinação e cálculo é dependente da implementação, podendo haver imprecisão e variar de sistema para sistema. A biblioteca glibc implementa clock_t como um tipo long int e considera o tempo de CPU (retornado pela função clock) como sendo o tempo do próprio processo mais o tempo do sistema devotado ao próprio processo[8], adotando a criação do processo como o evento a partir do qual seu tempo de CPU é calculado.

Para se obter o tempo de CPU em segundos deve-se dividir o resultado da função clock pela macro CLOCKS_PER_SEC. Para se obter o tempo de CPU dispendido na execução de um trecho de programa deve-se subtrair o valor obtido no início do trecho do valor obtido no fim do trecho. Isso porque o valor da função clock pode, inclusive, não ser 0 no início do processamento.

EXEMPLO 16.21 O programa a seguir calcula o valor aproximado da série

$$\frac{1}{1^3} + \frac{1}{3^3} + \frac{1}{5^3} \cdots,$$

com uma quantidade de termos informada pelo usuário. Ao final, o programa imprime, além do valor calculado, os tempos de sala e CPU dispendidos em sua execução.

---

[7] As implementações que seguem o padrão POSIX adotam o valor 1.000.000 para essa macro, independentemente da resolução real do relógio do processador.

[8] A biblioteca glibc possui outras funções que permitem obter os demais tempos de CPU e uma maior precisão no cálculo dos tempos.

Os tempos de sala e de CPU são obtidos no início (linhas 10-11) e fim (linhas 18-19) do processamento. O tempo transcorrido é calculado com a função difftime, para o tempo de sala, e pela diferença entre os tempos final e inicial, para o tempo de CPU.

O valor da função clock é convertido em um valor do tipo double (linhas 11 e 19) para tornar o programa independente da representação utilizada por implementações específicas, possibilitando, por exemplo, que sejam impressos com a diretiva %f.

```
1  #include <stdio.h>
2  #include <time.h>
3  #include <stdlib.h>
4  #include <string.h>
5  #include <math.h>
6  int main(void) {
7    time_t tsala_ini, tsala_fim;
8    double tproc_ini, tproc_fim, tproc, val = 0.0;
9    int n;
10   tsala_ini = time(NULL);
11   tproc_ini = (double)clock();
12   printf("Qtd. termos da serie: ");
13   scanf("%d", &n);
14   for (int i = 0; i < n; i++) {
15     val = val + 1.0/pow(2.0 * i + 1.0, 3.0);
16   }
17   printf("valor da serie = %f\n", val);
18   tsala_fim = time(NULL);
19   tproc_fim = (double)clock();
20   tproc = (tproc_fim - tproc_ini)/CLOCKS_PER_SEC;
21   printf("tempo sala: %f s\n", difftime(tsala_fim, tsala_ini));
22   printf("processamento: %f s\n", tproc);
23   return 0;
24 }
```

16.5.6 Limitações na representação do tempo

A representação do tempo e as funções do cabeçalho time.h definidas pelo padrão da linguagem possuem limitações. Além da codificação dos valores dos tipos time_t e clock_t ser dependente da implementação, a precisão na representação dos tempos de calendário é de apenas um segundo.

A implementação adotada pela biblioteca glibc para o tipo time_t possui um inconveniente adicional: não se pode representar datas muito antigas ou muito além do tempo atual. Por exemplo, em um sistema em que o tipo long int é implementado com 32 bits, o maior número de segundos que se pode armazenar como um valor do tipo time_t corresponde a menos que 69 anos, pois 69×365×24×60×60 = 2.175.984.000 ultrapassa o maior valor do tipo long int. Uma situação parecida ocorre com o tipo clock_t, que para arquiteturas de 32 bits repete seus valores, aproximadamente, a cada 72 minutos (de uso de uso efetivo do processador).

Quando as necessidades de um programa não são atendidas pelas funções da biblioteca-padrão, devem ser criadas funções particulares ou usadas extensões da linguagem. Em geral, esta última solução faz os programas ganharem confiabilidade, mas perderem portabilidade.

16.5.7 Temporizadores

Um temporizador é um mecanismo que dispara após certo intervalo de tempo, provocando alguma ação em função desse disparo. Os temporizadores são implementados usando funções de interrupção que permitem estabelecer a duração da pausa ou o tempo no qual um evento ocorrerá. A função difftime pode ser usada como um temporizador, fazendo, por exemplo, com que um bloco de código seja repetido enquanto a diferença entre dois instantes de tempo for menor do que uma quantidade especificada de segundos. O cabeçalho unistd.h[9] declara as funções sleep e alarm, úteis para a elaboração de temporizadores.

- unsigned int sleep(unsigned int seg)

    Suspende o processamento, que é reiniciado aproximadamente seg segundos após a execução da função, ou após o lançamento de algum sinal de interrupção para o programa.

    Valor de retorno. O valor 0, se o retorno ocorre em função do transcurso dos segundos indicados pelo argumento, ou a quantidade de segundos remanescentes, se o retorno ocorre antes de seg segundos, em função de algum sinal de interrupção.

    A função sleep deve ser usada quando se quer suspender o processamento durante um intervalo de tempo, e a função difftime quando é necessário executar ações durante esse intervalo.

EXEMPLO 16.22 O programa a seguir ilustra o uso das funções difftime e sleep.

```
#include <stdio.h>
#include <unistd.h>
#include <time.h>
int main(void) {
  time_t tt;
  unsigned int seg = 0;
  printf("Qtd segundos p/espera: ");
  scanf("%u", &seg);
  printf("Esperando por %u s\n", seg);
  tt = time(NULL);
  printf("Inicio da espera em %s", ctime(&tt));
  while (difftime(time(NULL), tt) < seg) {
    printf("."); fflush(stdout);
    sleep(1u);
  }
  tt = time(NULL);
  printf("\nTermino da espera em %s", ctime(&tt));
  return 0;
}
```

Após a digitação da quantidade de segundos para espera, o programa repete o bloco do comando while enquanto a diferença entre o tempo atual e o inicial for menor que a quantidade de segundos indicada.

No bloco de repetição uma sequência de pontos é impressa, com um segundo de diferença entre cada impressão (definido pela função sleep). A chamada a fflush é necessária para garantir que a impressão ocorra antes que a função sleep seja acionada. ∎

---

[9] As funções e macros do cabeçalho unistd.h são parte do padrão POSIX, não fazem parte do padrão ISO/IEC 9899.

■ unsigned int alarm(unsigned int seg)

Ajusta o alarme do relógio de tempo real para disparar após transcorridos seg segundos. Por ocasião do disparo, o sinal SIGALRM é lançado e pode ser capturado por uma função de tratamento de sinais.

Valor de retorno. A quantidade de segundos que falta para o disparo anterior do alarme, ou o valor 0, se não houver ajuste anterior para o alarme.

Existe apenas um alarme. A chamada à função alarm desativa uma chamada anterior cujo alarme ainda não tenha sido disparado. A chamada alarm(0) não provoca o disparo imediato do sinal SIGALRM – apenas desativa o ajuste anterior do alarme, se houver.

A interação entre a função sleep e a ocorrência do sinal SIGALRM não é especificada em várias circunstâncias. Por isso, essa função deve ser usada com cautela em programas que também usem o sinal SIGALRM para controlar interrupções.

EXEMPLO 16.23 O programa a seguir registra uma função para o tratamento do sinal SIGALRM, e aciona o alarme para disparar após a quantidade de segundos informada pelo usuário.

Quando o alarme disparar, com a geração do sinal SIGALRM, a função trata_alarme será acionada e a variável global continua será zerada. A função de tratamento retorna e a execução prossegue a partir da operação seguinte à que foi interrompida pelo sinal SIGALRM. Enquanto o alarme não dispara, o programa lê uma série de números, contando os que são maiores que 1.000. O comando while só é interrompido pela ocorrência do sinal SIGALRM.

```
#include <stdio.h>
#include <unistd.h>
#include <signal.h>
volatile sig_atomic_t continua = 1;
void trata_alarme(int);
int main(void) {
  unsigned int seg, qtd = 0, num;
  signal(SIGALRM, trata_alarme);
  printf("Segundos p/interromper: ");
  scanf("%u", &seg);
  alarm(seg);
  printf("Digite inteiros > 1.000\n");
  do {
    scanf("%*[^\n]"); scanf("%*c");
    printf("num: ");
    if ((scanf("%u", &num) == 1) && (num > 1000U)) {
      qtd++;
    }
  } while (continua == 1);
  printf("\nDigitou %u nums em %u s.\n", qtd, seg);
  return 0;
}
void trata_alarme(int s) {
  continua = 0;
  signal(s, trata_alarme);
}
```

Ao final do processamento, o programa imprime a quantidade de números maiores que 1.000 digitados pelo usuário. Pode haver a diferença de 1 número, se a operação interrompida for exatamente o incremento da variável qtd. ■

16.6 FUNÇÕES MATEMÁTICAS

As funções matemáticas são declaradas no cabeçalho `math.h`. Em alguns ambientes de compilação a biblioteca que as implementa, `libm.a` ou `libm.so`, não é automaticamente incorporada. Desse modo, o comando de compilação deve fazer referência explícita a ela (com a opção `lm`), caso seja utilizada, como ocorre no seguinte comando:

```
gcc prog -c prog.c -lm
```

Costuma-se descrever as funções matemáticas usando-se `double` como o tipo dos seus argumentos e valor de retorno, mas todas possuem versões alternativas em que o tipo `double` é substituído pelos tipos `float` e `long double`. O nome das versões alternativas é o nome da versão `double` com o sufixo `f`, para a versão `float`, ou com o sufixo `l`, para a versão `long double`:

Função arco seno	Função multiplicação por potência da base
`double asin(double x)`	`double scalbn(double x, int y)`
`float asinf(float x)`	`float scalbnf(float x, int y)`
`long double asinl(long double x)`	`long double scalbnl(long double x, int y)`

Neste capítulo, para cada função da biblioteca matemática são apresentados o seu protótipo, a lei de correspondência, seus conjuntos domínio e imagem e seu nome usual. Quando aplicável, descrevem-se algumas particularidades, incluindo o valor de retorno e os erros que podem ser produzidos. A referência a um erro de domínio indica que a função notifica a ocorrência de erro sempre que os argumentos estiverem fora do domínio da função. Do mesmo modo, um erro de imagem indica que a função notifica a ocorrência de erro sempre que o resultado não pode ser representado no tipo do valor de retorno.

16.6.1 Funções trigonométricas

- `double sin(double x)` $\quad\quad x \mapsto sen(x), D = \mathbb{R}, I_m = [-1, 1]$ (seno)
  O argumento representa o ângulo em radianos.

- `double cos(double x)` $\quad\quad x \mapsto cos(x), D = \mathbb{R}, I_m = [-1, 1]$ (cosseno)
  O argumento representa o ângulo em radianos.

- `double tan(double x)` $\quad\quad x \mapsto tan(x), D = \mathbb{R}, I_m = \mathbb{R}$ (tangente)
  O argumento representa o ângulo em radianos. O domínio não corresponde ao domínio matemático $D = \mathbb{R} - \{x \mid x = \pi/2 + k\pi, k \in \mathbb{Z}\}$ porque todos os argumentos produzem resultado válido (alguns como valores muito grandes ou `inf`).

- `double asin(double x)` $\quad x \mapsto arcsen(x), D = [-1, +1], I_m = [-\pi/2, \pi/2]$ (arco seno)
  Erros: domínio.

- `double acos(double x)` $\quad x \mapsto arccos(x), D = [-1, +1], I_m = [0, \pi]$ (arco cosseno)
  Erros: domínio.

- `double atan(double x)` $\quad x \mapsto arctan(x), D = \mathbb{R}, I_m = [-\pi/2, \pi/2]$ (arco tangente)

- `double atan2(double y, double x)` $(y, x) \mapsto arctan(y/x)$, $D = \mathbb{R} \times \mathbb{R}$, $I_m = [-\pi/2, \pi/2]$
(arco tangente)
Ângulo cuja tangente é dada por y/x. O quadrante do ângulo é determinado pelos sinais de y e x.
Erros: domínio, pode ocorrer se ambos os argumentos forem zero.

16.6.2 Funções hiperbólicas

- `double acosh(double x)` $\quad x \mapsto arccosh(x)$, $D = [1, +\infty]$, $I_m = [0, +\infty]$
(arco cosseno hiperbólico)
Erros: domínio.

- `double asinh(double x)` $\quad x \mapsto arcsenh(x)$, $D = \mathbb{R}$, $I_m = \mathbb{R}$ (arco seno hiperbólico)

- `double atanh(double x)` $\quad x \mapsto arctgh(x)$, $D = [-1, +1]$, $I_m = \mathbb{R}$
(arco tangente hiperbólica)
Erros: domínio. Imagem, pode ocorrer se o argumento é igual a -1 ou 1.

- `double cosh(double x)` $\quad x \mapsto \frac{e^x + e^{-x}}{2}$, $D = \mathbb{R}$, $I_m = [1, +\infty]$ (cosseno hiperbólico)
Erros: imagem, se a magnitude do argumento é muito grande.

- `double sinh(double x)` $\quad x \mapsto \frac{e^x - e^{-x}}{2}$, $D = \mathbb{R}$, $I_m = \mathbb{R}$ (seno hiperbólico)
Erros: imagem, se a magnitude do argumento é muito grande.

- `double tanh(double x)` $\quad x \mapsto \frac{e^x - e^{-x}}{e^x + e^{-x}}$, $D = \mathbb{R}$; $I_m = [-1; +1]$ (tangente hiperbólica)

16.6.3 Funções exponenciais e logarítmicas

- `double exp(double x)` $\quad x \mapsto e^x$, $D = \mathbb{R}$, $I_m = (0, +\infty]$ (exponencial)
Erros: imagem, se a magnitude do argumento é muito grande.

- `double exp2(double x)` $\quad x \mapsto 2^x$, $D = \mathbb{R}$, $I_m = (0, +\infty]$ (exponencial base 2)
Erros: imagem, se a magnitude do argumento é muito grande.

- `double expm1(double x)` $\quad x \mapsto e^x - 1$, $D = \mathbb{R}$, $I_m = (0, +\infty]$ (exponencial menos 1)
Espera-se que essa função seja mais precisa do que `exp(x) -1`, para argumentos de pequena magnitude.
Erros: imagem, se a magnitude do argumento é muito grande.

- `double log(double x)` $\quad x \mapsto \ln(x)$, $D = [0, +\infty]$, $I_m = \mathbb{R}$ (logaritmo natural)
Erros: domínio, se o argumento é negativo. Imagem, pode ocorrer se o argumento é zero.

- `double log2(double x)` $\quad x \mapsto \log_2(x)$, $D = [0, +\infty]$, $I_m = \mathbb{R}$ (logaritmo base 2)
Erros: domínio. Imagem, pode ocorrer se o argumento é zero.

- `double log10(double x)` $\quad x \mapsto \log_{10}(x)$, $D = [0, +\infty]$, $I_m = \mathbb{R}$ (logaritmo base 10)
Erros: domínio. Imagem, pode ocorrer se o argumento é zero.

- `double log1p(double x)` $\quad x \mapsto \ln(1 + x)$, $D = [-1, +\infty]$, $I_m = \mathbb{R}$ (Logaritmo natural)
Espera-se que essa função seja mais precisa do que `log(1 + x)`, para argumentos de pequena magnitude.
Erros: domínio, se o argumento é menor do que -1. Imagem, pode ocorrer se o argumento é -1.

16.6.4 Funções potência

- double sqrt(double x) $x \mapsto \sqrt{x}$, $D = [0, +\infty]$, $I_m = [0, +\infty]$ (raiz quadrada)
  Erros: domínio.

- double cbrt(double x) $x \mapsto \sqrt[3]{x}$, $D = \mathbb{R}$, $I_m = \mathbb{R}$ (raiz cúbica)

- double pow(double x, double y) $(x, y) \to x^y$, $D = \mathbb{R} \times \mathbb{R}$, $I_m = \mathbb{R}$ (potência)
  Erros: domínio, ocorre se x é finito e negativo e y é finito, mas não um valor inteiro; e pode ocorrer se x e y são zeros. Domínio ou imagem, se x é zero e y é negativo. Imagem, pode ocorrer por impossibilidade de representação.

16.6.5 Funções de arredondamento

Algumas funções de arredondamento seguem os modos de arredondamento discutidos na Seção 14.4.3.

- double nearbyint(double x)   (arredondamento)
  Arredonda o argumento para um valor inteiro, usando o modo de arredondamento em vigor, sem provocar a exceção de ponto flutuante inexata discutida na Seção 14.4.3.
  Valor de retorno. Argumento arredondado, expresso em ponto flutuante.

- double rint(double x)   (arredondamento)
  Arredonda o argumento para um valor inteiro, usando o modo de arredondamento em vigor.
  Valor de retorno. Argumento arredondado, expresso em ponto flutuante.
  Erros: exceção de ponto flutuante inexata, pode ocorrer se o valor arredondado diferir do argumento.

- long int lrint(double x)   (arredondamento)
  Arredonda o argumento para o valor inteiro mais próximo, usando o modo de arredondamento em vigor.
  Valor de retorno. Valor arredondado, se o resultado puder ser expresso como um valor do tipo long int, ou um valor não especificado, em caso contrário.
  Erros: domínio ou imagem, pode ocorrer se o resultado não puder ser representado no tipo long int.

- long long int llrint(double x)   (arredondamento)
  Arredonda o argumento para o valor inteiro mais próximo, usando o modo de arredondamento em vigor.
  Valor de retorno. Valor arredondado, se o resultado puder ser expresso como um valor do tipo long long int, ou um valor não especificado, em caso contrário.
  Erros: domínio ou imagem, pode ocorrer se o resultado não puder ser representado no tipo long long int.

- double round(double x)   (arredondamento)
  Arredonda o argumento para o valor inteiro mais próximo, adotando a direção contrária ao zero para os casos médios, independentemente do modo de arredondamento em vigor.
  Valor de retorno. Valor arredondado, expresso como um valor do tipo double.

- `long int lround(double x)` (arredondamento)

  Arredonda o argumento para o valor inteiro mais próximo, adotando a direção contrária ao zero para os casos médios, independentemente do modo de arredondamento em vigor.

  Valor de retorno. Valor arredondado, se o resultado puder ser expresso como um valor do tipo `long int`, ou um valor não especificado, em caso contrário.

  Erros: domínio ou imagem, pode ocorrer se o resultado não puder ser representado no tipo `long int`.

- `long long int llround(double x)` (arredondamento)

  Arredonda o argumento para o valor inteiro mais próximo, adotando a direção contrária ao zero para os casos médios, independentemente do modo de arredondamento em vigor.

  Valor de retorno. Valor arredondado, se o resultado puder ser expresso como um valor do tipo `long long int`, ou um valor não especificado, em caso contrário.

  Erros: domínio ou imagem, pode ocorrer se o resultado não puder ser representado no tipo `long long int`.

- `double trunc(double x)` (truncamento)

  Arredonda o argumento para o valor inteiro mais próximo, mas não maior em magnitude que o argumento.

  Valor de retorno. Valor truncado, expresso no tipo `double`.

- `double ceil(double x)` $\qquad x \mapsto \lceil x \rceil,\ D = \mathbb{R},\ I_m = \mathbb{Z}$ (teto)

  Valor de retorno. Menor inteiro maior ou igual a x, expresso como um valor do tipo `double`.

- `double floor(double x)` $\qquad x \mapsto \lfloor x \rfloor,\ D = \mathbb{R},\ I_m = \mathbb{Z}$ (solo)

  Valor de retorno. Maior inteiro menor ou igual a x, expresso como um valor do tipo `double`.

16.6.6 Funções resto e decomposição decimal

- `double fmod(double x, double y)` (resto)

  Resto da divisão x/y.

  Valor de retorno. O valor $x - ny$ para algum inteiro n tal que o resultado tem o mesmo sinal de x e a magnitude menor que a de y, se y é diferente de zero. Se y é igual a zero, o resultado pode ser zero ou ocorrer um erro de domínio, dependendo da implementação.

  Erros: domínio, pode ocorrer se y é zero.

- `double remainder(double x, double y)` (resto IEC 60559)

  Calcula, para $y \ne 0$, o resto $r = x - ny$, onde n é o inteiro mais próximo do valor exato de x/y (n é par sempre que $|n - x/y| = 1/2$). O resto é sempre exato. Se $r = 0$, seu sinal será o sinal de x.

  Valor de retorno. O valor $x - ny$. Se y é igual a zero, o resultado pode ser zero ou ocorrer um erro de domínio, dependendo da implementação.

  Erros: domínio, pode ocorrer se y é zero.

- `double remquo(double x, double y, int *q)` (resto-quociente)
  Calcula o mesmo resto que a função `remainder` e armazena o quociente na variável apontada por q. O quociente é calculado de forma que tem o mesmo sinal que x/y e a magnitude congruente módulo 2^n à magnitude do quociente inteiro de x/y, onde o valor de n depende da implementação, sendo maior ou igual a 3.
  Valor de retorno. O resto calculado, se $y \neq 0$. Se $y = 0$, o valor armazenado na variável apontada por q não é especificado e a função pode retornar um valor 0 ou ocorrer um erro de domínio, dependendo da implementação.
  Erros: domínio, pode ocorrer se y é zero.

- `double modf(double x, double *y)` (decomposição decimal)
  Decompõe x em partes inteira e fracionária, ambas do mesmo tipo e sinal que x, armazenando a parte inteira na variável apontada por y e retornando a parte fracionária.
  Valor de retorno. Um valor z tal que x = *y + z.

16.6.7 Decomposição e representação binárias

- `double logb(double x)` (expoente inteiro)
  Expoente inteiro (convertido em um valor do tipo `double`) da representação de x em ponto flutuante. Por exemplo, se $x = 5,125$ então $logb(x) = 2$, pois a representação binária (`FLT_RADIX` igual a 2) em ponto flutuante de 5,125 é 1.01001×2^2.
  Valor de retorno. O expoente sinalizado do argumento. Para x positivo e finito, a seguinte relação é válida: $1 \leq x \times \text{FLT\_RADIX}^{-logb(x)} < \text{FLT\_RADIX}$.
  Erros: domínio ou imagem, se o argumento é zero.

- `int ilogb(double x)` (expoente inteiro)
  Expoente inteiro da representação de x em ponto flutuante.
  Valor de retorno. `FP_ILOGB0`, se x é zero; `INT_MAX`, se x é infinito; `FP_ILOGBNAN`, se x é NAN; ou o valor `(int)logb(x)`, nos demais casos. O valor de retorno não é especificado, se o resultado não puder ser expresso como um valor do tipo `int`.

- `double frexp(double x, int *y)` (decomposição binária)
  Decompõe x em um valor fracionário normalizado e uma potência inteira de 2. A potência é armazenada na variável apontada por y e a parte fracionária retornada como o valor da função.
  Valor de retorno. Um valor z no intervalo [1/2, 1) tal que $x = z \times 2^{*y}$. Se x é zero, z e a variável apontada por y são ambos zero. Se x não é um número de ponto flutuante, o resultado não é especificado.

- `double ldexp(double x, int y)` $(x, y) \mapsto x \times 2^y$, $D = \mathbb{R} \times \mathbb{Z}$, $I_m = \mathbb{R}$
  (multiplicação por potência de 2)
  Erros: imagem.

- `double scalbn(double x, int y);` $\quad (x, y) \to x \times \text{FLT\_RADIX}^y, D = \mathbb{R} \times \mathbb{Z}, I_m = \mathbb{R}$
  (multiplicação por potência da base)
  Espera-se que essa função compute o valor $x \times \text{FLT\_RADIX}^y$ de modo eficiente, sem calcular `FLT_RADIX`^{y} explicitamente.
  Erros: imagem.

- `double scalbln(double x, long int y);` $(x, y) \to x \times \text{FLT\_RADIX}^y, D = \mathbb{R} \times \mathbb{Z}, I_m = \mathbb{R}$
  (multiplicação por potência da base)
  Espera-se que essa função compute o valor $x \times \text{FLT\_RADIX}^y$ de modo eficiente, sem calcular `FLT_RADIX`^{y} explicitamente.
  Erros: imagem.

- `double copysign(double x, double y)` (magnitude-sinal)
  Valor de retorno. Um valor com a magnitude de x e o sinal de y. Se x é NAN, resulta no valor NAN, com o sinal de y.

- `double nan(const char *p)` (não numérico)
  A cadeia apontada por `p` pode ser vazia ou conter uma sequência de dígitos com informações adicionais sobre o valor não numérico (como explicado na descrição da função `strtod`, no Capítulo 15).
  Valor de retorno. Um valor NAN silencioso (isto é, sem sinal de erro), com o conteúdo indicado pelo ponteiro `p`, ou 0, se a implementação não gera esse tipo de valor.

- `double nextafter(double x, double y)` (próximo valor)
  Valor de retorno. O próximo valor representável no tipo `double`, após `x`, na direção de `y`. O valor `y`, se `x` é igual a `y`.
  Erros: imagem, se a magnitude de `x` é o maior valor finito representável no tipo do valor de retorno e o resultado é infinito ou não representável nesse tipo.

- `double nexttoward(double x, long double y)` (próximo valor)
  Função equivalente a `nextafter` com o segundo argumento `long double`.
  Valor de retorno. Idêntico ao da função `nextafter`, exceto que o valor `y` é convertido no tipo da função, se `x` é igual a `y`.

16.6.8 Funções erro e gama

- `double erf(double x)` $\qquad x \mapsto \frac{2}{\sqrt{\pi}} \int_0^x e^{-t^2} dt, D = \mathbb{R}, I_m = \mathbb{R}$ (função erro)

- `double erfc(double x)` $\qquad x \mapsto \frac{2}{\sqrt{\pi}} \int_0^\infty e^{-t^2} dt, D = \mathbb{R}, I_m = \mathbb{R}$
  (função erro complementar)
  A função erro complementar é igual a $1 - \text{erf(x)}$.
  Erros: imagem, se a magnitude do argumento é muito grande.

- ■ double tgamma(double x) $\quad x \to \Gamma(x) = \int_0^\infty e^{-t}t^{x-1}dt, D = \mathbb{R} - \{0, -1, -2, \ldots\}, I_m = \mathbb{R}$
  (função gama)

  Para argumentos inteiros positivos, $\Gamma(x) = (x - 1)!$.

  Erros: domínio ou imagem, se o argumento é inteiro negativo ou zero. Imagem, pode ocorrer se a magnitude do argumento é muito grande ou muito pequena.

- ■ double lgamma(double x) $\quad x \to ln(|\Gamma(x)|), D = \mathbb{R} - \{0, -1, -2, \ldots\}, I_m = \mathbb{R}$
  (logaritmo do módulo da função gama)

  Erros: imagem, se a magnitude do argumento é muito grande; também pode ocorrer se o argumento é um inteiro negativo ou zero.

16.6.9 Miscelânea: máximo, mínimo, diferença, valor absoluto, hipotenusa e fma

- ■ double fmax(double x, double y) $\quad (x, y) \mapsto \begin{cases} x & \text{se } x \geq y, \\ y & \text{se } x < y. \end{cases}, D = \mathbb{R} \times \mathbb{R}, I_m = \mathbb{R}$
  (maior valor)

  Se um dos valores for NAN, o outro é considerado maior.

- ■ double fmin(double x, double y) $\quad (x, y) \mapsto \begin{cases} x & \text{se } x \leq y, \\ y & \text{se } x > y. \end{cases}, D = \mathbb{R} \times \mathbb{R}, I_m = \mathbb{R}$
  (menor valor)

  Se um dos valores for NAN, o outro é considerado menor.

- ■ double fdim(double x, double y) $\quad (x, y) \mapsto \begin{cases} x - y & \text{se } x > y, \\ 0 & \text{se } x \leq y, \end{cases}, D = \mathbb{R} \times \mathbb{R}, I_m = [0, \infty]$
  (diferença positiva)

  Erros: imagem.

- ■ double fabs(double x) $\quad x \mapsto |x|, D = \mathbb{R}, I_m = [0, +\infty]$ (valor absoluto)

- ■ double hypot(double x, double y) $\quad (x, y) \mapsto \sqrt{x^2 + y^2}, D = \mathbb{R} \times \mathbb{R}, I_m = [0, +\infty]$
  (hipotenusa)

  Erros: imagem.

- ■ double fma(double x, double y, double z) (multiplicação - adição)
  Valor de retorno. O valor $x \times y + z$, calculado com precisão infinita e arredondado uma única vez para o tipo do resultado.
  Erros: imagem.

16.6.10 Macros de classificação

Todas as macros de classificação primeiro convertem seu argumento, se representado em um formato maior que o seu tipo semântico[10], em um valor do seu tipo semântico; depois a classificação é realizada. O tipo <*real*> indica qualquer tipo real de ponto flutuante.

---

[10] O tipo semântico é o tipo atribuído à expressão (ou variável); o valor calculado (ou recebido) pode ter uma precisão ou tamanho maior do que o que requer o seu tipo semântico.

- **int fpclassify(⟨*real*⟩ x)** (classificador)
  Valor de retorno. O valor inteiro correspondente à categoria do argumento: a macro FP_NAN para NAN, FP_INFINITE para infinito, FP_ZERO para zero, FP_SUBNORMAL para desnormalizado, FP_NORMAL para normalizado, ou outro valor para categorias adicionais dependentes da implementação.

- **int isfinite(⟨*real*⟩ x)** (finito)
  Valor de retorno. Valor diferente de zero se, e somente se, o argumento possui um valor finito (valor, normalizado ou desnormalizado, não sendo NAN ou infinito).

- **int isinf(⟨*real*⟩ x)** (infinito)
  Valor de retorno. Valor diferente de zero se, e somente se, o argumento possui um valor infinito (positivo ou negativo).

- **int isnan(⟨*real*⟩ x)** (não numérico)
  Valor de retorno. Valor diferente de zero se, e somente se, o argumento possui um valor NAN.

- **int isnormal(⟨*real*⟩ x)** (valor normalizado)
  Valor de retorno. Valor diferente de zero se, e somente se, o argumento for um valor normalizado.

- **int signbit(⟨*real*⟩ x)** (sinalização)
  Todos os valores são avaliados, incluindo zero, NAN e infinito. O zero não sinalizado é tratado como positivo.

  Valor de retorno. Valor diferente de zero se, e somente se, o bit de sinal do argumento representa o valor negativo.

16.6.11 Macros de comparação

Os operadores relacionais podem provocar exceção de ponto flutuante inválida quando algum argumento é NAN. As seguintes macros são equivalentes aos operadores relacionais sem, entretanto, provocar exceção de ponto flutuante inválida. A tabela a seguir mostra as macros de comparação e as expressões relacionais equivalentes. O tipo ⟨*real*⟩ indica qualquer tipo real de ponto flutuante.

Macro de comparação	Expressão equivalente
int isgreater(⟨*real*⟩ x, ⟨*real*⟩ y)	(x) > (y)
int isgreaterequal(⟨*real*⟩ x, ⟨*real*⟩ y)	(x) >= (y)
int isless(⟨*real*⟩ x, ⟨*real*⟩ y)	(x) < (y)
int islessequal(⟨*real*⟩ x, ⟨*real*⟩ y)	(x) <= (y)
int islessgreater(⟨*real*⟩ x, ⟨*real*⟩ y)	(x) < (y) || (x) > (y)

- **int isunordered(⟨*real*⟩ x, ⟨*real*⟩ y)** (sem ordem)
  Valor de retorno. Valor 1, se não existe relação de ordem entre os argumentos, ou 0, em caso contrário.

16.6.12 Constantes numéricas

O padrão ISO/IEC 9989 não especifica constantes matemáticas usuais, como π e e. Entretanto, muitas implementações da linguagem fornecem essas constantes como uma extensão. A biblioteca matemática usada pelo compilador gcc define as seguintes constantes, como macros, no arquivo-cabeçalho `math.h`:

Macro	Valor	Macro	Valor	Macro	Valor
M_E	e	M_PI	π	M_2_SQRTPI	$2/\sqrt{\pi}$
M_LOG2E	$\log_2 e$	M_PI_2	$\pi/2$	M_SQRT2	$\sqrt{2}$
M_LOG10E	$\log_{10} e$	M_PI_4	$\pi/4$	M_SQRT1_2	$1/\sqrt{2}$
M_LN2	$\log_e 2$	M_1_PI	$1/\pi$		
M_LN10	$\log_e 10$	M_2_PI	$2/\pi$		

Para cada constante M_(*Nome*), do tipo `double`, existe uma versão M_(*Nome*)l, do tipo `long double`. Por exemplo, as constantes M_PIl e M_LOG2El são as versões do tipo `long double` equivalentes às constantes M_PI e M_LOG2E, do tipo `double`.

Por não serem padronizadas, as constantes matemáticas não estão disponíveis para os programas compilados apenas com a opção `-std=c99`. O acesso a elas é obtido quando se usa a extensão GNU do compilador gcc (compilando os programas sem opção relativa ao padrão) ou quando as macros `_GNU_SOURCE` ou `_XOPEN_SOURCE` são definidas. O Capítulo 17 trata da definição de macros e sua influência no código gerado durante a compilação.

EXEMPLO 16.24 Se um programa armazenado em um arquivo `prog.c`, contendo uma referência a M_PI, é compilado com o comando

```
gcc -o prog prog.c -std=c99 -lm
```

ocorre um erro de compilação, pois adotando-se estritamente o padrão ISO/IEC 9899:1999 (opção `-std=c99`) a constante M_PI não é definida. Entretanto, qualquer uma das seguintes formas de compilação produz um código válido:

    `gcc -o prog prog.c -lm`. A extensão GNU é adotada.
    `gcc -o prog prog.c -std=c99 -lm -D_XOPEN_SOURCE`. O padrão ISO/IEC 9899:1999 é adotado, juntamente com a extensão POSIX.
    `gcc -o prog prog.c -std=c99 -lm -D_GNU_SOURCE`. O padrão ISO/IEC 9899:1999 é adotado, juntamente com as extensões POSIX e GNU. ■

Ainda, por não serem padronizadas, desaconselha-se o uso das constantes matemáticas definidas no cabeçalho `math.h`. É preferível calcular o seu valor, como indicado nas declarações a seguir:

```
const double PI = 2 * atan(1.0/0.0);
const double E = exp(1.0);
```

16.6.13 Números randômicos

As funções `rand` e `srand` são declaradas no cabeçalho `stdlib.h`.

- `int rand(void)`

    Gera uma sequência de números inteiros pseudorrandômicos na faixa [0, RAND_MAX]. A cada chamada da função um novo número da sequência é obtido.

    A sequência dos números varia com a semente em vigor, que é estabelecida pela função srand, sendo igual para valores idênticos da semente. Se a função rand é chamada sem que tenha havido uma chamada a srand, a semente assume o valor 1. A macro RAND_MAX é definida no cabeçalho stdlib.h, devendo ser no mínimo 32.767.

    Valor de retorno. Um número da sequência de números pseudorrandômicos na faixa [0, RAND_MAX].

- `void srand(unsigned int semente)`

    Define o valor semente como sendo a semente para a próxima sequência de números pseudorrandômicos gerada pela função rand.

    Valor de retorno. Não tem.

EXEMPLO 16.25 O programa a seguir imprime duas sequências de 100 números randômicos entre 20 e 42, inclusive. A primeira será sempre a mesma, pois a semente é fixa, igual a 234. A segunda varia a cada execução, pois a semente é iniciada com um valor que depende da hora da execução. A função time, declarada no cabeçalho time.h, retorna um valor aritmético, dependente da implementação, que corresponde à data e hora correntes.

A expressão rand() % (fim - ini + 1) resulta em valores entre 0 e fim - ini. Logo, a expressão ini + rand() % (fim - ini + 1) resulta em valores entre ini e fim, como desejado.

```
#include <stdio.h>
#include <stdlib.h>
#include <time.h>
int main(void) {
  unsigned int raiz = 234u;
  int ini = 20, fim = 42;
  srand(raiz);
  for (int i = 0; i < 100; i++) {
    printf("%d ", ini + rand() % (fim - ini + 1));
  }
  printf("\n\nSegunda seq randomica:\n");
  srand((unsigned int)time(NULL));
  for (int i = 0; i < 100; i++) {
    printf("%d ", ini + rand() % (fim - ini + 1));
  }
  return 0;
}
```

EXERCÍCIOS

16.1 Modifique o programa do Exemplo 10.15 para que o vetor de inteiros seja criado com a função malloc. Isto é, vetnum deve ser um ponteiro para int que armazenará o resultado da chamada a malloc, criando qtd elementos do tipo int.

16.2 Modifique o programa do Exemplo 11.6 fazendo a função malloc ser usada para alocar o espaço necessário para armazenar um valor do tipo struct r_aluno.

Isto é, a variável `aluno` deve ser um ponteiro que armazenará o resultado da chamada a `malloc`.

16.3 Modifique o programado Exemplo 16.4 para que a criação e inclusão de elementos na lista encadeada ocorra através da função `inclui_elm`. Isto é, a função (com protótipo `void inclui_elm(elem_t **, int)`) deve receber o endereço do ponteiro que aponta para o primeiro elemento da lista encadeada e um valor do tipo `int`, e criar um novo elemento com o valor recebido, inserindo-o no início da lista.

16.4 Codifique uma função (com protótipo `void lista_pares(elem_t *)`) que receba um ponteiro para o primeiro elemento de uma lista encadeada do tipo descrito no Exemplo 16.4 e imprima os elementos da lista que forem pares.

16.5 Codifique uma função (com protótipo `void lista_menorant(elem_t *)`) que receba um ponteiro para o primeiro elemento de uma lista encadeada do tipo descrito no Exemplo 16.4 e imprima os elementos da lista que forem menores que o anterior.

16.6 Codifique uma função (com protótipo `void move_linha(int, int, int [*][*], int, int)`) que receba a quantidade de linhas e colunas e um vetor bidimensional que corresponde a uma matriz de inteiros, além de dois inteiros representando os índices de duas linhas da matriz, nessa ordem. Por exemplo, a chamada `move_linha(3, 4, mat, 0, 2)` indica que a função é chamada com a matriz `mat` de 3 linhas e 4 colunas, e que o primeiro índice fornecido é 0 e o segundo é 2.

A função deve trocar a posição das linhas indicadas pelos índices. Por exemplo, `move_linha(3, 4, mat, 0, 2)` faz a linha de índice 0 da matriz `mat` ser movida para a linha de índice 2, e a linha de índice 2 ser movida para a linha de índice 0. Caso os índices fornecidos na chamada não correspondam a linhas da matriz, nenhuma movimentação deve ocorrer. Use a função `memcpy` para movimentar as linhas da matriz.

16.7 Codifique uma função (com protótipo `bool linhas_iguais(int, int, int [*][*])`) que receba a quantidade de linhas e colunas de uma matriz de inteiros e um vetor bidimensional que corresponde a essa matriz, nessa ordem. A função deve retornar o valor booliano verdadeiro, se existem duas linhas iguais na matriz, ou falso, em caso contrário. Use a função `memcmp` para comparar as linhas da matriz.

16.8 Codifique uma função (com protótipo `void ordena_linha(int, int, int [*][*])`) que receba a quantidade de linhas e colunas de uma matriz de inteiros e um vetor bidimensional que corresponde a essa matriz, nessa ordem. A função deve ordenar os elementos de todas as linhas da matriz. Por exemplo, se a função receber (um ponteiro para) a matriz mostrada à esquerda, deve modificar suas linhas como mostrado à direita:

```
    3  -2  12          -2   3  12
    7   5   1           1   5   7
    2   6   4           2   4   6
```

Use a função `qsort` para ordenar as linhas da matriz.

16.9 As duas funções de comparação a seguir, `compE` e `compD`, são equivalentes? Se não forem, explique o porquê.

```
int compE(const void *x, const void *y) {
  if (*(int *)x == *(int *)y) {
    return 0;
  };
  if (*(int *)x > *(int *)y) {
    return 1;
  } else {
    return -1;
  }
}
```

```
int compD(const void *x, const void *y) {
  return memcmp(x, y, sizeof(int));
}
```

16.10 Elabore um programa que leia o arquivo gravado pelo programa do Exemplo 13.19 e liste seus registros, ordenados pelo nome, em ordem ascendente. Armazene os registro do arquivo em um vetor e ordene os elementos desse vetor com a função `qsort`.

16.11 Modifique o programa do exercício anterior para que, após a leitura dos registros e o ordenamento do vetor, haja a leitura de um nome do teclado e a impressão do elemento (do vetor) correspondente ao nome lido, se existir um elemento com esse nome, ou a impressão de uma mensagem de erro, caso o nome não exista. Use a função `bsearch` para pesquisar a existência do nome.

16.12 Elabore um programa que leia do teclado um número real, orientando o usuário quanto à forma correta de digitar o número (se ele deve usar o ponto, a vírgula ou outro símbolo como separador decimal), de acordo com a localização em vigor no ambiente de execução.

16.13 Codifique uma função (com protótipo `void converte(wchar_t *, const char *)`) que realize a mesma conversão descrita no Exemplo 16.17, mas usando a função `mbrtowc` em vez da função `mbtowc`.

16.14 Codifique uma função (com protótipo `void converte(wchar_t *, const char *)`) que realize a mesma conversão descrita no Exemplo 16.17, mas usando a função `mbstowcs` em vez da função `mbtowc`. Isto é, a conversão deve ser realizada na cadeia como um todo, e não caractere a caractere. A cadeia estendida não deve ser modificada, caso a cadeia multibyte não possa ser inteiramente convertida.

16.15 Elabore uma função (com protótipo `size_t qtd_wc(const char *)`) que receba uma cadeia de caracteres multibytes e retorne a quantidade de caracteres estendidos necessária para armazenar toda a cadeia multibyte em uma cadeia de caracteres estendidos correspondentes. Caso a conversão da cadeia multibyte não possa ser realizada, o valor de retorno deve ser --. Use a função `mbrlen` para obter a quantidade de bytes que compõe cada caractere multibyte.

16.16 O que são tempo local, tempo universal e tempo de calendário?

16.17 Para que são usados os tipos `time_t` e `struct tm`?

16.18 Codifique uma função (com protótipo `bool fim_semana(const struct tm *)`) que receba um ponteiro para uma estrutura do tipo `struct tm` contendo uma data válida e retorne verdadeiro, se a data corresponde a um sábado ou domingo, ou falso, em caso contrário.

16.19 Codifique uma função (com protótipo `int dif_dias(struct tm *, struct tm *)` que receba ponteiros para duas datas válidas e retorne a diferença entre elas, em dias.

16.20 Codifique uma função (com protótipo `void pausa(int)` que receba um inteiro *n* e simule a interrupção por *n* segundos do programa que a chamar. Use a função `difftime` para controlar uma iteração vazia, que dure a quantidade de segundos informada como argumento. Se o inteiro *n* for negativo ou zero, a função deve retornar imediatamente.

16.21 Codifique uma função (com protótipo `char *msg_data(const struct tm)` que receba uma estrutura do tipo `struct tm` contendo uma data válida e retorne uma cadeia de caracteres contendo as seguintes informações:

`"Aos` ⟨*dias*⟩ `dias do ano de` ⟨*ano*⟩`, em uma` ⟨*dia-semana*⟩`, as` ⟨*hora*⟩ `h` ⟨*min*⟩ `min` ⟨*seg*⟩ `s"`

onde ⟨*dias*⟩ é a quantidade de dias desde o início do ano, ⟨*ano*⟩ é o ano expresso com 4 dígitos, ⟨*dia-semana*⟩ é o dia da semana por extenso, ⟨*hora*⟩ é a hora, ⟨*min*⟩, os minutos e ⟨*seg*⟩, os segundos. Por exemplo, se a data recebida for 15 h 12 min 38 s de 10 de setembro de 1974, a função deve gerar a cadeia:

`"Aos 253 dias do ano de 1974, em uma terca, as 15 h 12 min 38 s"`

16.22 Por que não se deve usar um único valor da função `clock`, obtido no final da execução de um programa, para mensurar o tempo de CPU usado pelo programa?

16.23 O que ocorre se as funções `sleep` e `alarm` forem chamadas com argumentos negativos?

Capítulo 17
Diretivas de Pré-Processamento

Este capítulo apresenta as diretivas de pré-processamento utilizadas para modificar o texto de um programa na fase de pré-processamento. O texto resultante, chamado de unidade de compilação, é o objeto da compilação propriamente dita.

17.1 INCLUSÃO DE ARQUIVOS

A diretiva #include permite a inclusão de textos armazenados em outros arquivos.

⟨InclArquivo⟩ ::= **#include** ⟨IdentArq⟩

⟨IdentArq⟩ ::= < ⟨ArqSistema⟩ > | "⟨ArqUsuário⟩"

O arquivo a ser incluído pode ser um arquivo do sistema, com o identificador entre chaves angulares, '<' e '>', ou um arquivo do usuário, com o identificador entre aspas duplas. O modo de busca e identificação dos arquivos é dependente da implementação mas, em geral, para arquivos do sistema, a busca é iniciada nos diretórios-padrões (definidos por ocasião da instalação do compilador) que contêm os arquivos-cabeçalhos da biblioteca-padrão, e para arquivos do usuário, a busca é iniciada no diretório corrente, onde encontra-se a unidade de compilação.

EXEMPLO 17.1 Na compilação do programa armazenado no arquivo prg_mcr06.c, os arquivos stdio.h, prg_mcr06.h e prg_mcr06.resto são incluídos nas posições das diretivas #include (cada diretiva é substituída pelo conteúdo do arquivo indicado).

PRG_MCR06.C	PRG_MCR06.H	PRG_MCR06.RESTO
| ```
#include <stdio.h>
#include "prg_mcr06.h"
int main(void) {
  scanf("%d", &a);
  printf("lido: %d\n"
  #include "prg_mcr06.resto"
  return 0;
}
``` | `int a;` | `, a);` |

Após o pré-processamento, com a inclusão dos arquivos indicados, a unidade de compilação gerada corresponde ao texto a seguir (o conteúdo do arquivo stdio.h está omitido).

```
int a;
int main(void) {
  scanf("%d", &a);
  printf("lido: %d\n"
  , a);
  return 0;
}
```
```

Este exemplo ilustra a inclusão de textos usando a diretiva `#include`, mas não fornece um bom uso da diretiva, pelo contrário: a colocação de parte do comando `printf` no arquivo `prg_mcr06.resto` é descabida, pois nada acrescenta ao programa. ∎

A diretiva `#include` favorece a estruturação dos programas, permitindo a inclusão de arquivos-cabeçalhos contendo declarações de funções e variáveis definidas em outras unidades de compilação. Essa diretiva também é útil para incluir arquivos contendo definições globais, principalmente tabelas e variáveis de estado, nas situações em que não é conveniente a definição localizada desses elementos. Não se justifica, entretanto, como ocorre no exemplo anterior, a inclusão de partes de comando ou trechos de programa.

17.1.1 Modificando a ordem de pesquisa dos diretórios

O compilador gcc oferece opções para modificar a ordem de pesquisa dos diretórios na busca por arquivos durante a compilação. As mais comuns são:

-I*dir* Coloca *dir* no início da lista dos diretórios que são pesquisados na busca dos arquivos identificados pelas diretivas `#include`. A opção -I é ignorada se especifica um diretório-padrão do sistema, que sempre é considerado na ordem adotada pelo compilador.

-iquote*dir* Coloca *dir* no início da lista dos diretórios que são pesquisados na busca dos arquivos do usuário (identificados entre aspas duplas nas diretivas `#include`), se esses arquivos não estiverem no diretório corrente. O diretório *dir* não é usado na busca dos arquivos do sistema.

Se mais de uma opção de pesquisa é utilizada, os diretórios especificados pelas opções mais à esquerda são pesquisados primeiro. Com as opções -I e -iquote, a seguinte ordem de pesquisa é adotada:

Arquivos do sistema. São pesquisados primeiro nos diretórios especificados pelas opções -I, e por último nos diretórios-padrões do sistema[1].

Arquivos do usuário. São pesquisados primeiro no diretório corrente, em seguida nos diretórios especificados pelas opções iquote, depois nos diretórios especificados pelas opções -I, e por último nos diretórios-padrões do sistema.

EXEMPLO 17.2 O comando

```
gcc -o prog prog.c -iquote/home/josefa -I/home/josefa/teste -I. -iquote/local/inc
```

compila o arquivo `prog.c`, armazenando o executável em `prog`. A busca por arquivos incluídos com as diretivas `#include` ocorre do seguinte modo:

1. O diretório `/home/josefa/teste` e depois o diretório corrente (especificado pelo ponto: .) são pesquisados antes dos diretórios-padrões na busca por arquivos do sistema.

---

[1] Em uma instalação Linux convencional, o compilador gcc adota os seguintes diretórios-padrões: `/usr/local/include`, `/usr/lib/gcc/⟨tgt⟩/⟨vrs⟩/include`, `/usr/⟨tgt⟩/include` e `/usr/include`, que são pesquisados nessa ordem (onde ⟨*tgt*⟩ indica a plataforma-alvo da compilação e ⟨*vrs*⟩ indica a versão do compilador).

2. O diretório corrente, em seguida os diretórios /home/josefa, /local/inc e /home/josefa/teste, e por último os diretórios-padrões do sistema, são pesquisados, nessa ordem, na busca por arquivos do usuário. ∎

17.2 MACROS

Macros são identificadores associados a expressões que os substituem durante a fase de pré-processamento. As macros são definidas com a diretiva #define:

⟨*DefMacro*⟩ ::= **#define** ⟨*NomeMacro*⟩ ⟨*ExpressãoDefinidora*⟩

O símbolo # deve iniciar uma linha de texto, podendo ser precedido por espaços. O nome ⟨*NomeMacro*⟩ é um identificador definido por toda a expressão que o segue, ⟨*ExpressãoDefinidora*⟩, até o fim da linha na qual a definição ocorre.

Durante o pré-processamento todas as referências a macros são substituídas por sua definição. A expressão definidora de uma macro não é avaliada no processo de substituição, que é puramente textual. A expressão resultante da substituição é avaliada durante a compilação, do mesmo modo que as demais expressões que compõem um programa.

EXEMPLO 17.3 O programa à esquerda define as macros TAM, PI, TIPO e expr. Durante a fase de pré-processamento as diretivas de pré-processamento são executadas, resultando na inclusão de arquivos (diretiva #include) e na substituição de macros. O programa é transformado no texto mostrado à direita, onde todas as ocorrências dos identificadores TAM, PI, TIPO e expr estão substituídas pelas definições correspondentes (os códigos provenientes dos arquivos stdio.h e math.h estão omitidos).

ANTES DO PRÉ-PROCESSAMENTO

```
1  #include <stdio.h>
2  #include <math.h>
3  #define TAM (2)
4  #define PI 3.14159
5  #define TIPO int
6  #define expr sqrt(4.0)); return 0;
7  int main(void) {
8    TIPO a = 23;
9    printf("%d %f %d\n", TAM, PI, a);
10   printf("%g\n", expr
11 }
```

APÓS O PRÉ-PROCESSAMENTO

```
1  int main(void) {
2    int a = 23;
3    printf("%d %f %d\n", (2), 3.14159, a);
4    printf("%g\n", sqrt(4.0)); return 0;
5  }
```

O comando da linha 10 no texto antes do pré-processamento está sintaticamente errado. Ele torna-se válido apenas após a substituição da macro expr por sua definição, resultando no comando da linha 4 no texto após o pré-processamento. A expressão definidora de expr não é avaliada, isto é, a função sqrt não é chamada com o argumento 4: o processo de substituição resume-se à transformação textual. A macro expr neste exemplo não ilustra um bom uso das macros. Ao contrário, nada acrescenta à compreensão do programa, nem facilita a codificação. ∎

As macros são úteis para declarar constantes, expressões que dependem do contexto em que são utilizadas e condições que orientam as fases seguintes da compilação.

17.2.1 Definindo constantes

O uso mais simples das macros é atribuir uma expressão constante a um nome, aumentando a legibilidade e facilitando a manutenção.

EXEMPLO 17.4   As macros TX e TBUF a seguir podem ser usadas em outras expressões, como constantes que de fato são.

```
#define TX (2.34)
#define TBUF (42)
```

Expressões como as seguintes podem aparecer em diversos locais do programa, desde que estejam no escopo dos identificadores TX e TBUF:

```
int linha[TBUF];
saldo = saldo * TX;
while (i < TBUF) { /* codigo omitido */
```

Desse modo, se for necessário aumentar o tamanho do vetor linha ou modificar o valor da taxa TX, basta alterar a definição das macros TBUF e TX e compilar o programa novamente para que todas as referências a TX e TBUF sejam modificadas adequadamente. ∎

As macros podem ser usadas na definição de outras macros. Após cada substituição, o texto resultante é reanalisado e, se nele houver macros, novas substituições têm efeito. Entretanto, se em algum momento o texto resultante contém o nome da macro sendo substituída, esse nome não é mais objeto de avaliação.

EXEMPLO 17.5   As duas definições a seguir produzem textos que contêm o nome da macro sendo substituída.

```
#define M X + 2 * 3
#define X M + X
```

As referências a M são substituídas por M + X + 2 * 3. Primeiro ocorre a substituição de M por X + 2 * 3, e em seguida a substituição de X por M + X, resultando em M + X + 2 * 3, que não é mais objeto de avaliação, pois tanto M como X são macros que já foram substituídas. ∎

EXEMPLO 17.6   A sequência de definições a seguir faz VF ser substituída por 500 * pow((1 + 0.6 / 100), 13 * 12 + 1).

```
#define VP 500
#define ANOS 13
#define MESES 1
#define JUROS_PERC 0.6
#define JUROS JUROS_PERC / 100
#define PERIODO ANOS * 12 + MESES
#define VF VP * pow((1 + JUROS), PERIODO)
```

A substituição ocorre quando a macro é referida no código de um programa. Se não houver referência a VF, não haverá substituição. Havendo a substituição, ela ocorre por etapas, com cada macro sendo substituída por sua definição:

```
VF → VP * pow((1 + JUROS), PERIODO)
   → 500 * pow((1 + JUROS), PERIODO)
   → 500 * pow((1 + JUROS_PERC / 100), PERIODO)
```

e assim por diante. ∎

O nome de uma macro que esteja ativada (isto é, para o qual exista uma definição através da diretiva #define) não deve ser redefinido por uma outra diretiva #define, exceto se a nova definição for idêntica à anterior (essa situação, embora não aconselhável, ocorre quando a mesma definição existe em diferentes unidades de compilação). O comportamento é indefinido caso uma macro seja redefinida por uma expressão diferente da anterior. Entretanto, é possível tornar sem efeito uma definição, como discutido na Seção 17.3, e, após isso, redefinir a macro.

As seguintes recomendações são úteis:

1. Deve-se delimitar com parênteses as constantes e, em geral, as expressões que devem ser tratadas como uma unidade, como em #define TAM (12), em vez de #define TAM 12. Dessa forma, evita-se erros na ordem de avaliação do texto resultante. Se no exemplo anterior ANOS fosse definida como 12 + 1, a substituição de PERIODO resultaria em 12 + 1 * 12 + MESES, que é diferente da substituição correta (12 + 1) * 12 + MESES.

2. Deve-se evitar o uso do ponto e vírgula final na definição das macros. Na definição de constantes, que são usadas no interior de outras expressões, ele raramente é necessário. Por exemplo, uma macro definida como #define G 9.8; não pode ser usada em expressões do tipo v = G * v0;, pois sua substituição resulta em v = 9.8; * v0;, uma expressão errada.

17.2.2 Macros parametrizadas: simulando funções

A definição de uma macro pode ser parametrizada, com os parâmetros especificados como em uma função: entre parênteses e separados por vírgula. De fato, uma macro parametrizada assemelha-se a uma função, já que os argumentos usados na referência à macro são utilizados na substituição dos parâmetros correspondentes. Cada argumento é avaliado, com possíveis substituições de macros, se o argumento contiver macros, antes da sua utilização.

EXEMPLO 17.7 As seguintes expressões definem macros parametrizadas:

```
#define f(x) 2 * (x)
```
Define a macro f com o parâmetro x. A referência f(4) resulta na expressão 2 * (4) e a referência f(x + 3) resulta na expressão 2 * (x + 3).

```
#define abs(val, x) if ((x) < 0) (val) = -(x); else (val) = (x)
```
Define a macro abs com os parâmetros val e x. A referência abs(&num, -2) resulta na expressão if ((-2) < 0) (&num) = -(-2); else (&num) = (-2).

```
#define g(a, x$y) (a) > 0 ? (a) : (x$y)
```
Define a macro g com os parâmetros a e x$y. A referência g(x + y, 21) resulta na expressão (x+y) > 0? (x + y): (21).

```
#define fun(a, b, c) 2 * (a) + (b)
```
Define a macro fun comos parâmetros a, b e c. A referência fun(2 * c, c, y) resulta na expressão 2 * (2 + c) + (c).

A macro fun é especificada com 3 parâmetros mas apenas dois são usados em sua definição: nas referências a fun o terceiro é desprezado.

O uso de parênteses delimitando os argumentos na definição de cada macro serve para manter a unidade dos argumentos, como mostram as ilustrações apresentadas neste exemplo. ∎

Na definição de uma macro parametrizada, o parêntese esquerdo deve seguir imediatamente o nome da macro. Desse modo,

```
#define f (a) 2 * a
```

define a macro f como sendo a expressão (a) 2 * a, e não como uma macro parametrizada. A referência a uma macro parametrizada deve respeitar o número de parâmetros da sua definição, que são substituídos pelos argumentos correspondentes usados na referência.

EXEMPLO 17.8   A tabela a seguir mostra várias referências às macros definidas no exemplo anterior e a expressão resultante, após a substituição das macros por sua definição.

Referência	Expressão resultante
f(3)	2 * (3)
f(3 + c)	2 * (3 + c)
f(4 * x)	2 * (4 * x)
abs(nump, num)	if ((num) > 0) (nump) = -(num); else (nump) = (num)
abs(a - 2, x)	if ((x) > 0) (a - 2) = -(x); else (a - 2) = (x)
g(a, x$y)	(a) > 0 ? (a) : (x$y)
g(sqrt(y), num)	(sqrt(y)) > 0 ? (sqrt(y)) : (num)
fun(4, 5, x)	2 * (4) + (5)
fun(4 + x, 5 - x, x)	2 * (4 + x) + (5 - x)

Neste exemplo nenhuma das macros possui o ponto e vírgula final. Assim, só podem ser usadas em locais onde ele não for necessário, como em

```
printf("%d %d\n", f(4), fun(2, 3, 5));
```

ou quando ele estiver explícito, como em a = f(4);   ■

Nas referências a macros é permitida a omissão de argumentos, desde que suas posições sejam devidamente marcadas. Nesses casos o parâmetro correspondente ao argumento omitido é removido da expressão que define a macro.

EXEMPLO 17.9   A macro definida como

```
#define f(x, y, w) if (x > y) w = x; else w = y
```

produz as seguintes saídas para as referências mostradas a seguir:

Referência	Expressão resultante
f(a, b, c)	if (a > b) c = a; else c = b
f(a, b,)	if (a > b) = a; else = b
f(, , c)	if (>) c = ; else c =
f(, ,)	if (>) = ; else =

Entretanto, não se pode fazer referência a f com um número menor ou maior de argumentos. Isto é, as referências f(a, b) e f(a, b, c, d) são inválidas.   ■

17.2.3 Usando parâmetros variáveis

As macros parametrizadas podem ser definidas com uma quantidade variável de parâmetros, identificados por reticências na lista de parâmetros:

⟨*DefMacroParam*⟩ ::= **#define** ⟨*NomeMacro*⟩**(...)** ⟨*ExpressãoDefinidora*⟩
 | **# define** ⟨*NomeMacro*⟩**(**⟨*ListaParam*⟩ **, ...)** ⟨*ExpressãoDefinidora*⟩

Quando uma macro com parâmetros variáveis é referida, os argumentos (que correspondem aos parâmetros) variáveis, incluindo as vírgulas que os separam, são tratados como um único argumento e substituem o identificador __VA_ARGS__ na definição da macro. Considera-se como argumento variável todo aquele que não corresponde a um parâmetro explicitamente declarado na definição da macro.

EXEMPLO 17.10 As definições

```
#define soma(x, ...) x + adiciona(__VA_ARGS__)
#define exem(a, b, ...) if ((a) > (b)) f(a, __VA_ARGS__) else f(b, __VA_ARGS__)
```

produzem as seguintes saídas:

Referência	Expressão resultante
soma(2, 3)	2 + adiciona(3)
soma(a, b, c)	a + adiciona(b, c)
soma(6, 4, x + 3, c)	6 + adiciona(4, x + 3, c)
exem(a, b, c)	if ((a) > (b)) f(a, c) else f(b, c)
exem(a, 2, g(x + y), c)	if ((a) > (2)) f(a, g(x + y), c) else f(b, g(x + y), c)

As macros devem ser referidas com a mesma quantidade de argumentos que o número de parâmetros explícitos declarados em sua definição, exceto quando forem definidas com um número variável de parâmetros, caso em que a quantidade de argumentos deve ser, no mínimo, um a mais que o número de parâmetros explícitos[2].

EXEMPLO 17.11 Para as macros definidas no exemplo anterior, as referências soma(2), soma(), exem(a, 2), exem(a) e exem() estão erradas porque usam uma quantidade de argumentos menor que a permitida. Entretanto, o compilador gcc permite que uma macro com parâmetros variáveis seja referida com o mesmo número de argumentos que a quantidade de parâmetros explícitos, removendo o identificador __VA_ARGS__ da sua definição:

Referência	Expressão resultante
soma(2)	2 + adiciona()
exem(a, 2)	if ((a) > (2)) f(a,) else f(2,)

Nem sempre a expressão resultante de uma substituição de macro é válida. Os casos de erro sintático são detectados na fase de compilação.

---

[2] Alguns compiladores admitem, como uma extensão, que macros definidas com um número variável de parâmetros sejam referidas com a mesma quantidade de argumentos que de parâmetros explícitos. Nesses casos o identificador __VA_ARGS__ é removido da definição.

17.2.4 Preservando a atomicidade dos argumentos

Os parâmetros de uma macro parametrizada devem ter sua atomicidade preservada para que o texto usado em um argumento não se misture indevidamente com o texto dos demais argumentos, nem com o texto da expressão definidora.

EXEMPLO 17.12 Na definição a seguir a macro mult produz uma expressão que multiplica os seus argumentos:

```
#define mult(x, y) x * y
```

A referência a mult(a, a) faz a macro ser corretamente substituída pelo texto a * a. Entretanto, a referência a mult(x + 3, x + 3) produz a expressão x + 3 * x + 3, o que resulta em um valor diferente do pretendido. ■

A recomendação para preservar o caráter atômico dos argumentos é delimitá-los com parênteses na expressão que define a macro. Também é possível delimitar o argumento na referência à macro.

EXEMPLO 17.13 A definição

```
#define mult(x, y) (x) * (y)
```

corrige a definição do exemplo anterior e sempre produz a multiplicação do primeiro pelo segundo argumento. Agora a referência a mult(x + 3, x + 3) produz a expressão (x + 3) * (x + 3).

Também é possível manter a definição original e usar os parênteses na referência à macro, como em mult((x + 3), (x + 3)). Entretanto, esta última solução depende da atenção do programador. ■

O uso de macros com parâmetros variáveis agrava o problema da perda de atomicidade dos argumentos porque os argumentos da parte variável não podem ser individualmente delimitados por parênteses.

17.2.5 Evitando avaliações múltiplas

A avaliação múltipla de um mesmo argumento é resultado da duplicação do argumento no texto que define a macro.

EXEMPLO 17.14 A coluna esquerda mostra a definição da macro dobro, que resulta na soma dos seus argumentos, e a coluna direita mostra a função dobrof, com a mesma finalidade.

DEFININDO DOBRO (COMO MACRO)   DEFININDO DOBRO (COMO FUNÇÃO)

```
#define dobro(x) (x) + (x)                int dobrof(int x) {return x + x;}
```

A referência a dobro(num) resulta corretamente na expressão (num) + (num). Já a referência a dobro(++x) resulta em (++x) + (++x), com o argumento x incrementado duas vezes. Esse não é o mesmo resultado que a referência a dobrof(++x), em que o argumento é incrementado uma única vez. ■

O único modo de evitar erros decorrentes da avaliação múltipla de um mesmo argumento é não utilizar argumentos que produzam efeitos colaterais.

17.2.6 Usando macros para definir funções independentes do tipo dos argumentos

Uma vantagem das macros é que elas podem, potencialmente, ser usadas com qualquer tipo de dados, já que sua avaliação ocorre apenas após a substituição textual.

EXEMPLO 17.15 Seja a função f_exem definida como

```
int f_exem(char a, char *b) { return (a == *b) ? 1 : 0; }
```

e a macro m_exem, com a mesma finalidade, definida como

```
#define m_exem(x, y) ((x) == (y)) ? 1 : 0
```

A função f_exem só pode ser chamada com argumentos compatíveis com o tipo dos seus parâmetros. Por exemplo, a chamada f_exem(4, 4.5) é inválida, pois o argumento 4.5, do tipo double, não é compatível com o tipo char * usado na definição da função. Já a macro m_exem pode ser referida com argumentos de diversos tipos, desde que sejam coerentes. Pode-se ter m_exem(a, b), se a e b forem inteiros; m_exem(*a, *b), se a e b forem ponteiros para float; e outras combinações. ∎

A flexibilidade das macros deve-se ao fato de que a avaliação dos argumentos ocorre apenas após a substituição textual. A referência m_exem(4, 4.5) (do exemplo anterior) resulta em ((4) == (4.5)) ? 1: 0, que é uma expressão válida.

A pergunta que deve ser feita, entretanto, é se a flexibilidade permitida por uma macro é desejável. Em grande parte das vezes, não é. Os programas profissionais devem ser elaborados para satisfazer especificações precisas e devem ser, além de corretos e eficientes, manuteníveis[3]. Assim, a especificação precisa das funções de um programa é na maioria das vezes um atributo desejável. No exemplo anterior, se a função deve receber um argumento do tipo int e outro do tipo char *, então sua implementação como uma função é mais adequada que como uma macro.

17.2.7 Representando argumentos como cadeias de caracteres

O símbolo # é tratado como um operador de substituição literal, quando antecede o identificador de um parâmetro na definição de uma macro. Seu efeito é delimitar com aspas a expressão usada como argumento na referência à macro: a expressão arg é transformada em "arg", com as seguintes modificações: os espaços iniciais e finais do argumento são suprimidos; os espaços múltiplos no texto do argumento são transformados em espaços simples; as aspas duplas são transformadas em \"; e a barra invertida é transformada em \\. Dessa forma, o texto de substituição é a cadeia de caracteres que representa o argumento usado na referência.

---

[3] De fato, espera-se de um programa profissional uma série de outros atributos como facilidade de uso, portabilidade, etc.

EXEMPLO 17.16 Na seguinte definição o símbolo # antecede o parâmetro x, fazendo o argumento correspondente ser usado literalmente:

```
#define f(x,y) printf(#x, (y))
```

A relação a seguir mostra algumas referências à macro f, com as expansões correspondentes:

Referência	Expressão resultante
f(2 + 3 %d, 4)	printf("2 + 3 %d", (4))
f(12, x + 3)	printf("12", (x + 3))
f(a * b , a * b)	printf("a * b", (a * b))
f("a * b", a * b)	printf("\"a * b\"", (a * b))
f(" \"a\" \n", x)	printf("\" \\\"a\\\" \\n\"", (x))

Apenas a primeira referência resulta em uma expressão válida. ∎

É comum o uso do operador de substituição literal (#) na composição do argumento com outras cadeias de caracteres.

EXEMPLO 17.17 A definição

```
#define imprime(x) printf("arg " #x " = %d\n", (x))
```

permite a impressão do argumento utilizado e do valor resultante de sua avaliação. A tabela a seguir mostra, em dois passos, o resultado da expansão da macro imprime. Primeiro ocorre a substituição do argumento x, com a aplicação do operador #, depois ocorre a composição das cadeias de caracteres:

Referência		Expressão resultante
imprime(x)	→	printf("arg ""x"" = %d\n", (x))
	→	printf("arg x = %d\n", (x))
imprime(4 + a)	→	printf("arg ""4 + a"" = %d\n", (4 + a))
	→	printf("arg 4 + a = %d\n", (4 + a))
imprime(4 + 3 * 2)	→	printf("arg ""4 + 3 * 2"" = %d\n", (4 + 3 * 2))
	→	printf("arg 4 + 3 * 2 = %d\n", (4 + 3 * 2))

∎

17.2.8 Concatenando argumentos

O operador ## na definição de uma macro causa a concatenação do termo que o precede com o termo que o segue imediatamente: a expressão a ## b produz ab.

EXEMPLO 17.18 A definição

```
#define imp(x) printf("val" #x " = %d\n", val ## x )
```

causa a concatenação do termo val com o texto usado como argumento. A tabela a seguir mostra, em dois passos, o resultado da expansão da macro imp. Primeiro ocorre a substituição do argumento x, com a aplicação dos operadores # e ##, depois ocorre a composição das cadeias de caracteres:

Referência	Expressão resultante
imp(2)	→ printf("val""2"" = %d\n", val2)
	→ printf("val2 = %d\n", val2)
imp(_pos)	→ printf("val""_pos"" = %d\n", val_pos)
	→ printf("val_pos = %d\n", val_pos)

■

Quando o operador ## é aplicado a parâmetros que correspondem a argumentos não fornecidos, a concatenação ocorre como se o argumento fosse um caractere inexistente.

EXEMPLO 17.19 As definições

```
#define arg(x, y, z, w) int val ## x ## y ## z = w
#define imp(x,y,z) printf("val" #x #y #z " = %d\n", val ## x ## y ## z)
```

produzem as seguintes expressões:

Referência	Expressão resultante
arg(1, 2, 3, 869);	int val123 = 869;
arg(1,2, ,869);	int val12 = 869;
arg(, 2, ,869);	int val2 = 869;
arg(, , ,869);	int val = 869;
imp(1, 2, 3);	printf("val123 = %d\n", val123);
imp(1,2,);	printf("val12 = %d\n", val12);
imp(, 2,);	printf("val2 = %d\n", val2);
imp(, ,);	printf("val = %d\n", val);

■

As seguintes restrições aplicam-se ao operador ##:

1. Ele não pode iniciar nem terminar a expressão definidora da macro.
2. O termo resultante da concatenação deve ser um formante válido para a etapa de pré-processamento. Em particular, a concatenação de sinais de pontuação ou operadores com identificadores não resulta em formantes válidos porque os sinais de pontuação e os operadores são considerados como formantes individuais (não podem compor outros formantes). Por exemplo, a expressão val ## . ## y resulta no termo val.y que, na etapa de pré-processamento, deveria ter seus constituintes, val, . e y, processados individualmente – os três juntos não constituem um formante válido.

17.3 TORNANDO DEFINIÇÕES SEM EFEITO

A partir do momento que uma macro é definida ela passa a ter existência e pode ser usada tanto para produzir o texto da sua definição quanto em expressões que verificam se uma macro está ativada, definida. Mesmo quando a macro não possui uma expressão definidora, a diretiva #define a define. A declaração

```
#define LINUX
```

define a macro LINUX, embora não haja uma expressão definidora. Esse tipo de declaração serve para indicar situações particulares que são consideradas na fase de pré-processamento por diretivas que permitem a inclusão condicional de código. De modo semelhante, a diretiva #undef torna uma macro sem efeito, indefinida. A declaração

```
#undef LINUX
```

faz a macro LINUX ficar desativada, indefinida.

Pode-se verificar se uma macro está definida com o operador defined: a expressão defined NOME ou defined(NOME) resulta no valor 1 (verdadeiro), se a macro NOME está definida, ou no valor 0 (falso), em caso contrário. A indefinição é verificada com o operador de negação. A expressão !defined NOME ou !defined(NOME) resulta no valor 1 (verdadeiro) se a macro NOME não está definida, ou no valor 0 (falso), caso contrário.

O compilador gcc possui as opções -D e -U para definir e suprimir a definição de macros. O comando

```
gcc -o prog prog.c -std=c99 -D_LINUX -DVERSAO_X -UTESTE
```

compila o programa prog.c fazendo as macros _LINUX e VERSAO_X ficarem definidas e a macro TESTE ficar indefinida, durante toda a compilação. Quando uma macro é definida com a diretiva #define ela permanece definida até o fim da unidade de compilação, ou até que uma diretiva #undef seja executada (para o seu nome).

17.4 INCLUSÃO CONDICIONAL DE CÓDIGO

A diretiva #if permite a inclusão condicional de código, sendo semelhante ao comando if convencional: testa uma condição e inclui um bloco de texto, se a condição for verdadeira, ou outro, se a condição for falsa. É sempre terminada pela diretiva #endif, com a cláusula senão indicada pela diretiva #else nas combinações usuais. As declarações a seguir ilustram o efeito de três diretivas #if:

```
#if defined LINUX
   <texto-1>
#endif
<texto-2>
```

Se LINUX está definida inclui texto-1 e texto-2; se não está, inclui apenas texto-2.

```
#if !defined LINUX
   <texto-1>
#else
   <texto-2>
#endif
<texto-3>
```

Se LINUX não está definida inclui texto-1 e texto-3; se está, inclui texto-2 e texto-3.

```
#if !defined LINUX
  <texto-1>
#else
  <texto-2>
  #if defined MAC
    <texto-3>
  #endif
#endif
<texto-4>
```

Se LINUX não está definida inclui texto-1 e texto-4; se LINUX e MAC estão definidas inclui texto-2, texto-3 e texto-4; se apenas LINUX está definida inclui texto-2 e texto-4.

A expressão `#if defined` pode ser abreviada como `#ifdef` e a expressão `#if !defined` pode ser abreviada como `#ifndef`.

EXEMPLO 17.20 O trecho de código a seguir produz as seguintes saídas, dependendo da definição da macro LINUX:

```
#ifdef LINUX
  a = calcLinux(a);
#else
  a = calcWindows(a)
#endif
printf("a = %d\n", a);
```

LINUX DEFINIDA	LINUX NÃO DEFINIDA
`a = calcLinux(a);` `printf("a = %d\n", a);`	`a = calcWindows(a);` `printf("a = %d\n", a);`

Apenas o texto resultante será submetido à compilação. ■

17.4.1 Avaliação da condição

A condição de uma diretiva `#if` deve ser uma expressão inteira constante (ver definição na Seção 5.11.1) que pode conter o operador `defined` aplicado a uma macro, mas não pode conter o operador de conversão de tipo nem o operador `sizeof`. A condição de uma diretiva `#if` é avaliada do seguinte modo:

1. Os identificadores que são nomes de macros definidas, e não são operandos do operador `defined`, são substituídos por suas definições.

2. As operações `defined` são avaliadas, resultando no valor 1, se a macro usada como operando está definida, ou 0, em caso contrário.

3. Os identificadores remanescentes são substituídos por 0 (esses identificadores podem ser macros não definidas, constantes enumeradas, variáveis, etc. De fato, neste momento da avaliação, todo identificador pertence a uma de duas categorias: ou é uma macro definida ou é uma macro não definida).

4. A expressão resultante é avaliada.

EXEMPLO 17.21   No contexto das diretivas abaixo, a tabela a seguir mostra como a condição da diretiva #if é avaliada.

```
#define E1
#undef E2
#define E2 12
#define E3
#undef E3
#define E5 LINUX
#define SUNOS 1
```

A coluna 'Antes' mostra a expressão original, a coluna 'Após' mostra a expressão após a substituição das macros que não são operandos do operador defined, a coluna 'Aval' mostra o resultado da avaliação da condição do #if e a última coluna contém observações relacionadas ao processo de avaliação:

Antes	Após	Aval	
#if defined E1	#if defined E1	#if 1	E1 está definida.
#if !defined E2	#if !defined E2	#if 0	E2 está definida.
#if !defined E3	#if !defined E3	#if 1	E3 não está definida.
#if defined E4	#if defined E4	#if 0	E4 não está declarada.
#if E4	#if 0	#if 0	E4 não está declarada.
#if E1	#if		Condição inválida; E1 é substituída pela expressão vazia.
#if E2 == 3 * (2<<1)	#if 12 == 3 * (2<<1)	#if 1	E2 é substituída por 12.
#if (E5 == SUNOS)	#if (0 == 1)	#if 0	E5 é substituída por LINUX e, em seguida, LINUX é substituída por 0, pois não está definida. SUNOS é substituída por 1.
#if (E3 == MAC)	#if (0 == 0)	#if 1	E3 é substituída por 0, pois está indefinida, e MAC é substituída por 0 porque não está declarada.

∎

17.4.2   Exprimindo alternativas

A diretiva #elif introduz uma cláusula – senão seguida de um outro #if, é uma abreviação para #else #if, podendo ser terminada tanto pela diretiva #endelif quanto por outra cláusula #elif, ou pelo #endif da cláusula na qual está inserida. Essa flexibilidade torna a diretiva mais adequada para codificar várias condições aninhadas:

```
#if defined UNIX            #if defined UNIX            #if !defined SUN
   <texto-1>                   <texto-1>                   <texto-1>
#elif defined WINDOWS       #elif defined WINDOWS       #elif defined PC
   <texto-2>                   <texto-2>                   <texto-2>
#endelif                    #endif                      #elif defined RS6000
#endif                         <texto-3>                   <texto-3>
   <texto-3>                                            #endif
                                                           <texto-4>
```

17.4.3   Usos comuns das diretivas de inclusão condicional

Em programas com vários arquivos-fontes é possível que um mesmo arquivo-cabeçalho seja incluído várias vezes. Essa situação pode causar erros de múltipla definição de variáveis e funções. As diretivas de pré-processamento podem ser usadas para evitar a inclusão múltipla de um mesmo arquivo.

EXEMPLO 17.22 O código a seguir representa o texto de um arquivo-cabeçalho `arq1.h`. Na primeira vez que esse arquivo for incluído (com a diretiva `#include "arq1.h"`) a macro `ARQ1` não estará definida: ela passa a ser definida e o texto do arquivo é considerado.

```
#ifndef ARQ1
  #define ARQ1
  /* texto do arquivo-cabecalho
  */
#endif
```

Nas demais inclusões do mesmo arquivo, a macro `ARQ1` já estará definida e o texto do cabeçalho não será considerado novamente. ■

As diretivas de pré-processamento também podem ser usadas para gerar código dependente da arquitetura-alvo.

EXEMPLO 17.23 O trecho de código a seguir inclui o comando `system("clear");` se a macro `LINUX` estiver definida, e o comando `system("clr");` se a macro `WINDOWS` estiver definida.

```
#ifdef  LINUX
   system("clear");
#elif defined WINDOWS
   system("clr");
#endif
```
■

17.5 ALGUMAS MACROS PREDEFINIDAS

O código de um programa C pode fazer referência ao número da linha e aos nomes da função e do arquivo que contêm um determinado comando, como ocorre com a macro `assert` (Capítulo 14). Essas e outras informações sobre o ambiente de execução e compilação podem ser obtidas através das seguintes macros:

Macro	Definição
`__DATE__`	Data do pré-processamento da unidade de compilação, no formato ⟨Mês⟩⟨dia⟩⟨ano⟩.
`__TIME__`	Hora do pré-processamento da unidade de compilação, no formato ⟨hora⟩:⟨min⟩:⟨seg⟩.
`__FILE__`	Nome do arquivo no qual ocorre a referência à macro.
`__func__`	O nome `__func__` não é de fato uma macro, mas sim um identificador predefinido que resulta no nome da função em que é utilizado. O compilador gcc fornece a macro `__FUNCTION__` com o mesmo propósito.
`__LINE__`	Número da linha do arquivo-fonte na qual ocorre a referência à macro.
`__STDC__`	A constante 1 (indicando uma implementação em conformidade com o padrão).
`__STDC_HOSTED__`	A constante 1, se a implementação é "abrigada", ou 0, em caso contrário.
`__STDC_VERSION__`	Uma constante do tipo `long int` indicando a versão do padrão ISO/IEC 9899 utilizada pela implementação.

EXEMPLO 17.24 O primeiro comando da função `mostra_erro` a seguir é concebido para imprimir o nome do arquivo e a linha em que o erro ocorreu.

```
void mostra_erro(char *arq, int linha) {
  printf("erro: arquivo %s, linha %d.\n", arq, linha);
  /* codigo omitido */
}
```

A chamada `mostra_erro(__FILE__, __LINE__)` faz a função `mostra_erro` receber como argumentos o nome do arquivo e a linha que identificam o local da chamada. ∎

EXEMPLO 17.25 A função `prog_info` a seguir imprime informação sobre a compilação da unidade em que está codificada e a aderência ao padrão da linguagem pelo compilador utilizado.

```
void prog_info(void) {
  printf("Programa compilado em %s %s,\n", __DATE__, __TIME__);
  if (__STDC__) {
    printf("em conformidade com o ");
  } else {
    printf("sem conformidade com o ");
  }
  printf("padrao %ld.", __STDC_VERSION__);
}
```

As seguintes mensagens ilustram uma possível saída da função:

```
Programa compilado em Dec 22 2012 15:46:28,
em conformidade com o padrao 199901.
```

O inteiro 199901 indica que o compilador atende ao padrão ISO/IEC 9899:1999, revisão 01. ∎

17.5.1 Modificando informações da linha

A diretiva `#line` permite modificar o número da linha, ⟨*NumLinha*⟩, e o nome do arquivo, ⟨*NomeArq*⟩, correntes.

⟨*DiretivaLinha*⟩ ::= **#line** ⟨*NumLinha*⟩
                | **#line** ⟨*NumLinha*⟩ ⟨*NomeArq*⟩

Quando a macro é executada o número da linha e o nome do arquivo a partir do ponto de execução passam a ser os indicados. Os novos valores valem para o restante do processamento da unidade de compilação.

EXEMPLO 17.26 O programa a seguir chama a função `mostra_erro` do Exemplo 17.24.

```
1  #include <stdio.h>
2  void mostra_erro(char *, int);
3  int main(void) {
4    mostra_erro(__FILE__, __LINE__);
5    #line 145 "prog exemplo"
6    mostra_erro(__FILE__, __LINE__);
7    mostra_erro(__FILE__, __LINE__);
8    return 0;
9  }
```
∎

Se esse programa estiver armazenado no arquivo `prg_mcr04.c` produzirá a seguinte saída:

```
erro no arquivo prg_mcr04.c, linha 4.
erro no arquivo prog exemplo, linha 145.
erro no arquivo prog exemplo, linha 146.
```

17.5.2 Indicando erros de pré-processamento

A diretiva `#error` permite indicar um erro de pré-processamento

⟨*ErroPreProc*⟩ ::= **#error** [⟨*Mensagem erro*⟩]

A execução da diretiva interrompe a compilação na fase de pré-processamento com uma mensagem de erro. O formato da mensagem de erro é dependente da implementação, mas normalmente inclui, além do texto ⟨*Mensagem erro*⟩, se houver, o nome do arquivo e a linha que contêm a diretiva.

EXEMPLO 17.27 O trecho de programa a seguir resulta na declaração do vetor `vet` apenas se a macro `QTD` for maior que 20.

```
#if QTD > 20
   int vet[QTD];
#else
   #error tamanho QTD invalido
#endif
```

Em caso contrário, a compilação é interrompida na fase de pré-processamento, produzindo uma mensagem de erro que inclui o texto "tamanho QTD invalido". ∎

EXERCÍCIOS

17.1 No diretório em que está o programa `prg_mcrA.c`, a seguir, existem dois subdiretórios, `dirA` e `dirB`, cada um contendo uma versão do arquivo-cabeçalho `var.h`, conforme mostram as colunas central e direita.

prg_mcrA.c	dirA/var.h	dirB/var.h

```#include <stdio.h>```
```#include "var.h"```
```int main(void) {```
``` printf("%d\n", a);```
``` return 0;```
```}```
	`short int a = 234;`	`int a = 16753;`

O que será impresso pelo programa, se ele for compilado com os seguintes comandos?

 a) `gcc -o prg_mcrA prg_mcrA.c -IdirA -IdirB`

 b) `gcc -o prg_mcrA prg_mcrA.c -iquotedirA -IdirB`

 c) `gcc -o prg_mcrA prg_mcrA.c -IdirA -iquotedirB`

 d) `gcc -o prg_mcrA prg_mcrA.c -iquotedirB -iquotedirA`

17.2 Considerando o trecho de programa a seguir, que expressões são usadas para atribuir os valores iniciais das variáveis p1, p2, d e n?

```
#include <stdio.h>
#include <math.h>

#define NUM (log(s) - log(p))
#define PERA NUM / DEN
#define PERB NUM / DEN
#define DEN log(1.0 + i)

int main(void) {
    double s = 10.0, p = 5.0, i = 2.0;
    double p1 = PERA;
    double p2 = PERB;
    double d = DEN;
    double n = NUM;
    /* codigo omitido */
    return 0;
}
```

17.3 Considerando as definições das macros parametrizadas calc_p, sub_menor e def_vals, que expressões resultam das chamadas a seguir?

```
#define calc_p(x, y) x + y / (x - y)
#define sub_menor(x, y, z) if (x > y) x -= x - z; else y -= z
#define def_vals(a, b, ...) int a[b] = {__VA_ARGS__}
```

a) calc_p(a, b)

b) calc_p(2 + x, 4)

c) calc_p(y, y)

d) sub_menor(4, r++, --y)

e) sub_menor(x + y, y - x, -4)

f) sub_menor(x, ,x)

g) def_vals(num, 4, 3, 6, 7);

h) def_vals(sal[b], c, {2, 2}, {3, 4});

i) def_vals(x, y);

j) def_vals(x,);

17.4 Considerando as definições das macros parametrizadas valor e imp_val, que expressões resultam das chamadas a seguir?

```
#define valor(x, y) tab_ ## x[y]
#define imp_val(tp, x) printf(#x " = %" #tp "\n", x)
```

a) valor(A, 4);

b) valor(,);

c) valor(2, 3 * x);

d) imp_val(d, 3 * 2);

e) imp_val(d, valor(, 2 + 6));

f) imp_val(ld, valor(A, valor(A, 1)));

17.5 A enumeração no código a seguir é extraída do arquivo-cabeçalho math.h usado pelo compilador gcc. Ela mostra o uso intercalado de código e macro, definindo constantes enumeradas e macros com o mesmo nome (deve-se observar que, da forma como está, essa mistura de código e macro apenas atrapalha o entendimento das constantes enumeradas – melhor seria se as definições das macros viessem antes ou depois da enumeração).

```
#include <stdio.h>
int main(void) {
  enum {
    FP_NAN,
    #define FP_NAN FP_NAN
    FP_INFINITE,
    #define FP_INFINITE FP_INFINITE
    FP_ZERO,
    #define FP_ZERO FP_ZERO
    FP_SUBNORMAL,
    #define FP_SUBNORMAL FP_SUBNORMAL
    FP_NORMAL
    #define FP_NORMAL FP_NORMAL
  };
  #if FP_ZERO == 2
    printf("macro fp_zero definida\n");
  #endif
  if (FP_ZERO == 2) {
    printf("cte fp_zero definida\n");
  }
  return 0;
}
```

O que será impresso por esse programa e por quê?

17.6 O código a seguir é extraído do arquivo-cabeçalho `math.h` usado pelo compilador gcc. A ideia é definir o tipo estrutura sem usar a etiqueta `exception`, se a linguagem de programação for C++. Isso porque em C++ o identificador `exception` é uma palavra-chave e não pode ser usado como etiqueta. A função `matherr` também é declarada de acordo com a linguagem.

```
#ifdef __cplusplus
  struct __exception
#else
  struct exception
#endif
{
  int type;
  char *name;
  double arg1;
  double arg2;
  double retval;
};
#ifdef __cplusplus
  extern int
  matherr (struct __exception *__exc) throw ();
#else
  extern int
  matherr (struct exception *__exc);
#endif
```

O que será produzido como código se a macro `__cplusplus` estiver definida? E se não estiver?

17.7 O código a seguir é extraído do arquivo-cabeçalho math.h usado pelo compilador gcc. A ideia é definir a função fpclassify com base no tamanho do seu argumento, chamando as funções para float, double ou long double (o uso da barra \ no fim das linhas é um artifício para quebrar a linha sem inserir um código de fim de linha, que terminaria a definição da macro).

```
#include <math.h>
#ifdef __NO_LONG_DOUBLE_MATH
  #define fpclassify(x) \
     (sizeof (x) == sizeof (float) ? __fpclassifyf (x) : __fpclassify (x))
#else
  #define fpclassify(x) \
     (sizeof (x) == sizeof (float) \
     ? __fpclassifyf (x)           \
     : sizeof (x) == sizeof (double) \
     ? __fpclassify (x) : __fpclassifyl (x))
```

Que código será produzido pela referência fpclassify(2.3L) se a macro __NO_LONG_DOUBLE_MATH estiver definida no momento da referência? E se não estiver?

Referências

[1] INTERNATIONAL ELECTROTECHNICAL COMMISSION (IEC). *IEC 60559:1989. Binary floating-point arithmetic for microprocessor systems*. Geneva: IEC, 1989.

[2] PINHEIRO, F. A. C. *Fundamentos de computação e orientação a objetos usando Java*. Rio de Janeiro: LTC, 2006.

[3] PINHEIRO, F. A. C. *Elementos de programação em C*: em conformidade com o padrão ISO/IEC 9899. Disponível em: <http://www.facp.pro.br/livroc/>.

[4] INTERNATIONAL ORGANIZATION FOR STANDARDIZATION (ISO); INTERNATIONAL ELECTROTECHNICAL COMMISSION (IEC). *ISO/IEC 9899:1999. C Programming Language Standard*. 3rd ed. Geneva: ISO/IEC, 1999. WG14/N1336 Committee draft, agosto de 2008.

[5] LOOSEMORE, S. et al. *The GNU C library reference manual*. [S.l]: Free Software Foundation, 2007. Versão 2.8 de 2007.

[6] INSTITUTE OF ELECTRICAL AND ELECTRONICS ENGINEERS (IEEE). *IEEE 754:2008. Standard for binary floating-point arithmetic*. [S.l.]: ANSI/IEEE, 2008.

[7] STALLMAN, R. M.; GCC DEVELOPER COMMUNITY. *Using the GNU compiler collection (GCC)*. [S.l]: Free Software Foundation, 2008. Versão 4.5.0 de 2008.

Índice

_Exit (*stdlib.h*), 186-187, 219-220
_Bool, 35, 83-84, 87, 118-119
_Complex, 87
_Imaginary, 87
__alignof__, 51-52, 64-65
\'', 71-72
* *\, 13-14
\?, 71-72
\\, 13-14, 71-72
\a, 71-72
\b, 71-72
\f, 71-72
\n, 71-72
\r, 71-72
\t, 71-72
\v, 71-72
\', 71-72

A

abort (*stdlib.h*), 186-187, 219-220, 405-406
acos (*math.h*), 133-134, 484-485
acosh (*math.h*), 484-485
alarm (*unistd.h*), 482-483
alinhamento de bits, 51-52
alocação de memória
    automática, 95-96
    estática, 95-96, 213
    por comando, 95-96, 445
área de armazenamento temporário, 310-311, 368-369, 372-373
argumento, *veja* função
arquitetura-alvo, 2-3, 6, 36-37, 39-42, 54-55, 137-138, 511-512
arquivo
    abertura: modo de operação
        rb, rb+, wb, wb+, ab, ab+, 345-346
        r, r+, w, w+, a, a+, 345-346
    acesso com função de argumento variável, 375-376
    operação
        atualização, 341, 362-363
        cursor de leitura, gravação, 362-363
        gravação/adição, 341, 354-355
        leitura, 341
        leitura e gravação multibyte, 377

    tipo
        binário, 341, 357-358
        texto, 341
    usado em compilação
        assembler, fonte, objeto, 7-8
        cabeçalho, 7-9
asctime (*time.h*), 475-476
asin (*math.h*), 133-134, 484-485
asinh (*math.h*), 484-485
assert (*assert.h*), 412-413
assertiva, 412-413
atan (*math.h*), 133-134, 484-485
atan2 (*math.h*), 133-134, 484-485
atanh (*math.h*), 484-485
atexit (*stdlib.h*), 219-220
atof (*stdlib.h*), 433
atoi (*stdlib.h*), 434
atol (*stdlib.h*), 434
atoll (*stdlib.h*), 434
atribuição, *veja* operador de atribuição
atribuição composta, *veja* operador de atribuição
auto, *veja* classe de armazenamento
avaliação de expressão
    erro, 140-142
    ordem de avaliação, 138-139
    sequenciamento, 140-142

B

biblioteca-padrão, 8-9
big endian, 294-295
bit de preenchimento, 51-52
bit de valoração, 51-52
bool (*stdbool.h*), 63-64, 83-84, 118-119
break, *veja* comandos condicional e iterativo
bsearch (*stdlib.h*), 454-455
btowc (*wchar.h*), 471-472
buffer, 310-311, *veja* área de armazenamento temporário

C

cabeçalho-padrão
    assert.h, 412-413
    complex.h, 43-44, 117-118
    ctype.h, 435-436

errno.h, 387-388
fenv.h, 391-392, 400
float.h, 42-44, 117-118, 137-138
limits.h, 36-37, 39-41, 463-464
locale.h, 457-458
math.h, 133-134, 137-138, 392-393, 483-484
setjmp.h, 209-210
signal.h, 402-403
stdbool.h, 63-64, 81-82, 118-119
stddef.h, 63-64, 74-75
stdint.h, 63-64, 137-138
stdio.h, 8-9, 313-314, 387-389, 413-414
stdlib.h, 63-64, 220-223, 431-432, 445, 453-454, 463-464, 492-494
string.h, 423-424, 450-451
time.h, 471-472
unistd.h (padrão POSIX), 480-482
wchar.h, 63-64, 377, 437-438, 453-454, 467-468, 471-472, 479-480
wctype.h, 439-441
cadeia de caracteres, 75-76, 422
   com caractere estendido, multibyte, 437-438, 462-463, 479-480
      conversão estendido-multibyte, 464-466, 469-470
   como fonte e repositório de dados, 372-373
   conversão em valor numérico, 431-432
   decomposição em formantes, 430-431
calloc (*stdlib.h*), 446-447
campo de bits, 49-50, 298-299
caractere
   conjunto básico, 37-38
   especial
      \'', \', \?, \\, 71-72
      \a, \b, \f, \n, \r, \t, \v, 71-72
   estendido, multibyte, 38-41, 74-75, 439-441
      conversão básico-estendido, 471-472
      conversão estendido-multibyte, 462-463, 467-468
      leitura e gravação, 377
   função de classificação, 435-436
   mapeamento minúsculo-maiúsculo, 437-438
   sinalizado, 39-41
case, 87, *veja* switch
cbrt (*math.h*), 485-486
ceil (*math.h*), 133-134, 486-487
char, 36-37, 87
CHAR_BIT (*limits.h*), 36-37
CHAR_MAX (*limits.h*), 36-37
CHAR_MIN (*limits.h*), 36-37
ciclo de vida, *veja* variável
cimag (*complex.h*), 43-44, 117-118
cimagf (*complex.h*), 43-44
cimagl (*complex.h*), 43-44

classe de armazenamento
   auto, register, 87, 97-100
   extern, static, 87, 97-100, 213
   não especificada, 101-102
classificação de identificador, 108-109
clearerr (*stdio.h*), 388-389
clock (*time.h*), 479-480
CLOCK_PER_SEC (*time.h*), 480-482
código executável, código-fonte e código-objeto, 6
comando condicional
   if, 87, 148
      cláusula vazia, 151-152
      comando aninhado, 150
   switch, 87, 152-154
      cláusula default, 87, 154-155
      comando aninhado, 159-160
   interrupção
      break, 87, 156-158
comando iterativo
   do, 87, 175
   for, 87, 176-177
   while, 87, 171
   cláusula vazia, 179-180
   interrupção
      break, 87, 179-180
      continue, 87, 182-183
comentário: \\ e * *\, 13-14
comparação entre tipos de ponto flutuante, 120-121, 397-398, 491-492
compatibilidade de tipos, 62-63, 80-81, 103-104, 217-218, 264-265, 301-302
compilação
   comando de compilação: gcc, 3-4, 8-9
   compiladores para Windows, 3-4
   glibc, 3-4, 8-9
   opção de compilação
      -DNDEBUG (desativar assertivas), 413-414
      -D_GNU_SOURCE, 491-492
      -D_XOPEN_SOURCE, 491-492
      -I, -iquote (p/cabeçalho), 497-498
      -o (define saída), 8-9
   opções de compilação
      -E, -S, -c (compilação parcial), 9-10
      -l (p/biblioteca), 20-21
      -o (define saída), 9-10
      -std, -Wall, -pedantic, 10-11, 20-21
   pré-processamento, compilação, montagem e ligação, 7-8, 11-12
complemento, *veja* operador binário/lógico
comportamento
   dependente de implementação, 3-4
   indefinido, 3-4
   não especificado, 3-4

conjunção, *veja* operador binário/lógico
const, 80-81, 87, 101-102
constante
    enumerada, 78
    expressão constante, 105-106
    macro, 81-82
    numérica (predefinida), 491-492
    variável constante, 80-81
continue, *veja* comando iterativo
conversão
    de cadeia de caracteres em valor numérico, 431-432
    entre cadeias de caracteres, *veja* cadeias
    entre tipos
        complexo em complexo, 60-61
        complexo em real, 60-61
        envolvendo booliano, 60-61
        inteiro em inteiro, 56-57
        inteiro em real, 58-59
        real em complexo, 60-61
        real em inteiro, 58-59
        real em real, 59-60
    expansiva, restritiva, 55-56
    operador de conversão, *veja* operador
copysign (*math.h*), 489-490
cos (*math.h*), 133-134, 483-484
cosh (*math.h*), 484-485
creal (*complex.h*), 43-44, 117-118
crealf (*complex.h*), 43-44
creall (*complex.h*), 43-44
ctime (*time.h*), 477-478
cursor de leitura, gravação, 362-363

D

data e hora, 471-472
DBL_EPSILON (*float.h*), 43-44, 120-121, 398-399
DBL_MAX (*float.h*), 42-43, 117-118
DBL_MIN (*float.h*), 42-43, 117-118
declaração de variável, *veja* variável
default, *veja* switch
definição de tipo, 136-137, 216-217, 263-264
definição de variável, *veja* variável
designador de função, *veja* função
deslocamento, *veja* operador binário/lógico
desvio e interrupção do fluxo de execução, 182-183, 186-187, 202-203, 209-210
desvio não local, 209-210
diagrama de sequência, 20-21
diagrama sintático
    do, 175
    enum, 78
    for, 176-177
    if, 148-149

struct, 46-47
union, 46-47
while, 171-173
declaração de função, 191-192
declaração de variável, 88
declaração de vetor, 234-235
difftime (*time.h*), 475-476
diretiva de conversão, 317-318
diretiva de formatação, 327-329
diretiva de pré-processamento, 497
    #define (definição), 498-500
    #error (indicação de erro), 512-513
    #include (inclusão de arquivo), 497
    #line (define número da linha), 512-513
    #undef (liberação), 507-508
    condicional
        #if #elif #endelif, 510-511
        #if #else #endif, 507-508
        #ifdef #if defined #ifndef, 508-509
disjunção, *veja* operador binário/lógico
disjunção exclusiva, *veja* operador binário/lógico
do, *veja* comando iterativo
domínio complexo, 36-37
domínio real, 36-37
double, 42-43, 70-71, 87
double _Complex, 43-44
double_t (*math.h*), 137-138

E

EDOM (*errno.h*), 388-389, 391-392
EILSEQ (*errno.h*), 388-389
else, 87, *veja* if
entrada-padrão, 313-314
enum, 87, *veja* enumeração
enumeração, 78
    compatibilidade, 80-81
    etiqueta, 80-81
    tipo, 79-80
EOF (*stdio.h*), 313-314
ERANGE (*errno.h*), 388-389, 391-392
erf (*math.h*), 489-490
erfc (*math.h*), 489-490
errno (*errno.h*), 387-388, 391-392
erro
    de entrada e saída, 388-389
    descrição do erro, 413-414
    matemático, 389-391
        de arredondamento, 400
        de conversão, 398-399
        de domínio, 391-392
        de imagem, 391-392
        de precisão, 397-398
        exceção de ponto flutuante, 394-395

na alocação de memória, 447-448
na avaliação de expressão, 140-142
na execução de função, 387-388
recomendações para evitar, 413-414
tipo de erro
    computacional, 385-387
    lógico, 385
    operacional, 385-387
tratamento com setjmp e longjmp, 409-411
escopo (tipo)
    arquivo, bloco, função, protótipo, 88-90
estrutura, 45-46, 274
    campo de bits, 49-50, 298-299
    compatibilidade, 301-302
    componente
        flexível, 279-280
        não nomeado, 279-280
    etiqueta, 47-48
    iniciação, 285-286
    representação, 52-53
exit (*stdlib.h*), 186-187, 219-220
EXIT_FAILURE (*stdlib.h*), 219-220
EXIT_SUCCESS (*stdlib.h*), 219-220
exp (*math.h*), 133-134, 484-485
exp2 (*math.h*), 133-134, 484-485
expm1 (*math.h*), 133-134, 484-485
expressão constante, 105-106
extern, *veja* classe de armazenamento

F

fabs (*math.h*), 120-121, 133-134, 490-491
false (*stdbool.h*), 81-82, 87, 118-119
fclose (*stdio.h*), 345-346
fdim (*math.h*), 490-491
FE_DIVBYZERO (*fenv.h*), 391-392
FE_DOWNWARD (*fenv.h*), 400
FE_INEXACT (*fenv.h*), 391-392, 398-399
FE_INVALID (*fenv.h*), 391-392, 398-399
FE_OVERFLOW (*fenv.h*), 391-392
FE_TONEAREST (*fenv.h*), 400
FE_TOWARDZERO (*fenv.h*), 400
FE_UNDERFLOW (*fenv.h*), 391-392
FE_UPWARD (*fenv.h*), 400
feclearexcept (*fenv.h*), 394-395
fegetround (*fenv.h*), 400
feof (*stdio.h*), 388-389
ferror (*stdio.h*), 388-389
fesetround (*fenv.h*), 401-402
fetestexcept (*fenv.h*), 394-395
fflush (*stdio.h*), 368-369
fgetc (*stdio.h*), 348-349
fgetpos (*stdio.h*), 362-363
fgets (*stdio.h*), 352

FILE (*stdio.h*), 313-314
float, 42-43, 70-71, 87
float _Complex, 43-44
float_t (*math.h*), 137-138
floor (*math.h*), 133-134, 486-487
FLT_EPSILON (*float.h*), 43-44, 120-121, 398-399
FLT_EVAL_METHOD (*float.h*), 137-138
FLT_MAX (*float.h*), 42-43
FLT_MIN (*float.h*), 42-43
fluxo de execução, 17-18, 191
fma (*math.h*), 490-491
fmax (*math.h*), 133-134, 489-490
fmin (*math.h*), 133-134, 489-490
fmod (*math.h*), 486-487
fopen (*stdio.h*), 344-345
for, *veja* comando iterativo
fpclassify (*math.h*), 490-491
fprintf (*stdio.h*), 356-357
fputc (*stdio.h*), 354-355
fputs (*stdio.h*), 356-357
fread (*stdio.h*), 359-360
free (*stdlib.h*), 450-451
freopen (*stdio.h*), 369-370
frexp (*math.h*), 487-489
fscanf (*stdio.h*), 353-354
fseek (*stdio.h*), 365-366
fsetpos (*stdio.h*), 362-363
ftell (*stdio.h*), 366-367
função
    main, 211-212
    alocação, 213
    argumento e parâmetro, 197-200
        promoção-padrão de argumento, 199-200
        quantidade variável, 206-207
    compatibilidade, 217-218
    declaração e definição, 192-194
    designador, 199-200
    em linha, 214-216
    ligação, 213–216
    protótipo, 192-194
    recursiva, 203-204
    tipo, 215-216
    tratamento de sinal, 402-403, 405-406
    valor de retorno, 202-203
fwide (*wchar.h*), 379-380
fwrite (*stdio.h*), 359-360

G

gcc, *veja* compilação
getc (*stdio.h*), 350-351
getchar (*stdio.h*), 314-315
gets (*stdio.h*), 316-317
glibc, *veja* compilação

gmtime (*time.h*), 472-473
goto, 87, 182-183

H
hypot (*math.h*), 490-491

I
I, i (constante complexa), 117-118
identificador, 87
    classificação, 108-109
    escopo, 88-91
    ligação, 94-95
if, *veja* comando condicional
ilogb (*math.h*), 487-489
inf, *veja* tipo real, valores especiais
infinity, *veja* tipo real, valores especiais
infixada, *veja* notação
iniciação, *veja* variável, valor inicial
inline, 87, 214
int, 39-41, 68, 87
INT_MAX (*limits.h*), 39-41
INT_MIN (*limits.h*), 39-41
int16_t (*stdint.h*), 137-138
int32_t (*stdint.h*), 137-138
int64_t (*stdint.h*), 137-138
int8_t (*stdint.h*), 137-138
intmax_t (*stdint.h*), 63-64
isalnum (*ctype.h*), 436-437
isalpha (*ctype.h*), 435-436
isblank (*ctype.h*), 435-436
iscntrl (*ctype.h*), 436-437
isdigit (*ctype.h*), 435-436
isfinite (*math.h*), 490-491
isgraph (*ctype.h*), 436-437
isgreater (*math.h*), 491-492
isgreaterequal (*math.h*), 491-492
isinf (*math.h*), 490-491
isless (*math.h*), 491-492
islessequal (*math.h*), 491-492
islessgreater (*math.h*), 491-492
islower (*ctype.h*), 435-436
isnan (*math.h*), 490-491
isnormal (*math.h*), 490-491
isprint (*ctype.h*), 436-437
ispunct (*ctype.h*), 436-437
isspace (*ctype.h*), 435-436
isunordered (*math.h*), 491-492
isupper (*ctype.h*), 435-436
iswalnum (*wctype.h*), 439-441
iswalpha (*wctype.h*), 439-441
iswblank (*wctype.h*), 439-441
iswcntrl (*wctype.h*), 439-441
iswctype (*wctype.h*), 439-441
iswdigit (*wctype.h*), 439-441
iswgraph (*wctype.h*), 439-441
iswlower (*wctype.h*), 439-441
iswprint (*wctype.h*), 439-441
iswpunct (*wctype.h*), 439-441
iswspace (*wctype.h*), 439-441
iswupper (*wctype.h*), 439-441
iswxdigit (*wctype.h*), 439-441
isxdigit (*ctype.h*), 435-436

J
jmp_buf (*setjmp.h*), 209-210

L
LC_ALL (*locale.h*), 457-458
LC_COLLATE (*locale.h*), 457-458
LC_CTYPE (*locale.h*), 457-458, 462-463
LC_MONETARY (*locale.h*), 457-458
LC_NUMERIC (*locale.h*), 457-458
LC_TIME (*locale.h*), 457-458
LDBL_EPSILON (*float.h*), 43-44, 120-121, 398-399
LDBL_MAX (*float.h*), 42-43
LDBL_MIN (*float.h*), 42-43
ldexp (*math.h*), 487-489
lgamma (*math.h*), 489-490
ligação
    de códigos-objeto, *veja* compilação
    externa, interna, 213-216
    externa, interna, local, 94-95
literal
    booliano, 81-82
    cadeia de caracteres, 75-76, 105-106
    caractere, 71-72
        hexadecimal (prefixo \x), 72-73
        octal (prefixo \), 72-73
        unicode (prefixo \u), 74-75
    composto, 77, 105-106, 255-256, 298-299
    inteiro, 67
    real, 69-70
little endian, 294-295
LLONG_MAX (*limits.h*), 39-41
LLONG_MIN (*limits.h*), 39-41
llrint (*math.h*), 485-486
llround (*math.h*), 486-487
localeconv (*locale.h*), 460-461
localização, 455-457
    categorias, 457-458
    formatação monetária, 461-462
    formatação numérica, 460-461
localtime (*time.h*), 472-473
log (*math.h*), 133-134, 484-485
log10 (*math.h*), 133-134, 485-486
log1p (*math.h*), 485-486

log2 (*math.h*), 133-134, 484-485
logb (*math.h*), 487-489
long, 87
long double, 42-43, 70-71
long double _Complex, 43-44
long int, 39-41, 68
long long int, 39-41, 68
LONG_MAX (*limits.h*), 39-41
LONG_MIN (*limits.h*), 39-41
longjmp (*setjmp.h*), 186-187, 209-210, 409-411
lrint (*math.h*), 485-486
lround (*math.h*), 486-487
lvalue, 132-133, 230-231, 236-237

M

M_1_PI (*math.h (extensão)*), 491-492
M_2_PI (*math.h (extensão)*), 491-492
M_2_SQRTPI (*math.h (extensão)*), 491-492
M_E (*math.h (extensão)*), 491-492
M_LN10 (*math.h (extensão)*), 491-492
M_LN2 (*math.h (extensão)*), 491-492
M_LOG10E (*math.h (extensão)*), 491-492
M_LOG2E (*math.h (extensão)*), 491-492
M_PI (*math.h (extensão)*), 491-492
M_PI_2 (*math.h (extensão)*), 491-492
M_PI_4 (*math.h (extensão)*), 491-492
M_SQRT1_2 (*math.h (extensão)*), 491-492
M_SQRT2 (*math.h (extensão)*), 491-492
macro, 81-82, 498-500
  operador # (substituição literal), 503-504
  operador ## (concatenação), 506-507
  p/classificar e comparar valores de ponto flutuante, 490-491
  p/depuração de programa, 413-414
  p/referência a elemento do programa, 511-512
  parametrizada, 501-502
main, *veja* função
malloc (*stdlib.h*), 445
MATH_ERREXCEPT (*math.h*), 392-393
math_errhandling (*math.h*), 392-393
MATH_ERRNO (*math.h*), 392-393
MB_CUR_MAX (*stdlib.h*), 463-464
MB_LEN_MAX (*limits.h*), 463-464
mblen (*stdlib.h*), 463-464
mbrlen (*wchar.h*), 469-470
mbrtowc (*wchar.h*), 467-468
mbsinit (*wchar.h*), 467-468
mbsrtowcs (*wchar.h*), 469-470
mbstate_t (*wchar.h*), 463-464
mbstowcs (*stdlib.h*), 464-466
mbtowc (*stdlib.h*), 463-464
memchr (*string.h*), 453-454
memcmp (*string.h*), 451-452
memcpy (*string.h*), 450-451
memmove (*string.h*), 451-452
memória (espaço de)
  alocação e liberação, 445
  com caracteres estendidos, 453-454
  cópia, movimentação e comparação, 450-451
memset (*string.h*), 453-454
mktime (*time.h*), 474-475
modf (*math.h*), 487-489
montagem, *veja* compilação

N

nan (*math.h*), 489-490
NAN, *veja* tipo real, valores especiais
nearbyint (*math.h*), 485-486
negação, *veja* operador binário/lógico
nextafter (*math.h*), 489-490
nexttoward (*math.h*), 489-490
notação
  infixada, 112
  pós-fixada, 112
  prefixada, 112
número randômico, 492-494

O

ocultação de variável, *veja* variável
opções do compilador, *veja* compilação
operador
  ( ), chamada a função, 199-200
  [ ], indexação, 257-258
  ->, seleção indireta, 274-275, 291-292
  ., seleção direta, 274-275, 291-292
  sizeof, tamanho, 132-133
  &, endereço, 230-231
  *, acesso indireto, 230-231
  (tipo), conversão, 133-134
  ? :, condicional, 128-129
  , vírgula, 132-133
operador aritmético
  *, multiplicação, 112-113
  +, adição, 112-113
  +, mais unário, 112-113
  -, menos unário, 112-113
  -, subtração, 112-113
  /, divisão, 112-113
  %, resto (mod), 112-113
  ++, incremento, 114-115
  --, decremento, 114-115
operador binário/lógico
  !, negação lógica, 121-122
  ||, disjunção lógica, 121-122
  &&, conjunção lógica, 121-122
  |, disjunção binária, 125-126

&, conjunção binária, 125-126
^, disjunção exclusiva (binária), 125-126
~, complemento, negação binária, 125-126
<<, >>, deslocamento (binário), 123-124
operador de atribuição
   = (simples), 129-130
   *=, /=, %=, +=, -= (compostas), 130-131
   <<=, >>=, &=, ^=, |= (compostas), 130-131
operador relacional
   !=, diferente, 117-118
   <=, menor ou igual, 117-118
   <, menor, 117-118
   ==, igual, 117-118
   >=, maior ou igual, 117-118
   >, maior, 117-118
   macro de comparação, 491-492
ordem de avaliação, *veja* avaliação de expressão
ordenamento de inteiros, 62-63

P

padrão ASCII, 37-38
padrão da linguagem, 2-4
padrão Unicode, 39-41, 74-75
palavra-chave, 87
parâmetro, *veja* função
passagem de argumento, *veja* função, argumento
perror (*stdio.h*), 413-414
plataforma-alvo, 2-3, 497-498
ponteiro
   aritmética de, 256-257
   compatibilidade, 264-265
   declaração, 229-230
   para estrutura, 277-278
   para função, 217-218, 233-234
   para união, 296
   restrito, 261-262
   tipo, 228
pós-fixada, *veja* notação
pow (*math.h*), 133-134, 485-486
precedência dos operadores, *veja* avaliação de expressão, ordem de avaliação
prefixada, *veja* notação
prefixo
   0x, 0X (literal real), 70-71
   0, 0x, 0X (literal inteiro), 67
   L (cadeia estendida), 75-76
   \ (caractere octal), 72-73
   \U, \u (caractere unicode), 74-75
   \x (caractere hexadecimal), 72-73
pré-processamento, *veja* compilação
printf (*stdio.h*), 15-16, 327-329
procedimento, 191-192, *veja* função
programa: assembler, executável, fonte, objeto, 7-8

promoção inteira, 62-63
promoção-padrão de argumento, 199-200
protótipo, *veja* função
ptrdiff_t (*stddef.h*), 63-64
putc (*stdio.h*), 356-357
putchar (*stdio.h*), 326-327
puts (*stdio.h*), 326-327

Q

qsort (*stdlib.h*), 453-454
qualificador de tipo
   const, 101-102
   restrict, 101-102
   volatile, 101-102

R

raise (*signal.h*), 219-220, 405-406
rand (*stdlib.h*), 492-494
realloc (*stdlib.h*), 446-447
recursividade, *veja* função recursiva
redução módulo 2^N, 55-56
register, *veja* classe de armazenamento
remainder (*math.h*), 486-487
remove (*stdio.h*), 370-372
remquo (*math.h*), 486-487
rename (*stdio.h*), 370-372
representação de tipos, 50-51
representação de valores, *veja* tipo de dados, representação de tipos
restrict, 87, 101-102, 261-262
return, 87, 186-187, 202-203, 219-220
rewind (*stdio.h*), 366-367
rint (*math.h*), 485-486
rótulo de comando, 83-84
round (*math.h*), 133-134, 486-487

S

saída-padrão, saída-padrão de erro, 313-314
scalbln (*math.h*), 487-489
scalbn (*math.h*), 487-489
scanf (*stdio.h*), 15-16, 317-318
SCHAR_MAX (*limits.h*), 36-37, 39-41
SCHAR_MIN (*limits.h*), 36-37, 39-41
SEEK_CUR (*stdio.h*), 365-366
SEEK_END (*stdio.h*), 365-366
SEEK_SET (*stdio.h*), 365-366
sequenciamento, *veja* avaliação de expressão
setbuf (*stdio.h*), 372-373
setjmp (*setjmp.h*), 186-187, 209-210, 409-411
setlocale (*locale.h*), 457-458
setvbuf (*stdio.h*), 372-373
short, 87
short int, 39-41

SHRT_MAX (*limits.h*), 39-41
SHRT_MIN (*limits.h*), 39-41
SIGABRT (*signal.h*), 401-402
SIGFPE (*signal.h*), 401-402
SIGILL (*signal.h*), 402-403
SIGINT (*signal.h*), 401-402
signal (*signal.h*), 403-404
signbit (*math.h*), 490-491
signed, 87
signed char, 36-37, 39-41
SIGSEGV (*signal.h*), 402-403
SIGTERM (*signal.h*), 401-402
sin (*math.h*), 133-134, 483-484
sinal de interrupção, 401-402
    assíncrono, 402-403
        função de tratamento, 402-403
        lançando sinal, 405-406
        síncrono, 402-403
sinh (*math.h*), 484-485
size_t (*stddef.h*), 63-64
sizeof, 87, *veja* operador de tamanho
sleep (*unistd.h*), 482-483
snprintf (*stdio.h*), 373-375
sprintf (*stdio.h*), 372-373
sqrt (*math.h*), 133-134, 485-486
srand (*stdlib.h*), 492-494
sscanf (*stdio.h*), 373-375
static, como qualificador em vetor, 263-264
static, *veja* classe de armazenamento
stderr (*stdio.h*), 313-314, 344-345
stdin (*stdio.h*), 313-314, 344-345
stdout (*stdio.h*), 313-314, 344-345
strcat (*string.h*), 424-425
strchr (*string.h*), 427-428
strcmp (*string.h*), 426-427
strcoll (*string.h*), 427-428
strcpy (*string.h*), 423-424
strcspn (*string.h*), 429-430
stream, *veja* via de comunicação
strerror (*string.h*), 413-414
strftime (*time.h*), 477-478
strlen (*string.h*), 423-424
strncat (*string.h*), 424-425
strncmp (*string.h*), 426-427
strncpy (*string.h*), 423-424
strpbrk (*string.h*), 427-428
strrchr (*string.h*), 427-428
strspn (*string.h*), 429-430
strstr (*string.h*), 429-430
strtod (*stdlib.h*), 431-432
strtof (*stdlib.h*), 433
strtok (*string.h*), 430-431, 458-459

strtol (*stdlib.h*), 434
strtold (*stdlib.h*), 433
strtoll (*stdlib.h*), 434
strtoul (*stdlib.h*), 434
strtoull (*stdlib.h*), 434
struct, 87, *veja* estrutura
struct tm (*time.h*), 472-473
strxfrm (*string.h*), 427-428
sufixo
    F, f, L, l (literal real), 70-71
    LL, ll, L, l, U, u (literal inteiro), 68
switch, *veja* comando condicional
system (*stdlib.h*), 222-223

T

tan (*math.h*), 133-134, 483-484
tanh (*math.h*), 484-485
tempo
    de processador, 479-480
    local, universal, calendário, 471-472
    temporizador, 480-482
tgamma (*math.h*), 489-490
time (*time.h*), 472-473
tipo agregado, 36-37
tipo aritmético, 36-37
tipo básico, 35
    caractere, 36-37
    complexo, 43-44
    enumeração, 79-80
    inteiro, 39-41
    ponto flutuante
    real, 42-43
tipo caractere, *veja* tipo básico
tipo complexo, *veja* tipo básico
    comparação entre tipos, 120-121
    constante complexa, 117-118
    operação com, 117-118
tipo das expressões, 142-143
tipo das operações, 142-143
tipo de dados, 34
    alinhamento de bits, 51-52
    bits de preenchimento, 51-52
    bits de valoração, 51-52
    compatibilidade, 62-63, 80-81
    definição de tipo, 136-137
    precisão, 51-52
    representação
        campo de bits, 54-55
        caractere, 52-53
        estrutura, 52-53
        inteiro não sinalizado, 51-52
        inteiro sinalizado, 52-53

união, 54-55
representação de tipos, 50-51, 55-56
tamanho, 51-52
tipo de ponto flutuante, *veja* tipo básico
  comparação entre tipos, 120-121, 397-398, 491-492
tipo derivado, 45-46
  estrutura, 45-46, 274
  função, 45-46, 215-216
  ponteiro, 45-46, 228
  união, 47-48, 290
  vetor, 45-46, 235-236, 244-246
tipo enumeração, *veja* tipo básico
tipo enumerado, *veja* tipo enumeração
tipo escalar, 36-37
tipo estrutura, *veja* tipo derivado
tipo função, *veja* tipo derivado
tipo incompleto, 50-51
tipo inteiro, *veja* tipo básico
  ordenamento, 62-63
  promoção inteira, 62-63
  tamanho, 41-42
tipo predefinido, 63-64
  float_t, double_t, 137-138
  int32_t, uint32_t, int64_t, uint64_t, 137-138
  int8_t, uint8_t, int16_t, uint16_t, 137-138
tipo real, *veja* tipo básico
  comparação entre tipos, 120-121, 397-398
  valores especiais
    inf, infinity, 115-116
    NAN, 115-116
    zeros negativo e positivo, 115-116
tipo união, *veja* tipo derivado
tipo vetor, *veja* tipo derivado
tmpfile (*stdio.h*), 369-370
tmpnam (*stdio.h*), 370-372
tolower (*ctype.h*), 437-438
toupper (*ctype.h*), 437-438
towctrans (*wctype.h*), 441-442
towlower (*wctype.h*), 441-442
towupper (*wctype.h*), 441-442
true (*stdbool.h*), 81-82, 87, 118-119
trunc (*math.h*), 486-487
typedef, 87, 136-137, 216-217, 263-264

U

UCHAR_MAX (*limits.h*), 36-37, 39-41
UINT_MAX (*limits.h*), 39-41
uint16_t (*stdint.h*), 137-138
uint32_t (*stdint.h*), 137-138
uint64_t (*stdint.h*), 137-138

uint8_t (*stdint.h*), 137-138
uintmax_t (*stdint.h*), 63-64
ULLONG_MAX (*limits.h*), 39-41
ULONG_MAX (*limits.h*), 39-41
ungetc (*stdio.h*), 350-351
união, 47-48, 290
  campo de bits, 49-50, 298-299
  compatibilidade, 301-302
  etiqueta, 49-50
  iniciação, 298-299
  representação, 54-55
unidade de compilação, *veja* compilação
union, 87, *veja* união
unsigned, 87
unsigned char, 36-37, 39-41
unsigned int, 39-41, 68
unsigned long int, 39-41, 68
unsigned long long int, 39-41, 68
unsigned short int, 39-41
USHRT_MAX (*limits.h*), 39-41

V

va_arg (*stdarg.h*), 207-208
va_copy (*stdarg.h*), 207-208
va_end (*stdarg.h*), 207-208
va_list (*stdarg.h*), 207-208
va_start (*stdarg.h*), 207-208
variável
  alocação, 95-96
  ciclo de vida, 95-96
  declaração, definição, 96-97
  escopo, 88-91
  ligação, 94-95
  local, global, 92-93
  ocultação, 106-107
  valor inicial, 103-104
vazamento de memória, 447-448
vetor
  compatibilidade, 264-265
  de estruturas, 282-283
  de uniões, 297-298
  declaração, 234-235, 244-246
  função de ordenamento, 453-454
  função de pesquisa, 454-455
  incompleto, 241, 251-252
  iniciação, 251-252
  multidimensional, 244-246
  tamanho variável, 238-239, 249-251
  tipo, 235-236, 244-246
  unidimensional, 236-237
vfprintf (*stdio.h*), 375-376

vfscanf (*stdio.h*), 375-376
via de comunicação, 308
   acesso com função de argumento variável, 375-376
   arquivo, 344-345
   leitura e gravação multibyte, 377
   monitor de vídeo, 324-325
   orientada a bytes, 310-311, 379-380
   orientada a caracteres multibytes, 310-311, 379-380
   redirecionamento, 369-370
   teclado, 313-314
void, 50-51, 87
volatile, 87, 101-102
vprintf (*stdio.h*), 375-376
vscanf (*stdio.h*), 375-376
vsnprintf (*stdio.h*), 375-376
vsprintf (*stdio.h*), 375-376
vsscanf (*stdio.h*), 375-376

W

wchar_t (*stddef.h*), 63-64, 75-76
wcrtomb (*wchar.h*), 469-470
wcscat (*wchar.h*), 437-438
wcschr (*wchar.h*), 438-439
wcscmp (*wchar.h*), 437-438
wcscoll (*wchar.h*), 437-438
wcscpy (*wchar.h*), 437-438
wcscspn (*wchar.h*), 438-439
wcsftime (*wchar.h*), 479-480
wcslen (*wchar.h*), 437-438
wcsncat (*wchar.h*), 437-438
wcsncmp (*wchar.h*), 437-438
wcsncpy (*wchar.h*), 437-438
wcspbrk (*wchar.h*), 438-439
wcsrchr (*wchar.h*), 438-439
wcsrtombs (*wchar.h*), 470-471
wcsspn (*wchar.h*), 438-439
wcsstr (*wchar.h*), 438-439
wcstod (*wchar.h*), 439-441
wcstof (*wchar.h*), 439-441
wcstok (*wchar.h*), 438-439
wcstol (*wchar.h*), 439-441
wcstold (*wchar.h*), 439-441
wcstoll (*wchar.h*), 439-441
wcstombs (*stdlib.h*), 464-466
wcstoul (*wchar.h*), 439-441
wcstoull (*wchar.h*), 439-441
wcsxfrm (*wchar.h*), 437-438
wctob (*wchar.h*), 471-472
wctomb (*stdlib.h*), 464-466
wctrans (*wctype.h*), 441-442
wctype (*wctype.h*), 439-441
WEOF (*wchar.h*), 377
while, *veja* comando iterativo
wint_t (*wchar.h*), 63-64
wmemchr (*wchar.h*), 453-454
wmemcmp (*wchar.h*), 453-454
wmemcpy (*wchar.h*), 453-454
wmemmove (*wchar.h*), 453-454
wmemset (*wchar.h*), 453-454

IMPRESSÃO:

Pallotti
GRÁFICA EDITORA
IMAGEM DE QUALIDADE

Santa Maria - RS - Fone/Fax: (55) 3220.4500
www.pallotti.com.br